Jülicher Geschichtsblätter

Jülicher Geschichtsverein 1923 e.V.

JÜLICHER GESCHICHTSBLÄTTER
Band 74/75

herausgegeben
von

Guido v. Büren

Jahrbuch des Jülicher Geschichtsvereins
2006/2007

Einbandabbildungen

Johann Christian Leopold, Iuliacum – Jülich, Kupferstich nach einer Zeichnung von Friedrich Bernhard Werner (1729), 1735, Stadtarchiv Jülich, Inv.-Nr. GS 74 (Foto: Guido v. Büren).

Johann Wilhelm Schirmer, Ausschnitt mit der Darstellung von Haus Linzenich aus dem Aquarell »Ansicht von Kirchberg bei Jülich«, 1824, Clemens-Sels-Museum Neuss (Foto: Siegfried Peters).

Theodor de Bry, Porträt Daniel Specklins aus der zweiten Auflage des Traktats »Architectura von Vestungen«, 1599, Museum Zitadelle Jülich, Inv.-Nr. 1997-0026 (Foto: Guido v. Büren).

Jülich, Rurbrücke mit Haus Hesselmann, Ansichtspostkarte, um 1970, Museum Zitadelle Jülich, Inv.-Nr. 2008-0035.

Frontispizabbildung

Das Wappen der vereinigten Herzogtümer Jülich-Kleve-Berg am Chorgestühl der Kirche St. Anna in Düren, 1562 (Foto: Rheinisches Bildarchiv Köln).

Bibliographische Information der Deutschen Nationalbibliothek

Die Deutsche Bibliothek verzeichnet diese Publikation in der Deutschen Nationalbibliografie; detaillierte bibliografische Daten sind im Internet über http://dnb.ddb.de abrufbar.

Impressum
© 2008 Jülicher Geschichtsverein 1923 e.V., Postfach 1708, 52407 Jülich, www.juelich.de/jgv
Redaktion: Guido v. Büren unter Mitarbeit von Peter Nieveler und Wolfgang Schneiders
Kommissionsverlag: B.o.s.s Druck und Medien GmbH, Goch

Die Autoren sind für den Inhalt ihrer Beiträge und die Reproduktionsrechte ihrer Abbildungen selbst verantwortlich. Ein Autorenmerkblatt wird auf Wunsch gerne zugesandt.

Gestaltung: Dipl.-Designerin Evelyn Wirtz, Jülich
Druck und buchbinderische Verarbeitung: B.o.s.s Druck und Medien GmbH, Goch

Der Landschaftsverband Rheinland =LVR gewährte einen Druckkostenzuschuss.

ISBN 978-3-933969-75-0
ISSN 0946-8749

Inhaltsverzeichnis

Guido v. Büren
PASQUALINI-STUDIEN (IV) — S. 9

Stephan Hoppe
Artilleriewall und Bastion. Deutscher Festungsbau der Renaissancezeit
im Spannungsfeld zwischen apparativer und medialer Funktion — S. 35

Sebastian Fitzner
Architektur und Bildmedien. Die Zeichnungen Daniel Specklins im Kontext
des Festungsbaus der frühen Neuzeit — S. 65

Werner Kasig/Alfred Katsch/Raphael Dohmen
Zur Herkunft der zum Bau der Zitadelle Jülich verwendeten Blausteine — S. 93

Guido v. Büren
Die Stadt Jülich und das Haus Linzenich in einer Ansicht von Renier Roidkin — S. 129

Stefanie Lieb
Die romanische Bauornamentik am Westturm der Propstei-Pfarrkirche — S. 139
St. Mariae Himmelfahrt in Jülich

Uwe Cormann
KIRCHENBAUTEN IM JÜLICHER LAND (VII) — S. 161
Die katholische Pfarrkirche St. Urbanus in Mündt

Uwe Cormann/Peter Nieveler
Josef Neumann – Pfarrer von Mündt 1901-1909 — S. 189

Peter Nieveler
Fragen über Fragen! Nibelungenlied und Nibelungensage.
Die Nibelungen am Niederrhein? In der Eifel? In Mündt in der
Gemeinde Titz? Versuch eines Überblicks über einige
– sehr verschiedene – Forschungsergebnisse — S. 195

Helmut Holtz
DIE HISTORISCHEN WINDMÜHLEN DES JÜLICHER LANDES (IV) — S. 245
Alte Mühlen – neu entdeckt

8. Die Laurenzberger Windmühle	S. 247
9. Die Schleiden-Langweiler Bockwindmühle	S. 251
10. Die Siersdorfer Bockwindmühle	S. 256

Paul Wirtz
Schau- und Manöverflüge 1911 bei Jülich. Am Start Bruno Werntgen,
der jüngste Pilot der Welt   S. 267

Peter Nieveler
Haus Hesselmann in Jülich an der Rurbrücke (1938-2006)   S. 283

REZENSIONEN   S. 301

Minerva und Neandertaler im Dialog. Eindrücke und Gedanken zu
Ausstellungen in Bonn und Jülich (**Simon Matzerath/Marcell Perse**)   S. 303

Vom Kölner Spruch über den Augsburger Religionsfrieden zum Dreißigjährigen Krieg – Bemerkungen zu den Ausstellungen in Neuburg an der
Donau und Augsburg im Jahr 2005 (**Guido v. Büren**)   S. 319

Patricia Clough, Aachen – Berlin – Königsberg. Eine Zeitreise entlang der
alten Reichsstraße 1, München 2007 (**Marcell Perse**)   S. 331

Hans Georg Kirchhoff/Jost Auler, Grevenbroich – die Stadtgeschichte.
Von der Vorzeit bis zur Französischen Revolution (= Beiträge zur Geschichte
der Stadt Grevenbroich, Bd. 17), Grevenbroich 2006 (**Hugo Altmann**)   S. 339

Henning Stilke, Mittelalterliche keramische Münzschatzgefäße aus dem Rheinland (= Kunst und Altertum am Rhein, Bd. 143), Köln 2003 (**Marcell Perse**)   S. 342

Ulrich Stevens, Burgkapellen. Andacht, Repräsentation und Wehrhaftigkeit
im Mittelalter, Darmstadt 2003 (**Anne Schunicht-Rawe**)   S. 348

Peter Johannes Droste, Wasserbau und Wassermühlen an der Mittleren Rur
(= Aachener Studien zur älteren Energiegeschichte, Bd. 9), Aachen 2003
(**Eberhard Graffmann**)   S. 350

John Oliver Hand, Joos van Cleve. The Complete Paintings,
New Haven/London 2004 (**Christof Claser**)   S. 352

Dagmar Täube (Hrsg.), Rheinische Glasmalerei. Meisterwerke der
Renaissance, 2. Bde., Regensburg 2007 (**Iris Nestler**)   S. 358

Alfred Kohler, Ferdinand I. 1503-1564. Fürst, König und Kaiser,
München 2003 (**Hugo Altmann**)   S. 360

Rabaskadol, Fritz Heller, Capella '92, Gerben van der Veen,
Martin Peudargent. Music at the court of duke Wilhelm V of Jülich-Kleve-Berg,
[Joure] 2007 (**Pedro Obiera**) S. 362

Arnold Bartetzky (Hrsg.), Die Baumeister der »Deutschen Renaissance«.
Ein Mythos der Kunstgeschichte?, Beucha 2004 (**Guido v. Büren**) S. 363

Barbara Uppenkamp, Das Pentagon von Wolfenbüttel. Der Ausbau der
welfischen Residenz 1568-1626 zwischen Ideal und Wirklichkeit,
Hannover 2005 (**Bernhard Dautzenberg**) S. 365

Michael Streetz, »... dasselbe mit allen gemächern in augenschein zu
nehmen...«. Das Renaissanceschloß Hannoversch Münden in den
Inventaren des 16., 17. und 18. Jahrhunderts. Eine Fallstudie zur Auswertung
schriftlicher Quellen und ihrer Verbindung mit Ergebnissen der Bauforschung,
2 Bde., Frankfurt am Main u. a. 2004 (**Guido v. Büren**) S. 370

Joseph Milz, Duisburger Topographie im 16. Jahrhundert (= Duisburger
Forschungen, Bd. 52), Duisburg 2005 (**Hugo Altmann**) S. 376

Horst Dinstühler, »Itzo redt sie mitt dem teuffell«. Hexenglauben und Lynchjustiz in Jülich (= Forum Jülicher Geschichte, Bd. 43), Jülich 2006 (**Klaus Graf**) S. 376

Christian Ottersbach, Befestigte Schlossbauten im Deutschen Bund.
Landesherrliche Repräsentation, adeliges Selbstverständnis und die Angst
der Monarchen vor der Revolution 1815-1866 (= Studien zur internationalen
Architektur- und Kunstgeschichte; 53), Petersberg 2007 (**Guido v. Büren**) S. 379

Dagmar Preising (Hrsg.), Collectionieren, Restaurieren, Gotisieren. Der Bild-
schnitzer Richard Moest 1841-1906. Zum 100. Todesjahr. Ausst.-Kat.
Suermondt-Ludwig-Museum Aachen/Kölnisches Stadtmuseum,
Aachen 2007 (**Ulrich Schäfer**) S. 381

Michael Wildt, Volksgemeinschaft als Selbstermächtigung. Gewalt gegen Juden
in der deutschen Provinz 1919 bis 1939, Hamburg 2007 (**Heinz Spelthahn**) S. 385

Carlo Lejeune, Die Säuberung (= Auf dem Weg zur deutschsprachigen
Gemeinschaft, Bd. 1), Teil 1: Ernüchterung, Befreiung, Ungewissheit,
Büllingen 2005 (**Willi Arnolds**) S. 387

Jörg Engelbrecht/Stephan Laux (Hrsg.), Landes- und Reichsgeschichte.
Festschrift für Hansgeorg Molitor zum 65. Geburtstag (= Studien zur
Regionalgeschichte, Bd. 18), Bielefeld 2004 (**Guido v. Büren**) S. 389

Bei der Redaktion eingegangene Veröffentlichungen S. 393

VEREINSMITTEILUNGEN

Guido v. Büren (Zusammenstellung)
Chronik des Jülicher Geschichtsvereins 1923 e.V. vom 1. Juli 2004 bis zum 30. Juni 2006 S. 395

Nachrufe
Paula Renn – Ehrenmitglied des Jülicher Geschichtsverein 1923 e.V. (**Ortwin Renn**) S. 411

Dr. iur. Erwin Fuchs – Anwalt der Jülicher Geschichte, Vorsitzender des Jülicher Geschichtsvereins 1923 e.V. 1998-2006 (**Guido v. Büren**) S. 412

Ansprache bei der Trauerfeier für Dr. Erwin Fuchs am 04.12.2006 in der Christuskirche zu Jülich (**Thomas Kreßner**) S. 414

Verzeichnis der Mitarbeiter S. 419

Pasqualini-Studien (IV)

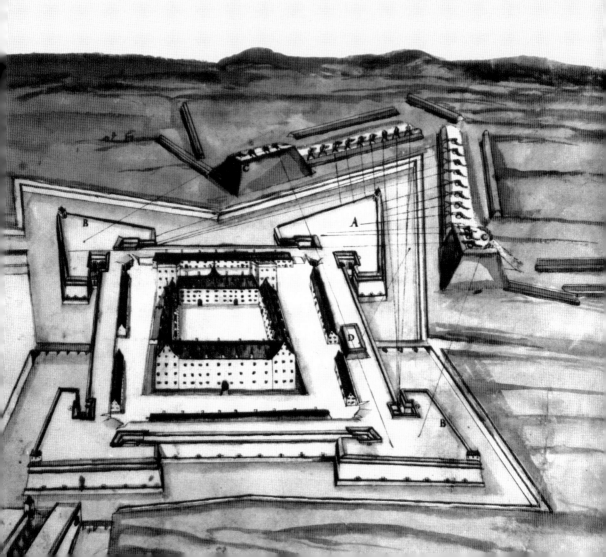

◄ *Abb. 1: Daniel Specklin, Älteste Ansicht der Zitadelle Jülich. Die Schrägansicht von 1583 diente als Vorlage für den Kupferstich von Matthäus Greuter, der in Specklins Festungsbautraktat von 1589 erschien, daher ist sie spiegelbildlich (Original und Foto: Musée de Strasbourg).*

Die vorliegenden Pasqualini-Studien können wieder mit einer Reihe interessanter Beiträge aufwarten, die teilweise auf die jährlich durchgeführten Vorträge anlässlich des Geburtstags des italienischen Architekten und Festungsbaukundigen Alessandro Pasqualini (1493-1559) zurückgehen. Der thematische Schwerpunkt liegt dabei auf Fragen des Festungsbaus (Beiträge von Stephan Hoppe und Sebastian Fitzner) – verbunden u. a. mit der Gestalt des Festungsbaumeisters und -theoretikers Daniel Specklin, der sich intensiv mit der Zitadelle Jülich auseinandergesetzt hat (Abb. 1). Mit besonderer Genugtuung erfüllt uns die Publikation der Forschungsergebnisse zur Herkunft der zum Bau der Zitadelle Jülich verwendeten sogenannten Blausteine. Die Untersuchungen wurden vom Geologischen Institut der RWTH Aachen im Auftrag des Museums Zitadelle Jülich durchgeführt (Beitrag Werner Kasig/Alfred Katsch/Raphael Dohmen).[1] Die hier gewonnenen Erkenntnisse geben Anregungen für weitere Forschungen.

In Fortführung der Pasqualini-Studien (III)[2] werden einführend Forschungsergebnisse der letzten Jahre referiert und in einen größeren Zusammenhang gestellt. Dies geschieht in der Hoffnung, dass der Beschäftigung mit Leben und Werk Pasqualinis neue Impulse gegeben werden. Nahezu zeitgleich mit dieser Ausgabe der Pasqualini-Studien erscheint als eigenständige Veröffentlichung Teil V. Die Initiative für den von Conrad Doose und Hajo Lauenstein herausgegebenen Band geht dabei auf den Förderverein »Festung Zitadelle Jülich e.V.« zurück.[3]

I. Leben und Werk

Das Hauptwerk Alessandro Pasqualinis bilden Schloss und Festung Jülich. Die Forschungen der letzten Jahre waren die Grundlage für einen neuen Führer, der in verständlicher Form Architektur und Geschichte erläutert.[4] Dabei wurde besonderer Wert auf die Rekonstruktion wichtiger Baudetails und -zustände gelegt. Nicht in das Heft mit aufgenommen werden konnte eine Darstellung der Baustelle des Festungswalls, die auf den Ergebnissen archäologischer Untersuchungen beruht und hier nachgereicht wird (Abb. 2).[5]

---

1 Ein besonderer Dank gilt an dieser Stelle Anne Schunicht-Rawe für ihre Hilfe bei der Redaktion.
2 In: Jülicher Geschichtsblätter, Bd. 69/70/71, 2001/2002/2003 (2004), S. 240-333, Einführung: S. 240-260.
3 Conrad Doose/Hajo Lauenstein (Hrsg.), Das ›italienische‹ Jülich. Grundzüge im Konzept Alessandro Pasqualinis für die Stadtanlage, die Zitadelle und das Residenzschloss (= Pasqualini-Studien V = Jülicher Forschungen, Bd. 8), Goch 2009 (im Druck).
4 Guido v. Büren/Andreas Kupka, Schloss und Zitadelle Jülich (= Burgen, Schlösser und Wehrbauten in Mitteleuropa, Bd. 14), Regensburg 2005.
5 Andreas Kupka, Beispiele archäologischer Untersuchungen an der Zitadelle Jülich, in: AKK. Architektur, Kunst- und Kulturgeschichte in Nord- und Westdeutschland, 7. Jg. (1996), H. 1 (Themenheft Schloßfestung Jülich), S. 35-38, hier: Abb. 16.

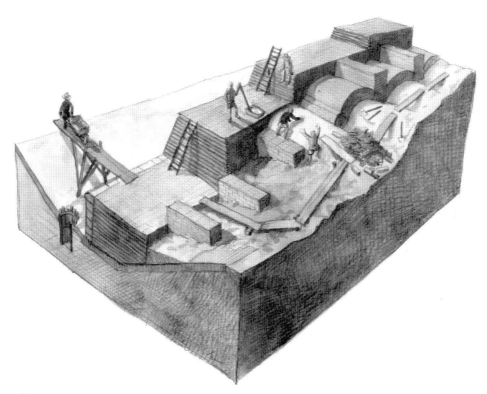

Abb. 2: Rekonstruktion der Baustelle an den Festungswerken der Zitadelle Jülich anhand archäologischer und bauhistorischer Befunde. Die im Grundwasserhorizont liegende Baugrube wurde mit Lehm verkleidet, um das Eindringen größerer Mengen von Wasser zu verhindern. Ein an der Sohle der Grube eingetieftes Holzfass diente dazu, Sickerwasser zu sammeln. Hinter dem Bekleidungsmauerwerk des Festungswalls wurden mit Erde gefüllte, gewölbte Kammern angelegt. Dazu wurde das anstehende bzw. aus dem Graben ausgehobene Erdmaterial halb rund gestrichen und darauf gemauert (Zeichnung: Timm Radt).

Im Nachgang zu dem Führungsheft ergab sich die Möglichkeit zur computergestützten Rekonstruktion der Treppenhäuser des herzoglichen Schlosses. Ihre Entdeckung geht auf erste bauhistorische Untersuchungen im Jahr 1958 in den Brandruinen des ehemaligen herzoglichen Schlosses zurück, die damals ein Überdenken der denkmalpflegerischen Zielsetzung zur Folge hatten.[6] War man bis zu diesem Zeitpunkt von Seiten des Landeskonservators bereit gewesen, einem Neubau zuzustimmen, der nur die Schlosskapelle bestehen gelassen hätte, setzte man sich nun für den Erhalt des gesamten Ostflügels und der Ansätze von Nord- und Südflügel ein.

---

6 Zum Folgenden vgl. Elmar Alshut/Guido v. Büren/Marcell Perse (Hrsg.), Ein Schloss entsteht.. – Von Jülich im Rheinland bis Horst in Westfalen (= Jülicher Forschungen, Bd. 5), S. 311-316, Kat.-Nr. 146 (Guido v. Büren).

▸ Abb. 3: Gesamtansicht des rekonstruierten Treppenhauses in der Nordostecke des herzoglichen Schlosses in der Zitadelle Jülich (PickUp Medien GmbH, Köln).

▾ Abb. 4: Visualisierung der indirekten Beleuchtung der Stufenbahnen durch die Öffnung des Treppenhauses zum Korridor entlang der Ostfassade (PickUp Medien GmbH, Köln).

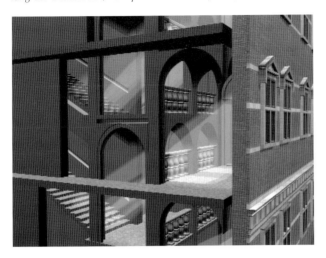

Die konservierten Reste der Treppenanlagen zeigen, dass es sich um geradläufige Treppen mit Wendepodesten auf halber Geschosshöhe handelte, welche einst zwei Obergeschosse erschlossen. Die Umbauten des Barock und der Einbau neuer Treppen beim Wiederaufbau zum Gymnasium um 1970 haben die ursprüngliche Situation stark verunklärt. Für den Besucher ist der Aufbau und die einstige Bedeutung der Treppenhäuser, die zu den frühesten Beispielen dieses Typs in Nordeuropa zählen, deshalb schwer nachzuvollziehen. Dem Museum Zitadelle Jülich ist es durch die freundliche Unterstützung von Helmut Tholen und Kay Lippmann von der PickUp Medien GmbH, Köln, möglich geworden, eine virtuelle Rekonstruktion des Treppenhauses im Ostflügel zu erstellen.[7] In einem kurzen Film können dem Besucher nun die wichtigsten Elemente der Treppenhauskonstruktion vorgeführt werden. Hierzu zählt der Aufbau über drei Geschosse (Abb. 3), die indirekte Beleuchtung der Stufenbahnen (Abb. 4) und die repräsentativen Blickbezüge, die einst zwischen Galerie und Treppenhaus bestanden (Abb. 5). Gerade letztere waren für das ursprüngliche Erscheinungsbild des Schlosses von großer Bedeutung.

---

7 Guido v. Büren, Die Rekonstruktion der Treppenhäuser in der Zitadelle Jülich, in: Förderverein Museum Jülich e.V. (Hrsg.), MinervaPreis Jülich 2006, Jülich 2007, S. 14; ders., Die virtuelle Rekonstruktion der Treppenhäuser im herzoglichen Schloss in der Zitadelle Jülich, in: Jahrbuch Kreis Düren 2008 (2007), S. 71-74.

Abb. 5: Blick durch die rekonstruierte Galerie im Erdgeschoss in das Treppenhaus (PickUp Medien GmbH, Köln).

Die Arkadenanlage, über welche die Räume der Schlossflügel erschlossen wurden, fiel tiefgreifenden Umbauten zur Kaserne im 18. Jahrhundert zum Opfer. Reste der Arkatur haben sich in Konsolen, Gesimsen, Mauerfugen und der Portalrahmung der Tordurchfahrt erhalten (Abb. 6). Der ursprüngliche Zustand kann mit Hilfe vergleichbarer Arkadenanlagen jener Zeit (z. B. Schloss Breda in den Niederlanden) rekonstruiert werden. Demnach bestand die Galerie im Erdgeschoss aus jeweils neun offenen Rundbögen, die auf Säulen ruhten; allein vor den Tordurchfahrten sind nach dem Baubefund Pfeiler anzunehmen. Die einzelnen Joche waren kreuzgratgewölbt. Im piano nobile, dem ersten Obergeschoss, war die Galerie vermutlich geschlossen und durchfenstert, während im zweiten Obergeschoss ein offener, mit einer Brüstung aus Balustern versehener Galeriegang anzunehmen ist. In unserer virtuellen Rekonstruktion befindet sich hier vor dem Zugang zum Treppenhaus ein überdachter Vorbau, der verhindert, dass Regenwasser in den herzoglichen Wohnbereich dringt (Abb. 7).

Vom Schlosshof her betritt man heute den Ostflügel durch ein Portal, dessen Rahmung aus Pilastern noch zum Ursprungsbau gehört, während der rundbogige Abschluss aus barocker Zeit stammt. Das Portal befand sich ursprünglich in der

▶ Abb. 6: Der aktuelle Zustand der Nordostecke des Innenhofes des Jülicher Schlosses zeigt noch Spuren der einstigen Arkadenanlage. Hinter dem rechten Portal und den beiden Fensterachsen befinden sich die Reste des einstigen aufwändigen Treppenhauses (Foto: Bildarchiv Museum Zitadelle Jülich).

▼ Abb. 7: Dieselbe Pespektive wie in Abb. 6 in der virtuellen Rekonstruktion mit der Arkadenanlage (PickUp Medien GmbH, Köln).

Hofecke. Es wurde bei der Restaurierung um eine Fensterachse versetzt, um den Korridor im Ostflügel direkt zu erschließen. Fünfzehn von einer aufsteigenden Tonne überfangene Stufen führten zum ersten Wendepodest und von dort wiederum fünfzehn auf die Galerie im piano nobile. *Beidseitig war ein Handlauf aus Blaustein in das Ziegelmauerwerk eingelassen, der sich an der Nordwand teilweise erhalten hat. Über dem Wendepodest spannten sich zwei quadratische, kreuzgratgewölbte Joche. Die Seitenwände waren mit großen Spiegelfeldern geschmückt, in denen Nischen eingelassen waren. Ungewöhnlich ist der Umstand, dass das Wendepodest nicht an die Außenflucht des Schlosses anschließt, sondern sich etwa in der Mitte des Flügels befindet. Eine direkte Beleuchtung war somit nicht möglich. Wahrscheinlich war das Wendepodest zum Korridor entlang der Ostfassade durch zwei Rundbögen geöffnet. Damit wurde das Treppenhaus durch die großen Kreuzstockfenster der Ostfassade indirekt beleuchtet, ohne dass die Fassadengestaltung beeinträchtigt wurde (Abb. 4). Wir begegnen hier einer außerordentlichen architektonischen Lösung, für die es – bei allen offensichtlichen Bezügen zur italienischen Renaissance – keine direkten Parallelen gibt.*

Die aufwändig gestalteten Treppenhäuser bildeten zusammen mit der Arkadenanlage die offizielle Erschließung der Geschosse. Innerhalb eines Appartements waren die Räume durch Türen miteinander verbunden, so dass die jeweiligen Bewohner, wie beispielsweise der Herzog, sich hier ungestört bewegen konnten.

Über die Nutzung des Jülicher Schlosses im 16. Jahrhundert ist aus den bisher erschlossenen Quellen noch kein abgerundetes Bild zu gewinnen. Umso dankbarer ist man für jedes weitere Mosaiksteinchen, das hinzukommt. Durch einen Prozess vor dem Reichskammergericht ist überliefert, dass um 1570 ein Kölner Bürger auf dem Jülicher Schloss inhaftiert war.[8] Schon früh übernahm die Zitadelle also die Funktion eines (Staats-)Gefängnisses.

Im Jahr 1998 veranstaltete die Wartburg-Gesellschaft zur Erforschung von Burgen und Schlössern (Nürnberg/Eisenach) ihre Jahrestagung in Utrecht, die dem Thema des Residenzbaus in den Niederlanden gewidmet war. Ende 2004 konnte der Tagungsband vorgelegt werden, der auch einen Beitrag zu Alessandro Pasqualini und seinen Anteil an den Residenzbauten in den Niederlanden und im Rheinland enthält.[9] Im Hinblick auf die Leistungen Pasqualinis in Jülich wird hier diskutiert, welche Voraussetzung für seine Berufung an den jülich-klevischen Hof bestanden.

---

8 Hugo Altmann/Paul Hoffmann (Bearb.), Das Hauptstaatsarchiv und seine Bestände, Bd. 9, T. 1: Reichskammergericht A-B, Siegburg 2003; vgl. die Besprechung durch Günter Bers, in: Neue Beiträge zur Jülicher Geschichte, Bd. 17 (2005), S. 155-157. Leider stehen die Indexbände des 10-bändigen Düsseldorfer RKG-Inventars noch nicht zur Verfügung.

Abb. 8: Roelant Roghman, Ansicht von Schloss Buren aus südlicher Richtung, 1646/47. Deutlich erkennt man die Wallanlagen, die auf Rombout II Keldermans zurückgehen (Reproduktion aus: H. W. M. van der Wyck, De kasteeltekeningen van Roelant Roghman, Alphen aan den Rijn 1989).

Angesichts der Tätigkeiten Pasqualinis bis 1547 stellt sich nämlich die Frage, was ihn für den Jülicher Großauftrag befähigte. Dies gilt vor allem dann, wenn man sich etwa seinen eher gering anzusetzenden Einfluss auf den Ausbau von Schloss Buren vor Augen hält. Die hier realisierten Erdwälle mit Rondellen gehen auf Planungen Rombout II Keldermans zurück (Abb. 8). Als ein Schlüssel zum Verständnis der Fähigkeiten Pasqualinis wird der sekundär überlieferte Entwurf für eine Zitadelle von Amsterdam aus dem Jahr 1545 angesehen. Die auf Ruud Meischke[10] zurückgehende Zuschreibung des Amsterdamer Zitadellenentwurfs an Pasqualini wird von Ben Roosens wegen fehlender Quellenbelege als reine Spekulation zurückgewiesen.[11] Dennoch bleibt die beachtliche konzeptionelle Nähe zur Planung Pasqualinis für Jülich zu konstatieren.

---

9   Guido v. Büren, Alessandro Pasqualini und sein Anteil an Residenzbauten in den Niederlanden und im Rheinland, in: ders./Hans-Heinrich Häffner/G. Ulrich Großmann (Red.), Burgen und Schlösser in den Niederlanden und in Nordwestdeutschland (= Forschungen zu Burgen und Schlössern, Bd. 8), München/Berlin 2004, S. 95-105.
10 Ruud Meischke, Ein Plan für eine Zitadelle in Amsterdam von ca. 1545, in: Jülicher Geschichtsblätter, Bd. 67/68 (1999/2000), S. 507-523.
11 Bernhard Robert Hubertus Roosens, Habsburgse defensiepolitiek en vestingbouw in de Nederlanden (1520-1560). Proefschrift Leiden 2005, 2 Bde., hier: Bd. 1, S. 325f., Anm. 94.

Der Ausbau Jülichs unter Herzog Wilhelm V. von Jülich-Kleve-Berg wurde auf dem 9. Symposium der Residenzen-Kommission in den Kontext der aktuellen Residenzenforschung gestellt.[12] Der Eintrag in das stattliche dynastisch-topographische Handbuch der Höfe und Residenzen im spätmittelalterlichen Reich kann inhaltlich nicht voll überzeugen.[13]

Eine knappe, weitgehend treffende kunst- und bauhistorische Beschreibung der Zitadelle Jülich findet sich in der Neubearbeitung des »Dehio« Rheinland, die sich an die Bauanalyse Jürgen Eberhardts anlehnt: Die Grundrissdisposition wird als dem Entwurf Bramantes für den Palazzo dei Tribunali in Rom verwandt angesehen. Dem Dekor im Stil der römischen Hochrenaissance wird eine enge stilistische Nähe zur Bauschule Raffaels zugeschrieben. Angesichts des Erscheinungsbildes der Schlosskapelle enthält sich der »Dehio« aber nicht einer pointierten Wertung: »Innen herrscht heute der Eindruck eines Rekonstruktionsmodells vor, in dessen Rahmen Originalteile präsentiert werden.«[14] Der Begriff der Idealstadt für den pasqualinischen Wiederaufbau der Stadt Jülich nach dem verheerenden Stadtbrand vom Mai 1547 fällt nicht. Nüchtern heißt es lediglich: »... fünfeckige Renaissancefestung unter Einschluss des alten, in Teilen neu geordneten Stadtkerns [...]. 1944 die Stadt zu 97 % zerstört. Der Wiederaufbau bis 1956 am historischen Stadtgrundriss mit dem von Pasqualini konzipierten, auf die Zitadelle bezogenen Straßennetz weitgehend festgehalten.«[15] In der nahezu parallel zum »Dehio« erschienenen Neubearbeitung des Handbuchs der Historischen Stätten Nordrhein-Westfalen ist die gelungene Überblickskarte zu Jülich hervorzuheben, die der Förderverein »Festung Zitadelle Jülich e.V.« mit bearbeitet hat.[16]

---

12 Guido v. Büren, Der Ausbau Jülichs zu einer Residenzstadt des Herzogtums Jülich-Kleve-Berg in der Mitte des 16. Jahrhunderts, in: Werner Paravicini/Jörg Wettlaufer (Hrsg.), Der Hof und die Stadt. Konfrontation, Koexistenz und Integration in Spätmittelalter und Früher Neuzeit. 9. Symposium der Residenzen-Kommission der Akademie der Wissenschaften zu Göttingen (= Residenzenforschung, Bd. 20), Ostfildern 2006, S. 249-260.

13 Anja Kircher-Kannemann, Jülich, in: Werner Paravicini (Hrsg.), Höfe und Residenzen im spätmittelalterlichen Reich. Ein dynastisch-topographisches Handbuch, Teilbd. 2: Residenzen (= Residenzenforschung, Bd. 15.I), Ostfildern 2003, S. 286f. Die neue Literatur zu Alessandro Pasqualini wird nicht genannt. Die Bestallung Pasqualinis erfolgte 1549 nicht 1547. Es existiert noch das Untergeschoss des romanischen Turmes der Pfarrkirche, nicht das der damals entstandenen Pfeilerbasilika.

14 Claudia Euskirchen u. a. (Bearb.), Nordrhein Westfalen I: Rheinland (= Georg Dehio, Handbuch der Deutschen Kunstdenkmäler), München/Berlin 2005, S. 502-507, hier: S. 506.

15 Euskirchen 2005 (wie Anm. 14), S. 499f.

16 Günter Bers, Jülich, in: Manfred Groten/Peter Johanek/Wilfried Reininghaus/Margret Wensky (Hrsg.), Handbuch der Historischen Stätten Nordrhein-Westfalen (= Kröners Taschenausgabe, Bd. 273), 3., völlig neu bearb. Aufl. Stuttgart 2006.

Abb. 9: Die Renaissancearkatur von Burg Binsfeld bei Düren. Das Foto stammt von Herbert Wirth (10.6.1923-3.12.1998), der in einer groß angelegten Fotokampagne von 1979 bis 1983 die (Wasser-) Burgen des Rheinlands in sehr guten s/w- und (wenigen) Farb-Aufnahmen dokumentiert hat. In diesem Zeitraum entstanden nahezu 1000 Fotografien. Dieser Bestand wurde im Jahr 2004 von der Witwe dem Museum Zitadelle Jülich übergeben und dort als »Fotosammlung Wirth« erschlossen. Ein Teil der Fotos hat – leider z.T. sehr kleinformatig – in dem Buch von Hanns Ott, Rheinische Wasserburgen. Geschichte – Formen – Funktionen. Ein Handbuch, Würzburg 1984, Verwendung gefunden. Herbert Wirth fotografierte und filmte in seiner Freizeit, wobei er auch Naturaufnahmen machte. Regelmäßig wurden Bilder von ihm in den Jahreskalendern des Rheinischen Vereins für Denkmalpflege und Landschaftsschutz veröffentlicht.
Nach der Teilnahme am Zweiten Weltkrieg in den Jahren 1942 bis 1945 studierte Herbert Wirth bis 1951 Chemie; 1953 wurde er promoviert. Seine erste Stelle trat er bei der Firma Henkel an, die er 1966 verließ, um zur Firma Dragoco in Holzminden zu wechseln. Von 1969 bis 1985 war er Dozent, später Professor, an der Staatlichen Ingenieurschule Jülich bzw. Fachhochschule Aachen, Abteilung Jülich. In Jülich fand er seinen endgültigen Lebensmittelpunkt. (Ich danke seiner Tochter Sabine Wirth, Köln, für die Übermittlung der Daten zur Biographie.)

Ausführlich würdigt Udo Mainzer Jülich in seinem Überblick zur Renaissance-Architektur im Rheinland. So spricht er von einer »fulminante[n] Ouvertüre nach italienischer Renaissance-Partitur bei partiell anklingender niederländischer Interpretation«, wobei er davon ausgeht, »dass Pasqualini vor allem das Architekturtraktat des Sebastiano Serlio bestens kannte, das nach seinem ersten Erscheinen 1537 in Venedig bereits zwei Jahre später in Amsterdam verlegt worden war.«[17]

Ausgehend von neueren bauhistorischen Untersuchungen – namentlich durch Norbert Nußbaum[18] – sieht Mainzer im »vollständigen Neubau von Schloss Jülich« den »zentralen Ausgangspunkt für die Renaissance im Rheinland [...]. Von hier hat sich offenbar hauptsächlich die Loggia als ein charakteristisches Architektursignum der Renaissance im Rheinland verbreitet...«. Mainzer bleibt bei dieser Feststellung jedoch nicht stehen, sondern weitet den Blick auf die inschriftlich 1533 datierte Loggia der Burg Binsfeld, die in gotisierenden Formen errichtet wurde (Abb. 9). Vor dem Hintergrund der aktuellen Diskussion um den »Renaissance«-Stilbegriff[19] fällt es ihm dann nicht schwer, »in einer Bauschöpfung wie der Loggia in Binsfeld ein Kunstwerk der Renaissance [zu] erblicken« und diese als »Initialbau der Renaissance-Architektur im Rheinland zu fixieren«.[20]

In eine ähnliche Richtung geht die von Krista De Jonge und Konrad A. Ottenheym herausgegebene und weitgehend selbst verfasste Überblicksdarstellung zu »Einheit und Zweispalt in den architektonischen Verwandtschaften zwischen den Südlichen und den Nördlichen Niederlanden zwischen 1530 und 1700«.[21] Das Werk ist sehr hilfreich zur Einordnung der pasqualinischen Architektur in größere Zusammenhänge. Als ein frühes Beispiel der Antikenrezeption wertet De Jonge den Turm der Reformierten Kirche in IJsselstein, den sie – in der Tradition der älteren Forschung – Alessandro Pasqualini zuschreibt.[22] Im Abschnitt über die »Standardisierung der ›Antikischen‹ Architektur« (1539-1543) behandelt sie auch die Auseinandersetzung zwischen Willem van Noort und Jacob van den Borch bei der auch ein »Meister Alexander« genannt wird.[23] Im Gegensatz zu früheren Publikationen ist sie nun

---

17 Udo Mainzer, Zur Genese der Renaissance-Architektur im Rheinland. Elfte Sigurd Greven-Vorlesung, Köln 2007, hier: S. 15 u. S. 10.

18 Norbert Nußbaum, Rheinische Arkadenhöfe des 16. Jahrhunderts, in: Claudia Euskirchen u. a. (Hrsg.), Hörsaal, Amt und Marktplatz. Forschung und Denkmalpflege im Rheinland. Festschrift für Udo Mainzer zum 60. Geburtstag, Regensburg 2005, S. 71-92.

19 Norbert Nußbaum/Claudia Euskirchen/Stephan Hoppe (Hrsg.), Wege zur Renaissance. Beobachtungen zu den Anfängen neuzeitlicher Kunstauffassung im Rheinland und in den Nachbargebieten, Köln 2003; Stephan Hoppe/Matthias Müller/Norbert Nußbaum (Hrsg.), Stil als Bedeutung in der nordalpinen Renaissance. Wiederentdeckung einer methodischen Nachbarschaft. 2. Sigurd Greven-Kolloquium zur Renaissanceforschung, Regensburg 2008. Vgl. auch die vom 12 bis 16. Juni 2007 in Paris am Centre André Chastel – Institut national d'histoire de l'art durchgeführte internationale Tagung »Le Gothique de la Renaissance« unter der wissenschaftlichen Leitung von Monique Chatenet, Krista De Jonge, Ethan Matt Kavaler und Norbert Nußbaum.

20 Mainzer 2007 (wie Anm. 17), S. 37.

21 Krista De Jonge/Konrad Ottenheym (Hrsg.), Unity and Discontinuity. Architectural Relationships between the Southern and Northern Low Countries (1530-1700) (= Architectura Moderna, Bd. 5), Turnhout 2007.

22 Krista De Jonge, in: dies./Ottenheym 2007 (wie Anm. 21), S. 28.

23 Krista De Jonge, in: dies./Ottenheym 2007 (wie Anm. 21), S. 48f.

vorsichtiger, diesen mit Alessandro Pasqualini gleichzusetzen.[24] *Im Kapitel zur Hofarchitektur (»Antikisches angepasst« 1530-1560) stellt De Jonge die Residenzbauten in den Niederlanden vor, die am Beginn der Renaissance im antikisierenden Gewand stehen: Breda, Buren, Boussu und Mariemont. Im Abschnitt zu Buren, der Residenz der Grafen von Egmond,*[25] *führt sie Alessandro Pasqualini als Nachfolger des 1531 verstorbenen Rombout II Keldermans ein. Interessant ist die hier gezeigte Rekonstruktion der Arkatur von Schloss Buren anhand der erhaltenen Fragmente.*[26] *Die in Breda unter der Leitung von Andries Seron oder Serroen gearbeiteten Werksteine sind aus »›black‹ dolomite stone« aus Hessen oder Thüringen, einem in den Niederlanden äußerst selten verwendeten Material. Es ist gut vorstellbar, dass der Entwurf für die Arkade von Tommaso Vincidor, der für den Bau von Schloss Breda verantwortlich zeichnete, stammt und nicht von Pasqualini. Ebenfalls von Seron gearbeitet wurden zwei aufwändige Kamine, die Pasqualini bei ihm im Auftrag der Egmonds bestellt hatte. Die erhaltenen Fragmente zeigen eine sehr feine Qualität.*[27] *Das für Jean de Hennin-Liétard in den 1540er Jahren errichtete Schloss Boussu wurde von Jacques Du Broeucq entworfen. Die erhaltenen Architekturelemente zeigen, dass Du Broeucqs Formensprache ihre Wurzeln in der römischen Hochrenaissance hat. Für De Jonge sind die Verwendung der Säulenordnung und die Bossierungen bei der Toskanischen Ordnung von außergewöhnlicher Qualität für die Niederlande, gerade auch im Hinblick auf das Fehlen von Normabweichungen. Dagegen setzt sie Jülich: »The rustication at Jülich, for instance, although executed under the supervision of Alessandro Pasqualini, shows numerous errors in the stereotomy (see the low plinth of the chapel apse).«*[28] *Das erste Kapitel des Buches, das der frühen Antikenrezeption gewidmet ist, endet mit der Frage nach »Imperialer Architektur« im Bezug auf die Zitadellen in Gent und Jülich. Die Größe und ihr moderner Charakter bezüglich ihrer Disposition (Axialität, Symmetrie) und ihrer Befestigung, heben die* palazzi in fortezza *in Gent und Jülich deutlich von zeitgenössischen adeligen Residenzen in den Niederlanden ab.*[29]

---

24 Krista De Jonge, Architekturpraxis in den Niederlanden in der frühen Neuzeit: Die Rolle der italienischen Militärarchitekten; der *status quaestionis*, in: Günter Bers/Conrad Doose (Hrsg.), Alessandro Pasqualini (1493-1559) und die Renaissance am Niederrhein. Kenntnisstand und Forschungsperspektiven, Jülich 1994, S. 363-383, hier: S. 365f.

25 Zu Floris von Egmond im Kriegsdienst Karls V. siehe Hans Cool, Florent d'Egmond et Adrien de Croy, les carrières exemplaires de deux chefs de guerre de Charles Quint, in: Jean-Marie Cauchies/Jacqueline Guisset (Hrsg.), Du métier des armes à la vie de cour, de la foreteresse au château de séjour: familles et demeures aux XIVe-XVIe siècles, Turnhout 2005, S. 205-216. Cool erwähnt auch Alessandro Pasqualini als Festungsbaumeister der Egmonds (S. 212).

26 Krista De Jonge, in: dies./Ottenheym 2007 (wie Anm. 21), S. 65, Abb. 65.

27 Vgl. hierzu G.W.C van Wezel, Het paleis van Hendrik III graaf van Nassau te Breda, Zwolle 1999, S. 125, Abb. 121.

28 Krista De Jonge, in: dies./Ottenheym 2007 (wie Anm. 21), S. 68, Anm. 241.

Einen Teil der »Einheit« innerhalb der Architekturgestaltung in den Südlichen und Nördlichen Niederlanden ist auch dem verwendeten Steinmaterial zu verdanken. Gabri von Tussenbroek gibt hierzu einen Überblick.[30] Alessandro Pasqualini, wie auch sein ältester Sohn Maximilian, arbeiteten in 's-Hertogenbosch (Festungsanlagen) bzw. in Sittard (Rathaus) mit der Familie Van Neurenberg zusammen, die über das Quasi-Monopol an Namurer Blaustein verfügten. Der Beitrag fasst die Ergebnisse einer größeren Studie zusammen,[31] die im Hinblick auf die Pasqualinis schon 1999 vorgestellt wurde.[32]

In der von den Herausgebern verfassten Zusammenfassung wird die Rolle der spezialisierten Entwerfer aus Italien, wie Pasqualini und Vincidor in Abgrenzung zur älteren Literatur relativiert. Der Einfluss der Bildhauer-Architekten Jean Mone und Jacques Du Broeucq, die durch die Beherrschung der all'antica-Sprache den Titel artiste de l'empereur erlangten, sei viel größer gewesen und reichte über das ganze Land, ja in einzelnen Fällen bis nach Spanien.[33]

Die hier aufgeführten Arbeiten schärfen den Blick dafür, dass die herrschaftlichen Bauten aus dem Wechselspiel von Auftraggebern,[34] Baumeistern und Steinlieferanten entstanden sind. Erst in der Zusammenschau und der Berücksichtigung sozialgeschichtlicher Fragestellungen ergibt sich ein historisch abgesichertes Bild. Das Fehlen der Baurechnungen von Schloss und Zitadelle Jülich ist vor diesem Hintergrund besonders bedauerlich, da eine Kompensation mithilfe von Analogieschlüssen nur bedingt möglich ist.

Ein eher traditionelles Bild, das weniger von den Rahmenbedingungen als von den Baumeistern selbst ausgeht, entwirft Günther Binding in seiner Überblicksdarstellung zu den »Meister[n] der Baukunst«, dabei geht er auch knapp auf die Pasqualinis ein. Zu Jülich hält er fest: »... die erhaltene Außengliederung am Chor der Schlosskapelle knüpft unmittelbar an Lösungen an, die Raffael in Rom entwickelt hat.«[35]

---

29 Krista De Jonge, in: dies./Ottenheym 2007 (wie Anm. 21), S. 86.

30 Gabri van Tussenbroek, Building Materials an Trade. Changes in the Organisation of the Building Industry between North and South 1500-1650, in: De Jonge/Ottenheym 2007 (wie Anm. 21), S. 299-327.

31 Gabri van Tussenbroek, The Architectural Network of the Van Neurenberg Family in the Low Countries (1480-1640) (= Architectura Moderna, Bd. 4), Turnhout 2006.

32 Gabri van Tussenbroek, Das Netzwerk als Bauinstrument, in: Günter Bers/Conrad Doose (Hrsg.), ›Italienische‹ Renaissancebaukunst an Schelde, Maas und Niederrhein. Stadtanlagen – Zivilbauten – Wehranlagen, Jülich 1999, S. 531-545.

33 De Jonge/Ottenheym 2007 (wie Anm. 21), S. 336.

34 Dass sich Wilhelm V. mit Fragen der Architektur auseinangesetzt hat, darauf macht aufmerksam: Günter Bers, Ein italienisches Architekturbuch im Besitz Herzog Wilhelms V. von Kleve-Jülich-Berg: Das Werk des F.M. Grapaldi, in: Neue Beiträge zur Jülicher Geschichte, Bd. 10 (1999), S. 183-190.

Die Bedeutung Jülichs als Festungsstadt betont Klaus Jan Philipp in »Das Reclam Buch der Architektur«. Im Abschnitt zum Festungsbau bildet er die idealisierte Bauaufnahme Nicolaus Vrischleins ab, die sich im Germanischen Nationalmuseum Nürnberg befindet. Es handelt sich dabei jedoch eher um eine idealisierte Bauaufnahme, als um einen »Idealplan [...] nach den ersten Planungen des Bologneser Architekten Alessandro Pasqualini«.³⁶

Die Diskussion um Ideal- und Planstädte befruchtet die Untersuchung von Eva-Maria Seng zu »Neue[n] Ansätze[n] im Städtebau des 16. und 17. Jahrhunderts«. Sie hat sich mit Polizeiordnungen im Deutschen Reich beschäftigt, so auch mit der des Herzogtums Jülich-Berg von 1558. Die Idealstädte, darunter auch Jülich, sieht sie zu recht als Ausdruck der »Guten Policey« des frühneuzeitlichen Fürstenstaates.³⁷ In den Kontext der Reformpolitik Wilhelms V. von Jülich-Kleve-Berg und damit von »Modernisierung und Herrschaftsdarstellung in der Baukunst« ordnet auch Elisabeth M. Kloosterhuis die Bautätigkeit Alessandro Pasqualinis in Jülich ein: »Mit der Errichtung moderner Wehranlagen und Bauten im Stil der italienischen Renaissance konnte Herzog Wilhelm nach seiner Niederlage von Venlo [1543] der Welt deutlich zeigen, dass er der Herr eines modernen Territorialstaates war.«³⁸ In diesem Zusammenhang verdient es das Buch von Matthias Müller »Das Schloß als Bild des Fürsten« erwähnt zu werden, auch wenn der Jülicher Schlossbau hier nicht behandelt wird. Müller geht es um die Analyse herrschaftlicher Metaphorik in der Residenzarchitektur des Alten Reiches.³⁹ Ausgangspunkt seiner Überlegungen sind die landesherrlichen Residenzschlösser im mitteldeutschen Raum. Der Versuch, hier entwickelte Überlegungen zu verallgemeinern, stößt sehr schnell an Grenzen. So lässt sich der Jülicher Neubau nur schwerlich mit der Beobachtung

---

35 Günther Binding, Meister der Baukunst. Geschichte des Architekten- und Ingenieurberufes, Darmstadt 2004, S. 197.

36 Klaus Jan Philipp, Das Reclam Buch der Architektur, Stuttgart 2006, S. 195. S. hierzu auch: Bernhard Dautzenberg, Die Idealstadtanlage Jülich als Objekt der Forschung, in: Guido v. Büren (Hrsg.), Pasqualini-Studien I (= Jülicher Forschungen, Bd. 4), Jülich 1995, S. 69-81, hier: 73-76.

37 Eva-Maria Seng, Stadt – Idee und Planung. Neue Ansätze im Städtebau des 16. und 17. Jahrhunderts (= Kunstwissenschaftliche Studien, Bd. 108), München/Berlin 2003; vgl. hierzu auch die Besprechung durch Barbara Uppenkamp, in: Jülicher Geschichtsblätter, Bd. 72/73, 2004/2005 (2007), S. 341-344.

38 Elisabeth M. Kloosterhuis, Erasmusjünger als politische Reformer. Humanismusideal und Herrschaftspraxis am Niederrhein im 16. Jahrhundert (= Rheinisches Archiv, Bd. 148), Köln/Weimar/Wien 2006, S. 374; vgl. auch die nicht ganz fehlerfreie Kurzbiographie von »Alexander Pasqualini«, gemeint ist Alessandro Pasqualini, im Anhang S. 647f.

39 Matthias Müller, Das Schloß als Bild des Fürsten. Herrschaftliche Metaphorik in der Residenzarchitektur des Alten Reichs (1470-1618) (= Historische Semantik, Bd. 6), Göttingen 2004; vgl. hierzu die kritische Besprechung durch G. Ulrich Großmann und Anja Grebe, in: Kunstchronik, 59. Jg. (2006), H. 11, S. 566-572.

*»bauliche[r] Kontinuität als Repräsentationsformen im reichsfürstlichen Schloßbau«
in Verbindung bringen. Dagegen könnten sich seine »Anmerkungen« zu Hofordnungen »aus architekturhistorischer Sicht« für die weitere Erforschung der Verhältnisse am jülich-klevischen Hof als fruchtbar erweisen.*

Das Schloss in Düsseldorf war die bevorzugte Residenz der Herzöge von Jülich-Kleve-Berg. Dementsprechend wurde das Gebäude im 16. Jahrhundert aus- und umgebaut. Ralf Lommerzheim und Bernd Oesterwind geben einen Überblick zur Baugeschichte und stellen die archäologischen Befunde der Jahre 1991 und 1995 zum Schloss dar. Dadurch können einige baugeschichtliche Überlegungen konkretisiert werden, ohne dass sich am bisherigen Bild der Aktivitäten Alessandro Pasqualinis etwas ändert.[40] Interessant sind die archäologischen Befunde zur Zitadellenbastion am Alten Hafen (Bastion Maria Anna, später Graf Spee) und der anschließenden Kurtine, die über nahezu 50 m freigelegt wurde: »Im rückwärtigen Bereich wurde die Kurtine durch Stützmauerzüge und kasemattenartige, schmale Gewölbekeller stabilisiert. Die Räume dienten als Vorrats- und Waffenkammern. Verschiedentlich nachgewiesene Einbauten wie Kaminfundamente deuten auch auf das Vorhandensein von Küchen und Mannschaftsquartieren hin.«[41]

Das letzte Bauprojekt Alessandro Pasqualinis vor seinem Tod war der Ausbau der Festung Sparrenburg über Bielefeld mit einer Bastion, dem sogenannten Scherpentiner. Innerhalb des Historischen Vereins für die Grafschaft Ravensberg e.V. hat sich eine sehr aktive Arbeitsgruppe gebildet, die sich mit der Geschichte der Sparrenburg und ihrer zukünftigen Erschließung für Besucher beschäftigt. Zur Tätigkeit Pasqualinis konnten bisher keine neuen Erkenntnisse gewonnen werden, wenngleich die Baugeschichte der Sparrenburg nun in konziser Form neu vorliegt.[42] Die Sparrenburg war in der ersten Hälfte des 16. Jahrhunderts mit drei mächtigen Rondellen »beinahe Dürerscher Prägung«[43] ausgebaut worden. Inwieweit Dürers 1527

---

40 Ralf Lommerzheim/Bernd Oesterwind, Rheinzeiten. Archäologische Entdeckungen am Düsseldorfer Rheinufer, Düsseldorf, 2004, S. 108-131. Zuletzt: Hatto Küffner/Edmund Spohr (Hrsg.), Burg, Schloß und Galerie (= Düsseldorf. Eine Stadt zwischen Tradition und Vision), Kleve 2005 (erg. 2. Aufl. von dies., Burg und Schloß Düsseldorf. Baugeschichte einer Residenz [= Jülicher Forschungen, Bd. 6], Kleve 1999).

41 Lommerzheim/Oesterwind 2004 (wie Anm. 40), S. 139, leider ohne Datierung und Abbildung der Befunde.

42 Andreas Kamm, Sparrenburg. Burg – Festung – Wahrzeichen. Hrsg. und bearb. von Roland Siekmann (= 12. Sonderveröffentlichung des Historischen Vereins für die Grafschaft Ravensberg e.V.), Bielefeld 2007, S. 59-63; siehe auch ders., »Des Fürsten Kammer unter dem Dache«. Ein Beitrag zur Baugeschichte der Burg und Festung Sparrenburg vom 13.-17. Jahrhundert, in: Ravensberger Blätter, Heft 1, 2006 (Sonderheft »Burg und Festung Sparrenburg«), S. 1-30.

43 Hartwig Neumann, Festungsbaukunst und Festungsbautechnik. Deutsche Wehrbauarchitektur vom XV. bis XX. Jahrhundert (= Architectura Militaris, Bd. 1), Koblenz 1988, S. 218.

erschienener Traktat »*Etliche underricht zu befestigung der Stett / Schloß und flecken*« überhaupt Einfluss auf gebaute Festungsanlagen hatte, ist in der Forschung umstritten. Daniel Burger hat jüngst Dürers Werk kundig in die Entwicklung des deutschen Festungsbaus des 16. Jahrhunderts eingeordnet, wobei er auch Jülich als frühes Beispiel der Verwendung des italienischen Bastionärsystems anführt.[44]

II. Söhne und Enkel

Im Jahr 2004 feierte die Evangelische Kirchengemeinde Alpen am Niederrhein das 400-jährige Bestehen ihrer Kirche. Der ursprüngliche Bau war eine Stiftung der Kurfürstin Amalia von der Pfalz (1539-1602, gest. in Alpen), der Witwe des Kurfürsten Friedrich III. von der Pfalz (1515-1576). Ihr Schwager, Graf Arnold II. von Bentheim, setzte ihren Wunsch zum Neubau der Kirche und zur Stiftung eines prächtigen Epitaphs in der Gruftkapelle um. Das heutige Erscheinungsbild der ältesten reformierten Kirche Deutschlands (!) ist die Folge eines weitgehenden Neubaus nach einem verheerenden Brand im Jahr 1716. Der Bau von 1602/03 war in der bisherigen Forschung kaum berücksichtigt worden. Es ist das Verdienst von Joachim Daebel, diesem Umstand Abhilfe geschaffen zu haben: In einer umfassenden Baumonographie konnte er darlegen, dass der Ursprungsbau auf einen Entwurf von Johann Pasqualini d.J. zurückgeht.[45] *Dieser zeichnete auch für das Renaissance-Epitaph Amalias verantwortlich, das noch heute in der Kirche zu bewundern ist. Nach Daebel hat Johann neben den ihm schon zugeschriebenen Kirchenbauten auch die Schlosskapelle in Wevelinghoven gebaut. Seit 1600 stand er nämlich in den Diensten des Grafen Arnold II. von Bentheim und Steinfurt, der Herr der kurkölnischen Unterherrschaft Wevelinghoven war. Hier ließ er von Johann das Schloss, gemeint ist wohl das Haus Lievendal,*[46] *bis 1604 neu errichten. Diese und weitere Angaben können dem in Rheda erhaltenen Briefwechsel Pasqualinis und Arnolds entnommen werden. Folgende Aufgaben hatte demnach der fürstliche Baumeister übernommen, der zwischenzeitlich auch für die Kurfürsten von Mainz und Trier arbeitete: »Baupläne (Patronen) zeichnen, geeignete Handwerksmeister und Künstler suchen, deren Entwürfe (Verzeichnuß) oder Arbeiten*

---

44 Daniel Burger, »Unterricht zur Befestigung« (1527) und der deutsche Festungsbau des 16. Jahrhunderts, in: G. Ulrich Großmann/Franz Sonnenberger (Hrsg.), Das Dürer-Haus. Neue Ergebnisse der Forschung (= Dürer-Forschungen, Bd. 1), Nürnberg 2007, S. 261-288.

45 Joachim Daebel, Kurfürstin Amalia von der Pfalz und ihre Kirche zu Alpen 1604-2004, Regensburg 2004.

46 Hans Georg Kirchhoff, Grevenbroich – Die Stadtgeschichte. Von der Vorzeit bis zur Französischen Revolution (= Beiträge zur Geschichte der Stadt Grevenbroich, Bd. 17), Grevenbroich 2006, S. 253-255.

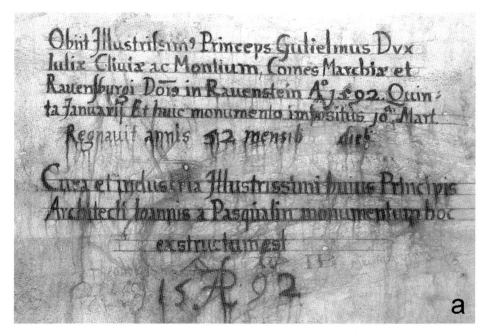

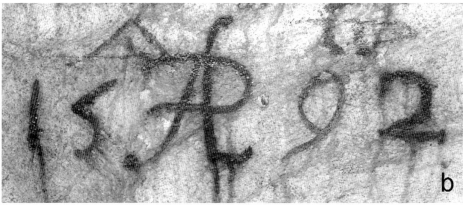

Abb. 10: Die Fürstengruft in St. Lambertus, Düsseldorf. (a) Bauinschrift an der westlichen Wand der Gruft. (b) Meisterzeichen Johann Pasqualinis d.J., Zustand 2008 (Fotos: Guido v. Büren).

begutachten, Verträge (Verdingnuß) mit Handwerksmeistern abschließen, Baustellen besichtigen und dort Anordnungen treffen, geeignetes Baumaterial einkaufen und Preisverhandlungen führen, Arbeitsabläufe koordinieren und den Bauherren beraten.«[47]

Aus Schriftquellen wusste man, dass Johann Pasqualini d.J. die herzogliche Gruft in St. Lambertus in Düsseldorf angelegt hat. Daebel bildet die erhaltene lateinische Inschrift an der westlichen Wand der Gruft mit dem legierten Meisterzeichen Johanns – J P (A?) – und der Jahreszahl 1592 ab: »Durch Sorgfalt und Fleiß des

Architekten dieses erlauchten Fürsten Johannis von Pasqualini ist dieses Monument errichtet worden« (Abb. 10a und b).[48] *Damit ist ein weiteres Meisterzeichen der Pasqualini-Dynastie überliefert, das sich an das ihres Begründers Alessandro anlehnt.*[49]

Aus den Briefen Johanns an Graf Arnold II. ergibt sich, dass er an verschiedenen Orten nach einem geeigneten Bildhauer für das Grabdenkmal Amalias von der Pfalz suchte. Nach seinen (groben) Vorgaben lieferten diese dann Patrone mit ihren Vorschlägen. Vermutlich wurde der Bildhauer Johannes Kock aus Brüggen beauftragt. Diese Vorgehensweise ist auch beim Epitaph des 1592 verstorbenen Herzogs Wilhelms V. denkbar. Der Vergleich zwischen dem Epitaph in Düsseldorf und dem in Alpen zeigt, dass Johann Pasqualini d.J. Einfluss auf die Gestaltung genommen hat.[50] *Man kann also, wie schon in der älteren Literatur vermutet, in Düsseldorf von einer Zusammenarbeit Pasqualinis mit dem Bildhauer Gerhard Scheben ausgehen, der bis auf diesen Auftrag nicht weiter belegt ist.*[51]

III. Das weitere Umfeld

Im Jahr 1506 wurde Érard de la Marck (1472-1538) Fürstbischof von Lüttich. Damit begann eine Glanzzeit für die Stadt an der Maas, die schwer unter der Zerstörung durch Karl den Kühnen 1468 zu leiden gehabt hatte. 1505/06 war Lambert Lombard geboren worden, der als Künstler noch in den Genuss der Förderung durch den Fürstbischof kommen sollte, schickte dieser ihn doch noch kurz vor seinem Tod zu einer Studienreise nach Italien. Dadurch wurde Lombard zu einer wichtigen Künstlerpersönlichkeit in der Vermittlung italienischer Kunstvorstellungen in die Niederlande, wenngleich seine künstlerischen Fähigkeiten doch begrenzt blieben. Es ist das Verdienst einer großen Ausstellung im Jahr 2006 in Lüttich, die Bewertung und Einordnung von Lombards Wirken auf eine neue Grundlage gestellt zu haben.[52] *Vor allem seine Antikenstudien und seine lebenslange Freundschaft mit Humanisten wie Stephanus Winandus Pighius, dem Erzieher des jülich-klevischen Erbprinzen Karl Friedrich,*[53] *wurden umfassend dokumentiert. Die Beschäftigung*

---

47 Daebel 2004 (wie Anm. 45), S. 223.
48 Daebel 2004 (wie Anm. 45), S. 244, Abb. 143.
49 Wie Anm. 2, S. 248, Abb. 4.
50 Daebel 2004 (wie Anm. 45), S. 243.
51 Dorothea Terpitz, Figürliche Grabdenkmäler des 15. bis 17. Jahrhunderts im Rheinland, Leipzig 1997, S. 174-178 u. S. 255-257 mit der älteren Literatur.
52 Godelieve Denhaene (dir.), Lambert Lombard. Peintre de la Renaissance Liège 1505/06-1566. Essais interdisciplinaires et catalogue de l'exposition (= Scientia Artis, Bd. 3), Brüssel 2006. Im Rahmen der Ausstellung fand auch eine Tagung statt; vgl. Ingrid Falque, Liège au XVIe siècle. Art et culture autour de Lambert Lombard. Colloque tenu à l'Université de Liège, 15-17 mai 2006, in: Kunstchronik, 60. Jg. (2007), H. 3, S. 109-114.

53 Wilhelm Diedenhofen, Die Italienreise des Prinzen Karl Friedrich von Jülich-Kleve-Berg 1574/75, Kleve 2008.

◂ Abb. 11: Lambert Lombard und Werkstatt (?), Die Heilung des Blinden durch St. Denis, 1533, Öl auf Holz, 73,5 x 61,5 cm, Musées royaux des Beaux-Arts de Belgique, Bruxelles, Inv.-Nr. 1405 (Reproduktion aus: Denhaene 2006 [wie Anm. 51], S. 483, Abb. 450).

▸ Abb. 12: Cristoforo Foppa, gen. Paradosso, Gründungsmedaille für St. Peter nach dem Entwurf von Bramante (Rückseite), 1506, Galvano des Exemplars in der Staatlichen Münzsammlung München, Museum Zitadelle Jülich, Inv.-Nr. 1993-0014 (Foto: Siegfried Peters).

◂ Abb. 13: Die Apsis der Jülicher Schlosskapelle (Foto: Bernhard Dautzenberg).

Lombards mit zeitgenössischer römischer Architektur wird an einem 1533 in seiner Werkstatt geschaffenen, dem Hl. Denis gewidmeten Gemäldezyklus für die Lütticher Kirche Saint-Denis greifbar, der ursprünglich die Predella des dem Heiligen Denis geweihten Altars schmückte. Ein heute in Brüssel befindliches Gemälde aus dem Zyklus zeigt die Heilung des Blinden durch Denis.[54] Im Hintergrund ist ein prächtiger Tempel in antikisierender Gestalt zu sehen (Abb. 11). Dessen Aufbau lehnt sich an dem durch eine 1506 gefertigte Medaille dokumentierten Entwurf Bramantes für St. Peter in Rom an (Abb. 12).[55] Seit 1517 kursierte zudem eine Kupferstichreproduktion der Medaille durch Agostino Veneziano. Das von Lombard übernommene Motiv der halbrunden Apsis mit Kalotte und Laterne vor einem

---

54 Denhaene 2006 (wie Anm. 51), S. 483f., Kat.-Nr. 128.
55 Barock im Vatikan. Kunst und Kultur im Rom der Päpste II 1572-1676. Ausst.-Kat. Bonn/Berlin, Leipzig 2005, S. 75, Kat.-Nr. 2 (Jens Niebaum).

Dreiecksgiebel kennzeichnet auch den Entwurf Alessandro Pasqualinis für die Schlosskapelle in der Zitadelle Jülich (Abb. 13).[56]

Verstärkt in den Blick genommen wurde in den letzten Jahren die Entwicklung des frühneuzeitlichen Festungsbaus in den Niederlanden, vor allem im Hinblick auf die frühe Verwendung des Bastionärsystems. Neue Erkenntnisse zu Alessandro Pasqualini wurden dabei zwar nicht gewonnen, seine Tätigkeit wurde aber in einen größeren Zusammenhang eingeordnet. Auf die Arbeit von Ben Roosens habe ich bereits weiter oben verwiesen.[57] *Aus seiner Feder stammen auch einige interessante Aufsätze, so zur Umformung mittelalterlicher Burgen zu frühneuzeitlichen Festungen im 16. Jahrhundert am Beispiel von Gravelines, Renty und Namur.*[58] *Gemeinsam mit Charles van den Heuvel publizierte er zwei Überblicksdarstellungen in Aufsatzform.*[59] *Vorbildhaft ediert wurden auch Untersuchungen an den erhaltenen Bastionen in Utrecht, die Kaiser Karl V. durch Willem van Noort und Donato Bono nach 1540 errichten ließ.*[60] *Sie zeigen interessante konstruktive Parallelen zu den Bastionen Alessandro Pasqualinis in Jülich, wenngleich die Gestaltung der zurückgezogenen Flankenstellungen und der Zugänge anders war (Abb. 14).*

Im Zusammenhang mit dem Festungsbau in den Niederlanden ist auch auf die Persönlichkeit des Peter Ernst von Mansfeld (1517-1604) zu verweisen, dem im Jahr 2007 ein ambitioniertes Forschungs- und Ausstellungsprojekt in Luxemburg gewidmet war.[61] *Er war seit 1545 als Gouverneur der Provinzen Luxemburg und Namur für den Festungsbau in diesem Gebiet verantwortlich.*[62] *Anlass für das Luxemburger*

---

56 Franz Graf Wolff-Metternich, Alessandro Pasqualini aus Bologna und die Verbreitung bramantescher Architektursprache in Deutschland, in: Doose/Lauenstein (wie Anm. 3), im Druck.

57 Vgl. Anm. 11. S. auch Ben Roosens, Guerres, fortifications et ingénieurs dans les anciens Pays-Bas à l'époque de Charles Quint, in: Château Gaillard, Bd. 19 (2000), S. 257-268.

58 Ben Roosens, The transformation of the medieval castle into an early modern fortress in the 16th century. Some examples from the southern border of the Low Countries: Gravelines, Renty and Namur, in: Château Gaillard, Bd. 18 (1998), S. 193-206.

59 Charles van den Heuvel/Bernhard Roosens, Los Países Bajos. Las Fortificaciones y la coronación de la defensa del Imperio de Carlos V, in: Carlos José Hernando Sánchez (Hrsg.), Las Fortificaciones de Carlos V, Madrid 2000; dies., Administration, Engineers and Communication under Charles V. The Transformation of Fortification in the Low Countries in the first half of the 16th Century, in: Angela Maroni (Hrsg.), Fortezza d'Europa. Forme, professioni e mestieri dell'architettura difensiva in Europa e nel mediterraneo spagnolo, Rom 2003, S. 411-427.

60 Bart Klück/Agnes Hemmes/René de Kam, Het Utrechtse antwoord. De Bastions van Karel V (= Utrechtse stadsgeschiedenissen, Bd. 2), Utrecht 2004.

61 Jean-Luc Mousset/Krista De Jonge (Hrsg.), Un prince de la Renaissance. Pierre-Ernest de Mansfeld (1517-1604). Ausst.-Kat., 2 Bde., Luxemburg 2007. Vgl. auch die Besprechung durch Andreas Tacke und Markus Trunk, in: Kunstchronik, Jg. 61 (2008), H. 7, S. 339-342.

62 Pieter Martens, Pierre-Ernest de Mansfeld et les ingénieurs et architectes militaires, in: Hémecht. Zeitschrift für Luxemburger Geschichte, Jg. 56 (2004), H. 4, S. 475-495.

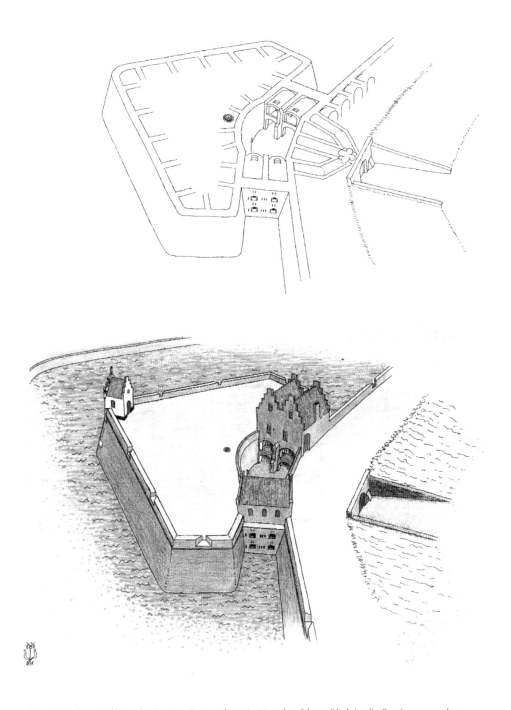

Abb. 14: Rekonstruktion der Bastion Zonnenburg in Utrecht. Oben: Blick in die Bastion unter dem Niveau des Stadtwalls mit Zugang zu den zurückgezogenen Flanken. Unten: Rekonstruktion der Bastion mit Brustwehr, Arsenalgebäude, Wohnhaus und Beobachtungshäuschen. Zeichnung von Bart Klück (Reproduktion aus: Klück/Hemmes/de Kam 2004 [wie Anm. 60], S. 68).

Projekt war die Wiederentdeckung des Schlosses »La Fontaine« in Clausen, das sich Peter Ernst von Mansfeld in der zweiten Hälfte des 16. Jahrhunderts hatte errichten lassen. Die großzügige Anlage, die durch archäologische Untersuchungen und eine zeitgenössische Ansicht erschlossen werden kann, gehört zu den ambitioniertesten Schlossbauten dieser Zeit in den Niederlanden.[63] Da Peter Ernst von Mansfeld ohne männlichen Erben verstarb, vererbte er seine umfangreiche Kunstsammlung dem spanischen König Philipp III. Das Schloss verfiel und geriet nahezu vollständig in Vergessenheit. Auch wenn keine direkten Bezüge zwischen den Bauten Alessandro Pasqualinis und dem Schloss »La Fontaine« feststellbar sind, ergibt sich hier ein weiterer Baustein für die Rekonstruktion der einst reichen Kulturlandschaft der Renaissance im niederländisch-niederrheinischen Raum.

Ausgehend von dem bastionierten Schloss Steinau an der Straße gibt Christian Ottersbach einen aktuellen Überblick zur Entwicklung der Bastion im deutschsprachigen Raum, wobei Jülich selbstredend nicht fehlen darf.[64]

An dieser Stelle sei noch auf die Publikationen zum Château des Maulnes in Nordfrankreich verwiesen, die im Rahmen umfassender bauhistorischer Untersuchungen des Lehrstuhls für Baugeschichte und Denkmalpflege der RWTH Aachen entstanden sind. Der fünfeckige Grundriss gemahnt an ein bastioniertes Schloss, wenngleich es sich hier um ein aufwändiges Jagdschloss handelt. In dem von Jan Pieper herausgegebenen Sammelband, der auf eine Tagung in Aachen im Jahr 2001 zurückgeht, gibt Krista De Jonge eine fundierte Einordnung der Architektur des Schlosses in die nordeuropäische Entwicklung der Renaissancearchitektur, wobei sie auch kurz Jülich streift.[65] Erwähnenswert ist auch der Beitrag von Nils Meyer zu »Bedeutungsebenen im Festungsbau«, der die zeitgenössische Metaphorik des Festungsbaus hinterfragt.[66] Mit der monumentalen Abschlusspublikation wurde dem eigenwilligen Schlossbau schließlich ein Denkmal ganz eigener Art gesetzt, wie es das wohl kein zweites Mal geben wird.[67]

---

63 Krista De Jonge, La place du château de Mansfeld dans la Renaissance des anciens Pays-Bas, in: Hémecht. Zeitschrift für Luxemburger Geschichte, Jg. 56 (2004), H. 4, S. 433-449.

64 Christian Ottersbach, Steinau an der Straße – ein frühes bastioniertes Schloss, in: Marburger Correspondenzblatt zur Burgenforschung, Bd. 5 (2005/2006), S. 51-80, hier: S. 72.

65 Krista De Jonge, Maulnes et le développement de l'architecture en Europe du Nord au milieu du 16ème siècle. Quelque remarques, in: Jan Pieper (Hrsg.), Das Château de Maulnes und der Manierismus in Frankreich (= Aachener Bibliothek, Bd. 5), München/Berlin 2006, S. 143-156.

66 Nils Meyer, Bedeutungsebenen im Festungsbau. Die Geometrie der fünfeckigen Grundstruktur des Château de Maulnes im Kontext zeitgenössischer Metaphorik, in: Pieper 2006 (wie Anm. 65), S. 157-174.

67 Jan Pieper, Maulnes-en-Tonnerrois. Ein Konstrukt aus dem Geiste des Manierismus. Architektur der Skepsis, des Glaubens, der Ziviltoleranz, Stuttgart/London 2007.

Abb. 15: Standbild aus der virtuellen Rekonstruktion der Entwurfsskizzen für den Festungsbau in Florenz (Foto: Architetcura Virtualis GmbH, Darmstadt).

Abschließend sei noch auf ein besonderes Projekt hingewiesen, an dem das Jülicher Museum beteiligt war: Ausgangspunkt für das Bastionärsystem war Italien. Bedeutende Künstler nahmen an der rasanten Entwicklung der Militärarchitektur in den Jahrzehnten um 1500 teil. Zu diesen gehörte auch Michelangelo, der 1528 und 1529 mit der teilweisen Neubefestigung der Stadt Florenz beschäftigt war. Im Jahr 1527 hatte es in Florenz einen zunächst erfolgreichen Aufstand der Einwohner gegen die Herrschaft der Medici gegeben. Dem Wirken Michelangelos in dieser Zeit war in der Reihe »Zeichenkunst« die Ausstellung »Michelangelo. Die ›Leda‹ und die Zweite Florentinische Republik« im Rheinischen LandesMuseum Bonn gewidmet.[68] Hier waren auch drei Zeichnungen Michelangelos mit Festungsentwürfen ausgestellt.[69] Mit Hilfe des Museums Zitadelle wurde der Ausstellungsbereich zum frühneuzeitlichen Festungsbau gestaltet, in den Michelangelos Skizzen

---

68 Michelangelo. La »Leda« e la seconda Repubblica fiorentina. Die »Leda« und die zweite florentinische Republik. Ausst.-Kat. Turin/Bonn, Mailand 2007.

einzuordnen sind. Als ein rheinischer Bezugspunkt wurden in der Ausstellung Stadt und Zitadelle Jülich vorgestellt. Darüber hinaus war das Museum maßgeblich daran beteiligt, zwei der Entwürfe, die sich auf die Porta al Prato d'Ognissanti beziehen, virtuell zu rekonstruieren (Abb. 15).[70] Es zeigte sich, dass die auf den ersten Blick phantastisch anmutenden Entwurfsideen Michelangelos durchaus Realitätsbezug haben, wenn sie auch nie umgesetzt wurden.

Guido v. Büren

---

69 Zu dem Zeichnungskomplex zuletzt: Horst Bredekamp, Im Zustand der Belagerung. Michelangelos Prinzip der Kompilation, in: Peter C. Bol (Hrsg.), Das Modell in der bildenden Kunst des Mittelalters und der Neuzeit. Festschrift für Herbert Beck, Petersberg 2006, S. 65-84. Vgl. hierzu die kritischen Anmerkungen von Elmar Brohl, in: Festungsjournal, H. 30 (2007), S. 88f.

70 Die vom Rheinischen LandesMuseum Bonn, einem Museum des Landschaftsverbandes Rheinland, in Auftrag gegebene 3D Computer Simulation wurde von der Architectura Virtualis GmbH (Marc Grellert, Egon Heller, Manfred Koob und Jacob Reising) erstellt. Die wissenschaftliche Beratung erfolgte durch Lothar Altringer, Guido v. Büren, Silke Günnewig, Wolfgang Liebenwein und Ulrike Theisen. Eine Publikation hierzu ist in Vorbereitung.

Stephan Hoppe

Artilleriewall und Bastion
Deutscher Festungsbau der Renaissancezeit im Spannungsfeld zwischen apparativer und medialer Funktion[1]

In jüngster Zeit hat die Erforschung einzelner Festungsbauten im renaissancezeitlichen Deutschland und ihre Einordnung in einen übergreifenden Entwicklungsprozess große Fortschritte gemacht. Dies ist vor allem den Arbeiten von Hartwig Neumann, Ulrich Schütte, Thomas Biller, Elmar Brohl und jüngst Daniel Burger zu verdanken.[2]

---

1 Erste Anregungen für den vorliegenden Beitrag gingen von der Tagung »Vraie et fausse fortification: les ›signes militaires‹ dans l'architecture de la Renaissance«, in Tours vom 13. bis 16. Juni 2000 aus. Der Verfasser dankt Jean Guillaume herzlich für die Einladung und ebenso Norbert Nußbaum sowie Elmar Brohl für weitere wichtige Verbesserungsvorschläge am Manuskript. Dessen Ausarbeitung 2007/2008 konnte wesentlich von einem Stipendium der Fritz Thyssen Stiftung für Wissenschaftsförderung zum Thema »Architekturzeichnungen in der nordalpinen Renaissance« profitieren.

2 Hartwig Neumann, Festungsbaukunst und Festungsbautechnik, Deutsche Wehrarchitektur vom XV. bis XX. Jahrhundert, Koblenz 1988. Ulrich Schütte, Das Schloß als Wehranlage, Befestigte Schloßbauten der frühen Neuzeit, Darmstadt 1994. Thomas Biller, Die Wülzburg. Architekturgeschichte einer Renaissancefestung, München 1996. Elmar Brohl, Polnische Einflüsse auf den frühen Festungsbau in Mitteldeutschland um 1500, in: ders. (Hrsg.), Militärische Bedrohung und bauliche Reaktion. Festschrift für Volker Schmidtchen, Marburg/Lahn 2000, S. 14-44. Weitgehend damit übereinstimmend: Elmar Brohl, Polnische Einflüsse auf den frühen Festungsbau in Mitteldeutschland um 1500, in: Heiko Laß (Hrsg.), Von der Burg zum Schloss. Landesherrlicher und adeliger Profanbau in Thüringen im 15. und 16. Jahrhundert, Bucha bei Jena 2001, S. 117-132. Elmar Brohl, Kein anderer Trost als Gott und meine Festungen. Landgraf Philipps Festungsbau, in: Ursula Braasch-Schwersmann/Hans Schneider/Wilhelm Ernst Winterhager (Hrsg.), Landgraf Philipp der Großmütige 1504-1567. Hessen im Zentrum der Reform. Begleitband zu einer Ausstellung des Landes Hessen, Marburg, Neustadt an der Aisch 2004, S. 93-103; maßgebend ist hierzu die erweiterte Fassung: Elmar Brohl, Der Festungsbau des hessischen Landgrafen Philipp 1518-1567, in: Festungsjournal. Zeitschrift der Deutschen Gesellschaft für Festungsforschung e.V., H. 27, Februar 2006, S. 26-50. Daniel Burger, Landesfestungen der Hohenzollern in Franken und Brandenburg, Kulmbach 2000. Vgl. auch die einschlägigen Abschnitte in: Horst Wolfgang Böhme u.a. (Hrsg.), Burgen in Mitteleuropa. Ein Handbuch, 2 Bde., Stuttgart 1999. Alle genannten Arbeiten bieten ausführliche und aktuelle Bibliographien zum Thema des Wehrbaus in Deutschland. Es kann im Rahmen des vorliegenden Textes nur die wichtigste und neueste Literatur genannt werden. Es ist signifikant, dass das Thema in Hitchcocks Geschichte der Renaissancearchitektur praktisch nicht existent ist: Henry-Russell Hitchcock, German Renaissance Architecture, Princeton/New Yersey 1981. Die ansonsten materialreiche Studie von Duffy verzichtet weitgehend auf eine Darstellung der Entwicklung in Deutschland im 16. Jahrhundert; Christopher Duffy, Siege warfare. The fortress in the early modern world 1494-1660, London 1979.

Dabei werden in der Regel zwei formalorientierte Klassen von Befestigungsweisen unterschieden: eine nichtbastionäre und eine durch italienische Einflüsse bestimmte bastionäre Wehrbautradition. Beide Klassen unterscheiden sich nicht nur im Anteil der Aufmerksamkeit, die ihnen von der Forschung zuteil wird,[3] sondern auch in den mit ihnen verbundenen Interpretationen. In der Regel wird ihre jeweilige Position in einem analytischen Feld zwischen den Polen apparativer und medialer (symbolischer) Funktionalität sehr unterschiedlich eingeschätzt. Umberto Eco hat in Bezug auf die Semiotik von Architektur zwei Ebenen unterschieden: die Dekodierung einer *ersten Funktion* (das wäre bei den im folgenden betrachteten Wehrbauten z. B. die Abwehr einer Belagerung) und die Konnotierung einer *zweiten Funktion* (z. B. eine Abschreckungsgeste oder das Repräsentieren staatlicher Souveränität).[4] Nach diesen Kategorien Ecos kann die zur Zeit gültige Forschungsmeinung etwa wie folgend beschrieben werden: Mit dem Aufkommen des Bastionärschemas um 1530/40 verloren Befestigungen in Mitteleuropa, die mit älteren baulichen Strategien operierten, wie z. B. mit Rondellen, weitgehend ihre *erste Funktion* zugunsten eines nunmehrigen deutlichen Überwiegens der *zweiten Funktion*. »Seit dem zweiten Viertel des 16. Jh. können zahlreiche Schlösser einer eventuellen Belagerung mit schwerer Artillerie keinen wirklichen Schutz mehr entgegensetzen; denn diesen gewähren von nun an einzig Wall und Bastion. Dort, wo Fürsten und Adelige auf das Bastionärsystem verzichten, ist keine effektive Verteidigung mehr möglich.«[5] Während somit bastionäre Anlagen von der Forschung vor allem als notwendige und rational begründete Anpassungen an den technologischen Fortschritt aufgefasst werden, sollen zeitgleiche alternative Bauweisen hauptsächlich durch Gewohnheit und Verzicht auf funktionale Tauglichkeit zugunsten symbolischer Gesten bestimmt sein.[6] Die *apparative Funktion* nichtbastionärer Wehrbauten soll zunehmend hinter ihre *mediale* zurückgetreten sein.

Sowohl Thomas Biller als auch Ulrich Schütte weisen jedoch darüber hinaus auf die Notwendigkeit einer differenzierteren Analyse hin. So versucht beispielsweise Biller in der Gegenüberstellung der elsässischen Burgen Hohkönigsburg (ab 1479 umgebaut) und Mörsberg/Morimont (ab etwa 1515) anhand der topographischen

---

3 Biller hat z. B. der Einführung und Verbreitung des Bastionärkonzeptes in Deutschland eine von großer Sachkenntnis getragene Darstellung gewidmet, der zur Zeit nichts Vergleichbares in Bezug auf die Artillerierondelle zur Seite steht; Biller 1996 (wie Anm. 2), S. 24-32. Vgl. zu dem Thema im europäischen Kontext: John R. Hale, The early development of the bastion. An Italian chronology c. 1450 - c. 1534, in: Europe in the late middle ages, London 1965, S. 466-474.
4 Umberto Eco, Einführung in die Semiotik, 5. Aufl., München 1985, S. 315-317.
5 Schütte 1994 (wie Anm. 2), S. 233.
6 So beispielsweise Neumann 1988 (wie Anm. 2), S. 222 oder S. 227; Biller 1996 (wie Anm. 2), S. 25 oder 26; Burger 2000 (wie Anm. 2), S. 86 oder S. 365ff.

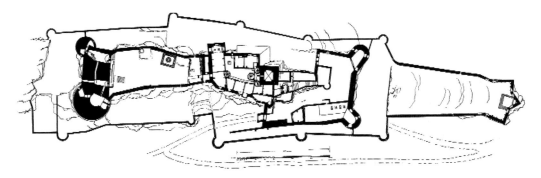

Abb. 1: Die mittelalterliche Hohkönigsburg/Hautekönigsburg (Elsaß) wurde ab 1479 zur Artillerieverteidigung ausgebaut. Thomas Biller führt diesen Bau als Beispiel für eine funktional gut durchdachte und vermutlich in der Praxis effiziente Verteidigung durch Kanonenrondelle und immense Mauermassen an (Zeichnung Ebhardt).

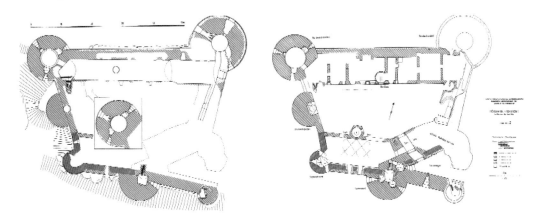

Abb. 2: Die Burg Mörsberg/Morimont (Elsaß) erhielt ab etwa 1515 Kanonentürme. Thomas Biller bezweifelt in diesem Fall die reale Verteidigungsfähigkeit der Anlage und sieht in den Rondellbauten vor allem eine symbolische Geste (Zeichnung Biller).

Situation, der Schießschartenanordnung und anderem zwischen wehrtechnisch effizienten (Hohkönigsburg) und funktional eher fragwürdigen Lösungen (Mörsberg) in der Klasse der Rondellanlagen zu unterscheiden (Abb. 1 und 2).[7] Schütte nimmt funktionale Schwächen auch bei bestimmten Bastionärsystemen wahr und erinnert an die grundsätzliche Möglichkeit, auch nichtbastionäre Verteidigungsbauten für die militärische Praxis zu aktivieren.[8] Von besonderer Bedeutung im vorliegenden Zusammenhang ist seine Beobachtung, dass die Bastion immer mehr

---

7 Thomas Biller, Mörsberg/Morimont im Sundgau. Das Ende des Burgenbaus zwischen Symbolik und Funktion, in: Château Gaillard, 15 (1992), S. 33-44.
8 Schütte 1994 (wie Anm. 2), S. 245ff.
9 Schütte 1994 (wie Anm. 2), S. 213f.

auch als Zeichen einer herausgehobenen Position ihres Bauherren in der ständischen Hierarchie fungiert.⁹ Hier knüpft er an Autoren wie Stanislaus von Moos an, der bereits in den 1970er Jahren anhand italienischer Beispiele beschrieben hat, in welcher Weise die neuartige, polygonale Bastion zu einer dezidierten semiotischen Aufladung geeignet war.¹⁰

Abb. 3: Burg Nannstein (bei Kaiserslautern). Der große Artillerieturm von 1518 und jüngere Ergänzungen (Zeichnung Ebhardt).

Im Folgenden soll der von Thomas Biller und Ulrich Schütte propagierte, differenzierende Gedankengang aufgegriffen werden. Hauptziel ist es dabei zu zeigen, dass die militärtaktisch apparative Funktionsdifferenz zwischen bastionären und nichtbastionären Befestigungsweisen des 16. Jahrhunderts wahrscheinlich deutlich

---

9 Schütte 1994 (wie Anm. 2), S. 213f.
10 Stanislaus von Moos, Turm und Bollwerk. Beiträge zu einer politischen Ikonographie der italienischen Renaissancearchitektur, Zürich/Freiburg i. Br. 1974. Vgl. auch: Charles van den Heuvel, Papiere bolwercken. De introductie van de Italiaanse stede- en vestingbouw in de Nederlanden (1540-1609) en het gebruik van tekeningen, Alphen aan den Rijn 1991, dort das Kapitel »Vestingbouw als onderwerp van kunst- en architectuurhistorisch onderzoek: een histiografische verkenning«, S. 1-22.

geringer ausfiel, als es die formale Typologie vermuten lässt. Zumindest andeutungsweise soll im Anschluss daran die Frage nach den Gründen für die zunehmende Verbreitung des bastionären Systems neu formuliert werden, ohne allerdings hier bereits eine umfassende Antwort geben zu können.

Das Artillerierondell

In der Regel wird der Fall der Burg Nannstein bei Kaiserslautern in der Pfalz herangezogen, um exemplarisch die Problematik der Verteidigungsfähigkeit von befestigten Plätzen in Mitteleuropa gegen die moderne renaissancezeitliche Belagerungsartillerie zu belegen (Abb. 3). 1518 hatte der Reichsritter Franz von Sickingen begonnen, die mittelalterliche Höhenburg durch ein Artillerierondell mit einem Grundrissdurchmesser von fast 27 Metern und teilweise über 5 Meter dicken Mauern sichern zu lassen. Ähnliche Rondelle waren in Mitteleuropa seit etwa 1430 entwickelt worden (z. B. Stadtbefestigung von Tábor in Böhmen vor 1433, Burg Sion, um 1426/27, auf jeden Fall vor der Belagerung 1437), wobei die Erfahrungen der Hussitenkriege eine katalysierende Rolle gespielt haben dürften.[11] Frühe deutsche Vertreter sind noch heute in der bereits genannten Hohkönigsburg von 1479, in Friedewald (ab 1476) (Abb. 4 und 5), Herzberg (ab 1477), Breuberg (um 1480), Halle a. d. Saale (ab 1484), Burghausen a. d. Salzach (um 1488) oder Heidelberg (um 1490/1500) zu studieren.[12] Trotz ihres kostspieligen Wehrbaus war die Burg Nannstein jedoch im Jahre 1523 nicht gegen eine ernsthafte Belagerung zu verteidigen; sie kapitulierte, nachdem sie vom 29. April bis zum 6. Mai durch moderne Belagerungsartillerie beschossen worden war.[13]

Die Konsequenz aus diesem publicityträchtigen Vorfall war jedoch bei weitem nicht die Aufgabe des Systems des Artillerierondells, sondern eher ein Boom entsprechender Neubauten. Beispiele sind das Südwest-Rondell des Marburger Schlosses (noch 1522-23), das Fuldarondell des Kasseler Schlosses (1523), die beiden Rondelle auf der Westseite des Heidelberger Schlosses (ab ca. 1526), der Ausbau der Celler Stadtbefestigung (um 1530), die sechs Rondelle der Kleinstadt Pfalzel an der Mosel (ab 1532) (Abb. 6), die vier Artillerietürme von Solothurn (ab 1534), die vier Rondelle der Sparrenburg über Bielefeld (ab 1535) oder die Ron-

---

11 Tomas Durdík, Abriss der Entwicklung der böhmischen Artilleriebefestigung des 15. und Anfang des 16. Jahrhunderts, in: Castella Maris Baltici, Bd. 2 (1996), S. 35-46. Ein grundlegender Aufsatz für das Verständnis um die Entwicklung der frühen Artilleriebefestigung nördlich der Alpen.

12 Die Baudaten der ausgewählten Beispiele sind vergleichsweise gut gesichert; oft ist die Zeitstellung vergleichbarer Anlagen noch nicht ausreichend genau erforscht.

13 Erich Bader, Das Ende des Bergschlosses, dargestellt am Ausbau und Fall der »Burg Nannstein« (1518/1523), in: Jahrbuch zur Geschichte von Stadt- und Landkreis Kaiserslautern, Bd. 24/25 (1986/1987), S. 173-195.

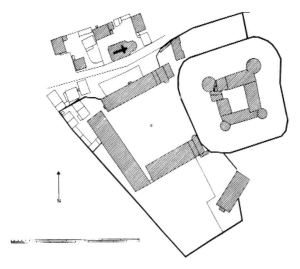
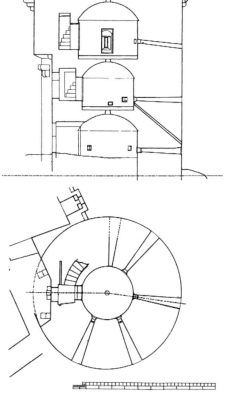

▲ Abb. 4: Die ab 1476 als hessische Landesbefestigung ausgebaute Burg Friedewald, Lageplan (Aufmaß Gutbier).

▶ Abb. 5: Nordwestrondell der Burg Friedewald 1476, Grundriss der zweiten Feueretage und Schnitt. Deutlich sind die für Hakenbüchsen vorgesehenen Schießscharten zu erkennen, die den damals neuen Typ der Maulscharte mit querrechteckiger Mündung vertreten (Aufmaß Gutbier).

delle auf der württembergischen Landesfestung Hohentwiel (ab 1538). Auch die Reichstadt Nürnberg errichtete zwischen 1527 und 1550 noch mehrere Rondelle und zwischen 1556 und 1559 die berühmten vier runden Türme an den Haupttoren als Kanonenplattformen.[14] Zudem entstand über Schaffhausen ab 1564 mit dem Munot ein übergroßes Rondell als Teil der Stadtbefestigung (Abb. 7). Ohne empirische Daten im Rahmen von Kriegshandlungen ist allerdings das tatsächliche Wehrpotential dieser Anlagen heute nur schwer zu beurteilen.

Ein zur jüngeren Gruppe zählender Repräsentant dieser Verteidigungstechnologie ist die brandenburgisch-kulmbachische Bergfestung Plassenburg in Franken, die im Wesentlichen ab 1530 mit einem Ring von Rondellen für eine Verteidigung durch Feuerwaffen adaptiert wurde (Abb. 8 und 9).[15] Im Gegensatz zu vielen anderen Anlagen war die Plassenburg in den Jahren 1553/54 einer ernsthaften Belagerung

---

14 Hanns Hubert Hofmann, Die Nürnberger Stadtmauer, Nürnberg 1967.
15 Siehe zu der Anlage zuletzt das entsprechende Kapitel bei Burger 2000 (wie Anm. 2), S. 46ff. Ab 1551 fügten italienische Bauleute drei polygonale Bastionen hinzu, die bei Beginn der Belagerung jedoch noch nicht vollendet waren und keine exponierte Rolle bei der Verteidigung gespielt haben.

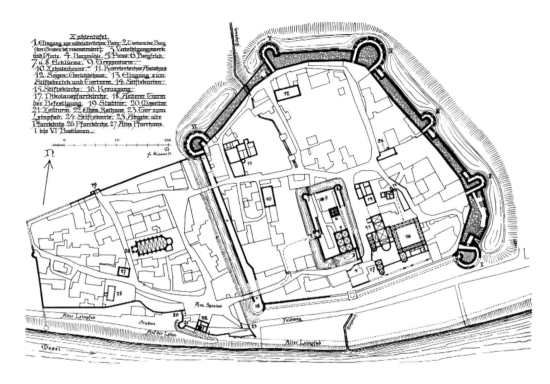

Abb. 6: Die ab 1532 mit Rondellen und Wall befestigte kurtrierische Landstadt Pfalzel an der Mosel, Plan (Kunstdenkmälerinventar).

ausgesetzt, die einen großen Widerhall in der zeitgenössischen Publizistik gefunden hat. Die Festung hielt vom 13. Juli 1553 bis zum 7. August 1553 und ein zweites Mal vom 18. August 1553 bis zum 21. Juni 1554 der mit umfangreicher und moderner Artillerieunterstützung geführten Belagerung durch eine Koalition von Reichsfürsten stand. Anhand der detaillierten Aufzeichnungen von Augenzeugen dieser damals politisch brisanten Kriegsaktion ist bekannt, dass die Anlage mit ihrer in der Hauptsache ein Vierteljahrhundert alten Artilleriebefestigung ohne gravierende Probleme der Belagerung standhalten konnte und schließlich vor allem aufgrund von Proviant- und Wassermangel übergeben werden musste. Bei dem Wiederaufbau der nach der Übergabe geschleiften Anlage wurden polygonale Bastionärbauten und die Form des Rondells auf gekrümmtem Grundriss nebeneinander verwendet. Noch 1606 errichtete der Baumeister Albrecht von Haberland auf der Hauptangriffsseite der Plassenburg die halbrunde »Hohe Bastei« neu.[16] Auch an anderen Orten war die polygonale Bastion erwiesenermaßen nicht die Vorraussetzung für eine ernsthafte Verteidigung. Noch während des Dreißigjähri-

---

16 Burger 2000 (wie Anm. 2), S. 122ff.

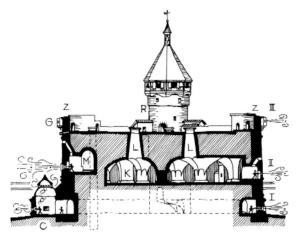

◂ Abb. 7: Munot über Schaffhausen, übergroßes, ab 1564 errichtetes Rondell als Teil der Stadtbefestigung (Zeichnung W. Bleyl nach Neumann).

▾ Abb. 8: Die Plassenburg über Kulmbach (Franken). Um 1530 entstandener Plan, der vermutlich einen Projektentwurf darstellt, Verfasser unbekannt (Datierung nach Daniel Burger) (StAN, Reichstadt Nürnberg, Karten und Pläne Nr. 806).

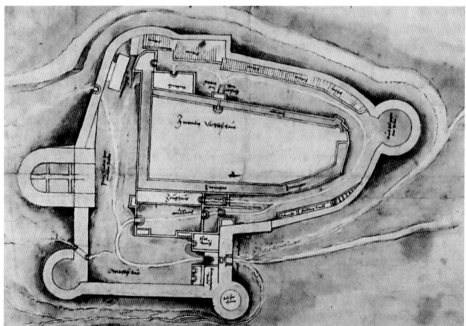

gen Krieges konnte die ab 1538 ausgebaute nichtbastionierte Bergfestung Hohentwiel fünf Belagerungen erfolgreich bestehen.[17]

Die Plassenburg und der Hohentwiel waren Bergfestungen, sodass es den Anschein haben könnte, als wäre hier die Topographie und speziell die Überhöhung der Verteidigung ausschlaggebend gewesen für die Widerstandsfähigkeit gegen moderne Belagerungsartillerie. Jedoch kann ausgerechnet Daniel Specklin,

---

17 Neumann 1988 (wie Anm. 2), S. 76.

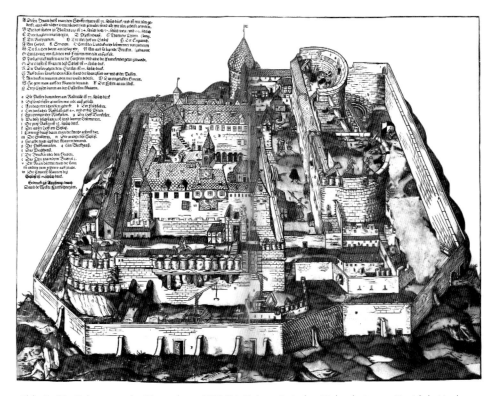

Abb. 9: Die Belagerung der Plassenburg 1553/54. Zeitgenössischer Holzschnitt von David de Necker (Archiv des Kunsthistorischen Instituts der Universität zu Köln).

einer der profiliertesten deutschen Festungsingenieure des 16. Jahrhunderts und dezidierter Vertreter des Bastionärsystems, als Zeuge herangezogen werden, dass auch in der Ebene nichtbastionäre Anlagen erfolgreich gegen den Angriff eines modernen Heeres zu verteidigen waren. In seinem 1589 in Straßburg publizierten Traktat »Architectura von Vestungen« führt Specklin mehrere Fälle von gescheiterten Belagerungen an, obwohl die Plätze keine moderne Bastionärbefestigung besaßen. So belagerte Markgraf Albrecht von Brandenburg (der Besitzer der oben genannten Plassenburg) im Jahre 1552 erfolglos die Städte Ulm, Nürnberg, Frankfurt am Main (Sachsenhausen) und Metz (Metz erhielt erst 1561 eine bastionierte Zitadelle).[18] Zusätzlich kann auch die siebenmonatige Verteidigung von Haarlem 1572/73 angeführt werden.[19]

---

18 Daniel Specklin, Architectura von Vestungen. Wie die zu unsern Zeiten mögen erbawen werden ..., Straßburg 1589 (Reprint Portland 1972), fol. 72v. Vgl. Albert Fischer, Daniel Specklin aus Straßburg (1536-1589). Festungsbaumeister, Ingenieur und Kartograph, Sigmaringen 1996.
19 Vgl. Duffy 1979 (wie Anm. 2), S. 70ff.

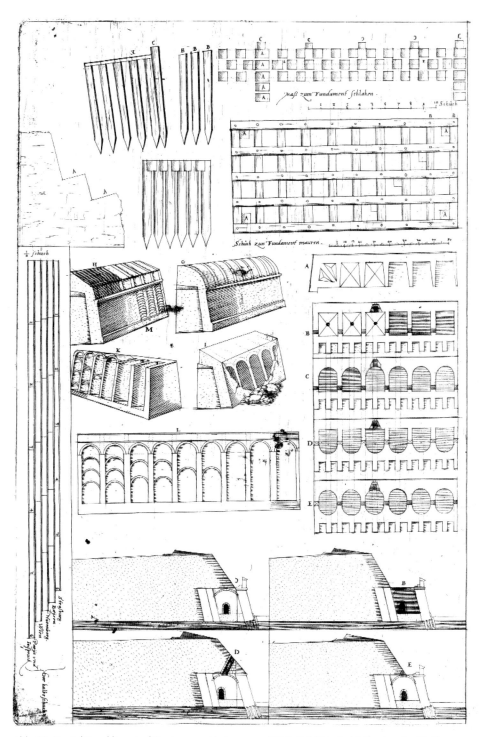

Abb. 10: Daniel Specklin, »Architectura von Vestungen«, 1589, Tafel Nr. 3: Methoden des Wallbaus.

Der Artilleriewall

Die grundsätzliche Erklärung für diese auf den ersten Blick überraschende Widerstandskraft nichtbastionärer Systeme liefert Specklins Traktat implizit selbst. Specklin war nicht nur ein Fachmann der Architektur, sondern kannte sich ebenso gut aus in der Poliorketik, der Pragmatik der Belagerung. Offensichtlich wurde ein großer Teil einer Belagerung durch die Versuche des Bresceschießens und der Unterminierung seitens der Belagerer und die dagegen zielenden aktiven wie passiven Abwehrmaßnahmen der Verteidiger bestimmt. Der funktionale Hauptvorteil der Bastion, die optimierte artilleristische Nahverteidigung, spielte demgegenüber nur eine (temporal wie qualitativ) sekundäre Rolle. Entsprechend widmet sich Specklin in seinem Traktat nicht zuerst der Bastion und ihrer besonderen Baustruktur, sondern dem Thema der gegen intensiven Artilleriebeschuss armierten Wallkurtine (Abb. 10).[20] Er geht hier ausführlich auf verschiedene Systeme von Erde-Mauerwerk-Anlagen ein. Ähnliche Systeme hatte bereits Albrecht Dürer – allerdings wesentlich knapper – empfohlen.[21] 1535 und 1556 spielten Artilleriewälle eine entscheidende Rolle in den beiden Traktaten von Reinhard Graf zu Solms.[22] Große praktische Bedeutung hatte ein als »ritirata« freistehend hinter der älteren Stadtmauer aufgeschütteter Erdwall in den Belagerungen von Pisa 1500 und von Padua 1509 erlangt.[23] Neue bauarchäologische Erkenntnisse zeigen, dass die neue Ostbefestigung des Heidelberger Schlosses bereits um 1490/1500 eine Kurtine mit Erdschüttung hinter Mauerwerk besaß.[24] In Nürnberg sind ab 1519 weite Teile des

---

20 Die Voranstellung der Wallbautechnik ist im Konkreten sicherlich durch die Abfolge der Themen bei Vitruv (zweites Buch) angeregt. Es zeigen aber auch die anderen, unveröffentlichten Traktate von Specklin die Bedeutung, die er der passiven Armierung zumisst. Zur Waffentechnologie: Volker Schmidtchen, Bombarden, Befestigungen, Büchsenmeister. Von den ersten Mauerbrechern des Mittelalters bis zur Belagerungsartillerie der Renaissance, Düsseldorf 1977.

21 Albrecht Dürer, Etliche underricht zu befestigung der Stett / Schloß / und flecken, Nürnberg 1527. Vgl. Christa Koch, Albrecht Dürer »Unterricht zur Befestigung«, in: Hubertus Günther (Hrsg.), Deutsche Architekturtheorie zwischen Gotik und Renaissance, 2. Aufl., Darmstadt 1988, S. 180-193.

22 Reinhard Graf zu Solms, Eyn gesprech eynes alten erfarnen kriegßmans und bawmeysters mit eynem jungen hauptmann: welcher massen eyn vester bawe fürzunemen unnd mit nutz des herren mög vollenfürt werden, Mainz 1535. Reinhard Graf zu Solms, Ein Kürtzer Auszug unnd überschlag, einen Baw anzustellen, und in ein Regiment und Ordnung zu pringen, mit denen so darauff mit aller arbeit seyn wurden, Köln 1556. Oliver Karnau, Reinhard Graf zu Solms, in: Günther 1988 (wie Anm. 21), S. 194-205.

23 Duffy 1979 (wie Anm. 2), S. 15f. Einen ähnlichen Ausbau schlug Alessandro Pasqualini für einen Abschnitt der mittelalterlichen Stadtbefestigung von Kampen im Jahr 1543 vor; Theo M. van Mierlo, Zwei Pläne von Alessandro Pasqualini für Kampen und Grave, in: Günter Bers/Conrad Doose (Hrsg.), Der italienische Architekt Alessandro Pasqualini (1493-1559) und die Renaissance am Niederrhein. Kenntnisstand und Forschungsperspektiven, Jülich 1994, S. 69-80, bes. S. 72, Abb. 1.

24 Achim Wendt/Manfred Benner, Das Heidelberger Schloss im Mittelalter. Bauliche Entwicklung, Funktion und Geschichte vom 13. bis zum 15. Jahrhundert, in: Volker Rödel (Hrsg.), Der Griff nach der Krone. Die Pfalzgrafschaften bei Rhein im Mittelalter, Regensburg 2000, S. 165-181.

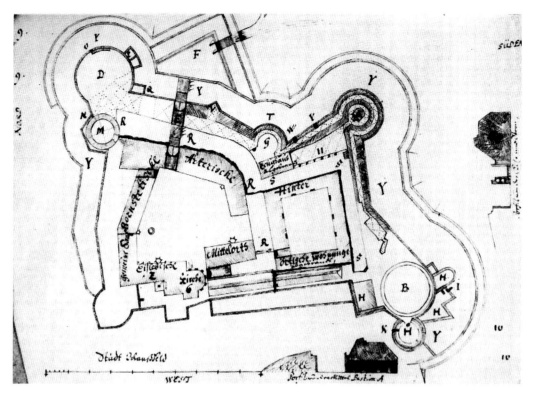

Abb. 11: Plan der ab den 1540er Jahren mit Erdwällen ausgebauten Befestigungen der Schlösser zu Mansfeld. Hinter der neuen Walllinie ist die ältere, ab etwa 1510 errichtete Kurtine mit kleineren, gemauerten Rondellen (M, H) zu erkennen (Bauaufnahme durch Brand von Lindau vor der Schleifung 1674).

älteren Zwingers der Stadtmauer zu aufgeschütteten Artillerieplattformen mit gemauerten Brustwehren umgebaut worden.[25] Wahrscheinlich stammen die umfangreichen Erdbefestigungen der Mansfelder Schlösser aus den 1540er Jahren und gehen auf Ratschläge von Reinhard von Solms zurück (Abb. 11); vor 1547 wurde die landgräfliche Burg Spangenberg mit einem kasemattierten Erdwall mit Futtermauern gesichert.[26]

---

25 Hofmann 1967 (wie Anm. 14), S. 64ff.

26 Zu Spangenberg: Gerd Fenner, Zur Baugeschichte von Schloß Spangenberg, in: Ludwig Pfeiffer, Die Geschichte des Schlosses Spangenberg, Spangenberg 1987, S. 15-27, hier: S. 18f. Brohl 2004 (wie Anm. 2), S. 93 gibt die Jahre 1520 bis 1530 als Entstehungszeit des Walls an, was angesichts des erkennbaren vorzeitigen Abbruchs der Arbeiten, wohl im Jahr 1547, etwas zu früh angesetzt sein könnte. Die Mansfelder Zuschreibung auf Hinweis von Frau Irene Roch-Lemmer; vgl. Irene Roch, Die Baugeschichte der Mansfelder Schlösser mit ihren Befestigungsanlagen und die Stellung der Schloßbauten in der mitteldeutschen Renaissance. masch.schr. Diss. Leipzig 1966. Irene Roch-Lemmer, Schloß Mansfeld, Regensburg 1997.

Wenn die Hauptstrategien renaissancezeitlichen Festungsbaus benannt werden sollen, so muss deshalb neben der Optimierung der Aufstellung von leichten und schweren Feuerwaffen zur aktiven Nahverteidigung (u. a. mit Hilfe der an den Schussbahnen orientierten Grundrissfigur der Bastion und ihrer Artilleriekasematten) auf jeden Fall gleichberechtigt die Steigerung der passiven Widerstandsfähigkeit des Verteidigungsberings gegen Geschützbeschuss und Unterminierung genannt werden.[27]

Die Entwicklungsgeschichte und der praktische Stellenwert der passiven Komponente der renaissancezeitlichen Artillerieverteidigung ist bis jetzt noch wenig erforscht. Dies gilt auch für eine besondere Variante von frühen Holz-Erde-Bauten ohne Mauerwerksverkleidung, von denen nur wenige Reste bis heute überdauert haben. Es ist das Verdienst vor allem von Elmar Brohl, hier einen größeren Zusammenhang erkannt zu haben.[28] Der Einsatz von mit Holz armierten Erdmassen zu Erzielung einer erhöhten Widerstandsfähigkeit gegen Artilleriebeschuss setzte in Mitteleuropa bereits in der zweiten Hälfte des 15. Jahrhunderts ein und erfolgte zunächst unabhängig von der Entwicklung der frühen Bastionärtechnologien. Erste Anlagen von Wallbefestigungen entstanden vermutlich in Böhmen und Polen,[29] ab den 1480er Jahren auch in Deutschland (Friedewald 1482 [wohl ein Wall ohne Basteien], Ziegenhain 1482, Moritzburg zu Halle/Saale vor 1493, Duderstadt 1498). In der deutschsprachigen Fortifikationstraktatistik schilderte bereits um 1485/1500 Hans Schermer in »zu Buchßen und buwen« entsprechende Wallbauten und Basteien.[30]

---

27 Vgl. Duffy 1979 (wie Anm. 2), S. 2 (dort Prinzipien 1 und 2) und Schütte 1994 (wie Anm. 2), S. 148 (hier mit Bezug auf den 1535 in Mainz erschienenen Traktat zum Befestigungsbau von Reinhard Graf zu Solms) und S. 184 (mit Bezug auf Dürers Schrift von 1527).

28 Die Mehrzahl der im folgenden aufgeführten deutschen Beispiele nach Brohl 2001 (wie Anm. 2). Dort auch die Herleitung aus dem polnischen Kulturraum und die Bedeutung der Hussitenkriege. Vgl. auch Brohl 2000 (wie Anm. 2). Duffy 1979 (wie Anm. 2), S. 21 nennt als ältestes Beispiel dieser Art in Italien das ab 1496 mit Wällen versehene Ferrara.

29 Böhmische Beispiele für frühe Erdschüttungen zum Schutz gegen Kanonenbeschuss gibt Durdík 1996 (wie Anm. 11). Mit Mauerverkleidung: Burg Sion bald nach 1421, Burg Klenová um 1450; ein Wall ohne Mauerverkleidung: Burg Pravda bei Louny um 1450. Zur polnischen Entwicklung: Januz Bogdanowski, Erdbasteien in Malopolska (Kleinpolen) im Licht des Traktates rei tormentariae (15. - 16. Jh.), in: Elmar Brohl (Hrsg.), Militärische Bedrohung und bauliche Reaktion. Festschrift für Volker Schmidtchen, Marburg/Lahn 2000, S. 33-44. Bogdanowski nennt als frühe Beispiele polnischer Erdwerke Cmielów, Lipsko und Pinczów, leider ohne weitere Erläuterungen, an der Wende vom 15. zum 16. Jahrhundert. Brohl vermutet aus pragmatischen Gründen eine zeitliche Priorität der polnischen Anlagen: »Offensichtlich hatten die polnischen Baufachleute die Technik, in sumpfigen Flussniederungen solche gegen Feuerwaffen geeignete Erdwerke zu errichten, eher als diejenigen in Böhmen erworben, denn andernfalls wären diese Kenntnisse auf dem kürzeren Wege von Böhmen nach Sachsen und Hessen gelangt«; Brohl 2000 (wie Anm. 2), S. 27. Prof. Bogdanowski ist inzwischen leider verstorben, sodass er seine Bearbeitung des genannten Traktats nicht abschließen konnte.

Bis weit in das 16. Jahrhundert hinein wurden großräumig mit Erdwällen ohne Mauerwerksbekleidung armierte Plätze als den Anforderungen der modernen Artillerie gewachsen eingeschätzt. Die Flankierung wurde ab etwa 1500 in unterschiedlicher Weise entweder durch niedrige gemauerte Geschütztürme oder aus Erde aufgeschüttete, vorgeschobene Plattformen (»Berge« in den zeitgenössischen Quellen) sichergestellt (Abb. 12). Aufwändige Beispiele für eine solche nichtbas-tionäre Integration passiver und aktiver Wehrbauelemente waren die Stadtbefestigungen von Erfurt (um 1500), Calenberg (1504), Lich (ab 1507), Spandau (ab 1522), Wittenberg (ab 1526), Celle (ab 1523), Kassel (Schloss ab 1523, Stadt ab 1527), Gießen (ab 1531), Ingolstadt (ab 1537), Wolfenbüttel (um 1530/40) und Augsburg (um 1540). Für Antwerpen ist in Zeichnungen aus den Jahren um 1506/07 sogar das Projekt einer doppelten Walllinie überliefert, das jedoch nicht ausgeführt wurde. Hier wäre der innere Wall durch eine Erdaufschüttung hinter der älteren Stadtmauer gebildet worden, während der äußere Wall Mauerwerk lediglich punktuell in Gestalt von Artillerierondellen erhalten hätte.[31] Die

Abb. 12: Schnittmodell eines Erd-Holz-Bollwerks aus dem vielleicht in Polen entstandenen Traktat »rei tormentariae«, 1. Hälfte 16. Jahrhundert. Deutlich ist der Aufbau des Walls mit mehreren Kampfebenen zu erkennen, von denen die unteren mit Geschützen durch hölzerne Schartenkästen im Erdwall feuerten (Krakau, Jagiellonen Bibliothek, Sign. 465b – Bbb I 25).1674).

---

30 Christa Hagenmeier, Kriegswissenschaftliche Texte des ausgehenden 17. Jhs. Schermers Basteien – Wagenburgordnung – Feuerwerksrezepte, in: Leuvense Bijdragen. Tijdschrift voor germaanse Filologie, 56 (1967), S. 169-197. Max Jähns, Hans Schermer und die Befestigungskunst um 1480, in: Archiv für Artillerie- und Ingenieuroffiziere des deutschen Reichsheeres, 98 (1891), S. 545-555. Das Beispiel Halle nach: Hans-Joachim Krause, Die Moritzburg und der ›Neue Bau‹ in Halle: Gestalt, Funktion und Anspruch. Ein Vergleich, in: Andreas Tacke (Hrsg.), Kontinuität und Zäsur. Ernst von Wettin und Albrecht von Brandenburg, Göttingen 2005, S. 143-207, hier: S. 159. Als frühe österreichische Beispiele sind die Burgen Mitterberg bei Perg (Erdwall mit Hintermauerung um ein Halbrondell herum an der Angriffsseite), Sarmingstein an der Donau und die landesfürstliche Residenz Linz (um 1480/85?) zu nennen; vgl. Thomas Kühltreiber/Gerhard Reichhalter, Der spätmittelalterliche Burgenbau in Oberösterreich, in: Lothar Schultes/Bernhard Prokisch (Hrsg.), Gotikschätze Oberösterreich (= Kataloge des Oberösterreichischen Landesmuseums N.F., B. 175), Linz 2000, S. 72-86.

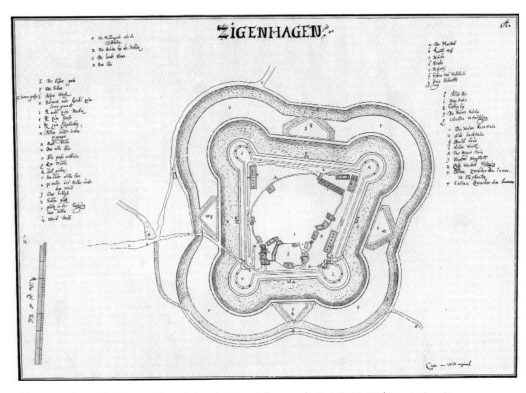

Abb. 13: Die hessische Festung Ziegenhain mit Erdrondellen aus der Zeit 1537-46, hier mit einer jüngeren Planung für Ravelins 1613/16 durch Wilhelm Dilich. Am Wallfuß ein Rondengang (Nachzeichnung Brohl).

Moritzburg zu Halle erhielt ab 1534 einen neuen Wall ohne Berge oder Rondelle, Schloss und Stadt Ziegenhain erhielten 1537 ein zweites, vergrößertes Wallsystem (Abb. 13), und die Städte Kassel und Gießen wurden 1552 auf dieselbe Manier wiederhergestellt, nachdem ihre Befestigungen als Ergebnis des Schmalkaldischen Krieges 1547 hatten geschleift werden müssen. Auf gleiche Manier mit Erdwällen wurde 1552 auch das ab 1531 befestigte und 1547 geschleifte Schloss Grimmenstein über Gotha wiederaufgebaut (Abb. 14). Die erneuerte Festung Gotha konnte in dieser Weise im Jahre 1567 einer dreimonatigen intensiven Belagerung durch Reichstruppen widerstehen und wurde erst durch eine Meuterei zur Übergabe

---

31 Bernhard Roosens, Four early sixteenth-century plans for the fortifications of Antwerp, in: Architectura, Jg. 37 (2007), H. 2, S. 145-168, dort besonders Abb. 15. Hier kann nur eine kleine Auswahl monografischer Arbeiten zu den einzelnen Befestigungen genannt werden: Catherine Atkinson, Celle – eine wehrhafte Stadt. Ausgrabungen an der ehemaligen Stadtbefestigung vor dem Hintergrund der frühneuzeitlichen Festungsgeschichte, Celle 1989. Reinhard Fuchs, Die Befestigung Ingolstadts bis zum 30-jährigen Krieg, Würzburg 1939. Eva Papke, Festung Dresden. Aus der Geschichte der Dresdner Stadtbefestigung, Dresden 1997.

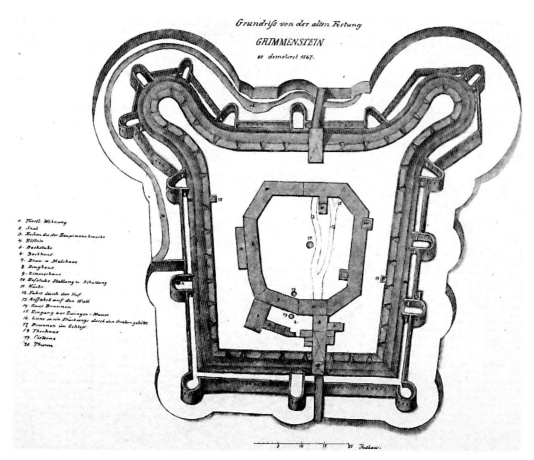

Abb. 14: Schloss Grimmenstein über Gotha (Thüringen). Zustand vor der Zerstörung 1567. Anonymer Plan des 18. Jahrhunderts nach älteren Quellen. Deutlich ist die 1552 erneuerte Kombination aus Erdwall mit erhöhten Geschützstellungen und tiefliegendem Rondengang am Wallfuß hinter gemauerter Grabenwehr für Handfeuerwaffen zu erkennen. In gleicher Weise dürfte bereits die Befestigung von 1531 ausgeführt gewesen sein (Thüringisches Staatsarchiv Gotha, Staatsministerium Gotha, Kartenkammer Nr. 174).

gezwungen. Letztendlich konnten die im Gegensatz zu den italienischen, gemauerten Systemen verstärkt mit reinen Erdkörpern arbeitenden Bastionärsysteme, wie sie Specklin propagierte und wie sie ab 1580 als so genannte niederländische Manier Schule machen sollten, auf solchen älteren Erfahrungen aufbauen.

Die Bastionärbefestigung

Angesichts der bislang vermutlich zu wenig beachteten Möglichkeit der unterschiedlichen Gewichtung der Wehrelemente einer Festung des 16. Jahrhunderts erscheint es nicht uninteressant, eine Auswahl an tatsächlich errichteten frühen Bastionärfestungen hinsichtlich der dort gewählten Art und Wirkung der Flankierung zu untersuchen.[32]

Betrachtet man z. B. die zwischen 1538 und 1545 durch den Italiener Antonio Fazuni konzipierten Bastionen der Stadtmauer zu Nürnberg, eines der ersten Werke dieser Art in Mitteleuropa, so fällt nicht nur die ungewöhnliche Platzierung der Mittelbastion im Anschluss an eine Art tenaillierter Schulter auf, sondern auch die Verdopplung der Flanken dieser Bastion mit zwei niedrigeren, wie Hummerscheren vorstehenden Werken (Abb. 15).[33] Eine Analyse der Feuerlinien und der Toten Winkel zeigt hier, dass die polygonale, bastionäre Front Fazunis im Ernstfall nicht jene Verteidigungsfähigkeit besessen hätte, wie es die fast demonstrative Verwendung des Bastionsmotivs suggeriert. Vermutlich hätte eine Befestigung mit dem einheimischen, damals noch weit verbreiteten System von Kurtinenwall und gemauerten Artillerierondellen eine systematischere Flankierung ermöglicht. Es ist bekannt, dass die reiche und über den internationalen Stand der Festungstechnik wohlinformierte Stadt Nürnberg als Auftraggeberin trotz dieser Demonstration der italienischen Festungsbaumanier von da an keineswegs die Bastionsbauweise favorisierte, sondern bis in die 1560er Jahre hinein weiterhin runde Artillerietürme errichten ließ.[34] Offensichtlich durchaus mit Erfolg: Auch während des Dreißigjährigen Krieges wurde die Stadt nicht erobert.

Wie problematisch es ist, vom Typus der Grundrissgeometrie auf die tatsächliche Effizienz der taktischen Verteidigung zu schließen, zeigt auch das Beispiel der bastionierten Zitadelle Peitz (Abb. 16).[35] Die ungewöhnliche Grundrissfigur der ab 1560 von Francesco Chiaramella errichteten Zitadelle kann als aus vier Halbbastionen zusammengesetzt beschrieben werden. Da jede Bastion nur eine Flankenkasematte besitzt, bleiben die Flanke wie auch die Kasematte selbst innerhalb des Systems ohne Schutz durch flankierende Geschützstellungen. Obwohl ab 1590 versucht wurde, durch Anbauten weiterer Kasematten die Flankierung zu verbessern, dürfte die Festung in der Effizienz ihrer artilleristischen Nahverteidigung noch nicht einmal jenen älteren Systemen der zirkularen Wallanlagen gleichgekommen sein.

Das Fehlen einer umfassenden, zeitgenössisch allgemein akzeptierten Theorie des renaissancezeitlichen Festungsbaus zeigt sich auch in den häufigen nachträglichen Veränderungen selbst auf den ersten Blick modern wirkender Bastionäranlagen. So scheint selbst unter den Experten des Bastionärschemas in Mitteleuropa bis zum

---

32 Elmar Brohl, Rondelle oder Bastionen – Das Problem des toten Winkels, in: Festungsjournal. Zeitschrift der Deutschen Gesellschaft für Festungsforschung e.V., H. 30, Juli 2007, S. 52-60.
33 Hofmann 1967 (wie Anm. 14), S. 70ff.
34 In Nürnberg wurde übrigens bereits seit dem späten 15. Jahrhundert mit fünfeckigen, bastionsartigen Kanonentürmen experimentiert, so in Gestalt eines Zwingerturmes südlich des Wöhrdertores; vgl. Hofmann 1967 (wie Anm. 14), S. 63, Fig. 80.
35 Burger 2000 (wie Anm. 2), S. 234ff.

Abb. 15: Nürnberg, Vogelschau der 1538 bis 1545 von Antonio Fazuni errichteten Bastionen vor der Kaiserburg. Zeichnung von J. G. Erasmus 1677. Die überkomplexe Gestalt des Bauwerkes erschwert eine systematische Flankierung aller Mauerabschnitte.

Ende des 16. Jahrhunderts kein Einvernehmen über die anteilige Gewichtung unterschiedlicher Faktoren geherrscht zu haben. 1578 übernahm der Festungsingenieur Rochus Graf Lynar die verantwortliche Bauplanung der Zitadelle Spandau, die ab 1560 nach den Plänen von Chiaramella begonnen worden war. Bei dieser Gelegenheit wurde das taktische Verteidigungskonzept der Anlage grundlegend geändert. Chiaramella hatte in den beiden von ihm errichteten Bastionen auf der Südseite entlang der Facen und an den Ohren doppelgeschossige, gewölbte Gänge mit Gewehrscharten zur Infanterienahverteidigung vorgesehen. Lynar dagegen ließ diese Hohlräume durch Erde anfüllen und verzichtete so zugunsten einer erhöhten Stabilität der Bastionen auf dieses aktive Verteidigungselement (Abb. 17).[36]

---

[36] Thomas Biller, Der ›Lynarplan‹ und die Entstehung der Zitadelle Spandau im 16. Jahrhundert (= Historische Grundrisse, Pläne und Ansichten von Spandau, Beiheft zu Blatt 3), Berlin 1981. Thomas Biller, Rochus Guerini Graf zu Lynar, in: Wolfgang Ribbe/Wolfgang Schäche (Hrsg.), Baumeister, Architekten, Stadtplaner. Biographien zur baulichen Entwicklung Berlins, Berlin 1987, S. 13-34. Burger 2000 (wie Anm. 2), S. 279ff.

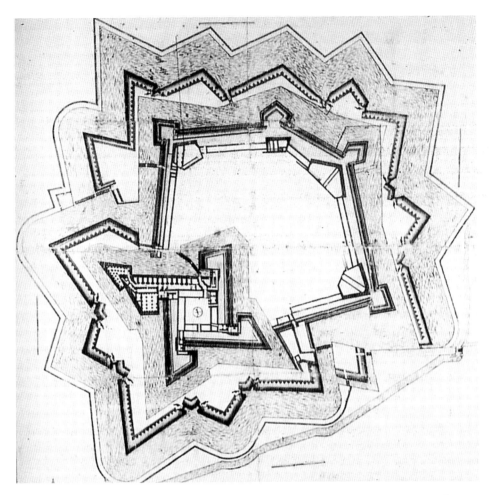

Abb. 16: Stadt und Zitadelle Peitz (Lausitz). Die Facen der 1560-1562 von Francesco Chiaramella errichten Zitadelle sind nicht durch Flankenbatterien gedeckt. Die Stadtbefestigung wurde ebenfalls 1560 begonnen (Rekonstruktion im Zustand um 1600 nach Burger).

Eine ähnliche Tendenz zur nachträglichen Reduzierung bestimmter aktiver Verteidigungsvorrichtungen zugunsten einer erhöhten passiven Widerstandsfähigkeit der Architektur ist auch an der ab 1588 in Franken errichteten Landesfestung Wülzburg zu beobachten (Abb. 18). Die pentagonale Anlage auf einem Berg zeichnete sich ursprünglich durch eine äußerst komplizierte Konstruktion der Flankenbatterien der Bastionen aus. Der Schutz solcher zur Bestreichung der Kurtinen vorgesehenen Feuerstellungen gegen äußeren Beschuss wurde nach der italienischen Manier des Festungsbaus in der Regel durch vorgezogene Bastionsohren erhöht. Auf der Wülzburg hat der Baumeister Blasius Berward d.Ä. jedoch ein kompliziertes System von übereinandergestaffelten Feueretagen ausgeführt, deren Geschütze

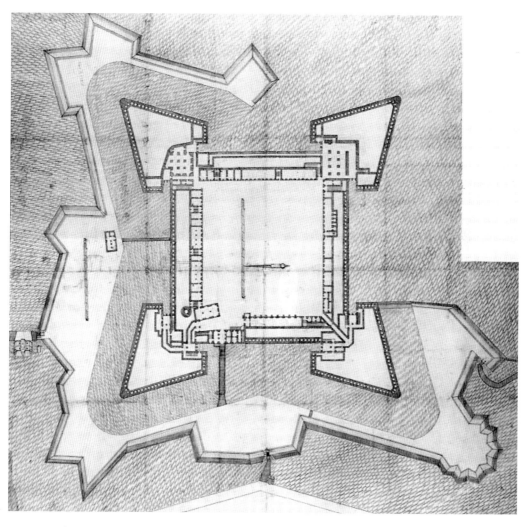

Abb. 17: Die Zitadelle zu Spandau (Mark Brandenburg). Plan von Rochus Graf zu Lynar 1578. Die südliche (hier: untere) Hälfte der Festung war zuvor ab 1559 von Francesco Chiaramella errichtet worden (nach Burger).

durch eine Art Schirmwand mit dahinterliegendem Kanonenhof ihr Feuer auf den Feind richten sollten. Bereits um 1605 wurde diese vergleichsweise filigrane Lösung offensichtlich mit Misstrauen betrachtet und baulich grundlegend verändert. Das neue Konzept reduzierte die Anzahl der Flankengeschütze, verzichtete auf ihren Schutz hinter Schirmmauern und postierte sie auf nun massiven Plattformen hinter Brustwehren (Abb. 19). In der Tendenz entsprach dieser Umbau der Entwicklung, die in Mitteleuropa um 1600 allgemein zu der oben erwähnten Renaissance der Erdwerke führte.

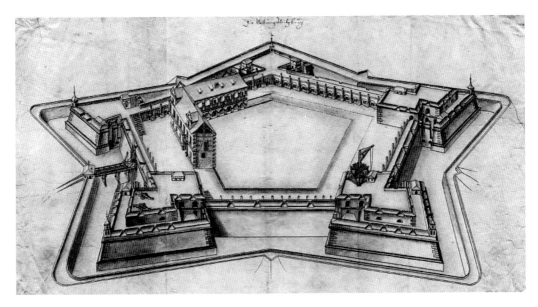

Abb. 18: Festung Wülzburg (Franken), Gesamtansicht.

Die ausgewählten Beispiele deuten an, wie problematisch es ist, nach einem eindimensionalen Fortschrittsmodell das funktionale Veralten bestimmter wehrbautechnischer Konzepte zu beurteilen. Die Idee der Ausschaltung des Toten Winkels im Vorfeld einer flankierenden Artilleriestellung war nur ein Faktor unter vielen in einem hochkomplexen Geflecht von Prinzipien des neuzeitlichen Festungsbaus. Ihre praktische Umsetzung wurde selbst bei Anwendung der fünfeckigen Bastionärfigur nicht in jedem Fall optimal gelöst. Bereits Specklin hat mit dem System seiner »verstärkten Front« in den 1580er Jahren ein alternatives Konzept der tenaillierten Kurtine vorgestellt (Abb. 20), das später in den Entwürfen von Menno von Coehoorn (1641-1704), Marc René de Montalembert (1714-1800) und der so genannten neupreußischen Manier im 19. Jahrhundert auch nutzbar gemacht wurde. Das gesamte 16. Jahrhundert muss deshalb eher als eine Periode des nach verschiedenen Richtungen hin tastenden Konkurrierens unterschiedlicher Konzepte verstanden werden.[37] Der Architekturhistoriker sollte sich hüten, in dieser Experimentalphase des Festungsbaus von der formalen Gestalt der Bauten direkt und ausschließlich auf militärtaktische Funktionsqualitäten zu schließen und daraus das anteilige Verhältnis von tatsächlicher und symbolischer Wehrhaftigkeit zu rekonstruieren.

---

37 Diese Einschätzung auch bei: Duffy 1979 (wie Anm. 2), S. 33.

Zur Medialität des Planungsprozesses

Anders verhält es sich jedoch mit der medialen und speziell der diskursanalytischen Interpretation des Vorgangs, die hier leider nur angedeutet werden kann. Es kann ja kein Zweifel darüber bestehen, dass das neue Bastionärschema in Mitteleuropa seit den 1530er Jahren immer mehr nachgefragt wurde. Eine der ältesten, noch vereinzelt eingesetzten polygonalen Bastionen war der so genannte Spanier auf der Feldseite der Wiener Hofburg aus den 1530er Jahren, dem ab 1544 die bastionierte Umwallung der gesamten Stadt folgte.[38] Damals wurden auch Breda (1531), die Stadt Antwerpen (1542) und die Zitadelle von Gent (1540), letztere in kaiserlichem Auftrag, auf die neue Art befestigt. Weitere Bastionen entstanden in der Folgezeit u. a. im Rahmen der Befestigungen von Klagenfurt (1543), Graz (um 1550), Komorn in Ungarn (um 1550), Utrecht (1547), Mariembourg (1546), Philippeville (1554), Dresden (1546, hier explizit nach dem Vorbild von Gent und Antwerpen) (Abb. 21), Jülich (Zitadelle und Stadt 1549), Leipzig (um 1550), Düsseldorf (Zitadelle und Stadt um 1552), Lichtenau (Festung 1558), Dömitz (Zitadelle 1559), Küstrin (1568), Kassel (um 1570) sowie Wolfenbüttel (um 1572). Deutlich zeigt diese (unvollständige) Chronologie der wichtigsten Bauten, dass die ersten Bastionsformen in Mitteleuropa als kaiserliche Bauaufträge in den Grenzgebieten des Heiligen Römischen Reiches im Westen und Südosten auftauchten und erst später in den landesherrlichen

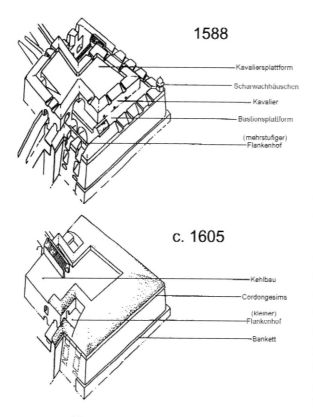

Abb. 19: Festung Wülzburg (Franken). Die Bastionen der ab 1588 errichteten Festung wurden um 1605 umgebaut. Zugunsten einer erhöhten Stabilität wurde die Feuerkraft der Flankenbatterien vermindert (Zeichnung Biller).

---

38 Biller 1996 (wie Anm. 2), S. 17. Biller verzichtet auf eine genaue Datierung des Spaniers; Schütte 1994 (wie Anm. 2), S. 15, gibt 1531 als Baubeginn des Spaniers an, lässt aber offen, um welche Form es sich bei der Erstausführung gehandelt hat. Frühe Experimente mit Türmen auf polygonalen Grundrissen lassen sich übrigens in Mitteleuropa bis in die Jahre um 1430 zurückdatieren (Tabor, Bechyne, Nürnberg, vgl. Durdík 1996 [wie Anm. 11]).

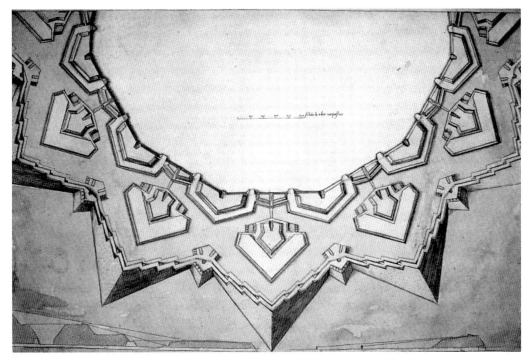

Abb. 20: Specklin, Schauzeichnung der »verstärkten Front«, vermutlich vor 1583. Die Kurtinen sind hier weitgehend eliminiert und die Hauptverteidigungslinie in einer Zickzackform geführt (sog. Peter-Buch, Privatbesitz, Abb. nach Fischer).

Territorien im Zentrum übernommen wurden. Es kann also nicht in Abrede gestellt werden, dass diese Manier zumindest einen Aspekt struktureller Überlegenheit hat ausspielen können.

Welche Ebene hier verstärkt untersucht werden sollte,[39] deutet eine (fast willkürlich herausgegriffene) Gegenüberstellung des Entwurfsplanes der Plassenburg um 1530/35 mit jenem für den Weiterbau der Spandauer Zitadelle von 1578 an (Abb. 8 und 17). Es sind nicht nur funktionale und formale Unterschiede der Bauten selbst, welche die beiden Projekte trennen, sondern auch eine Differenz in der Entwurfs- und Planungskultur. Im Fall der Plassenburg ist, so wie es auch bei vielen anderen deutschen Entwürfen für Profanarchitektur jener Zeit zu beobachten ist, der zu errichtende Bau zeichnerisch nur schematisch festgelegt und entscheidende Baudetails, wie z. B. die Richtung und Dimensionierung der Artillerieschart-en, wurden offensichtlich ad hoc auf der Baustelle entsprechend der Erfahrung und den Vorstellungen des Werkmeisters entschieden. Der Spandauer Plan dem-

---

39 Methodisch vorbildlich ist hier van den Heuvel 1991 (wie Anm. 10).

gegenüber versucht, alle wesentlichen Elemente des Wehrbaus bereits vorab und in räumlicher Distanz zum Baugrund zu fixieren und einem Betrachter plausibel vorzuführen.

Das neuartige Schema der Bastion präsentiert sich also fast immer zusammen mit der Praxis einer durch den Gebrauch der Mathematik bzw. Geometrie verwissenschaftlichten Planungsmethode. Ulrich Schütte hat darauf hingewiesen, dass die geometrisierte Entwurfstechnik der bastionierten Artilleriefestung einen Versuch darstellt, das Problem zu entschärfen, dass man im 16. Jahrhundert eben keine mathematische Theorie der neuartigen Geschützwirkungen besaß: »Nur die Geometrie stellt die Möglichkeiten rationaler, d. h. konstruierbarer und diskutierbarer Entwurfsverfahren zu Verfügung. Solange keine auf der Ballistik gegründete Theorie der Artillerie vorhanden ist und solange die Kenntnis der Kanoniere als ›Geheimnisse‹ des Berufsstandes angesehen wird, solange liefert die Geometrie mit der Linie das einzige mathematisch überprüfbare Fundament zur Bestimmung der Schußbahnen. Auch für die Aufschlagwirkung der Geschosse gibt es keine theoretisierten Lehrsätze, sondern nur Erfahrungswerte.«[40]

Die mathematische Entwurfspraxis und ihre formal regulierten Ergebnisse entsprachen genau jenen Prämissen, die auch der Kreis der Auftraggeber als allgemeine Neuerung in Fragen der Staatsorganisation und speziell in der Architektur exerzierte. Specklin betont in der »Architectura« die Bedeutung von »Zirkel, Linial, Quadrant/ und ein iuste grundvisierung«[41] für die Entscheidungsfindung in Bauberatungen. In der neuen wirklichen oder auch nur angenommenen Vorhersagbarkeit der apparativen Tauglichkeit von Fortifikationsprojekten im Medium des mathematisch-geometrisch exakten Plans sieht auch Mary Henninger-Voss in ihrer Studie zu italienischen Bauzeichnungen eine der wesentlichen Innovationen im Festungsbau des 16. Jahrhunderts: »…meaning was constructed around predictive operation for the planning of cinquecento fortifications. In their models' scaled dimensions, military engineers encoded meanings that depend on an ›architectonic‹ understanding. This architectonic understanding was teleological in that it tied form strictly to function; it was an understanding that placed the forms depicted into larger context of the terrain to be defended, and sought to determine structure within the parameters of gunpowder warfare.«[42]

---

40 Schütte 1994 (wie Anm. 2), S. 208.
41 Specklin 1589 (wie Anm. 18), fol. 18.
42 Mary Henninger-Voss, Measures of success. Military engineering and the architectonic understanding of design, in: Wolfgang Lefèvre (Hrsg.), Picturing Machines 1400-1700. Cambridge/M. 2004, S. 143-169, hier: S. 144f.

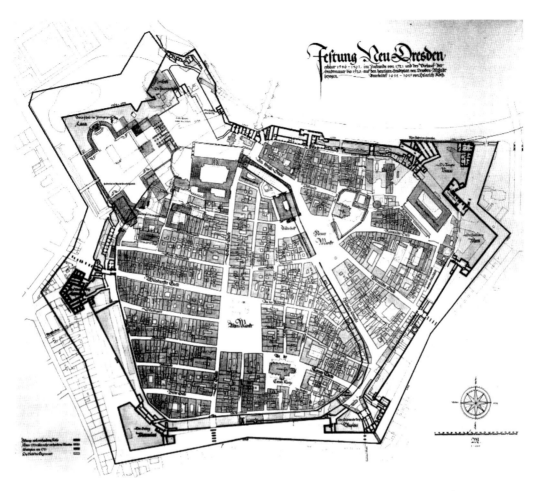

Abb. 21: Die 1546 begonnene Bastionärbefestigung von Dresden nach dem Vorbild von Gent und Antwerpen, mit in einer zweiten Bauphase ab 1589 vergrößerten Bastionen. Im Gegensatz zu den genannten niederländischen Anlagen wurde die Kurtinenlänge deutlich verringert und auf der Flussseite eine piatta forma (ohne Facen) hinzugefügt (moderne Rekonstruktion mit Erweiterungen des 18. Jahrhunderts).

Kürzlich hat Wolfgang Schäffner in einer Studie zu frühneuzeitlichen Festungen als »Diagramme der Macht« eine instruktive Begebenheit aus der Mitte des 16. Jahrhunderts als Zeuge für das diskursive Potential dieses geometrischen Denkens vorgestellt: »Auf die Fragen des Prior di Barletta, Gabriel Tadino, nach der Qualität der Befestigung von Turin antwortet Tartaglia in seinen ›Questi e inventione diverse‹ (1554) nach einem Blick auf den einfachen quadratischen Grundriß: ›In questa tal figura, non ui dicerno alcuna gran sottilita d'ingenio.‹ Denn der taktische Wert einer Festung bestimme sich ›per forma delle sue mura, & non per materia.‹«[43] Wie oben dargelegt, sollte dieses offensichtlich von einer bestimmten, sich in einer gewandelten Praxis bewegenden Fraktion der Festungsexperten favorisierte Kriterium »grafischer Sichtbarkeit« (Schäffner) von Wehrhaftigkeit aber nicht umstandslos mit den im taktischen Festungskrieg relevanten apparativen Kriterien gleichgesetzt werden. Es ist nämlich nicht eine taktische (also kleinräumige) Überlegenheit, die hier im Medium des hochdeterminierten Planes ausgespielt wird, sondern eher eine strategische (also großräumige). Hier entfaltete eine neue Regierungs- und Verwaltungspraxis ihre Wirkung auf Bereiche des Bauwesens, die der Wissenschaftssoziologe John Law als »Long-distance Control« der großen Kolonialmächte des 16. Jahrhunderts beschrieben hat, die aber in reduzierter Form auch in den kleineren Territorien der frühen Neuzeit auf dem Vormarsch war.[44]

Einen grundsätzlich ähnlichen argumentativen und verwaltungslogischen Vorsprung des im deutschen Festungsbau weitgehend neuen Mediums des geometrischen Plans kann man auch dort annehmen, wo explizite Quellen zur Planungsgeschichte fehlen. Im Vorfeld der obrigkeitlichen Auftragsvergabe war der Grad tatsächlich empirisch feststellbarer bzw. handwerklich gewusster funktionaler Überlegenheit bestimmter realer Anlagen nur ein Faktor unter anderen, zudem einer, über den oft keine Einigkeit unter den Beteiligten verschiedener Metiers (Bauleuten, Militärs, Verwaltungsbeamten) herzustellen war. Oft waren die Berichte über die tatsächliche Bewährung dieser oder jener Bauform unvollständig und widerspruchsvoll. Viele der neuen Festungen mussten sich über längere Zeit überhaupt gegen keinen Angriff bewähren; die Praxisrelevanz ihrer jeweiligen Manier war vorerst gar nicht zu verifizieren. Unabhängig von der tatsächlichen apparativen Tauglichkeit vermittelte aber die neue geometrisch regulierte Planungsmetho-

---

43 Wolfgang Schäffner, Diagramme der Macht. Festungsbau im 16. und 17. Jahrhundert, in: Cornelia Jöchner, (Hrsg.), Politische Räume. Stadt und Land in der Frühneuzeit, Berlin 2003, S. 133-144, hier: S. 135. Nicolo Tartaglia, Questi e inventione diverse nella Scienza d'Artiglieria, Venedig 1546. Übersetzung von Andreas Böhm, Das 6. Buch des Nicolo Tartaglia von der Befestigung der Städte, in: Magazin für Ingenieure und Artilleristen IV, Gießen 1778. Auf diese Schrift weist auch Brohl 2004 (wie Anm. 2), S. 100, mit Bezug auf die Stärke »systematisch durchgeplanter Form« hin.

44 John Law, On the Methods of Long-distance Control. Vessels, Navigation and the Portuguese Route to India, in: ders. (Hrsg.), Power, Action and Belief. A New Sociology of Knowledge?, London 1986, S. 234-263. Schäffner 2003 (wie Anm. 42), dem der Autor diesen Hinweis verdankt, spricht von »Fernregulierungstechnik« (S. 131). Die Zunahme mathematischer Rationalität betonen auch Reinisch und Baier: Ulrich Reinisch, Maß, Zahl und Kanonenkugel. Thesen zu einem neuen Forschungsprojekt über den Zusammenhang von Festungsplanung, Städtebau und Gartenkunst, in: Annelie Lütgens (Hrsg.), Geste I. Künstlerische Handlung (= Kritische Berichte, Jg. 32 [2004], H. 3), S. 84-96, bes. S. 88 und Christof Baier/Ulrich Reinisch, Schußlinie, Sehstrahl und Augenlust. Zur Herrschaftskultur des Blickens in den Festungen und Gärten des 16. bis 18. Jahrhunderts, in: Horst Bredekamp (Hrsg.), Visuelle Argumentationen. Die Mysterien der Repräsentation und die Berechenbarkeit der Welt, München 2006, S. 35-59, hier: S. 44ff. mit interessanten Gedanken zum Einfluss des mathematisch-basierten Festungsbaus auf die Stadt- und Gartenplanung der frühen Neuzeit.

de generell das Versprechen, im voraus und fern der Baustelle via »diagrammatischer« (Schäffner) Evidenz die Tauglichkeit sicherzustellen. In einem Kontext, in dem von dem eigentlichen Bauvorgang distanzierte Personenkreise immer mehr konkreten Einfluss auf die Projekte der Wehrarchitektur ausübten, war damit ein entscheidendes symbolisches Kapital sowohl auf Seiten der Auftraggeber wie auch der entsprechend ausgebildeten Baufachleute verbunden. In diesem Sinne hat Schütte zutreffenderweise vom Überholtsein der nichtgeometrischen Befestigung »im Sinne der Fortifikationstheorie« gesprochen, also ihrem Wertverlust in einem semantischen d. h. diskursiv organisierten Bezugssystem.[45] Hinzuzufügen wäre noch, dass dieser Wertverlust ebenso im System der Verwaltungspraxis anzunehmen ist. Hier nahmen die Anforderungen an Rationalität und Formalisierbarkeit seit dem 15. Jahrhundert kontinuierlich zu. Da das den nichtgeometrischen Befestigungen zugrundeliegende Wissen eben nur mit Einschränkungen formalisierbar und abstrahierbar war, war es hier viel schwieriger als beim Bastionärsystem, die letztendlich entscheidende Kompatibilität zwischen Bauwissen und Verwaltungswissen aufrecht zu halten. Solche strukturellen Irregularitäten konnten in einem politisch so sensiblen Bereich wie der Landesverteidigung auf die Dauer kaum mit einer größeren Nachsicht rechnen.

Neben dem tatsächlichen wie vermeintlichen apparativen Tauglichkeitsvorsprung wurden die neuen geometrisch regulierten Bauten in jedem Fall seit der Mitte des 16. Jahrhunderts zu einprägsamen Bildern landesherrlicher Souveränität und Wehrhaftigkeit und einer »Guten Regierung«. Es ist bekannt, dass die neuen Festungen zwar in ihren Details als Staatsgeheimnisse behandelt, in der Anschaulichkeit der ihnen immanenten Rationalität jedoch befreundeten Fürsten bei Besuchen vorgeführt und im Medium von Ansichten, Plänen und Modellen stolz zur Schau gestellt wurden. Die Zitadelle Spandau wurde 1561 durch eine päpstliche Delegation, 1578 durch dem Herzog von Liegnitz, 1579 durch den Kurfürst von Sachsen, 1582 durch den Herzog von Braunschweig, 1586 durch Pfalzgraf Johann Casimir und 1590 durch den Herzog von Wolfenbüttel besichtigt; 1563 besuchte Kaiser Ferdinand I. die Plassenburg; Peitz wurde 1581 von Herzog Christian von Sachsen, 1586 durch Markgraf Georg Friedrich von Brandenburg-Ansbach und den Herzog von Mömpelgard, 1588 von Landgraf Wilhelm von Hessen und 1589 vom Herzog von Pommern besucht; 1595 nahm der Graf von Mansfeld die Wülzburg in Augenschein.[46] Für die nicht geometrisch regulierten Anlagen wurde es immer schwerer, auf dieser Ebene medial getragener visueller Evidenz mitzuhalten. Allerdings vermutet Elmar Brohl, dass die Verbindung der neuen geometrischen Fes-

---

45 Schütte 1994 (wie Anm. 2), S. 190.
46 Die Daten nach Burger 2000 (wie Anm. 2), S. 364, Anm. 67.

tungsbauweise mit dem Kaiserhaus für bestimmte Bauherren andersherum gerade der Grund gewesen sein könnte, auf Übernahme einer allzu augenfälligen Signatur zu verzichten: »Die systematische Nichtbeachtung dieser neuen Baumethode erweckt den Eindruck, als wenn er [Philipp der Großmütige (1504-1567)] das bastionäre System als Herrschaftszeichen des katholischen Kaisers angesehen hätte, das zu übernehmen ihm als protestantischem Landesherren widerstrebte. In ähnlicher Weise hielten sich auch die protestantischen Städte Oberdeutschlands mit der Übernahme dieses Systems zurück.«[47] Wie argumentiert wurde, sollte eine solche Positionierung im medialen Feld nicht als Optieren für apparative Funktionslosigkeit missverstanden werden.

Der Bau und das Betreiben einer Befestigung war zu allen Zeiten sowohl ein wehrtechnisches wie auch mediales Phänomen. Was die Analyse dieses Komplexes für die Zeit der Renaissance so interessant macht, ist die Tatsache, dass seit dem 15. Jahrhundert sowohl die Vielfalt der technischen Strategien als auch die Vielfalt der symbolischen Strategien drastisch zunahm. Es verlangte nicht nur die geänderte Praxis der Kriegsführung neue bauliche Konzepte. Mit den erweiterten Möglichkeiten der bildlichen Repräsentation, der aufkommenden Theorie des Festungsbaus und dem Wandel im Planungsprozess änderte sich auch die Qualität symbolischer Diskurse. Im Grunde konnte zusätzlich zu den traditionellen Motiven von Turm, Mauer oder Graben auch jedes der neuen Bauelemente, wie beispielsweise Artillerierondell, Feuerscharte, Kanonenplattform, Bastion, Bastionsohr, aber auch der geometrisch geordnete Grundriss und die Symmetrie der Anlage zu einem zeichenhaften Beleg von Wehrhaftigkeit, Herrschaftsausübung und politischer Positionierung werden. Unterschiedlich war vermutlich aber das individuelle mediale Potential einzelner Bauelemente, einen jeweiligen Adressatenkreis mit der entsprechenden Botschaft zu erreichen.

Es standen deshalb sowohl multiple Strategien der apparativen Wehrfähigkeit als auch multiple Strategien der symbolischen Wehr- und Herrschaftsgeste zur Verfügung. Die Geschichte beider Bereiche ist trotz der zu Beginn genannten neueren Arbeiten für den deutschen Bereich zur Zeit noch nicht genügend erforscht. Es fehlt sowohl eine komplexe Geschichte der technischen Konzepte als auch der medialen Wirkung und Darstellung von befestigten Bauten der Renaissance. Es ist zu befürchten, dass der derzeitige wissenschaftliche Blick auf das Phänomen des Befestigungsbaus der Renaissance zu sehr von unserem Wissen um den relativ konsolidierten Stand des 17. und 18. Jahrhunderts beeinflusst ist. Die bisherige Konzentration der Untersuchungen auf das Spezialphänomen der polygonalen

---

47 Brohl 2004 (wie Anm. 2), S. 100.

Bastion gibt zu dieser Vermutung besonderen Anlass. Vor dem Hintergrund des derzeitigen begrenzten Wissens erscheint es methodisch fragwürdig, quasi nach einfachen stilanalytischen Faustregeln den Anteil von apparativer und symbolischer Funktionalität einzelner Anlagen zu ermitteln. Ganz gewiss verläuft die Grenzlinie nicht trennscharf zwischen tradierten »mittelalterlichen« Bauelementen und dem neuen Motiv der fünfeckigen Bastion.

Abbildungsnachweis: Alle Abb. stammen aus dem Archiv des Verf. Zur Herkunft s. die Angaben in den Bildunterschriften.

Sebastian Fitzner

Architektur und Bildmedien
Die Zeichnungen Daniel Specklins im Kontext des Festungsbaus der frühen Neuzeit[1]

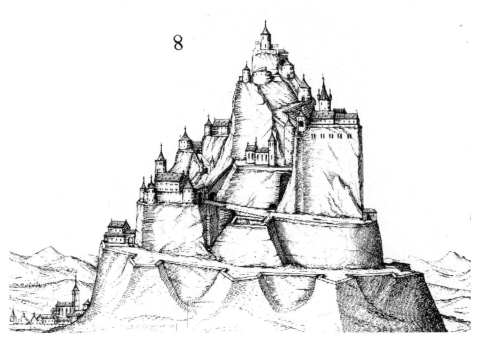

Abb. 1: Specklin, Bergfestung (Architectura von Vestungen 1589, fol. 87).

In der Forschungsdiskussion zur Architektur der deutschen Renaissance gewinnt insbesondere die Frage nach dem Verhältnis von Architektur und Bildmedien an Bedeutung. Durch neue Technologien, allen voran den Buchdruck, wurde die Vervielfältigung und Verbreitung architektonischer Darstellungen möglich. Die Verfügbarkeit exakter Abbildungen vereinfachte eine Kommunikation und Diskussion baulicher Vorhaben, zugleich nahm die Visualisierung innerhalb der Architektur-

---

1 Die Arbeit ist im Rahmen eines Hauptseminars am Kunsthistorischen Institut der Universität zu Köln im WS 2005/06 entstanden. Ganz besonderer Dank für die Unterstützung und Anregung gilt dabei Herrn Prof. Dr. Norbert Nußbaum und Herrn Dr. Stephan Hoppe.

traktate eine dominierende Rolle ein. So verweist Mario Carpo auf die Besonderheit des Architekturdiskurses dieser Zeit: »After centuries of the primacy of the word, architectural discourse could at last put its trust in images, be composed in images, and make use of images that faithfully reproduced and transmitted the appearance of original archetypes.«[2]

So sei an dieser Stelle der Versuch unternommen, gebaute Architektur und Bildmedien wechselseitig zu kontextualisieren, wurde doch die Architektur zunehmend durch die in den Bildmedien formulierten Ansprüche beeinflusst. Als exemplarischer Gegenstand dieses Vorhabens dient eine Serie wenig beachteter Kupferstiche von Bergfestungen aus Daniel Specklins »*Architectura von Vestungen*« von 1589 (Abb. 1).[3] Mit der im 16. Jahrhundert immer noch zur Disposition stehenden Bauaufgabe der Bergfestung ist das Gegenstück zu den Stichen, die gebaute Architektur, bestimmt. Dies wirft einige Fragen auf, denn zunächst verbindet man den Namen Daniel Specklin nicht mit traditionellen Bauaufgaben, wie die der Höhenburg, sondern vielmehr mit der Etablierung des modernen italienischen Bastionssystems in Deutschland.[4] Offenbar werden in dem Traktat zwei unterschiedliche, ja gegensätzliche, Bauaufgaben thematisiert, zum einen das Bastionärsystem, zum anderen die Bergfestung. Gleichzeitig verweist dies auf zwei differente Konzepte von Wehrhaftigkeit, die nebeneinander bestanden. Im Kontext der Entwicklungen des Festungsbaus im 16. Jahrhundert soll versucht werden, die Bedeutungsschichten der Stiche Specklins näher zu bestimmen. Im Vordergrund stehen dabei die Fragen der medialen Aneignung sowie Vermittlung von gezeichneter Architektur.

---

2 Mario Carpo, Architecture in the Age of Printing. Orality, Writing, Typography, and Printed Images in the History of Architectural Theory, Massachusetts 2001, S. 45.

3 Daniel Specklin, Architectura von Vestungen. Wie die zu unseren Zeiten mögen erbawen werden ..., Straßburg (Bernhard Jobin) 1589, Reprint Portland 1972. Zu Daniel Specklin s. Albert Fischer, Daniel Specklin 1536-1589. Festungsbaumeister, Ingenieur und Kartograph, Sigmaringen 1996. Karl E. Meyer, Die Lebensgeschichte des Straßburger Stadt- und Festungsbaumeisters Daniel Specklin, Diss. Techn. Hochschule zu Stuttgart 1928. Alexander Kabza, Eine Studienreise des deutschen Festungsbaumeisters Daniel Specklin in die Niederlande, in: Oud Holland, 1911, S. 165-171.

4 Im Rahmen dieser kleinen Studie kann die Entwicklung des Bastionssystems nur angerissen werden. Daher sei insbesondere auf Stephan Hoppe, Artilleriewall und Bastion. Deutscher Festungsbau der Renaissancezeit im Spannungsfeld zwischen apparativer und medialer Funktion, (im vorliegenden Band) verwiesen; ebenso auf Hartwig Neumann, Festungsbaukunst und Festungsbautechnik. Deutsche Wehrarchitektur vom XV. bis XX. Jahrhundert, Koblenz 1988, Thomas Biller, Die Wülzburg. Architekturgeschichte einer Renaissancefestung, München 1996 sowie John R. Hale, Renaissance Fortification. Art or Engineering?, Norwich 1977.

5 S. hierzu grundlegend Geoffrey Parker, Die militärische Revolution. Die Kriegskunst und der Aufstieg des Westens 1500-1800, Frankfurt/Main 1990, S. 45.

Bastionssystem und Bergfestung

Im 16. Jahrhundert kommt es, bedingt durch einen Wandel in der Kriegsführung, zu maßgeblichen Veränderungen in der baulichen Konzeption von Festungen, Residenzen wie auch Städten. Beruhend auf der Erkenntnis, dass ein Schutz gegen feindlichen Artilleriebeschuss nicht mehr durch schmale, hohe Mauern gewährleistet ist, werden Festung und Stadt nun durch weit vorragende Wälle und Bastionen geschützt.[5] Damit etabliert sich sukzessiv – neben dem älteren Rondellsystem – seit 1530/40 das italienische Bastionssystem, das zunächst in den Niederlanden rezipiert wurde und dann in Deutschland Verbreitung gefunden hat. So kann der Ausbau der Nürnberger Stadtumwallung (1537-1542) durch den italienischen Architekten Antonio Fazuni als eines der frühesten Beispiele der Umsetzung des neuartigen Bastionsschemas in Deutschland gesehen werden. Die Burg erhielt im Nordwesten nun ein Wehrsystem bestehend aus Flanken und Dreiecksbastionen.[6] Mit der Konzeption und dem Bau der Landesfestung Jülich wird das moderne Bastionssystem dann in idealer Weise realisiert. Die 1547 unter dem ebenfalls aus Italien stammenden Architekten Alessandro Pasqualini begonnene Stadtbefestigung in Form eines regelmäßigen Fünfecks, dessen fünfte Ecke von einer Zitadelle eingenommen wird, erinnert an zeitgenössische Idealstadtkonzeptionen und folgt dem neuen Prinzip der geometrisch errichteten Bastion in konsequenter Weise (Abb. 2).[7]

Mit der Etablierung von geometrisch und symmetrisch konzipierten Anlagen geht deren visuelle Präsentation und Kommunikation in der Theorie einher, die nun maßgeblich durch überblickartige Grundrissdarstellungen geprägt ist.[8] Ohne vor-

---

6   Thomas Biller/G. Ulrich Großmann, Burg und Schloss. Der Adelssitz im deutschsprachigen Raum, Regensburg 2002, S.145ff. Trotz der Anpassung an das Bastionssystem kam es in Nürnberg zwischen 1527 und 1550 aber auch zur Errichtung von Rondellen. Ebenso Hoppe (wie Anm. 4), S. 40 und S. 46.

7   S. Anne Schunicht-Rawe/Vera Lüpkes (Hrsg.), Handbuch der Renaissance. Deutschland, Niederlande, Belgien, Österreich, Köln 2002, S. 136ff. Ebenso: Elmar Alshur/Guido v. Büren/Marcell Perse (Hrsg.), Ein Schloß entsteht... – Von Jülich im Rheinland bis Horst in Westfalen (= Jülicher Forschungen, Bd. 5), Jülich 1997. Guido v. Büren/Andreas Kupka, Schloss und Zitadelle Jülich (= Burgen, Schlösser und Wehrbauten in Mitteleuropa, Bd. 14), Regensburg 2005. Conrad Doose/Siegfried Peters, Renaissancefestung Jülich. Stadtanlage, Zitadelle und Residenzschloß. Ihre Entstehung und ihr heutiges Erscheinungsbild, Jülich ²1998. Jürgen Eberhardt, Die Zitadelle von Jülich. Wehranlagen, Residenzschloß und Schloßkapelle. Forschungen zur Planungs- und Baugeschichte, Jülich 1993. Hartwig Neumann, Zitadelle Jülich. Großer Kunst- und Bauführer, Jülich 1986.
   Hier sei auch auf die Festung Wülzburg (1588) verwiesen, die analog zur Zitadelle Jülich dem geometrischen System folgt und als fünfzackige Festung realisiert wurde; s. Biller 1996 (wie Anm. 4) wie auch Daniel Burger, Landesfestungen der Hohenzollern in Franken und Brandenburg im Zeitalter der Renaissance (1530-1610) (= Schriftenreihe zur bayerischen Landesgeschichte, Bd. 128) München 2000, S. 141ff.

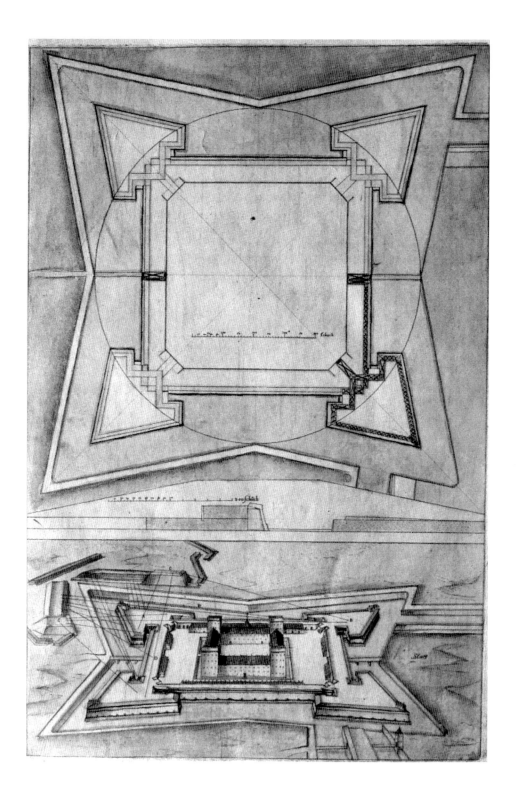

◂ *Abb. 2: Specklin, aquarellierte Federzeichnung der Festung Jülich. Grundriss und perspektivische Ansicht (sog. Peter-Buch, Abb. nach Fischer, S. 98).*

zugreifen, lässt sich sagen, dass sich der auf Geometrie, Mathematik und Mechanik beruhende moderne Bastionsbau auch auf die Darstellungsmodi auswirkt.[9] Dies zeigt sich insbesondere in der 1573 publizierten »*Form und weis zu bauwen...*« des Hans van Schille.[10] Die perspektivischen Stiche von idealen Festungen, ergänzt um die detaillierte Darstellung der Schusslinien, repräsentieren exemplarisch den visuellen Diskurs solcher Anlagen, der zwischen ästhetischen wie konstruktiven Aspekten oszilliert (Abb. 3).

Die Anpassung an die neue Wehrarchitektur folgte dabei unterschiedlichen Strategien, wobei es in den wenigsten Fällen zum grundlegenden Neubau einer idealen Festungsanlage kam. Hinsichtlich der Befestigung hat Stephan Hoppe in seiner jüngsten Untersuchung zum Festungsbau der Renaissancezeit aufgezeigt, dass zwischen einer »apparativen« und »medialen« Funktion der Festung zu unterscheiden sei. Der Bau einer Festung betrifft nicht nur den Wehraspekt (»apparative Funktion«), sondern auch die »symbolische Geste« (»mediale Funktion«). So analysiert Hoppe die alten wie neuen Wehrsysteme und kommt zu dem Ergebnis, dass die traditionellen Anlagen durchaus einen effektiven Schutz vor Angriffen boten – also nicht nur als »symbolische Geste« zu interpretieren seien – und die neuen Bastionen nicht immer den propagierten Schutz erfüllen konnten.[11] Die symbolhafte Wirkung einer Befestigung muss daher auch im engen Zusammenhang mit der Verbreitung der Abbilder von Festungen in Stichwerken betrachtet werden, war doch das »... Betreiben einer Befestigung zu allen Zeiten sowohl ein wehrtechnisches wie auch mediales Phänomen«.[12]

Somit lässt sich für das 16. Jahrhundert eine zunehmende, durchaus kontroverse Auseinandersetzung mit dem Bastionssystem erkennen, die sich besonders in den divergierenden Umsetzungsstrategien manifestiert – inwieweit demnach eine Anpassung an die neuen Entwicklungen stattfindet oder eben alte Strukturen, wie

---

8 Auf die italienischen Entwicklungen wird hier nicht näher eingegangen. Zu erwähnen sind aber insbesondere die Werke von Giuliano und Antonio da Sangallo, welche die Entwicklung des Bastionssystems maßgeblich mitbestimmt haben.

9 Nils Meyer weist auf die im 16. Jahrhundert entwickelte Dreiteilung in Plan, Ansicht und Profil hin, welche auf Vitruvs *orthographia* (Aufriss), *ichnographia* (Grundriss) und *scaenographia* zurückzuführen sei. Vgl. hierzu Nils Meyer, Darstellungen des Festungsbaues vom 16. bis 18. Jahrhundert, in: Hans Holländer (Hrsg.), Erkenntnis, Erfindung, Konstruktion. Studien zur Bildgeschichte von Naturwissenschaften und Technik vom 16. bis zum 19. Jahrhundert, Berlin 2000, S. 705-723, hier: S. 717.

10 Hans van Schille, Form und weis zu bauwen ..., Antwerpen (Gerard de Jode) 1573.

11 Vgl. Hoppe (wie Anm. 4), S. 37.

12 Vgl. Hoppe (wie Anm. 4), S. 63.

das Artillerierondell beibehalten werden. Dabei darf nicht vergessen werden, dass die Errichtung moderner Wehranlagen mit einem enormen Kostenaufwand verbunden war und damit die Anpassung an die neue Technologie allein schon aus finanziellen Gründen vor allem dem höheren Adel und den großen Reichsstädten vorbehalten blieb.[13] Mit Daniel Specklins »*Architectura von Vestungen*« erhielt dieser Diskurs darüber hinaus eine ausformulierte Theorie, die erstmals in deutscher Sprache, nach Albrecht Dürers Festungstraktat[14] das neuartige Wehrsystem visuell wie schriftlich fixierte und zur Diskussion stellte.

Eingebettet in den Kontext dieser Entwicklungen steht aber auch die Bergfestung als aktuelle Bauaufgabe gleichberechtigt neben dem neuen Bastionssystem im Fokus des Interesses der Bauherren. So weist Ulrich Schütte auf den Fortbestand des wehrhaften »Bergschlosses«, der Festung Ehrenbreitstein hin, welches in Koblenz trotz des Baus eines neuen Residenzschlosses nach wie vor von Bedeutung blieb.[15] Ebenso verdeutlichen die zahlreichen Umbauten von Bergfestungen – allen voran das Heidelberger Schloss sowie die Burgen Hohenasperg, Hohenwach und Hohenneufen – eine Kontinuität solcher Festungen.[16] Damit ist der hier behandelte Gegenstand eingegrenzt, nämlich die Bauaufgabe der auf dem Berg gelegenen Herrscherresidenz. In diesem Zusammenhang lässt sich auch die Frage der Anpassung solcher Bergfestungen im Kontext der Etablierung des Bastionssystems diskutieren, denn offenkundig vertritt die Bergfestung ein bestimmtes Symbol von Wehrhaftigkeit, an welchem trotz der Entwicklungen der polygonalen Bastion festgehalten wird.
Wenn demnach die Bauaufgabe der Bergfestung einen baulichen wie auch diskutierten und kommunizierten Sachverhalt im 16. Jahrhundert darstellt, soll im Folgenden versucht werden, die visuelle Präsentation und Vermittlung dieser Bauaufgabe in der »*Architectura*« näher zu charakterisieren.

Konzeptionen Daniel Specklins

1589 erschien die erste Ausgabe der »*Architectura von Vestungen*« in Straßburg. Das reformatorische Straßburg ist im 16. Jahrhundert neben Genf ein Zentrum des Buchdrucks.[17] Insbesondere scheint die Stadt ein Sammelpunkt für die Architekturdiskurse des 16. Jahrhunderts zu sein. So veröffentlichte Walther Rivius (Ryff) 1543

---

13 Parker 1990 (wie Anm. 5), S. 32. Dem Niederadel blieb das Befestigungsrecht weitgehend versagt.
14 Albrecht Dürer, Etliche underricht zu befestigung der Stett, Schloß, und flecken, Nürnberg 1527.
15 Ulrich Schütte, Das Schloß als Wehranlage. Befestigte Schloßbauten der frühen Neuzeit im alten Reich, Darmstadt 1994, S. 176.
16 Schütte 1994 (wie Anm. 15), S. 173ff. Schütte verweist auf weitere Beispiele wie Graz, Dillenburg, Wertheim, Saarbrücken, die Burgen Hochosterwitz, Riegersburg und Breuberg, s. auch Anm. 44.
17 Grundlegend hierzu Carpo 2001 (wie Anm. 2), S. 80ff.

eine lateinische Ausgabe Vitruvs, welcher 1548 dann eine deutsche Version in Nürnberg folgte. Auch die folgenreiche Säulenlehre des Straßburgers Wendel Dietterlin, die ab 1593 erschien und 1598 abgeschlossen war, ist hier zu nennen.[18]

Bis in das 18. Jahrhundert wurde Specklins »Architectura« in mehreren Neuauflagen publiziert und als Standardwerk rezipiert.[19] Das dem Herzog zu Braunschweig und Lüneburg gewidmete Werk wurde von Specklin auch an den Rat der Stadt Straßburg und an den der Stadt Nürnberg gesandt.[20] Neben den Manuskripten »Codex Mathematicus« (1575; später so genannt), »Architectur« (1583) und »Architectur und Bauw Ordnung über die Stadt Basel« von 1588 bildet das Traktat das Hauptwerk des Straßburger Stadtbaumeisters.[21] Specklin schreibt aus der Position des Ingenieurs und ist so vorrangig als Praktiker zu charakterisieren.[22] Alle drei Bücher

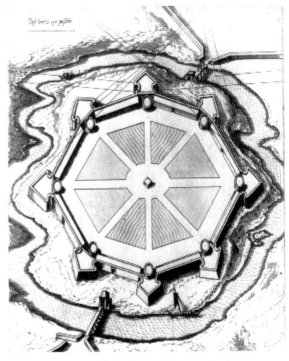

Abb. 3: Hans van Schille, Bastion (Form und weis zu bauwen 1573).

---

18 Vitruvius, »De architectura libri decem ...«, Ed. Walther Ryff, Straßburg (Knobloch) 1543, »Vitruvius teutsch ...«, Ed. und Übers. Walther Ryff, Nürnberg (J. Petreius) 1548, Wendel Dietterlin, Architectura von Aufteilung/Symmetria und Proportion der Fünff Seulen ..., Nürnberg (Caymor) 1598.

19 Weitere Ausgaben: 1599 und 1608 in Straßburg wie auch Dresden 1705, 1712 und 1736. Daten nach Hanno-Walter Kruft, Geschichte der Architekturtheorie. Von der Antike bis zur Gegenwart, München 1991, S. 554.

20 Meyer 1928 (wie Anm. 3), S. 47.

21 S. Fischer 1996 (wie Anm. 3). Der Codex Mathematicus ist das älteste bekannte Werk Specklins und enthält Schwarzweißzeichnungen, die Beschreibung von Festungsanlagen sowie eine Entwicklung des Festungsbaus, S. 117-121. Die Architectur. Das ist wie man Aller Hand vestungen bauwen soll wieder die feindt Christliches Namens von 1583 ist als Grundlage für die gedruckte Architectura von Vestungen heranzuziehen. Wesentliche Aspekte sind hier vorformuliert: die Bedeutung von Zirkel, Quadrant, Perspektive, Aufriss und Modellbau. Ebenso wird die Anlage von Höhenburgen thematisiert, S. 123-134. Als Vorstufe zur Architectur sieht Fischer das Material an, das im so genannten Peter-Buch zusammengefasst ist, S. 143ff. Bedenkenswert ist der Umstand, dass Grundriss und perspektivische Ansicht der Zitadelle Jülich (Abb. 2) die unmittelbaren Vorlagen für die gedruckte Ausgabe der Architectura sind, während die entsprechende Darstellung in der Architectur hiervon deutlich abweicht.

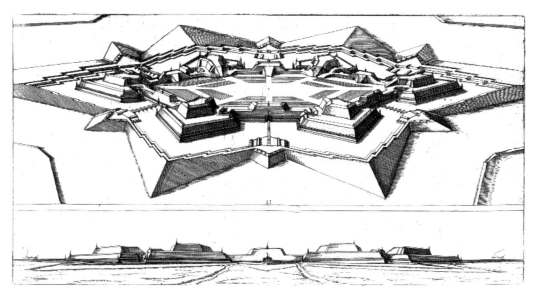

Abb. 4: Specklin, Schema einer Bastion. Die Illustration zeigt sowohl eine Kavalierperspektive wie die Vogelschau zur Verdeutlichung des neuen Bastionssystems (Architectura von Vestungen 1589, Kupferblatt Nr. 11).

(Teile) der »*Architectura*« thematisieren den Festungsbau. Erläutert Buch eins die Fortifikation in der Ebene und die Idealstadtanlage, so behandelt das zweite Buch die Höhenfestungen. Im letzten Buch werden dann bauliche Details und die Ausstattung von Festungen beschrieben. Die Grundlagen des Festungsbaus als Teil der *ars militaris* bilden Mathematik, Geometrie und Mechanik. Demnach legt Specklin auch im ersten Buch die Grundlagen der Geometrie dar und entwickelt den Festungsbau ausgehend vom Grundriss und Fundament bis zu den Aufbauten.[23]

Das neuartige Bastionssystem, das Specklin seinem Leserkreis präsentiert, wird dabei insbesondere durch perspektivische Ansichten und die Vogelschau hervorgehoben (Abb. 4).[24] Ein weiterer grundlegender Darstellungstypus, nicht nur in der »*Architectura*«, ist der Grundriss, wie es die »*Architectur undt Bauw Ordnung über die Stadt Basel*« von 1588 zeigt (Abb. 5). Die Vermittlung bzw. die Kommunikation der neuen Theorie basiert somit nicht nur auf einer Schriftlichkeit, sondern in hohem Maße auf einer Visualisierung derselben.[25]

---

22 Specklin erhielt zunächst eine Ausbildung zum Formschneider, bevor er als Festungs- und Stadtbaumeister wie Kartograph arbeitete; s. Fischer 1996 (wie Anm. 3).
23 Zur Bedeutung von Messinstrumenten, vgl. Specklin 1589 (wie Anm. 3), Erstes Buch, o.S.
24 Sämtliche Stiche in der »*Architectura von Vestungen*« sind von Matthäus Greuter gestochen.
25 Hierzu grundlegend: Caroline van Eck, Verbal and visual abstraction: the role of pictorial techniques of representation in Renaissance architectural theory, in: Christy Anderson (Hrsg.), Architecture and the pictorial arts from Antiquity to the Enlightenment (= The Built Surface, Bd. 1), Aldershot 2002, S. 162-179.

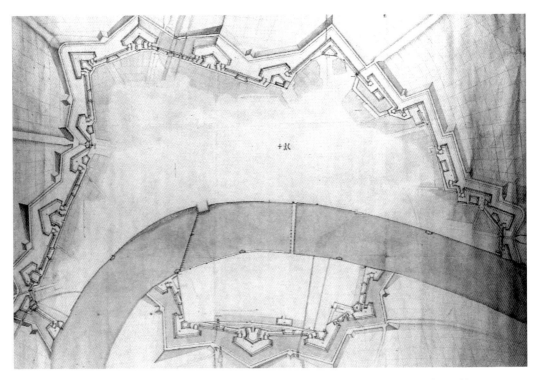

Abb. 5: Specklin, Befestigungsentwurf Nr. 4 für die Stadt Basel von 1588. Im Auftrag der Stadt Basel lieferte Specklin Entwürfe für eine mögliche Neubefestigung der Stadt (»Architectur und Bauw Ordnung über die Stadt Basel«, StA Bs Plan Arch. T4, Abb. nach Fischer, S. 103).

Visualisierungen von Architektur: Die Stiche der Bergfestungen

In der Vorrede für den Leser formuliert Specklin seinen ersten Anspruch an die Stiche der Bergfestungen, die uns im folgenden beschäftigen werden: »... *hab ich doch etliche unbenante Bergheuser (so bei unß im Teutschland herumligen) und für Vestunge gehalten werden zum exempeln aller hand darauß zu fassen für augen gestelt* ...«.[26] Die Architekturen werden verortet und als »*Vestungen*« bestimmt. Explizit wird auf etwas Visuell-Fassbares verwiesen und den »*Bergheusern*« ein Erkenntniswert zugesprochen.

---

26 Specklin 1589 (wie Anm. 3), Vorrede für den Leser, o.S.

27 Auch wenn sich in der Darstellung anscheinend die Kenntnis von Burg Fleckenstein widerspiegelt, ist der Stich doch hochgradig idealisiert und unternimmt nicht den Versuch, die reale Situation abzubilden. »Specklin selbst gab ihr deswegen noch keinen Namen, aber spätere Nachstiche wurden zu Unrecht als ›Fleckenstein‹ bezeichnet.«; Thomas Biller u.a., Burg Fleckenstein (= Burgen, Schlösser und Wehrbauten in Mitteleuropa, Bd. 11), S. 17. Diese Feststellung von Biller trifft nicht ganz zu. Specklin bezeichnet im Dedikationsexemplar seiner Architectura selbst die Darstellung als Fleckenstein; s. u. Anm. 42.

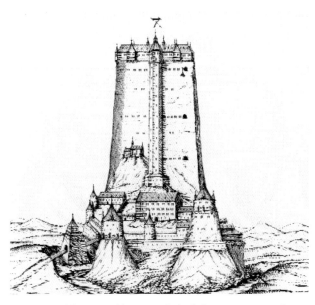

Abb. 6: Specklin, »wunderbarlich Haus«. Der Stich erfolgte durch Matthäus Greuter. Darstellung einer Bergfestung mit utopisch anmutender Felsformation (Architectura von Vestungen 1589, fol. 87).

Exemplarisch sei nun das nach Specklin bezeichnete »wunderbarlich Haus«[27] herausgegriffen (Abb. 6). Dominierendes Element in der formatfüllenden Ansicht ist das weit oben auf einem emporragenden Felsen aufgesetzte Haus. Der kantige und ungewöhnlich geformte Felsen, den Specklin mit einem Diamanten[28] vergleicht, überragt das Umland und trägt auf dem Gipfel die »fürstliche Wohnung«. Zusätzlich wird dieser durch einen die Vertikalität hervorhebenden Treppenturm betont. Die untere Anlage am Fuß des Berges besteht aus Tor, Rundtürmen, Mauern, Wasserumwehrung, Zwinger, kleineren Gebäuden und einer Kapelle, welche sich in halber Höhe einzeln und in exponierter Lage befindet und nur über den Wendelstein zu erreichen ist. Die Gesamtstruktur ist als additiv und irregulär zu charakterisieren. Die Umgebung der Festung ist extrem reduziert dargestellt. Landschaft wird hier nur abstrakt angedeutet, und Bezüge zu städtischen oder dörflichen Strukturen sind auch nicht gegeben.

Im Blickpunkt steht somit, fokussiert durch die Reduktion von Landschaft und die Hervorhebung der Architekturen durch die formatfüllende Ansicht, die Bergfestung mit ihrem Wehrcharakter. Dabei kommt der Landschaft bzw. der Natur eine besondere Rolle zu, denn die Felsen werden zu den die Architektur bestimmenden Grundstrukturen, so dass sich die einzelnen Gebäude offenbar aus den Steinformationen entwickeln. Felsen und Architektur werden als etwas Zusammengehöriges hervorgehoben und präsentieren somit eine Festungsanlage, die sich mit dem Wortfeld »monumental, massiv, verschlossen und schwer zugänglich« charakterisieren ließe.

Die Felsen werden dabei selbst zur Architektur, indem sie Fenster und Durchgänge aufweisen: sie tragen Architektur und sind Architektur. Die Forderung Hans van

---

28 Specklin 1589 (wie Anm. 3), fol. 88. Alle zehn Stiche der Bergfestungen werden jeweils durch einen kurzen Text beschrieben.

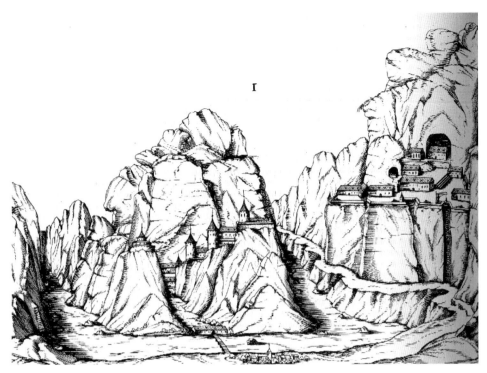

Abb. 7: Specklin, Felsenfestung (Architectura von Vestungen 1589).

Schilles: »... *Es sei gleich mit erden, holtz, gebachnen Steinen, quader Stucken, gemetzten Steinen, oder mit außgehauwene verhlichen velssen, oder bergen, so wol von Natur selbs gewachsen, als mitt menschlicher kunst vnd arbeyt zuwegen gebracht vnd zugericht, Alles nach gelegenthaitt der Materi, Natur der lender vnd örter ...*«[29] gebaut, findet offenbar in den Bergfestungen Specklins ihr visuelles Gegenstück (Abb. 7). Der Palas erscheint als naturgewachsen. Im hochgestreckten Felsen befindet sich eine Geschosseinteilung, die durch eine gleiche »Biforien«-Reihung wie in den Architekturen im unteren Teil der Anlage bestimmt ist. Der Felsen wird zur eigentlichen Festung und eine Anverwandlung zwischen gebauter und »natürlicher« Architektur ist zu erkennen.

Die Gruppierung der einzelnen baulichen Elemente und die Positionierung der Festung auf einem Berg rufen das bekannte Schema einer mittelalterlichen Höhenburg auf. Vergleicht man die Zeichnung des »*wunderbarlich Haus*« mit dem Schloss Weckenthal im Oberelsaß aus dem »*livre Rouge des Waldner de Freunstein*« von 1522, so sind Parallelen wie Brüche in den Darstellungen zu bestimmen (Abb. 8).[30] Beide präsentieren eine Festungsanlage und heben die fortifikatori-

---

29 van Schille 1573 (wie Anm. 10), Frontispiz o.S.

schen Elemente hervor. Sind bei Schloss Weckenthal noch Maßstäbe durch Staffagefiguren, Bäume, Häuser und Felder gegeben, so fällt dies beim »*wunderbarlich Hauss*« weg. Bei Specklin steht zunächst weniger die Wiedergabe eines bestimmten Ortes als die künstlerisch überhöhte Darstellung einer symbolhaften Festungsarchitektur im Vordergrund. Er betont explizit, dass es gerade »*unbenannte Bergheuser*« seien und die von ihm getroffene Auswahl der Beispiele als *pars pro toto* zu verstehen sei.[31]

Trotz allem bestehen aber Gemeinsamkeiten zwischen den Darstellungen. So sind auf der utopisch anmutenden Zeichnung ebenfalls grundlegende Elemente des Burgenbaus zu erkennen: Turm, Haus, Kapelle und Tor. Das fürstliche Haus ist in beiden Darstellungen mit einem vorgelagerten Treppenturm versehen. Steht bei Schloss Weckenthal die Dekoration des Turmes im Mittelpunkt, so betont der Wendelstein bei Specklin die enorme Vertikalität der Fels-Haus-Architektur. Auch dem Hauptzugang schenkt Specklin besondere Beachtung: Das Tor, die Verbindung zwischen innen und außen, wird durch einen pyramidalen und durchbrochenen Felsen gebildet.

Sicherlich sind bei beiden Visualisierungen unterschiedliche Darstellungsabsichten zu unterscheiden, jedoch zeigt der utopisch anmutende Stich eine Übernahme von grundlegenden Bauelementen einer Burg. Dieser Aspekt wird in der Betrachtung weiterer Stiche von Bergfestungen noch deutlicher. Vergleicht man die gezeichnete Ansicht von Schloss Lichtenberg im Unterelsaß (Abb. 9) mit dem Stich A (Abb. 10) in der »*Architectura*«, gibt es auffällige Übereinstimmungen. Offensichtlich werden konkrete Bauaufgaben in die Serie von utopischen Kupferstichen aufgenommen, denn der Stich A veranschaulicht den Umbau von Schloss Lichtenberg durch Specklin.[32] Zugleich formuliert Specklin in der Beschreibung des Stiches die Anforderungen an eine gute Architektur: »*... in bedencken das solch Hauß seiner höhe halben/ von keinem ort beschossen noch uberhöcht/ deßgleichen nit erstigen werden kan [...] / das man nicht allein das Schloß/ sonder alles darumb regieren kan/ wirdt dernhalben solch Hauß/ seins vesten Bawshalben und das es nicht zubeschiesen/ zuersteigen/ noch undergraben ist/ für ein Gewaltige gute vesten erkandt und gehalten.*«[33] Wehrhaftigkeit und Schutz wird durch die

---

30 Fischer 1996 (wie Anm. 3), S. 49. Das Schloss wurde um 1480 begonnen. Der Ausbau zur Rondellfestung erfolgte 1522. 1632 wurde die Festung zerstört.

31 Specklin 1589 (wie Anm. 3), fol. 86.

32 Zur Baugeschichte von Schloss Lichtenberg unter Daniel Specklin s. Fischer 1996 (wie Anm. 3), S. 81-85. Ebenso die Darstellung bei Thomas Biller, Der frühe gotische Burgenbau im Elsaß (1250-1300) (= Die Burgen des Elsaß. Architektur und Geschichte, Bd. 3), München 1995, S. 71. Sowie Thomas Biller, Zwei Zeichnungen Daniel Specklins für die Festung Lichtenberg im Elsaß, in: Burgen und Schlösser, 1978/2, S. 96-102.

33 Specklin 1589 (wie Anm. 3), fol. 89.

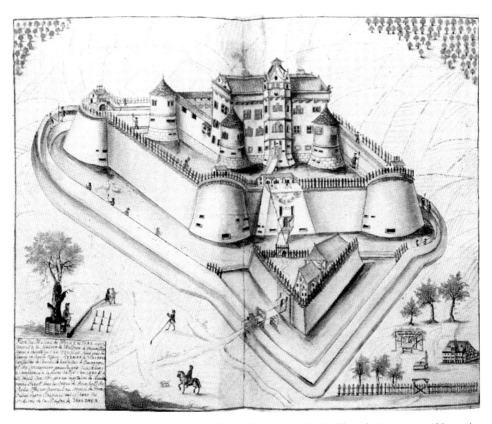

Abb. 8: Schloss Weckenthal im Oberelsaß 1522 (Le livre Rouge des Waldner de Freunstein, Abb. nach Fischer, S. 49).

topographische Lage auf einem Felsen erreicht, der zugleich verhindert, dass das Schloss »*zubeschießen/ zuersteigen/ noch undergraben*« sei.[34] Aber auch der Aspekt der Landesherrschaft wird im Kontext der Bergfestung angedeutet, die nicht nur eine Herrschaft über das Schloss, sondern das Umland ermögliche. Somit erfüllt das Bergschloss wesentliche Funktionen eines frühneuzeitlichen Herrscherortes.

Dieses Schema lässt sich auch in der folgenden Gegenüberstellung festmachen. Schloss Pfirt (Abb. 11) ist offenkundig als ein Vorbild für den Stich Nr. 5 (Abb. 12) im Traktat zu bestimmen. Zwar gespiegelt und in der Anordnung leicht verändert, lassen sich trotz allem Versatzstücke realer und Specklin bekannter Architekturen

---

34 Insbesondere die Wälle von Bastionen konnten durch Minen gesprengt werden. Hingegen war dies bei felsigen Untergründen nicht möglich. So weist auch Leonhart Fronsperger in seinem verbreiteten Kriegsbuch in Bd. 2 »Von Wagenburgk umb die Feldleger, wie man die schliesse, sich daraein verschantzen, wider auffbrechen, unnd ein Statt oder Festung mit Vortheil belägern, umbschantzen, und untergraben soll ...« von 1596 auf den Aspekt der Unterminierung hin.

Abb. 9: Schloss Lichtenberg im Unterelsaß vor dem Umbau durch Daniel Specklin. Aquarellierte Ansicht von Süden (sog. Architectur, fol. 58. Abb. nach Fischer, S. 82).

erkennen. Die Motivrezeption des Stiches ist zwar eng an der Vorlage orientiert, jedoch werden insbesondere die Felsen – und damit das Konzept der Wehrhaftigkeit – stärker betont. Im formatfüllenden Stich erscheinen diese wesentlich kantiger und massiver – was wohl auch durch den Wechsel im Medium bedingt ist. Zusätzlich erhält die Bergfestung nun im unteren Teil einen Wassergraben. Insgesamt erscheint die Festung wehrhafter und definierter als die der Zeichnung. Specklin beschreibt den Stich wie folgt: »*Ein rechtes Berghauß ist diß [...] / wiewol der Felsen seltsam gelegen/ ist solches hauß eben so seltsam bawen/[...]*«. Bemerkenswert ist die weitere Ausführung: »*[...] /das alte Schloß oder Castell ligt inn diesem Felsen/ [...] /inn diesem Felsen ein schöner Saal mit grossen hohen Fenstern inn einem ganzen Felsen gehawen/ ...*«.[35] Damit dürfte der emporragende Felsen über dem Zwinger gemeint sein, welcher eine »Biforien«-Reihung von kleinen und großen Fenstern aufweist. Nicht die Architekturen, sondern der zur Architektur transformierte Felsen wird von Specklin hier erneut betont. Jedoch steht nicht allein die wehrhafte Funktion im Vordergrund. Vielmehr wird mit der Beschreibung des

---

35 Specklin 1589 (wie Anm. 3), Beschreibung zum Stich Nr. 5, o.S.

Abb. 10: Specklin, der Stich zeigt den Zustand von Schloss Lichtenberg nach dem Umbau durch Specklin (Stich A, Architectura von Vestungen 1589).

»schönen Saals«, von welchem man wohl auch einen Überblick über das Umland hatte, der naturhafte Felsen in seiner eigenen Ästhetik erfasst. Funktion und Ästhetik der Bergfestung werden miteinander verschliffen.

Nun stellen sich hier mehrere Fragen. Warum werden die Stiche in einer der ersten Abhandlung über das neue Bastionärsystem, de facto an einer prominenten Stelle, eingefügt? Stehen sie nicht im Antagonismus zu den präzisen perspektivischen und symmetrischen Zeichnungen der Bastionen und deren Bild von Wehrhaftigkeit? Und zweitens, sind die Stiche Abbild von realen Architekturen oder konstruieren sie vielmehr eine ideale oder utopische Architektur und verweisen so auf etwas, was im Text nicht formuliert wird?[36]

Der Bildgegenstand der Zeichnungen – die Bergfestung – stellte im 16. Jahrhundert, wie bereits ausgeführt wurde, eine gängige Bauform dar, auch wenn sich gegenläufige Tendenzen beobachten lassen: so etwa die Verlagerung der Residenz Landgraf Philipps von Marburg nach Kassel – ein Ortswechsel von der hoch gele-

---

36 Die letzte Frage gilt nicht für Schloss Lichtenberg und Schloss Pfirt.

Abb. 11: Schloss Pfirt, aquarellierte Zeichnung (sog. Architectur von 1583, fol. 60. Abb. nach Fischer).

genen Burg in die Ebene.[37] Ein anderes Beispiel für einen zeitgemäßen Bau bildet die bereits erwähnte Festung Jülich, die Specklin vermutlich auf seinen Reisen studierte und in mehreren Zeichnungen festhielt:[38] der Grundriss und die Vogelschau veranschaulichen das bastionäre System in prägnanter Weise und haben mit einer mittelalterlichen Bergfestung kaum noch Gemeinsamkeiten (vgl. Abb. 2 u. 7). Regularität und Irregularität, Symmetrie und Asymmetrie lassen sich als Dichotomien bestimmen.

Fragt man also nach dem Verhältnis von gebauter Architektur und den Architekturdarstellungen Specklins, so lassen sich die folgenden abstrakteren Bezüge zwischen den Schlossbauten der Renaissance und den Bergfestungen Specklins

---

37 Zu den Festungsbauten Landgraf Philipps s. Elmar Brohl, Kein anderer Trost als Gott und meine Festungen. Landgraf Philipps Festungsbau, in: Ursula Braasch-Schwersmann/Hans Schneider/Wilhelm Ernst Winterhager (Hrsg.), Landgraf Philipp der Großmütige 1504-1567. Hessen im Zentrum der Reform. Begleitband zu einer Ausstellung des Landes Hessen, Marburg, Neustadt an der Aisch 2004, S. 93-103; s. auch die erweiterte Fassung: Elmar Brohl, Der Festungsbau des hessischen Landgrafen Philipp 1518-1567, in: Festungsjournal. Zeitschrift der Deutschen Gesellschaft für Festungsforschung e.V., H. 27, Februar 2006, S. 26-50.

38 Die Darstellung findet sich sowohl in der »Architectur« von 1583 wie auch im so genannten Peter-Buch und in der »Architectura von Vestungen« von 1589 (fol. 9 und die Beschreibung auf fol. 16); s. Fischer 1996 (wie Anm. 3), S. 98ff. Zur Diskussion der Zeichnungen Specklins von Jülich s. Guido v. Büren, Alessandro Pasqualini und sein Anteil an Residenzbauten in den Niederlanden und im Rheinland, in: Forschungen zu Burgen und Schlössern, Bd. 8, München/Berlin 2004, S. 95-105, hier: S. 100, Anm. 21.

Abb. 12: Specklin, Stich von Schloss Pfirt (Architectura von Vestungen 1589).

ausmachen. Zunächst sei darauf aufmerksam gemacht, dass die Zeichnungen, wie mittelalterliche Burgen, eine »Vielgliedrigkeit« aufzeigen.[39] Palas, Mauern, Türme und Tore als Grundelemente des Burgenbaus sind zu einem asymmetrischen Gebilde angeordnet. Diese Vielteiligkeit weist z. B. auch die Albrechtsburg in Meißen auf (Abb. 13). Ein weiteres, in der Literatur immer wieder angeführtes Beispiel bildet das Aschaffenburger Schloss. Selbst die geometrische Grundstruktur des Neubaus wird letztlich noch von einem mittelalterlichen Element – dem Bergfried bestimmt.[40] Die Übernahme oder exakter das Erhalten und Bewahren von alten Strukturen findet aber nicht nur in der Baupraxis, sondern offenbar auch in

---

39 Der Begriff ist von Matthias Müller, Das Schloß als Bild des Fürsten. Herrschaftliche Metaphorik in der Residenzarchitektur des Alten Reichs (1470-1618) (= Historische Semantik, Bd. 6) Göttingen 2004, S. 27ff., entlehnt.

Abb. 13: Burgberg der Albrechtsburg in Meißen von Osten.

den Architekturdarstellungen Specklins statt. Beide – Architekturzeichnung und gebaute Architektur der Zeit – zeigen so die Symbole mittelalterlicher Architekturen.

Im Traktat äußert sich Specklin wie folgt zu den von ihm dargestellten Bergfestungen: »... / ich kan mich nicht genug verwundern/ was doch die Römer bei uns/ oder da sie es nicht gebawen/ die Trierer/ die es müssen lang vor Christi Geburt gethan haben/ müssen darmit vermennt haben/ das noch inn den allerhöchsten Gebürgen oben auff/ auff die Stund/ also gewaltige dicke/ lange Mauren stehn/ an vilen enden/ deren ich nur eins oder drey melden will ...«.[41] Wie Specklin zu dieser Einschätzung kommt, geht aus den Beschreibungen nicht hervor. Auffällig ist jedoch der weite zeitliche Rückblick und die Tatsache, dass die Burgen offenkundig keine Gegenwartsarchitekturen darstellen, lässt man die identifizierten Bauten, Schloss Lichtenberg und Schloss Pfirt, außer Acht. Schenkt man Specklin Glauben, beruhten seine Zeichnungen auf realen Bauten und waren als Dokumentation anzusehen. Dies ist zunächst plausibel, denn aufgrund seiner zahlreichen Reisen, wie auch seiner Tätigkeit als Kartograph konnte er alte und zerfallene Festungen studieren. Hinzu kommt, dass das Elsaß eine sehr burgenreiche Region war.[42]

---

40 S. hierzu: G. Ulrich Großmann, Die Verwandlung der Burg zum Schloss, in: Heiko Laß (Hrsg.), Von der Burg zum Schloß. Landesherrlicher und Adeliger Profanbau in Thüringen im 15. und 16. Jahrhundert, Jena 2001, S. 29-40. Ebenso Matthias Müller, Spätmittelalterliches Fürstentum im Spiegel der Architektur. Überlegungen zu den repräsentativen Aufgaben landesherrlicher Schloßbauten um 1500 im Alten Reich, in: Cordula Nolte/Karl-Heinz Spieß/Ralf-Gunnar Werlich (Hrsg.), Principes. Dynastien und Höfe im späten Mittelalter (= Residenzforschung, Bd. 14), Stuttgart 2002, S.107-146.
41 Specklin 1589 (wie Anm. 3), fol. 86r.

Specklin spricht die Bauten, die ihn »*genug verwundern*«, nicht den Römern, sondern den »Trierern« zu. Die Zeichnungen basieren, aus der Perspektive Specklins, demnach auf »antiken« Bauten, die er aber wohl frei ergänzt haben dürfte, denn er konstatiert selbst, dass nur noch Überreste vorhanden seien. Weiter schreibt er: »*Darauß ist abzunemmen/ das nicht allein bei unsern zeiten/ sonder bei den Alten viel unnd mehr/ solche gebäw gewesen seien/ weil aber der Fellsen/ Burg/ Schlösser/ un Castell/ auch Claussen so viel und mancherley seind/ will ich deren allein etlich vermelden/ und anzeigen/ [...] / und wiewol deren uber 100. hiehier verzeichnen köndte/ ist doch solches allerhand bedencken darauß zuschöpffen genug*«.[43]

Specklin führt die Bauten, die im Medium der Architekturdarstellung präsentiert und im Kontext des Traktats zur Kommunikation und Diskussion gestellt werden, auf die »Alten« (Alemannen und Trierer) zurück. Den Bauten wird daher insofern ein gewisser Wert zuerkannt, da sie scheinbar Abbild einer vergangenen Epoche sind. Demnach sind die Stiche also nicht als reine Bauaufnahme zu verstehen und zu bewerten, wie man im Vergleich mit der Zeichnung von Heinrich Schickhardt (1558-1636) sieht (Abb. 14). Die relativ nüchterne und sachliche Auffassung der Burg Hohentwiel folgt nicht der stimmungshaften Darstellungsweise Specklins.[44] Es ist anzunehmen, dass die Specklinschen Visualisierungen eine andere Funktion haben, denn sie verdeutlichen nicht nur Elemente von Wehrhaftigkeit und Schutz, sondern machen »Altertümer« präsent. Gleichzeitig werden die Darstellungen der

---

42 Einen umfassenden Überblick bietet die Arbeit von Biller 1995 (wie Anm. 32). Es ist an dieser Stelle darauf hinzuweisen, dass Specklin selbst im Dedikationsexemplar der »*Architectura von Vestungen*« für Herzog Julius von Braunschweig alle Darstellungen der Höhenfestungen handschriftlich mit Ortsangaben versehen hat (Herzog August Bibliothek Wolfenbüttel, N 180.2° Helmst.; s. Architekt und Ingenieur. Baumeister in Krieg und Frieden [= Ausstellungskataloge der Herzog August Bibliothek 42], Wolfenbüttel 1984, S. 354f., Kat.-Nr. 297 [Hartwig Neumann]). Der utopische Charakter ergibt sich für den Betrachter demnach vor allem aus der überhöhten Darstellungsweise der Burgen. Ich danke Guido v. Büren für diesen und andere Hinweise.

43 Specklin 1589 (wie Anm. 3), fol. 86r. Jedoch verweist Specklin zumindest auf »Schloss Wassenburg«, das seiner Ansicht nach in direkter Tradition zu einem Bau des Kaisers Tiberius stehe; vgl. hierzu auch die aufgenommene Inschrift.

44 Burger 2000 (wie Anm. 7), S. 29. Burger weist auf die Rondellanlagen Hohentübingen und Hohenasperg (vor 1519), Hohenneuffen (um 1550), Hohenurach und Hohentwiel hin, die unter den Herzögen Ulrich und Christoph von Württemberg im ersten Drittel des 16. Jahrhunderts realisiert wurden. Den Ausbau der Bergfestungen sieht Burger im Kontext des Landesschutzes. Vgl. auch Werner Fleischhauer, Renaissance im Herzogtum Württemberg (= Veröffentlichung der Kommission für geschichtliche Landeskunde in Baden-Württemberg), Stuttgart 1971, S. 26 (Die Befestigungsbauten Herzog Christophs (Hohenneuffen, Hohenurach, Hohentwiel, Hohenasperg, Hohentübingen, Grafeneck, Kaltenstein, Kirchheim, Schorndorf). Zu Heinrich Schickhardt s. auch Ruben Rebmann, Heinrich Schickhardt, in: Arnold Bartetzky (Hrsg.), Die Baumeister der »Deutschen Renaissance«. Ein Mythos der Kunstgeschichte?, Beucha 2004, S. 237-256.

Abb. 14: Heinrich Schickhardt, Riss der Burg Hohentwiel, 1591 (Stuttgart, Hauptstaatsarchiv, Abb. nach Fleischhauer, Tafel 10).

Bergfestungen als Grundlage eines Studiums (archäologisches Interesse) aufgefasst. So formuliert Specklin: »*ist doch solches allerhand bedencken daraus zuschöpffen genug*«.[45] Wenn wir uns zunächst hierauf einlassen, müssen wir fragen, was genau aus den Aufnahmen Specklins zu »*bedencken und zuschöpffen*« ist, da es eben keine genauen Bauaufnahmen noch wissenschaftliche Rekonstruktionen sind. Zwar gibt Specklin vereinzelt Maße an, diese können aber nicht als Beleg einer exakten Auseinandersetzung betrachtet werden.[46]

Somit visualisieren die Zeichnungen erstens in ihrer überhöhten Darstellung Schemata von Wehrhaftigkeit, Massivität und Sicherheit, und zweitens formulieren sie zugleich einen historischen Rückblick – welcher als eindrucksvolles Bild und nicht als exakte Rekonstruktion gestaltet ist.

An dieser Stelle ist nochmals auf den Zusammenhang von realen Bauten und den Zeichnungen Specklins zurückzukommen. Wenn sich die Schlossbauten, wie die Albrechtsburg in Meißen, in einer »Vielgliedrigkeit« präsentieren und so in ihrer äußerlichen Struktur deutlich Bezüge zu mittelalterlichen Burgen aufweisen und dieses Moment auch in den Zeichnungen vorkommt, könnte davon ausgegangen werden, dass es bestimmte Vorstellungen einer Schlossbauästhetik gab. Wenn Matthias Müller danach fragt, was die Fürsten bewog, die Schlösser in einer »malerischen Vielfalt« erbauen zu lassen und sich eben nicht nach den Architekturtheoretikern zu richten, sondern auf symmetrische und einheitliche Baukörper

---

45 Specklin 1589 (wie Anm. 3), fol. 86r.
46 Specklin 1589 (wie Anm. 3), fol. 86.

zu verzichten,[47] verdeutlichen uns die Zeichnungen Specklins zumindest, dass die Strukturen alter Burganlagen in einem modernen Traktat visualisiert und damit präsent gemacht wurden. Sicherlich erklärt das die Frage Matthias Müllers nicht vollständig, liefert aber Hinweise für einen Diskurs, der sich offensichtlich mit bestimmten Gestaltungsfragen auseinandersetzte.

Die Bergfestungen haben einen Verweischarakter, der zugleich Erinnerung stiftet. Lässt sich das Bastionssystem abstrahiert darstellen und auf prägnante Formeln reduzieren, so führt dies bei den asymmetrischen und irregulären Bergfestungen zu Komplikationen. Das Bild der Wehrhaftigkeit lässt sich nicht einfach übertragen, denn die Verfügbarkeit über den durch eine Höhenburg vermittelten Schutz ist vorrangig durch die Topographie bestimmt. Das System der Bastion kann hingegen als ein Modul verstanden werden, welches prinzipiell beliebig transformiert und an die räumliche wie topographische Situation angepasst werden kann, wobei die geometrische Struktur immer erhalten wird. Die Visualisierung der Bergfestung arbeitet im hohen Maße mit einer »sinnlichen Wirkung«;[48] die Architektur wird nicht in konstruktiven Details, sondern in einer inszenierten Bildhaftigkeit übermittelt.

Topographische Darstellungen

Wenn wir uns weitere Stiche von Specklin anschauen, wird deutlich, dass diese die Grundmuster von massiven und auf Abwehr ausgelegten Festungen variieren. Zugleich unterläuft Specklin mit seinen Illustrationen der Bergfestungen die Anforderungen an topographisch genaue Darstellung. Anstatt einer wissenschaftlichen Bestandsaufnahme wird dem Betrachter ein utopisches und stimmungshaftes Architekturbild geboten.

Mit den aufkommenden Stadtansichten und den zunehmenden topographischen Darstellungen im 16. Jahrhundert wird offenkundig ein Interesse an Ortschaften und Raum formuliert. Ein grundlegendes Element der topographischen Ansicht dürfte dabei die Wiedergabe von Wirklichkeit sein, also bestimmte Räume mit ihren charakteristischen Merkmalen darzustellen und zu verorten. Bekanntestes Beispiel hierzu bilden die Stichwerke von Braun-Hogenberg (Abb. 15) und später Merians d.Ä., die neben der Übernahme typischer Merkmale der reproduzierten Stadt zusätzlich durch eine Beischrift versehen sind – Bild und Text definieren einen konkreten Ort.[49] In diesem Zusammenhang nimmt die Architekturzeichnung neben den Stadtansichten und Landschaftsillustrationen eine wichtige Rolle der

---

47 Müller 2004 (wie Anm. 38), S. 144.
48 Der Begriff ist von Hubertus Günther entlehnt. Hubertus Günther, Bildwirkung der Architektur in Renaissance und Barock, in: Kolloquium Architektur und Bild in der Neuzeit, Stuttgart, 12. und 13. November 1999, Stuttgart 2001 (http://elib.uni-stuttgart.de/opus/volltexte/2002/1013/ <letzter Zugriff: 21.04.2007>), S. 14.

Abb. 15: Franz Hogenberg, Ansicht Salzburgs vom Kapuzinerberg, 1581 (Salzburger Museum Carolino Augusteum, Abb. nach Franz Fuhrmann, Salzburg in alten Ansichten. Die Stadt, Salzburg 1963, Tafel 5).

Vermittlung von Architektur ein. Auch in methodischer Hinsicht sind diese Bildwerke, insbesondere die Vedute, für die Klärung des Verhältnisses zur gebauten Architektur von Bedeutung.

Bei den Stichserien sei hier auf das von dem Franzosen Androuet Du Cerceau d.Ä. (1510-1584) herausgegebene Stichwerk »Les plus excellents bastiments des France« verwiesen.[50] Die Stiche, in zwei Bänden 1576 und 1579 publiziert, sind Aufnahmen von prominenten, damals in Frankreich stehenden Schlössern und halten sich an einen ganz anderen Darstellungsmodus, als wir ihn von Specklin kennen. Die Wiedergabe erfolgt in einer »objektiven« Erfassung der Architektur, die eine genaue Kenntnis der Bauten widerspiegelt. Die Stiche von Du Cerceau geben so die gesamte Architektur und räumliche Umgebung einer Schlossanlage im Detail wieder, in der sogar die Strukturen der Boskett s ablesbar sind (Abb. 16). Diesem

---

49 Stadtveduten und Grundrisse bei Braun-Hogenberg, civitates orbis terrarum, 6 Bde., hier: Bd. 1, Köln 1572. Wie auch die Darstellungen von Städten und Landschaften bei Merian d.Ä., Theatrum Europaeum, 19 Bde., 1635-1723.

50 Androuet Du Cerceau, Les plus excellents bastiments des France, 1576/79. Vgl. Michaela Völkel, Das Bild vom Schloß. Darstellung und Selbstdarstellung deutscher Höfe in Architekturstichserien 1600 - 1800, München/Berlin 2001.

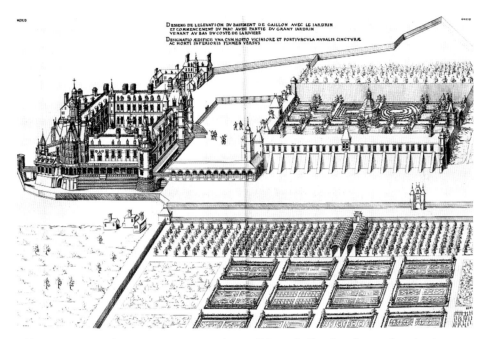

Abb. 16: Jacques Androuet Du Cerceau, Ansicht von Château Gaillon (Les plus excellents bastiments des France 1576 - 1579, Genf, Bibliothèque Nationale, Cabinet des estampes, Abb. nach J.-P. Babelon, Châteaux de France au siècle de la renaissance, Paris 1989, S. 88).

Anspruch an Genauigkeit werden die Zeichnungen Specklins nicht gerecht, denn sie geben Orte und Architektur nur symbolisch an. Für diese Überlegung spricht auch die Tatsache, dass Specklin, obgleich er »*uber 100*«[51] Festungen nennen könnte, lediglich acht abbildet. Die Auswahl der Beispiele scheint somit alle wesentlichen Charakteristika von Festungen ausreichend zu präsentieren.

Wenn von einer symbolischen Architektur gesprochen wird, könnte hier zunächst von der Prämisse ausgegangen werden, dass sich reale Architekturen wie Schloss Lichtenberg in die symbolischen/utopischen Zeichnungen lediglich einfügen. Jedoch ist es indes ebenso möglich, dass Specklin durch die Präsentation realer Architekturen in diesem semantischen Feld von Wehrhaftigkeit die Überlegenheit seiner Bergfestungen gegenüber seinem Adressatenkreis verdeutlichen kann. Die Einbettung realer Architekturen in die Stichserie bringt ein *Mischmedium* hervor, welches symbolische wie reale Elemente nicht nur visualisiert, sondern kontextualisiert.

Gegenbilder: Die Visualisierung des Bastionssystems bei Hans van Schille

Im Jahr 1573 veröffentlichte der Antwerpener Architekt Hans van Schille bei dem Verleger Gerard de Jode die »*Form vnd weis zu bauwen*«.[52] Das kleine Werk, for-

---

51 Specklin 1589 (wie Anm. 3), Vorrede für den Leser, o.S.

mal in der italienischen Festungsbautheorie stehend, vermittelt die modernen Theorien zur polygonalen Befestigung, entgegen der »*Architectura*«, ausschließlich durch Kupferstiche und ohne Begleittext. Damit steht die Visualisierung im Vordergrund und wird zum zentralen Informationsträger. Hans van Schille war, wie Daniel Specklin, ein Praktiker: »*Ingenieur et geographe inventor*«.[53] Hier sei darauf hingewiesen, dass Specklin zwei Reisen in die Niederlande unternahm und 1560 wie auch 1577 nach Antwerpen reiste, um dort die neuartige Befestigung der Stadt zu studieren.[54] Es wäre also sehr gut denkbar, dass Specklin Kenntnis von dem Stichwerk des Antwerpener Ingenieurs hatte.

Die Stiche zeigen in Ansichten Grundrisse von allenfalls möglichen, sternförmigen, und nach den Prinzipien der Geometrie konstruierten Festungsanlagen (Abb. 17). Bauliche oder konstruktive Details werden nicht visualisiert. Vielmehr lässt sich an den qualitativ hochwertigen Zeichnungen ein hoher Abstraktionsgrad erkennen, so dass die Grundrisse nicht als konkrete Bauanleitungen, sondern als Bilder einer idealen Festungsarchitektur gelesen werden können. Dabei wird jedoch eine detaillierte Darstellung von Schusslinien geliefert und – so die eigentliche Neuerung – die Bestreichung der Bastionen und die Abwehr des feindlichen Artilleriebeschusses verdeutlicht. Ebenso werden durch die Schattierungen nicht nur Höhen angezeigt, sondern es wird den Stichen die Anmutung von plastischen Modellen verliehen.

Die unterschiedlichen Festungsmodelle sind ohne Bezüge zu realen landschaftlichen oder örtlichen Begebenheiten und als rein geometrische Darstellungen fokussiert und hervorgehoben. Der Modus des Grundplans ermöglicht die präzise Visualisierung der geometrischen Form und trägt so zu der ästhetischen Erscheinung der Festung bei, die in einer Umsetzung in einen Bau nicht mehr lesbar wäre. Die Tafel XIV. zeigt eine Festung, die zwischen dem Meer und einer Hügelformation gelegen ist (Abb. 18). Dabei werden sechs einzelne Bastionen ohne Verbindungen zueinander gezeigt und der Darstellung der Schusslinien ein breiter Raum zugeteilt. Diese werden im hohen Maße geometrisiert. Jedoch kommt es

---

52 Eine französische Ausgabe erschien 1580. Zu Hans van Schille vgl. neuerdings Petra Sophia Zimmermann, Die Architectura des Hans Vredeman de Vries. Entwicklung der Renaissancearchitektur in Mitteleuropa, Berlin 2002, S. 184ff. Zimmermann verweist auch auf die Nähe der Entwürfe van Schilles zu Francesco de Marchis »*Della Architettura Militare*« von 1599 (Das Manuskript war zwischen 1542 und 1565 entstanden und kursierte in Abschriften, so auch in einer von Daniel Specklin; s. oben Anm. 21 zum *Codex Mathematicus*). S. jetzt auch Piet Lombaerde, New Techniques for Representing Object: Hans Vredeman de Vries and Hans van Schille, in: Heiner Borggrefe/Vera Lüpkes (Hrsg.), Hans Vredeman de Vries und die Folgen (= Studien zur Kultur der Renaissance, Bd. 3), Marburg 2005, S. 101-108.
53 van Schille 1573 (wie Anm. 10), Frontispiz o.S.
54 Kabza 1911 (wie Anm. 3), S. 167.

zwischen perspektivischer Ansicht und geometrischen Schusslinien zu Komplikationen; nicht alle dargestellten Linien entsprechen einer korrekten Bestreichung.

Die Bezüge zur Umgebung bleiben Andeutungen. Hier ist zu fragen, ob die Festung sowohl am Wasser, als auch in einer leicht hügeligen Landschaft zu realisieren wäre, denn beide Gebiete werden offensichtlich in den Zusammenhang der sternförmigen Anlage gestellt. Damit werden die raumgreifenden Visualisierungen Hans van Schilles in einer gewissen Weise zwar dem Schlossbau und der Stadtbefestigung in der Ebene gerecht, jedoch kann mit diesen Befestigungen kein Bergschloss errichtet oder um-

Abb. 17: Hans van Schille, Bastion (Form und weis zu bauwen 1573).

gebaut werden. Obgleich van Schille im Titel die Bauaufgabe von »Schlosser, Burgen, und Stedt« angibt, wird die Burg oder eine burgspezifische Architektur nicht behandelt.

Um so bemerkenswerter ist es, dass Specklin diesen Aspekt in seiner »Architectura« aufgreift und neben dem modernen, auf Geometrie beruhenden Bastionsbau auch Höhenburgen präsentiert. Er differenziert demnach zwei unterschiedliche Bauaufgaben, die jeweils anderen Prämissen folgen und sich auch in der visuellen Präsentation voneinander abgrenzen. Specklin berücksichtigt sowohl die Ebene als auch die Höhe. Dabei erkennt er, dass die Höhenburg allein, bedingt durch ihre Lage, eine andere Architektur benötigt und folglich auch andere Bilder von Wehrhaftigkeit erzeugt. Diese müssen – de facto – neben dem neuen Bild der geometrisch-regulären Anlage bestehen, welche zunehmend durch Traktate und Stichwerke an Präsenz gewinnt und sich ja auch baulich durchsetzt.[55] Was hier deutlich wird, ist ein Konflikt zwischen neuem System und alter Bauaufgabe, denn durch die Entwicklungen in der Artillerie und mit der daraus hervorgehenden Etablierung des modernen Wehrsystems wird das traditionelle »vertikale Zeitalter« zunehmend obsolet.[56]

Die Stiche Hans van Schilles stehen so im Kontrast zu den Höhenburgen und folgen dem gängigen Darstellungsmodus des Bastionssystems; Grundriss, Vogelschau, Geometrie und Regularität werden wirksam als Lesehilfen der neuen Theorien eingesetzt. Die »Wirkungsmacht« der Stiche liegt in der präzisen und perspektivisch konstruierten, rationalen Zeichnung. Hingegen entfalten die Bergfestungen Specklins ihre »Wirkungsmacht« gerade durch den Einsatz von phantastischen, irrealen und irregulären Elementen – dem (notwendigen) Verzicht auf die Geometrie.

Offenkundig lässt sich ein Antagonismus in den Darstellungsformen innerhalb der »*Architectura*« von Specklin bestimmen. Erfolgt die Visualisierung der neuen Bastionstheorie durch präzise Perspektiven und unterliegt geometrischen und symmetrischen Formen, so sind die Kupferstiche der Bergfestungen wirkungsästhetisch anders orientiert und zeigen in keiner Weise konstruktive Elemente. Es lassen sich indes zwei Funktionen der Darstellungen bestimmen. Zunächst fungiert die Stichserie der Bergfestungen als eine Reihe von Prototypen und dient als Bauanweisung, die in einer ganz anderen Art zum Bauen anleitet als dies bei den Bastionen der Fall ist. Da den Bergschlössern kein universaler Grundriss zugrundegelegt werden kann, visualisiert Specklin unterschiedliche Bautypen, von denen jeweils einzelne typenhafte und konstitutive Elemente übernommen werden können. Das theoretische Gerüst operiert dabei mit der Verbildlichung von weiteren Begriffen wie Höhe, Wehrhaftigkeit und Schutz.

In Anlehnung an Ulrich Fürsts Theorie zur Kategorie der Bedeutung in der Architekturtheorie[57] ließe sich das dort entwickelte Konzept auch auf die Visualisierung der Bergfestungen Specklins übertragen. Fürst stellt heraus, dass Bedeutungen nur »abstrakt« vermittelt werden können und eine Funktion der Theorie die Darlegung des »Eigencharakters« sei: »Aufgabe der Theorie kann es nur sein, den Eigencharakter der Ordnungen zu vermitteln, Hinweise auf den darin gegebenen Spielraum zu geben und so die Gesetzmäßigkeiten einer der Architektur eigenen Formensprache offen zu legen; die Ausgestaltung aber muss der künstlerischen Praxis überlassen bleiben«.[58] In Bezug auf unser Problem der Bedeutung der Bergfestun-

---

55 So etwa Nürnberg (1537-1542), Jülich (ab 1547), Wülzburg (1588); s. auch Thomas Biller, Die Wülzburg. Architekturgeschichte einer Renaissancefestung, München 1996. Plassenburg (Bergfestung mit Rondellen, Ausbau mit drei Bastionen um 1550-54). Zur Plassenburg vgl. auch Burger 2000 (wie Anm. 7), S. 64ff. und S. 344.

56 Parker 1990 (wie Anm. 5), S. 27.

57 Ulrich Fürst, Die Kategorie der Bedeutung in der deutschsprachigen Architekturtheorie der Frühen Neuzeit und ihr Verhältnis zur baukünstlerischen Gestaltung, in: Stephan Hoppe/Matthias Müller/Norbert Nußbaum (Hrsg.), Stil als Bedeutung in der nordalpinen Renaissance. Wiederentdeckung einer methodischen Nachbarschaft. 2. Sigurd Greven-Kolloquium zur Renaissanceforschung, Regensburg 2008, S. 351-374.

58 Fürst 2007 (wie Anm. 57), S. 363.

gen zwischen Erinnerungsfunktion und Bauanleitung ergäbe sich unter dieser Perspektive die Möglichkeit, auch den Aspekt einer Anleitung zum Bauen zu vermuten. Dabei wären die unterschiedlich visualisierten Bergfestungen Träger von einzelnen architektonischen und topographischen Merkmalen, über die verfügt werden kann, die jedoch nicht als normative Baumuster dienen. Auch die Form der medialen Vermittlung der Festungen würde so ein offenes und assoziatives System widerspiegeln, welches mit dem Begriff des »Spielraums« zu fassen sei und erst in der »künstlerischen Praxis« seine Gestaltung findet, die eben nicht mit einer mimetischen Rekonstruktion gleichzusetzen wären.[59]

Abb. 18: Hans van Schille, Bastion (Form und weis zu bauwen 1573).

Darüberhinaus fällt auf, dass die Bergfestungen im Kontrast zu dem neu entwickelten Festungssystem stehen. Breitet sich letzteres vornehmlich in der Ebene aus, so findet dort eine Höhenentwicklung statt. Es ist anzunehmen, dass sich Specklin dieses Antagonismus' bewusst war. Die Darstellung der Höhenburg versucht demnach anderen Prämissen gerecht zu werden.

Hier kommen wir zu einer weiteren Funktion: die Bergfestungen visualisieren Erinnerungen und besitzen einen Gedächtniswert. Diese Funktion der Architekturzeichnung kann offenbar nicht durch eine Darstellung von Konstruktion, Grundriss oder Detaildarstellung ersetzt werden. Die Stiche verweisen auf bestimmte Strukturen oder Schemata von Wehrhaftigkeit und besitzen so einen symbolhaften Charakter. Hier sei nochmals auf die Übernahme oder Erhaltung solcher mittelalterlichen Elemente im realen Schlossbau verwiesen. Die »Vielgliedrigkeit« der Anlagen findet

---

59 Ein sehr gutes Beispiel liefert die Darstellung von Schloss Lichtenberg als konkrete Bauaufgabe (vgl. Abb. 9 u. 10). So wird das Ideal einer Bergfestung zwar deutlich, ist aber auch klar von dem stimmungshaften und utopischen Entwurf des »wunderbarlich Haus« (Abb. 6) zu unterscheiden.

sowohl in der Praxis wie in der Theorie ihren Ausdruck. Specklin würdigt in den Zeichnungen zugleich das Vergangene und erhebt es zum Gegenstand eines Studiums. Bedenkt man, dass das gesamte Traktat auch eine Antwort auf die italienischen Theorien darstellt, kommt der Berufung auf eigene *deutsche antike* Bauten eine besondere Rolle zu, werden doch hier eigene Ursprünge rekonstruiert.

Die Stiche historisieren – sie haben einen Erzählwert. Für die Kommunikation über historische und politische Aspekte wird offensichtlich ein anderer Darstellungsmodus benutzt, da konstruktive und bauliche Details für die Vermittlung von historischen und politischen Symbolen nicht nötig sind.

Specklin liefert so zum einen ein künstlerisch überhöhtes Bild, welches mehr einer stimmungshaften Darstellung gleicht und als Symbol einer wehrhaften Architektur verstanden werden kann; zugleich wird die mediale Aufgabe der Erinnerung aber erweitert. Die Bergschlösser haben nicht nur eine erinnernde Funktion, sondern das Konglomerat von Bautypen in Form einer Stichserie sollte auch als eine Visualisierung von Bauvorschlägen verstanden werden, die in Form von Prototypen anleiten. Gerade dieser Aspekt gewinnt an Bedeutung, da gezeigt werden konnte, dass das Bergschloss durchaus eine Bauaufgabe der Zeit darstellte.

Abbildungsnachweis: Alle Abb. stammen aus dem Archiv des Verf. Zur Herkunft s. die Angaben in den Bildunterschriften.

Werner Kasig, Alfred Katsch und Raphael Dohmen

Zur Herkunft der zum Bau der Zitadelle Jülich verwendeten Blausteine

Herzog Wilhelm V. von Kleve-Jülich-Berg ließ ab 1549 durch den italienischen Baumeister Alessandro Pasqualini Schloss und Zitadelle Jülich als *palazzo in fortezza* errichten (Abb. 1, 2). Dabei handelt es sich um eines der bedeutendsten heute noch erhaltenen Festungsbauwerke nördlich der Alpen, das in der Tradition der italienischen Renaissance steht.[1]

Als Baumaterial sind nicht nur Backsteine, sondern auch verschiedene Natursteinsorten verwendet worden. Bei einem der Natursteine handelt es sich um so genannten Blaustein, der u. a. in Fundament, Sockel und Kordongesims der Zitadelle eingesetzt wurde; er fand aber auch am Schloss – so z. B. für die rustizierten Bossen und die dorische Ordnung der Kapellenfassade – Verwendung. Von den anderen Materialien hebt er sich besonders wegen seiner hellen Farbe ab, die erst nach einem längeren Verwitterungsprozess entsteht und so den reizvollen und deutlichen Kontrast zum Backsteinmauerwerk ergibt. Da er auch bei späteren Restaurierungen verarbeitet wurde, sind diese Ausbesserungen heute noch auf Grund der natürlichen blauen Gesteinsfärbung gut zu erkennen.[2]

Anlass zu der vom Museum Zitadelle Jülich angeregten und betreuten geologischen Untersuchung der verwendeten Blausteine waren die Restaurierung von Schloss und Zitadelle[3] Jülich und die damit im Zusammenhang stehende Auswertung des in den Jahren 1989 bis 1994 durchgeführten »Archäologischen Projekts Zitadelle Jülich«.

Ausgangspunkt waren die Hypothesen, dass der Blaustein wegen der Zollfreiheit aus Abbaugebieten des Herzogtums Kleve-Jülich-Berg stamme und dass aus Transportgründen der einfachere Wasserweg dem Landweg vorgezogen worden sei, wenn nicht die Abbaustelle sehr nahe am Bauort lag. Da sich unter dieser Voraus-

---

Erläuterungen von Fachbegriffen finden sich am Ende des Beitrages im Glossar.

1 Conrad Doose/Siegfried Peters, Renaissancefestung Jülich – Stadtanlage, Zitadelle und Residenzschloß – Ihre Entstehung und ihr heutiges Erscheinungsbild, 2. Auflage, Jülich 1997; zur Restaurierung s. Barbara Scheidt, Die letzte Ecke der Zitadelle wird restauriert, in: Marcell Perse (Hrsg.), 4 Bastionen – 4 Aspekte. Aktuelle Arbeiten zur Zitadelle Jülich (= Führer des Stadtgeschichtlichen Museums Jülich, Nr. 7), Jülich 1995, S. 11-39.

setzung drei potenzielle Abbaugebiete in der näheren und weiteren Umgebung ergaben, die alle im Herzogtum Kleve-Jülich-Berg lagen, wurde das für die Zitadelle verwendete Blausteinmaterial geologisch untersucht. Anschließend wurde versucht, die Herkunftsgebiete bzw. -steinbrüche zu lokalisieren.

Zunächst sollen aber die allgemeinen Grundlagen der Geologie, Paläontologie, Petrographie, Petrologie und Geochemie dar- und die drei potenziellen Abbaugebiete vorgestellt werden.

I. Die geologischen Grundlagen

Der für den Bau der Jülicher Zitadelle verwendete Blaustein, der als Kalkstein ein Sedimentgestein ist, gehört sowohl der Devon-Zeit (360 - 408 Millionen Jahre v. d. Zt.) als auch der Karbon-Zeit (286 - 360 Millionen Jahre v. d. Zt.) an.[4] Es kommt in der Gesteinsschichtenfolge am Nordrand des Rheinischen Schiefergebirges[5] und der Ardennen vor, wo es an die Erdoberfläche tritt.

Im Bereich der Niederrheinischen Bucht, zu der auch Jülich zählt, sind diese Gesteine durch tektonische Vorgänge mehrere hundert Meter abgesenkt worden

---

2 Interessant ist in diesem Zusammenhang ein Gemälde aus dem Jahr 1735 über den Ausbau der Festung Düsseldorf; Hatto Küffner/Edmund Spohr, Das Gemälde »Ausbau der Festung Düsseldorf 1735« von H. E. Beckers – Historische und Kunsthistorische Voraussetzungen, in: Guido v. Büren/Erwin Fuchs (Hrsg.), Jülich. Stadt – Territorium – Geschichte. Festschrift zum 75jährigen Jubiläum des Jülicher Geschichtsvereins 1923 e.V. (= Jülicher Geschichtsblätter, Bd. 67/68), Kleve 2000, S. 751-774. Auf der linken unteren Bildseite befindet sich ein Blausteinlager mit dunklem Material. Rechts daneben werden mit dem typischen einachsigen Pferdewagen (Karren) bearbeitete, helle Blausteine (zu diesem Lager?) transportiert. Diese hellen Blausteine sieht man auch neben einer Steinmetzhütte im oberen Teil der Baugrube liegen. Schließlich sind helle Natursteine (Blausteine) zur Verstärkung der Bauwerksecken eingemauert worden. Helle Blausteine könnten Gesteine sein, die beim Abbruch eines Bauwerks entnommen und wiederverwendet bzw. in einem lange stillliegenden Steinbruch gewonnen wurden. Aus dieser Beobachtung lässt sich der Schluss ziehen, dass beim Bau der Festung Düsseldorf möglicherweise sowohl frisch gebrochenes als auch sekundäres Material verwendet wurde und dass die Werksteine auf der Baustelle bearbeitet wurden. Es ist nicht auszuschließen, dass sich diese Beobachtung auch auf den Bau von Schloss und Zitadelle Jülich nahezu 200 Jahre früher übertragen lässt.

3 Im Folgenden nur als »Zitadelle« bezeichnet.

4 Die Unterscheidung in devonische und karbonische Blausteine ist erst in den 30er und 40er Jahren des 19. Jahrhunderts getroffen worden, nachdem bereits 1808 ohne Gebrauch der stratigraphischen Begriffe »Devon« und »Karbon« auf das unterschiedliche geologische Alter hingewiesen worden war; Johann Friedrich Ludwig Hausmann, Ein Paar mineralogische Bemerkungen über die Gegend von Aachen (Aix-la-Chapelle), in: Der Gesellschaft Naturforschender Freunde zu Berlin, Magazin für die neuesten Entdeckungen in der gesammten Naturkunde, Bd. II, Heft 2 (1808), S. 194-207.

5 Eduard Holzapfel, Die Geologie des Nordabfalls der Eifel mit besonderer Berücksichtigung der Gegend von Aachen (= Abhandlungen der Königlich-Preußischen Geologischen Landesanstalt, N.F., Bd. 66), Berlin 1910; Gangolf Knapp, Erläuterungen zur Geologischen Karte der nördlichen Eifel 1:100.000. 3. Auflage, Krefeld 1980; N.N., Übersicht der Geologie des Niederrheingebietes, in: Der Niederrhein. Zeitschrift für Heimatpflege und Wandern, Jg. 38, Heft 3 (1971), S. 85-140.

Abb. 1: Blick auf die Bastion St. Johannes der Zitadelle Jülich. Die Kordonsteine und das Fundament bestehen aus devonischem und unterkarbonischem Blaustein.

(Abb. 3),⁶ so dass in der unmittelbaren Umgebung von Jülich keine Blausteine für die natürliche Gewinnung an der Erdoberfläche zur Verfügung stehen. Die Jülich am nächsten liegenden, frei zugänglichen Vorkommen befinden sich im Aachener Gebiet.⁷ Die hier aufgeschlossenen devonischen und unterkarbonischen Blausteine setzen sich nach Südwesten bis nach Nordfrankreich fort. Weitere mögliche Herkunftsgebiete von devonischen Blausteinen befinden sich im Bereich der nördlichen Eifelkalkmulden (Sötenich) und in einem Gebiet, das vom Neandertal bei Düsseldorf bis in den Raum Bergisch-Gladbach/Paffrath reicht; unterkarbonische Blausteine finden sich in der Region bei Ratingen nordöstlich von Düsseldorf. Die

---

6 Dieser Tatbestand wurde durch Bohrungen und geophysikalische Untersuchungen (Seismik) nachgewiesen.
7 Für das Gebiet Aachen-Belgien-Nordfrankreich liegen gute Forschungsergebnisse vor; Werner Kasig, Biofazielle und feinstratigraphische Untersuchungen im Givetium und Frasnium am Nordrand des Stavelot-Venn-Massivs. Diss. RWTH Aachen, Aachen 1967; Werner Kasig, Zur Geologie des Aachener Unterkarbons (Linksrheinisches Schiefergebirge, Deutschland). Stratigraphie, Sedimentologie und Paläogeographie des Aachener Kohlenkalks und seine Bedeutung für die Entwicklung der Kulturlandschaft im Aachener Raum. Habilitationsschrift RWTH Aachen, Aachen 1980; Werner Kasig, Mikropaläontische Untersuchungen im Ober-Devon (»Grenzschiefer«) bei Aachen. Unveröffentlichte Diplomarbeit RWTH Aachen, Aachen 1962.

Abb. 2: Blick aus nordöstlicher Richtung auf die Ostfassade und die Apsis der Schlosskapelle des Jülicher Schlosses. Die Werksteine aus devonischem und unterkarbonischem Blaustein treten durch ihre helle Verwitterungsfarbe deutlich hervor.

Gebiete östlich des Rheins werden im allgemeinen zum Rechtsrheinischen Schiefergebirge gezählt.

Es ergeben sich regional-geologisch damit drei natürliche Herkunftsgebiete in der näheren und weiteren Umgebung Jülichs (Abb. 4):

1. Aachen-Belgien-Nordfrankreich (devonische und unterkarbonische Blausteine)
2. Eifelkalkmulden / Nordeifel (devonische Blausteine)
3. Rechtsrheinisches Schiefergebirge östlich von Köln und Düsseldorf (devonische und unterkarbonische Blausteine)

I.1. Die Geologie der Herkunftsgebiete

I.1.1. Das Aachener Gebiet

Die Vorkommen des »Aachener Blausteins« liegen am Nordrand des Stavelot-Venn-Massivs und gehören zu von Südwest nach Nordost streichenden devonischen und unterkarbonischen Kalkstein- und Dolomitsteinstreifen im Venn-Vorland (Abb. 5). Die geologischen Grundlagen dieses Bereichs sind seit längerer Zeit untersucht.[8]

---

8 Knapp 1980 (wie Anm. 5); Dieter Richter, Aachen und Umgebung. Nordeifel und Nordardennen mit Vorland (= Sammlung Geologischer Führer, Bd. 48), Berlin/Stuttgart 1975.

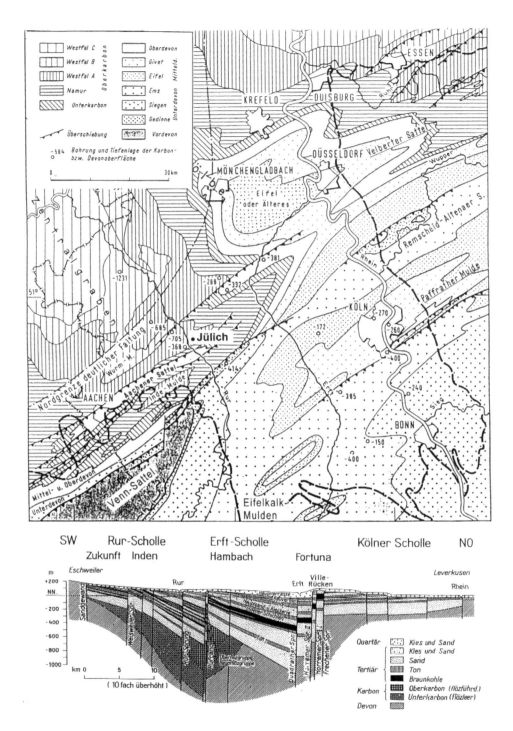

Abb. 3: Geologische Übersichtskarte des Gebietes zwischen Aachen, der Köln-Bonner-Bucht und Krefeld; oben: Aufsicht; unten: Querschnitt.

		1		2		3
		Nordabfall des Hohen Venn		Sötenicher Mulde		Paffrather Mulde
OBERDEVON	Famennium	graue und grüne kalkige Schiefer				
		120m	dunkle Schiefer mit Buchiola palmata Mergelschiefer mit dünnen Kalkbänken			
		40-50m	Knollenkalke und Mergelschiefer			
	Frasnium	30,5m	Calcilutite mit Phillipsastrea, Stromatoporen und Brachiopoden			?
		23m	feingebänderte Calcilutite			
		16m	Stromatoporenbiostrom mit Blockriff an der Basis			Plattenschiefer-Stufe
		17,5m	Calcilutite mit knolligen und astigen Stromatoporen			
		24m	Stromatoporenbiostrome mit dunklen Calciluiten wechsellagernd, Amphiporenrasen			Ton- und Kalkschiefer mit Pharciceras lunulicosta
		14m	dickbankige bis massige Calcilutite mit Korallen und Stromatoporen			
		4m	Mergelschiefer und Knollenkalke ("Grenzschiefer") mit Manticoceras intumescens			Tonschiefer-Stufe
		5,5m	Stromatoporenbiostrom mit Stromatopora, Actinostroma und Amphipora ramosa			Ton- und Mergelschiefer mit Manticoceras intumescens und Buchiola retrostriata
		20m	feingebänderte Calcilutite			100m
		3,5m	Stromatoporenbiostrom			
MITTELDEVON	Givetium	28m	feingebänderte Calcilutite mit knolligen Stromatoporen und Amphiporenrasen	30m	Muldenkern - Dolomit? Mergel und Kalke mit Dechenella struvei	50m Riffkalk mit Korallen und Stromatoporen
		22m	Stromatoporenblockriffe, mit Amphiporenrasen an der Basis, Calcilutite und Calcarenite, z.T. dolomitisiert	30m	Mergelschiefer, Knollenkalke und Plattenkalke	200m Oberer Plattenkalk dunkle, plattige Kalke mit Atrypa reticulans
		21m	dickbankige Calcilutite, z.T. gebändert, mit Stromatoporen, vereinzelt Korallen	20m	dickbankige Fettkalke	Primärbreccien
					Bornhardtina-Bank	15m Plattenkalke, z.T. dolomitisiert, Hornsteinlagen
		30,5m	dickbankige Calcilutite und Calcarenite, z.T. dolomitisiert, mit Stringocephalus burtini, Stromatoporen und Korallen	30-50m	Kalke mit Stringocephalus burtini	Unterer Plattenkalk dunkle, plattige Kalke mit Stringocephalus burtini und Uncites
		80-100m	rote Sandsteine, Kalksandsteine und unreine Calcarenite mit Hexagonaria quadrigemina (GOLDF.)	10-15m	Mergel, Mergelkalke und Fettkalke mit Dechenella verneuili	200m
				10m	Mergel und Kalke	Riffkalke mit Disphyllum und Amphipora ramosa
	Eifelium	rote Silt- und Sandsteine (Fresenrather Schichten)		bituminöse Kalke mit Invertrypa kelusiana (STRUVE)		flaserige, unreine Kalksteine (Hornseler Schichten)

Abb. 4: Stratigraphie des Mittel- und Oberdevons in den Gebieten: 1 = Aachen, 2 = Sötenicher Mulde, 3 = Bergisch-Gladbach/Paffrather Mulde (Kalke = Kalksteine, kalkig = karbonatisch).

Die Jülich am nächsten liegenden Abbaugebiete sind im Gebiet des nur 15 km entfernten Wehebachtals südlich von Langerwehe im Bereich der Ortschaften Wenau und Hamich (Abb. 6) sowie im Gebiet von Eschweiler zu finden. Es ist sehr wahrscheinlich, dass der Blaustein für den Bau der Zitadelle aus diesen Steinbrüchen stammt.

I.1.1.1. Devonische Blausteine

Diese Gesteine entstanden in der Zeit des Mittel- und Oberdevons (Abb. 4). Sie waren Bestandteile eines großen Saumriffs, das sich in einem warmen Flachmeer von Nordfrankreich bis zum Ostsauerland erstreckte (Abb. 7).

Die paläogeographische Forschung geht derzeit für die Aachener Region im Oberdevon von einem flachen Schelfareal mit einer Wassertiefe von 20 bis 30 m aus. Stromatoporen, Kalkschwämme sowie Korallen fanden dort südöstlich des Old-Red-Kontinents optimale Lebensbedingungen. Dazu gehörten eine Wasser-Tempe-

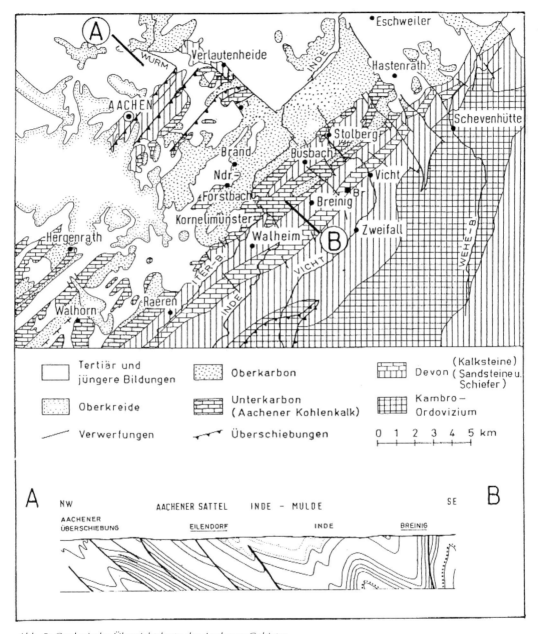

Abb. 5: Geologische Übersichtskarte des Aachener Gebietes.

ratur von mindestens 21 °C, ein Salzgehalt von 3,5 %, optimale Durchlüftung und Durchlichtung (photische Zone) für die Photosynthese der Symbionten dieser Lebewesen sowie ausreichend Nahrung (Kleinlebewesen). Durch eine schubweise Beeinflussung des Sedimentationsgeschehens vom Festland aus (terrigene Phase) wurden die Lebensbedingungen dieser Lebewesen stark beeinträchtigt; sie mieden

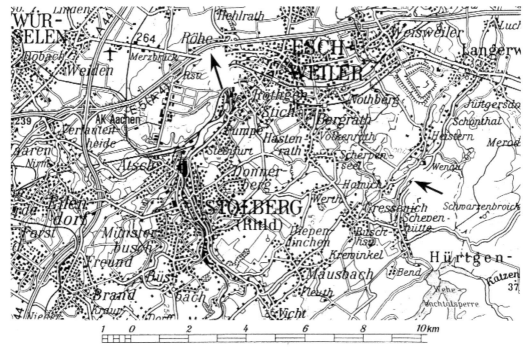

Abb. 6: Karte des Wehebachtals und des Eschweiler Gebietes.

dieses Gebiet, sodass dann hauptsächlich fossilleerer Schlamm im Ablagerungsraum abgesetzt wurde. Dieser Vorgang erfolgte zyklisch (Abb. 8), wobei sich die einzelnen Schichten und damit das Riff sehr weit seitlich erstreckten (Abb. 9).

Die anorganischen Überreste dieser Riffbildner (Abb. 10) sind im Zuge der Gesteinsverfestigung (Diagenese) als Fossilien erhalten geblieben und bilden leicht erkennbare zeitliche Bestimmungskriterien für die devonischen Blausteine.

I.1.1.2. Unterkarbonische Blausteine

Im Gegensatz zu den devonischen Blausteinen haben die unterkarbonischen Blausteine eine andere Entstehungsgeschichte (Abb. 11). Sie entstanden im Bereich einer zeitweise vom offenen Meer abgeschnittenen Lagune durch Verdunstung in Folge erhöhter Außentemperatur, indem Kalzium- und Magnesiumkarbonat aus dem Meerwasser ausgefällt wurden.[9]

Auch diese Sedimentbildung erfolgte zyklisch (Abb. 12), wobei die einzelnen Schichten Dimensionen vom Dezimeter- bis zum Meterbereich aufweisen können. Diese Blausteine sind an ihren makroskopischen Strukturmerkmalen (Feinschich-

---

9 Diese so genannten evaporitischen Sedimentgesteine sind das Anfangsglied einer Ausfällungsreihe nach der Löslichkeit von Karbonaten über Sulfate bis hin zu Chloriden (Salzabscheidungsfolge).

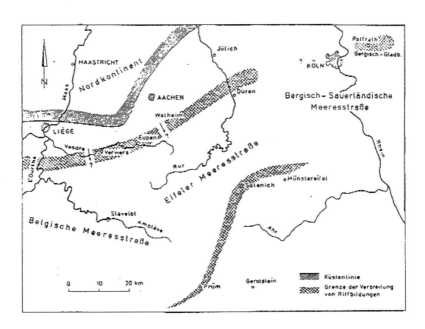

Abb. 7: Paläogeographie der devonischen Riffe im nördlichen Linksrheinischen Schiefergebirge (oben) und im gesamten Rheinischen Schiefergebirge (unten). Hier ist deutlich die Land-Meer-Verteilung (Paläogeographie) in der Mittel- und Oberdevon-Zeit zu erkennen.

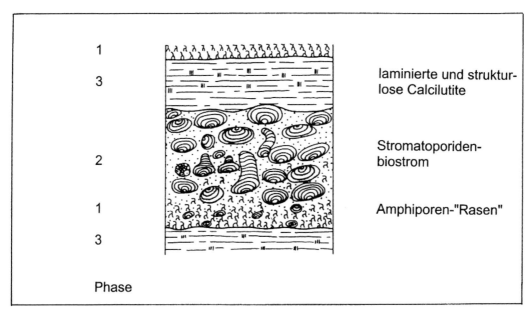

Abb. 8: Zyklische Entwicklung der devonischen Aachener Blausteine.

tung, Algenmatten, brecciösen Schichten, grobkörnigen Schichten [Horizonten], Seelilien) sowie an wichtigen Mikrofossilgruppen zu erkennen, zu denen Foraminiferen (Abb. 13), Ostracoden und Conodonten (Abb. 10) gehören. Daher lassen sich unterkarbonische Blausteine zur Zeit nur mithilfe von Dünnschliffen erkennen.

Die ca. 1 mm großen Foraminiferen sind jeweils nur im untersten Teil der Zyklen zu finden, da sie bei fortschreitender Verdunstung und damit verbundener Erhöhung der Temperatur sowie höherem Salzgehalt des Meerwassers nicht mehr existieren konnten.

Neben den Foraminiferen kommen in den unterkarbonischen Kalksteinen häufig sowohl konzentrisch als auch dendroid aufgebaute Algen vor (Abb. 14), die teilweise so häufig sind, dass sie gesteinsbildend in Erscheinung treten. Auch sind Ooide in diesen Gesteinen sehr zahlreich, während sie in den devonischen Blausteinen weitgehend fehlen.

I.1.2. Die Eifelkalkmulden

Die devonischen Blausteine der zehn bestehenden Eifelkalkmulden sind in der so genannten Eifeler Nord-Süd-Zone aufgeschlossen, bei der es sich um Teile des variscischen Gebirges handelt.

In diesem Zusammenhang soll nur die nördlich gelegene Sötenicher Mulde (Abb. 4) betrachtet werden. Bei dem Gestein aus dieser Mulde handelt es sich um mitteldevonischen Kalkstein, der nur teilweise Blausteinqualität (vor allem beim Karbonatgehalt) erreicht. Er gehört wie der Aachener Blaustein zum gleichen devonischen

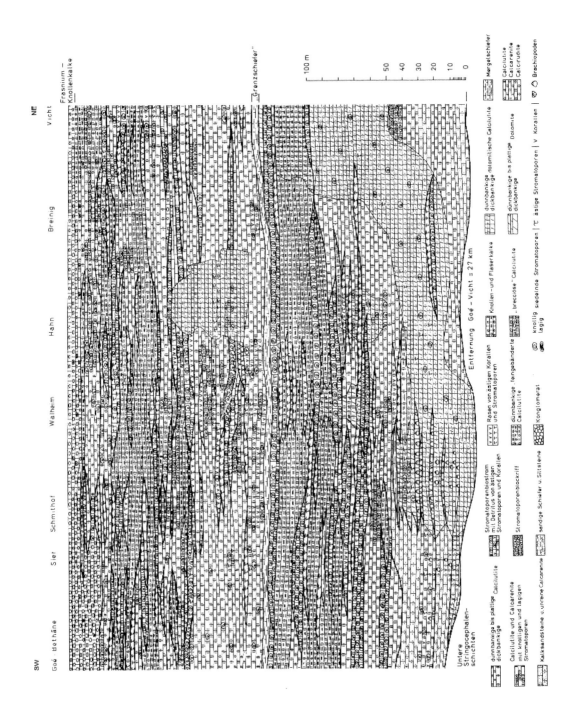

Abb. 9: Längserstreckung (SW-NO) der devonischen Aachener Blausteine.

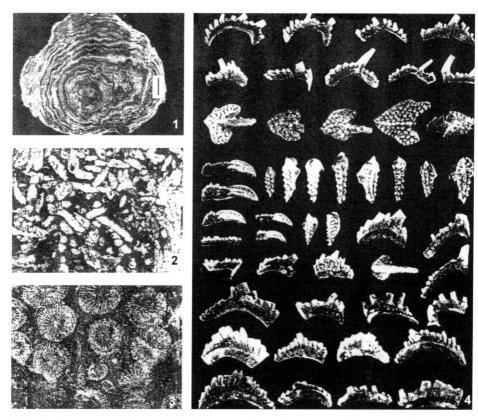

Abb. 10: Stromatoporen (1, 2) und Korallen (3) sowie Conodonten (4) aus dem devonischen Aachener Blaustein; (größter Durchmesser der Fossilien: 1 = 100 mm, 2 = 3 mm, 3 = 10 mm, 4 = Länge 1 mm).

Schelfgebiet (Abb. 7) und setzt sich auch aus den im Aachener Gebiet vorhandenen Gesteinseinheiten (petrographische Einheiten) zusammen. Der nördlichste bekannte Steinbruch für devonische Blausteine liegt bei Keldenich östlich von Kall; hier wird heute noch Kalkstein abgebaut, der vom Sötenicher Zementwerk (jetzt: Lafarge Zement, Karsdorfer Zement GmbH, Werk Sötenich) als Zuschlag für die Zementherstellung genutzt wird. Die Entfernung nach Jülich beträgt 46 km.

I.1.3. Die Bereiche des Rechtsrheinischen Schiefergebirges östlich von Köln und Düsseldorf

In der Bergisch-Gladbach/Paffrather Mulde östlich von Köln[10] (Abb. 4) treten nur devonische Blausteine auf. Ein weiterer Bereich ist die Umgebung des Velberter Sattels östlich von Düsseldorf, wo im Raum Ratingen auch unterkarbonische

---

10 Ulrich Jux, Zur stratigraphischen Gliederung des Devonprofils von Bergisch-Gladbach (Rheinisches Schiefergebirge), in: Decheniana, Bd. 117, Heft 1/2 (1964), S. 159-174.

Gesteine vorhanden sind.[11] Die Entfernung nach Jülich beträgt von Bergisch-Gladbach 56 km bzw. von Ratingen 54 km.

II. Grundlagen der Paläontologie

Wie oben schon ausgeführt, bestehen die devonischen Blausteine größtenteils aus Riffbildnern. Die wichtigsten Riffbildner sind die **Stromatoporen und Korallen**,[12] wobei Letztere teilweise auch in den unterkarbonischen Blausteinen vorhanden sind.

Die Stromatoporen (Abb. 15) werden in letzter Zeit zu der Klasse der Sclerospongia gezählt. Die Sclerospongia oder Korallenschwämme formen ein Kalziumkarbonatskelett, das bedeutende Übereinstimmungen mit Korallenskeletten aufweist. Sie besiedeln im Riff die Zone mit der stärksten Wasserturbulenz und bilden Zentimeter bis Meter große Kolonien. Am häufigsten vertreten sind Stromatoporen der Gattungen

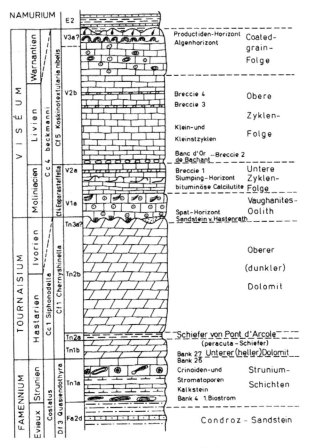

Abb. 11: Stratigraphie des Aachener Unterkarbons.

Amphipora (ramosa), Stachyodes (beide sind dendroide [verzweigte] Formen) und Actinostroma (sie bilden eine massive [knollige] Form). Noch lebende Vertreter dieser Tiere sind vor der Küste von Jamaika und Australien entdeckt worden.

Die zweite größere Fossilgruppe wird von den **Seelilien** (Crinoiden) gebildet. Die Seelilien (Abb. 16) sind trotz ihres Namens keine Pflanzen, sondern Tiere, die mit den Seeigeln verwandt sind. Den Namen verdanken sie ihrer Form, die einer Blume sehr ähnlich ist. Der Stiel besteht aus einzelnen, ringförmigen und plattigen Gliedern und ermöglicht eine Bewegung im Gezeitenstrom. Vor allem in polier-

---

11 Wolfgang Franke/Wolfgang Eder/Wolfgang Engel, Sedimentology of Lower Carboniferous shelf-margin (Velbert-Antikline, Rheinisches Schiefergebirge, W.-Germany), in: Franz Lotze (Hrsg.), Neues Jahrbuch für Geologie und Paläontologie / Abhandlungen, Bd. 150, Heft 3 (1975), S. 314-353.

12 Ulrich Lehmann/Gero Hillmer, Wirbellose Tiere der Vorzeit. Leitfaden der systematischen Paläontologie der Invertebraten, 4. Auflage, Stuttgart 1997.

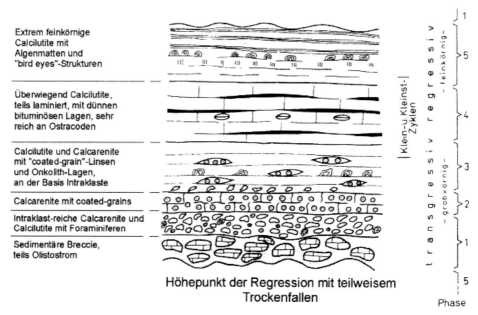

Abb. 12: Zyklische Genese der unterkarbonischen Aachener Blausteine.

tem unterkarbonischem Blaustein sind diese Stielglieder leicht zu erkennen, manchmal bilden sie sogar ganze Kalksteinschichten.

Die Korallen in den Blausteinen gehören größtenteils zur Ordnung der Rugosa (Septenkorallen), deren Name sich auf die Runzeln (lat. *rugae*) bezieht (Abb. 17). Sie lebten sowohl als Einzelkorallen wie auch in Kolonien. Wichtige Vertreter in den devonischen Gesteinen sind die Gattungen Hexagonaria, Disphyllum (beide Kolonien bildend) sowie Calceola sandalina (Einzelkoralle). Die weit verbreitete Ordnung der Tabulaten (Bödenkorallen), deren Vertreter im Rheinischen Devon ausschließlich Kolonien bilden, wird von der Forschung mittlerweile häufig zu den Sclerospongia gezählt.

Die wichtigste Mikrofossilgruppe – vor allem bei den unterkarbonischen Blausteinen – ist die der **Foraminiferen** (Abb.13). Foraminiferen sind 0,5 bis 100 mm große Einzeller, die ein- oder mehrkammerige Gehäuse aufbauen. Dieses Gehäuse besteht meistens aus Kalziumkarbonat ($CaCO_3$), Quarz (SiO_2) oder Tektin (eine hornartige Substanz). Die Foraminiferen leben meist dicht am Boden, frei im Wasser treibend (planktonisch), wo sie sich von anderen Mikroorganismen ernähren. Sie gehören auch heute noch zu den am weitesten verbreiteten Meeresbewohnern. Darüber hinaus finden sich **Ostracoden** (Abb. 18). Diese 0,5 bis 4 mm großen »Krebse« bilden eine dorsal festsitzende, zweiklappige Schale aus Kalziumkarbonat. Ostracoden sind u. a. wegen ihrer weiten Verbreitung und leichten Bestimmbarkeit wertvolle Leitfossilien,[13] zumal ihre Artenverbreitung stark mit Umgebungsfaktoren wie Salzgehalt und Temperatur des Wassers sowie Wasserturbulenz verbunden ist. Die meisten Ostracoden sind Bodenbewohner. Es gibt aber auch freischwimmende bzw. freitreibende Formen. Sie sind sowohl in den devonischen wie auch in den unterkarbonischen Blausteinen zu finden und zählen auch heute noch wie die Foraminiferen zu den häufigsten Süß- und Salzwasserbewohnern.

Conodonten (Abb. 10) sind 0,2 bis 3 mm große zahn- oder zahnreihen- bzw. plattform-ähnliche Gebilde aus Kalziumphosphat (Apatit). Sie können trotz ihrer Wichtigkeit als Leitfossilien bisher nicht eindeutig systematisch einer Tiergruppe zugeordnet werden. Man nimmt aber an, dass sie zu den primitiven Vorläufern der Wirbeltiere gehören.

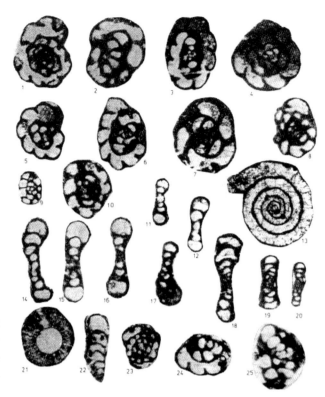

Abb. 13: Foraminiferen (Größe: ca. 1 mm) aus unterkarbonischem Aachener Blaustein.

III. Grundlagen der Petrographie, Petrologie und Geochemie

Wie oben schon erwähnt handelt es sich bei Blausteinen um Kalkstein (Karbonatgestein), also um ein Sedimentgestein. Sie bestehen hauptsächlich aus anorganisch-chemisch ausgefälltem Kalzium-Karbonat und organisch-chemisch gebildeten Hartteilen von Organismen (Korallen, Stromatoporen, Algen, Bryozoen, Foraminiferen und Brachiopoden). Diese Hartteile wie Schalen oder Stützgewebe bestehen meist zu 100 % aus Kalzium-Karbonat ($CaCO_3$). Sie können vollständig erhalten oder unterschiedlich stark zerkleinert sein. In letzterem Fall spricht man von biodetritischen Kalksteinen verschiedener Korngröße.

Makroskopische Bestimmungsmerkmale von Blausteinen sind:
1. Farbe
2. Korngröße

---

13 Fossilien, die sich sehr gut zur Bestimmung der stratigraphischen Schichten eignen.

3. Gesteinshärte
4. Reaktion mit Salzsäure oder Anfärbemitteln (Chemismus)
5. Struktur (Größe) und Verband der Gemengteile
6. Textur (Anordnung der Gemengteile im Raum)
7. Fossilinhalt (paläontologische Merkmale)

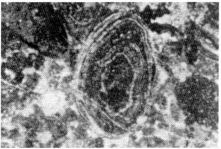

◄——— 2 mm ———►

*Abb. 14: Algen aus dem unterkarbonischen Aachener Blaustein;
oben: dendroid; unten: konzentrisch.*

Derzeit existiert noch keine einheitliche Nomenklatur für die Benennung der Kalksteine und damit auch der Blausteine. Weitgehend durchgesetzt hat sich die auf Grundlage der Wentworth-Skala beruhende Systematik nach der Korngröße (Abb. 19). Die drei großen Gruppen (Calcirudite, Calcarenite, Calcilutite) kann man noch mit bloßem Auge oder mit geringer Lupenvergrößerung erkennen und damit unterscheiden. Für weitergehende Untersuchungen und Kennzeichnung von Merkmalen zur Bestimmung der Genese von Kalksteinen dient die mikroskopische Untersuchung (Mikrofaziesanalyse[14]) von Dünnschliffen (ca. 30 μm dünne Gesteinsscheiben, die lichtdurchlässig sind) und Anschliffen. Die Karbonat-Mikrofaziesanalyse ist in den 1930er-Jahren von amerikanischen Erdölgeologen entwickelt worden, um Karbonatgesteine als Kohlenwasserstoff-Speichergesteine zu beschreiben und genetisch zu klassifizieren. Dabei hat sich die Klassifikation nach Folk[15] allgemein durchgesetzt (Abb. 20). Sie beruht auf der Unterscheidung von Grundmasse (Matrix) und Komponenten (Allocheme). Diese Klassifikation wurde auch bei der Beschreibung der Jülicher Blausteine angewendet.

Als wichtiges Klassifizierungs- und Unterscheidungsmerkmal wird auch der Chemismus (chemischer Vorgang bei der Stoffwandlung) der Kalksteine und damit der Blausteine verwendet. Bei den einfachen Reaktionen mit 10%iger Salzsäure

---

14 Unter Mikrofazies versteht man dabei »die Gesamtheit der im Dünnschliff-Bereich (auch Anschliffbereich) typisierbaren paläontologischen und petrographischen Daten von Sedimentgesteinen« (Erik Flügel, Mikrofazielle Untersuchungsmethoden von Kalken, Berlin/Heidelberg/New York 1978); bei Karbonatgesteinen handelt es sich um eine Karbonat-Mikrofaziesanalyse.
15 Robert L. Folk, Practical petrographical classification of limestones, in: Bulletin of the American Association of Petroleum Geologists, Bd. 43 (1959), S. 1-38.

(11Cl) kommt es zu einem Entweichen von CO_2 (Brausen) oder bei der Reaktion mit Alizarin-Rot zu einer Rotfärbung des Gesteins. Die Stärke der CO_2-Entwicklung bzw. die Intensität der Rotfärbung sind ein Maß für den Kalzium-Karbonatgehalt (bei sehr reinem Kalkstein [98-99 % $CaCO_3$] kommt es zu einer sehr starken CO_2-Entwicklung und einer intensiven Rotfärbung). Mithilfe dieser Bestimmungskriterien ergibt sich die Gliederung nach dem Gesteins-Chemismus bei Karbonat-Tongesteinen (Abb. 21).[16]

Eine weitergehende und genauere geochemische Charakterisierung der Kalksteine (Blausteine) ist durch die chemische Analyse der Haupt-, Neben- und Spurenelemente möglich. Besonders Letztere sind dabei sehr empfindliche Indikatoren für die Bildungs- und Sedimentationsbedingungen von Sedimentgesteinen.

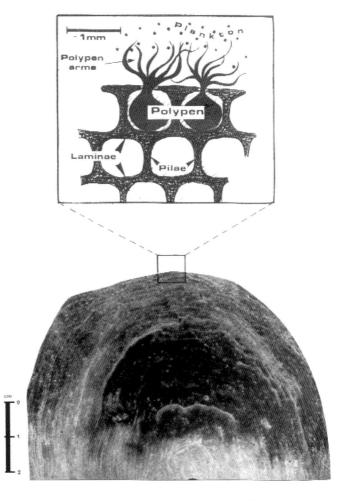

Abb. 15: Querschnitt und stark vergrößerter, schematischer Ausschnitt aus dem Karbonatgerüst (Coenosteum) einer massiven Stromatopore. Nur die oberste Lage der Wohnkammern ist jeweils von Polypen bewohnt.

Nach den geochemischen Untersuchungen der mitteldevonischen Karbonatgesteine der Eifeler Nord-Süd-Zone kommt Alfred Katsch[17] zu dem Schluss, dass die

---

16 Eberhart Schiele/Leo W. Berens, Kalk. Herstellung, Eigenschaften, Verwendung, Düsseldorf 1972.
17 Alfred Katsch (in Vorbereitung), Geochemische und mikrofazielle Untersuchungen von mitteldevonischen Karbonatgesteinen in den Eifelkalkmulden – Paläogeographische und paläobathymetrische Rekonstruktion des Sedimentationsraumes mit Hilfe der Gesteinsgeochemie für die Zeit des Bildstock-Horizontes (Ahrdorfer Schichten, Eifelium, Linksrheinisches Schiefergebirge).

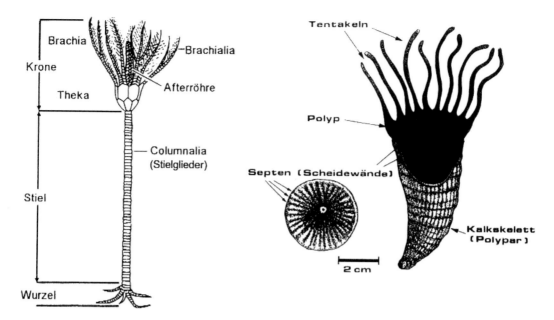

Abb. 16: Schematischer Aufbau von Crinoiden (Seelilien).

Abb. 17: Schematische Darstellung einer Septenkoralle (Rugosa); links: Aufsicht; rechts: Vorderansicht mit symbolisiertem Polypenkörper.

Gehalte der Haupt-, Neben- und Spurenelemente eines jeden Karbonatgesteins zwar in erster Linie von der paläogeographischen Situation des Ablagerungsraumes abhängig sind. Ein weiterer und noch wichtigerer Beitrag zur Charakterisierung karbonatischer Sedimentgesteine wird aber hinsichtlich der paläographischen Lage (Sr/Ba-Verhältnis) bzw. der paläobathymetrischen Position (Sr/Ca-Verhältnis) durch die Berechnung des Verhätnisses der Spurenelemente der Karbonatphase zur terrigenen Phase der Sedimentgesteine beschrieben und erreicht. Das Strontium-Kalzium-Verhältnis (Sr/Ca) wird zur Berechnung der Wassersäule über dem abgelagerten Sedimentschlamm benutzt. Danach zeigen niedrige Sr/Ca-Verhältnisse einen flachen marinen Ablagerungsraum an, hingegen sind die hohen Sr/Ca-Verhältnisse für tiefere marine Ablagerungsbereiche charakteristisch.

III.1. Bestimmungskriterien für devonische und unterkarbonische Blausteine

Aus den paläontologischen, petrographischen, petrologischen und geochemischen Grundlagen lassen sich die folgenden wichtigsten Unterscheidungskriterien für devonische und unterkarbonische Blausteine aufstellen:

Devonische Blausteine	Unterkarbonische Blausteine
Organische Komponenten	
Stromatoporen, massiv/dendroid (Abb. 10)	—
Korallen (Thamnopora) (Abb. 10)	—
Kalkalgen (devonische Formen)	Kalkalgen (unterkarb. Formen) (Abb. 14)
devonische Brachiopoden	unterkarbonische Brachiopoden
devonische Conodonten (Abb. 10)	unterkarbonische Conodonten
devonische Crinoiden	unterkarbonische Crinoiden (Abb. 22)
—	Foraminiferen (Abb. 13)
—	Calcisphären (Abb. 23)
devonische Ostracoden	unterkarbonische Ostracoden (Abb. 18)
Anorganische Komponenten	
Ooide (konzentrisch-schalig)	Ooide (mikritisiert) (Abb. 22)
—	Breccien
Geochemische Zusammensetzung (Mittelwert $\bar{x}$)	
Anzahl der Gesteinsproben: n = 2 (Devon)	Anzahl der Gesteinsproben: n = 9 (Karbon)
geringer Calcium-Gehalt	hoher Calcium-Gehalt
hoher Magnesium-Gehalt	geringer Magnesium-Gehalt
Sr/Ca-Verhältnis größer	Sr/Ca-Verhältnis kleiner
Silizium, Aluminium, Kalium } höhere Gehalte	Silizium, Aluminium, Kalium } niedrigere Gehalte
Strontium, Barium, Zirkonium, Rubidium } höhere Gehalte	Strontium, Barium, Zirkonium, Rubidium } niedrigere Gehalte

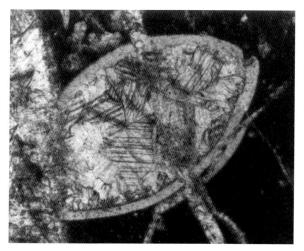

Abb. 18: Schnitt durch einen Ostracoden (Arthropode; Vergrößerung: ca. 75x). Deutlich ist die Karbonatschale der beiden Klappen und die sekundäre Calcitfüllung des Ostracoden zu erkennen.

Es genügte eine geringere Anzahl an geochemisch untersuchten Proben von devonischen Blausteinen, da diese in der Regel durch den makroskopischen Fossilgehalt eindeutig zu erkennen sind und deshalb kostspielige chemische Analysen nicht notwendig waren. Zusammenfassend lässt sich feststellen, dass im Allgemeinen devonische Blausteine fossilreicher sind, da vor ihrer Entstehung das Wassermilieu für Lebewesen ideale Lebensbedingungen bot (ausreichende Wasserbewegung, reich an Nährstoffen und an Sauerstoff), unterkarbonische Blausteine dagegen fossilärmer sind, da sie in für Bewohner lebensfeindlichen Lagunen (hoher Salzgehalt, hohe Wassertemperatur) entstanden sind.

IV. Verwendung und Abbau von Blausteinen im Aachener Gebiet

Die Nutzung von Karbonatgestein bei der Kalksteingewinnung, im Erzbergbau, für die Wassergewinnung und die Landwirtschaft ist bereits seit römischer Zeit im Aachener Gebiet nachgewiesen.[18] Als Baumaterial wurde hier zu dieser Zeit überwiegend **unterkarbonischer Blaustein**[19] verwendet. Ein Beispiel dafür ist der Tempelbezirk »Varnenum« in Kornelimünster, für den die erste datierbare Verwendung von unterkarbonischem Blaustein (Viséum-Kalkstein) nachgewiesen werden konnte. Auch die zahlreichen römischen Villae, die im Aachener Gebiet und der Nordeifel bekannt sind, weisen vielfach diesen Blaustein als Baumaterial auf.[20]

Kornelimünster war zurzeit des großen Aachener Stadtbrandes von 1656 bereits ein Zentrum der Gewinnung und Verarbeitung des unterkarbonischen Blausteins für Bauzwecke. Es ist eine Liste aus dem Jahre 1767/68 überliefert, in welcher zweiunddreißig »Steinhauermeister, so sich haben ahngegeben«, aufgeführt sind,

---

18 Kasig 1980 (wie Anm. 7); Marie-Luise Frey/Werner Kasig/Christoph Laschet, Zur Anthropogeologie von Ostbelgien im Bereich von Eupen, Raeren und Kelmis / Bleiberg, in: Informationen und Materialien zur Geographie der Euregio Maas-Rhein, Bd. 14 (1984) S. 33-44; Werner Kasig, Der Mensch und die geologischen Gegebenheiten – ein Beitrag zur Anthropogeologie der Eifel, Aachen 1990.

19 Die unterschiedliche Verwendung von Naturstein im Bauwesen wird von seiner gesteinsphysikalischen und gesteinstechnischen Eigenschaft wie Verwitterungsbeständigkeit, Druckfestigkeit, Bearbeitbarkeit (Lage der wichtigen Trennflächen) und Aussehen bestimmt.

20 Kasig 1980 (wie Anm. 7), S. 141ff.

	Transportierte Bestandteile	Authigene Bestandteile	
mm 64 16 4 1	sehr grobkörnige Calcirudite	extrem grobkristallin	mm 4 1
	grobkörnige Calcirudite		
	mittelkörnige Calcirudite		
	feinkörnige Calcirudite	sehr grobkristallin	
0,5 0,25	grobkörnige Calcarenite	grobkristallin	0,25
	mittelkörnige Calcarenite		
0,125 0,062	feinkörnige Calcarenite	mittelkristallin	0,062
	sehr feinkörnige Calcarenite		
0,031 0,016	grobkörnige Calcilutite	feinkristallin	0,016
	mittelkörnige Calcilutite		
0,008	feinkörnige Calcilutite	sehr feinkristallin	0,004
0,004	sehr feinkörnige Calcilutite	aphanokristallin	

Abb. 19: Systematik der Karbonatgesteine nach der Korngröße.

die aus insgesamt neun Steinbrüchen (Kaulen) den Blaustein gewannen und bearbeiteten (Abb. 25). Die in dieser Liste aufgeführte Steinhauerfamilie Brammertz lieferte bereits seit 1694 »Blaw-Stein«, »Blawwerk«, »Blawe Belegstein« nach Köln und für Reparaturen an Schloss Hambach bei Jülich.[21]

Auch das Stolberger Tal (Vichtbachtal) gehörte auf Grund seiner reichen unterkarbonischen Blausteinvorkommen zu den Zentren der Blausteingewinnung und -verarbeitung. So wurde z. B. der obere Stolberger Burgfelsen aus unterkarbonischem Blaustein weitgehend abgebaut und im 16. Jahrhundert als Werkstein u. a. für die auf diesem verbliebenen Felsen liegende Burg verwendet. Der Abbau des Burgfelsens erfolgte auch während der Nutzung der Burg, sodass entsprechende Sicherungsmaßnahmen veranlasst werden mussten.[22]

Ein wichtiges Gewinnungsgebiet war auch die Umgebung von Eschweiler, besonders der Ort Eschweiler-Röhe (Abb. 6). Südlich der Landstraße Aachen-Eschweiler

---

21 Kasig 1980 (wie Anm. 7), S. 157.
22 Kasig 1980 (wie Anm. 7), S. 158.

			Kalksteine, teilweise dolomitisierte Kalksteine und primäre Dolomite				sekundäre Dolomite	
			>10 % Allocheme allochemische Gesteine		<10 % Allocheme mikrokristalline Gesteine			
			spätiger Calcit-Zement > mikrokristalline Calcit-Grundmasse spätige allochem. Gesteine	mikrokristalline Calcit-Grundmasse > spätiger Calcit-Zement mikrokristalline allochem.Gesteine	1–10 % Allocheme	<1% Allocheme ungestörte Bioherm-Gesteine	Allochem–Spuren	keine Alloch.-Spuren
			I	II	III	IV	V	
Volumetrische Allochem-Zusammensetzung	>25% Intraklaste	>25% Intraklaste	Intrasparrudit Intrasparit	Intramikrudit Intramikrit	Intraklaste Intraklast haltiger Mikrit	Sehr viel Allocheme / wenn gestört: Dismikrit bei primärem Dolomit: Dolomikrit / Mikrit	Biolithit Allocheme enthaltend	feinkristall. intraklastische Dolomite	mittelkristalline Dolomite
	<25% Intraklaste	>25% Ooide	Oosparrudit Oosparit	Oomikrudit Oomikrit	Ooide Ooid haltiger Mikrit			grobkristalline oolithische Dolomite	
		Volumen-Verhältnis: Biogene / Pellets >3:1	Biosparrudit Biosparit	Biomikrudit Biomikrit	Biogene Biogen führender Mikrit			aphanokristall. biogenetische Dolomite	feinkristalline Dolomite
		3:1–1:3	Biopelsparit	Biopelmikrit	Pellets				
		1:3	Pelsparit	Pelmikrit	Pellet haltiger Mikrit			sehr feinkristall. Pellet-Dolomite	

Abb. 20: Klassifikation von Karbonatgesteinen nach Robert L. Folk.

wurde bereits seit vielen Jahrhunderten in der dort verlaufenden Schlucht unterkarbonischer Blaustein gewonnen. Diese so genannten »Eschweiler Steine« oder »Eschweiler Bruchsteine« (hier auch oberkarbonische quarzitische Sandsteine) wurden in der Zeit der französischen Herrschaft (1794/1801-1814) verstärkt durch Erweiterung der Steinbrüche gewonnen und verarbeitet, so z. B. beim Bau der Rurbrücke in Jülich 1803.[23] Noch heute sind zwischen der Landstraße Aachen-Eschweiler und der BAB Aachen-Köln die ehemaligen Steinbrüche zu erkennen.[24]

---

23 Beiträge zur Geschichte von Eschweiler und Umgebung, Aachen/Eschweiler 1875/81.

24 Zur weiteren Verwendung des unterkarbonischen Blausteins als Baumaterial und zu anderen Zwecken siehe die umfassende Untersuchung zum Aachener Kohlenkalkstein: Kasig 1980 (wie Anm. 7); dort finden sich auch die entsprechenden Quellen.

25 Ein heimisches wichtiges römisches Beispiel – jedoch aus dem Bereich der Nordeifel – ist die mehr als 80 km lange Wasserleitung von Nettersheim (Söteniger Mulde) nach Köln; Klaus Grewe, Der Römerkanal-Wanderweg – ein archäologischer Wanderführer, Düren 1988. Die Leitung besteht in wesentlichen Teilen aus devonischem Blaustein und gilt als besonders herausragendes Ingenieurbauwerk ihrer Zeit. Das Baumaterial dafür kam aus der Nordeifel, da man aus infrastrukturellen und logistischen Gründen – wenn eben möglich – auf kurze Transportwege zurückgriff.

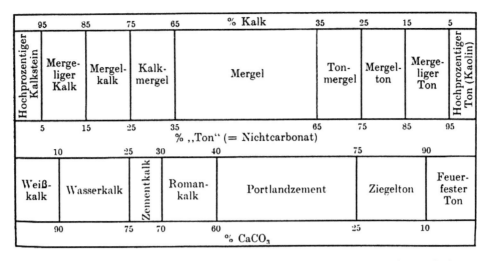

Abb. 21: Benennung der Kalzium-Karbonat-Tongesteine und ihre industrielle Verwendung nach Eberhart Schiele/Leo W. Berens.

Dagegen ist **devonischer Blaustein** in der römischen Bausubstanz des Aachener Gebietes in geringerem Ausmaß vertreten.[25] Erst beim Bau des Aachener Doms (8./9. Jahrhundert), der Korneliuskirche und der Abtei von Kornelimünster (9. Jahrhundert, älteste Teile karolingisch) sind diese Steine häufiger verwendet worden. Sie kommen aus geologischen Gründen erst weiter südwestlich im Bereich Raeren-Sief-Walheim-Breinig in natürlichem Aufschluss vor, wobei die Aufschlussverhältnisse (z. B. weitgehend fehlende Flusstäler) ungünstiger waren. Aus diesem Bereich ist schon seit dem Mittelalter devonischer Blaustein nach Aachen geliefert worden. Doch erst im 19. Jahrhundert erlebte die Natursteingewinnung und -verarbeitung hier ihren Höhepunkt. Der gewonnene und verarbeitete »Maria-Theresia-Marmor« war ein gefragter Naturstein, der bis zum Niederrhein geliefert wurde.[26]

Der Abbau des Blausteins erfolgte meist in alten Galmeilöchern (Kullen, Pingen), aus denen das zinkhaltige Erz bereits gewonnen worden war und der Blaustein das »Nebengestein« darstellte, das beim Erzabbau als taubes Gestein stehen blieb. Weitere Abbaustellen befanden sich an Talhängen oder auf der Hochfläche, wo der Fels an der Oberfläche anstand.

Anfänglich wurden größere Quader in Handarbeit aus dem Gesteinsverband gebrochen und weiterverarbeitet. Nach Einführung des Schwarzpulvers wurden mit geschlagenen Bohrlöchern und darin angebrachten Pulver-Ladungen größere Blöcke gelöst und zerlegt (Abkeilen mithilfe von Bohrlochreihen) sowie anschließend auf Maß gearbeitet. Diese Technik wurde bis weit in das 19. Jahrhundert angewandt, bevor auch in den Steinbrüchen eine stärkere Mechanisierung einsetzte.[27]

---

26 Frey u.a. 1984 (wie Anm. 18).

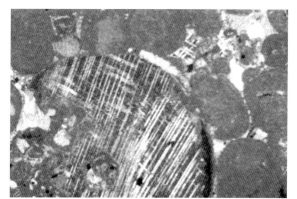 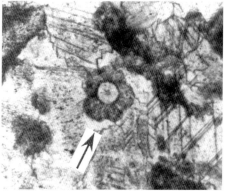

Abb. 22: Oosparit aus mikritisierten Ooiden und großer Crinoidenplatte mit Druckzwillingsstrukturen in unterkarbonischem Blaustein aus dem Sockelbereich der südlichen Flanke der Bastion St. Salvator der Zitadelle Jülich (35x Vergrößerung).

Abb. 23: Sparit mit einigen Mikritflecken (dunkel) in einem unterkarbonischen Blaustein aus dem Kordongesims der Südkurtine im Bereich des Kanonenhofes der Bastion Wilhelmus der Zitadelle Jülich. In der Bildmitte (Pfeil) eine Calcisphäre mit rundem Innenbereich und unregelmäßiger äußerer Begrenzung (ca. 75x Vergrößerung).

IV.1. Zum Begriff »Blaustein«

Im Aachener Gebiet ist die Bezeichnung »Blaustein« ein rein beschreibender Begriff. Er geht auf das Merkmal der natürlichen blaugrauen Gesteinsfarbe zurück. Diese Farbe ist durch färbende Beimengungen (Tonmineralien, fein verteilte organische Substanz und Pyrit) bedingt. Jedoch hat Blaustein nur im frisch gebrochen Zustand eine blaugraue Farbe, wohingegen er, wenn er schon längere Zeit der Witterung ausgesetzt ist, eine helle Farbe erhält. Es handelt sich hier um ein Ergebnis der Karbonat-Verwitterung, bei der durch die Einwirkung von Atmosphäre und Wasser die obersten zehntel Millimeter einer Gesteinfläche angewittert (zersetzt) und die genannten färbenden Bestandteile daraus entfernt werden. Die resultierende helle Farbe ist die natürliche Farbe des Minerals Kalzium-Karbonat ($CaCO_3$). Man kann diese Tatsache besonders deutlich bei alten Blaustein-Treppenstufen erkennen. Bei den wenig oder gar nicht benutzten Seitenflächen zeigt sich die helle Verwitterungsfarbe (Abb. 26), wohingegen in der Mitte (Zone der Hauptbenutzung) die frische blaugraue Gesteinsfarbe stets zu sehen ist.

In letzter Zeit sind durch die Einwirkung des »Sauren Regens« zusätzlich dünne helle Gipskrusten ($CaSO_4$) entstanden. Sie bilden sich durch die Reaktion der anthropogenen Luftschwefelsäure (H_2SO_4) mit dem Kalkstein ($CaCO_3$).

Der Name »Blaustein« ist im Aachener Bereich etwa in der Zeit nach Mitte des 17. Jahrhunderts durch Ableitung aus der flämischen Sprache entstanden, als nach

---

27 Kasig 1980 (wie Anm. 7), S. 153.

dem großen Aachener Stadtbrand von 1656 zahlreiche flämische Steinmetzen für den Wiederaufbau der Stadt tätig wurden.[28] Das schließt nicht aus, dass er im Sprachgebrauch des Volkes und der Steinmetzen schon vorher in der zeitgemäßen Form benutzt wurde. In den Stadtrechnungen aus dem 14. Jahrhundert ist er noch nicht zu finden. Blaustein wurde von den Steinmetzen des Aachener Gebiets in folgende Sorten unterschieden:

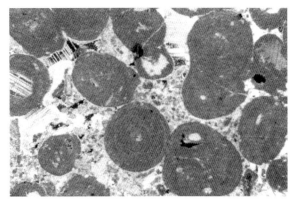

Abb. 24: Oosparit mit mikritisierten Ooiden in einem unterkarbonischen Blaustein im Sockel der südlichen Flanke der Bastion St. Salvator der Zitadelle Jülich; teilweise sind die konzentrischen ursprünglichen Strukturen im Ooid noch zu erkennen (Mitte unten), rechts oben ein Doppelooid (35x Vergrößerung).

• »Blaustein« – hell anwitternder, im frischen Bruch blaugrauer, tiefblauer bis grünlich-grauer und grauer massiver Riffkalkstein des Ober- und Mitteldevons sowie Kalkstein des Unterkarbons (Viséum). Mit »Blausteinadern« bezeichnet man in den Steinbrüchen besonders reine und kompakte Kalksteinbänke.

• »Bleu Belge« – dichter bis feinkörniger Viséum-Kalkstein, im Gegensatz zum eigentlichen Blaustein im frischen Bruch blauschwarz bis schwarz (bituminös) und zahlreiche Kalkspatgänge enthaltend. Er ist meist fein geschichtet und bildet Bänke von 30-80 cm Mächtigkeit.

• »Belgischer Granit (petit granit)« – mittelgrauer bis dunkelgrauer und grauschwarzer, meist sehr grobkörniger, bituminöser Crinoidenkalkstein. Die Crinoiden liegen in heller Calciterhaltung vor. Dieses Merkmal (Fazies) ist im Aachener Unterkarbon nicht ausgebildet, wenn man von geringmächtigen Linsen und dem oberen Teil des Vaughanites-Ooliths absieht. Dieser unterkarbonische Kalkstein hat die Bezeichnung »Granit« auf Grund seiner groben Korngröße erhalten, die lediglich an Granit, ein magmatisches Gestein, erinnert.[29]

• »Muzarra« – dichter bis feinkörniger, dunkelgrauer und schwarzgrauer Viséum-Kalkstein mit hellen Einsprenglingen von Kalkspat.

In der geologischen Literatur wird der Begriff »Blaustein« erstmals im Jahr 1808 benutzt.[30]

---

28 Kasig 1980 (wie Anm. 7), S. 156.
29 Es gibt zahlreiche Beispiele, dass die beschreibende Bezeichnung der Steinmetzen nicht mit der exakten geologischen Nomenklatur übereinstimmt; z. B. benennen Steinmetze mit dem Begriff »Marmor« alle polierfähigen Kalksteine, wohingegen »Marmor« im geologischen Sinn metamorphen Kalkstein bezeichnet.

V. Die Blausteine der Zitadelle Jülich

Für die Untersuchung der in Jülich verwendeten Blausteine wurden vierunddreißig Gesteinsproben aus dem Fundament und dem Bereich des Kordongesimses der Zitadellenaußenmauer (Abb. 1) entnommen.[31] Dazu kamen vier Proben aus der Sammlung des Museums Zitadelle.

Die Untersuchungen[32] haben gezeigt, dass sowohl devonischer als auch karbonischer Blaustein verwendet wurde, wobei der karbonische eindeutig überwiegt. Trotz makroskopischer Ähnlichkeiten (Gesteinsfarbe, Verwitterungsfarbe) können die beiden Blausteinarten auf Grund von Fossilführung (Makro- und Mikrofossilien) und mikrofaziellem Aufbau (Dünnschliffanalyse nach Folk) eindeutig unterschieden werden. Die devonischen Blausteine sind relativ einfach zu erkennen, da auf den angewitterten Schicht- und Kluftflächen (Ausbrüchen) die kennzeichnenden Fossilien deutlich zu sehen sind, sodass bei ihnen die Dünnschliff-Analyse nur ergänzenden Charakter hat.

Bei den unterkarbonischen Blausteinen können dagegen makroskopisch nur die Oolithe festgestellt werden und das Vorhandensein der seltenen Makrofossilien

---

30 Hausmann 1808 (wie Anm. 4).

31 Es handelt sich um folgende Proben:
   J 1-9 (aus den Kordonsteinen der Bastion Wilhelmus),
   J 10-13 (aus den Kordonsteinen der Bastion St. Salvator),
   J 20-25 (aus dem Fundament der Bastion Wilhelmus),
   J 26-33 (aus dem Fundament der Bastion St. Johann),
   J 34-38 (aus dem Fundament der Bastion St. Salvator),
   J 39-40 (aus dem Fundament der Bastion Marianne);
   JF (Fisch), JS (Spitzflächen), JG (Gabel) und JK (Kombinierte Form); es handelt sich dabei um Proben von Blöcken mit Steinmetzzeichen aus der Sammlung des Museums Zitadelle Jülich.
   Das gesamte Probenmaterial befindet sich im Geologischen Institut der RWTH Aachen.
   Obgleich die Untersuchung der Bausubstanz des 16. Jahrhunderts im Mittelpunkt steht, soll noch auf zwei interessante Beispiele der Verwendung von devonischem und unterkarbonischem Blaustein an der Jülicher Zitadelle in jüngerer Zeit hingewiesen werden. Im oberen Teil der Türeinfassung des Südflügels sind deutlich devonische Riffbildner (Stromatoporen und Korallen) zu erkennen. Das Gestein ist noch zu frisch, um bereits die helle Verwitterungsfarbe zu zeigen. Diese Tatsache trifft auch auf die Großplastik »Lebensbaum« im Inneren der Festung zu, die aus grobkörnigem unterkarbonischem Blaustein vom Typ »Belgischer Granit« (petit granit) besteht (Hartwig Neumann, Zitadelle Jülich. Großer Kunst- und Bauführer, Jülich 1986, S. 92 u. S. 176). Diese Blaustein-Varietät wird fast ausschließlich von Seelilien-Stielgliedern (Crinoiden) gebildet. Sie sind als runde Plättchen makroskopisch zu beobachten. Im mittleren Teil des Lebensbaums ist sehr deutlich eine Schicht mit kleinen Brachiopoden zu sehen. Zwischen den beiden Klappen der Brachiopoden ist der Raum durch einen violetten Kalkspat ausgefüllt. Die Großplastik wurde 1972 aufgestellt, sodass die natürliche Gesteinsfarbe noch nicht durch Verwitterung verändert worden ist.

32 Neben den im Folgenden ausgeführten Ergebnissen wurden weitere Teilergebnisse in zwei unveröffentlichten Berichten niedergelegt: Werner Kasig, Herkunft der zum Bau der Zitadelle Jülich verwendeten Blausteine. Unveröffentlichter Bericht, Aachen 1999, und 1. Ergänzung, Aachen 2001; beide sind im Museum Zitadelle Jülich einzusehen.

(unterkarbonische Brachiopoden und Korallen). In der Regel sind deshalb Dünnschliffuntersuchungen erforderlich, um vor allem die wichtigen Foraminiferen und Calcisphären erkennen zu können. Darüber hinaus stellt die weiter unten aufgeführte Mikritisierung, die bei den unterkarbonischen Blausteinen auftreten kann, ein weiteres Unterscheidungsmerkmal dar.

V.1. Die devonischen Blausteine
Die Identifikation der devonischen Blausteine, die beim Bau der Zitadelle Jülich verwendet worden sind, ist leicht möglich, da sie auf Grund ihres hohen Gehaltes an Makrofossilien leichter erkannt werden können. Die Fossilstrukturen heben sich durch ihre Strukturmerkmale klar von der Grundmasse (Matrix) des Gesteins ab und sind auf Grund der biogenen (von Lebewesen erzeugten) Karbonatbildung ihrer Hartteile deutlich verwitterungsbeständiger als die Zwischenräume, welche die Stellen der dort ursprünglich vorhandenen organischen Weichteile einnahmen. Die nachträgliche Besiedlung der Fossilien durch rezente Flechten verbessert die Erkennbarkeit der Fossilstrukturen (Abb. 27).

Bei den Fossilien handelt es sich vor allem um massive und dendroide Stromatoporen vom Typ Actinostroma, Amphipora und Stachyodes (Abb. 10, 28) sowie um Korallen (Abb. 29). Auch Schalenreste von Brachiopoden sind sowohl makroskopisch als auch im Dünnschliff zu erkennen.

Bei der mikroskopischen Untersuchung sind die Komponenten Mikrite, Biomikrite, Intramikrite und Intrasparite sowie Pelmikrite und -sparite (Abb. 20) feststellbar. Die in Einzelfällen vorhandenen eingeschlossenen runden Strukturen (Ooide) zeigen fast immer eine deutliche konzentrische Schalenstruktur, während diese Schalenstruktur bei den unterkarbonischen Ooiden durch den Mikrit verdeckt wird (Mikritisierung, Abb. 24), was auf die Umwandlung des Gesteinsgefüges durch Algentätigkeit während der Sedimentation und Gesteinsverfestigung zurückzuführen ist.

V.2. Die unterkarbonischen Blausteine
Im makroskopischen Bild gleichen die unterkarbonischen Blausteine weitgehend den devonischen Blausteinen, sofern es sich um feinkörnige Varietäten (Gesteinstypen) handelt. Blausteine mit einer grobkörnigeren Struktur (Calcarenite und Calcirudite) treten allerdings nur bei unterkarbonischen Gesteinen auf. Sie bestehen dann fast ausschließlich aus Crinoiden-Detritus (Bruchstücken von Seelilien). Das betrifft auch die oolithischen Gesteine, wobei die unterkarbonischen Oolithe – wie oben schon angedeutet – fast immer mikritisiert worden sind (Abb. 24), was bei den devonischen kaum der Fall ist. Oolithe sind im angewitterten Zustand makroskopisch bzw. mit geringer Lupenvergrößerung (8-10x) eindeutig zu erkennen.

Ein weiteres Unterscheidungskriterium besteht darin, dass die unterkarbonischen Blausteine seltener durch Makrofossilien gekennzeichnet sind.

Steinhauer Meister, so sich haben ahngegeben
sind folgende:

Joes Büchel Joes Bohlen	bearbeiten die erste Kaul
Godfried Giesen Wilhelm Giesen Adolf Minderjahn Theodor Minderjahn	soll eine Kaul sijn, so sie unter sich getheilt haben, also die zweite Kaul
Lambertus Zimmerman Christian Maintz	bearbeiten die dritte Kaul
Arnold Grommert Joan Peter Ganser	bearbeiten die vierte Kaul
Henricus Sporck Theodor Sporck Rutgerus Sporck Henri Wilhelm Sporck Wilhelm Brammertz Peter Brammertz Ives Brandenberg Jacob Evertzberg	bearbeiten die fünfte Kaul
Johan Keller Arnold Grommert Joan Peter Ganser	bearbeiten die sechste Kaul
Adam Luth Wilhelm Luth Henrik Brandenberg	bearbeiten die siebente Kaul
Stephan Schumacher Jacob Schumacher, sen. Jacob Schumacher, jun. Johan Henrik Ganser Arnold Grommert Joan Peter Ganser	bearbeiten die achte Kaul
Caspar Jacobs Anton Jacobs	bearbeiten die neunte Kaul

Abb. 25: Liste der »Steinhauer-Meister« in Kornelimünster aus dem Jahr 1767/68.

Abb. 26: Stufe aus Blaustein der Kellertreppe des Jülicher Schlosses. In der Mitte die namengebende frische blaugraue Gesteinsfarbe, die durch starke Benutzung gegenüber der helleren Verwitterungsfarbe der angrenzenden Stufenbereiche hervortritt.

Dafür lassen sich im Dünnschliff Mikrofossilien erkennen und bestimmen: Die Calcisphären (Abb. 23), die wahrscheinlich zu den primitiven Foraminiferen gehören, kommen ausschließlich in unterkarbonischen Blausteinen vor. Auch die höher entwickelten Foraminiferen mit karbonatischen Schalen (Abb. 13) treten fast ausschließlich im unterkarbonischen Blaustein auf.[33]

Abb. 27: Stromatopore in angewittertem devonischem Blaustein aus dem Sockelbereich der Zitadelle. Die natürliche Laminierung wird durch Flechtenwachstum hervorgehoben; Durchmesser der Münze unten rechts: ca. 20 mm.

V.3. Geochemische Analyse

Die Jülicher Kalksteinproben sind jeweils auf zwanzig Elemente untersucht worden. Die geochemischen Untersuchungen erfolgten im Labor makroskopisch an dem frischen und unverwitterten Probenmaterial. Trotz der geringen untersuchten Probenzahl ist eine Unterscheidung von devonischen und karbonischen Blausteinen auf geochemischem Wege möglich, wenn sie auf den ersten Blick auch nur minimal ist. So liegen die festgestellten Gehalte der Neben- und Spurenelemente der devonischen Blausteine stets höher als die der karbonischen Sedimente. Ein umgekehrtes Verhalten ist bei dem Hauptelement Calcium zu beobachten, das bei karbonischen Blausteinen im Durchschnitt eine geringfügige Erhöhung ($\bar{\chi}$ = 3,74 Gew. %) gegenüber dem devonischen Kalkstein aufweist.[34]

Eine weitere Deutung dieses karbonatischen Sedimentgesteins kann – wie weiter oben schon ausgeführt – mithilfe von geostatistischen Methoden durchgeführt werden. Deutliche Differenzen sind bei den Strontium-Kalzium-Verhältnissen (Sr/Ca x 10^3) festzustellen. Dabei können zwei Gesteinsgruppen unterschieden werden. Die eine Gesteinsgruppe (n = 2) zeigt höhere Sr/Ca x 10^3-Mittelwerte von $\bar{\chi}$ = 0,30 und die andere (n = 9) niedrigere von $\bar{\chi}$ = 0,13. Diese unterschiedlichen Sr/Ca-Verhältnisse der Kalksteine deuten daraufhin, dass es sich um devonische bzw. im anderen Fall um karbonische Kalksteine handelt, da in der Entstehungszeit verschiedene Sedimentationsverhältnisse vorherrschten. Die derzeitig geltende paläogeographische Vorstellung von der Karbon-Zeit im Aachener Gebiet besagt, dass das Sediment in einem extrem flachen Wasser abgelagert worden ist, so dass das niedrige Sr/Ca- Verhältnis den karbonischen Gesteinsproben und das mit höheren Mittelwerten dem devonischen Blaustein zuzuordnen ist. Demnach gehören von den untersuchten Gesteinsproben zwei dem devonischen Blaustein (J 4, J 10; Abb. 30) und die restlichen neun dem unterkarbonischen Blaustein an. Das fast einheitliche Bild der beiden besprochenen Blausteingruppen des Devons bzw. des

---

33 Sie sind weltweit als sehr gute Leitfossilien in der Kohlenkalkfazies durch die grundlegenden Arbeiten von Raphael Conil und zahlreichen Koautoren bekannt geworden; Raphael Conil/Henri Pirlet/Maurice Lys, Echelle biostratigraphique du Dinantien de la Belgique, in: Service Géologique de Belgique. Mémoires pour servir à l'explication des cartes géologique et minières de la Belgique, Bd. 13 (1967), S. 1-56; Raphael Conil, Eric Groessens/Henri Pirlet, Nouvelle charte stratigraphique du Dinantien type de la Belgique, in: Annales de la Société Géologique du Nord, Bd. XCVI (1976), S. 363-371. Die biostratigraphische Einstufung des Aachener Unterkarbons und damit die biostratigraphische Korrelation mit den belgischen Typusprofilen ist 1980 erstmals mit Hilfe von Foraminiferen erfolgt; Kasig 1980 (wie Anm. 7).

34 Diese geringe Schwankung der Elementgehalte im Oberdevon/Unterkarbon-Grenzbereich sind aus den chemischen Rohdaten von Reißner ersichtlich; Burghard Reißner, Stratigraphische und fazielle Untersuchungen im Mittel- und Oberdevon des Aachener Raumes, Nordeifel, Rheinisches Schiefergebirge. Diss. RWTH Aachen, Aachen 1990.

Abb. 28: Große massive Stromatoporen, dazwischen dendroide (ästige) Stromatoporen in devonischem Blaustein; Herkunft: ehemaliges Wagengebäude nordöstlich des Jülicher Schlosses gelegen (heute: Turnhalle).
Die Oberfläche ist bereits angewittert, so dass die biogenen Riffbildner deutlich hervortreten.

Unterkarbons spiegelt jeweils die hier skizzierten Verhältnisse ihrer Entstehung in verschiedenen Ablagerungsräumen wider. Darüber hinaus spricht für die jüngeren karbonischen Blausteine, dass sie nicht nur eine gemeinsame Entstehungsgeschichte vorweisen, sondern auch eine gleiche geographische Abbaustelle vor ihrer Anwendung zeigen. Für die Blausteine des Devons lässt sich diese Festlegung nicht so eindeutig ausführen, weil die Anzahl der verwendeten Gesteinsproben des Mittelwertes dieser Gesteinsgruppen (n = 2) zu gering ist, um dadurch eine gesicherte statistische Bewertung zu treffen. Diese geochemischen Ergebnisse werden durch die mikroskopische Analyse des Sediments (Mikrofazies-Analyse) von den gleichen Blausteinproben bestätigt und unterstützt (Abb. 30).

Die Übereinstimmung der geochemischen Ergebnisse mit der paläogeographischen bzw. paläobathymetrischen Methodik zur Entstehung der verbauten Blausteine in der Jülicher Zitadelle ist ein Beispiel dafür, dass es möglich ist, ähnliche Gesteine wie Blausteine des Devons und Karbons mithilfe der Geochemie und anschließender Geostatistik auseinanderzuhalten.

V.4. Mögliche Herkunftsgebiete der devonischen und unterkarbonischen Blausteine
Die makro- und mikroskopischen sowie geochemischen Untersuchungen der Blausteine der Jülicher Zitadelle zeigen, dass es sich bei allen untersuchten devonischen und karbonischen Blaustein-Varietäten mit hoher Wahrscheinlichkeit um Blausteine des Aachener Gebiets handelt.

Da mit ausschließlich geologischen Mitteln gegenwärtig nur die Herkunftsgebiete, jedoch nicht die betreffenden Herkunftssteinbrüche ermittelt werden können, wurden Geländeuntersuchungen in den der Zitadelle am nächsten gelegenen Gebieten durchgeführt, um vergleichbare geochemische Daten zum analysierten

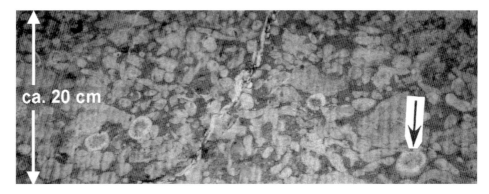

Abb. 29: Dendroide Stromatoporen (Stachyodes, Amphipora) und Septenkorallen (Pfeil) als Riffbildner in devonischem Blaustein am östlichen Sockel des Nordportals der Zitadelle Jülich.

Gesteinsmaterial aus der Jülicher Zitadelle zu erhalten. Die Lokalitäten **Wehebachtal, Eschweiler, Gressenich** und **Stolberg** sowie das **nähere Aachener Gebiet** wurden besonders berücksichtigt. Es kam vor allem darauf an, die gegenwärtigen Aufschlussverhältnisse zu überprüfen und dort Proben »in situ« zu entnehmen. Außerdem konnte auf das im Aachener Geologischen Institut sehr umfangreich vorhandene Material (Gesteinshandstücke, Bohrkerne, Dünn- und Anschliffe) sowie geochemische Analysen zurückgegriffen werden.[35]

Konkrete Hinweise auf einzelne Gewinnungsstellen (Steinbrüche) und Lieferanten (Steinmetze) sind zurzeit noch nicht möglich. Jedoch ist es wahrscheinlich, dass ein Teil der Blausteine aus Gressenich stammt, da auch der Blaustein für die Galeriepfeiler des herzoglichen Schlosses Hambach[36] (1557-1563) sowie für das Neue Portal (1601) des Jülicher Rathauses[37] aus dieser Lokalität geliefert wurde.

VI. Zusammenfassung

Abschließend lässt sich feststellen, dass mithilfe von geologischen Routine-Untersuchungsmethoden das geologische Alter, die petrographische Zusammensetzung und die petrologische Genese der Jülicher Blausteine geklärt werden konnte. Es

---

35 Hilfreich war dabei das großmaßstäbliche Kartenmaterial von Diplomarbeiten und die dabei angefertigten Kartierungen sowie das dort dokumentierte sehr umfangreiche Bildmaterial z. B. für die Aufschlusssituation in der Zeit nach dem Zweiten Weltkrieg. Die entsprechenden Unterlagen aus der Zeit vor 1945 sind weitgehend den Kriegsereignissen zum Opfer gefallen.

36 Paul Clemen (Hrsg.), Die Kunstdenkmäler des Kreises Jülich, bearb. von Karl Franck-Oberaspach und Edmund Renard (= Die Kunstdenkmäler der Rheinprovinz, Bd. 8.I), Düsseldorf 1902, S. 80-85.

37 Horst Dinstühler, Wein und Brot, Armut und Not. Wirtschaftskräfte und soziales Netz in der kleinen Stadt. Jülich im Spiegel vornehmlich kommunaler Haushaltsrechnungen des 16. und beginnenden 17. Jahrhunderts (= Forum Jülicher Geschichte, Bd. 31) Jülich 2001, S. 348-349. Es handelt sich hierbei um den zum Rathaus ausgebauten so genannten Barderstall im Hinterhof von Raderstraße und Markt.

Proben-Nr	Gehalte in Gew.%									Gehalte in ppm												in %	
	SiO_2	Al_2O_3	Fe_2O_3	CaO	MgO	Na_2O	K_2O	TiO_2	P_2O_5	MnO	Zn	Pb	Cu	Ni	Co	Cr	V	Sr	Ba	Y	Zr	Rb	Loi	Σ
J S	0,35	0,13	0,02	56,64	0,11	0,04	0,01	0,00	0,01	0,01	4	<4	<10	16	<3	14	6	102	<5	7	<3	<2	42,52	99,84
J K	0,11	0,07	0,03	55,51	0,14	<0,01	0,01	0,00	0,00	0,01	<3	<4	<10	11	<3	15	<5	112	6	6	<3	<2	42,59	98,47
J F	0,23	0,19	0,06	56,19	0,09	0,03	0,01	0,00	0,01	0,02	8	24	<10	9	<3	12	11	110	<5	11	<3	<2	42,93	99,75
J G	0,12	0,07	0,05	55,26	0,14	0,01	0,01	0,00	0,01	0,01	6	40	<10	28	<3	14	19	102	<5	9	<3	<2	43,19	98,87
J 1	0,48	0,11	0,04	55,13	0,14	0,02	0,02	0,00	0,01	0,01	9	<4	<10	12	<3	17	<5	115	<5	7	<3	<2	43,08	99,04
J 4	1,53	0,49	0,23	51,43	2,14	0,10	0,05	0,02	0,01	0,01	27	<4	<10	44	5	22	14	273	9	5	10	<2	43,64	98,96
J 5	0,34	0,25	0,03	55,93	0,07	0,11	0,02	0,00	0,01	0,01	5	<4	<10	29	8	19	<5	110	<5	12	7	<2	43,02	99,78
J 7	0,75	0,17	0,03	55,87	0,10	0,03	0,01	0,00	0,01	0,01	4	<4	<10	33	<3	26	<5	104	<5	12	6	<2	42,78	99,76
J 9	1,57	0,07	0,03	55,36	0,15	0,02	0,01	0,00	0,01	0,01	7	8	<10	48	<3	26	16	109	5	10	<3	<2	42,62	99,85
J 10	1,82	0,26	0,16	52,81	1,92	0,02	0,04	0,01	0,01	0,01	<3	<4	<10	47	<3	23	<5	203	12	3	4	<2	42,95	99,81
J 13	0,11	0,15	0,03	55,93	0,13	0,02	0,01	0,00	0,01	0,01	<3	<4	<10	18	7	13	13	102	<5	19	5	<2	43,38	99,78
n=2 $\bar{x}$	1,68	0,38	0,20	52,02	2,03	0,06	0,05	0,02	0,01	0,01	27		0	45	0	23		238	11	5	7	0		
n=9 $\bar{x}$	0,45	0,13	0,04	55,76	0,12	0,04	0,01	0,00	0,00	0,00	7	24	0	23	0	21		107,3	6	10,3	0	0		

Abb. 30: Geochemische Analysenergebnisse der Gesteinsproben aus der Jülicher Zitadelle (Loi = Glühverlust; grau = devonischer Blaustein).

handelt sich vor allem um unterkarbonische Blausteine (vereinzelt um mittel- bis oberdevonische) mit allen Kennzeichen des Aachener Blausteins gleichen geologischen Alters und gleicher geologischer Abbaustellen.

Das Blausteinmaterial von Schloss und Zitadelle sowie des Brückenkopfes stammt mit hoher Wahrscheinlichkeit aus dem Bereich zwischen Raeren-Sief und Eschweiler. Möglicherweise wurden die Blausteine in den Steinbrüchen im Wehebachtal, Eschweiler, Gressenich, Stolberg und Kornelimünster gewonnen, wobei es sehr wahrscheinlich ist, dass ein Teil der Blausteine aus dem Gressenicher Steinbruch stammt.

VII. Glossar

Actinostroma, Gattung der Stromatoporen, massiv / knollig

Amphipora, Gattung der Stromatoporen, dendroid

biodetritischer Kalkstein, aus Bruchstücken organischen Materials

Biomikrite, Karbonatgestein mit mikritischer Grundmasse (Matrix) und mehr als 10% Biogenen (biogenen Bruchstücken und Mikrofossilien)

Brachiopoden, Armfüßer

brecciöse Schichten, Schichten aus Trümmergestein

Bryozoen, Moostierchen

Calcisphären, kleine, ca. 0,1 mm große kugelig-hohle Karbonatkugeln, teils radialstrahlig, mit bisher nicht bekannter systematischer Zugehörigkeit (wahrscheinlich primitive Foraminiferen)

Coelenteraten, Hohltiere, zu denen u. a. die Korallen und Stromatoporen gehören

Conodonten, Fossilreste aus Kalziumphosphat unbekannter systematischer Stellung, wahrscheinlich primitiver Wirbeltiere (Vertebraten)

Crinoiden (Seelilien), zum Stamm der Echinodermata (Stachelhäuter) gehörend

dendroid, verzweigt

dorsal, rückseitig

Echinodermata, Stachelhäuter

Fazies, das Erscheinungsbild eines Sediments hinsichtlich seines petrographischen Aufbaus und seiner paläontologischen Merkmale

Foraminiferen, einzellige Porentierchen und Lochschalentierchen, zum Stamm der Protozoa/Rhizopoda gehörend

Galmei (von röm. cadmea und frz. calmine), ein Zinkerz, das aus Zinkspat, Zinkblenden, Kieselzinkerz und Zinkblüte besteht, in verschiedener Farbe und Struktur auftretend; mit Kupfer legiert entsteht Messing

Intraklasten, Bruchstücke biogener und anorganischer Herkunft, oft gut gerundet, Größe zwischen 0,01 mm und einigen Zentimetern

Intramikrite, Karbonatgesteine mit mikritischer Grundmasse (Matrix) und mehr als 25 % Intraklasten

Intrasparite, Karbonatgesteine mit sparitischer Grundmasse (Matrix) und mehr als 25 % Intraklasten

Invertebraten, alle Tiere ohne eine Wirbelsäule

Kalkschwamm, Porifera (Spongia)

konzentrisch, mit gemeinsamem Mittelpunkt

Korallen, Anthozoen, zum Stamm der Coelenteraten (Hohltiere) gehörend

makroskopisch, mit bloßem Auge erkennbar

Mikrit, feinkörnige mikrokristalline Grundmasse eines Kalksteins aus feinstkörnigem Kalziumkarbonat (Korngröße kleiner 0,004 mm)

mikritisieren, Umwandlung von Mikrofaziestypen (z. B. Intrasparit, Intramikrit) in Mikrit (meist durch Algen)

Mikrofazies, das Erscheinungsbild eines Sediments hinsichtlich seines petrographischen Aufbaus und seiner paläontologischen Merkmale im mikroskopischen Bild

Old-Red-Kontinent, Nordkontinent in der Devon-Zeit

Ooide, runde, eiförmige Strukturen mit konzentrischem Aufbau

oolithisches Gestein, aus Ooiden bestehendes Gestein

Ostracoda, heute noch lebende Gruppe von Mikrofossilien, zum Unterstamm der Crustacea des Stammes Arthropoden (Gliederfüßler) gehörend

paläobathymetrische Methodik, eine Methodik zur Bestimmung der früheren Wassertiefe

Paläogeographie, Zweig der Geographie, der sich mit den geographischen Verhältnissen früherer geologischer Epochen befasst (Verteilung von Land und Meer)

Paläontologie, Wissenschaft von den Lebewesen der Vorzeit

Pelmikrite, Karbonatgesteine mit mikritischer Grundmasse (Matrix) und weniger als 25 % Pellets

Pellets, runde bis ovale Intraklasten aus mikrokristallinem Kalzit (Mikrit) mit Korngrößen zwischen 0,040 - 0,080 mm

Pelmisparite, Karbonatgestein mit sparitischer Grundmasse (Matrix) und weniger als 25 % Pellets

Petrographie, Gesteinskunde

petrographische Einheiten, Gesteinseinheiten

Petrologie, Lehre von der Entstehung, den Eigenschaften und der Nutzung der Gesteine

Photosynthese, Entstehung von organischen aus anorganischen Stoffen durch Licht

Porifera, Stamm der die Schwämme bzw. Nesseltiere (Hydrozoen) umfasst

Rhizopoda, Wurzelfüßer

Schelf, Festlandsockel, bis 200 m Wassertiefe

Sclerospongia, zum Stamm der Porifera (Schwämme) gehörend

Sediment, Ablagerung

Seelilien, s. Crinoiden

Sparit, eine Zementart aus kristallinem, spätigen Kalzit mit Korngrößen über 0,004 mm, die an die Stelle einer primären Grundmasse im Karbonatgestein tritt (s. auch Mikrit)

Stachyodes, Gattung der Stromatoporen, dendroid

Stromatoporen, fossile Ordnung, die zu den Poriferen (Schwämmen) bzw. zu den Hydrozoen (Nesseltiere) gezählt wird; ausgestorben

Symbionten, Lebewesen, die zeitgleich mit anderen leben

terrigen, vom Festland stammend

Varietät, Abart eines Minerals bei gleicher chemischer Zusammensetzung und im gleichen Kristallsystem auftretend, verschieden in Farbe und Kristallform

variscisches Gebirge, Gebirgszug von Frankreich bis zum Harz/Erzgebirge, in der Karbon-Zeit durch Auffaltung der variscischen Geosynklinale (Sedimentationsgebiet in Mitteleuropa) entstanden; nach curia variscorum = Hof (Bayern); Siedlungsgebiet der Variscer; steht heute weltweit für in der Karbonzeit entstandene Gebirge

Abbildungsnachweis: A Fotos und Zeichnungen: Archiv d. Verf.: 26-30; Firma »geographic« C. Laschet, Aachen: 15 oben, 17; Geologisches Institut RWTH Aachen: 7 unten, 18, 22, 23, 24; Geologisches Landesamt Krefeld: 3; Museum Zitadelle Jülich: 1, 2 (Christoph Fischer). B Reproduktionen: Amtliche topographische Karte 1:100.000: 6; Folk 1959 (wie Anm. 15): 20; Kasig 1962 (wie Anm. 7): 10 rechts; Kasig 1967 (wie Anm. 7): 4, 9, 15 rechts unten, 19; Kasig 1980 (wie Anm. 7): 5, 8, 11, 12, 13, 14, 25; Lehmann/Hillmer 1997 (wie Anm. 12): 16; Schiele/Berens 1972 (wie Anm. 16), S. 16: 21.

Guido v. Büren

Die Stadt Jülich und das Haus Linzenich in einer Ansicht von Renier Roidkin

Mit einem bemerkenswerten Quellenfund wurde jüngst der Blick auf die interessante Bau- und Nutzungsgeschichte des Hauses Linzenich bei Jülich gelenkt, das am Ende des Zweiten Weltkriegs fast völlig zerstört wurde. Ein Inventar von 1573 erlaubt den Blick hinter die Fassaden des einst stattlichen Herrenhauses in der Zeit der Renaissance.[1]

Während für zahlreiche Rittersitze und Herrenhäuser des Jülicher Landes historische Ansichten mit hohem Quellenwert aus der Zeit vor 1800 eher selten sind, gibt es für Linzenich immerhin drei Ansichten aus den (frühen?) 1730er Jahren. Sie gehören zum umfassenden Œuvre des aus der Wallonie stammenden Zeichners Renier Roidkin. Dieser wurde wahrscheinlich am 2. Dezember 1684 in Spa geboren und verstarb am 13. März 1741 in Dreiborn, wo er wohl auch beigesetzt wurde.[2] In Skizzen und aquarellierten Zeichnungen hielt er im Raum zwischen Rhein und Maas sowie in Westfalen zahlreiche Orts- und Schlossansichten fest. Zu einem beachtlichen Teil wurden diese bereits 1939 in einem umfassenden Katalog vorgelegt, so auch die drei Zeichnungen von Haus Linzenich.[3] Auftraggeber für diese Ansichten dürften die damaligen Eigentümer gewesen sein, worauf die beiden Wappen der Eheleute Amadeus von Geyr und von Strevensdorff auf zwei der

---

1 Jens Friedhoff, »Was an gemeldeten guettern alhier und uff dem Hause noch übrig«. Ein frühneuzeitliches Inventar des Hauses (Jülich-)Linzenich aus dem Jahr 1573, in: Neue Beiträge zur Jülicher Geschichte, Bd. 18 (2006), S. 53-70.
2 Hermann Hinsen, Fand Renier Roidkin in Dreiborner Erde seine letzte Ruhe? Zum 250. Todestag des bedeutenden wallonischen Zeichners, in: Jahrbuch Kreis Euskirchen 1991, S. 63-66, hier: S. 66.
3 Walther Zimmermann/Heinrich Neu, Das Werk des Malers Renier Roidkin. Ansichten westdeutscher Kirchen, Burgen, Schlösser und Städte aus der ersten Hälfte des 18. Jahrhunderts (= Beihefte der Kunstdenkmäler der Rheinprovinz, Bd. 1), Düsseldorf 1939, S. 94, Nrn. 337-339. Eine umfassende Neubearbeitung des Œuvres von Roidkin, die sicherlich lohnend wäre, steht aus. In den vergangenen Jahren erschienen Einzelstudien, die unser Wissen punktuell erweitert haben; siehe u.a. Jost Auler, Renier Roidkin. Werke zu Zons und Haus Bürgel um 1735, in: Rheinische Heimatpflege, 36. Jg. (1999), H. 3, S. 211-217. (Die hier auf S. 215 abgebildete Zeichnung des Hauses Bürgel würde ich eher Joseph Xhrouet zuschreiben; s. u. Anm. 10). Wilfried Hansmann, Die kurkölnische Landesburg Brühl als Ruine. Zwei Veduten von Renier Roidkin aus Schloß Augustusburg in Brühl, in: Jahrbuch der Rheinischen Denkmalpflege, Bd. 32 (1987), S. 55-64. Harald Herzog, Neubestimmte Zeichnungen von Renier Roidkin, in: Denkmalpflege im Rheinland, 7. Jg. (1990), H. 2, S. 10-20.

Zeichnungen hinweisen. Im Jahr 1731 hatte Amadeus von Geyer die Tochter des Franz Egon Peter Henriquez von Strevensdorff geheiratet, der das Haus Linzenich 1724 gekauft hatte.[4] Das Jahr der Hochzeit ist somit ein *terminus post quem* für die Anfertigung der Zeichnungen. Die beiden mit Wappen versehenen Tuschezeichnungen auf Pergament sollen sich noch heute in Linzenich befinden.[5] Die uns im folgenden interessierende Zeichnung auf Papier ist dagegen Teil des persönlichen Skizzenbuches von Roidkin,[6] das sich im Besitz des Rheinischen Amtes für Denkmalpflege (Pulheim-Brauweiler) befindet (Abb. 1). Da letztere bisher nicht abgebildet wurde, blieb ein interessanter Hinweis des Katalogeintrags von 1939 unbeachtet. So heißt es dort: »Das Schloß von NW, links im Hintergrund Jülich.« Die Zeichnung selbst trägt am oberen Bildrand die Aufschrift »Vue du chateau de Linzenich proche de la ville de Juliers« – »Blick auf das Schloss Linzenich nahe der Stadt Jülich«.

Das Haus oder Schloss Linzenich (Abb. 2) gehört zu den herausragenden Wasserburgen der näheren Umgebung, wenngleich von dem architekturhistorisch bedeutenden Herrenhaus seit dem alliierten Luftangriff auf Jülich am 16. November 1944 nur noch die Außenmauern stehen. Die Ansichten Roidkins stellen für die Baugeschichte der Anlage eine wichtige Quelle dar. Die äußere Gestalt hatte das Herrenhaus im 17. Jahrhundert erhalten, vor allem den markanten Turmhelm mit seinem steilen Dach. Auf der Zeichnung von Roidkin erkennt man noch das spätmittelalterliche Burghaus, das 1752 beim Ausbau des Herrenhauses weitgehend überformt wurde.[7] Die stattliche Vorburg – die Zweiteilung der Anlage ist typisch für rheinische Rittersitze – ist nahezu vierflügelig. In der von Roidkin eingenommenen Perspektive sieht man den Nordflügel sowie den Westflügel mit dem markanten Torhaus. An dem auf dieses Torhaus zuführenden Weg liegt die zu Haus Linzenich gehörende, 1351 erstmals erwähnte Antonius-Kapelle, die auf der Zeichnung durch den kleinen Dachreiter markiert ist.[8]

---

4 Friedhoff 2006 (wie Anm. 1), S. 59.
5 Vgl. die Umzeichnung in Karl Franck Oberaspach/Edmund Renard, Die Kunstdenkmäler des Kreises Jülich (= Die Kunstdenkmäler der Rheinprovinz, Bd. 8.I), Düsseldorf 1902, S. 178, Fig. 117 und die Detailabbildung in Wilfried Hansmann/Gisbert Knopp, Rheinlands Schlösser und Burgen. Herausgegeben von Alexander Duncker 1857-1883 (= Publikationen der Gesellschaft für Rheinische Geschichtskunde, Bd. 62), Düsseldorf 1981, Bd. 2, S. 197, Abb. 297.
6 Renier Roidkin, Skizzenbuch, fol. 597. Ich danke Ulrike Heckner, Landschaftsverband Rheinland – Rheinisches Amt für Denkmalpflege, Pulheim-Brauweiler, für die Vermittlung der Detailaufnahme.
7 Zur Baugeschichte vgl. zusammenfassend Friedhoff 2006 (wie Anm. 1), S. 59f., mit Angabe der älteren Literatur sowie Helmut Holtz, Schloß Linzenich, in: Jahrbuch des Kreises Düren 1995, S. 113-119.
8 Helmut Holtz, Die Antonius Kapelle zu Linzenich, in: Jahrbuch des Kreises Düren 1981, S. 91-95.

▲ Abb. 1: Renier Roidkin, Blick auf das Schloss Linzenich nahe der Stadt Jülich, nach 1731, Federzeichnung, 29 x 41,5 cm, Landschaftsverband Rheinland – Rheinisches Amt für Denkmalpflege, Pulheim-Brauweiler.

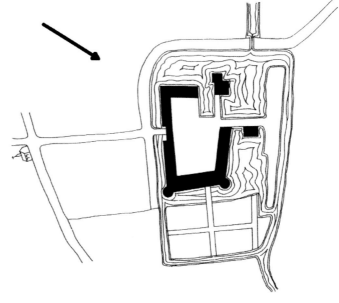

▶ Abb. 2: Lageplan des Hauses Linzenich, 1738. Die Blickrichtung der Ansicht Roidkins ist mit einem Pfeil markiert.

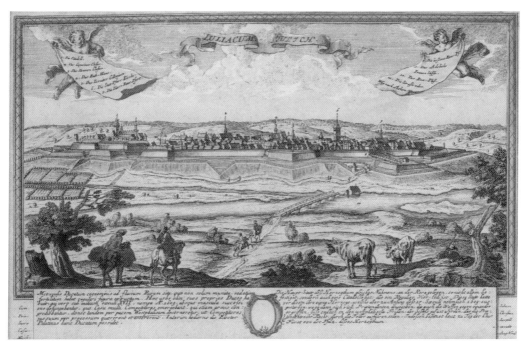

Abb. 3: Johann Christian Leopold, Iuliacum – Jülich, Kupferstich nach einer Zeichnung von Friedrich Bernhard Werner (1729), 1735, 18,5 x 29 cm, Stadtarchiv Jülich, Inv.-Nr. GS 74.

Durchblättert man die dickleibige Publikation von Hartwig Neumann zu Stadt und Festung Jülich auf bildlichen Darstellungen wird sehr schnell deutlich, dass die meisten Ansichten der Festungsstadt Jülich Plandarstellungen sind.⁹ Dies ist nicht weiter verwunderlich, interessierte doch europaweit vor allem die Gestalt der Festungsanlagen, die sich in entsprechenden Aufsichten am besten darstellen ließen. Aus der Fülle des bei Neumann ausgebreiteten Materials ragen nur wenigen Veduten heraus, so die häufig abgebildete Ansicht Jülichs von Westen von Leopold (Abb. 3). Neumann noch unbekannt war die Ansicht von Joseph Xhrouet, der wie Roidkin aus Spa stammte und mit diesem anscheinend zusammen arbeitete.¹⁰ Für das frühe

---

9 Hartwig Neumann, Stadt und Festung Jülich auf bildlichen Darstellungen (= Architectura militaris, Bd. 5), Bonn 1991.

10 Joseph Xhrouet, La ville de Juliers [von Nordosten], um 1735, aquarellierte Federzeichnung auf Pergament, 9 x 13,7 cm, Museum Jülich, Inv.-Nr. 2002-0209; Marcell Perse, Jülich im Bild (0-1900), in: Jülicher Geschichtsblätter, Bd. 72/73, 2004/2005 (2007), S. 49-80, hier: S. 74, Abb. 20.

11 Marcell Perse, Schirmer und Jülich, in: ders. (Hrsg.), Natur im Blick. Die Landschaften des Johann Wilhelm Schirmer (Jülich 1807 - Karlsruhe 1863) (= Führer des Stadtgeschichtlichen Museums Jülich, Bd. 16), Jülich 2001, S. 19-48, bes. S. 30-35, Abb. 26, 28-31; siehe auch ebd., S. 236, Abb. 181; Guido v. Büren, Exkurs zum Titelbild: Johann Wilhelm Schirmer, Ansicht der Stadt Jülich von Norden, in: Jülicher Geschichtsblätter, Bd. 69/70/71, 2001/2002/2003 (2004), S. 545-548.

Abb. 4: Johann Wilhelm Schirmer, Blick auf Haus Linzenich und Kirchberg von Norden, 1824, Aquarell, 14,2 x 20 cm, Clemens-Sels-Museum Neuss.

19. Jahrhundert sind vor allem die Aquarelle des jungen Johann Wilhelm Schirmer zu nennen, der unter anderem auch das Haus Linzenich zeichnete (Abb. 4).[11]

Vor diesem Hintergrund ist nun die hier erstmals vorgelegte Zeichnung Roidkins von besonderem Interesse. Sie zeigt das Haus Linzenich von Westen – nicht von Nordwesten wie es im Katalog von 1939 heißt –, mithin vom Aldenhovener Berg aus, auf Bourheim zu. Links hinter der Darstellung von Linzenich mit Kapelle, Vorburg und Herrenhaus erkennt man deutlich die mit »Juliers« bezeichnete Vedute der Stadt Jülich (Abb. 5). Da man um die Genauigkeit Roidkins weiß, ist der Quellenwert der Ansicht sehr hoch einzuschätzen. Hinter der Vedute ist auf der Merscher Höhe der Stadtwald wiedergegeben, der erst im 19. Jahrhundert schrittweise gerodet wurde (1). Rechts davon sind die Häuser des Stadtdorfes Stetternich angedeutet (2). Links oberhalb des Linzenicher Herrenhauses könnte das Kartäuserkloster Vogelsang skizziert sein (vgl. Abb. 1).

Deutlich erkennt man unterhalb der Stadtansicht die Rur mit der Rurbrücke und dem Brückenhaus (3). Die von Aachen kommende Straße, die auf den Rurübergang zuführt, ist nur schemenhaft angedeutet (4). Auf der linken Rurseite stehen,

Abb. 5: Renier Roidkin, Ansicht der Stadt Jülich, nach 1731, Ausschnitt aus Abb. 1.

links der Straße, die lutherische (5) und die reformierte Kirche (6), zwei kleinere Gebäude, deren Lage zueinander von Roidkin sehr genau wiedergegeben wird, wie im Vergleich mit einem Festungsplan aus der Zeit vor 1737 deutlich wird (Abb. 6).[12] Die Reformierten hatten 1690 auf dem sogenannten Schindanger eine erste einfache Kirche errichten dürfen, die jedoch 1692 durch Brandstiftung zerstört wurde. 1695 war der Wiederaufbau vollendet. 1745 durften sie endlich innerhalb der Stadt, in unmittelbarer Nähe des Düsseldorfer Tores, eine Kirche

---

12 Frank Günter Zehnder/Werner Schäfke (Hrsg.), Der Riss im Himmel. Clemens August und seine Epoche. Katalog zum Gesamtprojekt Bonn – Brühl – Köln – Jülich – Miel, Köln 2000, S. 230f., Kat.Nr. V.5 (Andreas Kupka).

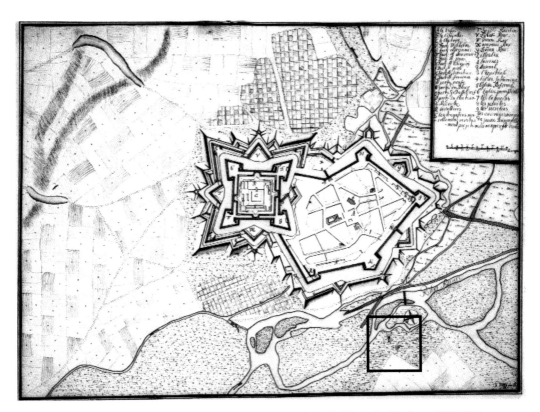

Abb. 6: J. Wolff, Plan von Stadt und Zitadelle Jülich, vor 1737, aquarellierte Tuschfeder- und Pinselzeichnung, 51,5 x 36,5 cm, Privatbesitz. Die reformierte und die lutherische Kirche sind mit den Nummern 4 und 5 markiert und hier graphisch hervorgehoben.

bauen. Dafür wurde die alte Kirche abgebrochen. Die lutherische Kirche entstand zwischen 1672 und 1695. Sie lag in direkter Nachbarschaft zur Kirche der reformierten Gemeinde und ebenfalls auf dem ehemaligen Schindanger. Kurzzeitig stand zwischen den beiden Kirchen der Galgen.[13] Der Grundriss der

---

13 Günter Bers, Jülich. Geschichte einer rheinischen Stadt, 3. Aufl., Jülich 2004, S. 102f.

lutherischen Kirche konnte Mitte der 1990er Jahre archäologisch untersucht werden, wobei in »unmittelbarer Nähe der Kapellenfundamente [...] mehrere menschliche Bestattungen freigelegt [...] werden konnten«, die im Zusammenhang mit der Richtstätte zu sehen sind.[14] Die lutherische Gemeinde konnte erst 1790 mit dem Ankauf des Hauses »Landskrone« an der Ecke Kapuziner- und Baierstraße (heute Hotel »Alte Post«) innerhalb der Stadtmauern Fuß fassen.

Der westliche Stadteingang wird nach Roidkin durch das doppeltürmige Rurtor, den Hexenturm, gebildet (7). Hier hat sich möglicherweise eine Ungenauigkeit in die Darstellung geschlichen: Durch die Fernsicht könnte das renaissancezeitliche Aachener Tor, das seit dem 17. Jahrhundert (1648?) den Stadtzugang bildete,[15] mit dem mittelalterlichen Hexenturm verschmolzen sein. Dafür spricht, dass die Stadtansicht von Leopold von 1735, die auf einer Zeichnung von 1729 basiert, deutlich das Aachener Tor als westlichen Stadtzugang zeigt (Abb. 2). Die turmartige Struktur links neben dem Hexenturm könnte den Hahnenturm – ebenfalls ein Rest der mittelalterlichen Stadtmauer – markieren (8).

Die Silhouette der Stadt wird nach Roidkin von vier Türmen bestimmt: dem Turm des Schlosses in der Zitadelle (9), dem Rathausturm (10), dem Turm der katholischen Pfarrkirche (11) und dem Türmchen (Dachreiter) des Selpulchrinerinnenklosters (12). Die verschiedenen Ebenen der Festungswerke der Zitadelle sind sehr undeutlich wiedergegeben. Erkennbar ist aber das Beobachtungshäuschen auf der Spitze der Bastion St. Salvator (13). Die Oberwälle auf den Kurtinen sind bereits angelegt, sodass vom ehemaligen herzoglichen Schloss vor allem die Dächer erkennbar sind. Deutlich ins Auge fällt der die Dachlandschaft des Schlosses überragende Nordostturm, was sich wiederum gut mit der Stadtansicht von Leopold deckt. Es muss eine Bauphase gegeben haben, in der der Nordostturm den Südostturm deutlich überragte, während das zweite Obergeschoss des Ostflügels noch nicht abgetragen war.[16] 112 Treppenstufen führten zum Schlossturm hinauf,[17] wobei die obersten Geschosse durch einen Treppenturm erschlossen waren, der bei Roidkin nicht dargestellt ist, wohl aber bei Leopold.[18] Der bei Roidkin nur schemenhaft, bei Leopold aber deutlich erkennbare Dachaufbau (Walmdach) wurde um Pfingsten 1719 errichtet, wobei 20.000 Pfund grobes Holzwerk von etwa zwanzig Menschen aufgerichtet wurden.[19]

---

14 Andreas Kupka, Bauvorgreifende archäologische Untersuchungen am Jülicher Brückenkopf, in: Archäologie im Rheinland 1995, Köln/Bonn 1996, S. 118f.

15 Marcell Perse, Grabungen an der Renaissance-Stadtmauer von Jülich, in: Jülicher Geschichtsblätter, Bd. 69/70/71, 2001/2002/2003 (2004), S. 67-79, hier: S. 75ff.

16 Das zweite Obergeschoss wurde vermutlich 1738 weggenommen; vgl. Guido v. Büren/Edmund Spohr, Die Festungsanlagen von Düsseldorf und Jülich in kurpfälzischer Zeit, in: Frank Günter Zehnder (Hrsg.), Das Ideal der Schönheit. Rheinische Kunst in Barock und Rokoko (= Der Riss im Himmel, Bd. 6), Köln 2000, S. 211-228, hier: S. 227, Anm. 24.

Die skizzenhafte Stadtansicht von Renier Roidkin bestätigt in wichtigen Punkten die im Leopold-Stich wiedergegebene Stadtphysiognomie der ersten Hälfte des 18. Jahrhunderts. Vor allem im Hinblick auf die Gestalt des Schlosses in der Zitadelle ergeben sich damit interessante Ansatzpunkte für eine noch zu erarbeitende umfassende Baugeschichte.

Abbildungsnachweis: Jülich, Fotostudio Petersen: 6; Jülich, Siegfried Peters: 4; Köln, Rheinisches Bildarchiv: 1 (Platten-Nr. 117800); Pulheim-Brauweiler, Landschaftsverband Rheinland – Rheinisches Amt für Denkmalpflege: 5 (Andreas Liebl); Verf.: 3; Reproduktion aus Franck Oberaspach/Renard 1902 (wie Anm. 5), S. 179, Fig. 118: 2.

17 Die Angabe ist der Beschreibung des Wiedertäufers Wilhelm Grahe aus Solingen entnommen, der sich von 1717 bis 1720 auf der Zitadelle Jülich gemeinsam mit fünf Glaubensgenossen in Gefangenschaft befand. Der 1763 niedergeschriebene Bericht wurde erstmals ediert von Max Goebel, Geschichte des christlichen Lebens in der rheinisch-westphälischen evangelischen Kirche, Bd. 3: Die niederrheinische reformierte Kirche und der Separatismus in Wittgenstein und am Niederrhein im 18. Jahrhundert, Koblenz 1860, S. 239-263; siehe auch Joseph Kuhl, Geschichte der Stadt Jülich, Bd. 2, Jülich 1893 (ND Jülich 1989), S. 305. Eine Neuausgabe des eindrücklichen Textes auf der Grundlage einer umfangreicheren und präziseren Abschrift, die sich im Historischen Zentrum Wuppertal befindet, legte jüngst vor: Michael Knieriem, Um Christi Willen auf der Festung Jülich. Der Bericht des Wiedertäufers Wilhelm Grahe aus dem Jahre 1763, in: Monatshefte für evangelische Kirchengeschichte des Rheinlandes, 53. Jg. (2004), S. 303-335, hier: S. 324. Grahe spricht in seinem Bericht nur von »dem Schlossturm«, so dass der südöstliche als solcher wohl zu seiner Zeit nicht wahrnehmbar war. Später wurden die beiden Türme in ihrer Gestalt angeglichen; vgl. die Bauaufnahmen von J.H. von Douwe von 1748 (Neumann 1991 [wie Anm. 6], S. 809f., Nrn. 569 u. 570) und das Bestandsmodell von 1802 (ebd., S. 778-799, Nr. 562, bes. Abb. S. 783 u. S. 786).
18 Conrad Doose/Jürgen Eberhardt, Treppentürme. Zu den einstigen Dachreitern des Jülicher Residenzschlosses, in: ders./Hajo Lauenstein (Hrsg.), Das ›italienische‹ Jülich. Grundzüge im Konzept Alessandro Pasqualinis für die Stadtanlage, die Zitadelle und das Residenzschloss (= Pasquali-ni-Studien V = Jülicher Forschungen, Bd. 8), Goch 2009 (im Druck).
19 Knieriem 2004 (wie Anm. 17), S. 324.

Stefanie Lieb

Die romanische Bauornamentik am Westturm der Propstei-Pfarrkirche St. Mariae Himmelfahrt in Jülich

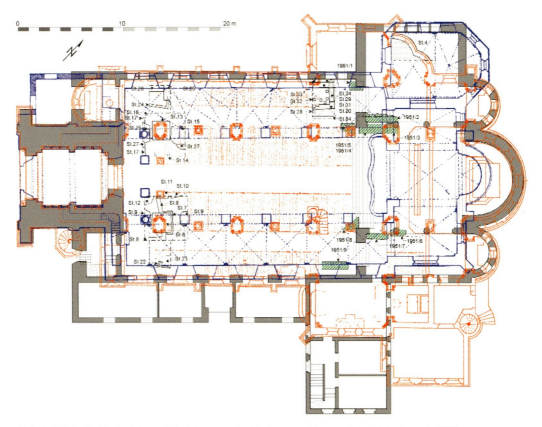

Abb. 1: Jülich, St. Mariae Himmelfahrt, Synopse der Kirchengrundrisse vor 1877 (blau), nach 1899 (rot) und heute (grau) mit Eintragung der Mauerbefunde zur Baugeschichte aus den Grabungen 1997 (schwarz) und 1951 (grün).

Einleitung

Die katholische Pfarr- und Propsteikirche St. Mariae Himmelfahrt in Jülich weist eine lange und bewegte Baugeschichte auf: Seinen Anfang nahm das Bauwerk als fränkische Eigenkirche im römischen Kastellareal. Weitergeführt wurde es über eine großdimensionierte dreischiffige Basilika im 12. Jahrhundert, über die Veränderungen von Gotik und früher Neuzeit, die Restaurierungen und Neubauten am

Abb. 2: Jülich, St. Mariae Himmelfahrt, Westturm.

Ende des 19. Jahrhunderts durch Johann Heinrich Wiethase und Heinrich Renard bis schließlich hin zur heutigen Baugestalt, der Neuerrichtung in den 1950er Jahren durch den Architekten Peter Salm (Abb. 1). Diesen unterschiedlichen Bauphasen soll im Folgenden nicht nachgegangen werden, da das bereits in Grundzügen durch Udo Mainzer mit dem 1999 erschienenen Kunststättenheft erfolgt ist.[1] Erinnert sei jedoch an die kirchenhistorische und regionale Bedeutung der Jülicher Kirche durch die Ernennung zur Stiftskirche 1569 unter Herzog Wilhelm V. von Jülich-Kleve-Berg und der Überführung der Reliquien der seligen Christina von Stommeln 1586 von Nideggen nach Jülich. Während der Säkularisation wurde 1802 das Stift aufgelöst und Mariae Himmelfahrt zurückgeführt in den Status einer Pfarrkirche. 1936 erfolgte aus Anlass der 350-Jahrfeier der Übertragung der Christina-Reliquien die Ernennung zur Propsteikirche durch den Aachener Bischof Joseph Vogt[2]; diesen Titel hat die Jülicher Kirche bis heute behalten.

Mein Aufsatz wird sich nur einem Bauteil der Kirche intensiver widmen, der eine relative Konstanz in der Baubiografie aufweist: Es handelt sich um den mächtigen Westturm der Anlage, der im Kern seit der Mitte des 12. Jahrhunderts bis heute

---

1 Udo Mainzer, St. Mariae Himmelfahrt in Jülich. Baugeschichte und Baugestalt (= Rheinische Kunststätten, H. 441), Neuss 1999. Der vorliegende Aufsatz geht auf den im November 2005 im Rahmen des Mittwochsclubs gehaltenen Vortrag zurück. Der Vortragscharakter wurde weitgehend beibehalten.
2 Mainzer 1999 (wie Anm. 1), S. 14.

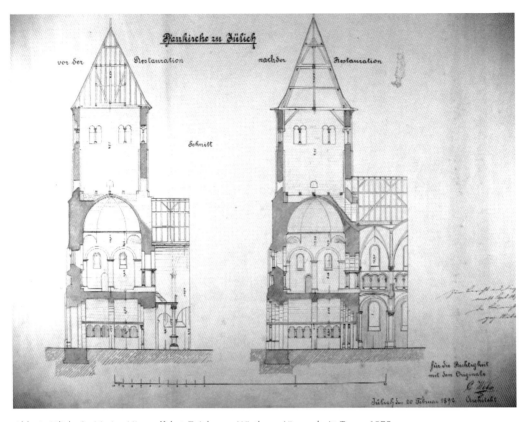

Abb. 3: Jülich, St. Mariae Himmelfahrt, Zeichnung Wiethase, Längsschnitt Turm, 1875.

erhalten geblieben ist. Der massive rechteckige Einturm war ursprünglich direkt vor der Westfassade der romanischen und neuromanischen Basilika postiert und wurde erst beim Neubau in den 1950er Jahren durch die Verlängerung des letzten Langhausjoches in dieses eingezogen. Mit fast quadratischem Grundriss erhebt sich der Turm heute viergeschossig über einer zweijochigen Turmhalle und einer darüber befindlichen, überkuppelten Turmkapelle (Abb. 2). Die beiden oberen Turmgeschosse stammen vollständig aus der Neubauplanung von 1950 und sollen in meinen Ausführungen unberücksichtigt bleiben. Obwohl, wie bereits erwähnt, die beiden unteren Geschosse des Turmes mit Vorhalle und Kapelle in ihrer Disposition und Formgebung dem 12. Jahrhundert zuzuordnen sind, haben auch diese Baupartien Restaurierungen, Zerstörungen und Wiederaufbauten erfahren.

Von 1875 bis 1878 wurde im Zuge des Langhaus-Neubaus unter dem damaligen Kölner Architekten Johann Heinrich Wiethase auch der Westteil der Kirche restauriert bzw. »wiederhergestellt«. Wiethases Maßnahmen am Westbau bezogen sich zunächst vor allem auf die östlichen Anschluss-Stellen von Turmvorhalle und -kapelle an das neu hochgezogene Langhaus (Abb. 3). Die Erschließung der Turmkapelle vom Langhaus aus gewährleistete Wiethase durch den Einbau von Treppenaufgängen in den verdickten westlichen Seitenschiffwänden. Das östliche Stufenportal der Vorhalle wurde wieder freigelegt und erneuert. Der teilweise noch aus niedrigeren romanischen Säulen bestehende Unterbau der Westempore wurde entfernt und durch zwei höhere neuromanische Säulen ersetzt. Weiterhin behielt Wiethase die Öffnung der östlichen Wand der Turmkapelle in einem großen Bogen mit jeweils zwei kleinen, seitlichen Wandsäulchen zum Langhaus hin bei.[3] In dem Plan Wiethases mit dem Längsschnitt der Kirche ist auf der Zeichnung »vor der Restauration« eine kleine Leiter von der Westempore zum Kapellenbogen führend eingezeichnet, die belegt, dass hier bereits vor dem Neubau eine direkte Verbindung zwischen Turmkapelle und Empore bestanden hat (Abb. 3).[4] Eine Entwurfszeichnung Wiethases mit einem Querschnitt des Langhauses nach Westen von 1875 zeigt wiederum, wie der Architekt diese romanische Öffnung der Turmkapelle zum Langhaus übernahm und ihr eine neuromanische Empore auf einer Doppelarkatur mit Bogenbrüstung vorgestellt hat (Abb. 4).[5]

Das Westportal des Turmes, das wohl, wie eine Bauaufnahme-Zeichnung im Denkmälerinventar von 1902 verdeutlicht, durch die Einfügung einer schmaleren Türe seit dem Barock vermauert war,[6] wurde freigelegt und restauriert; die vorgefundene romanische Bauornamentik, wie Gewändesäulen und Archivoltenköpfe, wurde größtenteils rekonstruiert.[7] Im Inneren der Turmhalle entdeckte Wiethase eine dekorative romanische Blendarkatur auf Kalksinter-Säulchen, die sich über alle Wandfelder zog. Auch dieses Gliederungssystem mit Kapitellen, die stilisierte pflanzliche und figürliche Motive aufwiesen, ließ Wiethase »erneuern«, sprich größtenteils durch neue Werkstücke ersetzen.

Ob die Restaurierung der Außengliederung des Westturms noch unter Wiethase oder bereits unter Renard stattfand, ist aus den Bauakten nicht klar ersichtlich.

---

3 Siehe Plan Wiethases vom 20. Februar 1892 (Umzeichnung G. Weber; Abb. 3), zwei Längsschnitte des Westturms mit der Empore und dem Langhausanschluss »vor der Restauration« und »nach der Restauration«; Historisches Archiv der Stadt Köln (im folgenden HAStK), Nachlass Wiethase, 1108, 85/1.

4 Siehe Plan Wiethases (wie Anm. 3); veröffentlicht in: Paul Clemen (Hrsg.): Die Kunstdenkmäler des Kreises Jülich (= Die Kunstdenkmäler der Rheinprovinz, Bd. 8.1), Düsseldorf 1902, S. 103-113, hier: S. 107, Fig. 70.

5 Plan Wiethases vom 15. September 1875, Querschnitt des Langhauses nach Westen, HAStK, Nachlass Wiethase 1108, 85/10.

6 Siehe Denkmälerinventar Jülich 1902 (wie Anm. 4), S. 105, Fig. 69.

7 Es stellt sich die Frage, ob die Restaurierung der Archivoltenköpfe des Westportals erst unter Heinrich Renard 1899 erfolgt ist, da sich ein undatierter Plan des Westportals mit Archivoltenköpfen im Nachlass Heinrich Renards befindet. Der Plan stammt wohl nicht von Renard. Siehe HAStK 1084, 94/102.

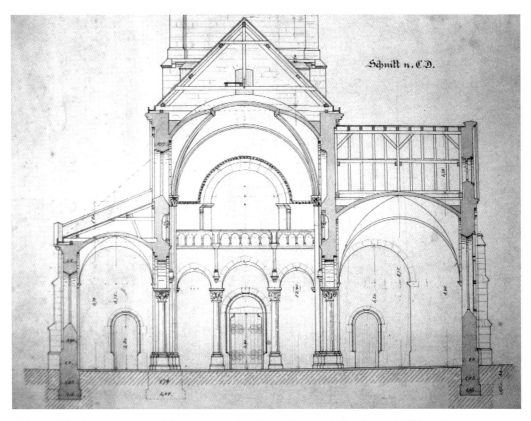

Abb. 4: Jülich, St. Mariae Himmelfahrt, Zeichnung Wiethase, Querschnitt Langhaus mit Blick auf Westempore, 1875.

Eventuell erfolgte diese Maßnahme erst in Verbindung der Turmerweiterung durch Anbauten einer nördlichen Taufkapelle und eines südlichen Treppentürmchens 1899 durch Heinrich Renard.[8] Der Turm erhielt zwei weitere Stockgesimse auf Konsolen einmal zwischen Turmhallen- und Kapellengeschoss und einmal oberhalb des Kapellengeschosses zur Aufnahme einer Umgangsgalerie, die durch das neue Treppentürmchen zu erreichen war.[9]

Als einziger Figurenschmuck am Außenbau des Turms ist neben den Archivolten-Köpfen am Portal die Mariennische oberhalb des Portalscheitels erhalten: gerahmt von einem Weinrankenfries, nimmt sie im Inneren das Halbrelief einer Marienfigur mit Kind auf. Auch diese ursprünglich romanische Nische erhielt eine Überarbeitung am Ende des 19. Jahrhundert; das im Zweiten Weltkrieg beschädigte Marien-

---

8 Siehe Pläne Renards vom Juni 1899, Nachlass Renard, HAStK 1084, 94/ 92-94.
9 Mainzer datiert diese Maßnahme bereits auf 1880, dies lässt sich jedoch aufgrund der Bauakten nicht verifizieren, siehe Mainzer 1999 (wie Anm. 1), S. 13.

Abb. 5: Jülich, St. Mariae Himmelfahrt, Westturm nach Teileinsturz 1951.

relief wurde 1991 bei der Außenrenovierung des Turms durch ein Steingussimitat ersetzt.[10] Der in der Nordwand des Turms im Untergeschoss eingemauerte, wohl römische Dekorstein mit vegetabiler Ornamentik, ist heute stark korrodiert und lässt die Motivik kaum noch erkennen.

Eine starke Zerstörung erfuhr die Kirche Mariae Himmelfahrt im Zweiten Weltkrieg am 16. November 1944, von der auch der Westturm im Turmhelm und an seiner Ostseite betroffen war (Abb. 5). Es waren jedoch vor allem die Neubaumaßnahmen ab 1951, der Abriss der stützenden Langhauswände, der schließlich zum Teilabsturz der östlichen Turmkapellenhälfte führte. Wände, Gewölbeteile und Gliederungselemente wurden in der schlichten Formensprache der 50er Jahre »wiederhergestellt«.

Bevor ich auf die romanische Bauornamentik am Westturm der Jülicher Kirche im Einzelnen eingehe, will ich kurz den Status quo zusammenfassen und daraus hervorgehend die Problem- und Fragestellung formulieren.

Der Westturm der Jülicher Kirche ist der im Kern einzige erhaltene Bauteil der romanischen Anlage aus dem 12. Jahrhundert. An den beiden Turmportalen, in der Turmhalle sowie in der Turmkapelle findet sich Bauornamentik mit romanischen figürlichen und pflanzlichen Motiven, die vor allem auf die Portalzonen und die Kapitellflächen konzentriert ist. Da aus den Bauakten des späten 19. Jahrhunderts hervorgeht, dass ein Großteil dieser Bauornamentik restauriert bzw. ergänzt worden ist und Bearbeitungsspuren an den Werkstücken selbst auch auf diesen Tatbestand hindeuten, müssen wir davon ausgehen, dass die heute vorliegenden

---

10 Siehe Denkmälerinventar Jülich 1902 (wie Anm. 4), S. 106 und Marcell Perse, Rezension über Mainzer 1999 (wie Anm. 1), in: Jülicher Geschichtsblätter, Bd. 69-71, 2001-2003 (2004), S. 480-488.

Abb. 6: Jülich, St. Mariae Himmelfahrt, Westportal.

Dekorationselemente hauptsächlich aus dem 19. Jahrhundert bzw. einer noch späteren Überarbeitungsphase stammen. Dennoch kann, aufgrund neuerer Untersuchungen zum Rezeptionsverfahren von romanischer Bauornamentik im 19. Jahrhundert,[11] generell angenommen werden, dass die Restaurierungen historistischer Bauwerke sich grundsätzlich auf das bereits vorhandene mittelalterliche Material bezogen haben. So liegen auch am Jülicher Westturm zumindest romanische Motive vor, aus denen man Rückschlüsse auf die regionale und zeitliche Stilstufe der Bauornamentik sowie ihre ursprüngliche Symbolik ziehen kann.

Erfassung und Beschreibung der Bauornamentik am Westturm

Marienrelief
Über dem Scheitelpunkt des Hauptportals befindet sich oberhalb des ersten Stockgesimses eine Bogennische, die ein Marienrelief aufnimmt (Abb. 7). Die Rahmung der Nische aus rotem Rursandstein aus der Eifel ist mit einem Weinrankenfries ver-

---

11 Siehe Stefanie Lieb, Der Rezeptionsprozeß in der neuromanischen Architektur. Studien zur Rezeption von romanischen Einzelformen in restaurierter romanischer und neuromanischer Architektur (= Kölner Architekturstudien, Bd. 82), Köln 2005.

sehen. Sie nimmt das Relief aus hellerem Stein (heute Gussstein) auf, das eine stehende Marienhalbfigur mit vor ihr positioniertem Christuskind zeigt, überfangen von einer Blendarkatur auf kleinen Säulchen. Obwohl dieses Marienbild mehrere Beschädigungen und Restaurierungen im 19. und 20. Jahrhundert erfahren hat (wie zuletzt 1991 die Auswechslung durch eine ergänzte Gusssteinkopie; das ausgebaute »Original« befindet sich im Besitz der Propstei-Pfarrgemeinde), legen Anbringungsort, romanisierende Motivik und Formgebung einen ursprünglichen Vorgänger des 12. Jahrhunderts nahe. Als prominentes vergleichbares Beispiel einer Patroziniendarstellung am Außenbau sei das Cäcilientympanon der Kölner Stiftskirche St. Cäcilien aus der Zeit um 1170 angeführt.

Außenportal

Das Außenportal des Turms und Hauptportal der Kirche, das bei den Umbauten im 18. Jahrhundert vermauert worden war,[12] wurde 1878 unter Johann Heinrich Wiethase wieder freigelegt. Zu Tage kam ein romanisches zweistufiges Säulenportal mit je einer eingestellten Säule im Gewände und in den Archivolten, die mit Kopfskulpturen und Kerbschnittfries geschmückt waren (Abb. 6). Die 1878 freigelegten Gewändesäulen sowie die Archivoltenskulpturen waren aber wahrscheinlich in einem dermaßen schlechten Zustand (bei Vermauerung und anschließender Freilegung durchaus denkbar!), dass man sich für eine Auswechslung und Neuanfertigung entschied. Die Portalsäulen tragen heute zwei Kapitelle aus dem Jahr 1878, wie es unschwer die Initialen »A.D.« für »Anno Domini« auf dem angestoßenen nördlichen Kapitell und die Jahreszahl »1878« auf dem südlichen Kapitell erkennen lassen (Abb. 8, 9). Es handelt sich um Würfelkapitelle mit Schildbögen aus hellgelbem Sandstein, deren Abakus mit einem Kugelfries versehen ist; der Kämpfer zeigt einen scharf geschnittenen Blattspitzenfries. Die Schäfte der Stützen bestehen aus dunkler Basaltlava, die attischen Basen mit flacher Eckzier sind aus rotem Rursandstein und ebenfalls dem 19. Jahrhundert zuzurechnen. Bei der Motivauswahl, wie den kerbschnittartigen Blattformen sowie dem charakteristischen Kugelfries, hat sich Wiethase an den erhaltenen romanischen Gesims- und Kapitellformen im Inneren der Turmhalle orientiert.

Die heute auf dem Portalbogen zu sehenden fünfzehn bärtigen Männerköpfe, die nach Udo Mainzer von der Forschung bislang »keine schlüssige Deutung erfahren« haben,[13] geben tatsächlich Rätsel auf, dennoch sei hiermit der Versuch einer stilistischen und ikonographischen Einordnung gemacht. Zunächst einige Angaben zur Datierung: bei den vorliegenden Werkstücken handelt es sich ausschließlich

---

12 Siehe die Zeichnung einer Turmansicht mit vermauertem Portal in: Denkmälerinventar Jülich 1902 (wie Anm. 4), S. 105, Fig. 69.
13 Mainzer 1999 (wie Anm. 1), S. 3.

um Arbeiten des 19. Jahrhunderts, darauf verweisen die ausgewechselten Archivoltensteine im Bogenverlauf sowie die Physiognomik, Haar- bzw. Barttracht und Kopfbedeckung der Kopfkonsolen. So trägt z. B. der dritte Kopf von Norden einen Kurfürstenhut, den es im 12. Jahrhundert noch nicht gegeben haben kann; und der Männerkopf im Bogenscheitel ist mit einem lockigen Backenbart in der Mode des 19. Jahrhunderts ausgestattet (Abb. 10). Trotz dieser »modischen« Details lassen sich diese Kopfskulpturen sicherlich auf romanische Vorgänger zurück-

Abb. 7: Jülich, St. Mariae Himmelfahrt, Marienrelief der Turmwestfassade.

führen. Denn erstens hat sich noch ein bärtiger Originalkopf mit Krone aus dem 12. Jahrhundert im Inneren der Turmhalle erhalten, der immerhin belegt, dass die mittelalterlichen Steinmetzen dieses Motiv in der Jülicher Kirche eingesetzt haben, und zweitens hat die Anbringung von menschlichen Kopfskulpturen am westlichen Außenbau einer Kirche in der Romanik eine lange und durchaus übliche Tradition. Am heutigen Portal erkennt man u. a. junge und alte Männerköpfe, mit und ohne Bart, die teilweise eine Kopfbedeckung tragen wie eine Krone, einen Kurfürstenhut, einen Helm oder eine schleierartige Kapuze. Architekten und Bildhauer des 19. Jahrhunderts arbeiteten hier mit der Tradition der Romanik, nicht Porträts, sondern Personifikationen unterschiedlicher Stände wie König, Kurfürst, Soldat und Geistlicher (Priester, Mönch) darzustellen, modifizierten sie jedoch in der ihnen geläufigen Formensprache und Vorstellung vom Mittelalter. Die unterschiedlichen Stände der mittelalterlichen Gesellschaft sollten den Gläubigen beim Betreten der Pfarrkirche durch das Hauptportal in Empfang nehmen; gleichzeitig haben die Köpfe apotropäische Funktion, d.h., sie dienen als Dekorelemente der Westfassade, die nach mittelalterlicher Vorstellung durch ihre Blicke das Böse zu bannen vermögen. Im Stadtarchiv in Köln hat sich im Nachlass des Architekten Heinrich Renard ein undatierter und unsignierter Plan mit einer Zeichnung des Westportals erhalten, auf der auch die Archivoltenköpfe – allerdings in Abweichung zum heutigen Zustand – wiedergegeben sind (Abb. 11).[14] Auf der Zeichnung ist die Anbringung unregelmäßiger dargestellt, mit fünf Köpfen auf der linken und

Abb. 8: Jülich, St. Mariae Himmelfahrt, Westportal, Kapitell der nördlichen Gewändesäule.   *Abb. 9: Jülich, St. Mariae Himmelfahrt, Westportal, Kapitell der südlichen Gewändesäule.*

sechs Köpfen auf der rechten Seite. Die untere Archivolte trägt drei Köpfe, aber zudem zwei Abbruchstellen, die auf weitere ursprüngliche Skulpturen verweisen. Weiterhin stimmen die Bartformen und Kopfbedeckungen nicht mit dem jetzigen Zustand überein. Eventuell liegt hier ein Plan vor, der den früheren, vielleicht mittelalterlichen Befund nach der Freilegung und vor der Restaurierung des Westportals dokumentiert – allerdings in eher skizzenhafter Qualität.

Vorhalle

Hinter dem Westportal öffnet sich die tonnengewölbte Vorhalle in zwei Jochen, deren Nord- und Südwand jeweils mit zwei Viererblendarkaden über einer hohen Sockelzone gegliedert sind (Abb. 12). Über der Blendarkatur mit Säulchen aus Kalksinterschäften und ornamentierten Würfelkapitellen verläuft ein Gesims aus rotem Sandstein, das auf der Nordseite zunächst einen Kugelfries aufweist, der dann aber ab dem zweiten Joch in eine mehrfache Profilierung übergeht. Die insgesamt sechzehn Säulen der Wandgliederung bestehen jeweils aus einer Rotsandstein-Basis mit Eckzier, einem beige-gelben polierten Kalksinterschaft sowie einem

---

14 Siehe Plan des Westportals im Nachlass Renards, undatiert, unsigniert, HAStK 1084, 94/102.

Würfelkapitell, ebenfalls aus Kalksinter,[15] mit variierenden Ornamentmotiven. Auffällig ist, dass alle Werksteine der Säulen exakt die gleichen Maße aufweisen (Höhe: Basen: 16 cm, Schäfte: 52 cm, Kapitelle: 19 cm) und sie damit als moderne Serienanfertigung des 19. Jahrhunderts und nicht als mittelalterliche Steinmetzarbeiten einzuordnen sind. Die Kapitelle weisen zwei Grundformen auf: das Würfelkapitell mit Schildbögen und das Kelchblock-Kapitell. Die figürlichen und vegetabilen Motive der Kapitellornamentik variieren zwischen Eckblatt- und Blattkranzkompositionen, Weinranken-

▸ Abb. 10: Jülich, St. Mariae Himmelfahrt, Westportal, Kopfskulptur mit Backenbart.
▾ Abb. 11: Jülich, St. Mariae Himmelfahrt, Zeichnung im Nachlass Heinrich Renards, Westportal (Ausschnitt).

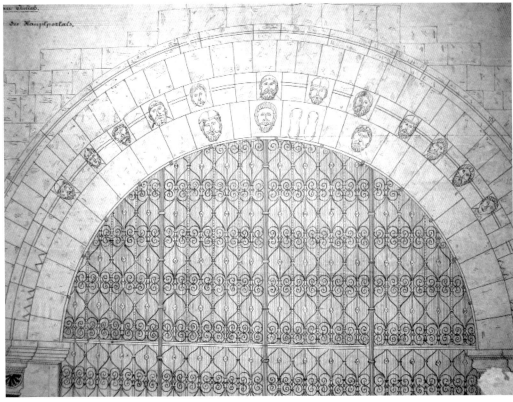

---

15 Vgl. Heinz Günter Horn (Hrsg.), Die Römer in Nordrhein-Westfalen, Stuttgart 1987, S. 452. Grewes Angabe dort, dass auch die Basen aus Kalksinter seien, ist allerdings falsch; sie bestehen aus rotem Rursandstein aus der Eifel.

Abb. 12: Jülich, St. Mariae Himmelfahrt, Turmvorhalle.

und Blumenmotiven sowie bärtigen Männerköpfen (Abb. 13-17). Die Nähe der Kapitellköpfe zu den Archivoltenköpfen des Westportals in Motivik und Ausarbeitung ist augenfällig, sodass von einem gemeinsamen Herstellungszeitraum um 1878 und derselben Steinmetzwerkstatt ausgegangen werden kann. Im Stil der Motivgestaltung kann man weiterhin in zwei Gruppen von Kapitellen unterscheiden: Zum einen die Kapitelle mit kerbschnittartig scharf konturierten Blattformen und zum anderen die mit weich modulierten Blüten, Weinranken und Blättern. Auch bei der Abakus- bzw. Kämpferausbildung gibt es zwei unterschiedliche Typen: die hohe, leicht eingeschwungene Abakusplatte mit darüber ansetzendem Kämpfer und das Kapitell mit nur schmalem Abakus und ohne Kämpferplatte.

Innenportal

Das Innenportal der Vorhalle zur Kirche hin, dessen ursprüngliche Öffnung wie beim Außenportal größer war, wurde wahrscheinlich auch in barocker Zeit zugesetzt. Bei der Restaurierung Wiethases erfolgte lediglich die Freilegung von Gewände und Archivolten, die innere Bogen- und Tympanonfüllung blieb erhalten. Ähnlich wie am Außenportal liegen auch hier zwei eingestellte Säulen im

Abb. 13: Jülich, St. Mariae Himmelfahrt, Turmvorhalle, Eckblatt-Kapitell.

Abb. 14: Jülich, St. Mariae Himmelfahrt, Turmvorhalle, Blattkranz-Kapitell.

Abb. 15: Jülich, St. Mariae Himmelfahrt, Turmvorhalle, Blumen-Kapitell.

Abb. 16: Jülich, St. Mariae Himmelfahrt, Turmvorhalle, Weinranken-Kapitell.

Abb. 17: Jülich, St. Mariae Himmelfahrt, Turmvorhalle, Männerkopf-Kapitell.

Abb. 18: Jülich, St. Mariae Himmelfahrt, Turmvorhalle, Innenportal, Kapitell des nördlichen Gewändes.

Gewände vor, die Archivolten sind jedoch bis auf einen außen umlaufenden Diamantfries und einen eingebetteten Wulst im inneren Bogen ungeschmückt. Die beiden Gewändesäulen bestehen aus einer Basis mit Eckzier (Rotsandstein), einem 162 cm hohen Kalksinterschaft sowie Kapitellen aus hellem Kalkstein (Kalksinter?). Die recht grob gearbeitete Ornamentik der Würfelkapitelle mit Schildbögen zeigt stilisierte pflanzliche Motive wie eine sternförmige Blüte auf der Stirnseite, Palmetten oberhalb des Halsrings, einen Kugelfries auf dem Abakus und kleine Blattspitzen auf dem Kämpfer (Abb. 18).

Kapelle

Die Turmkapelle im Obergeschoss besitzt trotz der starken Zerstörung 1952 im Ostteil nach wie vor im Westen die mittelalterliche Wandgliederung mit Ecksäulen und Wandpfeilern, die Blendbögen tragen. Dieses System wurde an der Ostseite der Turmkapelle rekonstruiert, ebenso wurde das achtseitige Klostergewölbe auf Trompen in der romanischen Fassung wiederhergestellt. Die beiden niedrigen Ecksäulen an der Westwand, die ursprünglich ihr Pendant an der Ostwand hatten, bestehen aus rotsandsteinigen Basen und Schäften, die Kapitellkörper sind aus einem hellen Kalkstein (oder Kalksinter) gefertigt (Abb. 19). Auffällig ist, dass der Halsring bei beiden Kapitellen abgearbeitet wurde – zu welchem Zeitpunkt und für welchen Zweck ist unklar. Die Würfelkapitelle mit Schildbögen sind im Nor-

▸ Abb. 19: Jülich, St. Mariae Himmelfahrt, Turmkapelle, Säule der SW-Ecke.

den mit einer Eckblattgliederung versehen (wie ein Kapitell in der Vorhalle), im Süden liegt die bereits an den Portalen und in der Vorhalle aufgetretene sternförmige Blüte auf der Kapitellstirnseite vor. Die hohen Kapitell-Kämpfer aus rotem Rursandstein weisen ein steigendes Karniesprofil auf, das an den Wandpfeiler-Kämpfern wiederkehrt.

Unterscheidung zwischen Werkstücken des 12. und 19. Jahrhunderts

Nach der Beschreibung der heute vorliegenden Bauornamentik des Jülicher Westturms drängt sich natürlich jetzt die Frage auf, ob noch originale romanische Werkstücke erhalten sind und wenn ja, wie sie sich von den im 19. Jahrhundert ersetzten Arbeiten unterscheiden lassen. Zunächst sei auf die wenigen erhaltenen Quellen des 19. und frühen 20. Jahrhunderts verwiesen, so z. B. das Denkmälerinventar von 1902, in dem erwähnt wird, dass die in der Turmvorhalle vorliegende »Gliederung von je drei kurzen Arkaden mit ornamentierten Bogen, Blattkapitälchen und Sinthersäulchen, grossenteils erneuert« worden sind.[16] Interessant ist hier der Vermerk, dass die Blendarkadenbögen der Vorhalle anscheinend um 1900 noch eine Ornamentierung zeigten, die heute nicht mehr vorhanden ist. Weiterhin wird im Denkmälerinventar das Westportal angeführt, das »eine Reihe unregelmäßig verteilter, jetzt erneuerter Köpfe auf den einzelnen Bogensteinen« zeigt.[17] Die während der Restaurierung 1878 ausgebauten zwei niedrigen romanischen Säulen aus dem westlichen Joch des Langhauses besaßen Würfelkapitelle mit Weinranken-Kämpfern. Diese romanischen Stützen wurden nach ihrem Ausbau vor der Kirche und auf einem Platz vor der Jülicher Zitadelle aufgestellt;[18] beide gelten heute als verschollen. Ein Hinweis über das Aussehen dieser romanischen Kapitel-

---

16 Denkmälerinventar Jülich 1902 (wie Anm. 4), S. 106.
17 Denkmälerinventar Jülich 1902 (wie Anm. 4), S. 105.

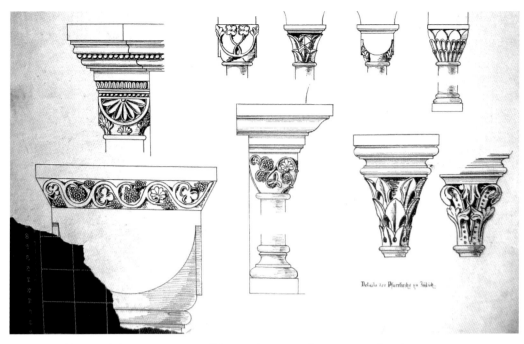

Abb. 20: Jülich, St. Mariae Himmelfahrt, Zeichnung Wiethase mit Kapitellen des Turms.

le bietet jedoch eine Planzeichnung Wiethases von 1875, auf der er die frühgotischen Chor-Kapitelle sowie die romanischen Kapitelle des Turms festgehalten hat (Abb. 20). Das abgebildete Würfelkapitell aus dem westlichen Langhausjoch zeigt auf seinem Kämpfer einen Weinrankenfries, der in ähnlicher Ausführung in der Nischenrahmung des Marienreliefs sowie auch an einem Vorhallen-Kapitell auftritt. Auch wenn die Reliefrahmung und das Kapitell in der Turmhalle im Zuge der Restaurierung 1878 ersetzt worden sind, findet sich über das bei Wiethase festgehaltene romanische Würfelkapitell zumindest der Beleg, dass das Weinranken-Motiv an den ursprünglichen romanischen Werkstücken in Jülich vorgekommen ist. Die weiteren auf der Zeichnung von Wiethase dargestellten romanischen Kapitelle des Turmes zeigen ein Sternblüten-Kapitell des Innenportals, zwei Würfelkapitelle mit Schildbögen und einem Blütenstengel- bzw. Eckblattmotiv sowie zwei Kelchblock-Kapitelle mit gezackten Blattzungenkränzen. Alle gezeichneten Kapi-

---

18 Denkmälerinventar Jülich 1902 (wie Anm. 4), S. 106. Eine der beiden Säulen stand bis 1944 auf der Nordseite des Kirchplatzes an der Stiftsherrenstraße, die andere wurde möglicherweise 1929 von ihrem Platz an der Zitadelle auf den südlichen Kirchplatz geholt und mit einer Marienfigur geschmückt, die ebenfalls bis 1944 dort stand. Auf einem Foto dieser Säule (Uwe Cormann, Der Marienbrunnen auf dem Kirchplatz vor der Propstei-Pfarrkirche St. Mariä Himmelfahrt in Jülich, Jülich 2005, S. 12) ist das romanische Kapitell sehr gut zu erkennen, nicht aber der Weinranken-Kämpfer.

▲ Abb. 21: Köln, St. Gereon, Kapitell der Zwerggalerie.

▶ Abb. 22: Jülich, St. Mariae Himmelfahrt, Turmvorhalle, Innenportal, Diamantfries.

telltypen und Motive erscheinen neben anderen auch bei den ausgeführten Werkstücken in der Vorhalle und der Turmkapelle. Dennoch bleibt unklar, ob Wiethase in seiner Zeichnung 1875 die erhaltenen romanischen Kapitelle des Turms festgehalten oder hier bereits neue Entwürfe für die auszuwechselnden Werkstücke ausgearbeitet hat.

Eine genauere Analyse der Werkstücke vor Ort im Hinblick auf Bearbeitungsspuren und Motivkonzeption ermöglicht auch nur eine grobe Aufteilung in mittelalterliche und historistische Arbeiten. An fast allen Säulenbasen in Turmhalle und -kapelle finden sich, wenn überhaupt durch die Übertünchung noch erkennbar, regelmäßige Scharriereisenspuren, die ein Beleg für eine Anfertigung im 19. Jahrhundert sind. Eine unregelmäßigere Motivkonzeption, die ein Indiz für eine mittelalterliche Steinmetzarbeit ist, weisen vor allem die zwei Säulen an der Westwand der Turmkapelle auf sowie die zwei Portalsäulen in der Turmhalle. Deren kerbschnittartiger Struktur wären weiterhin vier vegetabile Säulenkapitelle der Turmhalle zuzuordnen. Eine eindeutige Formgebung des 19. Jahrhunderts liegt bei den figürlichen Motiven, wie den Kapitellen mit Männerköpfen in der Turmhalle vor, ihre Physiognomie entspricht nicht dem romanischen Konzept, wie wir es z. B. an einem Kapitell in Groß St. Martin in Köln vorliegen haben.

Eine Zusammenschau der Analyse ergibt Folgendes: die zwei Kapitelle der Turmkapelle und die zwei Kapitelle des Innenportals der Vorhalle sind romanisch; die

◂ Abb. 23: Maastricht, Bonnefanten-Museum, Diamantfries.

▸ Abb. 24: Jülich, St. Mariae Himmelfahrt, Westportal.

sechzehn Kapitellchen der Vorhallensäulen sind alle Arbeiten von 1878, jedoch nach vorliegenden mittelalterlichen Werkstücken bzw. anderen romanischen Vorbildern aus der näheren und weiteren Umgebung gearbeitet. Der bekrönte Männerkopf in der Vorhalle ist eine romanische Skulptur, während die fünfzehn Männerköpfe an den Archivolten des Hauptportals alle im 19. Jahrhundert ersetzt worden sind.

Einordnung der Bauornamentik

Für eine stilistische und damit zeitliche Einordnung der Jülicher Bauornamentik des Westturms nennt Udo Mainzer als Vergleichsbeispiele die Kapitelle der Doppelkapelle von Schwarzrheindorf, des Bonner Münsterkreuzganges, der Ostapsis von St. Gereon in Köln und des Nordchors von Groß St. Martin in Köln, die alle um 1150 datiert werden.[19] Tatsächlich finden sich einige Parallelen in der Ausbildung der Kapitelltypen und Ornamentmotive: so z. B. das Würfelkapitell mit Schildbögen und Eckblättern und das Kapitell mit hängenden Blattstengeln, die etwas abgewandelt in Schwarzrheindorf und Bonn anzutreffen sind[20] oder das Kapitell mit drei hohlförmigen Blattkränzen, das in ähnlicher Form in St. Gereon vorliegt (Abb. 14, 21). Es lassen sich darüber hinaus jedoch weitere Vergleichsbauten des Maasgebietes heranziehen, so vor allem Maastricht und Tongeren. Im Maastrichter Bonnefantenmuseum existiert im Lapidarium ein Kapitell vom Ostturm der Liebfrauenkirche, das mit seinen weich modellierten Palmettenfächern auf den Kanten sehr einem Jülicher Vorhallenkapitell ähnelt.[21] Ebenso gibt es Parallelen zu dem am Jülicher Innenportal auftretenden Diamantfries in Maastricht und Tongeren;[22] einem Motiv, das in der Region in der Mitte des 12. Jahrhundert weit verbreitet ist (Abb. 22, 23). Neben diesen benachbarten Einflüssen gilt es jedoch auch, romanische Vorbilder entfernterer Gegenden zu erwähnen, die die Jülicher Bauornamentik beeinflusst haben. So ist die Kombination von geometrischen Friesornamenten mit menschlichen Kopfskulpturen wie am Hauptportal ein Motiven-

---

19 Mainzer 1999 (wie Anm. 1), S. 5.
20 Siehe Gert Ressel, Schwarzrheindorf und die frühstaufische Kapitellplastik am Niederrhein, Köln 1977, S. 122, 155.
21 Siehe Elizabeth den Hartog, Romanesque Sculpture in Maastricht. Bonnefantenmuseum, Maastricht 2002, S. 104, Abb. 106.
22 Den Hartog 2002 (wie Anm. 21), S. 316, Abb. 312, 313.

semble, das besonders im angelsächsisch-normannischen Raum häufig vorkommt; als Beispiel sei hier angeführt das Kirchenportal im irischen Dysert O'Dea (Abb. 24, 25). Wie allerdings diese Einflussnahme im Nachhinein zu erklären ist, sei dahingestellt. Mit berücksichtigen muss man jedoch, dass natürlich auch eine Vorliebe des restaurierenden Architekten Wiethase für die normannische Bauornamentik eine Rolle gespielt haben kann. Dieses ließ sich jedoch auch nicht durch Vergleiche mit weiteren neuromanischen Kirchenbauten Wiethases erhärten.[23]
Dennoch reichen die Motiv- und Stilparallelen der Kapitellornamentik zwischen Jülich, Schwarzrheindorf, Bonn, Köln, Maastricht und Tongeren aus, um eine relative Datierung der Jülicher Bauornamentik auf die Zeit um 1150 zu untermauern.

Die Bedeutung der Bauornamentik am Westturm
Abschließend sei die Überlegung angestellt, warum die zwei unteren Geschosse des romanischen Westturms in Jülich mit einem recht aufwändigen Bauornamentik-Programm geschmückt worden sind und ob sich darüber Rückschlüsse auf mittelalterliche Nutzungstraditionen der Räume ziehen lassen. Romanische westliche Eintürme mit Turmkapellen im Obergeschoss sind bei Pfarrkirchen im Jülicher Raum und darüber hinaus in der Kölner Region weit verbreitet. Georg Wilhelm Holzinger hat bereits 1962 die stattliche Anzahl von 41 Beispielen romanischer Turmkapellen im alten Erzbistum Köln zusammengetragen und untersucht.[24] Als Hauptfunktionen dieser zwischen 1130 bis 1180 entstandenen Obergeschossanlagen führt er folgende fünf Punkte an: die Nutzung als Privatkapelle, als Herrschaftssitz, als Ort des Michaelskultes, der Rechtssprechung und als Zufluchtsstätte.[25] Für die Jülicher Turmkapelle mit ihrer großen östlichen Öffnung zum Langhaus und der repräsentativen Einwölbung mit einer achtseitigen Kuppel ist eine Verwendung als Privatkapelle und Herrschaftsempore des Jülicher Grafen denkbar, eine mittelalterliche Altarstellung ist anzunehmen, jedoch nicht eindeutig nachgewiesen.[26] Auch die reiche Wandgliederung mit den ornamentierten Eckkapitellen kennzeichnen den erhöht gelegenen Raum als besonderen liturgischen sowie herrschaftlichen Ort.
Die darunter gelegene Vorhalle mit ihren zwei Portalen, die den Haupteingangsraum zum Kirchenschiff darstellt, ist ebenso durch Dekorationselemente wie die Portalskulptur sowie die an den Wänden befindlichen Blendarkaden auf Kalksin-

---

23 Siehe Walter Marquaß, Heinrich Johann Wiethase (1833-1893). Privatbaumeister in Köln, Diss. Aachen 1980.
24 Georg Wilhelm Holzinger, Romanische Turmkapellen in Westtürmen überwiegend ländlicher Kirchen im südlichen Teil des alten Erzbistums Köln, Diss. Aachen 1962.
25 Holzinger 1962 (wie Anm. 24), S. 122.
26 Vgl. Mainzer 1999 (wie Anm. 1), S. 5; Octavia Zanger, Baudenkmäler in der Stadt Jülich, Jülich 1989, S. 72-74.

tersäulchen als ein besonderer Raum innerhalb der Kirche markiert. Ob diese Vorhalle tatsächlich als Gerichtssaal oder Versammlungsort einer mittelalterlichen Kommunalverwaltung genutzt wurde, wie es Mainzer in Erwägung zieht,[27] kann nicht nachgewiesen werden. Auch das Programm der Bauornamentik ist hier in seiner symbolischen Aussagekraft zu allgemein, um auf diese speziellen Funktionsbezüge hinzuweisen. Die fünfzehn Männerköpfe am Außenportal, die neben ihrer apotropäischen Funktion, das Böse am Kircheneingang zu bannen, auch noch die unterschiedlichen mittelalterlichen Stände (König, Ritter, Priester, Bauer) symbolisiert haben können, sind mehr in ihrer allgemeinen Bedeutung als Gesamtschau der mittelalterlichen Gesell-

Abb. 25: Irland, Dysert O'Dea, Portal mit Kopfskulpturen.

schaft, denn als eine bestimmte Gemeinschaft zu lesen. Demzufolge werden hier keine Aussagen bezüglich einer spezifischen Nutzung der Vorhalle angegeben.
Trotz dieser eher ernüchternden Auswertung der Bedeutung der vorliegenden Bauornamentik kann man dennoch abschließend resümieren, dass mit dem erhaltenen und restaurierten Bestand von Turmhalle und -kapelle in der Jülicher Kirche St. Mariae Himmelfahrt ein in Grundzügen frühstaufisches Raumensemble vorliegt, dessen reiche Ausstattung mit Bauornamentik es als ein besonderes kirchliches sowie herrschaftssymbolisches Kleinod auszeichnet.

---

27 Mainzer 1999 (wie Anm. 1), S. 4.

Glossar

Abakus, obere Platte auf dem Säulenkapitell

Archivolte, rund profilierter Vorderbogen

Basis, siehe Säule

Diamantfries, mit kleinen facettierten Steinen verzierter Fries

Kalksinter, aus kalkhaltigem Wasser »ausgesinterter« Kalkstein mit sehr feinkörniger Konsistenz

Kämpfer, oberste meist vorspringende Platte einer Säule

Kapitell, siehe Säule

Karniesprofil, Leiste oder Gesims mit s-förmigem Querschnitt

Klostergewölbe, direkt auf den Mauern aufsitzende gekrümmte Flächen, die durch Grate getrennt sind (konstruktiv gleich einer Kuppel)

Säule, aus Basis, Schaft und Kapitell bestehende senkrechte zylindrische Baustütze

Scharriereisen, Steinmetzwerkzeug zur Oberflächenbearbeitung von Werksteinen

Schildbogen, bogenförmiger Abschluss, der sich an der Stelle ergibt, wo ein Tonnengewölbe mit der Wölbung auf eine Mauer auftrifft

Trompe, Kehle in Form eines nach unten geöffneten Trichters

Abbildungsnachweis: Archiv der Abt. Architekturgeschichte, Uni Köln: 21, 25; Norbert Bartz/Marcell Perse: 1; Den Hartog 2002 (wie Anm. 21): 23; HAStK: 3, 4, 11, 20; LVR, Rheinisches Amt für Denkmalpflege, Pulheim-Brauweiler: 2, 24; Verf.: 6-10, 12-19, 22, Zanger 1989 (wie Anm. 26): 5.

Kirchenbauten im Jülicher Land (VI)

◂ Abb. 1: Blick auf Westturm und südliches Seitenschiff der Kirche St. Urbanus in Titz-Mündt.

Uwe Cormann

Die katholische Pfarrkirche St. Urbanus in Mündt

Die Lage des Ortes

Im Nordosten des Jülicher Landes, am Rande des Kreises Düren, befindet sich der kaum beachtete Weiler Mündt, der manchmal mit dem nur 7 km entfernten Dorf Müntz verwechselt wird. Mündt liegt in der Luftlinie in nordöstlicher Richtung exakt 12,5 km vom Stadtzentrum Jülichs entfernt, etwa 500 m südlich der A44 und der ehemaligen Bundesstraße 1, der heutigen L 241 (Abb. 2 u. 3).[1]

Der Ort befindet sich an der Wasserscheide zwischen dem Rhein im Osten und der Maas im Westen. Der etwa 3,5 km südöstlich von Mündt in Grottenherten entspringende Lipperbach oder Pützbach mündet in die Erft, die zum Wassereinzugsgebiet des Rheins gehört; etwa 2,4 km südwestlich, am Ortsrand von Titz ist die nördliche Quelle des Malefinkbaches, der in die Rur mündet und damit zum Wassereinzugsgebiet der Maas zu zählen ist.[2]

Mit 119 m über NN nimmt Mündt die höchste, rechtsrurige Erhebung im Jülicher Land ein. Die Verkehrsanbindung des Ortes ist recht günstig. Eine Ortsstraße verbindet Mündt über Opherten, das sich in einer Entfernung von 500 m in südlicher Richtung befindet, mit dem Gemeindezentrum Titz. Eine weitere Verbindung führt zur früheren B 1, der heutigen L 241, und zum Hahnerhof und weiter in Richtung Bedburg. Über die L 241 besitzt Mündt in kurzer Entfernung eine gute Anbindung an das Dreieck Jackerath mit den Bundesautobahnen A44 und A61. Im Jahre 1983 wurde die Bundesbahnstrecke Jülich-Hochneukirch-Mönchengladbach stillgelegt, die in Titz, nur 1,5 km von Mündt entfernt, eine Haltestelle hatte.

---

1 Zusammenfassende, grundlegende Aussagen zum Dorf, zur Kirche und zur Pfarre Mündt in: Handbuch des Bistums Aachen, 3. Ausgabe, Mönchengladbach 1994, S. 488.
   Einer Verwechslung der Orte »Mündt« und »Müntz« sucht schon im 15. Jahrhundert der Liber Collatorum vorzubeugen, indem er »Mondo ppe (prope) Tytz« von »Moentz ppe (prope) Hasselt« unterscheidet. (Liber Collatorum Dioecesis Coloniensis saeculi XV, in: Binterim und Mooren, Die Erzdiöcese Köln im Mittelalter, Düsseldorf 1892, Bd. 1, S. 542).
2 Zum Malefinkbach siehe Uwe Cormann, Kirchenbauten im Jülicher Land (V): Die katholische Pfarrkirche St. Gereon in Boslar, in: Jülicher Geschichtsblätter Bd. 69/70/71, 2001/2002/2003 (2004), S. 335-364, hier: S. 337, Anm. 1.
3 http://www.gemeinde-titz.de/start/start.php?datei=orte&auswahl=3&ort=muendt <letzter Zugriff am 09. April 2007>.

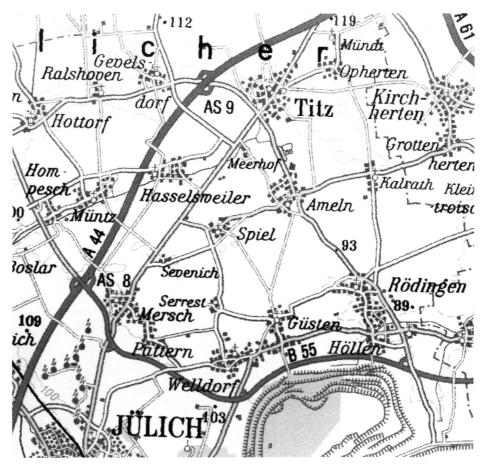

Abb. 2: Kartenausschnitt aus Top 50, Version 4, NRW, Amtliche topographische Karten, Landesvermessung NRW, 2003.

Mündt besteht seit Jahrhunderten nur aus der Kirche und wenigen Wohnhäusern, in denen heute 14 Einwohner in sechs Haushalten leben.[3] Das Dorf entstand im fruchtbaren Jülicher Bördegebiet rechtsrurisch auf der Titzer Lößplatte, die einen Teilbereich der Erft-Scholle einnimmt. Die Lößböden wurden nach der Eiszeit durch die Ausblasungen von feinen Sanden in den Gebieten des zurückweichenden Eises in den Schotterfluren und Flussablagerungen angehäuft.

Der Löß setzt sich aus Feinsand (5 %), Schluff (85 %) und Ton (10 %) zusammen. Der Gemeindebereich von Titz weist mit im Schnitt etwa 12-15 m die mächtigsten Lößschichten der Jülicher Börde auf. Bei Mündt wird gar eine Mächtigkeit von 26 m

---

3 http://www.gemeinde-titz.de/start/start.php?datei=orte&auswahl=3&ort=muendt <letzter Zugriff am 09. April 2007>.

Abb. 3: Luftbild mit Mündt (2), Hahner Hof (3), Opherten (4), und Irmundus-Kreuz (5). Am linken Bildrand ist die A44 und die auf sie zulaufende L 241 (ehemals B1) angeschnitten. Mit 1 markiert ist der Abzweig nach Mündt. Im Hintergrund ist der Tagebau Garzweiler zu erkennen, im Vordergrund ein Teil von Titz.

erreicht.[4] Die besonderen Vorteile des fruchtbaren Lößbodens bestehen in seiner feinporösen Struktur, in die Pflanzenwurzeln ungehindert eindringen können, in der dadurch leichten Bearbeitung des Bodens und in seiner vorzüglichen Fähigkeit, Wasser zu speichern.[5]

Der Ortsname »Mündt«

Zu diesem Thema haben sich schon seit sehr langer Zeit sehr viele Forscher auf vielfältige Weise, aber nur mit mäßigem Erfolg geäußert. Lateinische, keltische und germanische Wortstämme wurden als Grundlagen angedacht – alle ohne gesicherte Belege. Sicher falsch ist eine Ableitung des Namens von dem in der Gegend von

---

4 Editha Limbach-Nassen, 150 Jahre Landkreis Jülich 1816-1966, Düsseldorf 1966, S. 13.
5 Die jährliche Niederschlagsmenge ist im Jülicher Land, das im Regenschattengebiet des Hohen Venns und der Eifel liegt, mit gut 680 ml/m² verhältnismäßig gering (Jülich. Stadtführer, Beschreibung der Jülicher Wanderwege mit allen Sehenswürdigkeiten, Jülich 1998, S. 8). Da der Lößboden die im Winter erhöhte Niederschlagsmenge gut speichern kann, wird der für die Landwirtschaft negative Aspekt des geringen Niederschlages in etwa wieder ausgeglichen; vgl. Herbert Reiners, in: Forschungen zur Deutschen Landesforschung, Bd. 129, Bad Godesberg 1961, S. 8, und Uwe Cormann, Kirchberg (Stadt Jülich). Abriss der Struktur eines Wohnplatzes ländlichen Ursprunges, Aachen 1979 (Ms.), S. 17.

Mündt verehrten hl. Irmundus, wie sie Korth und Kuhl schon fast für selbstverständlich hielten.[6] Eine umfassende Zusammenstellung und kritische Bewertung der über die Jahrhunderte verwendeten Formen des Namens hat zuletzt im Jahre 2003 Kirchhoff gegeben.[7] Er legt sich nicht auf eine Deutung fest, gibt aber viele Belege für die Rückführung des Ortsnamens auf ein keltisch-lateinisches Mundiacum, in dem der Name eines Gutbesitzers stecken könnte. Der Sinn des Wortstammes bleibt aber auch damit unbekannt.

Die Ortsgeschichte
Mündt gleich *Mundiacum*?

Ein antiker Historiker der Völkerwanderungszeit namens Olympiodor berichtet, dass der Burgunderkönig Gundahar – wohl das historische Vorbild des König Gunther aus dem Nibelungenlied – und der Häuptling der Alanen (Alemannen), Goar, in einem Ort Mundiacum am Niederrhein einen Gallier mit Namen Jovinus 411 zum römischen Kaiser ausrufen.[8] Reiner Müller, Kölner Medizin-Professor, geboren in Tetz, Mitglied des Jülicher Geschichtsvereins und an der Heimatgeschichte interessierter »Hobby«-Forscher versuchte als erster, das von Olympiodor genannte Mundiacum mit der Ortschaft Mündt in Verbindung zu bringen.[9] Es könnte sein, dass Jovinus Besitzer einer Villa in der Nähe des heutigen Mündt gewesen ist, das zum Treffpunkt des großen Heerlagers der drei Feldherren ausgewählt wurde, die Jovinus zum Kaiser machten. Dieses große Heerlager könnte auch zu der Sage von der großen Stadt »Munda« geführt haben, die bei Mündt gelegen haben soll.

Mündt – ein Ort der Thidrekssaga, der Sagen um Dietrich von Bern?

Um 1260 entstand in Skandinavien nach deutschen Vorbildern die Thidrekssaga, ein Sagenkreis um Dietrich von Bern. Wie das Nibelungenlied enthält die Thidrekssaga die Sagen um Siegfried und seine Ermordung sowie Kriemhilds Rache.

---

6 Leonhard Korth, Volkstümliches aus dem Kreis Jülich, in: Zeitschrift des Aachener Geschichtsvereins; Bd. 14 (1892), S. 72-130, hier: S. 105-108. Joseph Kuhl, Geschichte der Stadt Jülich, Bd. 4, Jülich 1897 (unveränderter Neudruck Jülich 1990), S. 314.

7 Hans Georg Kirchhoff, Die Rätsel von Mündt. Mundiacum 411 und das niederrheinische Burgunderreich, in: Neue Beiträge zur Jülicher Geschichte, Bd. XIV (2003), S. 7-30. Siehe auch Heinz Andermahr, Grundzüge einer Geschichte der Pfarrei [Titz-] Mündt, in: Beiträge zur Jülicher Geschichte, Nr. 52 (1984), S. 3-21; siehe dazu ebenso im vorliegenden Band den Beitrag von Peter Nieveler, 3. Kapitel: »Mundiacum«.

8 Zu Olympiodor und Jovinus vgl. Nieveler (wie Anm. 7), Anm.12, 108, 109 und Texte dazu.

9 Reiner Müller, Die Burgunden am Niederrhein 410-443. Mundiacum-Mündt, eine Nibelungenfrage des Jülicher Landes in: Rur-Blumen. Blätter für Heimatgeschichte, Unterhaltung und Belehrung. Beilage zum Jülicher Kreisblatt. 06. und 13. September 1924, Nr. 35, 36 – Zur Biographie Müllers s. im vorliegenden Band bei Nieveler (wie Anm. 7), Anm. 18.

Allerdings siedelt das Nibelungenlied den burgundisch-nibelungischen Königssitz in Worms am Mittelrhein an, und der Zug der Burgunder in den Untergang führt vom Rhein an die Donau und an dieser entlang ins entfernte Ungarn, zur Residenz Etzels (Attila, Attala), des Hunnenkönigs, der Kriemhild – die burgundische Prinzessin und Witwe Siegfrieds – in zweiter Ehe geheiratet hatte.

Die Dietrichsage dagegen verlegt das Reich der Nibelungen in die Niederrheinische Tiefebene und ihren völligen Untergang in die westfälische Stadt Soest, den damaligen Standort der Burg des Hunnenkönigs Attala. Das Epos erzählt, dass die Nibelungen aus einer Gegend westlich des Rheins kamen und über den Fluss setzten, »wo Rhein und Duna zusammenfließen«.[10] Einen solchen geographischen Punkt gibt es aber nicht, wenn man unter »Duna« die »Donau« versteht. Heinz Ritter-Schaumburg entdeckte, dass mit »Duna« tatsächlich nur das kleine Flüsschen Dhünn im Bergischen Land gemeint sein kann, das bis zum Jahre 1840 in den Rhein mündete, bevor es nördlich von Leverkusen in die Wuppermündung umgeleitet wurde.[11]

Abb. 4: Blick in die Irmundus-Kapelle vom Hahner Hof.

Auf der Suche nach dem westlich des Rheins liegenden Wohnsitz der Nibelungen, stößt Ritter-Schaumburg auf den Neffelbach, dessen Namen an die Niflungen – wie die Nibelungen in der Thidrekssaga heißen – anklingt. Er ist ein Nebenfluss der Erft, der im Städtedreieck Zülpich-Heimbach-Nideggen in der Ortschaft Berg,

---

10 Siehe dazu Nieveler (wie Anm. 7), 2. Kapitel: »Nibelungensage«.
11 Heinz Ritter-Schaumburg, Die Nibelungen zogen nordwärts, St. Goar 2002 (Neuauflage von 1981). Siehe auch: Forschungen zur Thidrekssage. Untersuchungen zur Völkerwanderungszeit im nördlichen Europa. Bd. 1: Ein Nibelungenreich in der Voreifel?, Bonn 2002. Vgl. zudem: Nieveler (wie Anm.7), 2. Kapitel: »Nibelungensage«.

die heute zur Stadt Nideggen gehört, entspringt und bei Kerpen in die Erft mündet. Archäologische Indizien und zahlreiche Ortsnamen scheinen die Vermutungen Ritter-Schaumburgs zu stützen, dass die Niflungen möglicherweise aus dem Raum Zülpich kamen.[12] Wenn man die Ansicht vertritt, dass Heinz Ritter-Schaumburg mit seinen Überlegungen Recht hat, dann würde durch die Heldensage ein bislang im Dunkel liegendener Teil unserer Heimatgeschichte – ein Ausschnitt der Völkerwanderungszeit – wenigstens teilweise erhellt. Leider kannte H. Ritter-Schaumburg den Ort Mündt nicht.

Etwa 1200 m östlich von Mündt, in der Feldflur »En de ahle Möng«,[13] hat einst vielleicht eine Kirche gestanden oder gar ein römischer Tempel. Bereits 1639, als sich drei Jesuiten in Mündt aufhielten, um für die *Acta Sanctorum* das Leben des Hl. Irmundus zu rekonstruieren, wurde diese Parzelle als »alte Kirchoff zue Mundt« bezeichnet. Hier soll es Funde von Gebäuderuinen, Grabsteinen, Menschenknochen und Grabbeigaben gegeben haben. Heute markiert das Irmunduskreuz diesen historischen Ort, der nach Hinz im frühen 13. Jahrhundert verlassen wurde. Wie derselbe in seinen archäologischen Untersuchungen aufweist, gehören zu den Funden sowohl römische Bautrümmer als auch römische Keramikreste.[14]

Bemerkungen zur Christianisierung des Rheinlandes und der Gegend von Mündt

Im 10. Jahrhundert – vielleicht noch etwas später – entstand eine Urkunde, die für die Zeit des Erzbischofs Kunibert (623-663) in »Muni« eine Kirche bezeugt. Und man darf annehmen, dass der Inhalt dieser Urkunde richtig ist und sich auf Mündt bezieht.[15] Damit wäre Mündt als die Wiege des Christentums in unserer Gegend anzusehen.[16] Die Inschrift auf der Mündter Martinus-Glocke aus dem Jahr 1682 kann allerdings nicht als Zeugnis für ein eventuell ehemaliges Patrozinium des Hl. Martinus in Mündt und damit für ein hohes Alter der Kirche herangezogen wer-

---

12 Siehe Nieveler wie Anm. 7 und Anm. 11.
13 Nieveler (wie Anm. 7), Abb. 21; siehe auch Kirchhoff 2003 (wie Anm.7), S. 22, besonders Anm. 35.
14 Zu den Acta Sanctorum siehe Nieveler (wie Anm. 7), Anm. 141, 142, 143 und Text dazu. Vgl. zudem Hermann Hinz, Archäologische Funde und Denkmäler des Rheinlandes, Bd. 2: Kreis Bergheim, Düsseldorf 1969, S. 151 und Kuhl 1897 (wie Anm. 6), S. 310.
15 Theodor Josef Lacomblet (Hrsg.), Archiv für die Geschichte des Niederrheins. Bd. 1, Neudruck der Ausgabe von 1832-1870, Osnabrück 1968, S. 57; siehe auch Kirchhoff 2003 (wie Anm. 7), S. 9 und S. 14.
16 Kuhl 1897 (wie Anm. 6), Bd. 4, S. 310 und auch Paul Clemen (Hrsg.), Die Kunstdenkmäler der Rheinprovinz, Bd. 8.1: Die Kunstdenkmäler des Kreises Jülich, bearb. von Karl Franck Oberaspach und Edmund Renard, Düsseldorf 1902 (unveränderter Neudruck Düsseldorf 1982), S. 193 beziehen die Stelle auf Müntz. Mündt fehlt im Liber valoris im Gegensatz zur Meinung von Binterim und Mooren 1892 (wie Anm. 1), Bd. 1, S. 339 und 340, Nr. 31 und 32.

den.¹⁷ Ziemlich sicher sogar ist das heutige Urbanus-Patrozinium das ältere. Vielleicht lässt sich nämlich eine Kontinuität zwischen der heutigen Pfarrkirche und einer möglichen Privatkapelle des Jovinus in der Zeit um 400 n. Chr. herstellen. Zu diesem Zeitpunkt aber gab es noch kein Patrozinium des hl. Martinus, weil dieser erst im Jahre 397 n. Chr. starb. Urbanus aber war Papst von 222-230 n. Chr.
Der frühe Nachweis einer Kirche in Mündt im Jahre 650 fällt in eine Zeit, bevor die bedeutenden Missionare den christlichen Glauben in unserer näheren und weiteren Umgebung verbreiteten.¹⁸

St. Irmundus vom Hahnerhof

In Mündt und seiner Umgebung wird der heilige Einsiedler und Schäfer Irmundus als Ortspatron verehrt. Seine Herkunft und sein Alter können nicht genauer bestimmt werden. Deshalb wurde seine Vita mit mancher Legende ausgeschmückt. Irmundus soll in einem Wäldchen am heutigen Hahnerhof – einen Kilometer östlich von Mündt – gelebt haben. Eine Kapelle stand dort vermutlich schon in gotischer Zeit und wird erstmals 1660 genannt. Die heutige wurde im Jahre 1672 als Ersatz für einen Vorgängerbau errichtet und später erweitert. Sie und der vor ihr liegende Weiher sind heute noch Orte der Verehrung des Heiligen (Abb. 4).¹⁹
Die Quelle zu diesem Teich soll Irmundus während einer großen Dürre auf wunderbare Weise aus dem Boden geschlagen haben. Der Teich hat auch heute noch reichlich Wasser, das ihm von den ein wenig höher liegenden Flächen der Umgebung zufließt. Die früheste schriftliche Nachricht stammt von 1639 und spricht vom »S. Irmvndi-pvtevs, vulgo Sanct Irmvntz pfvtz« (St. Irmunds Pütz).²⁰ Als Hirte soll Irmundus einen heiligmäßigen Lebenswandel geführt haben. Nach seinem

---

17 Glockeninschrift: »IN HONOREM SANCTI MARTINI SUM FUSA 1436« (»Ich bin zu Ehren des hl. Martin gegossen worden 1436«) – 1648 soll die Kirche mit den Glocken abgebrannt sein. 1682 erhielt sie ein neues Geläut. Siehe dazu auch Richard Pick, Zur Geschichte des Pfarrdorfs Mündt, in: Zeitschrift des Aachener Geschichtsvereins, Bd. 8 (1886), S. 280f. Zum Patrozinium des fränkischen Nationalheiligen Martinus siehe Carl Vossen, Sankt Martin – sein Leben und Fortwirken in Gesinnung, Brauchtum und Kunst, Düsseldorf 1975; Uwe Cormann, Die Pfarrkirche St. Martinus in Kirchberg, in: Jahrbuch des Kreises Düren 1984, S. 113-119, hier: S. 113f.
18 Hans Frohnhofen, Anfänge des Christentums im Rheinland. Erste Spuren des Christentums in unserer Heimat, in: Jahrbuch des Kreises Düren 1991, S. 9-11.
19 Dieter P.J. Wynands, Irmundus vom Hahnerhof. Anmerkungen zu Vita und Kult eines Heiligen des Jülicher Landes, in: Rheinisch Westfälische Zeitschrift für Volkskunde, Bd. 49 (2004), S. 257-268; ders., Die mittelalterlichen Volksheiligen Irmund, Salman, Arnold und Timmerlin, in: Geschichtsverein für das Bistum Aachen e.V. (Hrsg.), Heilige im Bistum Aachen (= Geschichte im Bistum Aachen, Beiheft 4), Neustadt a. d. Aisch 2005, S. 55-80; Leo de Jong, Irmundus – Glaubensbote unserer Heimat, Heimatkalender des Kreises Jülich 1953, S. 87f.; Josef Könen, Chronik der katholischen Pfarrgemeinde St. Urbanus Mündt-Opherten, Titz o. J. (1989), S. 74. Zur Kapelle am Hahnerhof siehe Handbuch des Bistums Aachen (wie Anm.1), S. 490.

▸ Abb. 5: Plan der Kirche von Mündt mit den Grabungsbefunden von 1974. Es konnten Teile von zwei Vorgängerbauten (Kirche A und B) der heutigen Kirche (C) dokumentiert werden. Die Gruben 10 und 11 sowie 13-16 wurden von den Ausgräbern als Gruben für ein Gerüst bei Bauarbeiten gedeutet. Befund 12 könnte eine Mauer römischer Zeitstellung sein. Grab 1 diente einem Priester, dem man einen Messkelch (17. Jahrhundert) beigegeben hatte. Die Zeitstellung von Grab 4 ist unklar. Die Grabgruben 6-9 enthielten Münzen des 13./14. Jahrhunderts.

Tode wurden seine Reliquien zuerst wohl in der Irmundus-Kapelle und später in der Kirche von Mündt aufbewahrt. Er gilt als himmlischer Fürsprecher bei Krankheiten der Menschen und des Viehs. Die Bollandisten führen ihn in den *Acta Sanctorum* unter dem 28. Januar, dem vermuteten Sterbetag des Heiligen. Aus den *Acta Sanctorum* stammt auch die älteste schriftliche Fassung der Irmundus-Legende. Sie wurde von drei Jesuitenpatres[21] in Mündt nach Befragung der Bevölkerung aufgezeichnet und im Jahre 1643 in den Acta Sanctorum veröffentlicht. Der dort erschienene Text trägt die Überschrift: »XXVIII Ianuarii. De S. Irmundo Mundae in agro Iuliacensi.« (»28.Januar. Der hl. Irmundus von Mündt im Jülicher Land.«). Der Text lautet: „In dieser Provinz, nicht weit von Jülich zwischen den Flüssen Rur und Erft, liegt Munda, ein nicht unbedeutender Ort. Hier wird am 28. Januar der heilige Schäfer Irmundus unter Zulauf einer großen Volksmenge verehrt [...]. Es wird überliefert, er habe zur Zeit des hl. Kölner Bischofs Severin gelebt. Aber außer der Volksüberlieferung gibt es kein anderes Zeugnis über die Zeit des hl. Irmundus außer einer Dürre [...]. Um sie abzuwenden, wurden die Gebeine des hl. Bischofs Severin von Bordeaux nach Köln überführt.« Der letzte Satz will nichts Besonderes zu Severin sagen, sondern nur eine Datumsangabe sein, mit der die Lebenszeit des Irmundus bestimmt werden soll, wenn die Angaben auch wenig sicher sind. Die Legende des hl. Severin, der um 400 Bischof von Köln war, sagt, Severin habe eine Zeit lang in Bordeaux gelebt und sei auch dort gestorben. Er wird verehrt bei Trockenheit und für fruchtbaren Regen. Seine Beziehungen zu Bordeaux sind wohl eher eine Verwechslung mit einem dortigen Bischof gleichen Namens.[22] Die Legende des hl. Irmundus fährt fort: »In einem überaus trockenen Sommer, als

---

20 Acta Sanctorum 28. Januar (http://emedia1.bsb-muenchen.de/han/ACTASANCT-D/acta. chadwyck. co.uk/all/ fulltext?ALL=Y&ACTION=byid&warn=N&div=4&id=Z400067445&FILE=../ session/ 1176813 093_11561&SOURCE=config.cfg&CURDB=acta); »Pütz« oder »Pötz« meint mundartlich die Pfütze, den Brunnen, die Quelle; Josef Rahier, Jülicher Mundart. Wörterverzeichnis des Jülicher Dialekts von A bis Z, Jülich 1972 (= Heimatkundliche Schriftenreihe des Jülicher Landes, Bd. 10), S. 56. Zu den Acta Sanctorum siehe oben Anm. 14; zu den Bollandisten siehe: http://de.wikipedia.org/ wiki/Bollandist und http://de.wikipedia.org/wiki/Acta_Sanctorum <letzter Zugriff am 02. August 2007>.

21 Unter den drei Jesuiten war auch der bis heute bekannte Theodor Rhay aus Rees am Niederrhein (1603-1671); er war eine Zeit lang Oberer der Dürener Jesuiten und ein Verehrer der Hl. Anna. Manche Auskunft gibt bis heute sein Werk: Animae illustres Juliae, Cliviae Montium, Neuburg an der Donau 1663; siehe: Joseph Hartzheim, Bibliotheca Coloniensis, Köln 1747, S. 306.

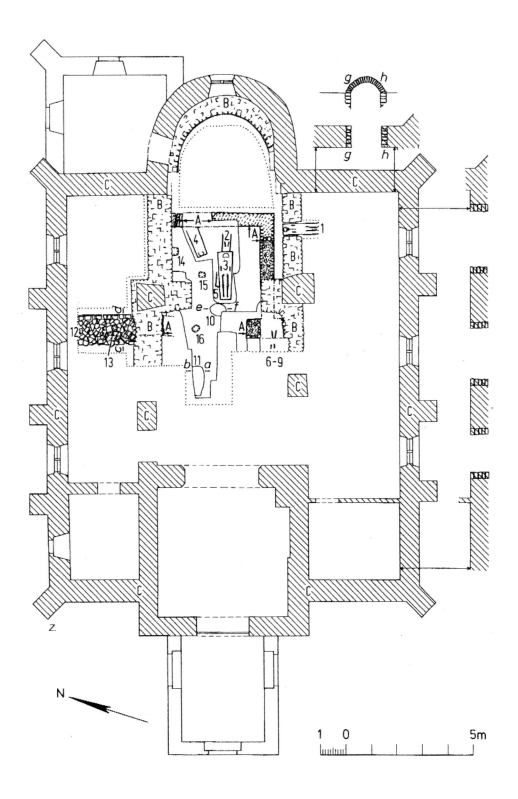

Mensch und Tier ununterbrochen Durst litten, stieß er im Vertrauen auf Gott seinen Hirtenstab in die Erde und ließ eine überaus starke Quelle sprudeln, die seinen Namen erhielt.« Diese Legende hat nicht nur eine religiöse Dimension. Sie könnte, wenn sie denn in ihrem Grunde Wahres berichtet, das hohe Alter der Kirche von Mündt bestätigen und damit in die ganz frühe Zeit des rheinischen Christentums schieben.

Privilegien der Kirche und der Pfarrer von Mündt

Wenn die Kirche von Mündt so alt ist, wie manche Hinweise darzulegen scheinen, könnte sie zu einem römischen Staatsgut gehört haben, das vielleicht dem Jovinus gehörte und das vom Staat eingezogen wurde, als der Gegenkaiser gestürzt worden war. Solche Staatsgüter gingen im Frankenreich in den Besitz des Königs über. Aus der Kapelle am Ort könnte sich die Kirche entwickelt haben. Diese These wird durch den Umstand gestützt, dass der Pfarrer von Mündt seit alters für seinen kleinen Seelsorgebezirk die Rechte eines Landdechanten besaß, da nach einer Verordnung Karls des Großen die königlichen Kapellen und Kirchen nicht den Bischöfen unterstellt werden durften. Für die Zugehörigkeit zu einem königlichen Gut spricht zudem der Umstand, dass der Grundbesitz, über den die Mündter Kirche verfügte, von vielen Steuern und Abgaben befreit war und dass sie im *Liber valoris* nicht vorkommt, weil dort um 1500 nur Abgaben an kirchliche Institutionen verzeichnet wurden und Mündt den kirchlichen Institutionen nichts zu zahlen hatte.[23] Zudem bedürfen die zum Bau der Mündter Kirche verwendeten Tuffsteine einer besonderen Erklärung. In frühromanischer Zeit wurden im Jülicher Land beim Kirchenbau Feldsteine vermauert, wie sie die romanischen Westtürme der Pfarrkirchen in Barmen, Bourheim und Linnich zeigen. Solche Steine aber gab es in Mündt nicht.

---

22 Der lateinische Text in den *Acta Sanctorum* lautet (außer an der in Anm. 20 vermerkten Stelle auch abgedruckt bei Hinz 1969 [wie Anm. 14], S. 152, Anm. 276): »In hac prouincia, haud Iuliaco procul, inter Ruram & Eruatem, siue Eruetum, amnes, Munda est, non ignobilis vicus: vbi S. Irmundus opilio colitur XXVIII. Ianuarij, frequenti populorum, vota soluentium, accursu. Vixisse eum tradunt S. Seuerini Coloniensis Episcopi ætate. [...] Verum ætatis S. Irmundi præter vulgi traditionem aliud nullum suppetit argumentum. Nisi quis siccitatem [...] eamdem esse existimet, ad quam arcendam a Burdegalensi vrbe S. Seuerini Episcopi translata Coloniam pignora sunt, [...] eumdemque, æstate quadam siccissima prorsusque arida, [...] firma in Deum fide, pulsata pastoritio pedo terra, fontem copiosissimum elicuisse; qui & hac nostra memoria eius nomen retinens.« (Deutsche Übersetzung bei Kirchhoff 2003 [wie Anm. 7], S. 16f. und zur Datumsangabe Anm. 25).

23 Siehe Pick 1886 (wie Anm. 17) und Kuhl 1897 (wie Anm. 6), S. 317. Danach hatte der Pfarrer von Mündt folgende Sonderrechte: Er durfte für seine Kirche das am Gründonnerstag geweihte Öl selbst beim Bischof abholen und musste es sich nicht vom Dechanten bringen lassen. Er durfte auch Trauungen ohne die Zustimmung des Dechanten vornehmen. – Vgl. auch: Günter Bers, Die Geschichte des Pfarrdorfes Mündt, in: Heimatkalender des Kreises Jülich 1958, S. 68-72; Kirchhoff 2003 (wie Anm. 7), S. 15; Friedrich Wilhelm Oediger (Hrsg.), Liber valoris, Bonn 1967.

Man hätte die Kirche also ganz aus Backsteinen errichten müssen. Vielleicht aber gab es auf dem Königsgut noch wertvolle Tuffsteine aus der Gegend von Maria Laach oder man fand sie an älteren Gebäuden der Gegend.

Der Dingstuhl Mündt

Eine Sonderstellung nahm im Mittelalter und der frühen Neuzeit nicht nur die Pfarre ein, sondern auch der »Dingstuhl Mündt«. Der Gerichtsbezirk war identisch mit dem Pfarrsprengel. Ein Siegel ist für 1556 bezeugt und trug folgende Umschrift: »Sigil der Scheffen zu Mündt 1556«. Das Siegelbild besitzt einen waagerecht gespaltenen Schild, in dessen oberer Hälfte sich der Jülicher Löwe und in der unteren ein Apfel befindet. Eine landesherrliche Kommission im Jahre 1554 empfahl die Vereinigung mit dem Gericht von Titz, doch diese wurde erst 1730 vollzogen.[24]
Kirchlicher Hoheitsbezirk und weltlicher Gerichtsbezirk waren also identisch, was als Indiz dafür angesehen werden darf, dass diese in engem Zusammenhang standen. Hierbei ist zu berücksichtigen, dass die Turmhallen der Kirchen aus Mangel an anderen geeigneten Räumlichkeiten als Tagungsorte des einberufenen Schöffengerichtes dienten.

Aus der Geschichte der Pfarrei

Wohl im Jahre 1384 wurde das Mündter Gotteshaus zur Pfarrkirche erhoben. Während der Reformationszeit gab es in Mündt auch »Ketzer«, die aber wieder katholisch wurden, wie es der von 1742 bis 1790 in Mündt tätige Pfarrer Johann Gerhard Winand Langen in seiner auf Aufzeichnungen seines Vorgängers Gottschalk Brentgens beruhenden Chronik aus der Zeit um 1750 beschreibt. Im Jahre 1602 drangen Soldaten der Niederländischen Generalstaaten in die Mündter Kirche ein, sie warfen Bilder von den Altären, zogen sich Priestergewänder an, verbrannten im Kirchengebäude Heiligenfiguren und läuteten dazu die Totenglocke. Dabei wurden auch die Skulptur des hl. Irmundus und der Irmundus-Schrein vernichtet. Die in Leinwand gehüllten Gebeine blieben aber unversehrt.[25]
Im Dreißigjährigen Krieg zerstörten hessische Truppen 1648 die Kirche in Mündt.[26] Während des Siebenjährigen Krieges lagen im Jahre 1758 hannoversche und preußische Truppen in der Gegend von Mündt, die aber bald wieder abzogen. Im Jahr 1794 eroberten die französischen Revolutionstruppen das gesamte linksrheini-

---

24 Andermahr (wie Anm. 7), S. 19.
25 Pick 1886 (wie Anm. 17); de Jong 1953 (wie Anm. 19), S. 88; Bers 1958 (wie Anm. 23), S. 70; August Hintzen, St. Irmund, ein Heiliger des Kölner Erzbistums, in: F.W. Lohmann (Hrsg.), Historisches Archiv des Erzbistums Köln. Quellen und Hinweise zu bistumsgeschichtlichen Forschungen, Bd. 2 (1929), S. 109-119, hier: S. 105.
26 Peter Hansen, Zur Geschichte der Pfarrei Mündt, in: Beiträge zur Jülicher Geschichte, Nr. 53 (1985), S. 101f. (Die zu diesem Thema oft genannte Jahreszahl 1642 ist falsch.)

sche Gebiet. General Lefebvres, der den französischen Truppenteil mit großem Erfolg bei Linnich befehligte, bezog einige Tage später Quartier in Mündt. Die französischen Soldaten verwüsteten das Pfarrhaus stark.[27]

Das bei Könen veröffentlichte »Urkundenbuch der Pfarre Mündt« weist für das Jahr 1835 eine Schule in der kleinen Weilersiedlung nach; hier steht: »Unter ihm [dem Küster Johann Theodor Langen] übernahm im Jahre 1835 Heinrich Joppen die Schule und erhielt auch nach dessen Tode die Küsterstelle. Auf seinen Wunsch hin wurde er als Lehrer am 1. Juli 1872 pensioniert. Heinrich Joppen starb am 20. Juni 1877 zu Titz.«[28]

Im sogenannten »Kulturkampf«, der sich zwischen der katholischen Kirche und dem preußischen Staat ab 1871 über mehr als ein Jahrzehnt erstreckte, hatte die Kirche manches zu ertragen, auch wenn sie innerlich erstarkte. In vielen Diözesen waren die Bischöfe abgesetzt, ein Drittel aller Pfarrstellen im Jülicher Land war unbesetzt und durfte nicht neu besetzt werden. Schließlich wurde der Jesuiten-Orden verboten.[29]

Über diese Zeit schrieb der Mündter Pfarrer Ignaz Capellmann am 16. Juni 1873 folgendes: »Papstwahl vor 27 Jahren. Diese wurde mit Böllerschüssen und Fahnenschmuck gefeiert. Anscheinend wird Papst Pius IX. nicht eher sterben, bis die Verfolgung der Kirche, die z.Zt. wütet, ein Ende nimmt [...] Es war für die Kirche und besonders für Bischöfe und Priester eine schlimme Zeit.«[30]

Vom 26. August bis zum Dezember 1878 wurde Mündt immer wieder von heftigen Erdstößen erschüttert, wodurch die Kirche sehr in Mitleidenschaft gezogen wurde.[31]

Im Zweiten Weltkrieg musste der kleine Ort – wohl weil er in der Nähe der alten B1 liegt, auf der die alliierten Truppen von Aachen aus über die Rur bei Jülich zum Rhein vorrückten – viel erdulden. In der Nacht zum 17. Juli 1943 fielen im Umkreis von 500 m fünfzehn Luftminen, schwere Bomben und eine Unmenge Brandbomben. Dabei wurden die Kirche, das Pfarrhaus, der große Hof am Ort sowie das Kloster und das St. Anna-Haus schwer beschädigt.[32]

---

27 Könen o.J. (wie Anm. 19), S. 96f.
28 Könen o.J. (wie Anm. 19), S. 93.
29 Zum Kulturkampf siehe Günter Bers, Jülich – Geschichte einer rheinischen Stadt, Jülich 1989, S. 43.
30 Könen o.J. (wie Anm. 19), S. 104f.
31 Könen o.J. (wie Anm. 19), S. 105.
32 Siehe zum St. Anna-Haus in diesem Band den Aufsatz über Josef Neumann.

Abb. 6: Frühromanischer Bogenfries an der nördlichen Außenwand der Kirche in Mündt. An der knappen Höhe des kleinen, genau in den Fries eingepassten Fensterchens lassen sich die Aufschüttungen der Jahrhunderte gut ablesen.

Anfang Dezember 1944 waren im Pfarrhaus achtunddreißig Personen – fast das Dreifache der heutigen Gesamtbevölkerung – einquartiert. Diese Menschen waren auf der Flucht vor dem Krieg, der bis an die Rur vorgedrungen war. Ab 13. Dezember 1944 waren die Bewohner evakuiert, und Mündt wurde zur Geistersiedlung, die in den nächsten Monaten nur noch den zurückweichenden deutschen Truppen und anschließend den vorrückenden amerikanischen Soldaten als Quartier diente. Als Pfarrer Franz Thoren (1941-1953) im März 1945 aus der Evakuierung nach Mündt zurückkehrte, fand er die Kirche und alle anderen Gebäude des Ortes stark beschädigt vor. Im Vergleich zu anderen Dörfern waren in Mündt jedoch die Zerstörungen relativ gering, sodass ab 1946 nach und nach alles wieder hergerichtet werden konnte.[33]

---

33 Siehe dazu auch Handbuch des Bistums Aachen, 2. Ausgabe, Aachen 1962, S. 242.

Zur Baugeschichte der Pfarrkirche

Es ist ungewiss, wann in Mündt das erste Gotteshaus errichtet wurde. Fernab aller Spekulationen um ein viel höheres Alter glaubt das Handbuch des Bistums Aachen an eine erste Saalkirche im 10. Jahrhundert. Zur Pfarre Mündt gehören heute Mündt, Opherten, Hahnerhof und Ostenhof. Die beiden letzteren sind Teile der Stadt Bedburg und damit des Erftkreises. Früher gehörten auch Jackerath und Hubbelrath zur Pfarre Mündt.

Beim Einbau einer neuen Fußbodenheizung in der Mündter Kirche im Jahre 1974 wurden wichtige Entdeckungen zur Bestimmung des Alters des Gotteshauses gemacht. Man fand Reste des Fundamentes eines rechteckigen Chores von etwa 3,5 m im Quadrat, wie er für eine vorromanische Saalkirche nicht untypisch ist (Abb. 5, Bau A). Bei den Grabungsarbeiten konnte ein römischer Quaderstein in Zweitverwendung festgestellt werden. Weiter wurde unter dem nördlichen Seitenschiff der heutigen Kirche ein 1,15 m mächtiger Mauerzug entdeckt, der in Trockenmauerwerktechnik aus römischem Baumaterial hergestellt war (Abb. 5, Befund Nr. 12). Die Archäologen schließen ein römisches Alter dieser »Mauerbank« nicht aus.[34] Unterstützt wird diese Vermutung dadurch, dass beim Ausheben von Gräbern auf dem alten Friedhof an der Kirche wiederholt römisches Mauerwerk freigelegt wurde.[35]

Reste eines frühen Baus aus dem 10./11. Jahrhundert haben sich im heutigen nördlichen Seitenschiff erhalten. Das vermutlich ursprünglich flachgedeckte Mittelschiff mit Holzdecke entstand im 12./13. Jahrhundert. Aus dieser Zeit sind bis heute die Wölbung des Chorquadrats und die Halbkuppel der Apsis erhalten geblieben. Im dreißigjährigen Krieg brannte im Jahre 1648 die Kirche teilweise ab. Dabei gingen die vermutete Holzdecke sowie die Bedachung des Kirchenschiffes und der Oberbau des Turmes mit den Glocken verloren. Unter Pfarrer Gottschalk Brentgens, der ab 1681 in Mündt tätig war, wurde die Kirche wieder hergestellt und im barocken Stil einheitlich ausgestattet. Teile dieser Ausstattung haben sich bis heute erhalten. Die Glocken wurden 1682 mit finanzieller Unterstützung des Herzogs Johann Wilhelm II. (reg. 1679-1716) neu gegossen.

Der Fußboden des romanischen Kirchenbaues lag entschieden tiefer als der heutige. Durch Jahrhunderte blieb bei Zerstörungen und Umbauten der Schutt liegen,

---

34 M. Groß/W. Piepers, in: Bonner Jahrbücher, Bd. 176 (1976), S. 435-438; siehe auch Kirchhoff 2003 (wie Anm. 7), S. 11.

35 Ulrich Coenen, Architektonische Kostbarkeiten im Jülicher Land (= Heimatkundliche Schriftenreihe des Jülicher Landes, Bd. 14), Jülich 1981, S. 75 (Vorabdruck des Aufsatzes in Jülicher Volkszeitung 29. Januar 1981); zudem: Ders, Saurer Regen zerstört Kirche, in: Jülicher Volkszeitung 07. November 1987 und: Älteste Kirche im Kreis erscheint in neuem Glanz, in: Jülicher Volkszeitung 06. Januar 1988.

wurde gleichmäßig verteilt und mit neuen Bodenplatten bedeckt. Die heutigen Fensterbänke liegen daher nur 40 cm über dem Fußboden. Diese Anschüttung innen wird auch außen an der Nordwand an dem schon von Clemen genau beschriebenen, gezeichneten und auch bewunderten frühromanischen Bogenfries aus Tuffsteinen deutlich (Abb. 6).[36]

Eine Orgel bekam die Kirche 1695, neue Kirchenbänke, eine neue Kommunionbank und zwei neue Beichtstühle im Jahr 1711. Durch Vermittlung des aus Opherten gebürtigen Johann Adam Offermanns, der in Wien als Hofapotheker tätig war, wurde der Kirche 1777 die kostbare Reliquie einer Partikel vom heiligen Kreuz geschenkt.[37] Im südlichen Seitenschiff stürzte im Jahre 1821 bei Renovierungsarbeiten das Gewölbe ein; es wurde eine flache Decke eingezogen. Durch Vermittlung des damaligen Priors des Benediktinerklosters Beuron erhielt die Mündter Pfarrkirche 1868 aus Rom eine Reliquie des hl. Urbanus.[38]

Der an anderer Stelle ausführlich dargestellte Pfarrer Josef Neumann sorgte in seiner Mündter Zeit für eine gründliche Renovierung der Kirche. Dabei wurden auch neue farbige Fenster angeschafft, von denen eines Johannes den Täufer als Patron des Kreuzbundes, ein anderes Bernadette Soubirous und die Madonna in Lourdes darstellte. Neumann war Gründer des Kreuzbundes, und in Mündt errichtete er eine Lourdes-Grotte.[39]

Im letzten Viertel des 20. Jahrhunderts wurde die Pfarrkirche zu Mündt in mehreren Phasen kostenaufwändig restauriert. Im Inneren konnten die Arbeiten im Jahre 1978 abgeschlossen werden und der neue Altar durch den Aachener Weihbischof Maximilian Goffart, der von 1964 bis 1971 Pfarrer von Titz war, konsekriert werden. Das neue Apsisfenster von Wilhelm Buschulte aus Unna wurde im Oktober 1978 durch die Firma Dr. Heinrich Oidtmann aus Linnich eingebaut.[40]

Die Restaurierungsarbeiten am Äußeren der Kirche begannen 1983. Turmhelm und Tuffsteine wurden ausgebessert und zum Teil erneuert. Bei Restaurierungsarbeiten im Jahre 1987 an der Außenwand des nördlichen Seitenschiffes wurden

---

36 Clemen 1902 (wie Anm. 16), S. 194.
37 Könen o.J. (wie Anm. 19), S. 97.
38 Das Benediktiner-Priorat Beuron war erst 1862/63 von den Brüdern Ernst und Rudolf Wolter neu gegründet worden. Rudolf Wolter war von 1850-1854 in Jülich Leiter der Höheren Stadtschule, des Vorläufers des heutigen Städtischen Gymnasiums. Nach seiner Tätigkeit in Jülich war er auch mehrere Jahre in Rom gewesen. Vielleicht gab es aus Wolters Jülicher Zeit Beziehungen zu Mündt. Sein Bruder Ernst soll eine Zeitlang in Mersch gearbeitet haben; siehe dazu: Peter Nieveler, Die Schulleiter der Allgemeinen Höheren Stadtschule in Jülich von 1850-1862, in: Die Zitadelle. Mitteilungen des Gymnasiums Zitadelle der Stadt Jülich, 2007, S. 129-139, hier: S. 131-134.
39 Könen o.J. (wie Anm. 19), S. 126.

alte Vermutungen über das Alter des Gotteshauses bestätigt, dessen ältester Teil – wie schon oben gesagt – das nördliche Seitenschiff ist. Bei den Restaurierungsmaßnahmen wurde auch der schon oben genannte romanische Bogenfries ausgebessert.

Eine Drainage rund um die Kirchenfundamente zum Schutz gegen Feuchtigkeit schloss die äußeren Restaurierungsmaßnahmen 1989 ab.

Die Baubeschreibung
Außenansicht

Die Pfarrkirche St. Urbanus in Mündt zeigt sich heute als dreischiffige Tuffsteinhalle mit romanischer halbkreisförmiger Apsis im Osten und zweigeschossigem, vor die Halle gesetzten Westturm. Die beiden Seitenschiffe sind fast bis zur Westfront des Turmes vorgezogen und die vier Joche des südlichen Seitenschiffes tragen Quersatteldächer (Abb. 7).[41] Im Westen gibt es vor dem Turm ein Eingangshalle aus dem 18. Jahrhundert.

Möglicherweise war die Kirche in romanischer Zeit eine Basilika, deren Mittelschiff zumindest das nördliche Seitenschiff überragte. Wie noch heute an der nördlichen Wand des Hauptschiffes ablesbar, befand sich in der Obergadenzone ein jetzt verschlossenes frühromanisches Fenster. Die nördliche Dachseite der heutigen Kirche verdeckt die äußere Obergadenwand.[42] Das vermauerte Fenster passt stilistisch zu den kleinen Rundbogenfenstern aus vorromanischer Zeit im Fries des nördlichen Seitenschiffes, von denen eines heute ebenfalls zugemauert ist. In den beiden in östlicher Richtung folgenden Jochen wurden die beiden kleinen romanischen Fensteröffnungen vermutlich zu einem späteren Zeitpunkt vergrößert. Für die These der Basilika spricht auch das früher wesentlich niedrigere Seitenschiff aus Tuffsteinen im romanischen Stil, das später mit Feldbrandsteinen über dem romanischen Rundbogenfries erhöht wurde, aber auch heute noch niedriger ist als das Mittelschiff.

---

40 Handbuch des Bistums Aachen (wie Anm. 1), S. 489; zu den Restaurierungsarbeiten: Mutterkirche in Mündt wird restauriert. Jülicher Volkszeitung vom 17.September 1973; Thorsten Wirtz, Die älteste Kirche im Kreis Düren erstrahlt nun in völlig neuem Glanz, in: Jülicher Volkszeitung 27. Juni 1989; Glaubenszeugnis in Stein strahlt nun in neuem Glanz, in: Jülicher Nachrichten 27. Juni 1989; Irmundus-Martinus-Urbanus. Langjährige Restauration der uralten Kirche Mündt abgeschlossen, in: Jülicher Volkszeitung 17. Februar 1978; Thomas Küsters, St. Urban in Mündt ist älter als das Aachener Münster und der Dom zu Köln, in: Jülicher Volkszeitung 04. September 1980.

41 Handbuch des Bistums Aachen (wie Anm. 1), S. 489.

42 Inaugenscheinnahme der heute unter dem Kirchendach verdeckten Obergadenzone durch den Verf. am 24. März 2001.

Der Westturm

Das untere Geschoss aus Tuffstein stammt aus romanischer Zeit und ist so groß wie das Chor-Joch mit romanischem Kreuzgrat-Gewölbe. Das Obergeschoss wurde in der Barockzeit als Ersatz für den durch die hessischen Truppen 1648 zerstörten oberen Turmteil errichtet. Coenen vermutet, der heutige Turm sei lediglich eine spätere Aufstockung der Westpartie des Mittelschiffes.[43] Allerdings passt die Höhe der Turmhalle nicht zum Mittelschiff und auch nicht zum Chor-Joch. Ein Gewölbe hat die Turmhalle wohl erst seit der Renovierung der Kirche durch Pfarrer Neumann am Anfang des 20. Jahrhunderts. Bei Clemen ist eine Wölbung der Turmhalle nicht eingezeichnet. Clemen hat auch im südlichen Seitenschiff noch

Abb. 7: Kirche in Mündt. Südliches Seitenschiff mit quergestellten Satteldächern über vier Jochen.

die oben genannte flache Decke. Heute – wohl auch 1905 durch Pfarrer Neumann – ist das südliche Seitenschiff seit 1905 gewölbt. Nur das westliche Joch der Nordseite hat derzeit kein Gewölbe. Es wird als Abstellraum vor dem Turmaufgang genutzt.

Das Langhaus

Der Grundriss der dreischiffigen Hallenkirche zeigt wenig Symmetrie (Abb. 8). Das nördliche Seitenschiff ist deutlich schmaler als das südliche. Alle Joche des nördli-

---

43 Ulrich Coenen, Architektonische Kostbarkeiten im Kreis Düren, 2. erw. und überarbeitete Auflage, Aachen 1989, S. 159.

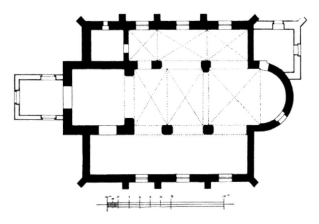

Abb. 8: Grundrisszeichnung der Pfarrkirche in Mündt nach Clemen 1902.

chen Seitenschiffes und des Mittelschiffes sind unterschiedlich lang. Die Nordwand ist dreischalig. Als Füllwerk dienten römische Ziegel, die wohl von einem antiken Bauwerk stammen, das sich in unmittelbarer Nähe befunden hat. Römische Ziegel wurden vereinzelt auch im nachromanischen Teil des nördlichen Seitenschiffes verarbeitet, das im 15./16. Jahrhundert entstand. Die frühromanischen Außenmauern aus Tuffstein zeigen sich vor allem an der Nordmauer und an der Apsis[44] mit der Wölbung in Form einer Viertel-Kugel.

Das südliche Seitenschiff hat im Gegensatz zum nördlichen gleich große Joche mit Kreuzrippengewölben, die bei der Renovierung der Kirche durch Pfarrer Neumann im Jahre 1905 die oben genannte flache Decke ersetzten. Bei Clemen ist das Gewölbe noch nicht eingezeichnet. Die Südwand hat oberhalb eines hohen Sockelgeschosses aus Tuffstein eine von Tuffsteinbändern durchzogene Wand aus Feldbrandziegeln. Die spitzbogigen Fenster dieser Wand gehören der spätgotischen Zeit an. Im 19. Jahrhundert erhielt das südliche Seitenschiff entsprechend seinen vier Jochen vier Giebel aus Feldbrandziegeln. Sie tragen die oben genannten Satteldächer. Die Sakristei, die sich an der Apsis des nördlichen Seitenschiffes anschließt, stammt aus dem 17. Jahrhundert.

Mächtige Pfeiler trennen Haupt- und Seitenschiffe voneinander. Rundbogige Scheidarkaden stellen die Verbindung der drei Kirchenschiffe untereinander her. Im Mittelschiff folgen dem Turmhallenjoch zwei rechteckige Joche mit je einem Kreuzrippengewölbe.

In östlicher Richtung öffnet der breite Triumphbogen den Zugang zum Chor mit romanischem Kreuzgratgewölbe. Die Apsis schließt die Kirche im Osten. Licht erhält sie durch ein romanisches, mit farbigem Glas geschmücktes Fenster, das schon genannt wurde. Das nördliche Seitenschiff besitzt drei unterschiedlich lange Joche mit Kreuzrippengewölben.

---

44 Nach Clemen 1902 (wie Anm. 16), S. 193 ist die Apsis romanisch, wofür auch die Tuffsteinwand spricht. Für Coenen 1989 (wie Anm. 43), S. 159 wurde sie »romanisierend« im 17. Jahrhundert errichtet.

Ausstattung

Aus der mittelalterlichen Zeit ist lediglich der obere Teil einer gotischen Sakramentsnische, der Wimperg erhalten.[45] Die übrigen Gegenstände stammen aus der Barockzeit, dem Historismus oder dem 20. Jahrhundert. Pfarrer Gottschalk Brentgens beschaffte im Jahre 1685 aus Dortmund einen Hochaltar, den nördlichen Seitenaltar und die Kanzel. Der barocke Hochaltar ist mehrmals durch einen anderen ersetzt worden, um 1800 durch einen Altar, der in Mersch angefertigt wurde. Der Meister ist unbekannt. Der Mensatisch dieses Altares aus Muschelkalk befindet sich heute wahrscheinlich vor der von Pfarrer Neumann errichteten Lourdes-Grotte. Am Ende des 19. Jahrhunderts erhielt die Kirche einen damals modernen neogotischen Altar. Den Tabernakel dieses Altares hat man heute wieder im Zentrum der Apsiswand aufgestellt. Er steht auf einem Tisch, unter dessen Platte eine Inschrift an das segensreiche Wirken des Geistlichen erinnert, der zu den wichtigsten in Mündt gehörte: »Dem Andenken des scheidenden Pfarrers Jos. Neumann gewidmet. Die dankbare Gemeinde Mündt-Opherten 1909«. Der jetzige Altar wurde im Jahre 1978 errichtet. Der Altartisch, eine Sandsteinplatte, ruht auf einem Sockel, den Hans Donath – ein Mitglied der Pfarrgemeinde – aus Ziegelsteinen, die später verputzt wurden, aufgemauert hat.

Der Marienaltar im südlichen Seitenschiff (Abb. 9) ist der ehemalige barocke Hauptaltar von 1685, der zusammen mit einem Seitenaltar und der Kanzel angefertigt wurde. Auf der schlichten Altarmensa steht der reich verzierte Altaraufbau. Die rot und grau-marmoriert gerahmte Mensa ist hellblau gestrichen und weist im Zentrum des Antependiums ein goldenes Tatzenkreuz auf. Die längsrechteckige Predella weist ebenfalls ein hellblau gefasstes mittiges Feld auf, das granit- und rotfarben gerahmt ist. Diese Farben wiederholen sich im Sockel des Altaraufbaues, der beidseitig von leicht vorkragenden Sockeln flankiert wird. Den oberen Abschluss bildet ein grau gefasster Balken, auf dem das Retabel aufsitzt. Im Zentrum dieses Retabels befindet sich eine blau gefasste Nische, in der sich eine Marienfigur befindet. Eine Girlande aus grünem Blattwerk und einem Goldband rahmt

---

45 Vgl. Uwe Cormann, Kleindenkmale im Jülicher Land (X): Die Sakramentsnische in der katholischen Pfarrkirche St. Lambertus in Tetz, in: Jülicher Geschichtsblätter, Bd. 63 (1995), S. 108-111. Die Sakramentsnische geht auf das antike Armarium (zu lat. arma = Gerätschaften, Waffen) zurück. Dies war ein Schrank, in dem Speisen, Kleider, Kleinodien, in der Spätantike auch Waffen aufbewahrt wurden. Seit dem Mittelalter versteht man unter Armarium einen Wandschrank zur Aufbewahrung des Allerheiligsten, für Reliquien, auch für liturgische Geräte und liturgische Bücher. Erst seit dem 16. Jahrhundert setzte sich allmählich der Brauch durch, die Eucharistie in einem Altartabernakel aufzubewahren. Der Wimperg ist eine giebelförmige Bekrönung der gotischen Portale und Fenster, die oft Maßwerkschmuck zeigen und von Krabben (Blatt- und Blütenblattformen), Fialen (spitz auslaufende Türmchen) und Kreuzblumen abgeschlossen werden.

Abb. 9: Der Marienaltar von 1685.

die Nische. In den Zwickeln links und rechts des die Nische abschließenden Rundbogens befinden sich goldene Blüten und grüne Blätter. Die Nische wird von zwei Säulen mit gewundenen Schäften gerahmt, die ebenfalls mit goldenen Blüten und grünen Blättern verziert sind. Die Säulen tragen Kapitelle korinthischer Ordnung. Den oberen Abschluss des Altaraufsatzes bildet wieder ein grau gefasster Balken mit einem vergoldeten Eierfries. Über diesem Balken hat ein goldenes Lamm Gottes auf einer angedeuteten Altarmensa in einem goldenen Strahlenkranz seinen Platz. Der Marienaltar wird bekrönt von vier Voluten, die rot und golden gefasst sind und die sich in einer Spitze vereinen, auf der sich eine (Welt-)Kugel mit Tatzenkreuz befindet. Im Zentrum steht heute eine Figur aus dem 20. Jahrhundert, die Maria als Himmelskönigin gemäß der Offenbarung des Johannes (Offb 12,1) zeigt.

Der Helenenaltar im nördliche Seitenschiff stammt aus dem 18. Jahrhundert (Abb. 10). Mit seiner breiten Akanthusblattrahmung erinnert er an den Marienaltar der katholischen Pfarrkirche St. Martinus in Barmen. Die Nische mit Muschelornament im Rundbogen wird ausgefüllt von der Skulptur der heiligen Helena. Säulen mit kannelierten Schäften stützen einen Querbalken. Bekrönt wird der Altar von einem barocken Aufbau mit einem Kreuz auf der Spitze.[46]

---

46 Vgl. Uwe Cormann, Kirchenbauten im Jülicher Land (IV): Die katholische Pfarrkirche St. Martinus in Barmen, in: Jülicher Geschichtsblätter, Bd. 67/68 (1999/2000), S. 623-645, hier: S. 637ff. Helena, die Mutter Kaiser Konstantins des Großen, wurde um 310 Christin. Als es der machtbewussten Frau gelungen war, ihren in nicht legitimer Ehe geborenen Sohn Konstantin zum römischen Kaiser zu machen, wurden in einer spektakulären, bis dahin nicht gekannten archäologischen Ausgrabungsaktion die heiligen Stätten auf Golgota wieder freigelegt, die Kaiser Hadrian im Jahre 135 hatte zuschütten lassen, um das Gedenken an das jüdische Volk ein für alle Mal zu tilgen. Hierbei soll Helena das Kreuz Jesu im Jahre 326 auf dem Boden einer alten Zisterne gefunden haben, die zum Garten des Ratsherrn Josef von Arimatäa gehört hatte, in dem einst das Grab Jesu gelegen haben soll (Joh 19,38) (http://www.heiligenlexikon.de/BiographienH/Helena.html <letzter Zugriff am 29. April 2007>).

Die barocke Kanzel ist eine besondere Kostbarkeit mit reich verzierten Fruchtgewinden und den Darstellungen der vier Evangelisten (Abb. 11). Die Arbeit stammt aus dem Ende des 17. Jahrhundert. Sie ist nach dem Programm aufgebaut: »Der Mensch lebt nicht vom Brot allein, sondern von jedem Worte, das aus dem Munde Gottes kommt« (Mt 4,4). Der sonst übliche Pinienzapfen unter der Kanzel ist durch eine Traube mit Rosen- und Blattformen ersetzt – vielleicht eine Anspielung auf den Pfarrpatron Urbanus, der als Schutzheiliger der Winzer auch häufig mit Trauben dargestellt wird.[47] Der halbrunde Kanzelboden ist mit Rosenblättern übersäht. Der Kanzelkorb zeigt in seinem unteren Teil Fratzen und Engelsköpfe. Die Fratzen symbolisieren das Unvollkommene, das Unerlöste der Schöpfung. In den Engelsköpfen dagegen wird das Vollkommene, das Erlöste der Schöpfung vorgestellt.

Über den vier Konsolen mit den Engelsköpfen befinden sich gedrehte Säulenschäfte, sie trennen die vier den einzelnen Evangelisten zugedachten Teilbereiche der Kanzel voneinander. In den vier Nischen mit Muschelornamenten im Nischenbogen befinden sich die etwa 60 cm

Abb. 10: Der Helenenaltar aus dem 18. Jahrhundert.

hohen Holzskulpturen der Evangelisten mit ihren Attributen: Matthäus mit einem Menschen oder Engel, Markus mit dem Löwen, Lukas mit dem Stier und Johannes mit dem Adler.[48]

Folgende Skulpturen finden sich in der Kirche: Im Chor die ca. 87 cm hohe Figur des heiligen Papstes Urbanus, des Kirchenpatrons, aus der Zeit um 1900. Aus derselben Zeit stammen auch die 114 cm hohe Figur des heilige Irmundus, des Ortsheiligen, mit Hirten-Schaufel (Abb. 12), eine 78 cm hohe Figur des hl. Josef am ersten Pfeiler der Südseite und ein 72 cm hohes »Herz Jesu« am ersten Pfeiler der Nordseite.

---

47 http://www.heilbronn-neckar.de/Heilige/urban.htm <letzter Zugriff am 29. April 2007>.
48 Die Symbole der vier Evangelisten werden auch als »vier lebende Wesen« bezeichnet. Quellen für die Schilderungen dieser vier lebenden Wesen sind in der Gottesvision des Propheten Ezechiel (Ez 1,10) sowie in der Offenbarung des Johannes (Offb 4,7) zu finden.

Abb. 11: Die barocke Kanzel mit den Figuren der Evangelisten Matthäus und Johannes.

Ein aus Holz geschnitztes Missionskreuz von 1867 hängt heute in der Taufkapelle, im westlichen Joch des südlichen Seitenschiffes.

Das heutige achteckige Taufbecken aus Granit wurde 1890 angefertigt (Abb. 13). Der geschnitzte Eichenholzdeckel ist mit Laubwerk und Kreuzblume geschmückt und stammt aus derselben Zeit. Leider ging das Taufbecken von 1650, das in den Jahren vor dem Zweiten Weltkrieg an der Lourdes-Grotte aufgestellt war, verloren.

In der Turmhalle hängen die vierzehn Kreuzwegstationen – Öl auf Leinwand in der Nachfolge der Nazarener – aus dem Jahre 1891.

Die liturgischen Geräte und Textilien der Kirche sind im Handbuch des Bistums Aachen zusammengestellt.[49]

Die Glocken

1. Die Glocke aus dem Jahre 1682 trägt folgende Inschrift im oberen Glockenteil:

»IN HONOREM SANCTI MARTINI SUM FUSA 1436. HASSICUS MILES ME PERDIDIT SED SERENISSIMUS PRINCEPS JOHANN WILHELM, JULIAE, CLIVIAE ET MONTIUM DUX, ET ANNA MARIA ARCHIDUCISSA AUSTRIAE, CONIUGES, ECCLESIAE IN MÜNDT D[ONO]. D[EDERUNT].« (»Gegossen 1436 zu Ehren des heiligen Martinus. Hessisches Militär zerstörte mich. Aber das erlauchte Herzogspaar Johann Wilhelm [II.], Herzog von Jülich, Kleve, Berg, und Anna Maria, Erzherzogin von Österreich, haben mich der Kirche von Mündt geschenkt.«).[50]

Im unteren Glockenteil steht folgender Text.

»1682 DA HUMILIMAM INSTANTIAM REVERENDI DOMINI GODSCHALCI BRENDGENS, LOCI PASTORIS, REVERENDI DOMINI WERNANDI ANDERMAHR, B. MARIAE VIRGINIS VICARII, REVERENDI DOMINI JOANNIS OFFERMANNS, LEONARDI GREVEN, ADOLFI VON MEHR, GERART LENNARTZ, SCABINORUM, WERNERI BRENTGENS HENRICI LANGEN, THEODORI LAUTERBORN,

---

49 Zu den Datierungen und den liturgischen Gerätschaften siehe Handbuch des Bistums Aachen (wie Anm. 1), S. 489.
50 Die Übersetzungen der lateinischen Inschriften fertigte dankenswerterweise Norbert Thiel, Jülich, an.

CUSTODIS, ADAM LAUTERBORN, HERMANN LANGEN, JOES. MEYSEN, ADAM SCHUSSER, ADAM GREVEN, THEODOR VAN MEER, PETER STRITHAGEN, WERNER OFFERMANNS, WILHELM SCHMITZ, WERNER ANDERMAHR, GOERD KREMER. JOES BOURLET GOS MICH.«
(»1682 Gib die inständigen und demütigen Gebete weiter des hochwürdigen Herrn Gottschalk Brentgens, des Ortspfarrers, des hochwürdigen Herrn Wienand Andermahr, des Vikars des Marienaltars, des hochwürdigen Herrn Johann Offermanns, der Schöffen Leonhard Greven, Adolf von Mehr, Gerhard Lennartz, des Werner Brentgens und Heinrich Langen, des Küsters Theodor Lauterborn und der folgenden Personen... [wie im lateinischen Text]. Johann Bourlet goss mich.«).[51]
Außer den beiden Inschriften zeigt die Glocke zwei flach reliefierte Bilder: ein Kruzifix mit den neben dem Kreuz stehenden Figuren Marias und des Apostels Johannes sowie das Bild des heiligen Martin.

Abb. 12: Figur des hl. Irmundus aus der Zeit um 1900.

2. Die Marienglocke ist die kleinste und wiegt nur 16 kg. Sie trägt die Inschrift »Ave Maria gratia plena 1647« (»Gegrüßet seiest du, Maria, Gnadenvolle!«). Sie blieb – wohl weil sie so klein war – auch in den beiden Weltkriegen im Turm.

3. Die Urbanusglocke wurde 1984 von der Firma Hans August Mark aus Brockscheid/Eifel gegossen. Sie trägt nur die Aufschrift »St. Urbanus« und »1984«.[52]

Einrichtung

Der Beichtstuhl – ein zweiter wurde aus der Kirche entfernt – und die Bänke stammen aus der zweiten Hälfte des 18. Jahrhunderts.[53] Aus derselben Zeit stammt die nach der Liturgiereform des Zweiten Vatikanischen Konzils entfernte, barocke Kommunionbank.

---

51 Johannes Bourlet aus Jülich war ein bekannter Glockengießer seiner Zeit. Ernst Nellessen, Leben und Wirken des Jülicher Glockengießers Johannes Bourlet (†1695), in: Beiträge zur Jülicher Geschichte, Nr. 43 (1976), S. 1-19; auf den S. 14ff. ein vollständiges Inventarverzeichnis aller Glocken des Johannes Bourlet; unter Nr. 33 die Mündter Glocke.
52 Inaugenscheinnahme der Glocken durch den Verf. am 25. März 2001 und durch Peter Nieveler am 03. Mai 2007.

Abb. 13: Das Taufbecken aus dem Jahr 1890.

Die Orgel mit zehn Registern, wurde im Jahre 1994 durch den Orgelbaumeister Heinz Wilbrand aus Übach-Palenberg, Ortsteil Marienberg, hergestellt und aufgestellt. Sie besitzt 662 Pfeifen. Sie ist nachweislich das vierte Großinstrument in diesem Gotteshaus. Eine 1685 erwähnte Orgel wurde 1695 durch eine neue ersetzt. Eine dritte Orgel wurde 1905 von der Firma Joseph Köpp, Grevenbroich, aufgestellt.[54]

Zwei alte Türen – vermutlich aus der Mitte des 17. Jahrhunderts – befinden sich in der Kirche: die Sakristeitüre sowie die Türe zum Abstellraum vor dem Turmaufgang im nördlichen Seitenschiff. Sie wurden aus massiven Holzbrettern hergestellt, die von schweren Nägeln zusammengehalten werden.

In der Sakristei steht ein spätbarocker Ankleidetisch aus Eichenholz mit Schnitzwerk. Im Mittelteil befindet sich eine Rokokokartusche mit der eingearbeiteten Jahreszahl 1750. In den Innenseiten der beiden Türen finden sich eingekerbt die Inschriften:
FRANS. HINDRICH. SCHNEIDERS KIRCHMEISTER. UND GERHARDUS LANGEN: PASTOR IN MUNDT.
Ebenso in der Sakristei befindet sich eine Nussbaum-Kommode im Biedermeierstil von etwa 1840/50.

Glasmalereien

Auf das in leuchtenden Farben strahlende Chorfenster von Wilhelm Buschulte wurde schon oben hingewiesen. Es zeigt die Flammen des Pfingstwunders in abstrakten Formen.

---

53 Handbuch des Bistums Aachen (wie Anm. 1), S. 489; Josef Könen, sen. stellte ohne Jahr (wohl zwischen 1995 und 2000) einen kleinen Kirchenführer zusammen. In ihm wird für die Aufstellung der Mündter Kirchenbänke das Jahr 1711 genannt.
54 Könen o.J. (wie Anm. 53).

Von den in der Zeit des Pfarrers Josef Neumann (1901-1909) beschafften neuen, neogotischen Fenstern ist nur ein Rest im Fenster hinter der Orgel erhalten. Unter Pfarrer Josef Tenbusch (1953-1964) wurden 1957/58 folgende Fenster des Künstlers Hans Mennekes durch die Fa. Heinz Derix aus Kevelaer geschaffen und eingebaut:

Im rechten Seitenschiff (von links nach rechts):

1. Die »Verkündigung durch den Erzengel Gabriel an Maria« im unteren Steifen, die »Geburt Jesu und die Anbetung durch die hll. drei Könige« im mittleren und der »zwölfjährige Jesus im Tempel« im oberen Streifen (Abb. 14).

2. Die »Heilige Familie« (unten), »die Taufe Jesu im Jordan« (Mitte), die »Hochzeit zu Kana« (oben).

Im linken Seitenschiff (von rechts nach links):

1. Die »Auferstehung Jesu« (unten) sowie »Himmelfahrt und Aussendung des hl. Geistes« (oben),

Abb. 14: Fenster von Hans Mennekes aus dem Jahr 1957/58 im rechten Seitenschiff.

2. »Jesus am Ölberg« (unten) und die »Kreuzigung Jesu« (oben),

3. »Einzug Jesu in Jerusalem« (unten) und das »Abendmahl« (oben).

In der Eingangshalle wird in einem Fenster der Ortspatron, der heilige Irmundus, mit Schafen auf der Weide und einem Engel über der Gruppe dargestellt. Die Szene erinnert an die Verkündung der Geburt Jesu an die Hirten auf dem Feld. Im zweiten Fenster sieht man den Pfarrpatron, den heiligen Urbanus. Diese beiden Fenster sind wohl nicht von Mennekes, sondern ein paar Jahrzehnte jünger.[55]

Alte Grabsteine

Bei der notwendigen Einebnung des alten Friedhofs rund um die Kirche mussten 39 erhaltene Grabsteine aus dem 17. bis 19. Jahrhundert – aus Blau- oder Sandstein – in neuer Ordnung aufgestellt werden. Das geschah im Einvernehmen mit allen kirchlichen und weltlichen Stellen bis zum 01. Oktober 1988. Mehrere Steine zerfielen bei dieser Aktion. Es blieben 30, die bei Josef Könen sorgfältig beschrieben und dargestellt sind.[56]

Abbildungsnachweis: Fotos und Karte: Landesvermessungsamt NRW: 2; Gerhard Launer: 3; Peter Nieveler: 6, 7; Hubert Schmitz: 4, 9-14; Verf.: 1. B Reproduktionen: Clemen 1902 (wie Anm. 16), S. 193, Fig. 127: 8; Groß/Piepers 1976 (wie Anm. 34), S. 436, Abb. 36: 5.

---

55 Siehe Handbuch des Bistums Aachen, S. 489.
56 Könen o.J. (wie Anm. 19), S. 306.

Uwe Cormann und Peter Nieveler

Josef Neumann – Pfarrer von Mündt 1901-1909

Erst viele Jahrzehnte nach seinem Tod wurde deutlicher, welch ein weitsichtiger, frommer und barmherziger Mensch dieser Wilhelm Josef Maria Neumann gewesen war, der am 12. Mai 1856 in Dudeldorf, einem Ort der heutigen Verbandsgemeinde Bitburg-Land, geboren wurde. Sein Vater war Gerichtsschreiber und er das jüngste von acht Kindern der Familie. Sein einziger ein Leben lang durchgehaltener Fehler war vielleicht, dass er es an einer Stelle nie allzu lange aushielt. So besuchte er Gymnasien in Siegburg, Münstereifel und Mainz, studierte in Rom, Bonn und Eichstätt und war nach seiner Priesterweihe im Jahre 1881 als Seelsorger tätig in Bonn, Dronsdorf, Fischenich, Aachen, Essen-Rellinghausen und Honnef – und das alles in den nur fünfundvierzig Lebensjahren, bevor er 1901 als Pfarrer nach Mündt kam. Seine Schwester Luise führte seinen Haushalt und hatte wohl auf eine Heirat verzichtet, um bei ihrem Bruder bleiben zu können. Ob sein Herumziehen von Stelle zu Stelle ganz freiwillig geschah oder ob sein für die damalige Zeit völlig aus dem Rahmen fallendes Tun dabei eine Rolle spielte, bleibt unklar.

Jedenfalls blieb Neumann dem, was er für richtig und notwendig hielt, treu bis an sein Lebensende. Und sein Werk überlebte ihn und vor allem auch seine Kritiker. Sein Kampf gegen den Alkohol-Missbrauch und seine Hilfe für diejenigen, die von dieser erst 1968 von der Weltgesundheitsorganisation als Krankheit anerkannten Sucht betroffen waren, ist heute eine Selbstverständlichkeit. Damals trug dieser Kampf dem Pfarrer Neumann manchmal das Staunen seiner Mitmenschen, meist aber Hohn und Spott ein.[1] Heute ist er als der angesehene Gründer des »Kreuzbundes« bekannt und die Josef-Neumann-Medaille ist die höchste Auszeichnung dieser katholischen »Selbsthilfe- und Helfergemeinschaft« im Deutschen Caritas-Verband. Sie wird Nicht-Mitgliedern verliehen, die sich um den Kreuzbund verdient gemacht haben (Abb. 1).

Den Namen »Kreuzbund« trägt die Helfergemeinschaft seit 1926. Gegründet wurde sie 1896 in Aachen als »Katholischer Verein gegen den Missbrauch alkoho-

---

1 http://de.wikipedia.org/wiki/Josef_Neumann <letzter Zugriff am 22. April 2007>.
http://www.bautz.de/bbkl/n/neumann_w_j_m.shtml <letzter Zugriff am 23. April 2007>.
In den beiden Internet-Artikeln auch Literatur von und über J. Neumann. Siehe auch: Wilhelm Bers, Drei Pfarrer des Jülicher Landes um die Jahrhundertwende, in: Heimatkalender des Kreises Jülich 1962, S. 76-84, zu Neumann: S. 81-84.

lischer Getränke« eben von Josef Neumann; seit 1899 trug sie den Namen »Kreuzbündnis«. Neumanns Kampf gegen den Alkoholismus entsprang dem Miterleben der Sucht eines Bruders, der sich dabei zu Grunde gerichtet hatte.
Zum fünfundzwanzigsten Todestag von Josef Neumann im Jahre 1937 schrieb ihm E. Reisch einen Nachruf, der tiefstes Verständnis und größte Hochachtung vor dem einst Verachteten deutlich macht. Reisch zitiert den Apostel Paulus: »›In allem werden wir bedrängt, werden aber

Abb. 1: Josef-Neumann-Medaille des Kreuzbundes.

nicht erdrückt; wir sind im Zweifel, aber verzweifeln nicht, wir leiden Verfolgung, sind aber nicht verlassen; wir werden nieder geworfen, gehen aber nicht zu Grunde.‹ (2. Kor. 4,8-9) Seine Erfolge hat er durch Niederlagen errungen, der ›Schnaps-Neumann‹, den wenige beachteten, viele verlachten und noch mehr gleichgültig übersahen.« So bezieht Reisch den Satz des Paulus auf Neumann, und er spricht von einem befreundeten Geistlichen, der sagte: »Meine Sympathie hat (er) in einem Augenblick erworben, wo er es wohl am wenigsten vermutete: als er nämlich nach einer heftigen Diskussion unter Hohn und Spott wie ein geprügelter Hund den Saal verlassen musste und sehr geduldig und gelassen von dannen ging.«[2]

1890 gründete Neumann den »Volksfreund«, die Zeitschrift des Kreuzbundes, 1901 den »Priesterabstinentenbund«. Im selben Jahr war er Mitbegründer des Kamillushauses in Essen-Heidhausen, der ersten katholischen Trinkerheilanstalt in Deutschland. Als »Fachklinik Kamillus-Haus« dient sie heute noch ihren alten Zwecken.[3]

Vielleicht seine größte Leistung war die am meisten verspottete Einrichtung – das »St. Anna-Hauses« (Abb. 2). Diese erste katholische Trinkerinnen-Heilanstalt in Deutschland wurde am 12. (oder 21.) Juni 1903 in Mündt gegründet. Als Betreiberinnen des Hauses konnte Neumann die Vinzentinerinnen von Köln-Nippes – »Töchter der christlichen Liebe des hl. Vinzens von Paul« – gewinnen, die das Haus bis 1957 führten.[4] Vertraglich festgelegte Direktoren des Hauses waren die Pfarrer von Mündt, die sich allerdings nicht immer so überzeugt zeigten und kümmerten wie Josef Neumann. 26.000 Mark hatte Neumann zum Neubau des Anna-

---

2 E. Reisch, Auch ein Apostel der Caritas. Zum 25. Jahrestag des Todes von Pater Anno Neumann, in: Zeitschrift für Caritaswissenschaft und Caritasarbeit, Heft Nr.1, Jahrgang 43, Januar 1938, hrsg. vom Deutschen Caritasverband, Freiburg (abgedruckt bei Josef Könen, Chronik der katholischen Pfarrgemeinde St. Urbanus Mündt-Opherten, Titz o.J. [1989], S. 119). Siehe auch: Eine Erinnerung an Pater Anno Neumann, in: Jülicher Sonntagsblatt, hrsg. von der katholischen Geistlichkeit des Kreises Jülich, Wochenbeilage zum Jülicher Kreisblatt, Nr. 28, 1927, 06. November.

3 http://www.kamillushaus.de <letzter Zugriff am 23. Februar 2008>.

Abb. 2: Mündt, Haus-Nr.5, St. Anna-Haus (heute Anna-Hof) in seiner aktuellen Gestalt an der Straße nach Opherten.

Hauses gestiftet, bei dessen Einweihung neben der Geistlichkeit des Jülicher Landes auch zweitausend Besucher erschienen waren.[5] 1909 wurde die Heilanstalt nach Wassenberg verlegt, das Pflegeheim aber blieb in Mündt bis 1942. Dann wurde aus der Trinkerinnenheilanstalt ein Altenheim, das 1957 von den Schwestern zur Konzentration der eignen Kräfte aufgegeben werden musste.[6]

Als 1909 Neumanns Schwester Luise, die ihre Arbeitskraft und ihren Vermögensanteil in das Anna-Haus eingebracht hatte, starb, zog sich Josef Neumann ins Kloster zurück und wurde als Pater Anno Dominikaner in Düsseldorf (Abb. 3). Dort starb er am 12. Dezember 1912. In der Totenliste des Konvents auf dessen Internetseite ist Pater Anno eingetragen.[7]

---

4 http://www.erzbistum-koeln.de/erzbistum/orden/Frauenorden/vinzentinerinnen.html <letzter Zugriff am 03. Mai 2007>.
5 Vertrag mit den Vinzentinerinnen bei Könen o.J. (wie Anm.1), S. 110.
6 Könen o.J. (wie Anm.1), S. 109.

Abb. 3:
Josef Neumann als Dominikaner-Pater Anno.

Noch eines muss bei diesem wirklich großen Menschen erwähnt werden. Er war Begründer oder zumindest Mitbegründer des »Deutschen Lourdes-Vereins«, der sein Gründungsjahr auf seiner Internet-Seite mit 1880 angibt, der aber nach allen anderen Aussagen erst 1904 gegründet wurde. Schon 1888 hatte Neumann als Rektor des Aachener Arbeiterinnen-Hospizes marianische Frömmigkeit kennen und lieben gelernt, zumal damals Lourdes immer mehr in das öffentliche Interesse geriet, seit dort 1858 der Bernadette Soubirous in der Grotte Massabielle die Madonna erschienen war. Seinem Reise- und Wanderdrang folgend, organisierte Neumann Wallfahrten nach Lourdes und war der erste deutsche Priester, der in der Erscheinungsgrotte eine heilige Messe feierte.[8] Schon 1892 fuhr er mit einem Arbeiterinnen-Sonderzug und fünfhundert Arbeiterinnen nach Lourdes. Sein ganzer Stolz war die in Mündt nach dem Muster von Lourdes errichtete und am 07. September 1902 eingeweihte Lourdes-Grotte, die heute noch vorhanden ist und gepflegt wird (Abb. 4 und 5).[9] Sie steht neben dem Pfarrhaus in einem eigens für sie von Neumann angelegten englischen Park mit heute uralten Bäumen.

---

7 http://www.dominikaner-duesseldorf.de/ <letzter Zugriff am 23. April 2007> Links: Dominikaner, Liste der Verstorbenen; zu Neumann siehe auch: August Engel, Pfarrer Neumann – Vorkämpfer gegen Missbrauch des Alkohols, in: Jülicher Nachrichten, 10. August 1989.

8 Bers 1962 (wie Anm. 1), S. 80. http://de.wikipedia.org/wiki/Lourdes <letzter Zugriff am 23. April 2007>.

9 Handbuch des Bistums Aachen, 3. Ausgabe, Mönchengladbach 1994, S. 488. http://www.lourdes-verein.de/ <letzter Zugriff am 26. April 2007>. Fälschlich ist bei Könen o.J. (wie Anm. 1) S. 90 der vorliegende Zeitungsartikel und damit auch die Einweihung der Grotte in das Jahr 1903 datiert. Der bei Könen als Kopie beigefügte Artikel »Die Lourdes-Grotte zu Mündt« findet sich weder in der Jülicher Zeitung von 1902 noch in der von 1903. Das Jülicher Kreisblatt vom Jahr 1902 fehlt im Stadtarchiv Jülich ganz.

Abb. 4: Lourdes-Grotte in Mündt; entstanden um die Wende vom 19. zum 20. Jahrhundert.

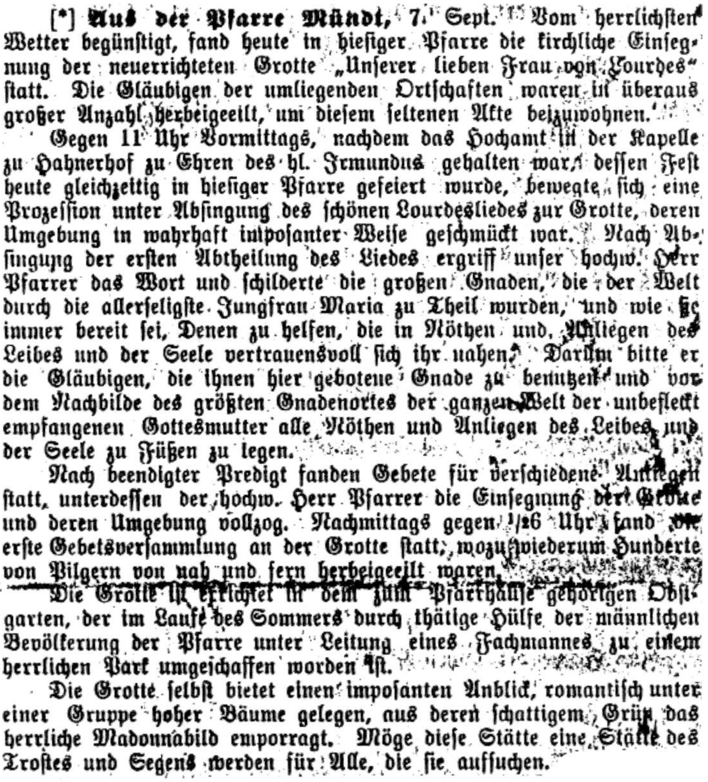

Es ist manchmal mehr als erstaunlich, was ein Mensch in seiner kurzen Lebensspanne zu tun in der Lage ist. Als Neumann 1901 nach Mündt geschickt wurde, fand er eine durch Brand und Alter sehr beschädigte Kirche vor. Er begann sofort mit der Total-Renovierung. Vieles von dem, was damals beschafft wurde, ging im und nach dem Zweiten Weltkrieg – auch noch nach der Liturgie-Reform des Zweiten Vatikanums (1969) verloren. Erinnerungswürdig sind die farbigen Fenster, von denen heute nur noch ein kleines Stück im Fenster hinter der Orgel vorhanden ist. Auch eine neue Orgel wurde damals angeschafft. Sie wurde 1994 durch ein neues Werk ersetzt.

[*] **Aus der Pfarre Mündt**, 7. Sept. Vom herrlichsten Wetter begünstigt, fand heute in hiesiger Pfarre die kirchliche Einsegnung der neuerrichteten Grotte „Unserer lieben Frau von Lourdes" statt. Die Gläubigen der umliegenden Ortschaften waren in überaus großer Anzahl herbeigeeilt, um diesem seltenen Akte beizuwohnen.

Gegen 11 Uhr Vormittags, nachdem das Hochamt in der Kapelle zu Hahnerhof zu Ehren des hl. Irmundus gehalten war, dessen Fest heute gleichzeitig in hiesiger Pfarre gefeiert wurde, bewegte sich eine Prozession unter Absingung des schönen Lourdesliedes zur Grotte, deren Umgebung in wahrhaft imposanter Weise geschmückt war. Nach Absingung der ersten Abtheilung des Liedes ergriff unser hochw. Herr Pfarrer das Wort und schilderte die großen Gnaden, die der Welt durch die allerseligste Jungfrau Maria zu Theil wurden, und wie sie immer bereit sei, Denen zu helfen, die in Nöthen und Anliegen des Leibes und der Seele vertrauensvoll sich ihr nahen. Darum bitte er die Gläubigen, die ihnen hier gebotene Gnade zu benutzen und vor dem Nachbilde des größten Gnadenortes der ganzen Welt der unbefleckt empfangenen Gottesmutter alle Nöthen und Anliegen des Leibes und der Seele zu Füßen zu legen.

Nach beendigter Predigt fanden Gebete für verschiedene Anliegen statt, unterdessen der hochw. Herr Pfarrer die Einsegnung der Grotte und deren Umgebung vollzog. Nachmittags gegen 1/26 Uhr fand die erste Gebetsversammlung an der Grotte statt, wozu wiederum Hunderte von Pilgern von nah und fern herbeigeeilt waren.

Die Grotte ist errichtet in dem zum Pfarrhause gehörigen Obstgarten, der im Laufe des Sommers durch thätige Hülfe der männlichen Bevölkerung der Pfarre unter Leitung eines Fachmannes zu einem herrlichen Park umgeschaffen worden ist.

Die Grotte selbst bietet einen imposanten Anblick, romantisch unter einer Gruppe hoher Bäume gelegen, aus deren schattigem Grün das herrliche Madonnabild emporragt. Möge diese Stätte eine Stätte des Trostes und Segens werden für Alle, die sie aufsuchen.

Abb. 5: Jülicher Zeitung von Mittwoch, 10. September 1902 (im Stadtarchiv Jülich).

Abbildungsnachweis: Stadtarchiv Jülich: 5; Peter Nieveler: 1 (Archiv), 2, 4; Bers 1962 (wie Anm. 1), Abb. S. 82: 3.

Peter Nieveler

Fragen über Fragen!
Nibelungenlied und Nibelungensage
Die Nibelungen am Niederrhein? In der Eifel?
In Mündt in der Gemeinde Titz?
Versuch eines Überblicks über einige
– sehr verschiedene – Forschungsergebnisse

Uns ist in alten maeren wunders vil geseit:	In alten Mären wird uns viel Wunderbares erzählt:
von heleden lobebaeren, von grozer arebeit,	von berühmten Helden, von großer Mühsal,
von freude und hochgeciten, von weinen unde klagen,	von Freude und Festen, von Weinen und Klagen,
von küener recken striten muget ir nu wunder hoeren sagen.	vom Kampf tapferer Recken – von all dem könnt ihr nun Erstaunliches hören.
Ez wuohs in Buregonden ein vil edel magedin,	Es wuchs im Burgundenland ein hochadliges Mädchen heran,
daz in allen landen niht schoeners mohte sin,	schöner als alle anderen auf der Welt,
Chriemhilt geheizen. diu wart ein schoene wip;	sie hieß Kriemhild. Später wurde sie eine schöne Frau;
Darumbe muosin degene vil verliesen den lip.	Ihretwegen mussten viele Kämpfer ihr Leben verlieren.[1]

Schon diese beiden fast überall bekannten Eingangsstrophen des hochmittelalterlichen »Nibelungenliedes« weisen, wo sie von den »alten Mären« und den »Burgunden« reden, die Probleme auf, die im vorliegenden Aufsatz angesprochen und dargestellt, wenn auch nicht gelöst werden.

1. Das »Nibelungenlied«

Das große rund 2.400 Strophen zu je vier Versen umfassende, in mittelhochdeutscher Sprache verfasste Heldenepos, das unter dem Namen »Nibelungenlied« seit

---

Die Abkürzungen der im Folgenden zitierten Literatur werden im Literaturverzeichnis am Ende dieses Beitrags aufgelöst.
1 Zitiert nach der Ausgabe und der Übersetzung von Ursula Schulze.

seiner Entstehung vor achthundert Jahren kaum etwas von seiner mythischen Kraft um Liebe, Erotik, Treue, Rache und grausamste Gewalt verloren hat, entstand um 1200 in der Gegend von Passau.[2] Der Dichter ist uns namentlich nicht bekannt. Er arbeitete wohl im Auftrag Bischof Wolfgers von Passau (1191-1204),[3] eines besonderen Förderers der Literatur. Vielleicht gab es gar mehrere Verfasser oder Bearbeiter dieses literarischen Kunstwerks. Die uns heute noch vorliegenden siebenunddreißig mittelalterlichen Handschriften – dabei vor allem die großen vollständigen Handschriften A, B und C – zeigen zudem, dass die endgültige formale und inhaltliche Fassung des Werkes erst im Text der Handschrift C gefunden wurde, in der die Sagen- und Motivationszusammenhänge der alten Mären in die uns bekannte und sinnvoll erscheinende Form gebracht wurden (Abb. 1).[4] Die alten Sagen und Geschichten wurden im Nibelungenlied verschriftlicht und in einen endgültigen Text gefasst. Die Mären reichen mit ihren möglichen historischen Hintergründen in die schon vom Jahre 1200 aus graue Vorzeit des 5. und 6. Jahrhunderts zurück und wurden im deutschen und im nordischen Sprachraum durch die Jahrhunderte hindurch nur mündlich überliefert. Dass sich die Vorlagen und Vorgaben dabei nicht selten veränderten, ist einsichtig. Dass bei sachlichen Änderungen auch die Motivationszusammenhänge neu gedacht und erzählt werden mussten, ergibt sich fast notwendig. Aufgabe des mittelalterlichen Dichters war es, die vielfältigen Strömungen einer langen Zeit und aus verschiedenen Gegenden zusammenzuführen und – wenn nötig – auch neu zu fassen. Das gelang nicht in einem Schritt, wie die Handschriften zeigen. Zur Handschrift C sagt Ursula Schulze im Kommentar zur Ausgabe des Textes im Jahre 2005: »Im Vergleich zu den anderen Fassungen zeigt der C-Text einen anderen, fortgeschritteneren Bearbeitungsgrad der schriftlichen

---

2   Im 19. Jahrhundert und in der ersten Hälfte des 20. Jahrhunderts erlangte es den Ruhm eines deutschen Nationalepos, obwohl es eigentlich eine »Familiengeschichte« ist und an keiner Stelle der deutschen Nation einen Identifikationspunkt bietet; Klaus von See, Das Nibelungenlied – Ein Nationalepos?, in: Nibelungen. Sage-Epos-Mythos, S. 309ff. Viel nationalistischer Missbrauch mit Wagners »Ring des Nibelungen«, der im Sinne des Deutschtums verbogene Begriff der »Nibelungentreue« zwischen Deutschland und Österreich im Ersten Weltkrieg und Hermann Görings abstruser Hinweis auf den Untergang der Nibelungen während der Schlacht von Stalingrad am 30.01.1943 ließen das Epos in Öffentlichkeit und Schule nach dem Zweiten Weltkrieg fast verstummen; Kaiser, S. 204 und Peter Krüger, Etzels Halle und Stalingrad, in: Nibelungen. Sage-Epos-Mythos, S. 375ff.
3   Joachim Heinzle, Von der Sage zum Epos, in: Das Nibelungenlied und seine Welt, S. 20.
4   Die Handschrift C befindet sich seit 2001 in der Badischen Landesbibliothek in Karlsruhe und ist wohl die älteste von allen. (Das Nibelungenlied und seine Welt, S. 13). Sie wurde von der Landesregierung Baden-Württemberg für 19 Mill. DM gekauft. (Kaiser, S. 205). Zu den Handschriften vgl. ausführlich in Einzelaufsätzen: Nibelungen. Sage-Epos-Mythos, S.191-305: Die Überlieferung des Nibelungenliedes. Handschrift A befindet sich heute in der Bayerischen Staatsbibliothek München, Handschrift B in der Stiftsbibliothek St. Gallen (siehe dazu auch: Das Nibelungenlied und seine Welt, S. 188ff.).

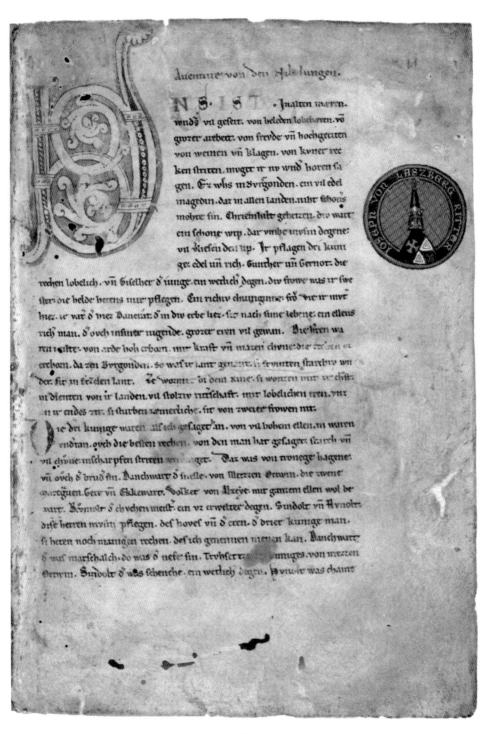

Abb. 1: Nibelungenlied und Klage, Handschrift C, Blatt 1r, Badische Landesbibliothek Karlsruhe.

Dichtung. Die Version der Handschrift C besitzt 112 zusätzliche Strophen (umgekehrt haben auch 45 in den Handschriften A und B vorkommende Strophen in C keine Entsprechung). Außerdem sind zahlreiche Wörter und Strophenteile verändert. Als Auswirkung der Bearbeitung lässt sich erkennen, dass Unstimmigkeiten des Textes beseitigt, fehlende Motivierungen ergänzt, rationalisierende Erläuterungen eingefügt, neue Bewertungsakzente gesetzt und die Kommunikation zwischen Erzähler und angeredeten Hörern intensiviert worden sind.«[5] Man unterscheidet die Handschriftengruppen heute nach ihrer letzten Zeile, die in A und B »hie hât daz maere ein ende: daz ist der Nibelunge nôt« (Hier hat die Geschichte ein Ende: Das ist »Der Nibelungen Not.«) lautet, während in C als letztes Wort »liet« steht (»Das ist das Nibelungenlied.«).

Welche uralten Mären sind es nun, die im Nibelungenlied gleichsam »auf einen Nenner« gebracht wurden, und welchen historischen Hintergrund könnten sie haben? – Einmal sind es die Sagen um Siegfried, den Königssohn aus Xanten, der mit seinem Schwert Balmung den Drachen Fafnir tötete, in dessen Blut badete und so unverwundbar wurde – bis auf jene Stelle in der Größe eines Lindenblatts, das zwischen seine Schultern gefallen war, als er im Blut des Drachen badete. Das Untier hatte den unvorstellbar großen Nibelungen-Schatz bewacht, der nun Siegfried gehörte.

Als der Held von Kriemhild, der Burgunden-Prinzessin, hörte, zog er nach Worms, in die Königsstadt der Burgunden, und warb um Kriemhild, deren Bruder Gunther König in Worms war, vielleicht in einer kooperativen Regentschaft mit seinen Brüdern Gernot und Giselher. Weil Gunther Brünhild, die in ihrer Jungfräulichkeit unbezwingbare Königin von Island,[6] zu seiner Frau machen wollte, erbat er für seine Werbung um Brunhild Siegfrieds Hilfe als Vorbedingung für die Hand der Kriemhild. Unter einer Tarnkappe verborgen, die Siegfried dem Zwerg Alberich abgerungen hatte,[7] konnte er an Gunthers Stelle Brunhild erobern. In Worms wurde Doppelhochzeit gefeiert. Kriemhild und Siegfried wohnten fortan in Xanten. Bei einem Besuch des Paares in Worms wurde der Betrug Siegfrieds an Brunhild offenbar. Zu deren Ehrenrettung ermordete Gunthers Vasall Hagen von Tronje Siegfried auf der Jagd. Hagen nahm Siegfrieds Schwert an sich und raubte Kriemhild auch den Nibelungenhort, den sagenhaften Schatz Fafnirs, den Siegfried seiner Frau als Morgengabe mit in die Ehe gebracht hatte. Damit ist der erste

---

5 Ursula Schulze, Nibelungenlied-Ausgabe, S. 790.
6 Siehe die 6. Aventiure des Nibelungenliedes, besonders Strophe 390, S. 130/131 der Ausg. von Schulze, in der Isenstein als Wohnsitz Brünhilds genannt wird, das gemäß der Überschrift der 6. Aventiure mit Island gleichgesetzt wird.
7 Nibelungenlied, Text Schulze, Strophen 342-344.

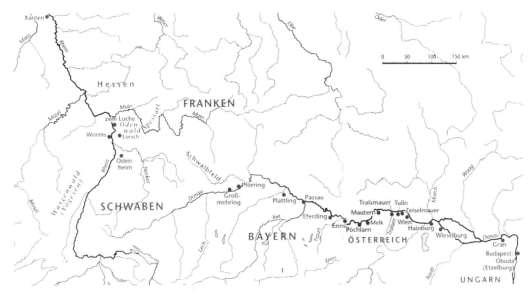

Abb. 2: Schauplätze des Nibelungenliedes – des Zuges der Burgunder – an Rhein und Donau.

Teil des Nibelungenliedes nach neunzehn so genannten Aventiuren (Kapiteln) beendet.

Es bleiben zwanzig Aventiuren des zweiten Teils, in dem der Untergang der Burgunden in Gran (Eztergom – Ungarn) auf der Burg des Hunnenkönigs Attila/Etzel dargestellt ist.

Seit Siegfrieds Tod dachte Kriemhild an Rache. Mit Macht wollte sie den Tod der Mörder Siegfrieds, nämlich Hagens und ihrer Brüder. Ihre Chance kam, als Etzel um sie warb. Sie heiratete ihn und lud eines Tages die Burgunden nach Gran ein an den Königshof. Etzel sah in dieser Einladung auch eine Möglichkeit, den Schatz der Nibelungen an sich zu bringen, den Hagen im Rhein versenkt hatte. Nur er und Gunther kannten die Stelle. Entgegen jedem guten Rat zogen die Burgunden nach Gran und wurden ausnahmslos vernichtet. Das Massaker am Hof Etzels überlebten nur Etzel, Dietrich von Bern, der sich im Exil an Etzels Hof aufhielt, und Dietrichs Waffenmeister Hildebrand. Als Kriemhild mit Siegfrieds Schwert Balmung Hagen den Kopf abschlägt, zerstückelt Hildebrand die Frau, die es gewagt hatte, gegen Könige anzutreten.

Die in der literarischen Endfassung des Nibelungenliedes stimmigen Handlungs- und Motivzusammenhänge auf mögliche historische Hintergründe der verschiedenen Sagenstränge zurückzuführen ist ein Problem, das trotz vieler Arbeiten nicht weniger Forscher bis heute nicht endgültig gelöst ist und das in diesem Aufsatz aufgegriffen wird, weil in ihm auch das Jülicher Land – besonders die Gegend von Mündt in der Gemeinde Titz – eine Rolle spielt.

Beim Betrachten der Graphik zum Zug der Nibelungen (Abb. 2) fällt sogleich auf, dass dem Dichter anscheinend die süddeutsch-österreichisch-ungarische Gegend um Passau sehr viel bekannter war als die nördlicheren Regionen um Xanten und Worms. Dazu passt auch, dass in den noch nicht geglätteten Handschriften A, B in Strophe 911 die Jagd mit dem Ziel der Ermordung Siegfrieds im Wasgenwald, den Vogesen, stattfinden soll und man gemäß Strophe 918 dorthin von Worms aus über den Rhein reiten will, obwohl doch Worms wie die Vogesen linksrheinisch liegt.[8] Handschrift C macht aus dem Wasgenwald den Odenwald, sodass nun die Angelegenheit sachlich richtig sein kann, weil der Odenwald mit seinem östlichen Teil rechts des Rheins liegt (Abb. 3).[9]

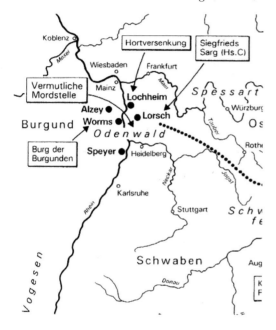

Abb. 3: Schauplätze des Nibelungenliedes am Mittelrhein mit Vogesen und Odenwald.

Für den sagenhaften Zug der Burgunde(r)n[10] nach Gran, wo zur Zeit der Entstehung des Nibelungenliedes die ungarischen Könige herrschten, das in der Dichtung aber Etzel/Attila, dem Hunnenkönig, zugesprochen wird, gibt es deutliche historische Vorgaben, die aber mit ebenso deutlichen Fragezeichen zu versehen sind.

Da von den Burgunden keinerlei eigene schriftliche Zeugnisse vorliegen, ist man für ihr Dasein und ihr Wiesein auf Aussagen antiker Schriftsteller aus dem römischen Sprach- und Machtbereich angewiesen. Deren Hinweise sind aber naturgemäß aus der Sicht der Römer verfasst, die im 3. und 4. Jahrhundert genug damit zu tun hatten, ihre Rheingrenze - auch mit linksrheinischen germanischen Söldnern – gegen germanische Eindringlinge von der rechten Rheinseite zu sichern.

---

8 Textausgabe von Grosse, S. 278 und S. 280; dazu Heinzle, Literarischer Status des Nibelungenliedes, in: Nibelungenlied und Nibelungenklage. Neue Wege der Forschung, S. 107.
9 Handschrift C, Strophe 919 und 926, Textausgabe von Schulze, S. 298 und S. 302. Neuere Überlegungen von Harry Böseke, Der Herweg war nicht der Heerweg, in: Der Berner. Neues über die Völkerwanderungszeit am Niederrhein. Mitteilungen des Thidreks-Saga-Forums, Nr. 27, Febr. 2007, S. 50-51 suchen den Wasgenwald in den Mittelgebirgsregionen des Westerwaldes, des Bergischen Landes und des Sauerlandes, also rechts des Rheins.
10 Beide Namen sind möglich und werden vermischt gebraucht (Heinzle, Nibelungen. Lied und Sage, S. 27).

Aus solchen römischen Quellen lässt sich erschließen, dass die Burgunden – ob es sich um ein Volk, eine Bevölkerungsgruppe oder einen Familienstamm handelte, ist unklar – in der Mitte des 3. Jahrhunderts wohl noch zwischen Oder und Weichsel lebten, bevor sie im Zuge der Völkerwanderung ganz oder in Teilen nach Süden und Westen zogen und am Rhein – ob am Mittel- oder Niederrhein, nur rechts oder auch schon links des Flusses, bleibt die Frage – eine Zeit lang sesshaft wurden.[11]

Um 410 überschritten sie jedenfalls den Rhein im Bündnis mit den in der Nähe siedelnden Vandalen, deren Raubzug durch Gallien in kurzer Zeit bis nach Spanien führte. Hinter ihnen gab es nichts als »verbrannte Erde«. Die Burgunder hingegen blieben am Rhein (erstes Reich) und machten 411 mit bei der Erhebung des gallischen Adligen Jovinus (Abb. 4) zum Gegenkaiser des weströmischen Kaisers Honorius (reg. 395-423). Als 413 die Macht des Jovinus zerbrach, wurden nach Meinung der meisten heutigen Forscher die Burgunden von den Römern in der aus dem Nibelungenlied bekannten Gegend um Worms am Mittelrhein, nach Meinung weniger anderer aber nördlicher am Niederrhein angesiedelt.[12]

Aus nicht zu klärenden Gründen zogen die Burgunder dann aus diesem ihrem zweiten Reich am Rhein in die Niedergermanien benachbarte römische Provinz Belgica.[13] Darin sahen die Römer einen Aufstand, den der römische Heermeister Aëtius 436 mit Hilfe hunnischer Söldner niederschlug. Dabei wurden die Burgunder mit ihrem König Gundaharius – dem Gunther des Nibelungenliedes – fast völlig vernichtet. Die Überlebenden siedelten die Römer an der oberen Rhone, in Savoyen, an.[14]

---

11 Kaiser, S. 16.
12 Kaiser, S. 29; Quelle dazu ist Prosper Tiro von Aquitanien (390-455), der eine Chronik schrieb, die ab 412 auf eigenes Material des Prosper zurückgreift (http://www.bautz.de/bbkl/p/prosper_v_a.shtml <letzter Zugriff am 07.03.2007>): Dort steht für das Jahr 413: »Burgundiones partem Galliae propinquantem Rheno obtinuerunt.« – »Die Burgunden erhielten einen Teil Galliens nahe am Rhein.« (Alexander Riese, Das rheinische Germanien in der antiken Litteratur, Leipzig 1892, S. 347, Nr. 64). Ohne andere Hinweise spricht Frank M. Ausbüttel, Gundobad. Der Höhepunkt des Burgunderreiches, in: Germanische Herrscher. Von Arminius bis Theoderich, Darmstadt 2007, S. 108 nur von Worms und dem Mittelrhein. Vgl. auch Peter Wackwitz, Gab es ein Burgunderreich in Worms?, 2 Bde., Worms 1964/65, Bd. 1, S. 48.
13 Der Zug der Burgunden in die Provinz Belgica wäre einleuchtender, wenn sie nicht in Obergermanien am Mittelrhein, sondern in Niedergermanien am Niederrhein gewohnt hätten, wie H. von Petrikovits 1978 in der Rheinischen Geschichte, hrsg. von Franz Petri und Georg Droege, Bd. I.1, Düsseldorf, S. 288 feststellt. Siehe dagegen aber Kaiser, S. 29-30; Wackwitz 1964 (wie Anm. 12), Bd.1, S. 54. Möglicherweise hat Petrikovits hier nur an die Provinz Belgica II gedacht. An diese schloss im Süden aber noch die Provinz Belgica I an; siehe Planskizze Thidrekssaga 4, S. 133.
14 Kaiser, S. 31; Heinzle, Die Nibelungen. Lied und Sage, S. 28; Heinzle, Die Nibelungensage als europäische Heldensage, in: Nibelungen. Sage-Epos-Mythos, S. 3.

Abb. 4: Obwohl der Gegenkaiser Jovinus nur zwei Jahre an der Macht war – 411 bis 413 –, gibt es Münzen mit seinem Bildnis mit kaiserlichem Diadem. Der Name »Jovinus« findet sich im linken Bild links: »IOVIN«. Die Umschrift lautet vollständig: »D.N. IOVINUS P.F. AUG.«(Dominus noster Iovinus pius fidelis Augustus – Unser Herrscher Iovinus, der in jeder Weise Erhabene.) Die Münze wurde in den 1930er Jahren in Thorr an der Römerstraße von Köln über Jülich in die Provinz Belgica II gefunden; Hans Klaus Schüller, Die römische Fundmünze (Goldmünze) aus Thorr, in: Geschichte in Bergheim. Jahrbuch des Bergheimer Geschichtsvereins, Bd. 2 (1993), S. 7-9.

Diese Vorgänge wurden bei den Burgunden wohl zum Trauma, das in Sagen mit immer wieder neuen Begründungen der Katastrophe verarbeitet wurde. Dabei sollte die Schmach des Desasters verdrängt werden. Die im Laufe der Zeit immer undeutlicher werdenden historischen Zusammenhänge des Unterganges des eigenen Volkes wurden mit dichterischen Mitteln auf uralte, allgemein menschliche Wesenszüge – »sex, crime and action«: Liebe, Leidenschaft, Eifersucht, Betrug und Gewalt – zurückgeführt.

Wie unklar die Geschichte tatsächlich geworden war, beweisen nicht zuletzt auch Anachronismen, die niemand aus dem Nibelungenlied zu löschen versuchte: Als die Burgunden mit Gunther untergingen – im Jahre 436 – war Etzel/Attila, der Hunnenkönig, noch nicht Herrscher über die Hunnen. Das wurde er erst 444 durch einen Mord an seinem Bruder Bleda, der mit ihm geherrscht hatte. Dietrich von Bern,[15] der im Nibelungenlied am Hofe Etzels lebt, wurde schon immer mit dem Ostgotenkönig Theoderich dem Großen gleichgesetzt, der allerdings von 451-526 lebte und damit nicht einmal Zeitgenosse Etzels war.

Der historische Attila starb schon im Jahre 453 wohl an einem Blutsturz – in der Hochzeitsnacht, die er mit der Germanin Hiltiko verbrachte. Schnell wurde Hiltiko mit »Kriemhild« aus dem Nibelungenlied in »sagenhafte« Verbindung gebracht: Sie habe Etzel ermordet und damit den Untergang ihres Bruders Gunther und seiner Burgunder durch hunnische Söldner mit dem Tod des Königs der Hunnen gerächt.[16]

An ihren neuen Wohnorten an der Rhone vermischten sich nach immer neuen Kämpfen die Burgunder mit den in der gleichen Gegend ansässigen Franken. Erstaunlicherweise taucht in diesem Zusammenhang eine westgotische Königstochter mit Namen Brunichildis auf, die einen merowingischen Teilkönig mit Namen Sigibert I. (reg. 561-575) heiratete und in der Gegend von Metz lebte. Nicht wenige Forscher denken bei diesen Namen an Siegfried und Brunhild aus

---

15 Bern ist nicht die heutige schweizerische Hauptstadt, sondern im Mittelalter das norditalienische Verona; http://de.wikipedia.org/wiki/verona <letzter Zugriff am 15.11.2007>.
16 Heinzle, Nibelungenlied. Lied und Sage, S. 29; Kaiser, S. 201.

dem Nibelungenlied. Beweisen lässt sich aber nichts, zumal bei den Gestalten der Sage auch mythische Elemente nicht zu übersehen sind: Brunhild und Siegfried besitzen übermenschliche Kräfte, Brunhild wohnt weit entfernt auf einer nordischen Insel, und schließlich besitzt Siegfried eine Tarnkappe und ist unverwundbar durch das Blut des Drachen.[17] Der Medizin-Professor Reiner Müller aus Linnich-Tetz (1879-1953)[18] will in einem »Hertzog zu Gülch und Köln, Sigewert«, den er in der »Gülichischen Chronik« des Erichius von 1611 ausfindig gemacht hat und der ein wichtiger Helfer Chlodwigs in der Schlacht bei Zülpich von 496 gegen die Alemannen war, oder in dessen Sohn Sigebert, der von Gehilfen Chlodwigs in einem bis heute unbekannten Wald mit Namen Buchonia ermordet wurde, mögliche Hinweise auf Siegfried sehen und es für möglich halten, dass die Nibelungen aus dem Jülicher Land kamen.[19]

Von den historischen und den unhistorischen Burgundern aller Art lebt heute nur noch ihr Name fort, nämlich in der französischen Region Bourgogne mit dem Sitz der Präfektur in Dijon.[20]

An dieser Stelle müsste noch versucht werden, die Frage nach etwaigen historischen Deutungsmöglichkeiten für den Namen »Nibelungen« zu beantworten. Im Epos sind ein König mit Namen Nibelung und seine Söhne die Besitzer des Nibelungenschatzes.[21] Obwohl der Name auch sonst historisch mehrfach belegt ist, lässt sich nirgendwo ein wirklicher Zusammenhang zum Nibelungenlied herstellen. Und obwohl Siegfried selbst nirgendwo »Nibelung« genannt wird, scheint dieser Name doch an die Besitzer des Hortes gebunden. So tragen ihn die Burgunder auf ihrem Zug nach Gran zu Etzel, wissen doch Gunther und Hagen als Einzige, wo der Schatz im Rhein versenkt ist.

---

17 Vgl. zu Siegfried auch: http://www.poechlarn.at/Stadtgemeinde_Poechlarn.htm (Link: Nibelungen) <letzter Zugriff am 12.02.2007>. Manche Forscher haben in Siegfried auch schon »Arminius«, den Sieger der Varus-Schlacht gegen die Römer im Jahre 9 n. Chr. gesehen. Auch hier fehlen alle Belege. Vgl. http://de.wikipedia.org/wiki/Arminius#Quellenlage <letzter Zugriff am 12.02.2007>. Eine Verbindung zwischen Arminus und Siegfried ist zudem äußerst unwahrscheinlich, da zwischen der historischen Gestalt des Arminius und der sagenhaften Siegfrieds keine realen Beziehungen zu erkennen sind. Siehe: Ausbüttel (wie Anm. 12), hier aber Artikel »Arminius«, S. 35. Neuerdings wird Siegfried wieder enger mit Arminius verbunden (Nibelungen-Code, S. 29).

18 Biographie in Heimatkalender des Kreises Jülich 1966, S. 68 von Hans Clemens; kurze biographische Notiz in einer Anmerkung auf S. 95 des Heimatkalenders des Kreises Jülich 1954; Müller war auch Mitglied des Jülicher Geschichtsvereins; vgl. Mitgliederliste, in: Neue Beiträge zur Jülicher Geschichte, Bd. IX (1998), S. 165.

19 R. Müller, Adelarius Erichius und seine »Gülichische Chronik« von 1611, in: Rur-Blumen, 24. Mai 1924. Die Angaben bei Erichius entbehren jeder historischen Grundlage.

20 Zum heutigen Burgund siehe im Internet: http://de.wikipedia.org/wiki/Burgund <letzter Zugriff am 08.01.2007>.

21 Nibelungenlied ab Strophe 88.

2. Die »Nibelungensage«

Dass im Nibelungenlied Handlungsablauf und Motivationen zusammenpassen, ist das Ergebnis einer beachtlichen Leistung des Dichters bzw. der Dichter, die mit den vielen sagenhaften Hinweisen allerdings nicht im ersten Anlauf zum Ziel kamen, wie die Unterschiede der Handschriften A, B auf der einen und C auf der anderen Seite gezeigt haben. Es kam ihm oder ihnen in der höfischen Zeit des Hochmittelalters auch gar nicht so sehr auf historische Wahrheit an. Ihm oder ihnen ging es vielmehr um die Tugendbegriffe der Zeit und deren Verwirklichung – oder Nichtverwirklichung –, um Treue und Untreue, um Liebe und Betrug.

Das alles aber sollte den Forscher nicht daran hindern, den Wirklichkeitsgehalt der Sage um Siegfried und die Nibelungen weiter zu verfolgen, die historischen Hintergründe so weit wie möglich zu erschließen, Fragen zu stellen und diese, auch wenn sie unbeantwortet bleiben müssen, als Probleme aufzuweisen.

Umfassend hat sich mit dem Zusammenhang zwischen Dichtung und Sage, zwischen Sage und historischer Wirklichkeit der Baseler Germanist Andreas Heusler (1865-1940) schon zu Beginn des 20. Jahrhunderts befasst. Er schloss aus dem Nibelungenlied und den verwandten Formen germanischer Heldendichtung auf eine »gesamtgermanische Kultur«, die, ohne dass Heusler so etwas beabsichtigt hätte, auch den Germanenkult des Nationalsozialismus beeinflusste.

An allem Anfang der Nibelungen-Forschung steht die Frage nach dem Volk der Nibelungen, dessen Zusammenhang mit den Burgundern und seinem realen Wohnort. Die meisten Wissenschaftler und besonders diejenigen, die in der Forschung den Ton angeben, haben sich dabei seit einigen Jahrzehnten schon im Sinne des Nibelungenliedes für ein Burgunden-Reich am Mittelrhein entschieden. Dennoch ist immer noch unklar, wann und warum die Burgunden den Namen Nibelungen erhalten haben und was dieser Name bedeutet.

1755 fiel dem Arzt Jakob Hermann Obereit die Handschrift C in der Bibliothek des Grafen von Hohenems in die Hände. Er zeigte sie dem Züricher Gelehrten Johann Jakob Bodmer, der den Wert des Werkes erkannte, es 1757 herausgab und so den Beginn seines Siegeszuges durch die Literaturgeschichte in Gang setzte. Als Karl Lachmann in Berlin 1826 die erste kritische Bearbeitung der vorhandenen Handschriften herausgab, war damit die Tür für die wissenschaftliche Bearbeitung des Textes aufgestoßen, und zwar für die germanistische und für die historische.

Schon 1827 erschien ein Aufsatz von Friedrich Leopold von Ledebur mit dem Titel »Historisch-geographische Untersuchung: Island und Nibelungenland nach dem Nibelungenliede«.[22] Ledebur glaubte nach aufmerksamem Studium des Nibelungenliedes, den »Isenstein«, die Heimat Brünhilds, nicht in Island, sondern in der heutigen niederländischen Provinz Overijssel finden zu können (Abb. 5).

Abb. 5: Provinzen der Niederlande 1986.

Das erschloss und berechnete er aus Strophe 484, nach der Siegfried »einhundert Raste« zurücklegte, um in seiner Heimat, dem Land, »das Nibelunge hieß«, Verstärkung für Gunther zu holen, der mit seinen Schiffen vor Brunhilds Burg »Isenstein« lag.[23] Ledebur bemisst die »Raste« mit 1,8 bis 2,0 km, Grosse setzt sie mit

---

22 Genaue bibliographische Angaben und Textauszüge in »Forschungen zur Thidrekssaga«, S. 46.

2,5 bis 3,0 km an; Siegfried hätte also, grob gerechnet, 200 km zurückgelegt, um in das Land der Nibelungen zu kommen.[24] Da kann dann Brünhilds Burg Isenstein eher nicht in Island gelegen haben.[25] Von Overijssel aus aber führt der Weg rheinaufwärts nach 200 km in die Gegend von Neuss, und dort suchte Ledebur daher das Land der Nibelungen. Dem widerspricht seiner Meinung nach auch nicht Strophe 739 der Handschrift B, in der »Norwaege« – gemeinhin mit Norwegen gleichgesetzt – als die Heimat der Nibelungen genannt ist.[26] Vielmehr suchte er »Norwaege« in Nörvenich im heutigen Kreis Düren. Der Herrschaftsbereich Nörvenich fiel um 1200 durch Heirat an die Grafschaft Jülich.[27] Durch Nörvenich fließt der Neffelbach, der, wie weiter unten dargestellt wird, vom Wortstamm her immer wieder mit den Nibelungen in Verbindung gebracht wurde.

Kritisch und ironisch befasst sich Harry Böseke mit dem Zug der Nibelungen. Mit Wissenschaft und Witz erforscht er die Geschichte und kommt dabei zu eingängigen Bildern, so z. B., wenn er sagt: »Kommen wir zu Gunther und seinen Brüdern. Nun, es ist ja bekannt, dass alle mit »G« anfingen: Gunther, Gernot und Giselher, der Nachzügler. Die Geschwister Hagen und Krimhild stammten aus früheren, sagen wir mal, Scharmützeln des Vaters und seiner damaligen Gattin. Sonst hätten sie auch ein G vorne gehabt. Krimhild also Grimhild, manchmal liest man das so. Ehrlich gesagt: G wie Gans hätte besser gepasst.«[28] Und Böseke meint den Isenstein im Siegerland gefunden zu haben, wo Eisen, mundartlich »ise« – mit langem i und stimmhaftem s – aus der Erde geholt wurde.[29]

An der Erft, in der Gegend von Neuss und Norf, suchte G. Schwager 1987 das Nibelungenland und »Norwaege«.[30] Das römische »Novaesium – Neuss« soll demnach auf ein älteres Nivisium zurückgehen, wo die »Niflungen, Nibelungen« wohnten. Und Norf bei Neuss hat nach Schwagers Meinung das alte »Norwaege«

---

23 Textausgabe von Grosse, S. 150f.
24 »Forschungen zur Thidrekssaga«, S. 47; Textausgabe Grosse, S. 787 zu Strophe 484. »rasta« wird im Mittelhochdeutschen, aber auch im Spätlateinischen als Wegemaß für rund eine Meile gebraucht, deren tatsächliche Länge aber dennoch nicht genau festzulegen ist. (Siehe dazu: F. Kluge, Etymologisches Wörterbuch der deutschen Sprache, 17. Aufl., Berlin 1957, unter »Rast«).
25 Dem scheint Strophe 326 der Ausgabe von Grosse, die mit dem Vers beginnt: »Ez war ein küneginne gesezzen über sê.« (»Es lebte jenseits des Meeres eine Königin.«), zu widersprechen; entsprechend können auch andere Strophen nach Übersee verweisen; so übersetzt U. Schulze z. B. »uf der fluot« in Strophe 418 mit »auf dem Seeweg«. Nach Lexer, Mittelhochdeutsches Taschenwörterbuch, 28. Aufl., Stuttgart 1956, kann »sê« aber auch ein »Landsee« sein, und »fluot, vluot« kann einfach »strömendes Wasser« meinen.
26 Textausgabe von Grosse, S. 226f.
27 Wolfgang Gunia/Peter Nieveler (Red.), Die Herren von Jülich, Jülich 2006, S. 20.
28 Böseke, S. 44f.
29 Böseke, S. 14, S. 71ff. und S. 81.
30 G. Schwager, Nivisium, nivlungischer Königssitz?, in: »Forschungen zur Thidrekssaga«, S. 96.

Abb. 6: Das Quellgebiet des Neffelbachs bei Nideggen-Berg.

aus dem Nibelungenlied bis heute im Ortsnamen bewahrt. Dabei können die »f« und »b« geschriebenen Laute je nach Sprachraum gleichgesetzt werden, ist doch »f=ph« ein behauchtes und b ein stimmhaftes p.[31]

Auf ein mögliches Land der Nibelungen in der Gegend von Neuss hatte schon früher Franz Joseph Mone, langjähriger Direktor des Badischen Landesarchivs in Karlsruhe, in seinem Werk »Untersuchungen zur Geschichte der teutschen Heldensage«, Quedlinburg 1836, hingewiesen, indem er sich auf die Nennung »Novaesium« bei Tacitus, Historien 4.26 und »Nivisium« im Geschichtswerk des Ammianus Marcellinus I,18 c.2 bezog, in welchem sich auch eine der ersten Nennungen Jülichs findet.[32] Mone war es auch, der auf Grund von sprachwissenschaftlichen Überlegungen den Neffelbach, der in der Gegend von Berg bei Nideggen entspringt, an Zülpich vorbeifließt und bei Kerpen in die Erft mündet (Abb. 6),[33] sowie die gesamte Eifel in die Überlegungen zum Nibelungenland einbezog.

---

31 Hans Krahe, Germanische Sprachwissenschaft I: Einleitung und Lautlehre (= Sammlung Göschen, Bd. 238), Berlin 1956, S. 79.

32 Mone, auszugsweise zitiert in »Forschungen zur Thidrekssaga«, S. 47-51; siehe auch Gunia/Nieveler (wie Anm. 27), S. 11.

33 In seinem Quellgebiet ist der Neffelbach heute häufig trocken; von Embken an hat er immer Wasser; nördlich von Zülpich reiht sich an seinen Ufern in der fruchtbaren Zülpicher Börde Dorf an Dorf mit großen Höfen oder Burgen: Müddersheim, Lüxheim, Gladbach, Nörvenich u.a.m. Am Bach vorbei führte – streckenweise auf der Trasse der heutigen B477 – die Römerstraße von Zülpich nach Neuss, die ihrerseits einem uralten, wohl schon steinzeitlichen Weg folgte, der noch im frühen 20. Jahrhundert »Heerweg« genannt wurde. Siehe: J. Hagen, Römerstraßen der Rheinprovinz, Bonn 1923, S. 124 und Karl Heinz Türk, St. Viktor in Hochkirchen, Kath. Pfarrgemeinde Hochkirchen 1993, S. 9; siehe zudem Abb. 16.

Bei dem Namen »Neffelbach« fällt es nicht schwer, einen Zusammenhang mit dem Wort »Nibelungen« herauszuhören, bei der »Eifel« führte Mone die Wortwurzel »ei« auf »nivi« zurück und sah sich damit auf dem rechten Weg ins Nibelungenland, in dem seiner Meinung nach ja auch schon »Nivisium« lag. Das Wort »Nibelungen« mag auch, wie einige andere Forscher meinen, verwandt sein mit altnordisch »nifl«, das »dunkel« bedeutet, und mit »Niflheim«, das in Nordeuropa das »Land der Toten« meint. Diese Bedeutung würde ja auch in gewisser Weise einen Sinn ergeben im Zusammenhang mit dem Untergang der Nibelungen.[34]

Inwieweit Mones Überlegungen richtig waren oder sein könnten, lässt sich bis heute nicht sagen, zumal immer neue Ortszuweisungen für die Nibelungen genannt wurden. Alle diese Zuweisungen zielen auf Bereiche des südlichen Niederrheins und der Eifel. Mone scheint aber mit zu den ersten Wissenschaftlern zu gehören, die den grundsätzlichen Zusammenhang von Sage, Wirklichkeit und Dichtung richtig erkannt haben, wenn er sagt: »Wie sehr auch die Gestalt, in der (die Sage) auf uns gekommen ist, der Willkür unterworfen war, so hat man doch längst einen doppelten Inhalt derselben erkannt, einen geschichtlichen und einen mythischen. Der offenbar geschichtliche Stoff gehört in die Völkerwanderung, seine Abfassung ins 13. Jahrhundert.«[35] Als die Brüder Grimm 1816 ihre Sagensammlung herausgaben, betonten sie noch mehr die Poesie als die Geschichte in den Sagen: »Ohne diese sie begleitende Poesie müssten edele Völker vertrauern und vergehen [...] Auf solche Weise verstehen wir das Wesen und die Tugend der deutschen Volkssage.«[36]

Immer wieder versuchte man auch, über den »Nibelungenhort« und spezielle Definitionen dieses Hortes – z. B. als Erzlagerstätten – das Nibelungenland ausfindig zu machen. In diesem Zusammenhang verweist Rudolf Patzwald auf Berg bei Nideggen und dort gefundene Reste einer Eisenverhüttung sowie mögliche Hinweise auf die Scheidung von Blei und Silber.[37] Und in Berg bei Nideggen entspringt eben der schon oben erwähnte Neffelbach, dessen Wortstamm »Nef« nicht wenige Forscher mit einem »Nif« der »Niflungen« – Nibelungen – gleichsetzen.

---

34 Siehe dazu: Ulrich Müller, Die Nibelungen: Literatur, Musik und Film im 19. und 20. Jahrhundert, in: Nibelungen. Sage-Epos-Mythos, S. 407ff., hier besonders: S. 409; vgl. auch F. Ranke, Altnordisches Elementarbuch, 2. Aufl., Berlin 1949, S. 133: Wörterbuch: »niflfarinn, part.perf. – in das Reich der Hel (des Todes) gegangen«.

35 Mone, in: »Forschungen zur Thidrekssaga«, S. 48f.

36 Vorrede der Brüder Grimm zum 1. Band, 1816 in: Brüder Grimm, Deutsche Sagen, Zwei Bände in einem Band, München 1956, S. 9.

37 Patzwald, in: »Forschungen zur Thidrekssaga«, S. 111; vgl. Petrikovits (wie Anm. 13), S. 130. In jüngster Zeit wird über einen Franken Nebisgast als Namengeber für die Nibelungen nachgedacht. Werner Kleinhorst, Nibelungen: »Die Leute des fränkischen Generals Nebisgast«, in: Thidrekssaga 4, S. 189ff.

Noch mehr Eisen und noch mehr Erze – wenn auch keinen Neffelbach – gab es im Siegerland. Dorthin lenkt Böseke unsere Gedanken, wenn er den Reichtum des Nibelungenhortes in den Bergen des Siegerlandes und in seinen Erzen sucht.

Die Vielfalt der Überlegungen zu den Nibelungen und ihrem Heimatland sowie zu ihrem Zug in den Untergang gipfelt in der Analyse der »Thidrekssaga«, einer altnordischen Zusammenfassung von Sagen über Dietrich von Bern aus dem 13. Jahrhundert. Ihre historischen Wurzeln greifen zurück in die Zeit der Völkerwanderung und in den norddeutschen und niederrheinischen Raum.

Unter diesen Sagen um Dietrich von Bern findet sich auch eine besondere Form der Nibelungensage, in der viele Übereinstimmungen mit dem Nibelungenlied auffallen, aber auch wesentliche Unterschiede, von denen die größten die sind, dass die »Niflungen« – Burgunden kommen in der Thidrekssaga nicht vor – in ihren Untergang nicht nach Gran in Ungarn, sondern nach Susat – Soest in Westfalen – ziehen[38] und dass im Nibelungenlied Kriemhild Siegfrieds einzige große Liebe ist, er in der Thidrekssaga aber schon Jahre vorher der erste Liebhaber Brünhilds war, ihr sogar die Heirat versprochen hatte. Im Nibelungenlied überwältigt er Brünhild unter der Tarnkappe zwar für Gunther, aber er berührt sie nicht;[39] anders in der Thidrekssaga: Hier vollzieht Siegfried an Gunthers Stelle zwar im Dunkeln, aber ohne Tarnkappe die Hochzeit mit Brünhild.[40] Die Erklärung für den letzteren Unterschied ist in der Tatsache zu sehen, dass im Nibelungenlied Siegfried und Kriemhild die Hauptpersonen sind. Um ihre Liebe, seine Ermordung und ihre Rache an den Mördern spinnt sich das ganze Epos. Da wird der »Werbungsbetrug« an Brünhild degradiert zur Nebenepisode, die zwar den Verlauf des Gesamtgeschehens in Gang hält, ihn aber nicht wesentlich bestimmt, was sie hätte tun müssen, wenn es um den Betrug des Vollzugs der Hochzeitsnacht gegangen wäre. – Dann hätte sich das Nibelungenlied zu einem Drama um Brünhild entwickeln müssen.

Der deutschen Öffentlichkeit wurde die Thidrekssaga in der zweiten Hälfte des 20. Jahrhunderts bekannt durch Heinz Ritter-Schaumburg, als dieser sie aus dem Altnordischen und Altschwedischen ins Neuhochdeutsche übersetzte und auf vielfache sprachwissenschaftliche und geographische Weise darzulegen versuchte, dass die Burgunden des Nibelungenliedes dieselben Leute sind wie die Niflungen der Thidrekssaga, der ursprünglichere Name aber sicher »Niflungen« lautet. Und weil es ihm gelang, viele örtliche und personale Zuordnungen in der Landschaft des

---

38 Internet: Wikipedia, Thidrekssaga <letzter Zugriff am 09.01.2007>.
39 Nibelungenlied, Textausgabe Schulze, Strophe 287 und 686.
40 Svava, S. 182, Nr. 210 und S. 184, Nr. 212.

Rheinlandes und Westfalens sinnvoll zu belegen, las er die Thidrekssaga mit Einschränkungen und Vorsicht als historische Quelle für die Geschichte des Niederrheins und Westfalens.[41] Dabei blieb die dichterisch-künstlerische Klasse des Nibelungenliedes zwar unbeschadet, sein historischer Hintergrund aber wurde auf Namen und Fakten an ganz anderen Orten bezogen.

Unter den Fachgermanisten wurde diese These meist abgelehnt. Sie sahen und sehen in der Thidrekssaga und dem Nibelungenlied verschiedene schriftliche Bearbeitungen von mündlich in der Zeit um 1200 überall kursierenden ähnlichen Sagenstoffen, deren gemeinsame historische Quellen man nicht differenzieren und schon gar nicht genau bestimmen könne,[42] wobei allerdings nicht selten das Nibelungenlied als Quelle für die etwas jüngere Thidrekssaga gesehen wird. Für P. Wackwitz war allerdings schon 1964 klar, dass die Thidrekssaga nicht vom Nibelungenlied abhängig ist.[43] Damals legte er ein umfassendes und sehr detailliertes Werk über die Burgunden und den auf sie bezogenen Sagenzusammenhang vor und sagte darin alles, was damals zu sagen war. Ritters Forschungen gab es noch nicht. Und so spielt sich für Wackwitz fast selbstverständlich auch die Thidrekssaga in der Gegend von Worms ab, und er identifiziert Worms mit der Hauptstadt der Niflungen, nämlich mit Verniza (Werniza).[44]

Hermann Reichert[45] weist darauf hin, dass die Thidrekssaga nicht frei sei von geographischen Fehlern, die zwar als dichterische Freiheiten gelesen werden könnten, die aber andererseits deutlich machten, dass auch gelöste Ortsprobleme der Thidrekssaga keineswegs das gesamte Nibelungen-Geschehen vom Süden in den Norden Deutschlands verschieben könnten. Reichert weist auf »die ins Meer fließende Mosel« hin und dabei auf den Satz: »Da sprengte Wideke hinein in die Flut und sank gleich unter Wasser.«[46] Ob diese Stelle das Meer meinen muss, sei aber dahingestellt. Hingewiesen sei auf die Tatsache, dass die Heidelberger Germanistin

---

41 Ritter, S. 34, Nr. 302: »Niemand kam auf den Gedanken, dass das Nibelungenlied in der Thidrekssaga-Überlieferung seine – missverstandene – Quelle haben könnte.« – Zu den zum Teil sehr negativen Rezensionen zu Ritters Buch s. Schweitzer, S. 10, Anm. 15.

42 Internet: Wikipedia, Nibelungensage <letzter Zugriff am 03.02.2007>.

43 Wackwitz (wie Anm. 12), Bd. 1, S. 21.

44 Wackwitz (wie Anm. 12), Bd. 1, S. 20. Zum Ortsnamen »Worms« siehe Franz Cramer, Rheinische Ortsnamen, Wiesbaden 1901, Nachdruck 1970, S. 9, dabei besonders den Hinweis auf die Ableitung des Ortsnamens »Worms« von »worm« = Wurm, Drache, »wozu passt, dass die Nibelungensage mit dem Drachenhorte in Worms lokalisiert wurde.« Im Mittelalter lautet der Name »Wormiza, Wormeze, Wormez«. Die Internet-Enzyklopädie Wikipedia verweist noch auf die jiddische Bezeichnung für die Stadt, die »Vermayze« lautet. <http://de.wikipedia.org/wiki/Worms – letzter Zugriff am 31.03.2008>.

45 Hermann Reichert, Die Nibelungensage im mittelalterlichen Skandinavien, in: Nibelungen. Sage-Epos-Mythos, S. 64.

46 Svava, S. 251, Nr. 286.

Roswitha Wisniewski, von der 1988 die »22. revidierte...und ergänzte Auflage« der grundlegenden Ausgabe des Nibelungenliedes von Karl Bartsch und Helmut de Boor herausgegeben wurde, ein äußerst positives Geleitwort zum 1981 erschienenen Buch H. Ritter-Schaumburgs »Die Nibelungen zogen nordwärts« geschrieben hat. Dieses Vorwort endet mit folgendem Satz: »Heinz Ritters Arbeiten kann schon heute das Verdienst zugesprochen werden, dass sie die Nibelungenforschung auf neue Wege gewiesen und um viele Detailergebnisse bereichert haben.«[47]

Ritter-Schaumburg glaubte feststellen zu können, dass die Thidrekssaga noch kein Christentum kannte und keine Ortsnamen aus der Zeit nach Karl dem Großen.[48] Nach Einhard, dem Biographen Karls, hatte dieser zwar »die uralten heidnischen Lieder, in denen die Taten und Kriege der alten Könige besungen wurden, aufschreiben« lassen, »um sie für die Nachwelt zu erhalten«,[49] doch leider ist diese Sammlung, die – wie aus dem Textzusammenhang hervorgeht – in deutscher Sprache abgefasst war, nicht erhalten. Sie hätte wohl manche Diskussion im Laufe der folgenden Jahrhunderte ersparen können. H. Ritter meint dazu: »Die Thidrekssaga enthält kaum etwas anderes als die Taten und Kriege der frühen Könige und Fürsten. Es ist daher wahrscheinlich, dass die Thidrekssaga weitgehend auf dieser Liedersammlung Karls des Großen beruht.«[50] Dieser Satz ist zwar rein spekulativ, weist aber den Weg, den Ritter in seinen Forschungen gegangen ist, nämlich die Dichtung selbst in gewisser Weise als historische Quelle zu sehen. Genau das hat schon achthundert Jahre vor Ritter die Thidrekssaga selbst auch getan, wenn im so genannten »Nachwort zur Nibelungensage« in der Thidrekssaga steht: »Hier kann man nun hören die Erzählungen deutscher Männer, (von denen) einige in Soest geboren sind, [...] woselbst die Begebenheiten sich ereignet haben, wo Hagen fiel, [...] oder (man kann) den Schlangenturm (sehen), in dem Gunther-König den Tod erlitt, und den Garten, der noch ›Niflungen-Garten‹ genannt wird. Auch Männer haben uns davon gesagt, die in Bremen und Münster geboren sind, und keiner von ihnen wusste mit Gewissheit von den anderen.« Hier werden reale Beweismittel und tatsächliche Zeugen für das Geschehen genannt. Wenn es aber dann weiter geht: »Auch ist das meist dem gemäß, was alte Lieder in deutscher Zunge sagen, welche weise Männer [...] gedichtet haben«, so soll der zu beweisende »Sagen-Tatbestand« durch die Sage selbst bewiesen werden.[51] Und das nennt man gemeinhin einen Zirkelschluss.

---

47 Ritter, S. 14.
48 Svava, Einführung, S. XVIIf.
49 Einhard, Vita Caroli Magni. Das Leben Karls des Großen. Lateinisch-Deutsch (= Reclams Universalbibliothek, Nr. 1996), Stuttgart 1995, S. 54: »Item barbara et antiquissima carmina, quibus veterum regum actus et bella canabantur, scripsit et memoriaeque mandavit.«
50 Svava, Anmerkungen, S. 454, Nr. 16.

Zum entscheidenden Aufhänger für all seine Gedanken und Aussagen zur Lokalisierung der Nibelungensage am Niederrhein und in Westfalen wird für Ritter-Schaumburg folgende Stelle der Thidrekssaga: »So ritten sie die Niflungen immer ihren Weg, bis sie kamen zum Rhein, wo Duna und Rhein zusammenkommen. Das war breit da hinüber.«[52] Diese »Duna« hat die Wissenschaft immer mit der Donau gleichgesetzt. Nun gibt es aber keinen Zusammenfluss von Rhein und Donau.[53] Da in der Thidrekssaga der Zug der Burgunden »Susat-Soest« zum Ziel hat, sucht Ritter-Schaumbug den Zusammenfluss von Rhein und Duna am Niederrhein und glaubt mit der Dhünn fündig geworden zu sein.[54] Dieses Flüsschen mündete bis 1840 bei Leverkusen-Wiesdorf auf der rechten Seite in den Rhein. Die Mündung wurde damals verlegt, sodass die Dhünn seit dieser Zeit in die Wupper fließt und zwar kurz vor deren Mündung in den Rhein (Abb. 7).[55]

H. Ritter glaubt, den erstaunlichen Wirrwarr des Burgunden-/Nibelungenzuges entlang der Donau einer klaren Lösung zuführen zu können: »Wenn die einstmals in den Rhein fließende Dhünn die Duna der Thidrekssaga war; wenn diese angeblich unsinnigste ihrer Angaben sinnvoll und genau war und beste Kenntnis sehr früher Verhältnisse zeigte, dann mussten auch weitere rätselhafte Angaben der Thidrekssaga richtig und sinnvoll sein; dann war hier das, was man beim Nibelungenlied stets vergeblich gesucht hatte: Fester Boden wirklichen Geschehens, echte, ungebrochene Überlieferung, dann waren die ganzen geographischen Angaben des Nibelungenliedes unwirklich, dann war hier die ursprüngliche Quelle,«[56] dann zeigte die Thidrekssaga wirkliche historische Bezüge.
Das hört sich sehr gut an, muss aber so nicht richtig sein. Wenn nämlich Thidrekssaga und Nibelungenlied verschiedene dichterische Ausprägungen derselben Quelle der »alten maeren« waren, die der oder die Dichter an ganz verschiedenen Orten ansiedelten, die einen am Rhein, die anderen an der Donau, dann kann es schon sein, dass die Handschriften des Nibelungenliedes nichts von einem Zusammenfluss von Rhein und Donau wissen und einen solchen auch nicht darstellen. Die Thidrekssaga aber kann den Zusammenfluss von Rhein und Duna (Dhünn) kennen, weil sie am Niederrhein angesiedelt ist, und sie kann auch den Übergang an dieser Stelle in der Dichtung verarbeiten.

---

51 Text der Thidrekssaga aus Ritter-Schaumburg, Textanhang S. 342, Mb 394; siehe dazu: Reichert (wie Anm. 45), S. 65f.
52 Ritter, Textanhang, S. 301, Sv 307.
53 Einen solchen Zusammenfluss kennen auch die großen Handschriften des Nibelungenliedes nicht. Hier kommen die Burgunder nur einfach an die Donau, die Hochwasser führt. Text Grosse, Strophe 1525, 1527 und Text Schulze, Strophe 1561, 1563.
54 Svava S. 368-369, Anm. 90, und Ritter, S. 47.
55 http://de.wikipedia.org/wiki/Dh%C3%BCnn_%28Fluss%29 <letzter Zugriff am 06.02.2007>.
56 Ritter, S. 48.

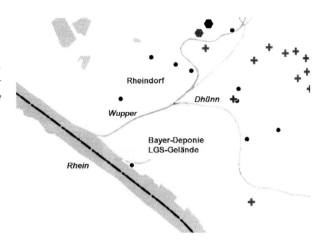

▸ Abb. 7: Ursprünglich mündete die Dhünn in den Rhein (vgl. Abb. 8 und 9), wurde aber 1840 umgelegt und fließt seitdem in die Wupper. 1910 und 1926/28 wurde der Fluss eingedeicht. Um Platz für die Bayer-Deponie zu schaffen wurde der Flusslauf zwischen 1968 und 1971 erneut verändert. Heute mündet die Dhünn nördlich bei Rheindorf in die Wupper (http://www.leverkusen.com/guide/Archiv1.txt/Lev00048.html <letzter Zugriff am 17.09.2007>).

Manches in beiden Sagen hört sich allerdings sehr ähnlich an, zu ähnlich, um von Dichtern mit ganz verschiedenen Voraussetzungen stammen zu können: In der Thidrekssaga heißt es: (Am Zusammenfluss) »das war breit da hinüber, und war da kein Schiff«.[57] Im Nibelungenlied lautet dieselbe Stelle, verlegt an die Donau: »Das Wasser ergoss sich aufs Land, Schiffe waren nicht zu finden. Die Nibelungen gerieten in große Sorge, wie sie den Strom, der außerordentlich breit war, überqueren sollten.«[58]

Auf einer Karte von Streit (Abb. 8) aus dem Jahr 1825 münden tatsächlich Wupper und Dhünn getrennt in den Rhein. Die Preußische Landaufnahme durch von Müffling aus demselben Jahr (Abb. 9) scheint eher auf ein Sumpfgebiet zu verweisen, dass sich an den Mündungen von Dhünn und Wupper gebildet hat, ohne dass beide Flüsse scharf zu trennen wären (Abb. 10).[59] Böseke spricht von einem »direkten Mündungsarm in den Rhein«[60] und könnte damit richtig liegen. Zur »Landesgartenschau NRW Leverkusen 2005« wurde der Bereich der Dhünn-Auen am Rhein mit ihren Industrieablagerungen des 19. und 20. Jahrhunderts saniert und völlig neu gestaltet, sodass vom alten Zustand nichts mehr zu erkennen ist.[61]

Auch Hermann Reichert erkennt die unübersehbare Problematik der verschiedenen Örtlichkeiten in Nibelungenlied und Thidrekssaga. Er akzeptiert, dass Letztere

---

57 Ritter, Textteil, S. 301.
58 Textausgabe Schulze, Strophe 1563.
59 Das Stadtarchiv Jülich besitzt Kopien von Karten aus dem Jahre 1656 (Blaeuw), 1739 (Homann, Erben) und 1757 (Tobias Konrad Lotter), die eher einen Zusammenfluss von Wupper und Dhünn vor der Rheinmündung nahe legen. In dem 2005 in Bielefeld erschienenen Buch »Leverkusen. Geschichte einer Stadt am Rhein« findet sich auf S. 25 eine Bodenkarte mit getrennten Rheinmündungen für Wupper und Dhünn.
60 Böseke, S. 84.
61 Böseke, www.nibelungenzug.de <letzter Zugriff am 12.02.2007>. Die Dhünn mündet heute bei Rheindorf in die Wupper.

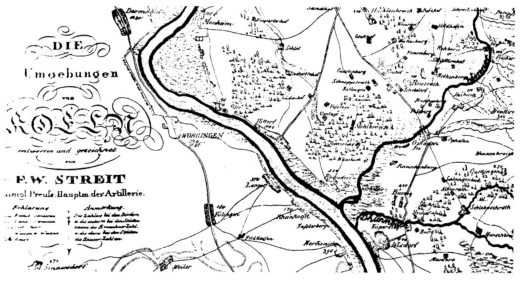

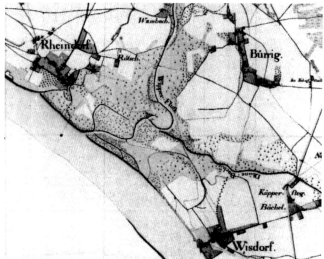

▲ Abb. 8: Auf dieser Karte von Streit aus dem Jahre 1825 erscheinen die Mündungen von Wupper und Dhünn in den Rhein getrennt.

◄ Abb. 9: Preußische Kartenaufnahme von 1825 durch von Müffling. Die Mündungen von Wupper und Dhünn in den Rhein sind ungenau gezeichnet.

in Westfalen spielt, bleibt aber bei seiner Erkenntnis, dass es Fehler in der Geographie der Saga gebe, und sagt: »Wenn die Mosel ins Meer mündet, dürfen auch Donau und Rhein zusammenfließen.«[62] Das soll heißen, dass eben die Duna doch die Donau ist und nicht die Dhünn und sich die Nibelungentragödie im Süden und nicht in Soest abgespielt hat, oder anders gesagt dass die in Westfalen spielende Thidrekssaga nicht die Quelle, sondern eine Neubildung auf dem Boden des Nibelungenliedes ist. Reichert belässt es aber nicht bei diesem eher einfachen und gleichsam negativen »Beweis«, sondern er bringt auch einen positiven Beleg bei, indem er fragt, ob denn »Bechlarn«, die Burg des Markgrafen »Rüdiger«,[63] tatsächlich in dem österreichischen Pöchlarn an der Donau zu finden ist, wie es die Wissenschaft allge-

---

62 Reichert (wie Anm. 45), S. 70.

Abb. 10: Die Karte von 1681 zeigt die Rheinmündung der Wupper in zwei Armen. Die Dhünn fließt in die Wupper oder bildet den zweiten Arm von deren Mündung (Museum Zitadelle Jülich).

mein annimmt, und nicht doch irgendwo dhünnaufwärts im Bergischen Land. Reichert glaubt sich mit Bechlarn/Pöchlarn auf dem richtigen Weg, allein schon, weil Rüdiger im Nibelungenlied wie in der Thidrekssaga »Markgraf« genannt wird.[64] Markgrafen gibt es an den Reichsgrenzen seit Karl dem Großen. Der Titel stammt nicht aus der Zeit der Völkerwanderung, sodass hieraus ein Quellenvorteil für das Nibelungenlied, aber keiner für die Thidrekssaga abgeleitet werden kann.[65] Durchschlagender noch scheint Reichert die Tatsache, dass es schon im 12. Jahrhundert in Pöchlarn eine Rüdiger-Tradition gab, die ihm für Bechlarn/Pöchlarn zu sprechen scheint, weil er glaubt, sie sei älter als das Nibelungenlied und gebe diesem

---

63 Textausgabe Schulze, Strophen 1682 und 1690; vgl. http://www.poechlarn.at/ Stadtgemeinde_Poechlarn.htm (Link: Nibelungen) <letzter Zugriff am 12.02.2007>.

64 Nibelungenlied, Textausgabe Schulze, Strophe 1690; Thidrekssaga, Ritter, Textanhang, S. 307 (Mb 369) und Svava, S. 277, Nr. 211.

65 Eugen Haberkern/Joseph Friedrich Wallach, Hilfswörterbuch für Historiker. Mittelalter und Neuzeit, 2. Teil, 5. Aufl., München 1977, Stichwort »Markgraf«.

demnach eine reale Quelle in der Wirklichkeit.⁶⁶ Reichert bezieht sich auf Metellus von Tegernsee, ohne eine genaue Stelle anzugeben. Dieser Metellus schreibt aber nicht vor 1167 und könnte damit auch noch als Zeitgenosse des Nibelungenlied-Dichters gearbeitet und seine Rüdiger-Sage von diesem abgeleitet haben,⁶⁷ oder von einer Vorgängerfassung des Nibelungenliedes, die Heinzle für die Jahre um 1160 annimmt.⁶⁸

Für Ritter-Schaumburg war es seit dem Anfang seiner Forschungen in den fünfziger Jahren des 20. Jahrhunderts wichtig, den Ortsnamen der Thidrekssaga moderne Orte am Rhein und in Westfalen zuzuordnen. Das geht recht leicht mit »Susat«, dem mittelalterlichen Namen für Soest, wo es auch heute noch eine Ortssage mit Nibelungen-Inhalt gibt.⁶⁹ Susat ist in der Thidrekssaga die Hauptstadt von Hunaland mit dem König Attala / Attila. Dass hier eine Parallelisierung – vielleicht auch Verwechslung - mit den Hunnen und Attila / Etzel leicht möglich ist, liegt auf der Hand. Vielleicht waren die Hunnen in Westfalen Abkömmlinge der Goten, könnte doch das Wort »atta« aus dem Gotischen stammen; Böseke verweist richtig auf das gotische »Vater unser«, das mit »Atta unsar« beginnt.⁷⁰ Attala von Soest hatte nach Siegfrieds Tod »Griemhild«, dessen Witwe, geheiratet.⁷¹

Mit viel aufwändiger Arbeit gelingt es Ritter nach und nach, auch andere in der Thidrekssaga vorkommende Namen zu deuten und so auch einen Weg der Nibelungen vom Rhein nach Soest darzustellen:

Da ist zunächst das Bern Thidreks, die Hauptstadt des Dietrich von Bern, den man, wie schon gesagt, mit dem Ostgoten Theoderich dem Großen gleichgesetzt hat, der im 6. Jahrhundert in Verona herrschte. Der altdeutsche Name für Verona ist Bern bzw. Wälsch-Bern oder Welschbern. Der Zusatz diente der Unterscheidung zur Stadt Bern in der Schweiz, deren lateinischer Name ebenfalls Verona lautet.⁷² Ritter macht nun deutlich, dass mit dem Bern der Thidrekssaga die heutige Stadt Bonn gemeint ist, die auf mittelalterlichen Siegeln und Stichen auch Verona heißt (Abb. 11).⁷³ Wie Bonn an diesen Namen gekommen ist, ist bis heute unklar. Meh-

---

66 Reichert (wie Anm. 45), S. 70.
67 Zu Metellus von Tegernsee siehe Gustav Gröber, Übersicht über die lateinische Litteratur von der Mitte des VI. Jahrhunderts bis zur Mitte des XIV. Jahrhunderts, Neue Ausgabe ohne Jahr nach einer Ausgabe von 1902, München, S. 336.
68 Das Nibelungenlied und seine Welt, S. 20.
69 http://de.wikipedia.org/wiki/Soest#Geschichte <letzter Zugriff am 08.02.2007>; Wackwitz (wie Anm. 12), Bd. 1, S. 20.
70 Böseke, S. 50; W. Braune/K. Helm, Gotische Grammatik, 15. Aufl., Tübingen 1956, S. 148: Evangelium nach Mt. 6,9.
71 Svava, S. 269.
72 http://de.wikipedia.org/wiki/Verona <letzter Zugriff am 08.02.2007>.

▸ Abb. 11: Stadtsiegel von Bonn aus dem 13. Jahrhundert mit dem hl. Cassius, einem der Stadtpatrone, vor der Stiftskirche. Umschrift am Kreuz, über dem Kirchturm beginnend: »SIGILLVM ANTIQVE VERONE NVNC OPPIDI BVNNENSIS« (»Siegel des antiken Verona, der heutigen Stadt Bonn«).

rere rheinische Städte haben sich zu dieser Zeit antike Namen zugelegt: Trier hieß »Roma«, weil dort der Kaiser regierte, das Stift St. Gereon in Köln »Agrippina« und das in Xanten »Troia«. Belegt ist Verona für Bonn allerdings erst seit dem 10. Jahrhundert. Ob der Name daher in die Zeit der Völkerwanderung zurück reicht, muss ungeklärt bleiben.[74]

»Babilonia« vermag Ritter nur sehr vage mit Köln zu identifizieren, wie er auch selbst eingesteht: »Der Name Babilonia ist in diesen Gegenden urkundlich nicht zu finden [...] Dass der Name einen Vergleich der für frühe Verhältnisse recht großen Stadt Köln darstellen sollte, ist nicht ausgeschlossen. Es könnte sich aber auch um die Folgen einer Verschreibung handeln, da beide Worte mit -lonia enden, dass »Colonia« als »Balonia« gelesen und dann zu »Babilonia« ergänzt worden wäre.«[75] Diese Erläuterung scheint allerdings sehr weit hergeholt.

Der Weg der Niflungen vom Rhein nach Soest führt aus dem Sumpf- und Überschwemmungsgebiet des Zusammenflusses von Rhein, Wupper und Dhünn in das Bergische Land zur Burg »Bakalar« des »Markgrafen Rodinger«, die wie oben dargestellt, von den Nibelungen-Forschern mit Pöchlarn gleichgesetzt wird.[76] Nach Ritters Vorstellungen, die von ihm zusätzlich durch Nachforschungen zur Verlagerung des Rheinbettes im Laufe der Jahrhunderte begründet werden, muss man sich den Zug der Niflungen über den alten Weg der Wasserscheide zur Dhünn hin, Herweg (Heerweg) – auch Reuterweg (Reiterweg) genannt – vorstellen. Solche Wege sind meist trocken und nutzen sanftes Gefälle zu den Furten der Flüsse hin. Der hier gemeinte Weg führt nach Wipperfürth – zur Furt durch die Wupper. Auf

---

73 Weitere Belege zu »Bonna-Verona« bei Ritter, S. 247, Anm. 27. Siehe dazu auch: Rheinisches Städtebuch, hrsg. von Erich Keyser, Stuttgart 1956, S. 68: »Bonn«; ebenso: Orbis Latinus, hrsg. von Graesse, Benedict und Plechl, Lexikon lateinischer geographischer Namen, Handausgabe, 4. Auflage, Braunschweig 1971, S. 59: »Bonna«. Siehe auch: Auszug aus einer schon 1842 erschienenen Beschreibung des Bonner Stadtsiegels von Karl Peter Lepsius mit genauer Stellenangabe in: Der Berner (wie Anm. 9), Nr. 28, Mai 2007, S. 43-47; erstaunlich ein Hinweis auf die Tatsache, dass schon Lepsius Bonn/Verona/Bern mit Dietrich von Bern in Verbindung gebracht hat.
74 Toni Diederich, Rheinische Städtesiegel, Neuss 1984, S. 195.
75 Ritter, S. 247, Anm. 26.
76 Ritter, Textanhang, S. 306, Mb 367.

Abb. 12: Moderne Karte mit Blecher, Altenberg und Bechen am alten Herweg, der heutigen B506.

den Höhen über der Dhünn gibt es immer wieder Wegstücke, die heute noch »Herweg« heißen (Abb. 12).[77] Herweg heißt auch ein Ortsteil von Hückeswagen, nördlich von Wipperfürth.[78]

Und die Burg Bakalar glaubt Ritter in Altenberg gefunden zu haben, dort, wo heute der Altenberger Dom und seine Wirtschafts- und Klostergebäude stehen, nicht an der Stelle der alten Burg, deren von Wald bedeckte Reste sich einige hundert Meter vom Dom entfernt befinden.[79] Weil die Silbe -lar auf feuchte Wiesen und Weiden verweise, dürfe man Burg Bacalar nicht auf einer Höhe suchen, sondern im freien Land. In Altenberg komme auch ein Weg an von Bechen, vom Herweg herunter[80] und es gebe frisches Wasser, das die Niflungen ja bei ihrer Rast auf der Burg brauchten. In akribisch genauer Arbeit hat Ritter die gesamte Angelegenheit überprüft. Ob er Recht hatte, lässt sich dennoch nicht sagen, obwohl er den alten Namen »Bacalar« in dem nahe Altenberg gelegenen Ort »Blecher« wiederzufinden glaubt (Abb. 13).[81]

---

77 Ritter, S. 67 und Kartengraphik S. 48. Siehe jüngst auch: Michael Gechter, Caesars erster Rheinübergang, in: Krieg und Frieden. Kelten – Römer – Germanen. Ausst.-Kat. Bonn, Darmstadt 2007, S. 200-202, bes. S. 201, Abb. 151.
78 http://de.wikipedia.org/wiki/Herweg <letzter Zugriff am 12.02.2007>. Harry Böseke, Der Herweg war nicht der Heerweg, wie Anm. 9, S. 47-51, fordert eine scharfe Unterscheidung von »Heerweg« und »Herweg«, was H. Ritter wohl nicht gelang. Nach Böseke zogen die Niflungen über den Herweg.
79 Es handelt sich um die alte Burg der Grafen von Berg, deren Herrschaftsbereich später mit Jülich und Kleve vereinigt wurde. Adolf II. von Berg schenkte seine alte Burg 1133 dem Zisterzienserorden, der sie wenig später abriss und als Baumaterial für den Dom und die Abtei benutzte; David Bosbach, Altenberg. Der Dom und das untere Tal der Dhünn, Düsseldorf 2005, S. 2ff.
80 http://de.wikipedia.org/wiki/Bechen <letzter Zugriff am 12.02.2007>.
81 Ritter, S. 68ff. und die zugehörigen Anmerkungen 32-35 auf S. 248f.

Es sollte vielleicht festgehalten werden: Ob Pöchlarn oder Altenberg, auch ein eindeutiger Beweis, könnte er denn erbracht werden, würde nur etwas über den Dichtungszusammenhang, wenig aber über die Quellenlage für die Nibelungen sagen. Es soll aber ja gerade herausgefunden werden, wo die Sageninhalte sich abspielten, nicht, wo der Dichter diese angesiedelt hat.

Eine Anmerkung sei noch erlaubt. Es sollte nicht erstaunen, dass die Thidrekssaga, so die Niflungen denn hier gezogen sind, nicht den Zusammenfluss der größeren Flüsse Wupper und Rhein als Übergangsstelle nennt, sondern den von Dhünn und Rhein. Wer kann nämlich wissen, wie es vor 1500 Jahren im Mündungsgebiet aussah? Und vielleicht wird deshalb die Dhünn genannt, weil die Niflungen an ihr, nicht an der Wupper entlang zur Burg Bacalar zogen.

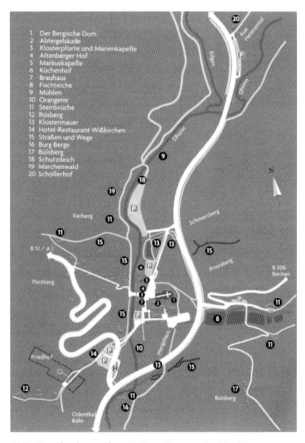

Abb. 13: Altenberg, Plan mit Burg Berge unter Nr. 16.

Nach Ritter ziehen die Niflungen von der Burg Bacalar aus weiter in Richtung Soest – vorbei an Thorta, das er mit Dortmund gleichsetzt.[82] »Thortmanni villa« ist die mittelalterliche Bezeichnung für diese westfälische Großstadt.[83]

Nach der Rekonstruktion des Zuges der Nibelungen vom Rhein nach Soest, wendet sich Ritter der Frage zu: Woher kamen denn die Nibelungen zum Rhein und an die Dhünn? Wo also war ihre Heimat, das Land der Niflungen?

---

82 Ritter, S. 75. Böseke (wie Anm. 78) ist mit der Identifizierung Thorta / Dortmund nicht einverstanden. Er liest vielmehr Thorta als Porta am Herweg an der Möhne und sieht darin die Stelle, an der 1246 das Kloster Porta Coeli gegründet wurde. Heute gibt es an der alten Stelle des Klosters nur mehr eine Gedenktafel an 1.200 Tote, die ein Angriff der Royal Airforce im Jahre 1943 forderte, der die Mauer der Möhne-Talsperre zerstörte und eine zeitweise zwölf Meter hohe Flutwelle auslöste; http://de.wikipedia.org/wiki/Kloster_Himmelpforten_(M%C3%B6hnesee) <letzter Zugriff am 18.11.2007>.

83 Orbis Latinus (wie Anm. 73), S. 342, 347 und 348.

Im Nibelungenlied reiten die Burgunder zur Donau, und sie brauchen von Worms bis nach Pförring, wo man den Übergang über die Donau annehmen kann,[84] zwölf Tage. Dieser Weg mag rund 350 km betragen haben; das wären für das ganze Heer von tausend Rittern und neuntausend Knappen und Pferden und Tross rund 30 km pro Tag gewesen.[85] Sie ritten östlich des Rheins mainaufwärts und durch Ostfranken.[86]

Für die Niflungen der Thidrekssaga kann das nicht gelten. Wenn sie bei der Dhünn-Mündung den Rhein gequert haben und nach Westfalen geritten sind, dann kamen sie auf der linken Rheinseite von Westen. »So ritten sie, die Niflungen, immer ihren Weg, bis sie kamen zum Rhein«, so steht es im Text der Saga.[87] Und dort steht auch, dass ihre Burg »Verniza« hieß.[88] Sicher nicht unwiderlegbar, aber doch sehr klug ermittelte Ritter-Schaumburg, dass der Weg von Verniza zum Rhein rund zwei Tage gedauert haben muss, hatten die Niflungen doch den Rheinübergang nicht vorbereiten können; denn sie fanden dort keine Schiffe.[89] Bei einer kürzeren Entfernung hätten sie die Schiffe wohl vorher startklar gemacht. Vor ihrer Rheinüberquerung lagerten sie am Ufer »im hellsten Mondschein«.[90] Hier greift Ritter auf die Germania des Tacitus zurück, in der es heißt: »Die Germanen kommen, wenn nichts Entscheidendes dazwischen kommt, an bestimmten Tagen, nämlich bei Neumond oder bei Vollmond zusammen, weil sie für Unternehmungen diese Zeitpunkte für äußerst günstig halten.« Wenn so auch die Niflungen handelten und um die Zeit des Vollmonds loszogen, können sie kaum länger als zwei Tage unterwegs gewesen sein, wenn am Rhein noch der Vollmond strahlte.[91] In diesen zwei Tagen konnten sie mit Heer und Tross rund 60 – vielleicht auch 80 km – bewältigen.

Genau diese Entfernung führt Ritter gegen manche Wissenschaftler ins Feld, die Verniza in oder bei Nivelles, in der Nähe von Charleroi, oder Waremme bei Tongern gesucht haben (Abb. 14).[92] Von dort aus hätten sie zwar auf der alten Römer-

---

84 Im Text heißt der Ort »Vergen«; Textausgabe Schulze, Strophe 1317.
85 Textausgabe Schulze, Strophen 1540, 1561; Textausgabe Grosse, Strophen 1507, 1525 und Karte S. 1010.
86 Textausgabe Schulze, Strophe 1560.
87 Ritter, Textteil S. 301; Sv 307.
88 Ritter, Textteil S. 280; Sv 291.
89 Ritter, Textteil S. 301; Sv 307.
90 Ritter, Textteil S. 301; Sv 308.
91 Ritter, S. 80f.; Tacitus, Germania, cap. 11: »(Germani) coeunt, nisi quid fortuitum et subitum incidit, certis diebus, cum aut inchoatur luna aut impletur; nam agendis rebus hoc auspicatissimum initium credunt.«; siehe dazu auch: Hermann Schulz, Cornelii Taciti De origine et situ Germanorum, Lehrerkommentar, Berlin/Bonn 1961, S. 46.
92 Ritter, S. 77ff.; siehe auch S. 249, Anm. 37; siehe zu Nivelles auch Holz, S. 81, Anm. 1.

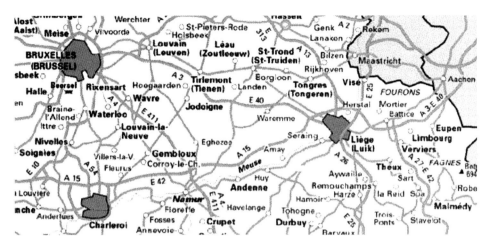

Abb. 14: Ausschnitt aus der Karte Belgiens mit Tongeren, Waremme, Charleroi und Nivelles.

straße zwischen Köln und Tongern über Maastricht und Jülich leicht in das Gebiet des heutigen Leverkusen kommen können, aber Nivelles ist 230 km von Köln entfernt und Waremme 150 km – zu viel für zwei Tagesritte.

Dass Nivelles in den Blick derer geriet, die nach dem Niflungenland suchten, liegt am Namen, zumal wenn man ihn niederländisch Nijvel oder walonisch Nivele geschrieben sieht. Im Jahr 640 wurde als Keimzelle der heutigen Stadt von Itta, der Ehefrau Pippins des Älteren (580-640), ein Kloster gegründet, dessen erste Äbtissin die Tochter der beiden, die heilige Gertrud von Nivelles, war. Nach dem Tod dieser Gertrud im Jahre 659 wurden Stadt und Kloster zum Wallfahrtsort.[93] Nivelles sieht sich als Wiege der Pippiniden, aus denen die Karolinger hervorgingen, und Pippin der Ältere war es, der den Aufstieg der Pippiniden dadurch in Gang setzte, dass er die in Burgund herrschende, schon oben genannte Witwe des Merowinger-Teilkönigs Sigiberts I., Brunichild, besiegte.[94] Die Anklänge an die Nibelungensage im Rheinland werden noch einsichtiger, wenn man bedenkt, dass Nivelles in Binsfeld im Kreis Düren – der Neffelbach fließt in rund sieben km Entfernung an diesem Ort vorbei – große Ländereien und auch die Kirche besaß.

Auch Waremme könnte mit seinem Namen an Zusammenhänge um die Nibelungen erinnern, heißt die Stadt niederländisch doch Borgworm. Und da sind Spekulationen kaum zu vermeiden, ob das Nibelungenlied denn vielleicht »Worms« mit diesem kleinen Städtchen »Borgworm« verwechselt hat. Aber das alles sind eben – bis heute jedenfalls – unbewiesene Spekulationen,[95] genauso, wie es nur eine Vermutung sein kann, die Heimat des Hagen von Tronje in Tongern zu suchen.[96]

---

93 http://de.wikipedia.org/wiki/Nivelles <letzter Zugriff am 20.02.2007>.
94 http://de.wikipedia.org/wiki/Pippin_der_%C3%84ltere <letzter Zugriff am 20.02.2007>; siehe auch Anm. 104 und Text dazu.

Abb. 15: Die moderne Karte zeigt eine Vielzahl von Orten auf -ich, darunter Virnich am unteren Rand. Am oberen Rand links: der Neffelbach.

Geht man auf Ritters Vorstellung ein, dass die Niflungen auf ihrem Ritt zum Rhein zwei Tage – nicht mehr, aber auch nicht weniger – unterwegs waren, so muss man ihr Heimatland in einem Halbkreis mit einem Radius von rund siebzig km südwestlich, westlich oder nordwestlich von Köln suchen. Das ist ein großes Gebiet, das im Westen bis Aachen, im Norden bis Duisburg und im Süden bis über Bad Neuenahr hinaus reicht.

Ritter hält die Ortsnamen der Thidrekssaga für sehr alt. Er sieht ihren Ursprung in römisch-keltisch-gallischer Zeit. Nun finden sich gerade im linksrheinischen Raum viele Namen mit der Endung -acum aus dieser frühen Zeit, die sich bis heute klar erkennbar erhalten haben, zu denen nicht zuletzt Iuliacum/Jülich und Tolbiacum/Zülpich gehören. Das alte -acum zeigt sich demnach heute in der Endung -ich. Für Jülich sind Zwischenstufen wie »Julicha« vor dem Jahre 1000 belegt.[97]

Gehäuft treten Ortsnamen mit der Endung -ich in der Gegend von Zülpich auf: Bürvenich, Mechernich, Lessenich, Billig, Eppenich, Sievernich u.a.m. Hier liegt auch der winzige Ort Virnich, dessen Name sich leicht auf Vernica und Verniza, die Namen der in der Thidrekssaga genannten Nibelungenburg, zurückführen lässt. Hier fließt auch wieder der Neffelbach (Abb. 15).

---

95 http://de.wikipedia.org/wiki/Waremme <letzter Zugriff am 20.02.2007>; siehe auch Wackwitz (wie Anm. 12), Bd. 1, S. 60.

96 Wackwitz (wie Anm. 12), Bd. 1, S. 61.

97 Gerhard Mürkens, Die Ortsnamen des Kreises Jülich, Jülich 1958, S. 24 und 29; Franz Cramer, Rheinische Ortsnamen aus vorrömischer und römischer Zeit, Wiesbaden 1970 (Nachdruck der Ausgabe Düsseldorf 1901), S. 20ff.; Henning Kaufmann, Rheinische Städtenamen, München 1973, S. 104; Gunia/Nieveler (wie Anm. 27), S. 12. Zu den Ortsnamen mit dem Suffix -(i)acum siehe zuletzt Elke Nieveler, Die merowingerzeitliche Besiedlung des Erftkreises und des Kreises Euskirchen (= Rheinische Ausgrabungen, Bd. 48), Mainz 2003, S. 185-188.

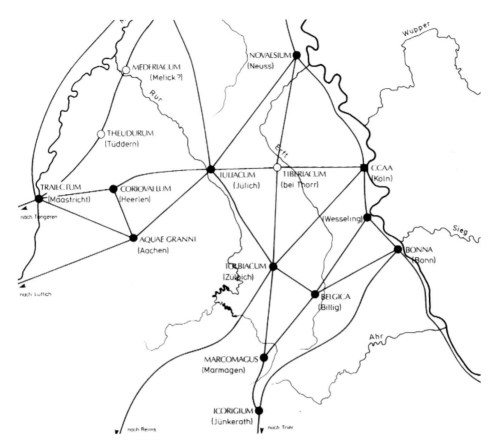

Abb. 16: Zülpich als Knotenpunkt römischer Straßen zwischen Köln, Trier, Reims und Neuss.

Von Südwesten nach Nordosten führt durch das Gebiet mit vielen Querverbindungen die alte Römerstraße von Trier nach Köln, die zwischen Köln und Zülpich mit der Römerstraße zwischen Köln und Reims identisch war.[98] Erst südlich von Zülpich verzweigten sich diese beiden Straßen und führten über Bürvenich nach Reims und über Schwerfen nach Trier (Abb. 16). Wenn die Niflungen hier gezogen sind, hatten sie eine gut passierbare Strecke von gut 60 km zu bewältigen, wenn man einkalkuliert, dass sie mit ihrem großen Heer die Nähe von Köln gemieden und die Stadt in einem nördlichen Bogen umritten haben.

Den von Ritter angedachten Nibelungenzug aus Virnich/Vernica nach Soest/Susat hat Böseke in seinem Internetauftritt »Nibelungenzug« umfangreich und genau darzustellen versucht (Abb. 17).

---

98 Hagen (wie Anm. 33), S. 98 und S. 126.

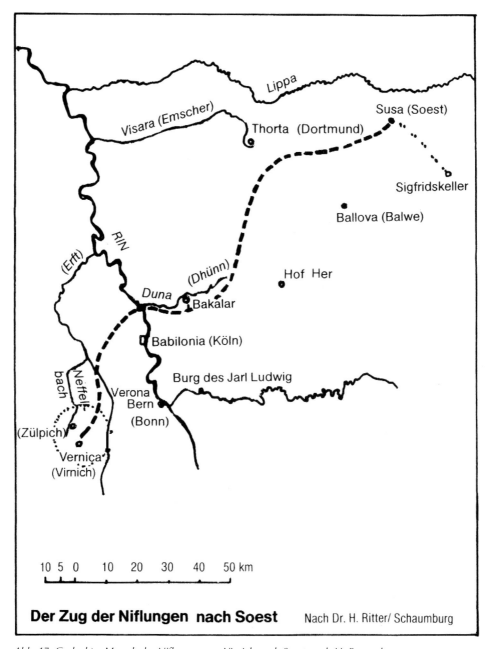

Abb. 17: Gedachter Marsch der Niflungen von Virnich nach Soest nach H. Boesecke.

---

99 Enzen wird 893 im Prümer Urbar erwähnt: »anno verbi incarnati DCCCXCIII conscriptum« Im Jahre des Herrn 893 geschrieben. 1100 Jahre Prümer Urbar, hrsg. von Reiner Nolden, Festschrift im Auftrag des Geschichtsvereins »Prümer Land«, Trier 1993, Anm. 153 und Text dazu.

Abb. 18: Sarkophag des so genannten Königsgrabes auf dem Friedhof an der Kirche in Enzen, März 2007.

Ritter verweist auf ein im Jahre 1663 in Enzen,[99] wenige Kilometer von Virnich entfernt gefundenes, sogenanntes »Königsgrab«, einen Steinsarg mit sehr reichen Beigaben aus der Völkerwanderungszeit – nach 356. Dieser Sarkophag wird heute auf dem Friedhof des Ortes an der Kirche aufbewahrt (Abb. 18).

Leider ist von den ursprünglichen Beigaben kaum etwas erhalten, sodass eine genaue Zeitbestimmung nicht möglich ist.[100] Ritter weiß das wohl, verweist aber doch auf Hagens »goldene Ringe«, die dieser dem Fährmann am Rhein zeigte.[101]

---

100 Siehe dazu Ritter, S. 88ff. und Handbuch der historischen Stätten, Nordrhein-Westfalen, hrsg. von den Landschaftsverbänden Rheinland und Westfalen-Lippe, 3. völlig neu bearbeitete Auflage, Stuttgart 2006, S. 1141; die 1. Aufl. dieses Werkes von 1963, S. 180, nimmt an, dass es sich um ein spätrömisches Frauengrab gehandelt hat; davon ist auch Thomas Grünwald überzeugt; Chlodwig und die Schlacht bei Zülpich. Geschichte und Mythos. 496-1996, Euskirchen 1996, S. 257, Kat.-Nr.II.11 mit Foto der erhaltenen Grabbeigaben. Siehe zuletzt Nieveler (wie Anm. 97), S. 220, Anm. 2001, mit weiterführender Literatur; u.a. H. W. Böhme, Das sogenannte Königsgrab von Enzen, in: Führer zu vor- und frühgeschichtlichen Denkmälern, Bd. 26, Mainz 1974, S. 70-74, bes. S. 73: »Mit Sicherheit lässt sich nur feststellen, dass es sich in keinem Falle um eine fränkische Grabausstattung des 5./7. Jhs., sei es die eines Adeligen oder gar eines Königs, gehandelt hat.« Ritter spricht allerdings von einem im Grab gefundenen Harnisch; und so steht es auch auf einer Informationstafel an der Kirche in Enzen. Siehe auch: Kunstdenkmäler der Rheinprovinz, Bd. IV: Die Kunstdenkmäler des Kreises Euskirchen, in Verb. mit E. Renard hrsg. von P. Clemen, Düsseldorf 1900, S. 201f., wo sich eine Beschreibung der erhaltenen Reste der Grabbeigaben findet.

101 Ritter, Textanhang, S. 303, Sv 309.

Zwei Ringe aus dem Grab in Enzen haben sich nämlich erhalten. Der sehr große Steinsarg von Enzen erinnert den Leser sicher auch an den Steinsarg in Lorsch (Abb. 19), der aus der Zeit um 1200 stammt und mit der Legende verbunden ist, der Sarg Siegfrieds zu sein,[102] wie es in Handschrift C des Nibelungenliedes steht: »ze Lorse bi dem munster ... in eime langen sarche lit«. (Siegfried »liegt in einem langen Sarg in Lorsch beim Münster.«[103]

Nicht uninteressant ist in diesem Zusammenhang die Überlegung von Heribert van der Broeck, der den Enzener Steinsarg in einen Zusammenhang mit Theudebert II., dem König von Austrien, bringt, der 612 von seinem Bruder Theuderich II., dem König von Burgund, im Bündnis mit den Franken in der Schlacht besiegt, gefangen und umgebracht wurde. Die Großmutter der beiden Könige war die oben schon genannte Brunhild/Brunichildis, die im Krieg ihrer Enkel den Sieger Theuderich unterstützt hatte. Von ihr ist auch bekannt, dass sie wenigstens für kurze Zeit in Worms war.[104]

Trotz vieler mühevoll zusammengetragener Hinweise muss, wie sich aus dem Gesagten ergibt, der »historische Hintergrund« der Niflungen und Nibelungen letztlich weiterhin im Nebel der Geschichte verborgen bleiben.

Zusammenfassung – Zwischenergebnis

1. Das um 1200 in Süddeutschland entstandene Nibelungenlied behandelt die Geschichte von Liebe, Eifersucht und Mord in einer burgundischen Königsfamilie aus Worms am Rhein und deren Untergang in Estergom/Gran in Ungarn am Hof des Hunnenkönigs Attila.

2. Seit der Wiederauffindung des Epos in der Mitte des 18. Jahrhunderts suchen Germanisten und Historiker nach den geschichtlichen Grundlagen der im ersten Vers des Werkes genannten »alten maeren«.

3. Der Stamm oder das Volk der Burgunden, ihr Überlebenskampf gegen die Römer und ihr Untergang in den Wirren der Völkerwanderung werden in der Wissenschaft meist als echte Quellen der Dichtung angenommen.

---

102 Siehe auch Kirchhoff, S. 24 und: Das Nibelungenlied und seine Welt, S. 118 und S. 125, Kat.-Nr. 83.
103 Textausgabe Schulze, Str. 1164.
104 Genauere Überlegungen zum Königsgrab in Enzen bei: Heribert van der Broeck, 2000 Jahre Zülpich, Zülpich 1968, S. 63: »Die Schlacht bei Zülpich (612) und das sogenannte Königsgrab in Enzen«. Erstmals, wenn auch nicht nach modernen wissenschaftlichen Gesichtspunkten, wurde der Grabfund 1857 dargestellt von Freudenberg in »Jahrbuch des Vereins von Alterthumsfreunden im Rheinlande« S. 122ff. unter dem Titel »Der alte Goldfund in dem sog. Königsgrabe zu Enzen unweit Zülpich«. – Zum Aufenthalt der Brunichildis in Worms siehe Wackwitz (wie Anm. 12), Bd. 1, S. 131 und die zugehörigen Anmerkungen in Bd. 2, S. 157, Nr. 1008-1011, zuletzt auch Nibelungen-Code, S. 29, wo auf eine Münze der Brunichildis mit der Ortsangabe »Varnacia« (= Worms?) verwiesen wird.

Abb. 19: So genannter Sarg Siegfrieds im Museum in Lorsch.

4. Quellenmäßig unbelegt blieben aber die »Nibelungen«, die im letzten Vers des Epos als die eigentlichen Handlungsträger herausgestellt werden: »daz ist der Nibelunge liet«.

5. Neben dem Nibelungenlied entstand um 1250 in Skandinavien nach älteren deutschen Vorlagen die Thidrekssaga, die das Schicksal der Nibelungen ganz ähnlich wie das Nibelungenlied darstellt. Von Burgunden ist allerdings nicht die Rede und auch nicht von Worms. Zwar gehen die Nibelungen auch hier am Hofe eines Hunnen-Königs Attila unter, aber in Soest in Westfalen.

6. Leider sagt die Thidrekssaga nichts über die Herkunft der Nibelungen, und die wissenschaftliche Suche nach ihrer Heimat ist bis heute zu keinem wirklich abschließenden Ergebnis gekommen.

7. Trotz anhaltender, vielfältiger und nicht selten auch verwirrender Bemühungen ist es bis jetzt nicht gelungen, die beiden Ausgestaltungen der Nibelungen-Erzählung – Nibelungenlied und Thidrekssaga – in ihren historischen Quellen einer Übereinstimmung näher zu bringen.

8. Auch kennen wir weder den Dichter des Nibelungenliedes noch den der Thidrekssaga.

3. Mundiacum

Die Arbeiten Ritters blieben bis heute in Germanistik und Geschichtswissenschaft fast ohne Diskussion, obwohl schon das Auffinden der Ortsnamen beim Zug der Niflungen nach Soest hätte genügen müssen, um sorgfältiger mit den Ergebnissen des Buches umzugehen. Franz Josef Schweitzer weist in seinem Aufsatz aus dem Jahre 2000 sehr kritisch auf diese Problematik hin. Als Begründung für den sorglosen Umgang mit historischen Fakten nennt er den »sehr alten in den 50er Jahren entwickelten« Drang der Germanistik nach einer rein ästhetischen, »textimmanenten Methode« der Interpretation von literarischen Texten.[105]

Auch die im Zuge der Karlsruher Ausstellung der Nibelungen-Handschriften im Jahre 2003 zum Thema erschienene Literatur hat sich auf den Text des Nibelungenliedes beschränkt und nur literarische Quellen in die Betrachtungen einbezogen, ohne eingehend nach historischen Tatbeständen zu fragen.

Im Jahre 2004 fasst Kaiser das gesamte Burgunden-Problem an Mittel- und/oder Niederrhein erstmals nach neuesten wissenschaftlichen Erkenntnissen zusammen und kommt aus historischen Gründen zu der Aussage, Gunther und seine Burgunder hätten in Worms gesessen. Dort seien sie auch schon vor der unten noch zu besprechenden Erhebung eines gewissen Jovinus zum römischen Gegenkaiser im Jahre 411 gewesen.[106]

Bei den Fragen nach den Quellen der beiden Nibelungen-Fassungen und den verschiedenen Antworten auf diese Fragen bleibt noch ein weiteres Problem der Analyse offen. In den bisherigen Darstellungen dieses Aufsatzes wurde deutlich, dass es sich bei Nibelungenlied und Thidrekssaga um denselben Sagenkreis handelt, sind doch die vorkommenden Namen der wichtigsten handelnden Personen – wenn auch in verschiedenen Formen – eindeutig dieselben: Brünhild und Kriemhild, Siegfried, Gunther, Gernot, Giselher, Hagen, Rüdiger und Dietrich von Bern. Nur bei dem an Krieg und Morden der Nibelungen erstaunlich unbeteiligten Attila/Attala – dem Herrscher über die wilden Hunnen oder dem König westfälischer Völker – sind Zweifel an der Identität beider Personen in den beiden Dichtungen angebracht. Wie schon oben vermerkt, reduzierte die historische Wissenschaft die Mitschuld der Hunnen und ihres Königs am Untergang der Burgunden auf einige hunnische Söldner im Gefolge des spätrömischen Heermeisters Aëtius. Gemeinsam zerschlugen diese einen burgundischen Aufstand.[107] Attila selbst hatte wohl mit den Burgunden und den Nibelungen wenig oder nichts zu tun, auch wenn da noch die Schwester des römischen Kaisers Valentinians III., Justa Grata Honoria,

---

105 Schweitzer, S. 8, zum vorliegenden Zitat Anm. 6; dann auch S. 9 Anm. 13 und S. 10, Anm. 14, 15, 16; zur textimmanenten Methode der Interpretation vgl. Emil Staiger, Die Kunst der Interpretation (= dtv, Wissenschaftliche Reihe, Nr. 4078), München 1971 (zuerst Zürich 1955): Zu einem Briefwechsel mit Heidegger sagt Staiger auf S. 42: »Sie lesen das Gedicht als Zeugnis des Dichterischen und des Schönen in seiner wandellosen Einfachheit.« Was dem Kunstwerk also von außen aus seiner Geschichte zukommt, ist für die Deutung unerheblich.

106 Kaiser, S. 28.

zu nennen wäre. Sie war von ihrem Bruder nach Konstantinopel verbannt worden und soll – wie es der Hofklatsch wissen wollte – dem Hunnenkönig Attila ein Heiratsangebot gemacht haben, um sich am Kaiser zu rächen. Entfernt erinnert diese Geschichte an Kriemhild und deren Rachegelüste – und natürlich an die Germanin Hiltico, in deren Armen Attila starb.[108]

Wenn es sich in allen dichterischen Fassungen nun um ein und denselben Sagenkreis handelt, dann bleibt die Frage: Waren Burgunden und Nibelungen dasselbe Volk? Und wenn ja: Wohnten sie am Mittelrhein oder nördlicher – vielleicht in der Voreifel am Neffelbach? Vielleicht auch waren die Niflungen »nur« eine burgundische Adelsfamilie, deren innerer Zwist zum Drama und Epos verdichtet wurde.

Der aus Ägypten stammende, griechisch schreibende Historiker Olympiodor, der in der ersten Hälfte des 5. Jahrhunderts nach Christus lebte, schrieb über die schwierige Situation des römischen Reiches in Gallien ein in Fragmenten erhaltenes Werk. Er ist »als vielseitig interessierter, oft gut informierter Beobachter des Zeitgeschehens anzusehen.«[109] Das sollte man bedenken, wenn man von der Aussage des Olympiodor hört, die oben genannte Erhebung des Jovinus zum Kaiser habe in »Mundiacum in der römischen Provinz Germania secunda« stattgefunden. Als Marionette des Burgunden-Königs Gundahar, der mit dem Alanen-König Goar diese Kaiser-Erhebung initiiert hatte,[110] soll Jovinus die Ansiedlung der Burgunden linksrheinisch – im römischen Reich – endgültig erlaubt haben und zwar, wie die Nibelungenforscher meinen, in der Gegend von Worms.[111]

---

107 Siehe oben 1. Teil dieses Aufsatzes »Nibelungenlied« und http://de.wikipedia.org/wiki/Flavius_A%C3%ABtius <letzter Zugriff am 28.02.2007>; Aëtius war es auch, der Attila mit seinen Hunnen in der Schlacht auf den »katalaunischen Feldern« – wohl in der Gegend von Chalons-sur-Marne – im Jahre 451 besiegte und so an der weiteren Eroberung Europas hinderte. Aëtius starb 453, Attila 454; siehe dazu: http://de.wikipedia.org/wiki/Attila <letzter Zugriff am 28.02.2007>. Viel Mühe gibt sich Tibor Schäfer, um die Beziehungen zwischen Burgundern und Hunnen am Niederrhein und im Frankreich der Völkerwanderungszeit einer Klärung näher zu bringen. Hunnen, Alanen und Bretonen, in: Thidrekssaga 4, S. 157-175.

108 Wackwitz (wie Anm. 12), Bd. 1, S. 152.

109 Siehe Stichwort »Olympiodor 4.« in: Der Kleine Pauly. Lexikon der Antike in fünf Bänden (= dtv 5963), Bd. 4, München 1979, Sp. 289. Zudem: Werner Kleinhorst, Die Zuverlässigkeit des Olympiodor-Textes, in: Thidrekssaga 4, S. 43-50.

110 Alexander Riese, Das rheinische Germanien in der antiken Litteratur, Leipzig 1892, S. 347, XII 63. Olympiodorus frg.17, griechisch und lateinisch: »Iovinus Mundiaco in Germania secunda opera Goari Alani et Guntiarii, qui regulus regebat Burgundiones, imperator renuntiatus est.« (Nur in der Anmerkung hat Riese in griechischer Schrift und Grammatik »Mundiaco« für lat. »Mundiaci« mit dem Zusatz »die Hds.« – Im Text steht »Moguntiaci«. (»Jovinus wurde in Mundiacum in der Provinz Untergermanien mit Unterstützung des Alanen Goar und des Guntiarius, der als Kleinkönig die Burgunden beherrschte, zum Kaiser ausgerufen.«).

111 http://de.wikipedia.org/wiki/Jovinus <letzter Zugriff am 01.03.2007>; dort auch das Münzbild aus Abb. 4.

Leider wird der Name Mundiacum ausschließlich in dieser Olympiodor-Stelle erwähnt. So nahm die Wissenschaft einen Schreibfehler des Olympiodor an, der mit Mundiacum »Moguntiacum« gemeint habe, Mainz also. – Und Worms liegt nahe bei Mainz, sodass eine Beziehung leicht herzustellen war. Nach dieser Änderung ergab sich aber zwangsweise ein weiteres Problem: Mainz war die Hauptstadt Obergermaniens, und Worms lag ebenfalls in der Provinz Obergermanien – Germania prima.[112] Hier hätte also Olympiodor ein weiterer Fehler unterlaufen sein müssen.[113] Das aber ging und geht vielen Wissenschaftlern zu weit. Und im Zusammenhang mit der Thidrekssaga, die Worms nicht kennt, suchte man immer intensiver nach Mundiacum und zwar in Untergermanien.

Ein quellenmäßig wirklich gut begründetes Mundiacum in Untergermanien würde wohl auch beweisen, dass es Burgunder wenigstens zeitweise am Niederrhein gegeben hat, weil ihr König Gundahar bei der Kaiser-Erhebung in Mundiacum dabei war. Vielleicht war Mundiacum der Wohnsitz des Jovinus. Es muss sich dabei nicht um eine große Burg oder eine wichtige Stadt gehandelt haben.

Seit mehr als 80 Jahren wird das heutige Mündt in der Gemeinde Titz, in der nordöstlichen Ecke des Kreises Düren mit Mundiacum in Verbindung gebracht. Erstaunlich ist, dass H. Ritter anscheinend nichts von Mündt wusste.[114] Obwohl er sich mit einem in der Thidrekssaga mehrfach genannten »Mundia-Land« und dem »Mundia-Gebirge« beschäftigte,[115] suchte er nicht nach einem heute noch ähnlich klingenden Ort. Er glaubte, das »Land« in der Tiefebene, die der Rhein ab Bonn durchfließt, und das »Gebirge« im Rheinischen Schiefergebirge gefunden zu haben. Aber seine Überlegungen sind an dieser Stelle nicht gut begründet und führen nicht weiter.

Mir scheint, das Jülicher Land wurde erstmals bei Dieterich in einen Zusammenhang mit Mundiacum gebracht, indem dieser Montzen – südwestlich von Aachen – und Müntz, das wie Mündt in der Gemeinde Titz liegt und von Mündt nur rund acht km entfernt ist, mit Mundiacum verband (Abb. 20).[116] Beide Orte schließt Kirchhoff im Zusammenhang mit Mundiacum aus.[117]

---

112 Die Grenze zwischen den römischen Provinzen Ober- und Niedergermanien war der Vinxtbach, der zwischen Bad Breisig und Brohl in den Rhein mündet und noch heute die Grenze zwischen der ripuarischen und moselfränkischen Dialektgruppe bildet. »Vinxt« entstand aus lateinisch -»finis«-Grenze; siehe: http://de. wikipedia.org/wiki/Vinxtbach <letzter Zugriff am 03.03.2007>.
113 Zur Quellenlage siehe Petrikovits (wie Anm. 13), S. 348.
114 Kirchhoff, S. 25.
115 Svava, S. 209, Nr. 244; Ritter, S. 49 und S. 248, Anm. 32.
116 Dieterich, S. 27.
117 Kirchhoff, S. 14.

Das von Wackwitz eher schlecht beurteilte Büchlein von Dieterich[118] hat auch Reiner Müller aus Linnich-Tetz gelesen. Er war der erste, der Mundiacum nach Mündt verlegte und dafür auch gute Gründe anführte.[119] Er war ein angesehener Mediziner. Die historische Wissenschaft betrieb er nebenher. Daher veröffentlichte er seine recht fundamentale Erkenntnis auch nicht in einer angesehenen historischen Fachzeitschrift, sondern in den »Rur-Blumen«, der Wochenbeilage der Jülicher Lokalzeitung, des »Jülicher Kreisblatts«, dessen Verbreitungsgebiet an der Grenze des damals noch bestehenden Kreises Jülich endete. Müller stimmt mit Nachdruck Dieterichs Aussage zu, Worms als Heimat der Burgunden und diese als Helden der Nibelungen-Dichtung zu sehen, sei einzig der das Kunstwerk formenden Freiheit des Nibelungendichters entsprungen.[120] Die Nibelungen hätten eben nicht am Mittelrhein, sondern am Niederrhein gewohnt – möglicherweise sogar in der Gegend von Mündt. Müller macht sich sehr viel Mühe damit zu zeigen, dass Müntz und Montzen – im heutigen Ost-Belgien bei Kelmis und Welkenraedt –, aber auch Bocklemünd, ein Stadtteil Kölns, und Gemünd in der Eifel aus sprachlichen und sachlichen Gründen gegenüber Mündt zurücktreten müssen, wenn es um die Lokalisierung des verschwundenen Mundiacum geht.

Abb. 20: Lage der Dörfer Mündt und Müntz in der Gemeinde Titz im Jülicher Land.

---

118 Wackwitz (wie Anm. 12), Bd. 2, S. 60, Anm. 344.
119 Wenn Kirchhoff, S. 14f. darauf verweist, dass Mündt in Karten und Ortsverzeichnissen nicht genannt wurde, so ist ihm da nur teilweise Recht zu geben, weisen doch alle Karten seit 1806/08 den Ort auf: HistoriKa25. Historisch topographische Karten des heutigen NRW im Wandel der Zeit, Landesvermessungsamt NRW, Bonn 2005, CD-ROM, 4904 Titz; Wackwitz (wie Anm. 12), Bd. 2, S. 60, Anm. 346 hält Müllers Überlegungen für »merkwürdigen Dilettantismus«.
120 Dieterich, S. 26.

Den Namen des Ortes Mündt führt Müller auf ein römisches Mundiacum zurück, das Gut eines Mundius. Wie beim Namen Titz – aus römisch Titiacum – oder Tetz – aus römisch Tetiacum – sei aus Mundiacum Mündt geworden. Entschieden weist er die Herleitung des Namens aus einem keltischen Mun/Bach zurück, weil es in Mündt keinen Bach gebe, auch nie einen gegeben haben könne, liege Mündt doch auf dem mit rund 115 m höchsten Punkt des Titzer Landes,[121] und Bäche könnten im Hang, nicht aber in den obersten Regionen von Hügeln entspringen. Doch scheint dieser Deutungsversuch Müllers wohl eher falsch, wie Andermahr ausführt.[122]

Im Jahre 1958 übernahm G. Bers die wesentlichen Aussagen R. Müllers, als er einen Aufsatz über »Die Geschichte des Pfarrdorfes Mündt« veröffentlichte. Und er verteidigte seine und Müllers Meinung zwei Jahre später in einem kurzen Hinweis »Zur älteren Geschichte von Mündt«, nachdem ihm H. Hinz zwischenzeitlich mit einem Aufsatz »Der heilige Irmundus und Mündt« widersprochen hatte.[123] Bers bezog sich bei seiner Aussage gegen Hinz auf eine Einlassung von L. Schmidt aus dem Jahre 1937. Dieser sagte damals: »Wenn Olympiodor es für nötig fand, die Lage von Mundiacum in der Germania II hervorzuheben, so scheint damit ausgedrückt zu sein, dass es sich um eine sonst wenig bekannte, unbedeutende Siedelung handelte. Vermutlich war es [...] eine dem Jovinus gehörige [...] Villa.«[124] Aus dieser Aussage allein lässt sich allerdings kaum auf Mündt schließen, wohl jedoch darauf, dass auch Schmidt das Olympiodor-Zitat nicht bis zur Unkenntlichkeit umgestaltet sehen will. Hinz will Bers auch nach dessen Schmidt-Zitat nicht folgen und sagt 1969 an anderer Stelle über Müllers Aussagen zu Mündt und den Nibelungen, diese seien »kaum stichhaltig.«[125]

Auf die Problematik um Mundiacum und die Nibelungen geht Heinz Andermahr nur sehr vorsichtig ein, als er 1984 »Grundzüge einer Geschichte der Pfarrei Mündt [Gem. Titz]«[126] veröffentlicht. Bei der Deutung des Namens »Mündt« bevorzugt Andermahr ein althochdeutsches Wort »munt-Schutz« und bringt dieses mit einem irgendwie gearteten »Immunitätsbezirk« in Verbindung. Er fährt jedoch fort:

---

121 Mündt liegt auf der Wasserscheide zwischen Maas und Rhein; ein im südöstlich von Mündt gelegenen Grottenherten entspringender Bach fließt zur Erft (Rhein), der westlich von Mündt entspringende Malefinkbach dagegen fließt zur Rur (Maas).
122 Dieterich, S. 12; Andermahr (wie Anm. 126), S. 16.
123 Heimatkalender des Kreises Jülich, 1958, S. 68; 1959, S. 107 und 1960, S. 139.
124 Ludwig Schmidt, in: Germania. Anzeiger der Römisch-Germanischen Kommission des Deutschen Archäologischen Instituts, 1937, Heft 4, S. 264-266 (zitiert nach Günter Bers, in: Heimatkalender des Kreises Jülich 1960, S. 139).
125 Hermann Hinz, Archäologische Funde und Denkmäler des Rheinlandes, Bd. 2: Der Kreis Bergheim, Düsseldorf 1969, S. 22.
126 In: Beiträge zur Jülicher Geschichte. Mitteilungen des Jülich Geschichtsvereins, Nr. 52 (1984), S. 3-21, hier: S. 8f.

»Aufgrund der mangelnden eindeutigen Bezüge, zumal nicht einmal die älteste schriftliche Form als gesichert feststeht, bleibt die Deutung des Namens auch weiterhin dem Reich der Spekulation anheimgestellt.«[127] So hatten schon Brockmüller und Kuhl auch nur spekuliert – und waren ihrer Sache sogar sehr sicher. Brockmüller leitete den Namen von lateinisch »mundus/rein« ab und überging dabei großzügig alle sprachlichen Änderungen, die seit römischer Zeit lateinische Worte im Deutschen erfahren haben.[128] Kuhl hält mit Nachdruck seine Ableitung des Namens von dem in Münot verehrten Irmundus für die einzig mögliche. Hier gilt das schon für Brockmüller kritisch Angemerkte. Eher könnte Irmundus seinen Namen von einer uralten Ortschaft Mündt bekommen haben als umgekehrt.[129]

Eine richtige, widerspruchsfreie Deutung des Namens »Mündt« wäre insofern besonders vorteilhaft, als man aus ihr auf das Alter des Ortes schließen und somit vielleicht in die Zeit der Burgunden/Nibelungen zurückblicken könnte. Da dem aber nicht so ist, muss man auf andere Weise versuchen, das Alter des Ortes zu bestimmen und vielleicht festzustellen, ob einer Verbindung Mündts mit Mundiacum unüberwindliche Argumente entgegenstehen, oder ob es gute Gründe gibt, das Burgunden-Reich an den Niederrhein und in einen Zusammenhang mit Mündt zu bringen.

So sollen zum Abschluss dieses Aufsatzes noch die beiden jüngsten Arbeiten zum »Mundiacum-Problem« angerissen werden. Da ist zuerst die Arbeit von Schweitzer aus dem Jahr 2000 und dann die von Kirchhoff aus dem Jahr 2003.

Schweitzer fasst seine Erkenntnisse in folgendem Satz zusammen: »Auf jeden Fall dürfte sich das erste Burgunderreich sehr viel weiter nördlich erstreckt haben, als dies bisher angenommen wurde.«[130] Er leitet das aus drei literarischen Quellen ab: dem »Waltharius«, dem »Älteren Atlilied« und dem »Widsith«. Alle drei Werke reichen in ihren ursprünglichen Fassungen ins 9. und 10. Jahrhundert zurück und spiegeln noch frühere Zeiten. Zudem erscheinen in ihnen einige der Helden des Nibelungenliedes: Im Walthari-Lied sind es Gunther und Hagen, im Älteren Atli-

---

127 Andermahr (wie Anm. 126), S. 12.
128 Carl Brockmüller, Entwurf einer historisch-, statistisch-, medizinischen Topographie der Stadt und des Kreises Jülich, hrsg. von Gabriele Spelthahn, Jülich 1992, S. 57. Eine Spekulation aus jüngster Zeit (Martin Alberts/Reinhard Schmoeckel, Mündt: Seit Urzeiten ein heiliger Bezirk. Ein antiker Ort erwacht aus der Vergessenheit, in: Thidrekssaga 4, S. 80) verweist auf das lateinische Wort »mundus«, »die runde Baugrube, die Romulus als Zentrum für die zu gründende Stadt aushob«. Mundus hieß auch eine »Grube, die wie ein Abbild des Himmels aussah«, in der die Manen, die Seelen der Vorfahren, wohnten. Zitate aus: Der kleine Pauli (wie Anm. 109), Bd. 3, Sp. 1463-1464.
129 Joseph Kuhl, Die Geschichte der Stadt Jülich, insbesondere des früheren Gymnasiums zu Jülich, Bd. 4, Jülich 1897 (Nachdruck Jülich 1990), S. 314.
130 Schweitzer, S. 22.

Lied, der Atlak-vida, sind es Gudrun und Gunnar – identisch mit Kriemhild und Gunther –, und im Widsith sind es Attila und der mythische Urkönig der Burgunden, Gibich.[131] An allen drei Werken will Schweitzer deutlich machen, dass sie nicht grundsätzlich für Worms und den Mittelrhein als Heimat der Burgunder und damit der Nibelungen sprechen, sondern für nördlichere Gebiete. Die Tatsache, dass im »Waltharius« Gunther kein Burgunder, sondern ein Franke ist, könnte zu dem Schluss ermutigen, dass die Nibelungen erst durch den Dichter des Nibelungenliedes zu Burgundern wurden. In seinem gerade erst erschienenen Werk über »Germanische Herrscher«[132] spricht Ausbüttel davon, dass »ein Karolinger« – ein Franke also –, »der um 740 in Burgund an einem Feldzug teilnahm [...], seinen Sohn nach einer wohl mit den Gibichungen verwandten Sippe Nibelung« nannte. Warum aber soll ein Franke seinen Sohn nach einem Mann aus dem völlig besiegten Volk der Burgunder benannt haben? – Wenn die Aussage richtig ist, kann sie nur politische Gründe gehabt haben. Nach Ausbüttel wollten die Franken als Beweis ihrer Macht und Stärke die alten Geschichten durch eine solche Namensnennung »warm« halten und weiter erzählen, weil die Burgunder selbst es aus verständlichen Gründen nicht tun wollten und nicht taten.

Für Mündt als Mundiacum und ein sehr hohes Alter des Ortes könnten nach Schweitzer zwei Punkte sprechen:

1. Die heutige Kirche ist allen Zeugnissen zufolge sehr alt und war schon immer Pfarrkirche. Die »Kunstdenkmäler der Rheinprovinz« weisen noch sichtbare Teile des heutigen Bauwerks der frühen Romanik zu.[133] Eine lateinische Urkunde des 11. oder 12. Jahrhunderts, die aber wohl Fakten der Zeit des Kölner Erzbischofs Kunibert (623-663)[134] und damit des 7. Jahrhunderts darstellt, nennt die Kirchen von »Hasselo et Muni« – von Hasselsweiler und Mündt – als zum Kölner Domstift gehörig und weist damit schon zurück in die Völkerwanderungszeit.[135] Dass auf den Feldern um Mündt immer wieder römische und andere Funde auftauchten, sei nur nebenbei erwähnt. In der Ansammlung dieser Funde in der Nähe des alten öst-

---

131 Zum »Waltharius« siehe Gustav Ehrismann, Geschichte der deutschen Literatur bis zum Ausgang des Mittelalters, Erster Teil: Die althochdeutsche Literatur, München 1954, S. 395. Der ins Deutsche übersetzte Text der »Atlak-vida« findet sich bei http://www.oding.de/edda/Atlakvida/atlakvida.html <letzter Zugriff am 10.03.2007> und der Originaltext des »Widsith« bei http://www.georgetown.edu/labyrinth/library/oe/texts/a3.11.html <letzter Zugriff am 10.03.2007>.
132 Ausbüttel (wie Anm. 12), S. 119.
133 Paul Clemen, Die Kunstdenkmäler der Rheinprovinz, Bd. 8.1: Die Kunstdenkmäler des Kreises Jülich, bearbeitet von Franck Karl Oberaspach und Edmund Renard, Düsseldorf 1902, S. 81. Bei Ausgrabungen in der Kirche im Jahre 1974 fanden sich Grundmauern des Rechteck-Chores einer Kirche aus vorromanischer Zeit; Planzeichnung in: Bonner Jahrbücher, Bd. 176 (1976), S. 435; siehe auch Kirchhoff, S. 11.
134 Handbuch des Erzbistums Köln, 26. Ausgabe, Köln 1966, Bd. 1, S. 31.

lich von Mündt gelegenen Kreuzes am Hahnerhof glaubt Hinz sogar Hinweise sehen zu dürfen, dass eine allererste Kirche von Mündt hier gestanden habe.[136] Die topographische Karte des Landesvermessungsamtes NRW aus dem Jahre 1998 hat an dieser Stelle den Hinweis »KD« - »Kulturgeschichtliches Denkmal« und »Hügelgrab« (Abb. 21). Letzterer

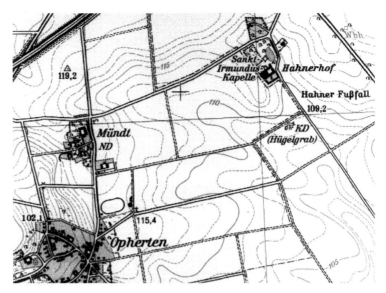

Abb. 21: Karte mit Mündt, Hahnerhof und Irmundus-Kreuz am Hahnerhof.

Begriff bezieht sich wohl auf die ausgegrabenen Spuren und Reste eines alten Friedhofs an dieser Stelle,[137] der schon 1639 genannt wird.[138]

2. Wenige hundert Meter östlich von Mündt findet sich am Hahnerhof ein Weiher, der seit Jahrhunderten an dieser Stelle Erstaunen hervorgerufen hat. Er ist wohl ein Sammelbecken von Grund- und Oberflächenwässern, die von den rundherum fünf bis zehn Meter höher liegenden Ackerflächen hierher fließen. In der Nähe des Hofes steht seit 1685 ein dem hl. Irmundus geweihtes Kreuz im Feld.[139] Durch ein

---

135 Rheinisches Urkundenbuch, Ältere Urkunden bis 1100, Bd. 2: Elten – Köln, St. Ursula, bearbeitet von Erich Wisplinghoff, Düsseldorf 1994, S. 134 (Das Werk ist vollständig abrufbar unter http://miami.uni-muenster.de/servlets/DerivateServlet/Derivate-3705/HBZ-HT002272184-2-_-5_-_0001.jpg <letzter Zugriff am 15.03.2007>). Th. J. Lacomblet, Archiv für die Geschichte des Niederrheins, 2. Bd., Osnabrück 1968, Neudruck der Ausgabe von 1832-1870, III. Die zwölf Almosenbrüder des hl. Lupus zu Köln, S. 57, hält »Muni« irrtümlich für Müntz (Binterim und Mooren, Die Erzdiöcese Köln im Mittelalter, neu bearb. von Albert Mooren, zwei Bände, Düsseldorf 1892, hier: Bd. 1, S. 339f.).
136 Hinz (wie Anm. 125), S. 152.
137 Historika 25, 4904 Titz; siehe dazu auch Andermahr (wie Anm. 126), S. 16f. Siehe auch Alberts/Schmoeckel (wie Anm. 128), S. 62.
138 Acta Sanctorum (wie Anm. 142).
139 Inschrift auf der Rückseite des Kreuzes nach Andermahr (wie Anm. 126), S. 17: »In honorem S.Irmundi Confessoris et loco in Mund patroni ex oblatis sacelli erexit – Wernerus Offermanns, villicus in villa Gallicana anno 1685, 11.9.« (»Zu Ehren des hl. Bekenners Irmundus, des Patrons der Ortschaft Mündt, hat [dieses Kreuz] aus den Opfergaben der Kapelle errichtet Werner Offermanns, Gutsherr auf dem Hahnerhof, 1685 am 11. September.«).

Wunder soll dieser Heilige den Weiher in einer Zeit großer Dürre aus dem Boden habe sprudeln lassen.[140] Natürlich liegt es nahe, Irmundus als den Namensgeber der Ortschaft Mündt anzusehen. Das ist aber wohl aus Gründen der Sprachentwicklung falsch und auch deshalb, weil der Stamm »mun« auch bei vielen anderen Ortsnamen in vielen anderen Gegenden vorkommt.[141]

Heute hält man den Namen des heiligen Irmundus für fränkischen Ursprungs. Das mag für die Legende sprechen, die Irmundus in der Zeit des Kölner Erzbischofs Severin (um 400) ansiedelt. Damals soll der fränkische Adlige als Hirt in der Gegend von Mündt gewirkt haben – vielleicht in der Nähe von »Munda«, der legendären Stadt am heutigen Kreuz des Hl. Irmundus, wo dessen Einsiedlerhütte gestanden haben soll.

Leider gibt es keine Quellen zum hl. Irmundus, die vor das Jahr 1639 zurückgreifen. Damals kamen drei Jesuiten nach Mündt. Der Orden versuchte gerade, möglichst viele biographische Mitteilungen über alle bekannten Heiligen zu sammeln. Der erste Band der so genannten »Acta Sanctorum« erschien 1643. Bis heute gibt es 67 Bände, die auch im Internet veröffentlicht wurden.[142] – Und die Arbeit der Bollandisten – so genannt nach Johannes Bollandus, dem ersten Herausgeber des Werkes – in Brüssel geht auch heute noch weiter.[143] Was die Jesuiten in Mündt zusammentrugen, wurde in den Acta Sanctorum unter dem 28. Januar veröffentlicht: »Der Hl. Irmundus aus Mündt im Jülicher Land [...]: In diesem Gebiet, nicht weit von Jülich entfernt, zwischen Rur und Erft, liegt Mündt ein nicht unwichtiger Ort [...] Hier soll Irmundus in der Zeit des Kölner Erzbischofs Severin gelebt haben.«[144] 1602 sollen bei einem Überfall reformierter Soldaten auf Mündt alle alten Unterlagen verloren gegangen sein.

---

140 Zu »Irmundus« siehe Dieter P.J. Wynands, Irmundus vom Hahnerhof. Anmerkungen zu Vita und Kult eines Heiligen des Jülicher Landes, in: Rheinisch-Westfälische Zeitschrift für Volkskunde, Jg. 49 (2004), S. 257ff. und ders., Die mittelalterlichen Volksheiligen Irmund, Salman, Arnold und Timerlin, in: Heilige im Bistum Aachen (= Geschichte im Bistum Aachen, Beiheft 4), Neustadt an der Aisch 2005, S. 55-80. In mehreren Einzelheiten abweichend von Wynands: Franz Josef Schweitzer, Mündt, Hahnerhof und der »Tempel« des heiligen Irmundus, in: Thidrekssaga 4, S. 245-252. Äußerst spekulativ und wenig belegt: Reinhard Schmoeckel, Von Irmundus zu Karl dem Großen. Historische Überlegungen zu einer möglichen genealogischen Reihe, in: Thidrekssaga 4, S. 229-243.

141 Richard Pick, Zur Geschichte des Pfarrdorfes Mündt, in: Zeitschrift des Aachener Geschichtsvereins, Bd. 8 (1886), S. 280f.

142 Mit deutschlandweiter Lizenz der Bayrischen Staatsbibliothek einsehbar unter: http://emedia1.bsb-muenchen.de/han/ACTASANCT-D/acta.chadwyck.co.uk/all/search: Text von Anm.142 unter »Praefatio [2]«.

143 http://de.wikipedia.org/wiki/Bollandist und http://de.wikipedia.org/wiki/Acta_Sanctorum <letzter Zugriff am 10.03.2007>.

Natürlich sind solch unbelegte Aussagen wenig aussagekräftig; dennoch zeichnen sie Spuren in eine ferne Vergangenheit, die nicht unbeachtet bleiben sollen.

Im Jahresheft der »Joseph-Kuhl-Gesellschaft, Gesellschaft für die Geschichte der Stadt Jülich und des Jülicher Landes« erschien im Jahre 2003 ein Aufsatz des Dortmunder Historikers Hans Georg Kirchhoff mit dem Titel: »Das Rätsel von Mündt. Mundiacum 411 und das niederrheinische Burgunderreich.« Die Arbeit von Kirchhoff bildet nicht nur deshalb den Abschluss des vorliegenden Aufsatzes, weil sie zeitlich die letzte wissenschaftliche Auseinandersetzung mit dem Thema »Mundiacum« ist, sondern auch weil sie – wie mir scheint – die Gesamtbetrachtung des Problems wenn auch nicht zu einer endgültigen Lösung, so aber doch zu einem vorläufigen Abschluss gebracht hat.

Kirchhoff beginnt seine Untersuchung mit dem Satz: »Dass in dem winzigen Mündt [...] eine Kirche mit Pfarrrechten errichtet wurde, bedarf der Erklärung durch die Geschichte. Geht man ihr nach, so stößt man auf ein verwirrendes Gestrüpp von historischen Nachrichten, Legenden, archäologischen Funden und Forschungshypothesen, das es, so gut es geht, zu entwirren gilt.« Und in der Anmerkung zu diesem Satz sagt er: »Ziel meiner Untersuchung ist der Versuch, die vielfältigen Eigentümlichkeiten der Mündter Geschichte von einem Punkt ausgehend zu erklären, sie in einem Zusammenhang zu sehen. Dieser Punkt ist das Mundiacum von 411.«[145]

Die sprachliche Analyse des Namens »Mündt« und seiner mundartlichen, bis heute geltenden Form »Möng« scheint deutlich zu machen, dass der Ortsname sehr wohl mit dem lateinischen »Mundiacum« in Verbindung gebracht werden kann, weil ein rheinisches »-ng« schon immer mit einem hochsprachlichen »-nd« identisch war. Solche Identität gilt auch für das hochsprachliche »ü« und das rheinisch-mundartliche »ö«. Als Beispiele mögen gelten: »Rinder/Renger; Linden/Lenge; Glück/Jlöck«. Als Beweis für das Alter dieser sprachlichen Formen führt Kirchhoff »(Köln-)Müngersdorf« an, das 980 »Mundesdorp« hieß.«[146]

Im Folgenden versucht Kirchhoff, den schon 80 Jahre vor ihm von Reiner Müller vertretenen, aber von Nibelungen-Forschern nie ganz ernst genommenen Thesen zu Mundiacum und Mündt neue und tragfähigere Fundamente zu geben. Er nennt die topographische Situation des kleinen Ortes an der höchsten Stelle des dort fla-

---

144 »De S. Irmundo Mundae in Agro Juliacensi. XXVIII Jan.: In hac provincia, haud Juliaco procul, inter Ruram et Ervatem amnes, Munda est, non ignobilis vicus [...] Vixisse eum tradunt S. Severini Coloniensis Episcopi aetate.«; zit. nach Hinz (wie Anm. 125), S. 152, Anm. 376; siehe auch in diesem Aufsatz Anm. 142.
145 Kirchhoff, S. 7 und Anm. 1.
146 Kirchhoff, S. 10, Anm. 9.

chen Landes als möglichen Vorposten für das spätrömische Kastell Iuliacum an der erst in den vergangenen Jahrzehnten durch den Tagebau Garzweiler archäologisch belegten Straße zwischen Neuss und Jülich.[147]

Auch Kirchhoff greift bei seinen Überlegungen zu Mündt auf das Alter der recht allein in der Feldflur liegenden Kirche zurück und verweist auf die schon genannten Ausgrabungen von 1974, bei denen auch ein möglicherweise römerzeitlicher Mauerrest in den Fundamenten der Kirche gefunden wurde.[148] Natürlich muss diese Mauer nicht zu einer Kirche im späten römischen Reich gehört haben, aber da sie inmitten von Kirchenfundamente steht, deutet doch einiges darauf hin. Zumindest aber zeigt die Mauer mit den über ihr im Laufe der Jahrhunderte immer wieder neu errichteten Bauwerken, dass dieser Ort bis heute kontinuierlich besiedelt ist.

Dass die Kirche in Mündt Pfarrkirche war, hat nie jemand bestritten. Zu ihr gehörten die umliegenden Orte und Höfe, vor allem aber Opherten und Jackerath und der Hahnerhof. Letzterer befindet sich daher heute auch in der Diözese Aachen, obwohl er im zum Erzbistum Köln gehörenden Rhein-Erft-Kreis liegt und normalerweise kirchliche Grenzen Gemeindegrenzen entsprechen.[149] Mit historischen Zusammenhängen Vertraute vermuten daher auch in der Mündter Kirche eine fränkische Eigenkirche – vielleicht des Hahnerhofes. Dem aber widerspricht die Tatsache, dass der Pfarrer von Mündt eine Sonderstellung mit Rechten eines Dechanten für seine Pfarre einnahm: Er durfte – wie der Dechant für das Dekanat – das vom Bischof am Gründonnerstag geweihte Öl[150] für seine Pfarre bei der Bischofskirche selbst abholen. Die Kirche war also direkt dem Bischof unterstellt. Kirchhoff führt das auf ein mögliches römisches Staatsgut zurück, das es hier gegeben haben soll. Gemeinhin gingen solche Güter nach dem Ende des römischen Reiches in den Besitz der fränkischen Könige über, die sie später den Bischöfen schenkten. Solcher Besitz war niemandem steuerpflichtig. Wegen dieses Privilegs

---

147 Die Römerstraße liegt im Bereich des Tagebaues Garzweiler-Süd unter der Trasse der alten B1; vgl. Surendra Kumar Arora, Die Römerstraße war auf dem Kolluvium erbaut, in: Archäologie im Rheinland 2001, Stuttgart 2002, S. 65-67; siehe für die moderne Straßensituation bei Mündt hier Abb. 15. Siehe auch Hans Georg Kirchhoff, Römerreich und Römerstraßen am Niederrhein in der Spätantike, in: Thidreksaga 4, S. 13-31. Im Gegensatz zur Meinung Kirchhoffs (S. 28) ist die Straße zwischen Jülich und Neuss bei Hagen (wie Anm. 33) doch genannt: 1. Auflage, 1923, S. 125/126 und 2. Aufl. 1931, S. 190.

148 Kirchhoff, S. 11 und oben Anm. 131.

149 Handbuch des Bistums Aachen, dritte Ausgabe, Mönchengladbach 1994, S. 488.

150 Der Große Sonntags-Schott. Originaltexte der deutschsprachigen Altarausgabe des Messbuchs und des Lektionars, ergänzt mit den lateinischen Texten des Missale Romanum, hrsg. von den Benediktinern der Erzabtei Beuron, Freiburg/Basel/Wien 1975, S. 70, Gründonnerstag oder Hoher Donnerstag, Chrisam-Messe.

fehlt Mündt wohl auch im sogenannten »Liber valoris«, der um 1300 als Register über die Steuerpflichtigkeit der einzelnen Pfarren angelegt wurde.[151]

Das Kirchenpatrozinium des heiligen Papstes Urban (222-230) erstaunt bei dieser Kirche deshalb, weil alte Kirchen im fränkischen Raum meist den hl. Martin als Patron haben. So nahm man für Mündt ein altes Martins-Patrozinium an, das durch ein Urbanus-Patrozinium abgelöst wurde; dazu passt, dass im 15. Jahrhundert eine Glocke den Namen des hl. Martinus erhielt. Niemand allerdings fragte, warum denn Martin durch Urban hätte abgelöst werden sollen. Kirchhoff nennt einen plausiblen Grund für ein ursprüngliches Urbanus-Patrozinium. Er glaubt, die Anfänge der Mündter Kirche könnten in eine Zeit zurückgehen, in der Martin noch gar nicht lebte. Der starb erst 397.[152]

Im Prümer Urbar, das im Jahre 893 – nach den verheerenden Verwüstungen des Rheinlandes und der Eifel durch die Normannen im 9. Jahrzehnt des 9. Jahrhunderts – die Besitztümer des Klosters Prüm genau aufzeichnete, findet sich im 81. Kapitel ein sonst unbekannter Ort mit Namen »Bundende«. Er muss in der Gegend von Kirchherten gelegen haben, das im 80. Kapitel genannt wird. Für Kirchherten wird ausdrücklich gesagt »nullus habitat in hertene« – »keiner wohnt in (Kirch)herten« – und für Bundende: »in bundende mansa VIII etiam apsa« – »in Bundende besitzt das Kloster Prüm auch acht verlassene Hofstellen.« Beide Ortschaften wurden wohl durch die Normanneneinfälle verwüstet. Während Kirchherten wieder besiedelt wurde, blieb Bundende in der Zukunft wohl unbewohnt[153] und verschwand von der Landkarte, es sei denn, sein Name hätte sich in »Mündt« erhalten. In der hier verwendeten Ausgabe wird auf die Unzuverlässigkeit der Identifikation mit Mündt hingewiesen. Andererseits gibt es in der Gegend auch heute keinen ähnlich klingenden Ort. Möglicherweise hat der verwüstete Ort am Irmundus-Kreuz gelegen. Darauf könnten die Acta Sanctorum in ihren Aufzeichnungen von 1439 verweisen, wenn sie sagen: »Nicht weit (vom Hahnerhof) findet man Spuren eines Tempels (einer Kirche) und einen Friedhof ›Der alte Kirchhof zu Mündt‹.«[154] Eine Flur in derselben Gegend wird bis heute »En de ahl Möng« genannt, und in der französischen Karte von 1806-1808 heißt sie: »Alte Munder Feld« (Abb. 22).

Dennoch bleibt ungeklärt, warum das Prümer Urbar »Bundende« schreibt und damit auch, ob überhaupt ein Zusammenhang zwischen Bundende und Mündt besteht.

---

151 Kirchhoff, S. 16; Andermahr (wie Anm. 126), S. 14, Anm. 105; Friedrich Wilhelm Oediger, Die Erzdiözese Köln um 1300, Erstes Heft: Der Liber valoris (= Publikationen der Gesellschaft für rheinische Geschichtskunde, Bd. XII), Bonn 1967.
152 Kirchhoff, S. 20.
153 Prümer Urbar (wie Anm. 99), S. 55, 80. und 81. Kapitel und im Faksimile-Teil S. 38v und S. 39r.
154 Siehe Anm. 142; der lateinische Text lautet: »Ab eo non longe visuntur vestigia templi ac coemeterium ›Der alte Kirchoff Zue Mvndt‹.«

Zusammenfassung – Endergebnis

1. Dass die Burgunder historisch mit den Nibelungen identisch sind, darauf weisen die Quellen zwar hin – letzte Klarheit geben sie aber nicht.

2. Ob ihre Heimat sich um die Wende zum 5. Jahrhundert am Mittel- oder am Niederrhein befand, kann nicht eindeutig gesagt werden.

3. Vieles spricht aber für den Niederrhein und die Voreifel. Sehr interessant ist in diesem Zusammenhang die Gegend südlich von Zülpich.

4. Auch »Mundiacum« ist nicht eindeutig zu lokalisieren. Es ist sicher nicht Mainz, sondern es lag in Untergermanien, also am Niederrhein.

5. Manches spricht für eine Identifizierung von Mundiacum mit Mündt in der Gemeinde Titz im Kreis Düren.

Die vorliegende Arbeit wollte einen Überblick geben über den Forschungsstand. Der Leser muss selbst entscheiden, ob er mit Kirchhoff die Nibelungen mit den Burgundern in einem Reich am Niederrhein ansiedelt, in dem die Ortschaft Mündt dann auch mit einiger Wahrscheinlichkeit das gesuchte Mundiacum wäre,[155] oder ob er mit Wackwitz zwar auch Mundiacum am Niederrhein, das Reich der Burgunder aber doch eher in Worms sucht.[156]

Letztendlich sollte sich der Leser des Nibelungenliedes immer vor Augen halten, dass es sich um Dichtung handelt, die in erster Linie von der Fantasie des Dichters lebt und sicher nicht in allen Einzelheiten, vielleicht aber nicht einmal in groben Zügen auf historische Quellen zurückzuführen ist.

Literaturverzeichnis:

Zu Abschnitt 1:

A: MODERNE TEXTAUSGABEN

Das Nibelungenlied, zweisprachige Ausgabe, Mittelhochdeutsch/Neuhochdeutsch. Nach der Handschrift C der Badischen Landesbibliothek Karlsruhe herausgegeben und übersetzt von Ursula **Schulze**, Düsseldorf/Zürich/Regensburg 2005.

Das Nibelungenlied, Mittelhochdeutsch/Neuhochdeutsch, Der Nibelunge Nôt. Nach dem Text von Karl Bartsch und Helmut de Boor ins Neuhochdeutsche übersetzt und kommentiert von Siegfried **Grosse** (= Reclams Universalbibliothek, Nr. 644), Stuttgart 1997.

---

155 Kirchhoff, S. 27.
156 Wackwitz (wie Anm. 12), Bd. 1, S. 124.

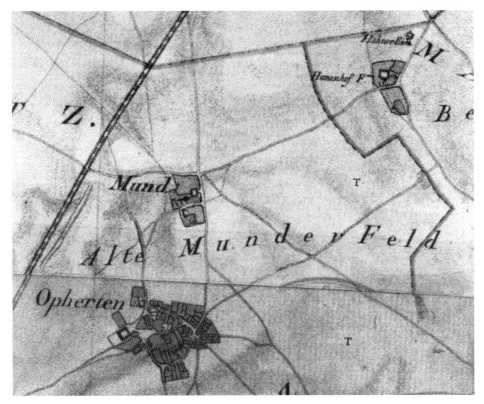

Abb. 22: Ausschnitt aus der französischen Karte von Tranchot aus den Jahren 1806-1808.

B: MODERNE LITERATUR

Joachim **Heinzle**, **Die Nibelungen. Lied und Sage**, Darmstadt 2005.

Christian **Fasbender** (Hrsg.), Nibelungenlied und Nibelungenklage. **Neue Wege der Forschung**, Darmstadt 2005.

Reinhold **Kaiser**, **Die Burgunder** (= Urban Taschenbücher, Bd. 586), Stuttgart 2004.

»Uns ist in alten Mären«. **Das Nibelungenlied und seine Welt**. Ausstellung im Badischen Landesmuseum Karlsruhe 13.12.2003-14.03.2004, hrsg. von der Badischen Landesbibliothek Karlsruhe und dem Badischen Landesmuseum Karlsruhe, Darmstadt 2003.

Die Nibelungen. Sage-Epos-Mythos, hrsg. von Joachim Heinzle, Klaus Klein und Ute Obhof, Wiesbaden 2003.

C: INTERNET

http://de.wikipedia.org/wiki/Nibelungensage
http://de.wikipedia.org/wiki/Burgunden
http://de.wikipedia.org/wiki/Burgund

Zu Abschnitt 2:

A: TEXTE

Vergleichende Übersetzung: Heinz **Ritter**, Die Nibelungen zogen nordwärts, 6. Aufl., München/Berlin 1981, **Textanhang** S. 259ff.

Die Didriks-Chronik oder **Svava**. Das Leben König Didriks von Bern und die Niflungen. Erstmals vollständig aus der altschwedischen Handschrift der Thidrekssaga übersetzt und mit geographischen Anmerkungen versehen von Heinz Ritter-Schaumburg, St. Goar 1989.

B: LITERATUR

Harry **Böseke**, Sagenhafte Irrtümer, Mönchengladbach 2006.

Thidrekssaga-Forum e.V. (Hrsg.), Forschungen zur Thidrekssaga, Untersuchungen zur Völkerwanderungszeit im nördlichen Mitteleuropa, Bd. 1: Ein Niflungenreich in der Voreifel?, Bonn 2002.

Heinz **Ritter**-Schaumburg, Die Nibelungen zogen nordwärts, 6. Aufl., München/Berlin 1981.

Ders., Die Niflungen an der Neffel, in: Jahrbuch des Kreises Düren 1984, S. 96-101.

Andreas **Heusler**, Nibelungensage und Nibelungenlied, 5. Aufl., Dortmund 1965 (1. Auflage 1920/21).

Georg **Holz**, Der Sagenkreis der Nibelungen, 3. Aufl., Leipzig 1920.

C: INTERNET

http://www.nibelungenzug.de/ (Es handelt sich um eine WEB-Site von Harry Böseke mit zwei Links: »Schon die Nibelungen zogen durch die Landesgartenschau« und »Der Ring der Nibelungen« <letzter Zugriff am 27.02.2007>).

Zu Abschnitt 3:

Hans Georg **Kirchhoff**, Das Rätsel von Mündt. Mundiacum 411 und das niederrheinische Burgunderreich, in: Neue Beiträge zur Jülicher Geschichte, Bd. XIV (2003), S. 7-30.

Franz Josef **Schweitzer**, Die älteren literarischen Quellen zum rheinischen Burgunderreich und das MUNDIACUM-Problem. Eine Bestandsaufnahme, in: Annalen des Historischen Vereins für den Niederrhein, H. 203 (2000), S. 7-22.

Reiner **Müller**, Die Burgunden am Niederrhein 410-443. Mundiacum-Mündt, eine Nibelungenfrage des Jülicherlandes. In: Rur-Blumen. Blätter für Heimatgeschichte,

Unterhaltung, Belehrung. Beilage zum Jülicher Kreisblatt, Nr. 35 und Nr. 36, 06. und 13. September 1924.

Jul. R. **Dieterich**, Der Dichter des Nibelungenliedes. Ein Versuch, Darmstadt 1923.

Nachträge: *Nach Fertigstellung des Manuskriptes der vorliegenden Arbeit fand in der Zeit vom 12. bis 14. Oktober 2007 in Grevenbroich eine »Gemeinsame Tagung des Thidrekssaga-Forums und des Grevenbroicher Geschichtsvereins« unter dem Titel »Das Geheimnis von Mündt. Burgunder und Nibelungen/Niflungen in der Jülicher Börde« statt. Die Tagung ist dokumentiert in: Thidrekssaga-Forum e.V. (Hrsg.). Forschungen zur Thidrekssaga. Untersuchungen zur Völkerwanderungszeit im nördlichen Mitteleuropa, Bd. 4: Das Rätsel von Mündt/Mundiacum und St. Irmundus. Burgunder und Nibelungen in der Jülicher Börde?, Bonn 2007 – Auf diese Dokumentation konnte an einigen Stellen noch mit dem Hinweis* **Thidrekssaga 4** *verwiesen werden.*

Am 23. und 26. Dezember 2007 sendete das ZDF in seiner Reihe »Expedition, Terra X« zwei Beiträge mit dem Titel »Der Nibelungen-Code, Teil 1: Deckname Siegfried, Teil 2: Kriemhilds Todesspiel«. Helga Lippert und Claudia Moroni dokumentierten diese Sendung in ihrem Buch »Terra X, Große Mythen« München 2008. Auf dieses Werk wird im vorliegenden Aufsatz noch an einigen Stellen unter dem Kürzel »Nibelungen-Code« verwiesen.

Abbildungsnachweis: A. Zur Darstellung der Karten wurden Ausschnitte herangezogen aus: Top50, Version 4, Landesvermessungsamt NRW 2003, Topographische Karten, Digitale Kartenserie der deutschen Landesvermessung (6, 12, 15, 20) und HistoriKa 25, Historische topographische Karten des heutigen NRW im Wandel der Zeit, Landesvermessungsamt NRW 4904 Titz, 2005 (21, 22). B. Fotos: Verf.: 10, 18. C. Reproduktionen: Bossbach (wie Anm. 79), S. 21: 13; Diederich (wie Anm. 74), Abb. 22: 11; Grosse, S. 1010: 3; Heinzle, Nibelungen. Lied und Sage, S. 72f.: 2; Heinz Günter Horn (Hrsg.), Die Römer in NRW, Stuttgart 1987, S. 152: 16; Leverkusen 2005 (wie Anm. 59), Abb. S. 146: 7 (mit Ergänzungen durch den Verf.), Abb. Vorsatzblatt (Ausschnitt): 9; http://www.routard.com/images_contenu/partir/destination/belgique/carte/belgiquepop.gif <letzter Zugriff am 02.08.2007>: 14; http://de.wikipedia.org/wiki/Jovinus <letzter Zugriff am 01.08.2007>: 4; Kleine Geographie der Niederlande, Den Haag/Utrecht 1975, S. 5: 5; Das Nibelungenlied und seine Welt, S. 193, S. 124: 1, 19; Ritter, S. 50, S. 96: 8, 17.

Die historischen Windmühlen des Jülicher Landes (IV)

In der deutschen Dichtung war die Mühle immer ein wichtiges Motiv künstlerischer Äußerungen. Allerdings haben die Dichter sich in Reim und Prosa mehr den idyllisch gelegenen Mühlen »am rauschenden Bach« (Ernst Anschütz, 1780-1861) zugewandt. Was sie versäumten, vollbrachten Maler und Fotografen in kunstsinniger Weise, indem sie die Windmühlen vor dem Vergessenwerden bewahrten. Auf zahlreichen Abbildungen ist diese als typisches Bauwerk der Ebene zu finden. Meister in der Mühlenbaukunst und ihrer Abbildung sind vorwiegend die Niederländer, wie auch heute noch eine holländische Landschaft ohne Windmühlen undenkbar erscheint. So bereicherten die Wind- und Wassermühlen über viele Jahrhunderte die Kunst in Sprache, Musik und Malerei – sogar in der Religion. Doch sogleich mahnt uns Rolf Hochhut (1978): »Wie nahe den Idyllen sind die Katastrophen! Mühlen malen, Mühlen bedichten: es schützt nicht vor den Keulenschlägen des Schicksals.«

ÄRGERLICH

*Aus der Mühle schaut der Müller,
Der so gerne mahlen will.
Stiller wird der Wind und stiller,
Und die Mühle stehet still.*

*»So geht's immer, wie ich finde!«
Rief der Müller voller Zorn.
»Hat man Korn, so fehlt's am Winde.
Hat man Wind, so fehlt das Korn.«*

Wilhelm Busch (1832-1908)

◄ Künstlerische Darstellung einer Bockwindmühle, Radierung von Theo Blum, Köln (1924). Der genaue Standort ist umstritten, vermutlich lag er in der Jülich-Erkelenzer Börde.

Helmut Holtz

Alte Mühlen – neu entdeckt

8. Die Laurenzberger Windmühle

Genaue Angaben über Errichtung und Untergang der historischen Windmühle in Laurenzberg sind bislang unbekannt. Vergebens sucht man heutzutage auf der Karte auch das Dorf, dessen Geschichte im Jahr 1971 endete, als es den Großbaggern des Braunkohle-Tagebaus zum Opfer fiel. Bemühungen, der Nachwelt möglichst viel über die Gemeinde Laurenzberg (Amtsbezirk Dürwiss) zu überliefern, umschlossen auch das Erfassen der ehemaligen und noch erhaltenen archivarischen Bestände.

Herzogliche Baugenehmigung

Während des Zweiten Weltkriegs (1939/45) wurden für eine sorgfältige Geschichtsschreibung des Ortes und der früheren Unterherrschaft Laurenzberg unersetzliche Archivalien im dortigen Pfarrarchiv vernichtet (H. Holtz, 1968, Nr. 156). Besonders schwerwiegend sind die Verluste zahlreicher Urkunden und Akten des 16. Jahrhunderts, von Originalen und Abschriften, die sich auf die bedeutsame Adelsfamilie v. Palant (Abb. 1) sowie die reformatorische Bewegung bezogen. Glücklicherweise wurden in einer Übersicht über die Bestände der kleineren Archive in der Rheinprovinz (A. Tille/J. Krudewig, 1904 II S. 31f.), wenigstens einige der verloren gegangenen Laurenzberger Pergamenturkunden erfasst. Diese datierten vom Jahr 1342 bis zum 26. September 1637. So erfahren wir u. a., dass 1550 dem Werner v. Palant, Herr zu Laurenzberg und Amtmann zu Wilhelmstein, vom Jülicher Herzog Wilhelm V. (1539-1592) die Erlaubnis zur Anlegung

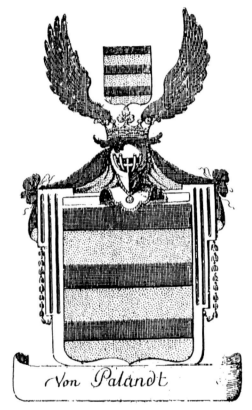

Abb. 1: Das Stammwappen v. Palant.

▲ Abb. 2: Herzog Wilhelm V., der Reiche (1539-1592), erteilte die Genehmigung zum Bau einer Windmühle in Laurenzberg.

▶ Abb. 3: Eine hölzerne Kasten- oder Bockwindmühle, wie sie ähnlich in Laurenzberg vermutet wird, verbindet Funktionalität mit Schönheit. Ausschnitt aus einer Gravur von J. C. Visscher.

einer Windmühle im Ort mit denselben Rechten, wie sie die von alters her bestehende Wassermühle hatte, erteilt wurde (Abb. 2). Die Windmühle sollte erbaut werden, weil der Merzbach unregelmäßig das erforderliche Wasser zum Betrieb der vorhandenen örtlichen Wassermühle führte (Abb. 3).

Errichtung zweifelhaft

Ob nun tatsächlich ein windgetriebenes Mahlwerk in der dortigen Gemarkung errichtet wurde, ist ungewiss, da weitere Belege fehlen oder unbekannt geblieben sind. Außerdem starb Werner v. Palant bereits 1552, seine Frau Margarete v. d. Bongart im Jahr 1556. So scheinen gewisse Zweifel berechtigt zu sein; denn auch der Ortschronist (L. de Jong, 1969, S. 31) erwähnt im Laurenzberger Heimatbuch die Windmühle nicht: »Man hat aber damals die Mahlwerke der Wassermühle vorsichtshalber erhalten. Die ältesten Laurenzberger wissen noch, dass erst in ihrer Jugend diese stillgelegt wurden.«

In den Akten des Hauptstaatsarchivs Düsseldorf heißt es beispielsweise 1822 über die Laurenzberger Wassermühle (Reg. Aachen 3754), dass sie ein unterschlägiges Wasserrad mit einem Mahlgang hatte und nur ein Viertel des Jahres mahlen konnte (wegen Wassermangel). Nach einer Anzeige im Amtsblatt der Königlichen Regierung zu Aachen (1835, S. 122f.) sollte die Mühle – taxiert für 2478 Taler – im Jahr 1835 verkauft werden. Das überkommene Mühlengebäude wurde im Jahr 1957 abgebrochen.

Der Originalität wegen sei der Inhalt des erwähnten herzoglichen Erlaubnisschreibens wörtlich in der damaligen Sprech- und Schreibweise im Anhang wiedergegeben. Der Text ist unkritisch aus den Rur-Blumen (P. Bündgens, 1935, S. 336) übernommen, da das Original vernichtet wurde.

ANHANG

Werner v. Palant, Amtmann zu Wilhelmstein, erhält am 12. Oktober 1550 von Herzog Wilhelm V. die Genehmigung in Laurenzberg eine Windmühle zu errichten.

Van Gotz gnaden Wir Wilhelm Hertzog zu Gulich, Cleef vund Berg, Graf zu der Marck vund Ravendsberg, Her zu Ravensteyn doin koindt, als vußer Rath vund Amptman zu Wilhelmsteyn Wernher van palant zu Breidebent vus zur kennen geven lassen, wiewoll seine fureldern fur, vund er nach, das gemaall uf irer wassermoelen zu Berg bißher an Wasser abgenommen, also das sey den leyden alda, wie sei uns angegeben, nit woll mit dem gemaall gerech doin konnen, Mit bidt auch eyn wyntmolen zu Berg vurß zu setzen mogen, sunst eynem Ideren veschedlich, demnach bekennen wir offentlich hymit für uns, uns erven und nakomlingen, das wir georten Wernher von palant, vund seinen erven vergond vund zugelassen heven, vergonnen und zulassen hymit, das sey eyne wyntmolen zu Berg vurß bouwen vund setzen, vund daruf malen lassen mogen, In allermassen vund In sulcher gerechtigkeit, als sie uf der wassermoelen gedoin oder doin mogen, doch uns und Idermenniglich seynes gemaals vund gerechtigkeit unbegeben vund unschedlich, zu urkhond der wairheit haben wir unsern Siegell heran hangen lassen.

Gegeven zu Dusseldorf im Jair unsers Heren Dysend vunff hondert vund vunffzig uf den zwelfften dach des monats Octobis.

Uß bevelh eynes gned'gen Hern Herzochen hochgedacht.

Quelle: Peter Bündgens, Windmühle in Laurenzberg 1550, in: Rur-Blumen 1935, Nr. 42.

9. Die Schleiden-Langweiler Bockwindmühle

In der heimatkundlichen Literatur, selbst im umfangreichen Jubiläumsbuch: 1000 Jahre Schleiden bei Jülich (1997), hrsg. vom Heimatverein Schleiden e.V., findet man keinerlei Mitteilungen über die oben genannte Bockwindmühle. Dies ist bedauerlich, bildete sie doch eine technische Besonderheit unter den Windmühlen des Jülicher Landes; denn an Stelle der sonst üblichen zwei Mahlvorrichtungen für Getreide war sie als einzige mit drei Mahlgängen, nämlich einem Korn-, einem Weizen- und einem Gerstenmahlgang ausgestattet (Abb. 4-6).

Konzession von 1830

Die Geschichte der Bockwindmühle beginnt im Jahr 1829 mit einer Anzeige im Amtsblatt der Königlichen Regierung zu Aachen (Nr. 50, S. 341). Hier steht zu lesen: »Joseph Flamm, Halbwinner aus Schleiden, Bürgermeisterei Siersdorf, ist vorhabens zwischen seinem Wohnort und dem Dorfe Hoengen eine sogenannte Kasten- oder Bockwindmühle mit drei Gängen zum Mahlen von Früchten zu erbauen.«

Diesen ersten Hinweis veröffentlichte zwar Susanne Sommer im niederrheinischen Mühlenbuch (1991, S. 307), er findet sich aber unter der Ortsbezeichnung Hoengen mit der Anmerkung: »Lage ?«. Am 17. Januar 1830 erhielt dann Joseph Flamm, inzwischen Gutsbesitzer zu Schleiden, von der Königlichen Regierung zu Aachen die erforderliche Konzession zum Mühlenbau. Als Standort der neu zu errichtenden Windmühle wird das Grundstück in der Gemeinde Langweiler, Bürgermeisterei Aldenhoven, unweit der Landstraße – zwischen Schleiden und Hoengen – »in einer Entfernung von 75 Ruthen von der Chausse« (etwa 280 m), genau bezeichnet. Es gehörte dem Antragsteller. Zuvor hatte Bürgermeister Emundts jedoch am 3. Dezember 1829 in einer öffentlichen Bekanntmachung in der Bürgermeisterei Aldenhoven aufgefordert, etwaige Einsprüche gegen die projektierte Anlage in der gesetzlich vorgeschriebenen Zeit vorzubringen.

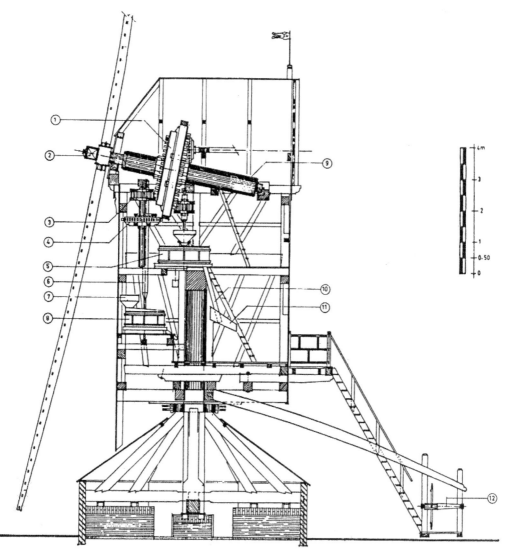

Abb. 4: Längsschnitt durch eine Kastenmühle mit drei Mahlgängen: 1 großes Kammrad mit Backenbremse, 2 Wellenkopf, 3 Spindelrad, 5 Mahlwerk, 6 Spindel, 7 Mahltrichter, 8 Mahlwerk, 9 Flügelwelle, 10 Mehlrutsche, 11 Mahlkasten, 12 Winde.

Widerspruch

Aus einem vom erwähnten Bürgermeister am 21. Dezember 1829 in Schleiden aufgenommenen Protokoll geht hervor, dass nur von Seiten des Gräflich v. Hatzfeld'schen Rentmeisters Böhmer, Kinzweiler, Einspruch gegen den geplanten Mühlenbau erhoben wurde. Sein Auftraggeber, Graf v. Hatzfeld, befürchtete nämlich »einen Nachtheil für den Vertrieb und Verkehr« seiner drei in Kinzweiler gele-

Abb. 5: Steinbütte mit Rumpfzeug (Mahlgang): 1 Steinkranz, 2 Steinbütte, 3 Rumpfzeug, 4 Schütttrichter, 5 Rüttelschuh, 6 Dreiknack.

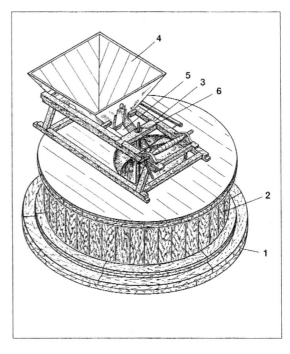

genen Wassermühlen: »in so fern, da selbigen Mahlgäste entzogen werden könnten«. Die Königliche Regierung zu Aachen sah jedoch in der Besorgnis des Grafen keinen Grund, die Konzession zu verweigern, da der Mühlenzwang gesetzlich abgeschafft sei. Außerdem würde die Errichtung des Flamm'schen Projekts der Umgebung nützlich sein, weil die Wassermühlen zu Laurenzberg, Niedermerz und Pützdorf im Sommer häufig Mangel an Wasser hätten.

In der am 17. Januar 1830 erteilten Konzession wird ausdrücklich auf die »Opposition des Grafen v. Hatzfeld« gegen den geplanten Mühlenbau hingewiesen. So blieb das »Flamm'sche Projekt« nicht ohne Widerspruch des benachbarten Mühlenbesitzers und wohl auch der Mühlenpächter beziehungsweise Müller am Merzbach, die ihre Verdienstmöglichkeiten gefährdet sahen. Ihre Beschwerden basierten noch auf herkömmlichen Vorstellungen, eine staatliche Reglementierung habe für alle Gewerbetreibenden ausreichend Nahrung zu garantieren. Diese Ansicht war damals noch allgemein verbreitet, und die nun gesetzlich eingeführte neue Ordnung – mit dem Prinzip der Gewerbefreiheit und der freien Konkurrenz – wurde zumindest von den alteingesessenen Gewerbetreibenden als misslich empfunden.

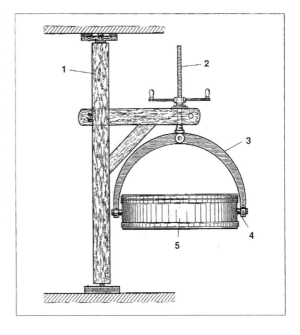

Abb. 6: Steinkran: 1 Holzgalgen, 2 Spindel des Steinkranes, 3 Klaueneisen des Steinkranes, 4 Steinbolzen, 5 Läuferstein.

Wilhelm Joseph Flamm

Mitteilungen zu den Personalien des Halbwinners und späteren Gutsbesitzers Wilhelm Joseph Flamm, der in Schleiden den Nonnenhof (an der Einmündung der Straße nach Siersdorf in die alte B1) bewirtschaftete, liegen nur lückenhaft vor. Nach der historischen Überlieferung übertrug am 17. September 1831 Johann Peter Weyers seiner Tochter Anna Margaretha, der zweiten Frau des bisherigen Pächters Wilhelm Joseph Flamm, das bäuerliche Anwesen. Die Eheleute Flamm übernahmen eine auf dem Hof in Schleiden lastende Hypothek von 18.000 Talern und mussten innerhalb eines halben Jahres 4.000 Taler, nach fünf Jahren weitere 1.000 Taler an ihren Vater zahlen. Das Glück war ihnen jedoch nicht hold. Alsbald verkauften sie durch Vertrag vom 17. August 1839 den Nonnenhof mit sämtlichen Gebäuden und etwa 128 Kölner Morgen Ackerland an Johann Wilhelm Weitz von Gut Volckershofen bei Langweiler für 28.500 Taler. Der Besitzantritt sollte am 22. Februar 1840 erfolgen. Wilhelm Joseph Flamm, der in erster Ehe mit Adelheid geb. Weitz vermählt gewesen war, hatte schlecht gewirtschaftet; denn von den durch seine zweite Heirat erworbenen 239 Kölner Morgen waren nur noch die erwähnten 128 übrig geblieben. »Die anderen Ländereien, vornehmlich die in Hofnähe gelegenen, hatte er nach und nach verkauft.« (Arnold Greven, 1997, S. 101).

Verkauf der Windmühle

So geschah es auch mit der neu erbauten Bockwindmühle in der Langweiler Gemarkung; denn bereits im Jahr 1835 wurde sie im Amtsblatt der Königlichen Regierung zu Aachen (1835, Nr. 8) zum Kauf angeboten. Die Anzeige lautete folgendermaßen:

»Am Freitag, dem 27. des laufenden Monats Februar [1835], Morgens 10 Uhr, wird der unterzeichnete Notar in der Behausung der Frau Witwe Bauer am Neuenhause zu Hoengen die zwischen Hoengen und Schleiden, an der Landstraße von Aachen nach Jülich, äußerst vortheilhaft gelegene Windmühle, enthaltend Gänge für Korn, Weizen und Gerste, nebst dabei gelegenen 6 Morgen Ackerland und einer Wohnung an der genannten Landstraße, öffentlich und meistbietend verkaufen. Die Mühle ist vor Kurzem neu erbaut und befindet sich im besten Zustande. Die Bedingungen liegen bei dem unterzeichneten Notar zu Einsicht offen.
Aachen, den 15. Februar 1835
A.J. Busch, Notar«

Forschungsbedarf

In den überkommenen Schriftstücken des genannten Notars fanden sich keine zusätzlichen Mitteilungen über einen Käufer oder das weitere Schicksal der Schleiden-Langweiler Bockwindmühle.

Der Urkundenbestand des Notars A. J. Busch, Aachen, befindet sich unter den im Stadtarchiv Aachen vorhandenen Notariatsakten. Es sind insgesamt 96 Bände. Dieser Bestand ist jedoch zur Zeit nicht geordnet verzeichnet, größtenteils in einem sehr schlechten Zustand und daher grundsätzlich für die Benutzung gesperrt. Da eine alte Liste vorliegt und die Urkundenbände chronologisch aufgebaut sind, war in diesem Fall eine Recherche ausnahmsweise möglich. So gibt es im Stadtarchiv Aachen insgesamt zwei Urkunden mit dem Datum vom 27. Februar 1835. In beiden Fällen handelt es sich inhaltlich nur um Grundstücksverkäufe, eine Mühle wird nicht erwähnt (Mitteilung von Frau N. Baron vom 24.06.2002, Stadtarchiv Aachen).

Alle Bemühungen, die weitere Geschichte dieser Bockwindmühle zu erforschen, blieben bislang ohne Ergebnis. Bockwindmühlen konnten in der Vergangenheit, wenn sie an ihrem alten Platz nicht mehr gebraucht wurden, gut in ihre Einzelteile zerlegt und an anderer Stelle wieder errichtet werden. Das Umsetzen von Windmühlen wurde als »Mühlenwandern« bezeichnet. Vermutlich wurde auch die Schleidener Bockwindmühle nach dem Verkauf abgebrochen und an einen zur Zeit noch unbekannten Ort gebracht.

ANHANG

Concession für den Gutsbesitzer Joseph Flamm zu Schleiden zur Errichtung einer Windmühle auf seinem in der Gemeinde Langweiler unweit der Landstraße zwischen Schleiden und Hoengen gelegenen Grundstücke (799).

Auf das Gesuch des Gutsbesitzers Joseph Flamm zu Schleiden auf seinem Grundstücke zwischen Hoengen und Schleiden unweit der Landstraße gelegen eine Windmühle errichten zu dürfen

Eingesehen

1. Die von Bürgermeister Emundts zu Aldenhoven erlassene öffentliche Bekanntmachung vom 3. December (1829) wonach jeder aufgefordert wurde seine etwaigen Einsprüche gegen die projektierte Anlage in der gesetzlich regulierten Zeit vorzubringen.
2. daß vom genannten Bürgermeister aufgenommene Informations=Protokoll d. d. Schleiden 21. December woraus hervorgeht, daß nur von Seiten des Gräflich v. Hatzfeldschen Rentmeisters zu Kinzweiler, Böhmer, Opposition, und zwar aus dem Grunde eingelegt worden ist, weil er durch den beabsichtigten Mühlenbau Nachtheil für den Betrieb und Verkehr der drei in Kinzweiler gelegen, dem Herrn Grafen v. Hatzfeld zugehörigen Mühlen, in so fern, da selbigen Mahlgäste entzogen werden könnten, besorgt.

3. den Bericht des Landraths von Bülow zu Jülich vom 29. December.
4. das Gutachten des mit der technischen Local=Untersuchung in straßen=polizeilicher Hinsicht beauftragt gewesenen Wegebaumeisters Fütiler (?) vom 11. d. M.

In Erwägung daß zu dem Mühlenzwang gesetzlich abgeschafft ist, die Besorgnis des Opponenten mithin keinen zureichenden Grund abgibt, die Concession zu einer neuen Mühlenanlage zu verweigern, daß außerdem die Errichtung des Flammschen Projekts der Umgebung nützlich wird, weil die Wassermühlen zu Laurenzberg, Niedermerz und Pützdorf im Sommer häufig Mangel an Wasser haben beschließt die unterzeichnete Königliche Regierung

§ I

Dem Gutsbesitzer Joseph Flamm zu Schleiden wird hiermit die Concession ertheilt auf seinem in der Gemeinde Langweiler, Bürgermeisterei Aldenhoven, unweit der Landstraße zwischen Schleiden und Hoengen gelegenen Grundstück, und zwar auf dem beiliegenden Situations-Plan mit X bezeichneten Punkte (?), in einer Entfernung von fünfundsiebenzig Ruthen von der Chausse eine Windmühle, sogenannte Kasten- oder Bock-Mühle, mit drei Mahlgängen zu bauen.

§ II

Ausfertigung gegenwärtiger Concession erhalten der Landrath von Bülow und der Oberwegebau-Inspektor Steinmeister zur Nachricht.

Aachen, den 17. Januar 1830
(L. S.)
Königliche Regierung

Quelle: Nordrhein-Westf. Hauptstaatsarchiv Düsseldorf: Bestand Landratsamt Jülich, Mühlen 469.

10. Die Siersdorfer Bockwindmühle

Die nach dem Ort benannte ehemalige Siersdorfer Bockwindmühle stand malerisch auf einer Bodenerhebung in der Gemarkung zwischen Siersdorf und Dürboslar (Abb. 7). Ihre genaue Lage ist bereits in einer Kartenaufnahme der Rheinlande aus dem Jahr 1805 (Tr. 77 Aldenhoven) als »Wint – mühle« eingezeichnet (Abb. 8).

<u>1792</u>
förderte der Deutsche Ritterorden, Komturei Siersdorf, den hiesigen Mühlenbau durch die Überlassung des sogenannten »Lindenbergplatzes«, ein geeignetes windgünstiges Grundstück im Besitz des Ordens, wobei die dort überkommene Kapelle nebst Baumbestand weichen musste.

Abb. 7: Ehemalige Bockwindmühle bei Siersdorf, Aquarell von J. Kratz, 1947.

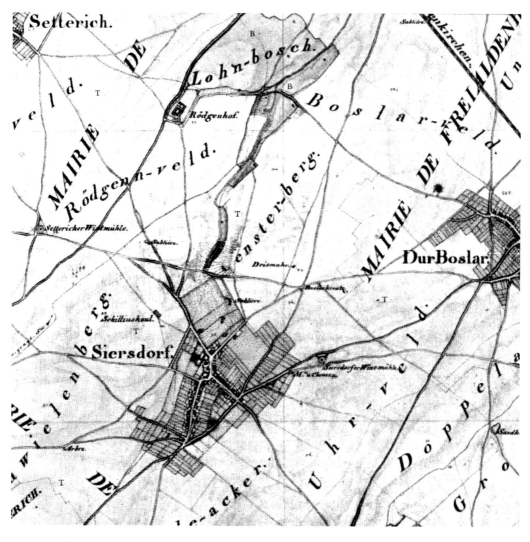

Abb. 8: Ausschnitt aus der Tranchot-Karte 1805 (77 Aldenhoven).

1916
wurde die Siersdorfer Bockwindmühle wegen der vielen Reparaturen außer Betrieb gesetzt.

1926
erfolgte der Abbruch der baufälligen hölzernen Kastenmühle, weil sie die Sandabfuhr einer damals in der Nähe betriebenen Grube gefährdete.

Glücklicherweise ist uns wenigstens ihr Aussehen auf verschiedenen Fotos und künstlerischen Darstellungen erhalten geblieben. Weiter geben die überlieferten ortsbezogenen Archivalien einen guten Überblick über Entstehung und Niedergang der mit Wind betriebenen Müllerei in Siersdorf.

Exkurs: Die Siersdorfer Rossmühle

Nach der lokalen Überlieferung ersetzte die Siersdorfer Windmühle eine im Ort vorhandene »Rossmühle«, im Volksmund »Rossemöll« genannt, deren Göpelwerk von Pferden in Bewegung gesetzt wurde. Eugen Ernst (2005, S.41) beschreibt uns diesen Mühlentyp so:

»Schon im Altertum nutzte man Zugtiere zum Antrieb von Mühlen. Diese Erfahrungen machte man sich beim Bau der Rossmühlen zunutze. An einem ›Arbeitsbaum‹, der wie bei der Stockmühle der senkrechten Hauptwelle (Mühleisen) entsprach, hatten ein Pferd, manchmal auch Esel oder Zugochsen, den Läuferstein ständig in Bewegung zu halten [...]. Um das Quetschgut, den Schrot, die Grütze und das Mehl vor der Witterung zu schützen, wurden diese Rossmühlen [...] überdacht und mit einem Bretterverschlag ummantelt.«

Der diesbezügliche Siersdorfer steinerne Zweckbau existierte nachweisbar in seinen äußeren Mauern noch bis 1832. Ob damals die technische Einrichtung noch intakt war, ist jedoch fraglich. Das erwähnte Bauwerk bildete jedenfalls eine solide Variante zu der oben beschriebenen Verbretterung. Die Siersdorfer Rossmühle befand sich damals im Besitz der Erben Steffens und sollte, da das Areal zum Kauf angeboten wurde, ebenfalls verkauft und abgebrochen werden. Im Konvolut des Notars Johann Lützeler, Hauptstaatsarchiv Düsseldorf (Rep. 1202, Nr. 62), der für die Erben Steffens am 13. März 1832 einen öffentlichen Verkauf durchführte, wird laut § 4 der Verkaufsbedingungen folgendes vereinbart: »Ankäufer übernimmt das aus Ziegelsteinen gebaute Rossmühlen-Gebäude in seinem jetzigen Zustand, und ist verbunden selbes innert drei Monaten Zeit von heute ab, vom Grund aus abzubrechen und dem Ankäufer des Grundstücks den Platz von allem Bauschutt zu reinigen.«

Die Anlage befand sich im »Mühlenfeld«; sie umfasste laut Katastereintragung die Parzellen Littera A, Nr. 909, 926 und 927, insgesamt vierhundertdreißig Ruthen. Hierfür hatte der Käufer Leopold Steffens 90 Taler und 18 Silbergroschen zu zahlen.

Der Mühlenbericht vom 24. März 1792

Zwei Berichte des Komturs der Kommende Siersdorf (Abb. 9), Lothar Franz Freiherr Horneck v. Weinheim, die an den Landkomtur der Ballei Altenbiesen adressiert sind, beziehen sich auf die Errichtung der örtlichen Bockwindmühle. Diese sind im Konvolut des Deutschen Ritterordens, Hauptstaatsarchiv Düsseldorf, Bestand Altenbiesen, Akte 30, Blätter 154 und 155. Aus dem Schreiben vom 24. März 1792 erfahren wir über den geplanten Bau der Siersdorfer Bockwindmühle Folgendes:

Abb. 9: Die Siersdorfer Deutschordens-Kommende, Ruine des Herrenhauses, Federzeichnung von Ernst Ohst, um 1970.

»Nachdem der Windmühlen Konzessionär Joseph Müller von seinem Vorhaben, nächst bei der zu errichtenden Windmühle im Felde Haus und Hof anzulegen, abgestanden und dadurch die von Seiten der Siersdorfer Gemeinde gegen den Mühlenbau beschehenen Hauptbeschwerden gehoben, hab ich heute mit selben über das Lindenbergs Platz welche zufolg das Landmaß als Überschlag im ganzen Umfang 108 Ruthen haltig *sub spe rati* [= In der Hoffnung auf Bestätigung] einen Erbpfacht Kontrakt abgeschlossen.« Als Anlagen erhält der Landkomtur:

a) den Erbpachtbrief in Duplo,
b) das Protokoll der in der Kirche abgehaltenen Beurkundung.

Weiter bittet Freiherr Horneck von Weinheim den Landkomtur – es handelte sich hierbei um Frans Johan von Reischach (reg. 1784-1807): »... das ferner nötige um so mehr baldigst zu verfügen zu geruhen wollen«.

Durch die großzügige Unterstützung des Komturs Horneck v. Weinheim wurde der Windmühlenbau in Siersdorf sehr gefördert. Es ist erstaunlich, dass dafür die dem heiligen Hubertus geweihte und vom Orden während der Jagd genutzte Kapelle auf dem Lindenberg weichen musste (Mitteilung von Hans Kunnes vom 8. Dezember 2000 an den Verfasser). Komtur Lothar Franz Freiherr Horneck v. Weinheim war im Jahr 1794 als kurpfälzischer Offizier Generalmajor der Kavallerie, ferner kurpfälzischer Kämmerer und im Deutschen Orden Ratsgebietiger und Kassadirektor der Ballei. Als letzter Komtur von Siersdorf floh er vor den anrückenden französischen Revolutionstruppen. 1794 hielt er sich in Siegburg auf. Er kehrte dann wieder nach Siersdorf zurück, wo er am 22. November 1805 verstarb.

Der Mühlenbericht vom 28. Juli 1792
Im zweiten Bericht vom 28. Juli 1792, ebenfalls an den Landkomtur gerichtet, lesen wir: »... daß Hr. Hofrath Steffens Kurfürstlicher Kellner des Amts Gülich in betreff der bei Siersdorf zu erbauenden Windmühle mit dem Mühlen=Konzessionaer Joseph Müller in Gesellschaft stehen dürfte, welche sich dadurch bestätigt, daß gedachter Kellner mir jüngst angezeigt, von bemeltem Konzessionair den ganzen Mühlenbau übernommen und übertragen erhalten zu haben.«
Bei dieser Unterredung, so erfahren wir weiter, hat Hofrat Steffens zugleich um die baldige Einräumung des Lindenberg Platzes gebeten. Dies sei erforderlich, weil das Holz zum Mühlenbau bereits vorhanden und mit dem Bau unverzüglich angefangen werden müsse. Zur Errichtung wären wohl zwei Monate erforderlich und die Herbstzeit dazu nicht dienlich. Weiter teilt der Siersdorfer Komtur mit, er habe dann das auf dem Lindenberg stehende alte Kapellenhäuschen mit den neun alten Bäumen an den Meistbietenden verkaufen lassen. Er bittet den Landkomtur »gnädig zu befehlen«, wofür der Verkaufserlös von 75 Rthlr. 15 Albus bestimmt und verwandt werden soll. Der Bericht endet mit der Bitte: ein Exemplar des Erbpachtvertrags »von des Herrn Hoch- und Deutschmeisters unseres allerseits gnädigsten Fürsten und Obristen Kurfürstl. Durchlaucht gnädigst bestätigt zurückgekommen, hierher gelangen zu lassen.«
Wann der Mühlenbau in Siersdorf errichtet wurde ist ungewiss, da entsprechende Belege fehlen. Eine Verzögerung ist deshalb erklärbar, weil in den Wirren der französischen Revolution auch das Jülicher Land nicht verschont blieb. Jedenfalls war die Bockwindmühle um 1805 erbaut und wurde somit in die erwähnte »Tranchot-Karte« eingezeichnet. Für einen zeitlichen Aufschub könnte auch der wohl erstmals am 8. April 1807 abgeschlossene Pachtvertrag ein Indiz sein, da eine frühere schriftliche Vereinbarung unbekannt ist. Der Vertrag wurde abgefasst in deutscher und französischer Sprache durch den Notar Johann Lützeler, Aldenhoven, und befindet sich im Hauptstaatsarchiv Düsseldorf (Notare, Rep. 1200, Nr. 52). Er bestätigt die Pachtzeit von zwölf Jahren und regelt die Zahlungen sowie die Instandhaltung der Einrichtung, die Mühlenbesitzer Joseph Steffens und Müller Christian Schmitz vereinbarten.

Amtliche Erfassungen von 1820 und 1830
Weitere Nachrichten über diese Windmühle finden sich in zwei Aufzeichnungen der Bürgermeisterei Siersdorf, aufbewahrt im Stadt- und Kreisarchiv Düren (Mühlenverzeichnisse). So erwähnt der Bürgermeister Wilhelm Erkens (gest. 1823) in einem statistischen Verzeichnis vom 7. Dezember 1820, dass die Windmühle »1/4 Stunde vom Orte Siersdorf, 2 Mahlgänge, 1 Arbeiter« hat. Eigentümer ist: »Herr Steffens in Jülich, Pächter Herr Schmitz in Siersdorf. – Die beiden Gänge sind noch im Betriebe, und es wird Korn und Weizen gemahlen«.

Im Bericht vom 20. Mai 1830, erstellt durch den Siersdorfer Bürgermeister Franz Michael Hommelsheim (gest. 1860), wird Leopold Steffens als Besitzer genannt; nun sind hier zwei Arbeiter tätig. Eine zusätzliche Eintragung des Bürgermeisters hat eine besondere Bedeutung für die lokale Geschichtsschreibung, da wir unter »Bemerkungen« folgendes über die Windmühle erfahren (Abb. 10):

»Die Concession zu dieser Mühle hat die vormalige chur[p]fälzische Regierung im vorigen Saeculo ausgangs der 80[er] Jahre ertheilt. Das Datum der Concession kann für den Augenblick nicht angegeben werden, und an sie verlegt findet. Über das Eigenthum besteht kein anderweiter Berechtigungs-Act, als der Besitzstand von beinahe 50 Jahren. Die Mühle ist nahe an Siersdorf gebaut, sind zwei Mahlgänge, einer für Roggen, der andere für Weitzen.« Akten im Hauptstaatsarchiv Düsseldorf (Reg. Aachen 3754) bestätigen für das Jahr 1822 ebenfalls Leopold Steffens in Jülich als Besitzer, der die zum Korn- und Weizenmahlen geeignete Bockwindmühle an den Müller Christian Schmitz verpachtet hat.

Verkauf der Windmühle 1832
Am 13. März 1832 fand ein öffentlicher Immobilienverkauf durch Notar Johann Lützeler – im Auftrag der Erben Steffens – in Siersdorf statt (Hauptstaatsarchiv Düsseldorf, Bestand: Notare Rep. 1202, Nr. 62). Versteigert wurde der gemeinsame Besitz an Ländereien, »Haus, Hof, Scheune, Nebengebäude im Hof und das abgetheilte Nebenhaus« sowie die Siersdorfer Windmühle. In den Verkaufsbedingungen (§§ 2, 3, 7, 11) wird Theodor Kleinermann mehrmals als Pächter von Parzellen und Gebäuden sowie der Mühle genannt. Wir kennen Theodor Kleinermann bereits aus der Geschichtsschreibung des Hofes Frauenrath zwischen Aldenhoven und Merzenhausen (Helmut Holtz, 2003, S. 391). Hier wirtschaftete er zunächst als Halbwinner des Kölner Stifts St. Aposteln. Später erwarb er das von der preußischen Regierung als Domanialbesitz (staatlicher Landbesitz) zum Verkauf gestellte Gut Frauenrath.

Bezüglich der Windmühle wurde festgelegt (§ 3), dass der Ankäufer diese in dem Zustand übernimmt, »worin selbe sich dermalen befindet«. Da Teile der Einrichtung Eigentum des Pächters Kleinermann sind, muss der Ankäufer diese zusätzlich bezahlen, ebenfalls für die Mühlsteine an den Pächter 6 Taler. In einer weiteren Eintragung des Kaufvertrags (Abs. 2) lesen wir:

»Eine Windmühle mit daran liegenden Garten zu Siersdorff im Mühlenfeld neben dem Weg von Aldenhoven nach Dürboslar, Kataster: Littera A Nr. 907 und 908 haltend einhundertneunzehn Ruthen; verbleiben an Wilm Joseph Flamm Ackerer zu Schleiden und Hermann Joseph Schleipen Ackerer zu Siersdorff für 1450 Thaler und haben beide nach Vorlesung unterschrieben.
Schleipen   W. J. Flamm«

Wie bereits in der Geschichte der Schleiden-Langweiler Bockwindmühle erwähnt, war Wilhelm Joseph Flamm von 1830 bis 1835 auch Erbauer und Besitzer dieser Windmühle. Der als Ackerer bezeichnete Hermann Joseph Schleipen war auf dem so genannten Schleipenhof in Siersdorf ansässig. Hier fand man vor einiger Zeit bei Erdarbeiten zwei abgenutzte Mühlsteine, die vermutlich noch von der Siersdorfer Bockwindmühle stammen.

Verkauf der Windmühle 1872

Trotz der vorhandenen Dokumente besteht für einige Zeitabschnitte in der Siersdorfer Mühlengeschichte noch Forschungsbedarf. Dies zeigt sich besonders durch fehlende Archivunterlagen sowie durch spärliche und/oder fehlerhafte Angaben in der einschlägigen Literatur. Nach

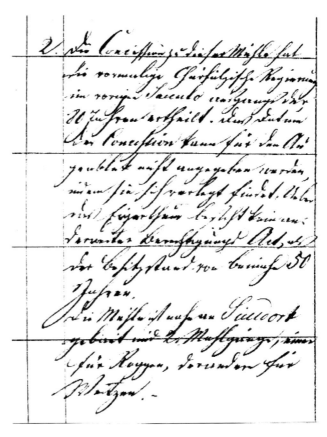

Abb. 10: Vermerk im Mühlenverzeichnis vom 20. Mai 1830 (Stadt- und Kreisarchiv Düren).

widersprüchlichen Nachrichten soll die zwischenzeitlich wohl baufällig gewordene Windmühle Ende der dreißiger Jahre des 19. Jahrhunderts durch einen Neubau ersetzt worden sein. Hierüber und zur weiteren Historie teilt Josef Riesen (1929) u. a. mit, dass um diese Zeit jemand mit Namen Dolfen die Mühle erbaut habe. In den vierziger Jahren verkaufte dieser sie an Michael Brasseur (gest. 12. April 1871), der neben der Mühle noch eine Gastwirtschaft betrieb. Am 12. Oktober 1872 fand durch Notar Karl Vinzens Holter, Aldenhoven, der öffentliche Verkauf der Mühle nebst Wohnhaus und Zubehör statt. Dies geschah auf Ersuchen der Erben, vertreten durch den Ackerer und Müller Ferdinand August Brasseur; er handelte in eigenem Namen und als Bevollmächtigter von: Reiner Brasseur, Müller und Ackerer; Josepha Brasseur, unverheiratet; Eheleute Jakob Plum, Schuhmachermeister und Helena geb. Brasseur, alle wohnend in Siersdorf.

Gemäß dem überkommenen Kaufvertrag vom 12. Oktober 1872, aufbewahrt im Hauptstaatsarchiv Düsseldorf (Bestand: Notare, Rep. 1158, Nr. 1099), erhielt der

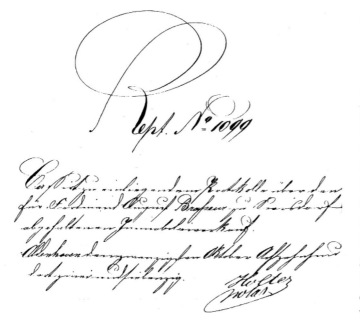

Müller Heribert Nikolaus Wertz aus Langbroich bei Gangelt den Zuschlag (Abb. 11). Er erwarb die Siersdorfer Bockwindmühle mit Betriebsgelände sowie eine Mühlenkarre, das Wohnhaus nebst Anbauten und Garten für den Kaufpreis von 3.750 Thlr. Bernhard Schmitz, Pfarrer in Schierwaldenrath, unterschrieb als Bürge. Die Zahlung sollte ratenweise erfolgen und zwar bei Antritt des Besitzes und an drei folgenden Jahresterminen bei einer Verzinsung von 5 Prozent.

Abb. 11: Titelseite des Kaufvertrags vom 12. Oktober 1872.

Zur weiteren Geschichte

Nach den Recherchen von Josef Riesen (1929) betrieb der neue Besitzer Wertz die Windmühle in Siersdorf nur vier Jahre. »Von den Erben Wertz pachtete sie dann ein Linnartz. Hierauf erwarb eine Witwe (Nikolaus) Schlösser die Mühle käuflich. Sie baute unweit derselben ein Wohnhaus. Der nächste Besitzer um 1902 war Peltzer aus Schleiden. Der letzte Besitzer, Herr (Nikolaus) Plum, hatte sie von 1904 bis 1915 oder 1916 in seinem Besitz. In diesem Jahr wurde sie wegen der vielen Reparaturen außer Betrieb gesetzt.«

Wie bereits erwähnt, wurde die baufällige Bockwindmühle nach der Stilllegung im Jahr 1926 endgültig abgebrochen, weil sie zu nahe am Abhang einer Kiesgrube stand und abzustürzen drohte. Nach der Mitteilung des Heimatkundlers Riesen (1929) wurde ein Balken mit einer Jahreszahl, die nicht mehr zu erfahren war, gesondert aufgehoben und blieb angeblich noch viele Jahre im Ort erhalten. Noch 1929 erinnerte ein Kreuz, anstatt eines älteren, brüchigen Steinkreuzes errichtet, an den einstigen Standort der Siersdorfer Bockwindmühle. Erfreulicherweise blieben wenigstens noch etliche Abbildungen des hölzernen Bauwerks im Dorf erhalten, von denen hier ein Foto aus der Gaststätte Thoma, Siersdorf, abgebildet ist (Abb. 12). Das erwähnte Kreuz ist auf dem Bild in der unteren linken Ecke zu erkennen.

ANLAGE

Verkauf einer Windmühle nebst einem dabei gelegenen Wohnhause zu Siersdorf im Kreise Jülich.

Samstag, den 12. Oktober d. J. (1872) Morgens 10 Uhr, lassen die Geschwister Brasseur zu Siersdorf in ihrer Wohnung theilungshalber ihre daselbst gelegene Bock-Windmühle nebst einem in unmittelbarer Nähe gelegenen Wohnhause öffentlich auf Credit gegen solide Bürgschaft durch den Unterzeichneten verkaufen. Die Mühle steht an einem frequenten Wege in einer dicht bevölkerten Gegend, besitzt gute Kundschaft und ist in gutem baulichen Zustande, hat 2 Mahlgänge, 1 gußeiserne Mühlenachse mit Messing-Pfannen neuester Construction. Das dazu gehörige Terrain ist ein Morgen groß.

Abb. 12: Die Siersdorfer Windmühle.

Das Wohnhaus ist massiv in Stein gebaut, hat geräumige Wohn- und Oekonomiegebäude, gute Keller und schöne Gartenanlagen und ist in demselben seit längeren Jahren Gastwirtschaft mit gutem Erfolg betrieben worden.
Sämtliche Realitäten können auch vor dem Termin unter der Hand angekauft werden.
Nähere Auskunft ertheilt F. A. Brasseur zu Siersdorf.
Aldenhoven, den 24. September 1872. Holter, Notar.

Quellen: Jülicher Kreis-Handels- und Anzeigeblatt. Jülicher Kreisblatt Nr. 78, Samstag, 28. September 1872 / Kreis=Jülicher Correspondenz- und Wochenblatt Nr. 78, Samstag, den 28. September 1872.

Literaturverzeichnis

Amtsblatt der Königlichen Regierung zu Aachen, Jahrgang 1829, Nr. 50, S. 341 und 1835, Nr.8, S. 47-48, 122f.

Peter Bündgens, Windmühle in Laurenzberg 1550, in: Rur-Blumen 42 (1935).

Conrad Doose (Hrsg.), Die Deutschordens-Kommende Siersdorf. Eine Dokumentation zu deren Geschichte und Baugeschichte. Mit Beiträgen von Hans Kunnes und Guido v. Büren, Jülich 2002.

Eugen Ernst, Mühlen im Wandel der Zeiten, Stuttgart 2005, S. 41.

Arnold Greven, Der Nonnenhof, in: 1000 Jahre Schleiden bei Jülich, Aldenhoven 1997, S. 98-102.

Rüdiger Hagen, Historische Mühlen und ihre Technik, Holzminden 2003, S. 120-122.

Heimatverein Schleiden e. V. (Hrsg.), 1000 Jahre Schleiden bei Jülich, Aldenhoven 1997.

Rolf Hochhuth (Hrsg.), In einem kühlen Grunde. Mühlen, Maler, Dichter, München 1978, S. 5f.

Helmut Holtz, Übersicht über Archivunterlagen von Laurenzberg, in: Jülicher Volkszeitung, 9. Juli 1968, Nr. 156.

Helmut Holtz, Gut Frauenrath – Geschichtliches über Hof, Kapelle und Dreijungfrauenkult, in: Jülicher Geschichtsblätter, Band 69/70/71, 2001/02/03 (2004), S. 391.

Leo de Jong, Unvergängliche Heimat Laurenzberg, Jülich 1969, S. 31.

Heinrich Joppen, Windmühlen im Kreise Jülich, in: Heimatkalender des Kreises Jülich 1959, S. 108.

Josef Riesen, Die Windmühlen des Kreises Jülich, in: Rur-Blumen 15 (1929).

Werner Schnelle, Mühlenbau, Wasserräder und Windmühlen bewahren und erhalten, Berlin 1999, S. 167 und 176.

Susanne Sommer, Mühlen am Niederrhein. Die Wind- und Wassermühlen des linken Niederrheins im Zeitalter der Industrialisierung (1814-1914), Köln 1991, S. 307.

A. Tille/J. Krudewig, Übersicht über die kleineren Archive der Rheinprovinz, Bd. 2, Bonn 1904, S. 31 (Nr. 20).

Hartmund Weßling, Mit der Kraft von Wind und Wasser, Hannover 2000.

Abbildungsnachweis: Archiv Holtz: Titelbild, 1, 2, 3, 4, 10, 11; Repro aus: Mühlenbau, Verlag Bauwesen, Berlin: 5 und 6; Fotostudio Petersen, Repro: 7 und 12; Tranchot-Karte, 77 Aldenhoven: 8; Ernst Ohst: 9.

Paul Wirtz

Schau- und Manöverflüge 1911 bei Jülich:
Am Start Bruno Werntgen, der jüngste Pilot der Welt*

Vor fast 100 Jahren, im September 1911, landete erstmals ein Flugzeug in Jülich. Die Brüder Wright starteten acht Jahre zuvor, am 17. Dezember 1903, zum ersten anerkannten Motorflug der Welt bei Kitty Hawk in den USA. Der Durchbruch, wie ein Vogel fliegen zu können, gelang Otto Lilienthal Ende des 19. Jahrhunderts mit seiner wissenschaftlichen Untersuchung und praktischen Erfahrung über den Vogelflug. Mit dem Tod Lilienthals am 3. August 1896 verlagerte sich der Schwerpunkt der Flugtechnik nach Frankreich. In Deutschland baute man Luftschiffe nach den Systemen Zeppelin, Parseval und Groß-Basenach.
Am 31. Oktober 1909 gewann der Flugpionier Hans Grade mit seiner Eigenkonstruktion, der »Libelle«, den ersten »Lanzpreis« von 40.000 Mark. Dieser Tag schaffte Veränderung im Reich, Flugzeugfabriken entstanden. Bis August 1914 gab es 814 ausgebildete Piloten in Deutschland.
Am 1. Februar 1910 bekam August Euler, geboren in Oelde, die Fluglizenz Nr. 1. Am gleichen Tag erhielt auch Hans Grade, geboren in Köslin, seine Fluglizenz Nr. 2. Bruno Werntgen, der 1911 in Jülich startete, hatte die Fluglizenz Nr. 40, ausgestellt am 13. Dezember 1910.

Dass die spektakulären Ereignisse zu Beginn des 20. Jahrhunderts nicht in Vergessenheit gerieten, verdanken wir der Mutter des jungen Piloten, Frau Tony Werntgen. Sie schrieb im Jahre 1939 ein Buch mit dem Titel »Jungflieger Werntgen«, erschienen im Ensslin & Laiblin Verlag, Reutlingen.

Werntgen erhielt nach den Koblenzer Schau- und Manöverflügen, die vom 2.-4. September 1911 stattfanden, eine Einladung nach Jülich (Abb. 1): *»Die Offiziere des Generalstabes des VIII. Armeekorps luden uns daraufhin ein, an den Herbstmanövern des Korps in der Gegend von Jülich teilzunehmen. Besonders Hauptmann Koeppen, dessen Name in der Sportwelt seit der Kraftwagenfahrt um die*

---

* Überarbeiteter Auszug aus der im Eigenverlag des Verf. erschienenen Publikation »Vom ersten Hopser zum Streckenflug. Aus dem Leben des Aviatikers Bruno Werntgen« (Jülich 2007). Zum Thema siehe auch: Günter Bers, Zwei »Flugtage« in Jülich (1887 und 1911), in: Beiträge zur Jülicher Geschichte, Bd. 43 (1976), S. 61-69 sowie Hartwig Neumann, Jülich auf alten Fotografien 1860-1944 (= Heimatkundliche Schriftenreihe des Jülicher Landes, Bd. 13), Jülich 1980, S. 170.

Abb. 1: Bruno und Tony Werntgen bei den Verhandlungen für die Manöverteilnahme in Jülich 1911 mit Major Mathis und Hauptmann Koeppen während der Schau- und Manöverflüge bei Koblenz im September 1911.

Erde im Jahre 1908 einen hohen Klang hat, äußerte diesen Wunsch.
So kam es, dass mein Sohn, obgleich kein Soldat, mit zu den ersten gehörte, die militärische Erkundungsflüge durchführten und dadurch mithalf, dass sich das Flugzeug auch bei uns gegen alle Widerstände im militärischen Dienst immer schneller durchsetzte. Hauptmann Koeppen schrieb am 28. September 1911 über seine Erlebnisse im Flugzeug meines Sohnes und über die ihm gestellten Aufgaben«.[1]

»Am nächsten Samstag ziehen sich die Truppen des VIII. Armeekorps zum großen Schlussmanöver in unserer Gegend zusammen. Zahlreiche höhere Offiziere, darunter drei Generäle, und viele Truppen weilen deshalb am Sonntag in Jülich, vor allem der General-Inspekteur der 1. Armee-Inspektion, Se. Königl. Hoheit Generaloberst Prinz Friedrich Leopold von Preußen, zurzeit einer der beiden Heerführer im Kaisermanöver. Zum ersten Male wird im Manöver des rheinischen Korps ein Flieger mit Generalstabsoffizieren als Beobachtern teilnehmen.«[2]

»Mit größter Spannung sieht man hier und in der weiteren Umgebung dem Jülicher Flugtage entgegen. Kein Wunder! Bisher hat das Jülicherland einen Flieger noch nicht gesehen, und nun soll sich ihm der beste rheinische Flieger zeigen, der jüngste Flieger der Welt, der erst 18jährige Bruno Werntgen. Bisher war es nur großen Städten vergönnt, dass Werntgen sie besuchte.« – Gemeint sind Holten, Köln, Krefeld, Bochum, Solingen, Mönchengladbach und zuletzt Koblenz. – »Die Stadt Jülich verdankt es in erster Linie dem Umstande, dass Bruno Werntgen zum Korpsmanöver befohlen ist, wenn sie diesen bedeutenden Flieger in seinen hervorragenden Leistungen bewundern kann. Dass Werntgen in der Tat ganz Hervorragendes leistet, geht aus den uns vorliegenden Anerkennungsschreiben hervor, welche die Oberbürgermeister der von ihm besuchten Städte ihm ausgestellt haben. So heißt es in einer Bescheinigung über das 1. Bergische Schaufliegen, das drei Tage dauerte:

---

1 Tony Werntgen, Jungflieger Werntgen, Reutlingen 1939; zit. nach Wirtz 2007 (wie Anm. *), S. 35.
2 Erkelenzer Zeitung vom 13. September 1911.

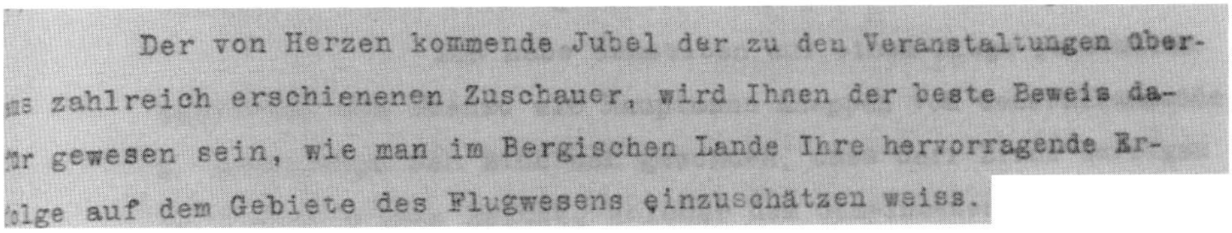

> Der von Herzen kommende Jubel der zu den Veranstaltungen überaus zahlreich erschienenen Zuschauer, wird Ihnen der beste Beweis dafür gewesen sein, wie man im Bergischen Lande Ihre hervorragende Erfolge auf dem Gebiete des Flugwesens einzuschätzen weiss.

Abb. 2: Anerkennungsschreiben aus Solingen-Gräfrath. Abgedruckt im Jülicher Kreisblatt vom 16. September 1911 (Stadtarchiv Bonn, Akte Pr. 31/391).

›Der von Herzen kommende Jubel der zu den Veranstaltungen überaus zahlreich erschienenen Zuschauer, wird Ihnen der beste Beweis dafür gewesen sein, wie man im Bergischen Lande Ihre hervorragenden Erfolge auf dem Gebiet des Flugwesens einzuschätzen weiß.‹« (Abb. 2).³

»Ehe Werntgen am Montag früh zum Manöver aufsteigt, wird er am Sonntag nachmittag auf dem Artilleriefahrplatze in Jülich gemäß Vertrag mit der Stadt Jülich in Gegenwart vieler Offiziere ein mehrstündiges Schau- und Passagierfliegen veranstalten. Da dieses Schaufliegen das erste in dieser Gegend ist und zudem in Gegenwart des Prinzen und vieler Offiziere stattfindet, so rechnet man mit einem Besuch aus den Nachbarstädten wie sonst zu den Rennen. Das Zelt für die Flugmaschine, die besichtigt werden kann, wird vom Generalkommando aufgebaut. Die Musik stellt das 70. Infanterie-Regiment-Saarbrücken.«⁴

Großes Schaufliegen zu Jülich

bei Anwesenheit Sr. Königlichen Hoheit des Generalobersten und General-Inspekteurs der 1. Armee-Inspektion

Prinzen Friedrich Leopold von Preußen

am Sonntag den 17. September 1911 ab 3½ Uhr nachmittags auf dem Artillerie-Fahrplatze zu Jülich.

Es startet der erfolgreiche 18jährige jüngste Flieger der Welt **Bruno Werntgen aus Köln,** welcher zum Korpsmanöver des 8. Armeekorps nach Jülich befohlen ist.

Preise der Plätze: Startplatz 2,50 Mark, 1. Platz 1,50 Mark, 2. Platz 50 Pfg. Militär vom Feldwebel abwärts 1. Platz 1,00 Mark, 2. Platz 25 Pfg. Besichtigung der Flugmaschine. Schau- und Passagierflüge. Aufstiege und Landungen. Militärkonzert der Kapelle des Inf.-Reg. Nr. 70 (Saarbrücken). Restaurationen.

Um das Publikum nicht zu gefährden, ist die Aufrechterhaltung strengster Disziplin auf dem Flugplatze geboten und wird scharfe Kontrolle ausgeübt. Den Anordnungen der Oberemms-Kommandos und den Ordnern muß unbedingt Folge geleistet werden.

Abb. 3: Werbung für das »Große Schaufliegen zu Jülich« abgedruckt im Jülicher Kreisblatt vom 16. September 1911.

---

3 Jülicher Kreisblatt vom 16. September 1911. Ein Original des Schreibens befindet sich im Stadtarchiv Bonn, Akte: Pr.31/391.
4 Erkelenzer Zeitung vom 13. September 1911.

»Die Mitglieder der Krieger-Sanitätskolonne werden gebeten, sich am Sonntag, den 17. ds. Mts., nachmittags 3 Uhr, am Haus des Kolonnenführers zu versammeln. Von dort aus Abmarsch zum Artillerie-Fahrplatze« (Abb. 3).[5]

> *Bekanntmachung*
>
> *Für das am Sonntag, den 17. ds. Mts. auf dem ehemaligen Artillerie-Fahrplatze stattfindende Schaufliegen haben im Interesse der Ordnung noch folgende Anordnungen getroffen werden müssen:*
>
> *1. Wagen und Kraftfahrzeuge dürfen nicht auf den Flugplatz selbst fahren; an der Linnicherstraße sind zur Aufstellung von Wagen pp. geeignete Plätze, weshalb es sich empfiehlt, von der* **Linnicherstraße** *– gegenüber der Wirtschaft Brückmann [heute: »Haus Heitzer«] – heranzufahren.*
>
> *2. Inhaber von Karten zu dem Startplatze und zu dem 1. Platze können den Flugplatz durch die Citadelle betreten. Dringend wird empfohlen, die Eintrittskarten an den in der Stadt eingerichteten Kassen zu lösen, damit der Andrang an den Kassen der Zugangsstellen vermieden wird.*
> *Jülich, den 15. September 1911*
>
> *Der Bürgermeister*
> *Vogt*[6]

Der erste Flugtag in Jülich – Nachrichten aus Stadt und Land

*»****Jülich****, 18. Sept. Unter großem Andrang von Zuschauern aus der näheren und weiteren Umgebung Jülichs hat am Sonntag der jugendliche Kölner Flieger Bruno Werntgen auf dem Artillerie-Fahrplatze die ersten Schauflüge in Jülich ausgeführt, ein Ereignis, das in der Geschichte unserer Stadt als ebenso wichtig verzeichnet stehen wird, wie der erste Besuch lenkbarer Luftschiffe am 15. November 1909. [Zeppelin LZ 5, Militärbezeichnung Z II.] Schon am Freitag war die Flugmaschine hier eingetroffen und, viel bestaunt, zum Artillerie-Fahrplatze gebracht worden, wo die Militärverwaltung am ›Trommelwäldchen‹ ein großes Zelt für den großen weißen Vogel aufgeschlagen hatte. Vielfach wurde von der Gelegenheit Gebrauch gemacht, die Flugmaschine gegen 50 Pfg. Eintrittsgeld eingehend besichtigen zu können. Und da konnte man denn nur Ausdrücke des Staunens hören über den leichten Bau des ganzen Apparates, oft auch die Versicherung, dass man sein Leben einem ›solch gebrechlichen Ding‹ nicht anvertrauen wolle.*

---

5   Jülicher Kreisblatt vom 16. September 1911.
6   Jülicher Kreisblatt vom 16. September 1911.

Am Samstag nachmittag wurde die Maschine für kurze Zeit auf den Platz hinausgeschoben. Bruno Werntgen und seine tapfere Mutter, die selbst das Fliegen erlernt hat, nahmen Platz darin und Photograph Schiffer machte einige Aufnahmen [...; Abb. 4] *An Hand der Zeichnung lassen sich einige Erläuterungen geben. Da sehen wir zunächst unten die Achse mit den beiden Vollgummirädern, auf denen die Maschine beim Anlauf läuft. (Nur das rechte Rad ist sichtbar.) Starke Federn spannen sich unter der Achse, damit sie federt und nicht bricht, wenn der Apparat, aus der Luft kommend, auf den Boden aufstößt. Das muss wohl schon vorkommen, denn im Zelt sahen wir eine Ersatzachse. Rechts auf dem Bild schauen wir den vorn angebrachten vierzylindrigen Motor, 45 Pferde stark* [sog. Körtingmotor]. *Die runde Scheibe ist das Schwungrad. Die Stange in der Mitte hält das ganze Fluggestell mit den beiden Leinwandflügeln, freilich sind zur Verstärkung noch viele Spanndrähte angebracht. Über dem Motor befindet sich der Kasten mit dem Benzin, das etwa für 2 Stunden Flugdauer reicht. Durch ein dünnes Rohr wird das Benzin dem Motor zugeführt. Unser Landsmann Oberingenieur Müller* [aus Hottorf, bekannt von der Zeppelinfahrt vom 15. und 20. November 1909 über Jülich], *der zurzeit das Fliegen erlernt, riss vorige Woche in München dieses Rohr ab, als er während eines Fluges den Motor nicht zum Stillstand bringen konnte. Der lange Schwanz mit den Steuern ist auf unserer Zeichnung nicht mehr sichtbar.* [Auf dem Seitensteuer war die Zahl acht abgebildet. Diese ging zurück auf die Teilnahme am Oberrheinischen Zuverlässigkeitsflug im Mai 1911.] *Dagegen erblicken wir hinter dem Führersitz die von einer Kette angetriebene, auffallender Weise nur zweiflügelige Schraube.* [Den »Dorner-Eindecker« gab es auch mit Dreiblattschraube.] *Zu sehen sind Bruno mit seiner Mutter, den Steuerhebel in der Rechten.*

Abb. 4: Mutter und Sohn Werntgen auf dem Artillerie-Fahrplatz in Jülich. Umzeichnung einer Aufnahme des Photographen Schiffer für das Jülicher Kreisblatt.

Abb. 5: Am Wallgraben, April 2003.

Sonntag nachmittag! Schönstes Herbstwetter! Die Nachmittagszüge hatten so viele Besucher gebracht, wie sie nur fassen konnten, die Dörfer hatten geschickt, was sie mit Rücksicht auf die Einquartierung nur schicken konnten. Als kurz vor 4 Uhr die Kapelle der 70er ihre Konzertweisen erschallen ließ, lag der weite Platz leer da, ganz abgesperrt. Unter den Bäumen des Trommelwäldchens war der Startplatz gut besetzt. Anschließend am Zitadellengraben bis zum Feldtor [Abb. 5] dehnte sich seitwärts der erste Platz, auch gut besetzt auf 200 Meter aus, mit den Stühlen des Rennvereins versehen, die so oft gute Dienste leisten müssen. Jenseits des Feldtors, bis zum Krankenhaus hin, war dann der ganze Rand am Graben als Stehplatz eingerichtet, und hier stand die Menge Kopf an Kopf. Dichter freilich noch waren die Reihen der Zaungäste, die auf dem neuen Damm der Linnicher Bahn und auf den Merscherhöhen wahrlich nicht den schlechtesten Platz sich ausgesucht hatten. Militär hielt überall die Leute zurück, da die Gefahr bei Schauflügen ja nicht gering ist. Für Se. königl. Hoheit den Prinzen Leopold war ein besonderes Zelt errichtet. Der Prinz erschien indes nicht, wohl aber der Kommandeur der 15. Division, Exzellenz v. Wartenberg, und mit ihm zahlreiche Militärs. Gegen 4 Uhr zogen Soldaten die Maschine aus dem Zelt und schräg über den Platz zu der Ecke am Krankenhause hin, wo der erste Start stattfinden sollte. [Heute befindet sich dort das Jülicher Augenzentrum.] Aber zum Fliegen gehört Geduld, für den Flieger sowohl wie für die Zuschauer. Der Motor scheint von vornherein streiken zu wollen. Mehrfach versucht ein Monteur, ihn anzuwerfen; zweimal, sechsmal dreht sich die Schraube, aber dann steht sie wieder still. Und am Morgen sowohl wie am Samstagnachmittag war der Motor gleich beim ersten Anwurf im Zelt derart gelaufen, dass den Anwesenden die Hüte von den Köpfen flogen!

Aber plötzlich ein Geknatter, das über den ganzen Platz schallt. Die Schraube dreht sich, die Soldaten lassen los, und wie ein Pfeil schießt die Flugmaschine geradeaus über den Platz. Sie fährt wie ein Automobil wohl 150 Meter weit, dann heben sich allmählich die Räder vom Boden, die Maschine schwebt über die Erde hin, Werntgen zieht die Höhensteuer, und unter dem Jubel der Zuschauer geht's nun schräg hinein in die Luft auf Broich zu. Wie ein riesiger Vogel zieht die Maschine dahin. In weitem Bogen schwenkt sie an der Rur um, und gerade sind 3 Minuten verflossen, da senkt sie sich schräg wieder auf den Fahrplatz hinab. Wenige Minuten über den Boden hat Bruno den Motor abgestellt, die Schraube steht still, und im sanften Gleitflug geht's hinab auf festen Grund, ohne jeden Stoß. Noch einige 20 Meter fahren die Räder, dann steht die Maschine still. Gerade diese glatte Landung imponierte den Zuschauern sehr.

Den ersten Probeflug hatte Bruno Werntgen allein gemacht. Nun meldete sich als Mitfahrer Leutnant Busz vom Koblenzer 68. Regiment, der schon in Koblenz mit Herrn Werntgen aufgestiegen ist. Nach kurzer Pause nehmen beide Herren in der Maschine Platz, der Motor sollte angeworfen werden, aber jetzt streikte er wirklich. ›Zum ersten Mal seitdem wir fliegen!‹ erklärte der Direktor [Eduard Bernhard Philipps, Direktor des Flugunternehmen Werntgen].

Dutzende Male versuchte der Monteur, versuchte Werntgen. Die Schraube drehte sich einige Male, aber die Zündung blieb aus. Sollten die so schön begonnenen Flüge mit einem solchen Missgeschick enden? Das Publikum vertauschte schon ordnungswidrig die Plätze und sammelte sich um den Unglücksmotor. Nach einstündiger Pause wurde auch die Platzabsperrung aufgehoben, und Hunderte verließen enttäuscht das Flugfeld. Zu früh! Kurz vor 6 Uhr beginnt plötzlich der Motor zu zünden und zu knattern, das Publikum Hurra zu rufen. Es war, wie stets, ›nur eine Kleinigkeit‹: Ein Defekt im Vergaser. Bruno Werntgen und sein Fahrgast stiegen wieder ein. Los! Und wieder erhebt sich der große Brummer, diesmal umgekehrt den Anlauf vom Trommelwäldchen aus nehmend, glatt in die Luft. Im großen Bogen umkreist er den Platz, bis zur Stetternicher Landstraße dehnt er den Flug aus, lebhaft winkt der Offizier der Menge zu. Die Höhe wechselt zwischen 40 und 120 Metern. Nach 4 Minuten Flugdauer senkt der Apparat sich erstaunlich sanft auf den Platz. Lebhaft wurde der Fluggast begrüßt und beglückwünscht.

Frau Werntgen hatte vor, mit ihrem Sohne zu fliegen, aber infolge des Aufenthalts kann nur noch ein Flug gemacht werden, zu dem sich Fabrikant Ernst Meller [geb.

Abb. 6: Bruno Werntgen um 1909.

1873; 1912-1934 Gesellschafter und Geschäftsführer der Joh. Meller KG, Pappen- und Wellpappenfabrik, Jülich, Bahnhofstr., heute: Europa Carton[7]] *gemeldet hatte. Diesmal gab es einen Flug von sechseinhalb Minuten, hinaus in einer großen Schleife bis etwa Hasen-Feld, dann zurück über den Platz bis über den Patterner Weg und in großer Schleife über das Broicher Feld, auf dem erschreckt die Hasen aufsprangen, zurück zum Fahrplatz, wo die Landung wieder äußerst glatt erfolgte.«*

Heinz Dohm, ein Journalist beim »Bonner Generalanzeiger«, flog im Jahre 1912 selbst einmal mit Werntgen auf dem Flugplatz Bonn-Hangelar. Er berichtete in der Zeitung vom 12. Mai des Jahres unter dem Titel »Mein erster Flug mit Bruno Werntgen« Folgendes:

»Unterdessen hat mich der redelustige Direktor ins Zelt geführt. Ich werde in einen wettererprobten Gummianzug – eine Art Taucheranzug – gesteckt und es wird mir eine wollene Pilotenmütze gereicht. Eine Schutzbrille lehnte ich ab. [Der Motor lag bei dem Dornereindecker vor dem Piloten bzw. Passagier. Der Anzug diente zur Sicherheit vor Ölspritzern] Jetzt kommt das wichtigste, ich unterzeichne mein Todesurteil, d.h. ich werde von Direktor Philipps in einer wunderschönen Ansprache darauf aufmerksam gemacht, dass der Flug auf meine eigene Verantwortung und Gefahr von statten geht. Ich kann mithin bei einem eventuellen Absturz oder sonstigem Unglück keine Ansprüche an das Unternehmen geltend machen. Ich schreibe also eilends in das Fahrtenbuch; Breche ich den Hals, dann kann ich und Herr Werntgen nicht dafür; ich sehe also von jedem Anspruch ab! Name, Punkt.«

Ob es dem Fabrikanten Meller aus Jülich ebenso erging?

»Damit waren die Flüge zu Ende. Die Maschine wurde zurück ins Zelt gezogen, wo Bürgermeister Vogt dem Werntgen Dank und Anerkennung aussprach, und

---

7 Josef Geuenich, Geschichte der Papierindustrie im Düren-Jülicher Wirtschaftsraum, Düren 1959, S. 548.

Abb. 7: Bruno Werntgen mit seiner Mutter im Dornerflugzeug T III auf dem Artillerie-Fahrplatz in Jülich.

dem jugendlichen Flieger einen Kranz und Frau Werntgen einen Blumenstrauß überreichte.

Im Namen der Fluggesellschaft dankte des Fliegers Onkel, Direktor Philipps, der Stadt Jülich für das der Fluggesellschaft in so großem Maße erzeigte Entgegenkommen und besonders Bürgermeister Vogt für seine tatkräftige Unterstützung bei den Vorbereitungen. Und gewiss muss man es der Stadtverwaltung zu Dank Wissen, dass sie den Bürgern das so schöne Schauspiel eines Schaufliegens geboten hat, das viele große Städte zu ihrem Leidwesen bisher noch nicht gehabt haben.«

Am nächsten Sonntag, dem 24. September, sieht man Werntgen bei den Schauflügen in Düsseldorf zusammen mit den Piloten Schlüter aus Düsseldorf, Kleinle aus Mönchengladbach und Dr. Hoos aus Köln und am darauffolgenden Sonntag startet er voraussichtlich in Essen.

»Noch ein Wort über die Besucherzahl, da man vielfach Schätzungen über sie angestellt hat. Es ist an Karten gelöst worden für insgesamt 2706 Mark, und zwar Startkarten zu 2.50 Mark 296, Karten 2. Platz zu 1.50 Mark 471, Stehplatzkarten zu 50 Pfg. 2389, Militärkarten 1. Platz zu 1 Mark 14, Militärkarten zu 25 Pfg. 204. Die Besucherzahl betrug also 3374; gleich groß war wohl die Zahl der Zaungäste.

Für den, der das Fliegen erlernen will, sei bemerkt, dass die Werntgen-Gesellschaft auf ihrem Flugplatz in Köln-Merheim [heute Köln-Niehl] 3000 Mark Honorar verlangt, und zwar kostet die Ausbildung bis zur Erreichung von zwei Runden 1500 Mark und bis zur Ablegung der Führerprüfung weitere 1500 Mark.

Wer sich eine Flugmaschine anschaffen will, kann sich eine von der Werntgen-Gesellschaft für 16500 M[ark]. bauen lassen. Gegenwärtig erlernt Leutnant Busz, der gestern hier aufstieg, bei Bruno Werntgen das Fliegen. Es ist der jüngste Offizier des Regiments; Lehrer und Schüler sind gleich alt, erst 18 Jahre, sodass hier am Sonntag der jüngste Zivilflieger und jüngste Militärflieger zusammen starteten.«

Bei der Werntgen-Gesellschaft befand sich keiner aus der Umgegend von Jülich, der dort Fliegen gelernt, geschweige denn eine Flugmaschine gekauft hätte. In der Zeit von 1910 bis zum Ausbruch des Ersten Weltkriegs 1914 gab es 814 ausgebildete Piloten mit 817 Flugzeugführerscheinen. Werntgen war der 40. Pilot und erhielt seine Lizenz am 13. Dezember 1910 auf dem Flugplatz Johannisthal bei Berlin.

Im Umkreis von Jülich war Hans Hinsen, geboren am 23.12.1891 in Linnich – studierender Ingenieur – vor 1914 der einzige ausgebildete Pilot in unserer Gegend. Seine Flugausbildung machte er in Johannisthal bei Berlin auf einem Doppeldecker der Wright-Gesellschaft am 02. Dezember 1913 und erhielt die Fluglizenz Nr. 612. Seine Wohnung war zu der Zeit in Berlin-Adlershof, Radickerstraße 34.

»Am Montag begannen die militärischen Flüge Werntgens. Um 7.20 Uhr stieg Bruno mit Hauptmann Koeppen vom Generalstab des 8. Armeekorps [Dieser war am 4. September 1911 in Koblenz bereits mitgeflogen.] als militärischer Beobachter zu einem Flug über das Manövergelände mit auf. Der Abflug ging glatt von statten. Sie überflogen die Ortschaften Jülich, Broich, Mersch, Müntz, Hottorf, östlich Gevenich wurde eine Zwischenlandung von 8 Minuten wegen einem Defekt an der Flugmaschine vorgenommen, und zwar auf gewöhnlichem Acker. Ohne jegliche Hilfe stiegen die Flieger wieder auf, was militärisch sehr wichtig war. Es ging weiter über Koffern, Lövenich, Tenholt, Granderrath, Hohenbusch und Schwanenburg.

Nachdem also der nördlichste Punkt Schwanenburg erreicht war, erfolgte der Rückflug über Benrath, Kuckum, Holzweiler, Gevelsdorf, Hasselsweiler, Spiel, Güsten, Welldorf, Stetternich nach Jülich, wo die Landung um 8.18 Uhr auf dem Fahrplatze glatt erfolgte. So hatten die Flieger in einer Stunde das ganze Manövergelände im Zickzackflug in 400 bis 500 Meter Höhe überflogen, einen Weg von Rund 90 Kilometern (das ist die Strecke Jülich-Köln und zurück.)

Hauptmann Koeppen brachte dem Chef der Division, Sr. Exzellenz Generalleutnant von Wartenberg, die Meldung über die erfolgten Beobachtungen und die Lage der feindlichen Partei.

Am Dienstag hatte Werntgen kein Glück. Als er um 6 Uhr mit einem Hauptmann des Generalstabes an Bord startete, lag so undurchdringlicher Nebel über den Fluren, dass er bald wieder niederging. Allmählich wich der Nebel, aber dafür frischte der Wind sehr stark auf. Trotzdem wagte er um 7.20 Uhr mit seinem militärischen Fahrgast an Bord einen zweiten Aufstieg. In der Höhe jedoch erwies sich der Wind weitaus stärker, als auf dem Boden. Kräftige Böen drückten von oben auf die Tragfläche und damit die Maschine herunter. Nach kurzem Flug beschloss daher Werntgen, umzukehren und wieder zu landen. Die Landung erfolgte ohne Gefahr auf dem Artillerie-Fahrplatz. Nur kam durch den von oben drückenden Wind das Dornerflugzeug zu heftig auf, weshalb eines der Laufräder aus der Achse flog. Werntgen brachte das Flugzeug aber sicher zum Stehen.«[8]

Einige Stunden nach diesem Flug kamen bei der Redaktion Fischer in Jülich von auswärts mehrfach telefonische Anfragen, ob der Pilot bei seinem letzten Flug heute Morgen abgestürzt sei. Von einem Absturz kann keine Rede sein und Personen kamen nicht zu Schaden. Infolge der kleinen Beschädigung musste der Dorner-Eindecker T III nach Köln zurückgebracht werden, da das Rad angeschweißt werden musste. Aufstiege fanden nun nicht mehr statt. Werntgen und sein Monteur bauten das Flugzeug noch am gleichen Tag auseinander. Am Mittwochmorgen wurde das Flugzeug auf einem Pferdefuhrwerk zum Jülicher Bahnhof abtransportiert. Um die Mittagszeit desselben Tages verließen Frau Werntgen, ihr Sohn Bruno, Direktor Philipps und der Monteur die Stadt und kehrten nach Köln zum Niehler Exerzierplatz zurück.

Bis zum 24. September 1911, bevor die Düsseldorfer Schauflüge begannen, hatte Werntgen sein Flugzeug wieder repariert. Er führte auf dem Niehler Exerzierplatz einige Flüge durch.

Über den Beobachtungsflug von Bruno Werntgen und seinem Begleiter Hauptmann Koeppen am Montag berichtete das »Politische Tageblatt« aus Aachen Folgendes:

»Das Beobachtungsresultat war gleich 0. Bei Werntgens Flugzeug sitzt der Beobachter hinter dem Motor und dieser Motor ist ein derartiger Sprühteufel – wie Exzellenz v. Ploetz ihn beschreibt – von Oil und Benzin, dass der Beobachter die Augen nicht offen zu halten vermag. Auch eine Automobilbrille schützt hiergegen nicht, da das Oil die Gläser derartig beschlägt, dass eine militärische Beobachtung ausgeschlossen sei.«[9]

»Die Redaktion Fischer möchte dem hinzufügen, dass nach den uns bekannt gewordenen Mitteilungen Hauptmann Koeppen, der am Montag den Flug mit Werntgen machte, sich sehr günstig über den Erkundungsflug ausgesprochen

---

8 Jülicher Kreisblatt vom 20. September 1911.
9 Politisches Tageblatt Aachen vom 21. September 1911.

haben soll. Dass der vor den Fliegersitzen angebrachte Motor die Maschine mit Benzin und Oil bespritzt, konnte man auch am Sonntag bei dem Schaufliegen nicht sehen. Dagegen flogen der Pilot sowohl wie auch seine beiden Mitflieger ohne Schutzbrille und alle drei haben nicht darüber geklagt, dass ihnen Oil in die Augen gespritzt sei. Ungehindert konnten sie Beobachtungen anstellen. Insofern ist das obige absprechende Urteil wohl nicht berechtigt. Flugtechnisch war wohl die Leistung Werntgens am Montag ganz hervorragend.«[10]

Werntgen besaß etwa drei bis vier Dornereindecker. Ob es gerade bei diesem Flugzeug, der Nr. 8, auf dem Artillerie-Fahrplatz in Jülich zu einigen Ölspritzern aus dem Motor kam, bleibt offen. Der Bericht von Heinz Dohm (s. o.) spricht von einem Gummianzug, den er im Mai 1912 trug. Dieser Anzug sollte ihn vor Benzin- und Ölspritzern während des Fluges schützen.

Hauptmann Koeppen schreibt am 28. September 1911 einen Brief an Frau Tony Werntgen (Abb. 8).

»Die Redaktion Fischer hat noch von einem Beobachter, selbst Flieger, erfahren, dass der Wind in den Höhen so stark war, dass die Maschine z.B. über Erkelenz ganz bedenklich schwankte«.[11]

Zur Person des Bruno Werntgen
(*20.03.1893 Ruhrort-Beek, †25.02.1913 Bonn-Hangelar)

Geboren als Bruno Buschmann, erhielt er später den Mädchennamen seiner Mutter Antonia (Tony) Werntgen. Er wohnte in Frankfurt a.M., Am Salzhaus 6. Ostern 1909 besuchte er das Technikum in Mittweida und begann ein Ingenieurstudium. Noch 1909 brach er das Studium ab, um Pilot zu werden. Seine Mutter gründete im gleichen Jahr mit einigen Herren das »Deutsche Flugtechnische Institut« in Köppern im Taunus. Das Institut wies drei Abteilungen auf: Lehranstalt, Versuchstation und Fabrikation von Flugzeugen. Am 20. Juli 1910 absolvierte Werntgen auf einem Eindecker eigener Konstruktion seinen ersten gelungenen Flug an der Köpperner Teichmühle. Aber bereits im Dezember 1910 ging das »Deutsche Flugtechnische Institut« in Konkurs.

Am 13. Dezember 1910 erhält Bruno nach seiner Flugausbildung bei Hermann Dorner in Berlin-Johannisthal das Pilotenpatent Nr. 40. Er war mit 17 Jahren der jüngste Pilot der Welt. Die Werntgens zogen ins Rheinland und eröffneten eine Flugschule bei Köln-Merheim auf dem Niehler Exerzierplatz. Im Mai 1911 erschien in der »Kölner Zeitung« ein Artikel über Bruno: »Ein aus Frankfurt stammender

---

10 Jülicher Kreisblatt vom 23. September 1911.
11 Jülicher Kreisblatt vom 23. September 1911.

Coblenz, den 28. September 1911.

An den Herbstmanöver des VIII. Armeekorps im Jahre 1911 nahm Herr B r u n o W e r n t g e n als Flieger am 18. und 19. September zum Zweck der Vornahme von Erkundungen teil.

Ich bin als Generalstabs-Offizier am 18. September mit Herrn W e r n t g e n geflogen. Der Flug, der bei böigem Winde ausgeführt wurde, dauerte 5/4 Stunden, in welcher Zeit wir rund 90 km zurücklegten. Ein Motordefekt, der uns zum Landen auf freiem Felde zwang, wurde ohne fremde Hülfe von W e r n t g e n in wenigen Minuten behoben und der Start, ebenfalls ohne fremde Hülfe auf freiem Felde vorgenommen.

Ich habe bei diesem, in Folge der widrigen Winde nicht ganz einfachen Fluge wiederum festgestellt, dass W e r n t g e n ein sehr sicherer und besonnener Führer seines Flugzeuges ist. Seine grosse Ruhe auch in schwierigen Situationen lassen ihn besonders geeignet erscheinen, bei militärischen Erkundungsfahrten Verwendung zu finden.

                Mit den ergebensten Grüssen
                        K o e p p e n ,
        Hauptmann im Generalstabe VIII. Armeekorps.

Abb. 8: Anerkennungsschreiben von Hauptmann Koeppen zum Manöverflug bei Jülich 18. September 1911 (Stadtarchiv Mönchengladbach, Akte: 1c/375).

Flieger...«. Im gleichen Monat begann er mit den ersten Schauflügen bei Holten und holte dabei den »Hamborner Preis«. Ebenfalls im Mai war er in Baden-Baden zum Start am »Oberrheinischen Zuverlässigkeitsflug«. Aber wegen Motorbrand konnte er später nur noch an den örtlichen Schauflügen in Karlsruhe und Frankfurt teilnehmen. Am 29. Juni 1911 war Bruno in Köln und nahm dort an den örtlichen Schauflügen zum »Deutschen Rundflug« teil. Es folgten bis September 1911 Flugveranstaltungen in den Orten Krefeld, Bochum, Gräfrath bei Solingen, Bad Lippspringe, Neheim, Mönchengladbach und Koblenz. Nach der Veranstaltung in Jülich war er in Düsseldorf, Duisburg und Neunkirchen im Saarland. Am 15. Oktober startete Werntgen in Bonn.

Der Kölner Gouverneur sah die Geheimnisse der Festung Köln aus der Luft bedroht. Daraufhin zogen die Werntgens auf Empfehlung des Prinzen Heinrich im April 1912 zur Hangelarer Heide bei Bonn. Dort entstand eine Flugzeughalle mit Werkstatt und Büroräumen, somit der älteste Flugplatz in Deutschland.

Im Jahre 1912 folgten ab Mai wieder Schauflüge bei Kleve, Braunschweig, Hamburg, Duisburg, Bonn und Aachen. Anfang August baute er ein Wasserflugzeug mit einem 100 PS Argus-Motor. Oktober 1912 nahm er beim »Süddeutschen Rundflug« an den örtlichen Schauflügen in Mannheim Teil. Januar 1913 gründete man die Werntgen-Flugunternehmen G.m.b.H., eine Gesellschaft zum Bau von Flugzeugen mit dem Namen »Bruno Werntgen«.

Am 25. Februar 1913 stürzte Bruno Werntgen mit einer Eigenkonstruktion, der »PK 102«, auf der Hangelarer Heide tödlich ab. Mit großer Anteilnahme der Bevölkerung wurde er am 28. Februar 1913 auf dem Nordfriedhof bei Bonn beerdigt. Es ist heute ein Ehrengrab der Stadt Bonn. Am Sockel des Grabsteins stehen die Worte: IM FLUGE ZUM IRDISCHEN TOD / IM STURZ ZUM EWIGEN LEBEN!

Zur Person der Antonia Werntgen (*25.04.1875, †05.01.1954 Bingen)

Antonia Werntgen war mit Matthias Buschmann verheiratet. Der Ehe entstammten die Söhne Bruno und Erik, die bei der Mutter lebten. 1909 wohnte die Familie in Frankfurt a.M.

Ende 1909 gründete A. Werntgen das »Deutsche Flugtechnische Institut« in Köppern im Taunus. Sie galt als die erste Flugzeugfabrikantin der Welt. Nach dem Konkurs des Instituts im Dezember 1910 erfolgte Anfang 1911 der Umzug nach Köln. Dort gründete sie eine Flugschule, Bruno nahm an Veranstaltungen im Rheinland und Westfalen teil. Im April 1912 fand ein erneuter Umzug, diesmal zur Hangelarer Heide bei Bonn, statt.

Nach dem tödlichen Absturz von Bruno am 25. Februar 1913 auf der Hangelarer Heide ging es auch mit dem Werntgen-Flugunternehmen zu Ende. Frau Werntgen lebte mit ihrem Sohn Erik im Jahre 1934 in Berlin, Ansbacher Straße 42. 1939 schrieb sie ein Buch mit dem Titel »Jungflieger Werntgen«. Im November 1943 wurde ihr Sohn Erik bei einem Luftangriff auf Berlin schwer verwundet. Er verstarb am 1. April 1944 bei Steinbach am Attersee in Österreich. Seine Urne ruht heute im Grab von Bruno Werntgen auf dem Nordfriedhof bei Bonn.

Frau Werntgen wohnte nach dem Zweiten Weltkrieg im Rheingaudorf Johannisberg, Holweg 5 in der Nähe ihres Bruders Wilhelm. Im Jahre 1951 ermöglichte ihr die Zeitschrift »Revue« einen Flug mit einer viermotorigen Maschine, der »Pan

American Airways«. Somit wurde ihr ein großer Wunsch erfüllt. Im Juli 1953 erhielt sie für ihre Verdienste um die Fliegerei das Bundesverdienstkreuz am Bande. Die Auszeichnung überreichte ihr der Wiesbadener Stadtkämmerer Roos. Am 05. Januar 1954 verstarb Antonia Werntgen im Alter von 79 Jahren im Heilig-Geist Krankenhaus bei Bingen. Ihre Urne wurde am 08. Januar 1954 im Familiengrab auf dem Nordfriedhof bei Bonn beigesetzt.

Quellenverzeichnis:

Stadtarchiv Aachen
Zeitung: Politisches Tageblatt, Jg. 1911.

Stadtarchiv Bonn
Zeitung: Generalanzeiger für Bonn und Umgebung, Jg. 1912.
Akte: Pr.31/391 Anerkennungsschreiben aus Gräfrath.

Stadtarchiv Heinsberg
Zeitung: Erkelenzer Zeitung, Jg. 1911.

Stadtarchiv Jülich
Zeitung: Jülicher Kreisblatt, Jg. 1911.

Stadtarchiv Mönchengladbach
Akte: 1c/375 Anerkennungsschreiben von Hauptmann Koeppen. Jülicher Manöverflug vom 18. September 1911.

Abbildungsnachweis: A Fotos: Archiv d. Verf.: 1, 5, 7 (erhalten von Rainer Bogo-Jawlensky, Bergisch Gladbach); Stadtarchiv Bonn: 2; Stadtarchiv Jülich: 3; Stadtarchiv Mönchengladbach: 8. B. Reproduktionen: Bers 1976 (wie Anm. *): 4; Hartmut Küper, Bonn-Hangelar. Geschichte eines Flugplatzes, Bd. 1: 1909-1926, Siegburg 1996: 6.

Peter Nieveler

Haus Hesselmann in Jülich an der Rurbrücke (1938-2006)

»Haus Hesselmann« war ein Wahrzeichen Jülichs im 20. Jahrhundert (Abb. 1). Von Aachen kommend lag das die längste Zeit schmucke Gebäude gut sichtbar links vor der Rurbrücke. Diese Gaststätte an der Bundesstraße 1 war bei allen bekannt, die diese Straße benutzen mussten – oder auch gerne benutzten, nur um für kurze Zeit Gast bei Hesselmann zu sein. Und es waren nicht wenige, die da kamen. In den 1960er Jahren fuhren täglich an die 10.000 Fahrzeuge an dieser Stelle über die Rur. Händler und Kaufleute zwischen Berlin und Paris, Vergnügungs- und Urlaubsreisende sah das Haus, bis 1975[1] die Bundesautobahn 44 dafür sorgte, dass es leerer wurde bei Hesselmann. Bis dahin aber kamen die Gäste im LKW, im PKW und nicht zuletzt im Bus. Und sie kamen fast rund um die Uhr. Es

Abb. 1: Haus Hesselmann, Ansichtspostkarte aus den frühen 1950er Jahren.

---

1 http://de.wikipedia.org/wiki/Bundesautobahn_44 <letzter Zugriff am 18.10.2007>.

gab noch keine Hotelbusse, und so machte man Frühstückspause bei Hesselmann in Jülich, nachdem man in den ersten Stunden des Tages irgendwo in Westfalen abgefahren war, um zum Beispiel die Weltausstellung in Brüssel 1958 zu besuchen oder für ein paar Tage erstmals nach dem Zweiten Weltkrieg Paris zu sehen. Auch aus der entgegengesetzten Richtung kamen sie – Franzosen, Belgier und Niederländer, die den deutschen Wirtschaftswunderkindern einen Besuch abstatten oder mit ihnen Geschäfte machen wollten. Bei Hesselmann konnte man immer anfahren, gab es in unmittelbarer Nähe des Hauses auf dem Waffenplatz der historischen Festungsanlage Brückenkopf doch jede Menge Parkplätze für Kraftfahrzeuge aller Art und Größe, was bei stetig wachsendem Autoverkehr von größtem Wert war.

Allen seinen Besuchern bot Haus Hesselmann die Möglichkeit eines längeren oder kürzeren Aufenthaltes, und es warb mit seiner »anerkannt guten Küche«, mit »eigener Schlachtung und Konditorei«, mit »Doppelkegelbahn, Konzert, Tanz und Unterhaltung« (Abb. 2). Und der Erfolg des Hauses und seines Besitzers war groß.

Brückenkopfgaststätte Haus Hesselmann - Jülich
mit der neuen, überdachten Sonnenterrasse
Anerkannt gute Küche - eigene Schlachtung u. Konditorei - Gesellschaftsräume
Rurterrassen, Doppelkegelbahn, Konzert, Tanz und Unterhaltung — Ruf 2236/37

Abb. 2: Werbeanzeige im Heimatkalender des Kreises Jülich 1962.

Für gute Beziehungen zu den Gästen sorgte der Chef, Josef Hesselmann, selbst, indem er sie alle persönlich in Empfang nahm oder doch am Tisch begrüßte, für Küche, Keller und Service war das Personal zuständig – in den besten Zeiten um die zwanzig Leute –, und die gute Seele des ganzen Hauses war Nelly Hesselmann, die Frau des Hausherrn, die auch persönlich für die Qualität des Essens sorgte, besonders auch für Kaffee, Kuchen und Gebäck – nicht zuletzt an vielen »Hausfrauennachmittagen«. Die eigene Schlachtung kam von Schweinen, die in der heutigen Hohltraverse VI des Brückenkopfes mit Abfällen des Hauses gemästet und von Jülicher Metzgern im Nebenberuf geschlachtet und zerteilt wurden.

Mit Konzert, Tanz und Unterhaltung erfreute das Haus zumindest an allen Wochenenden, vor allem sonntags am Nachmittag. Es hat sich eine Quittung erhalten: Am Sonntag, dem 09. Februar 1947, erhielt Gustav Thiedeke, später erster Violinist im Jülicher Collegium Musicum und allseits angesehener Geigenlehrer, 130 Reichsmark für fünf Musiker und wohl mindestens fünf Stunden Musikdarbietungen. Das waren 25 RM pro Person und fünf RM pro Stunde für jeden. Damals verdiente ein Arbeiter 0,75 bis 1,30 RM in der Stunde (Abb. 3).

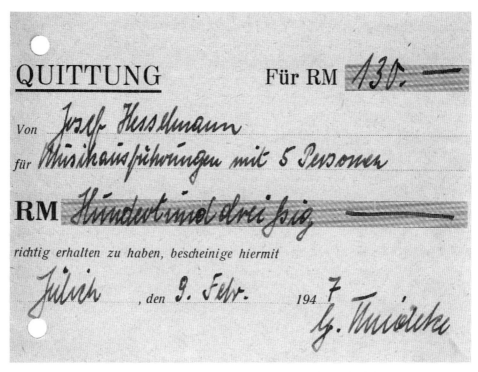

Abb. 3: Quittung bezahlter Kosten für Musik; im Privatbesitz von Ralf Hertel, Jülich.

Gäste des Hauses waren auf großen Festveranstaltungen und Bällen nicht nur die Jülicher, die aus der Stadt und aus den Dörfern herbeiströmten und Freunde und Bekannte mitbrachten, sondern auch Fremde, die von weit her kamen.

Hesselmanns Karnevalsveranstaltungen waren berühmt (Abb. 4). Neben Willi Millowitsch traten alle Größen des Kölner Karnevals im Haus an der Rurbrücke auf. Und wenn im Erdgeschoss in allen Räumen der Ball tobte, zogen sich nicht wenige Gäste zurück auf die Kegelbahn in die Sektbar, um hier das Fest noch besser zu genießen. Es gab zu Karneval den »Turnerball« des Jülicher Turnvereins, den »Wassersportball« des Wassersportvereins, es gab den »Behördenball«, und es gab die Bälle und Sitzungen der großen Jülicher Karnevalsgesellschaften (Abb. 5) – wenigstens, solange es in Jülich keine Stadthalle gab. Und die wurde erst im Oktober 1970 eröffnet.[2]

Damals, in den 1950er und 60er Jahren, wurde in Jülich auch noch »richtig« Kirmes gefeiert, vor allem die nach dem 15. August, dem Patronatsfest der Propstei-

---

[2] »Vorhang auf im neuen Haus«, Jülicher Nachrichten 31. Oktober 1970; »Jülichs neuer gesellschaftlicher Mittelpunkt«, Jülicher Volkszeitung 31. Oktober 1970.

Kölner Kanonen am Brückenkopf

„Et jitt Minsche" — stellten Bonn-Wal den und Gebrüder Kürsch fest

Jülich. — Ja, ja, et jitt Minsche, das kann man wohl sagen, zumal wenn man wieder einen solchen bunten karnevalistischen Abend bei Jupp Hesselmann hinter sich hat. Hier konnte man wieder feststellen, daß sie alle im „Ernstfall", d. h., wenn sie aufgerufen werden, gegen den dräuenden Alltag mit seinen Sorgen Stellung zu nehmen, schnell dabei sind. Eins, zwei, drei — zischten die Raketen und donnerten die Alaafs am Dienstagabend in der Brückenkopfgaststätte. Kopf an Kopf füllte das Haus bis zum Bersten.

Abb. 4: Ausschnitt aus der Jülicher Volkszeitung vom 24. Januar 1953.

kirche St. Mariae Himmelfahrt. Und auch da waren die Räume bei Hesselmann fast zu klein, obwohl ein Gesamtfassungsvermögen von 600 Gästen angegeben wurde (Abb. 6).

Haus Hesselmann war die »gute Stube« der Stadt für private ebenso wie für öffentliche Veranstaltungen. Als 1955 das Staatliche Gymnasium Jülich drei Tage lang sein fünfzigstes Abitur feierte, fand der erste Tag seinen gemütlichen Abschluss im Hause Hesselmann.[3] Und jährlich fand dort gleichsam als Einführung in die »große« Jülicher Gesellschaft ein Tanzkurs – Tanzkränzchen hieß das damals – für die Jahrgangsstufe 11 des Staatlichen Jungengymnasiums und die Jahrgangsstufe 10 des Mädchengymnasiums Jülich mit großem Abschlussball statt. Der Schreiber dieser Zeilen weiß es noch aus eigener Erfahrung.

Platz für 900 Karnevalisten war bei Hesselmanns in den 50er Jahren.

Abb. 5: Das Foto wurde einschließlich der Bildunterschrift am 31. Januar 2006 im Lokalteil der Jülicher Tageszeitungen – Jülicher Nachrichten und Jülicher Zeitung – in einem langen Artikel zu Haus Hesselmann von Dorothée Schenk veröffentlicht. In der Bildmitte das Ehepaar Hesselmann; am rechten Bildrand mit Narrenkappe Willi Becker, der Gründer und langjährige Präsident der »Großen Karnevalsgesellschaft Rurblümchen«.

Seit im Jahre 1967 auf dem Waffenplatz des Brückenkopfes zuerst im Drei- dann im Zweijahresturnus unter dem Titel »Die Neuzeit ruft in Stadt und Land« die berühmte »Rheinlandschau« mit ihren jeweils mehr als 100.000 Besuchern stattfand, wurde diese mit aller Prominenz aus Politik und Wirtschaft im Haus Hesselmann eröffnet (Abb. 7).

Und auch die ganz hohe Politik war Gast bei Hesselmann. So brachte der Landrat des Kreises Jülich, Wilhelm Johnen, der auch Präsident des Landtags von Nordrhein-Westfalen war, den damaligen Bundeskanzler Ludwig Erhard mit an die Rur.[4]

---

3 Ernst Lampenscherf (Bearb.), Festschrift 50 Jahre Gymnasium Jülich, Jülich 1955, S. 67.
4 Siehe den in der Bildunterschrift zu Abb. 5 genannten Artikel von D. Schenk.

Lenker und Leiter des immer größer und immer bekannter werdenden Unternehmens war der am 19. Januar 1903 in Bottrop geborene Josef Hesselmann.[5] Nach achtjähriger Schulzeit erlernte er das Handwerk des Klempners und Installateurs und legte mit siebzehn Jahren 1920 die Gesellenprüfung in diesem Handwerk ab. Dann folgte er seinen Eltern nach Jülich, die beim 1918 eröffneten Eisenbahnausbesserungswerk die Gastronomie

Haus Hesselmann

Jülich

Brückenkopf-Gaststätte ladet Sie zum Besuch ein!

Anerkannt gute Küche — Eigene Metzgerei und Konditorei — Mod. Automatische Doppel-Kegelbahn — Gesellschaftsräume für Familien- und Betriebsfeste, besonders für Hochzeiten (insgesamt 600 Plätze) Konzert, Tanz und Unterhaltung

JÜLICH, Ruf 2236/37

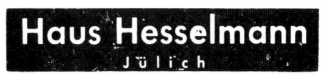

Abb. 6: Werbeanzeige im Heimatkalender des Kreises Jülich 1968.

Eröffnungsprogramm

12. Rheinlandschau „Alle sollen besser leben" in Jülich

Freitag, den 17. Mai 1991

11.00 Uhr Empfang der Ehrengäste im Haus Hesselmann an der Rurbrücke, Aachener Landstraße

Begrüßung durch den Bürgermeister der Stadt Jülich Herrn Heinz Schmidt

Grußwort des stellv. Landrates des Kreises Düren Herrn Karl Schavier

Offizielle Eröffnung durch die Bundesbauministerin, Frau Dr. Irmgard Adam-Schwaetzer in Vertretung des Ehrenschirmherrn Bundeswirtschaftsminister Jürgen W. Möllemann

Musikalische Umrahmung

Besichtigung der Ausstellung, beginnend durch einen Empfang der Stadt Jülich in Halle 1

13.00 Uhr Treffpunkt der Ehrengäste im Haus Hesselmann zur Eröffnung des kalten Buffets und Umtrunk

Abb. 7: Eröffnungsprogramm der Rheinlandschau Jülich 1991.

Lebigenheim und Speisesaal.

Abb. 8: Der Bau des Ledigenheims hat den Zweiten Weltkrieg überstanden und dient heute Ausbildungszwecken des Systeminstandsetzungswerks der Bundeswehr in Jülich.

des Kasinos – auch Ledigenheim genannt, weil es in ihm zweiunddreißig Zimmer für ledige Arbeiter gab – übernommen hatten (Abb. 8). Irgendwann hier muss Josef Hesselmann erkannt haben, dass er zum Gastronomen geboren und dass ihm Jülich ans Herz gewachsen war. Dem Beruf und der Stadt blieb er ein Leben lang treu.

Zwischenzeitlich übernahm er noch das Bergmannskasino in Baesweiler. Es hat ihm dort aber wohl nicht so gut gefallen. Nach der Hochzeit mit Nelly Nelles aus Selgersdorf im Jahre 1932 setzten die beiden alles daran, wieder nach Jülich zu kommen. Das gelang 1935, als die Eheleute Hesselmann das heutige Restaurant »Alt Jülicher Stuben – Haus Heitzer« an der Linnicher Straße übernahmen (Abb. 9). Das alte Haus wurde Anfang der 1980er Jahre ein Opfer von tektonischen Störungen, die durch den Braunkohletagebau im Jülicher Land verursacht worden waren, musste abgebrochen und – einige Meter nach Westen verschoben – ganz neu errichtet werden.

---

5   Zum Lebenslauf Josef Hesselmanns siehe Jülicher Volkszeitung vom 08. September 1982: »Mit Krad und Beiwagen ins Eheglück gestartet«.

Abb. 9: *Haus Heitzer um 1960. Ansichtskarte im Privatbesitz des Verf.*

Aber Josef Hesselmann hatte mit sich und mit Jülich Größeres vor. Wie er auf den Gedanken gekommen ist, auf der anderen Rurseite etwas ganz Neues zu bauen, lässt sich nur ahnen. Jedenfalls erkannte er im Bereich des Jülicher französischen Brückenkopfes die grüne Zukunft der Stadt und wollte an ihr mitgestalten und mitverdienen. Das lässt sich ablesen an seinen Vertragswünschen gegenüber der Stadt Jülich, die Eigentümerin des gesamten Bereiches war. In einem Schreiben vom 01. Oktober 1937[6] an den Bürgermeister der Stadt Jülich, Johannes Kintzen, wünschte er sich – gleichsam als Nachschlag zu dem schon abgesprochenen Vertrag – Platz genug für einen Kinderspielplatz, die Konzession für den Ausschank im gesamten Gelände des Brückenkopfes, die Genehmigung, Kahnfahrten durchzuführen und möglichst viel Parkplatz. Allein letzteres Ansinnen zeugt von großer Weitsicht, war doch das Zeitalter des Autobooms noch lange nicht angebrochen.

Einen Erbbaurechtsvertrag müssen die Hesselmanns wohl noch in den letzten Monaten des Jahres 1935 mit der Stadt Jülich besprochen haben, denn schon am 20. Januar 1936 erhielten sie eine Vorabbestätigung des Jülicher Bürgermeisters für diesen Vertrag mit einer Laufzeit von sechzig Jahren.[7]

---

6 Stadtarchiv Jülich, Bauakte 0470.
7 Schreiben im Privatbesitz von Ralf Hertel, Jülich. Der Vertrag selbst wurde erst am 06. Januar 1938 vor dem Jülicher Notar Dr. Wilhelm Römer mit einer Laufzeit bis 1998 geschlossen. Zu danken ist dem Liegenschaftsamt der Stadt Jülich für die Bereitstellung der Vertragsdaten zum Haus Hesselmann.

Abb. 10: Diese Ansichtskarte trägt einen Poststempel von 1942, zeigt das Haus Hesselmann also in den ersten Jahren seines Bestehens; im Privatbesitz des Verf.

Schon am Ende der 20er Jahre des vorigen Jahrhunderts hatte die Stadt, nachdem die belgische Besatzung Jülich 1929 verlassen hatte, mit Kräften des zur Linderung der Arbeitslosigkeit gegründeten »Freiwilligen Arbeitsdienstes« begonnen, aus dem Brückenkopfgelände einen Park zu machen. 1934 wurde die Mittelbastion der französischen Befestigungsanlage vom Reichsarbeitsdienst zu einer großen Freilichtbühne für nationalsozialistische Selbstdarstellungen umgebaut.

Josef Hesselmann hatte sicher eine großartige Vision von der Gestaltung des gesamten Bereichs, aber den heutigen Brückenkopf-Park hat er wohl doch nicht einmal in seinen kühnsten Träumen vorausgesehen.

Die Baugenehmigung für sein »Traumhaus« erhielt er am 23. August 1937. Pfingsten 1938 wurde die »Brückenkopf-Gaststätte« eröffnet (Abb. 10).[8] Architekt des idyllisch unter Linden gelegenen Hauses war Philipp Schaumburg aus Jülich. In seiner Gebührenrechung sind die Baukosten mit 40.000 Reichsmark angegeben (Abb. 11).

Wie das Foto des Hauses zeigt, gab es von Anbeginn einen recht großen Saal, der sich an die Gaststätte im vorderen Bereich anschloss. Als technische Besonderheit gab es sogar eine Beschallungsanlage. Mikrophon, Stativ und 40 m Kabel wurden

---

8 Daten nach D. Schenk gemäß Bildunterschrift zu Abb. 5.

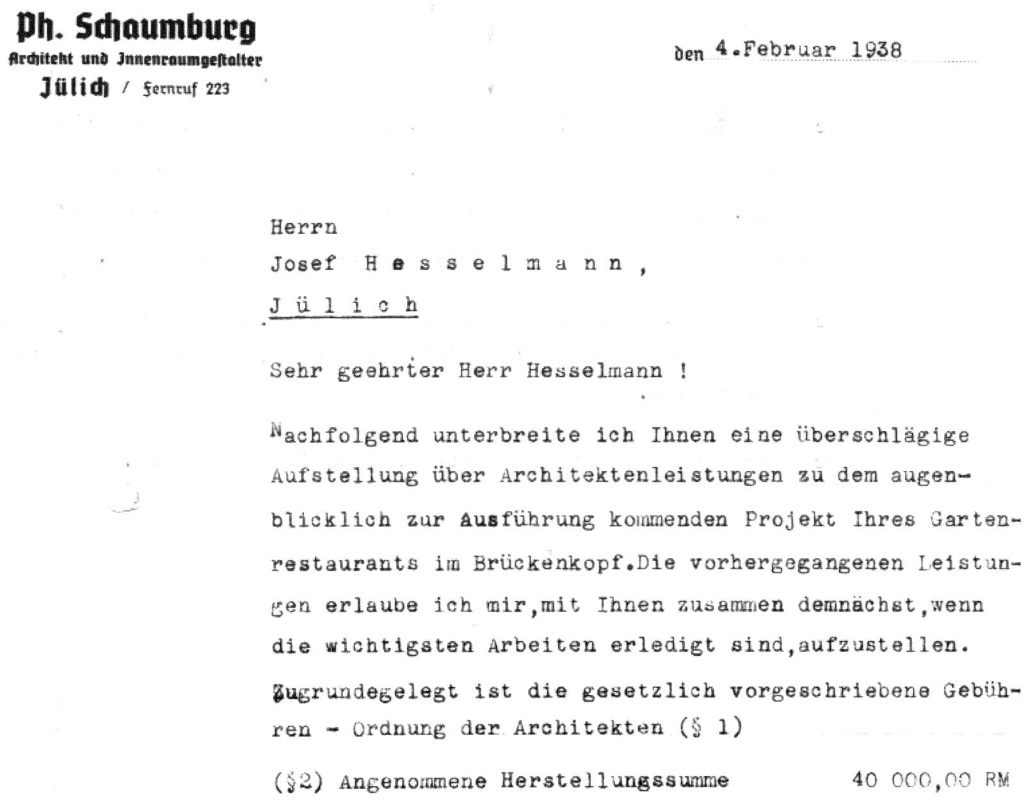

Ph. Schaumburg
Architekt und Innenraumgestalter
Jülich / Fernruf 223

den 4. Februar 1938

Herrn
Josef H e s s e l m a n n ,
J ü l i c h

Sehr geehrter Herr Hesselmann !

Nachfolgend unterbreite ich Ihnen eine überschlägige Aufstellung über Architektenleistungen zu dem augenblicklich zur Ausführung kommenden Projekt Ihres Gartenrestaurants im Brückenkopf. Die vorhergegangenen Leistungen erlaube ich mir, mit Ihnen zusammen demnächst, wenn die wichtigsten Arbeiten erledigt sind, aufzustellen.

Zugrundegelegt ist die gesetzlich vorgeschriebene Gebühren - Ordnung der Architekten (§ 1)

(§2) Angenommene Herstellungssumme   40 000,00 RM

Abb. 11: Rechnung des Architekten mit Angabe der Baukosten, Stadtarchiv Jülich, Bauakte 0470.

für insgesamt 257,50 Reichsmark angeschafft, wie die Rechnung des Jülicher Elektrohauses Josef Schweers, Kapuzinerstraße, vom 06. Juni 1939 zeigt.[9]

Und es gab eine Klein-Kläranlage. Die musste es geben, weil das Grundstück damals nicht an die Kanalisation Jülichs angeschlossen war. Die Kläranlage lag rechts neben dem Gebäude. Baupläne haben sich im Jülicher Stadtarchiv erhalten.[10] Erstaunlicherweise wurde der Bau dieser Anlage erst im Mai 1938 beantragt. Dass sie am 05. Juni bei Eröffnung des Hauses fertiggestellt war, kann man leider nicht annehmen, da die Baugenehmigung erst zum 01. Juni 1938 erteilt wurde. In dieser wies das städtische Bauamt ausdrücklich darauf hin, dass mit dem Bau nicht vor Zahlung einer Gebühr von 2,50 RM begonnen werden dürfe. Oder haben da städtische Bedienstete ein Auge zugedrückt? – Mit Dingen des Umwelt-

---

9 Privatbesitz Ralf Hertel, Jülich.
10 Bauakte 0470: Es handelte sich um eine Anlage »System OMS zur Frischerhaltung des Abwassers« mit jährlich zweimaliger Reinigung. In derselben Bauakte des Jülicher Stadtarchivs befindet sich auch die Gebrauchsabnahme des Neubaus Hesselmann mit der Aufforderung zur Mängelbeseitigung.

schutzes nahm es die Stadt Jülich sonst allerdings schon damals sehr genau. Während der Bauarbeiten erhielt J. Hesselmann einen Brief des Bauamtes mit dem ausdrücklichen Hinweis, beim Bau die an der Rur stehenden Bäume zu schonen (Abb. 12). Und wie die Ansichtskarte des fertigen Hauses verdeutlicht, haben die Linden den Bau von Haus Hesselmann auch tatsächlich gut überstanden.

Wie das Geschäft im neu errichteten Restaurant lief, ob es gar sofort gut war, lässt sich nur schwer abschätzen. Jedenfalls bezog Hesselmann im Jahre 1939 vom Jülicher »Coca Cola Alleinvertrieb Heymanns« 3.336 Flaschen Cola zum Preis von 500,40 Reichsmark (Abb. 13). Die Flasche kostete den Wirt dem-

Abb. 12: Das Schreiben befindet sich im Privatbesitz von Ralf Hertel, Jülich.

nach 0,15 RM. Zu welchem Preis er sie verkaufte, ist nicht überliefert, und ob diese Anzahl von Flaschen groß oder klein war, auch nicht. Leider hat sich keine Lieferrechnung für Bier erhalten. Aus ihr könnte man am besten den Geschäftsverlauf ablesen. Erhalten hat sich aber die Schnapsrechnung für die Jahre 1938/39. Josef Hesselmann bezog bei der Jülicher Destillerie Hans Claßen, Römerstraße, für RM 872,60 genau 486,5 l der verschiedensten Trinkbranntweine, wobei mit 450 l der einfache »weiße« 32%ige »Korn« den weitaus größten Anteil ausmachte. Rechnet man nun für ein Jahr mit 243 l und für ein Gläschen 0,02 l, so kann man aus einem Liter genau 50 Gläschen ausschenken. 1939 hat Hesselmann dann

Abb. 13: Briefkopf eines Schreibens der Fa. Heymanns im Besitz von Ralf Hertel, Jülich.

12.150 Gläschen Schnaps ausgeschenkt und pro Gläschen rund 4 Pfennige bezahlt. Auch hier weiß keiner mehr, was er denn von den Gästen genommen hat für ein Gläschen Schnaps. Wenn es 10 Pfennig waren, dann entsprach das der normalen Wirtespanne von rund 100 %.[11]

Von Anfang an bot Hesselmann sein Haus auch für Familien- und Vereinsfeste an. Dafür gab es einen mit besonders großen Fenstern ausgestatteten Gesellschaftsraum. Gold-, Silber- und Grüne Hochzeiten wurden hier ebenso gefeiert wie Kinderkommunionen und runde Geburtstage (Abb. 14).

Wie das Geschäft nach dem Zweiten Weltkrieg blühte, den das Haus trotz extremer Frontlage in der Zeit von Dezember 1944 bis Februar 1945 viel besser als die Häuser in der Stadt überstanden hatte, lässt sich vielleicht am besten an der Tatsache ablesen, dass die Stadt Jülich und Josef Hesselmann das Erbbaurecht durch Vertrag vom 27. Januar 1953 um zwanzig Jahre bis 2018 und durch Vertrag vom 01. Juli 1960 um weitere zwanzig Jahre bis 2038 verlängerten. Beide Verträge wurden vor dem Notar Wilhelm Johnen in Jülich geschlossen.[12] Im Vertrag von 1960 wurde der Erbbauzins im Sinne der Stadt Jülich an den guten Geschäftsver-

---

11 Unterlagen im Privatbesitz von Ralf Hertel, Jülich.
12 Siehe dazu Anm. 7.

Abb. 14: Gesellschaftsraum um 1940. Ansichtskarte im Privatbesitz des Verf.

lauf angepasst, und Josef Hesselmann erhielt jetzt auch das verbriefte Recht, den Waffenplatz des Brückenkopfes kostenlos als Parkplatz für die Gäste seines Hauses zu nutzen. Die Tatsache, dass der Erbbauzins durch Vertrag vom 12. März 1969 wieder um 25 % erhöht wurde, ist in der im Vertrag von 1960 festgelegten Verpflichtung begründet, über den Erbbauzins neu zu verhandeln, wenn sich der Gesamtlebenshaltungskostenindex der Bundesbank um etwa fünfzehn Punkte nach oben oder unten verändert habe, zeigt aber sicher auch die hervorragende Erfolgsgeschichte des Hauses Hesselmann.[13] Für die sich dauernd steigernde Besucherzahl war das Haus von 1938 bald zu klein, sodass schon 1939 der Bierkeller vergrößert werden musste.[14] In den Jahrzehnten nach dem Zweiten Weltkrieg wurde das Haus stetig vergrößert, was seiner baulichen und ästhetischen Qualität nicht immer guttat. Zur Zeit seiner größten Ausdehnung hätte man es abreißen und über die Verwendung eines Neubaues nachdenken müssen. Das scheint familienintern in der Zeit zwischen 1970 und 1978 auch geschehen zu sein. Mittlerweile hatte Josef Hesselmann das siebzigste Lebensjahr überschritten und wollte wohl mit fünfundsiebzig Jahren in den Ruhestand treten[15] – zehn Jahre später als »nor-

---

13 Der Lebenshaltungsindex war zwischen 1960 und 1969 um rund 30 Punkte gestiegen; http://de.wikipedia.org/wiki/Preisindex <letzter Zugriff am 18.10.2007>.

14 Rechnung der Bauunternehmung August Schüssler, Jülich-Kirchberg, vom 16.11.1939, im Privatbesitz von Ralf Hertel, Jülich.

15 Jülicher Volkszeitung vom 20. Januar 1978.

Abb. 15: Ehepaare Hesselmann und Senftleben bei der Geschäftsübergabe 1978; im Hintergrund links Anni Senftleben, rechts Nelly Hesselmann. Foto im Privatbesitz der Familie Senftleben, Jülich.

male« Menschen. Die Zeiten hatten sich geändert. Auf der Autobahn A44 fuhren so mancher Bus und auch mancher andere Gast an Jülich vorüber. Karnevals- und Ballveranstaltungen gab es zwar weiterhin, aber die Gäste wurden immer anspruchsvoller. Josef Hesselmann junior, der Sohn des Gründerehepaares, war gelernter Koch und Gastronom und so eigentlich der bestens geeignete Nachfolger. Aber über die Pläne des Juniors, »das Haus umzugestalten, eventuell die Stadthalle und ein Hotel anzubauen, konnte er sich nicht mit dem Vater einigen.« Der Erbe verließ das Haus an der Rurbrücke und übernahm für zehn Jahre das Hotel und Restaurant »Alte Post« an der Ecke Kapuziner-/Baierstraße in der Jülicher Innenstadt.[16]

Haus Hesselmann aber fand für die nächsten knapp zwei Jahrzehnte einen würdigen Nachfolger für die Gründer der Brückenkopf-Gaststätte, nämlich das Ehepaar Anni und Werner Senftleben (geboren am 10. August 1941 bzw. am 09. Mai 1935), das einschlägige Geschäftserfahrungen aus Elsdorf mitbrachte (Abb. 15). Vor dem Jülicher Notar Anton Moll wurde das Erbbaurecht am 27. Dezember 1978 auf die Eheleute Senftleben übertragen, die das Haus am 13. Oktober 1978

---

16 Siehe den in der Bildunterschrift zu Abb. 5 genannten Artikel von D. Schenk.

erworben hatten. Dabei wurde der Parkplatz, der bisher den gesamten Waffenplatz der Festung Brückenkopf umfasst hatte, begrenzt auf den Bereich zwischen der alten Bundesstraße 1 und der so genannten »Kirmesbrücke«.[17]

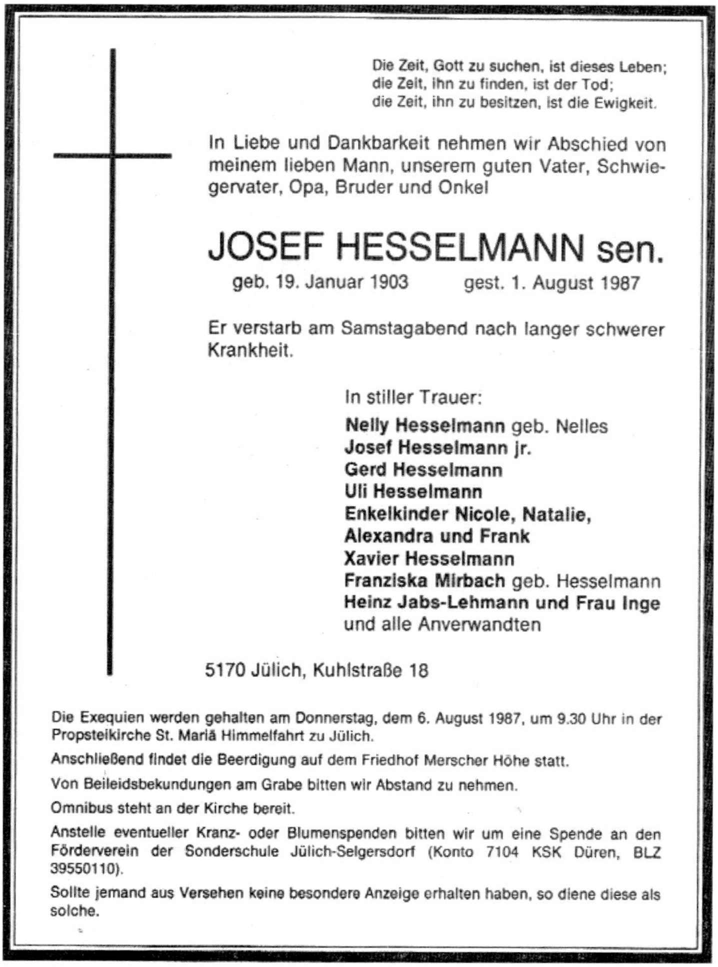

> Die Zeit, Gott zu suchen, ist dieses Leben;
> die Zeit, ihn zu finden, ist der Tod;
> die Zeit, ihn zu besitzen, ist die Ewigkeit.
>
> In Liebe und Dankbarkeit nehmen wir Abschied von meinem lieben Mann, unserem guten Vater, Schwiegervater, Opa, Bruder und Onkel
>
> **JOSEF HESSELMANN sen.**
> geb. 19. Januar 1903   gest. 1. August 1987
>
> Er verstarb am Samstagabend nach langer schwerer Krankheit.
>
> In stiller Trauer:
>
> **Nelly Hesselmann** geb. Nelles
> **Josef Hesselmann jr.**
> **Gerd Hesselmann**
> **Uli Hesselmann**
> **Enkelkinder Nicole, Natalie, Alexandra und Frank**
> **Xavier Hesselmann**
> **Franziska Mirbach** geb. Hesselmann
> **Heinz Jabs-Lehmann und Frau Inge**
> und alle Anverwandten
>
> 5170 Jülich, Kuhlstraße 18
>
> Die Exequien werden gehalten am Donnerstag, dem 6. August 1987, um 9.30 Uhr in der Propsteikirche St. Mariä Himmelfahrt zu Jülich.
> Anschließend findet die Beerdigung auf dem Friedhof Merscher Höhe statt.
> Von Beileidsbekundungen am Grabe bitten wir Abstand zu nehmen.
> Omnibus steht an der Kirche bereit.
> Anstelle eventueller Kranz- oder Blumenspenden bitten wir um eine Spende an den Förderverein der Sonderschule Jülich-Selgersdorf (Konto 7104 KSK Düren, BLZ 39550110).
> Sollte jemand aus Versehen keine besondere Anzeige erhalten haben, so diene diese als solche.

Abb. 16: Todesanzeige in den Jülicher Nachrichten und der Jülicher Volkszeitung vom 04. August 1987.

Im Jahre 1982 konnten Nelly und Josef Hesselmann im Ruhestand ihre Goldene Hochzeit feiern.[18] Am 01. August 1987 starb der bekannteste Jülicher Gastwirt des 20. Jahrhunderts im Alter von vierundachtzig Jahren (Abb. 16).[19] »Er war mit Leib und Leben Gastwirt« titelten die Jülicher Nachrichten, und »Josef Hesselmann schrieb ein Stück Stadtgeschichte« meinte richtig die Jülicher Volkszeitung.

Auch Werner Senftleben vergrößerte das Haus noch einmal – ein letztes Mal – um eine neue Gaststätte (Abb. 17). Als in den neunziger Jahren das Ereignis des Jahrhunderts, die »Landesgartenschau Jülich 1998«, immer mehr Gestalt an-

---

17 Zu den Vertragsdaten s. Anm. 7. – Lange Jahre hindurch fand die Jülicher Kirmes auf dem Waffenplatz des Brückenkopfes statt. Die Fußgängerbrücke zwischen der Hauptstraßenbrücke und der Brücke am Stadion heißt daher auch heute noch »Kirmesbrücke«. – Von der Geschäftsübergabe berichteten die Jülicher Nachrichten und die Jülicher Volkszeitung am 28. Oktober 1978.
18 Jülicher Volkszeitung vom 08. September 1982.
19 Nachruf der Jülicher Nachrichten am 03. August 1987 und der Jülicher Volkszeitung am 04. August 1987.

Abb. 17: Baulicher Endzustand von Haus Hesselmann.

nahm, das Haus Hesselmann Zentral-Gastronomie dieser Großveranstaltung werden sollte und im Zuge der Restaurierung und Neugestaltung des gesamten Brückenkopfgeländes die PKW- und Bus-Stellflächen der Brückenkopfgaststätte immer mehr eingeengt wurden, schien es der Familie Senftleben sinnvoll, das Haus zu verkaufen. Das geschah am 26. September 1996. Das Erbbaurecht wurde nach diesem Verkauf am 18. November 1996 vor dem Jülicher Notar Heiner Roemer auf Sebastian Jansen aus Alsdorf (geboren am 27. Oktober 1945) übertragen. Im ersten Erbbaurechtsvertrag von 1938 hatte die Stadt Jülich zugestanden, keinen festen oder ambulanten Konkurrenzbetrieb im gesamten Brückenkopfbereich zuzulassen. Ausnahmen gab es nur für die Zeiten der Kirmes und für andere Kurzveranstaltungen. Da nun aber während der sechs Monate der Landesgartenschau solche Geschäfte zugelassen werden mussten, wurde der Passus des Konkurrenzverbotes aus dem neuen Vertrag mit Sebastian Jansen gestrichen.[20]

Das vorliegende Foto zeigt den größten Ausbau des Hauses Hesselmann in den neunziger Jahren des 20. Jahrhunderts. Aus den ursprünglich je zwei Fenstern und

---

20 Zu den Verträgen siehe Anm. 7.

Der letzte Vorhang fällt für „Haus Hesselmann"

Traditionslokal seit gestern dem Erdboden gleich

JÜLICH. Das Siechtum zog sich über Jahre, der letzte Vorhang fiel gestern Nachmittag: „Haus Hesselmann", ehemals „gute Stube" der Herzogstadt, ist dem Erdboden gleich gemacht.

Die Firma Rhiem & Sohn hat während der vergangenen drei Wochen mit dem Abrissbagger ganze Arbeit geleistet, um das Traditionslokal von der Bildfläche verschwinden zu lassen.

Ihr Arbeitsauftrag ist indes noch nicht erfüllt, denn es gilt noch, die säuberlich nach Metallteilen, Holz und Schutt geordneten Trümmer abzutransportieren. Dieser letzte Akt in der Geschichte von „Haus Hesselmann" wird vermutlich nach Karneval vollendet. (ahw)

Abb. 18: Lokalteil der Jülicher Nachrichten und der Jülicher Zeitung vom 22. Februar 2006.

Erfolgreiche Mauerspechte: „Haus Hesselmann" ist seit gestern dem Erdboden gleich. Foto: Horrig

der Eingangstür zwischen den Kaminen waren am Ende neun Fenster und die Eingangstür geworden. Und noch immer war das Haus so etwas wie das Foyer der Stadt Jülich von Westen aus.

Dennoch war das Ende unausweichlich. Die Kosten zur Unterhaltung des Hauses stiegen immer weiter, und in den älter werdenden Räumen gab es zwar immer noch viele, nun aber zu wenig Gäste. Als am Ende der Landesgartenschau Sebastian Jansen das Haus weder behalten konnte noch wollte, die Stadt Jülich aber auch auf das Grundstück im neuen Stadtpark nicht verzichten wollte, musste sie selbst das Gebäude und das Erbbaurecht durch Vertrag vom 04. September 1998 vor Notar Dr. Wolfgang Peter in Jülich zurückkaufen.

Im Mai 1999 keimte noch einmal neue Hoffnung auf für das alte Haus, als es der Brückenkopf-Park Jülich GmbH, in deren Verantwortung das Haus nun lag, gelang, die Gesamtgastronomie des Parks einschließlich des Hauses Hesselmann an die »Jülicher Gastro GmbH« mit den Teilhabern Herbert Ludwigs, Hans Riesen

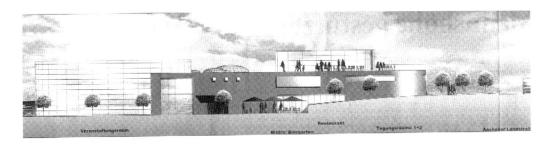

Modernes als Blickfang am Stadteingang

Abb. 19: Diese Planskizze erschien in den Jülicher Nachrichten/Jülicher Zeitung am 01. April 2006. Dort ist auch das Planungsbüro genannt. Der Gedanke ist vielleicht lustig, aber nicht unbedingt ein April-Scherz, zumal am 28. März 2006 in derselben Zeitung eine andere Vision eines anderen Planungsbüros erschienen war.

und Franz Schmitz zu verpachten.[21] Aber die Hoffnung trog. Im Februar des Jahres 2002 mussten die Pächter aufgeben.[22] Danach gab es zwar noch viele Versuche, das Haus an den Mann oder die Frau zu bringen, aber alle waren erfolglos, sodass zu Beginn des Jahres 2006 der Abriss von Haus Hesselmann einem wunderschönen Stück Jülicher Geschichte ein trauriges Ende bereitete (Abb. 18).

Was bleibt, ist eine tiefgreifende Erinnerung an siebzig Jahre Gastlichkeit, eine grüne Wiese, auf der das Haus stand, und hier und da ein Traum, was man aus »Haus Hesselmann« oder an seiner Stelle noch alles hätte machen können (Abb. 19).

Abbildungsnachweis: Stadtarchiv Jülich: 11; Verf.: 1, 3-5, 9, 10, 12-19; Reproduktionen: Ausstellungsführer Rheinlandschau Jülich 1991, S. 1: 7; Eisenbahn-Amateur-Klub Jülich e.V. (Hrsg.), Chronik des Eisenbahn-Ausbesserungswerks Jülich, Jülich 1979, S. 38: 8; Heimatkalender des Kreises Jülich 1962, S. 205: 2; ebd. 1968, S. 202: 6.

---

21 Jülicher Nachrichten vom 10. Mai 1999: »Die Drei hinterm Zapfhahn«, Jülicher Volkszeitung vom 11. Mai 1999: »Ein ›Dreigestirn‹ mit guten Ideen«, Jülicher Woche vom 12. Mai 1999: »In den Park kommt viel neuer Schwung«, Super Mittwoch vom 19. Mai 1999: »Ein Dreigestirn am Zapfhahn«.
22 Jülicher Zeitung vom 14. und 15. Februar 2002, Jülicher Nachrichten vom 14. Februar 2002, Super Sonntag vom 17. Februar 2002.

Rezensionen

◀ *Abb. 1: Im Garten der Villa von Max Liebermann in Berlin, den er selbst gestaltet hatte, wird ein Weg von einer Birkengruppe überschnitten. Symbol für den Widerstreit zwischen Wegeplanung und Naturraum. Patricia Clough hat sich mit der an Symbolen reichen Geschichte der alten Reichsstraße 1 auseinandergesetzt. Jülich bildete einen wichtigen Etappenort an dieser Straße: Anlass, ihr Buch einer kritischen Würdigung zu unterziehen (S. 331-339) (Foto: Marcell Perse).*

Minerva und Neandertaler im Dialog
Eindrücke und Gedanken zu Ausstellungen in Bonn und Jülich

Auf den ersten Blick scheint zwischen der antiken Göttin Athena-Minerva und dem Neandertaler kaum ein Zusammenhang zu bestehen. Anlass für die Exkursion des Jülicher Geschichtsvereins nach Bonn am 28.10.2006 war das zufällige Zusammentreffen der Ausstellung »MinervaGalerie« im Museum Zitadelle Jülich anlässlich des 50-jährigen Jubiläums des Forschungszentrums Jülich[1] mit der Ausstellung »Roots//Wurzeln der Menschheit« im Rheinischen LandesMuseum Bonn zum 150. Jahrestag der Entdeckung des Neandertalers.[2] Ergänzend zur Jülicher Ausstellung wurde das Akademische Kunstmuseum Bonn am Institut für Klassische Archäologie der Friedrich-Wilhelms-Universität besucht. Gemeinsamer Nenner für die Exkursionsziele war die Tatsache, dass die Themen für die Fragen nach Entwicklung und Erfindung in der Menschheitsgeschichte stehen. Schließlich ist die antike Göttin die Patronin der Wissenschaft und Künste und im Bereich der Urgeschichtsforschung werden die Entstehung spezifisch menschlicher Fähigkeiten und der technologische Fortschritt untersucht. Verbindend – und das war vielleicht eine überraschende Erkenntnis der Exkursion – ist für den Urmenschenfund aus dem Neandertal und die Abgusssammlung klassischer Antiken in Bonn vor allem ihre Rolle im traditionell katholisch geprägten Rheinland des 19. Jahrhunderts. Das Akademische Kunstmuseum mit seiner Abgusssammlung klassischer griechischer Skulpturen wurde 1818 von den Preußen in der neu gegründeten Universität mit dem kulturpolitischen Hintergedanken etabliert, den Geist der Antike mit seinem philosophischen Hintergrund und Menschenbild als Alternative zum Weltbild der katholischen Kirche ins Rheinland zu tragen. Setzten die Preußen hier auf »Götter und Heroen statt Heilige«, so ist die Motivation für den Ankauf des Neandertaler-Skelettes 1877 durch das damalige Provinzialmuseum Bonn über das wissenschaftliche Interesse hinaus demnach auch in der taktischen Stärkung einer aufgeklärten Haltung zu sehen.

Die menschlichen Knochenfunde aus der Feldhofer Grotte im Neandertal sind ein außergewöhnliches Zeugnis der Urgeschichte. An ihrer Entdeckung und frühen Erforschung manifestiert sich ein schon längst begonnener Prozess tief greifender philosophischer Neuorientierung innerhalb des 18. und 19. Jahrhunderts. Nachdem erste Neandertalerfunde aus Engis in Belgien (1829/30) und Gibraltar (1848) kaum Öffentlichkeitswirkung erfahren hatten, waren es die Fossilien aus dem Neandertal, die einen heftigen Wissenschaftsdisput aufflammen ließen.[3] Der Gymnasiallehrer Johann Carl Fuhlrott (1803-

---

1 Marcell Perse, MinervaGalerie – Eine Projektidee für das Museum Jülich, in: Förderverein Museum Jülich e.V. (Hrsg.), MinervaPreis Jülich 2004, Jülich 2005, S. 26-30; Marcell Perse, MinervaGalerie im Museum Zitadelle Jülich. Ein Querschnitt durch die europäische Kulturgeschichte zum 50jährigen Jubiläum des Forschungszentrums Jülich, in: Jahrbuch Kreis Düren 2006 (2005), S. 123-128; Frank Biller/Marcell Perse, MinervaGalerie – eine antike Göttin im Wandel der Zeit. Kurzführer zur Ausstellung (= Führer des Stadtgeschichtlichen Museums Jülich, Bd. 20), Jülich 2006.
2 Gabriele Uelsberg (Hrsg.), Roots//Wurzeln der Menschheit. Ausst.-Kat. Bonn, Mainz 2006; Liane Giemsch/Michael Schmauder, »Roots//Wurzeln der Menschheit« – eine Ausstellung im Rheinischen LandesMuseum Bonn, in: Archäologie im Rheinland 2006, Stuttgart 2007, S. 227-229.
3 Hieraus resultierte die spätere Namensgebung des Neandertalers bei William King, The reputed fossil man of the Neanderthal, in: Quatery Journal of Science, Bd. 1 (1864), S. 88-97.
4 Aus Anlass des 100. Todesjahres von Johann Carl Fuhlrott 1977 gab seine Geburtsstadt Leinefelde eine Gedenkmedaille heraus; Museum Jülich, Inv.-Nr. 2006-0050, Schenkung Elisabeth Müller anlässlich der Exkursion.

1877) hatte als erster Begutachter die Bedeutung der Knochen erkannt.[4] Seinen wichtigsten Advokaten fand Fuhlrott in dem Anthropologen Hermann Schaaffhausen (1816-1893). Dieser hatte in einem visionären Aufsatz schon 1853 die gleichzeitige Existenz von Mammuts und Menschen angenommen.[5] Ein Teil der wissenschaftlichen Opposition formierte sich aus Anhängern des 1832 verstorbenen französischen Zoologen und Paläoontologen Cuvier, der axiomatisch behauptet hat »L'homme fossile n'existe pas« (»Der fossile Mensch existiert nicht«). Eine zweite Gruppe von Skeptikern um den Berliner Mediziner Rudolf Virchow (1821-1902; Begründer der Pathologie, nebenbei Anthropologe) glaubte, die Neandertalknochen richtig zu interpretieren, indem sie Krankheit als Ursache für die ungewöhnliche Knochenmorphologie herauszustellen versuchte.[6] Das 1820 gegründete »Museum Rheinisch-Westfälischer Alterthümer«, damals gerade in »Bonner Provinzialmuseum« umbenannt, das heutige Rheinische LandesMuseum, hat mit dem Ankauf des Skelettes im Jahre 1877 noch während der wissenschaftlichen Diskussion eine zukunftsträchtige Investition getätigt.

Innerhalb der Bildungselite war die Schöpfungsvorstellung, wie sie noch die Scholastik vertrat, seit Kopernikus mit seinem heliozentrischen Weltbild und der humanistischen Bewegung schon längst nicht mehr plausibel. Mit der Popularisierung der neuen Theorien wurde die stetig wachsende Erkenntnis über den Ursprung der Menschheit für die Kirche eine Herausforderung. Noch bis in die Neuzeit entwickelte die Theologie verschiedene Modelle, um das Alter der Erde, den Anbeginn der Schöpfung, zu ermitteln. Die nur scheinbar objektive Berechnung aus Zeitangaben der Bibel hatte zu unterschiedlichen Ergebnissen geführt und je nach Verbreitung der Schriften große Aufmerksamkeit und Adaption erfahren. Ein durch den protestantischen irischen Bischof Ussher um 1650 bekannt gemachtes Denkmodell rechnete aus dem Alten Testament die Daten der Schöpfungstage zurück und kam zu dem Ergebnis, dass die Schöpfung am 23.10.4004 v. Chr. abgeschlossen gewesen sei.[7] Bibelausgaben mit »historischen« Datierungen bis zurück zur Schöpfungserzählung sind beredte Zeugnisse für die gängige Praxis dieser Art von Quellenanalyse (Abb. 1). 350 Jahre nach Ussher korrigiert die moderne Wissenschaft den Zeitpunkt des Ursprunges unserer Erde auf irgendwann vor ca. 4,2 Milliarden Jahren. Das von Ussher angegebene Datum entspricht für den westdeutschen Raum nach heutigem Verständnis

---

5 Hermann Schaaffhausen, Ueber Beständigkeit und Umwandlung der Arten, in: Verhandlungen des naturhistorischen Vereins der preußischen Rheinlande und Westphalens, Bd. 10 (1853), S. 420-451.

6 Exemplarisch Rudolf Virchow, Untersuchung des Neandertal-Schädels, in: Zeitschrift für Ethnologie, Bd. 4 (1872), S. 157-165. Zum Wissenschaftsstreit zusammenfassend: Ralf W. Schmitz/Jürgen Thissen, Neandertal. Die Geschichte geht weiter, Heidelberg/Berlin 2000; Ralf W. Schmitz, Die Entwicklungsgeschichte des Menschen im Weltbild vergangener Jahrhunderte, in: Uelsberg 2006 (wie Anm. 2), S. 111-116. Welchen Einfluss die Meinung Virchows hatte und mit welcher Vorsicht Standpunkte zur Beurteilung der Neandertalerknochen formuliert wurden, zeigt das populäre Werk von Friedrich Ratzel, Vorgeschichte des europäischen Menschen, München 1874, S. 94 f.: »Aber soviel er [der Neandertalerschädel, d. Verf.] auch immer commentirt worden ist, sind zwei Hauptfragen mit Hinsicht auf ihn noch immer völlig offen, nämlich die nach seinem Alter und die, ob er nicht vielleicht eine vereinzelte, krankhafte Abweichung von der normalen Schädelgestalt europäischer Menschen darstellt.«

7 »Annales veteris testamenti, a prima mundi origine deducti« (»Annalen des alten Testaments, hergeleitet von den frühesten Anfängen der Welt«) des irischen Erzbischofes James Ussher. Vgl. Franz M. Wuketits, Evolutionstheorien, Darmstadt 1988. Die für den Schöpfungsakt genannte genaue Zeitangabe geht auf John Lightfoot, Altphilologe und Vizekanzler der Universität Cambridge, zurück (1644).

einem Zeitpunkt im Jungneolithikum, als der Mensch längst schon sesshaft war und Ackerbau betrieb. In dem Moment, in dem die Historizität der Genesis als Grundlage der Bibel ins Wanken geriet, wurde auch der historische Wahrheitsgehalt der folgenden Kapitel des Alten Testamentes angreifbar. Innerhalb der kirchlichen Auseinandersetzung mit dem Wissen über eine bislang völlig unterschätzte Urgeschichte des Menschen wurde das Skelett aus dem Neandertal zu einem Markstein.[8]

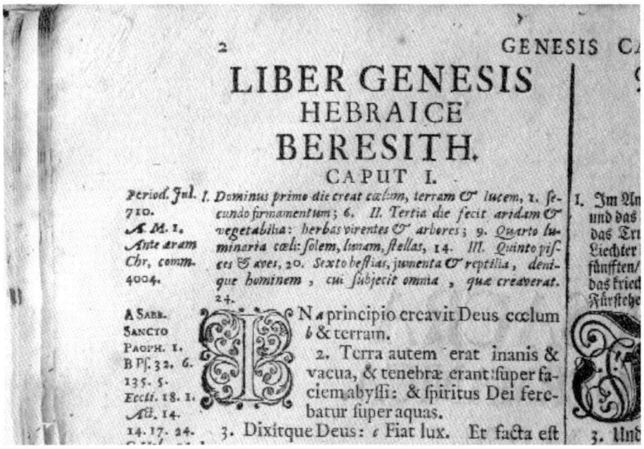
2 GENESIS C

LIBER GENESIS
HEBRAICE
BERESITH.
CAPUT I.

Period. Jul. 710. A. M. 1. Ante æram Chr, comm. 4004.

I. Dominus primo die creat cœlum, terram & lucem, 1. secundo firmamentum; 6. II. Tertia die fecit aridam & vegetabilia: herbas virentes & arbores; 9. Quarto luminaria cœli: solem, lunam, stellas, 14. III. Quinto pisces & aves, 20. Sexto bestias, jumenta & reptilia, denique hominem, cui subjecit omnia, quæ creaverat. 24.

A Sabb. Sancto Paoph. 1. B Ps. 32. 6. 135. 5. Eccli. 18. 1. Act. 14. 14. 17. 24.

IN a principio creavit Deus cœlum b & terram.

2. Terra autem erat inanis & vacua, & tenebræ erant super faciem abyssi: & spiritus Dei ferebatur super aquas.

3. Dixitque Deus: c Fiat lux. Et facta est

Abb. 1: Biblia Sacra, lateinisch-deutsche Ausgabe von Thomas Erhard, Augsburg 1726 mit Rand-Datierung 4004 v. Chr. neben dem Schöpfungsbericht Genesis 1: »Ante aeram Christi commissum 4004«; Museum Zitadelle Jülich, Inv.-Nr. 2004/2 (Foto: Bernhard Dautzenberg).

Die Bonner Ausstellung zu den Wurzeln der Menschheit wurde sinnvollerweise eingeleitet mit der Andeutung der Vielfalt von Schöpfungsmythen aus den Kulturen Europas und Vorderasiens. Als Ausgangspunkt für die Entstehung von Schöpfungsmythen gilt die Entwicklung kognitiver Fähigkeiten. Sie drängte den Menschen zu einer neuen Dimension der Auseinandersetzung mit seiner Umwelt. Dahinter steht die Frage nach der Entstehung des Lebens und des eigenen Seins, die eng verknüpft ist mit dem Prozess der (Selbst-) Bewusstwerdung des Menschen. Mit der Manifestation eines Schöpfungsmythos werden schließlich auch die Existenz eines wie auch immer verkörperten Schöpfers impliziert und religiöse Strukturen ermöglicht. Die Verbindung der Entstehung des Menschen mit der des gesamten Kosmos ist in vielen Kulturen anzutreffen.[9] Lehm gilt als Ausgangsmaterial für den Menschen im alten Ägypten seit dem späten dritten Jahrtausend v. Chr. (Schöpfung des Menschen durch den Gott Chnum auf einer Töpferscheibe), im Christentum (1. Buch Mose) und im Koran (Sure 7).[10] In der antiken Mythologie wurde die Menschheit durch Heroen aus der Götterwelt auf die Erde gebracht. Auch in der Prometheussage wird von der Erschaffung der Menschen aus Lehm berichtet. Auf einer in der Jülicher MinervaGalerie ausgestellten und von C. Pfeufer 1827 gestalteten Gedenkmedaille ist Prometheus gemeinsam mit Athena dargestellt.[11] Die Vorlage hierfür fand sich in einem Medaillon des Antoninus Pius in der Dauerausstellung des Rheinischen Landes-Museums Bonn.[12]

---

8 Als später Reflex dieser Auseinandersetzung griff Max Frisch im Titel seiner 1979 erschienen Erzählung »Der Mensch erscheint im Holozän« die Problematik der Schöpfungsfrage in einer ironischen Anspielung auf.

9 Manfred Hutter, Die Anfänge der Menschheit in mythologischen Variationen, in: Uelsberg 2006 (wie Anm. 2), S. 17-19.

10 Zum Schöpfungsmythos im Koran vgl. Heidi Toelle, Die Erschaffung des Menschen im Koran, in: Asiatische Studien, Bd. 57 (2003), S. 367-381.

11 Biller/Perse 2006 (wie Anm. 1), Abb. S. 5.

12 Frank Biller/Marcell Perse, Minerva im Rheinland – zur Rekonstruktion einer römischen Göttin, in: Archäologie im Rheinland 2006, Stuttgart 2007, S. 126-129, hier: S. 127, Abb. 125 mit Vergleich der beiden Prägungen.

Vorbereitet wurde die Exkursion nach Bonn durch einen Themenabend im Museum Zitadelle. In der MinervaGalerie wurde ausführlich der 1882 in Köln gefundene Kopf einer Athena Parthenos diskutiert. Schon zum Zeitpunkt seiner Aufstellung im römischen Köln des 2. Jahrhunderts n. Chr. zitierte dieser Kopf mit der Kolossalstatue der Athena Parthenos des Phidias auf der Akropolis von 438 v. Chr. eine fast 600 Jahre alte »Antiquität«. Erhalten ist auch eine Rekonstruktion des Kopfes von 1887 aus der Abgusssammlung des Akademischen Kunstmuseums Bonn (Abb. 2), die in der Jülicher Ausstellung einem Gips des originalen Skulpturenfundes aus dem Römisch-Germanischen Museum Köln kritisch gegenüber gestellt wurde.[13] Eine weitere Verbindung zum Akademischen Kunstmuseum ergab sich durch die zur Ausstellung von Prof. Horst Halling gestaltete Stahlskulptur der Minerva, die weithin sichtbar auf dem Oberwall hinter dem stadtseitigen Eingang der Zitadelle steht. Das Bewegungsmotiv der 4 m hohen Skulptur »Molecule Minerva« in Jülich, die von der Plastik »Molecule Men« von J. Brorfsky in der Spree in Berlin-Treptowers inspiriert ist, ist der Darstellung der Göttin auf dem Berliner Pergamon-Altar entlehnt.[14] Und nicht zuletzt galt die Aufmerksamkeit der Jülicher Ausstellung der Titelheldin des Jülicher Museums, der Bronzestatuette einer Minerva, deren Nachguss im Dezember 2006 zum sechsten Mal als MinervaPreis verliehen wurde. Im Rahmen der Ausstellungskooperation des Museums mit dem Forschungszentrum Jülich konnte der Fund mit einem Röntgentomographen analysiert werden, was Einblicke in die Gusstechnik der Statuette ermöglichte (Abb. 3). Die überschlanke Figur hat ihre Attribute verloren, so dass zwei alternative CAD-Rekonstruktionen mit aufgesetztem oder erhobenem Schild möglich sind. Während in der Antike gegebenenfalls aus dem gleichen Gussmodel in der Endfertigung beide Varianten gefertigt wurden, führte man in Jülich nur eine Version im »Rapid-Prototyping«-Verfahren aus (Abb. 4).[15] Die hellenistische Darstellungsform der Statuette hat die gleichen stilistischen Wurzeln wie die Darstellung der berühmten Athenaschale aus dem Hildesheimer Silberschatzfund. Während das Original des Prunk-Skyphos als einer der Höhepunkte auf der Berliner Museumsinsel gilt, konnte für die Jülicher MinervaGalerie ein Exemplar der seit 1869 entwickelten und ab 1908 auch von WMF gefertigten galvanoplastischen Nachbildungen gesichert werden (Abb. 5).[16] Die Fertigung des qualitätvollen Replikates in der damals innovativen galvanischen Technik ist am Standort Jülich eine willkommene Querverbindung zur Technikgeschichte der Neuzeit.[17] Für die Präsentation in der Jülicher

---

13 Vgl. Gabriele Nick, Die Athena Parthenos. Studien zum griechischen Kultbild und seiner Rezeption (= Athenische Mitteilungen, Bd. 19), Mainz 2002, S. 250, Kat.-Nr. A 39 u. S. 186. Die Rekonstruktion ist vor allem hinsichtlich der beiden seitlichen Helmbuschhalter als Wölfe fehlerhaft. Hier sind neben der zentralen Sphinx zwei Greife zu rekonstruieren. Sieben geflügelte Pferde über der Helmstirn erinnern an die Funktion der Göttin als Herrin der Pferde.

14 Vgl. das Foto in: Wolfgang Hommel, Jülich FF. Flächen – Festung – Familien – Freizeit – Forschung, Jülich 2007, S. 3.

15 Eine erhobene Schildvariante zeigt z.B. die ähnliche Stauette aus Avenches; Marcell Perse, Die Statuette der Minerva, in: Förderverein Museum Jülich e.V. (Hrsg.), MinervaPreis 2002, Jülich 2004, S. 23-25, hier: Abb. S. 25 o.

16 Dem Exemplar der Publikation des Hildesheimer Goldschmiedes Th. Blume, Der Hildesheimer Silberfund, Hildesheim o.J. (1907) in der Jülicher Museumsbibliohtek, Signatur AR 2258, liegt eine Preisliste bei, die eine Ausführung wie die des Jülicher Exemplares in »Kupferniederschlag mit harter Versilberung« der »No. 1 Athenaschale« für 261 Mark anbietet. Die edleren Varianten in »Silberniederschlag« oder Treibarbeit kosten dagegen 1200 bzw. 3000 Mark.

17 Helga Stein, Die Geschichte der Nachbildung, in: Manfred Boetzkes (Hrsg.), Der Hildesheimer Silberfund. Original und Nachbildung, vom Römerschatz zum Bürgerstolz, Hildesheim 1997, S. 205-223, bes. S. 216-219.

Abb. 2: Rekonstruktionsversuch des Kopfes einer Athena Parthenos, Marmororiginal des 2. Jahrhunderts n. Chr. gefunden 1882 in Köln am Neumarkt (Römisch-Germanisches Museum Köln), Abguss und Rekonstruktionsversuch A. H. Küppers nach R. Kekulé, Akademisches Kunstmuseum Bonn 1887, H. 50 cm (Foto: Ralf-Uwe Limbach, FZJ).

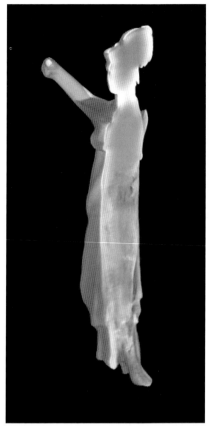

▲ Abb. 3: Röntgentomographie der Bronzestatuette einer Minerva aus einer römischen Villa bei Jülich-Kirchberg, H. 10,2 cm; Museum Zitadelle Jülich, Inv.-Nr. 1992/15 (Foto: Fred Pauly, FZJ).

◀ Abb. 4: Rekonstruktion der Jülicher Minerva-Statuette mit Attributen; Museum Zitadelle Jülich, Inv.-Nr. M 395, Entwurf: M. Perse (Foto: Fred Pauly, FZJ).

Ausstellung wurde bewusst nicht die patinierte Erscheinung des Berliner Originals nachempfunden, sondern statt dessen die notwendige Restaurierung der beschädigten Oberfläche dafür genutzt, aus didaktischen Gründen die krasse Wirkung der ursprünglichen Vergoldung zu rekonstruieren.[18]

---

18 Biller/Perse 2006 (wie Anm. 1), Abb. S. 22. Die wechselnde Vergoldung der Blätter der Blattmanschette auf der Unterseite der Trinkschale wurde dagegen nicht rekonstruiert.

Die Auseinandersetzungen um die Knochen aus dem Neandertal verkörpern die fortschreitende wissenschaftliche Erkenntnis im 19. Jahrhundert. Darwins Evolutionstheorie in der Publikation von 1859 war dazu ein weiterer Baustein. In der Diskussion um die Zeitstellung der Neandertalknochen war es für die Beweisführung von Fuhlrott und Schaaffhausen nachteilig, dass in der Fundbergung keine eiszeitlichen Tierknochen und altsteinzeitliche Steinartefakte vergesellschaftet waren. 1839 von Boucher de Perthes im Tal der Somme (Nordfrankreich) gefundene Faustkeile waren somit das perfekte Pendant zum Neandertalfund. Obwohl die Artefakte aus dem Sommetal zusammen mit Überresten des Altelefanten und des Merckschen Nashorns in ungestörten Kiesschichten lagen, vergingen auch hier 20 Jahre, bis die Datierung »vorsintflutlich« anerkannt wurde.[19] Eine Zusammenschau beider Fundplätze, die für die Existenz eines eiszeitlichen Menschen sprechen, blieb zunächst jedoch aus. Es sollte noch etwa hundert Jahre dauern, bis dann auch im Rheinland, der Fundregion der weltbekannten Fossilien, endlich eine nennens-

Abb. 5: Mittelmedaillon einer galvanoplastischen Nachbildung der Athena-Schale aus dem Hildesheimer Silberfund, Dm. 18 cm; Museum Zitadelle Jülich, Inv.-Nr. M 27, vor der Restaurierung (Foto: Bernhard Dautzenberg).

werte Anzahl von Artefakten aus der mittleren Altsteinzeit bekannt wurde.[20] Zu den Pionieren in der Entdeckung von altsteinzeitlichen Oberflächenfundplätzen im Rheinland gehört Willy Schol (*11. Juni 1913) aus Mönchengladbach.[21] In den frühen 60er Jahren des letzten Jahrhunderts machte er erste Funde auf der Barmer Heide und bei Linnich-Körrenzig.[22] Die Region galt damals noch als fundleer.[23]

---

19 Vgl. Hans Jürgen Eggers, Einführung in die Vorgeschichte, München 1959, S. 55-59.
20 Exemplarisch lässt sich hierfür der so genannte Geilenkirchener Faustkeil anführen. Nach seiner Auffindung 1936 galt er als Sensationsfund. Gleichfalls ist er Sinnbild für den drastischen Einschnitt in die Materialbasis vieler Fundgattungen, die der Zweite Weltkrieg verursacht hat; vgl. Willy Schol, Der Geilenkirchener Faustkeil – Heimkehr nach 50 Jahren, in: Heimatkalender des Kreises Heinsberg 1996 (1995), S. 45-51.
21 Literatur zu Willy Schol und seiner Sammlung: Simon Matzerath, Mensch und Kultur im Rheinland vom Neandertaler bis heute. Die Sammlung Willy Schol, in: Berichte aus dem Rheinischen Landes Museum Bonn, H. 3, 2006, S. 14-20; Simon Matzerath, Wilhelm Schol aus Porz: Ein Lebenswerk im Dienste der Rheinischen Kulturgeschichte, in: Rechtsrheinisches Köln. Jahrbuch für Geschichte und Landeskunde, Bd. 31 (2006), S. 151-158.
22 Zu den Fundplätzen und zur Forschungsgeschichte: Willy Schol, Zwei neuentdeckte paläolithische Fundplätze am linken Niederrhein, in: Fundamenta, Reihe A, Bd. 2 (1970), S. 110-113. Ders., Der mittelpaläolithische Fundplatz ›Barmer Heide‹ bei Barmen/Koslar, Stadt Jülich (Rheinland), in: Bonner Jahrbücher, Bd. 173 (1973), S. 208-225. Ders., Mittelpaläolithische Fundplätze in Körrenzig, Stadt Linnich (Rheinland), in: Bonner Jahrbücher, Bd. 174 (1974), S. 408-423.
23 Editha Limbach-Nassen, 150 Jahre Landkreis Jülich 1816-1966, Düsseldorf 1966, S. 17.

Über Jahrzehnte hat Willy Schol seine Tätigkeit im Rurtal fortgesetzt. Die kontinuierliche Zusammenarbeit mit den archäologischen Institutionen (insbesondere Prof. Dr. Bosinski, Institut für Ur- und Frühgeschichte, Universität zu Köln) und die gewissenhafte Dokumentation zeichnen den Sammler aus. Für unsere Region und die Bodendenkmalpflege ist die Arbeit Willy Schols ein außerordentlicher Glücksfall (Abb. 6). Im Alter von 93 Jahren wurde ihm im April 2007 für sein Lebenswerk das Bundesverdienstkreuz am Bande verliehen.

Abb. 6: Ralf W. Schmitz erklärt Willy Schol die neuesten Forschungsergebnisse zu dem weltbekannten Neandertalerskelett aus der Feldhofer Grotte bei Mettmann. Ausstellungseröffnung der Sammlung Schol im Rheinischen LandesMuseum Bonn, 18. Januar 2006 (Foto: Jürgen Schol, Berlin).

Das 150jährige Jubiläum der Entdeckung des Neandertalers war Anlass, die wichtigsten 22 Fundstellen der Altsteinzeit in Nordrhein-Westfalen mit Hinweistafeln zu kennzeichnen. Auch der Barmer Heide wurde im März 2008 mit dieser Würdigung ein Denkmal gesetzt (Abb. 7a und b).[24] Ausgrabungen auf dem Kirchberger Kahlenberg haben inzwischen einen weiteren herausragenden Lagerplatz des Neandertalers aufgedeckt.[25] Die Anwesenheit des Neandertalers in unseren Breiten war abhängig von den Temperaturschwankungen innerhalb der Eis- und Warmzeiten. Hingegen

---

24 Die Informationstafel steht an der Straße zwischen Koslar und Merzenhausen/Engelsdorf. Die weit über 1000 Artefakte aus der Sammlung Schol, die Neandertaler in Jagdlagern auf der Barmer Heide hergestellt haben, sind im Januar 2006 an das Rheinische LandesMuseum Bonn übergeben worden. – Ein besonders eindrucksvoller Faustkeil vom benachbarten Fundplatz Barmen-West/Barmen 2 (Spornlage am Merzbach zwischen Barmen und Ederen) repräsentiert im Museum Zitadelle Jülich diese Epoche. Das Stück wurde dem Museum für die Jubiläumsausstellung »einhundertmal« 2002 vom Finder Willy Schol geschenkt; vgl. Hommel 2007 (wie Anm. 14), S. 42.

25 Rudolf Nehren/Andreas Pastoors, Mittelpaläolithische Fundstellen und Funde, in: Harald Koschik (Hrsg.), Archäologische Talauenforschung. Ergebnisse eines Prospektionsprojektes des Instituts für Ur- und Frühgeschichte der Universität zu Köln (= Rheinische Ausgrabungen, Bd. 52), Mainz 2001, S. 44-65. Der Grabungskampagne von 1998 widmet sich z.Zt. die Magisterarbeit von Sascha Scherm am Institut für Ur- und Frühgeschichte der Universität zu Köln.

26 Zu den wenigen Sammlungen dieser Art gehört das Museum für Vorgeschichte in Berlin oder das Institut für Ur- und Frühgeschichte in Köln (ehemalige Sammlung des Prähistorischen Museums/Museums für Vor- und Frühgeschichte Köln, Bayenturm, welches 1945 aufgelöst wurde und heute im Römisch-Germanischen Museum Köln fortlebt). Hierbei handelt es sich um eine Beispielkollektion, die aus den unsachgemäß durchgeführten Grabungen von Dr. Otto Hauser († 1931) stammt; vgl. Otto Hauser, Der Mensch vor 100.000 Jahren, Leipzig 1917, S. 5.

27 Ralf W. Schmitz/Rut Wirtz, Die Steinzeitsammlung Hans Dengler, in: Jahrbuch Kreis Düren 1993 (1992), S. 62f.

konnten Gunsträume, wie der Südwesten Frankreichs, durchgehend vom Neandertaler aufgesucht werden. Davon profitiert hat die technische Ausführung der Steingeräte, die besonders in der späten mittleren Altsteinzeit (etwa 70.000-40.000 Jahre vor heute) ihren Höhepunkt erlebte. So wurde ein spezieller Typus von Faustkeilen hergestellt, bei dem man neben dem funktionalen Aspekt einen ästhetischen Anspruch des Produzenten vermuten möchte. Außerhalb Südwestfrankreichs sind nur selten Steinwerkzeuge der Altsteinzeit aus dieser Region in Museen zu bewundern.[26] Umso beachtenswerter ist deshalb die in den 1970er Jahren aufgebaute archäologische Sammlung des Aldenhovener Bergmanns Hans Dengler (1926-1993). Die zum größten Teil aus der Dordogne stammenden Artefakte hat Dengler 1991 dem Museum Zitadelle Jülich übertragen.[27] Die Ausstellung »Roots//Wurzeln der Menschheit« bot eine hervorragende Plattform, um eine Auswahl der Funde erstmals der internationalen Öffentlichkeit zu präsentieren (Abb. 8).[28] Parallel dazu wurden auch im Museum Zitadelle Jülich zwei Vitri-

▲ Abb. 7a: Die archäologische Fundlandschaft »Barmer Heide«. Tafel an der Straße zwischen Jülich-Koslar und Jülich-Engelsdorf. Text: Simon Matzerath. Layout: Dirk Bachmann.

▶ Abb. 7b: Übergabe der Informationstafel »Barmer Heide« am 3. März 2008: Dr. Thomas Otten (Ministerium für Bauen und Verkehr NRW), Jürgen Weiner (Rheinisches Amt für Bodendenkmalpflege), Dirk Bachmann (Projekt), Dr. Heike Gregarek (Rheinischer Verein für Denkmalpflege und Landschaftsschutz), Simon Matzerath (Museum Jülich) und Heinz Forster (Sammler/ehrenamtlicher Mitarbeiter Museum Jülich) (Foto: Gerda Kròl).

Abb. 8: Führung durch Simon Matzerath im Rheinischen LandesMuseum Bonn vor der Vitrine zur Sammlung Dengler, Museum Jülich (Foto: Marcell Perse).

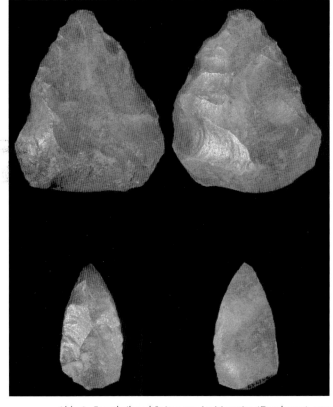

nen eingerichtet, die das Leben Hans Denglers, die Sammlung und die Verknüpfung mit der Bonner Ausstellung thematisieren. Von den vorliegenden meist herzförmigen oder dreieckigen Faustkeilen und Fäusteln sind zwar die Fundorte dokumentiert, es fehlen jedoch meist Hinweise über eine archäologische Schichtenzuordnung. Eine Ausnahme stellen ein Faustkeil und eine Spitze dar, die nach ihrer Beschriftung aus den archäologischen Kulturschichten B und F des unteren Abri (Felsüberhang) vom Fundplatz Le Moustier stammen sollen (Abb. 9).[29] Ausgehend von den Ausgrabungen in Le Moustier wurde die Periode des Neandertalers (mittlere Altsteinzeit) als Moustérien bezeichnet. Im Schichtpaket, aus dem die Artefakte des Museums Zitadelle Jülich vermutlich stammen, hat der Ausgräber Otto Hauser 1908 den Schädel eines etwa 15jährigen Neandertalerjünglings (Abb. 10)[30] und ein fast vollständig erhaltenes Babyskelett freigelegt. Der Großteil der in Bonn ausgestellten Artefakte aus Jülich stammt jedoch von Oberflächenfundplätzen, deren Zuweisung zu Ortschaften von Hans Dengler überliefert wurde. Spannend war während der Vorbereitung der Vitrinenpräsentation für die Ausstellung im Landesmuseum die Klärung der Frage nach der Authentizität der Faustkeile. Da zur Zeit der Sammelaktivität Denglers auch gefälschte Artefakte im Umlauf waren, sind etwa die Hälfte der Exponate nach urgeschichtlichen Gebrauchsspuren untersucht wurden.[31] Das Ergebnis war eindeutig: Ein flächiger, so genannter »soil sheen« kennzeichnete die Artefakte

Abb. 9: Faustkeil und Spitze aus Le Moustier (Dordogne), unteres Abri, Schichten F und B (nach D. Peyrony). Feuerstein, Länge 10,0 cm/ 6,5 cm. Vorder- und Rückansicht: Museum Zitadelle Jülich, Inv.-Nr. 1991-0418 und 419 (Foto: Marlene Küchler).

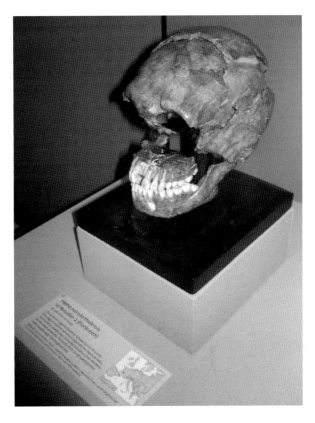

Abb. 10: Neandertaler-Schädel aus dem Abri von Le Moustier in der Ausstellung »Roots« im Rheinischen LandesMuseum Bonn (Foto: Marcell Perse).

als Original. Der erst unter dem Mikroskop sichtbare »soil sheen« entsteht durch längerfristige bodenchemische Prozesse, die bei modernen Steinartefakten nicht vorhanden sind.

Die Periodeneinteilung der Altsteinzeit Mittel- und Westeuropas gründet im Wesentlichen auf Fundplätze in der Region Périgord im Département Dordogne. Mit der Sammlung Dengler befindet sich eine einzigartige Beispielkollektion von Steinartefakten dieser Forschungslandschaft im Museum Zitadelle Jülich. Ergänzt durch die im Jahr 2006 durch Schenkung erhaltene Sammlung mittel- bis jungsteinzeitlichen Fundstücke von Gerhard-Walter Dittmann[32] können nun 100.000 Jahre Menschheitsgeschichte in Jülich dargestellt werden. Neben dem regionalen Aspekt eröffnen sich dabei für verschiedene Zeitstufen internationale Blickfenster.

Mit fünfundvierzig Hominiden-Funden stellte die Ausstellung »Roots//Wurzeln der Menschheit« die bislang größte Zusammenschau fossiler Menschen dar. Obwohl man erstmals ab 2,5 Millionen Jahren vor heute von der Gattung ›Homo‹ spricht, sind die verschiedenen früheren Facetten der Menschwerdung doch vielfältig und in einen langen Prozess eingeordnet. Mit einer Kopie des berühmten Skeletts von »Lucy«, eines in Hadar (Äthiopien) gefundenen *Australopithecus afarensis*, wurde der frühe aufrechte Gang simuliert. Eine Bewegungsstudie von Lucy macht einen »Watschelgang« wahrscheinlich. Das circa 1,20 m große Individuum ist etwa 3 Millionen Jahre alt. Den direkten Beweis für die Rekonstruktion

---

28 Simon Matzerath, Steinartefakte aus Südwestfrankreich im Kontext spätmittelpaläolithischer Technokomplexe, in: Berichte aus dem Rheinischen LandesMuseum Bonn, H. 3, 2006, S. 57-63.
29 Denis Peyrony, Le Moustérien – ses faciès (= Association Française Avancement Sciences, 44e Session), Strasbourg 1920, S. 1f.; ders., Le Moustier: ses gisements, ses industries, ses couches géologiques, in: Revue Anthropologique, Bd. 40 (1930), S. 3-76 und 155-176.
30 Almut Hoffmann, in: Uelsberg 2006 (wie Anm. 2), S. 337.
31 Durchgeführt von Katsuhiro Sano, Institut für Ur- und Frühgeschichte an der Universität zu Köln. Die Auswahl der Artefakte beschränkte sich auf diejenigen Stücke, die keine typische Patinierung aufweisen und deshalb mit dem Auge von frischem Feuerstein kaum zu unterscheiden sind.
32 Simon Matzerath, Zur jungsteinzeitlichen Besiedlung der ›Aldenhovener‹ Platte. Ein Forschungsprojekt im Spiegel der archäologischen Sammlung Gerhard-Walter Dittmann, in: Jahrbuch Kreis Düren 2007 (2006), S. 33-38.

Abb. 11: Rekonstruktion des Neandertalers nach dem namengebenden Schädelfund im Rheinischen LandesMuseum Bonn 2006 (Foto: S. Taubmann, RLMB).

des aufrechten Ganges liefern die Fußspuren von Laetoli (Tansania), die vor 3,5 Millionen Jahren auf einer Vulkanaschenlage konserviert wurden. Die Erhaltung im Original von über 27 m verfolgt eine Fußspur von vermutlich Mutter und Kind. Eine zweite Komponente der Menschwerdung ist die Veränderung des Gehirns. Das menschliche Gehirn hat in der Evolution an absolutem Volumen zugenommen, jedoch nicht in einer stetigen und gleichmäßigen Entwicklung. Die tatsächliche Denkfähigkeit ist abhängig von verschiedenen Faktoren, wie etwa dem Gehirnvolumen im relativen Bezug zum Körpergewicht und der Gehirnstruktur.[33] Das Gehirnvolumen kann unabhängig von der eigentlichen Intelligenz auch bei modernen Menschen deutlich variieren.[34] Die dritte Komponente der Menschwerdung, der Gebrauch von einfachsten Steinwerkzeugen, wird dem *Homo rudolfensis* ab ca. 2,5 Millionen Jahren vor heute zugeschrieben. Der Werkzeuggebrauch an sich kann aber nicht als ausschließlich menschliches Merkmal gelten.[35] Jedoch die Fähigkeit, mit einem Werkzeug ein anderes Werkzeug herzustellen, also mit einem Stein den gewünschten Abschlag an einem anderen Stein vorzunehmen, die hat allein der Mensch.[36]

In der zweiten Etage der insgesamt 1200 m² großen Ausstellung im Rheinischen LandesMuseum wurde die aktuelle Schädelrekonstruktion des Neandertalers gezeigt, die mit Hilfe von Computertomographie entworfen wurde. Die wichtigsten Merkmale, die den Neandertaler von dem Körperbau der modernen

---

33 Am Jülicher Forschungszentrum hat jüngst Prof. Karl Zilles mit seinen Mitarbeitern Hartmut Mohlberg und Katrin Amunts Gehirnabgüsse von Neandertalerschädeln mit Hilfe der Magnet-Resonanz-Tomographie untersucht. Dabei konnte dem Neandertaler im Bereich des Sprachzentrums eine dem modernen Menschen sehr ähnliche Gehirnstruktur nachgewiesen werden. Überraschend war eine verminderte Ausprägung des vorderen Gehirnlappens (Ventraler Präfrontaler Kortex). Dies deutet auf eine beschränkte soziale Kompetenz des Neandertalers. In Zukunft wird zu klären sein, in wie weit sich daraus Gründe für das Aussterben der Neandertaler ableiten lassen.

34 Vgl. Günter Haaf, Adam und Eva. Ursprung und Entwicklung des Menschen, Gütersloh 1982, S. 89. So soll beispielsweise der russische Schriftsteller Iwan Turgenjew (1818-1883) ein doppelt so großes Gehirnvolumen wie der Nobelpreisträger Anatole France (1844-1924) gehabt haben.

35 Zum Beispiel A. Whiten/J. Goodall/W. C. McGrew/T. Nishida/V. Reynolds/Y. Sugiyama/C. E. G. Tutin/R. W. Wrangham/C. Boesch, Cultures in chimpanzees, in: Nature, Bd. 399 (1999), S. 682-685.

36 Miriam N. Haidle, Ene, mene, muh – und schlau bist Du? Zur Entwicklung des menschlichen Denkens, in: Uelsberg 2006 (wie Anm. 2), S. 199-208.

Menschen unterscheiden sind die deutlichen Überaugenwülste, große und runde Augenhöhlen, eine flache, fliehende Stirn, ein prägnanter Ansatz der Nackenmuskulatur, ein fliehendes, neutrales Kinn, ein Abschliff (Abrasion) der Frontzähne nach schräg außen sowie die insgesamt kleinere und kompaktere Statur. Die Bonner Rekonstruktion zeigt, dass zwar die Schädelmorphologie mit einer gewissen Wahrscheinlichkeit nachvollzogen werden kann, aber die äußerlichen Merkmale, wie etwa die Mimik und der Haarwuchs, weiterhin der künstlerischen Freiheit des Modellierers obliegen (Abb. 11). Die im Neanderthal Museum bei Mettmann präsentierte Rekonstruktion, die gleichfalls zum Neandertalerjubiläum entworfen wurde, unterscheidet sich in den äußeren Merkmalen in zahlreichen Wesenszügen deutlich von dem Bonner Modell (Abb. 12).

Mit einem 84 m² großen Lackprofil aus dem Tagebau Garzweiler wurde dem Besucher im Rheinischen LandesMuseum ein Eindruck von der Landschaftsgeschichte in der so genannten ›klassischen‹ Zeit des Neandertalers (130.000-40.000 Jahre vor heute) vermittelt. Deutlich wurde die Intensität der Lössanwehungen, die eine Gliederung der letzten Eiszeit erlauben. Mit unserer heutigen Warmzeit (»Holozän«) setzte ab etwa 9600 v. Chr. die Wiederbewaldung und schließlich mit der beginnenden Humuszersetzung die Bodenbildung ein. Erst der Ackerbau hat dann ab 5.300 vor Christus bis in unsere Gegenwart das Bodenrelief auf den Lössflächen eingeebnet.[37] Der Bodenabtrag hat dabei den Verlust zahlreicher urgeschichtlicher Befunde verursacht, meist aber ohne die eiszeitliche Oberfläche (Lössdecke) zu erreichen. Dadurch blieben die Fundstellen der Altsteinzeit bis heute in der Regel mehrere Meter unter dem Ackerboden verborgen. Allein im Bereich von Talhängen, wo die Fundschichten durch die exponentiell angestiegene Bodenerosion angeschnitten und zu einem großen Teil schon zerstört wurden, ließen sich

Abb. 12: Ganzkörperrekonstruktion des Neandertalers im Neanderthal Museum Mettmann 2006, Adrie u. Alfons Kennis (Foto: Marcell Perse).

---

37 Vgl. Jörg Schalich, Boden und Landschaftsgeschichte, in: Ulrich Boelicke/Detlef von Brandt/Jens Lüning u.a., Der bandkeramische Siedlungsplatz Langweiler 8. Gemeinde Aldenhoven, Kreis Düren (= Rheinische Ausgrabungen, Bd. 28 = Beiträge zur neolithischen Besiedlung der Aldenhovener Platte, Bd. 3), 3 Bde., Köln 1988, Bd. 1, S. 17-29.

Fundstellen der Altsteinzeit an der Oberfläche entdecken. Außerdem ist es im Bereich der Braunkohlenarchäologie durch aufwändige Prospektionsmaßnahmen an manchen Stellen gelungen, tief liegende Fundschichten auch unabhängig von den heutigen Talsystemen aufzudecken.[38]

Auch über diesen Aspekt ergeben sich Verbindungen ins 19. Jahrhundert. Schon der Fund des namengebenden Neandertalers, dessen 150. Jahrestag 2006 gefeiert wurde, steht ganz im Zeichen der Landschaftsveränderung und -zerstörung durch den Menschen. Der in Jülich geborene Landschaftsmaler Johann Wilhelm Schirmer (1807-1863), der selber und mit seinen Schülern an der Düsseldorfer Kunstakademie das zuvor »Gesteins« genannte eponyme Fundtal zu Studienzwecken häufig aufgesucht hat, schreibt dazu in seinen Lebenserinnerungen: »*Diese liebliche, reizende Einsamkeit ist nun auch nicht mehr; mehrere Steinbrüche und eine Bachregulierung mit Eisenbahn haben seit 1849 derart dort kultiviert, dass auch keine Spur mehr vom früheren Charakter geblieben ist.*«[39] Das Neandertal wurde in der zweiten Hälfte des 19. Jahrhunderts durch Kalkabbau zerstört, der Anlass für den Fund der Neandertal-Knochen war, wobei die originale Fundstelle der berühmten Fossilien verloren ging.[40]

Zu den gesellschaftlich-geistigen Veränderungen des 19. Jahrhunderts gehört auch die Initiierung des Akademischen Kunstmuseums in Bonn durch die Preußische Regierung im Jahre 1818. Die Idee einer Abgusssammlung im Rheinland war bereits 1815 formuliert worden. Mit seiner Abgusssammlung klassischer griechisch-römischer Skulpturen entsprach das Museum dem kulturpolitischen Anliegen an der neu gegründeten Universität Bonn, den Geist der Antike mit seiner erhabenen philosophischen Inspiration als Alternative zur Geisteswelt der katholischen Kirche im Rheinland zu etablieren. Im Gegensatz zur bewusst unterkühlt modernen Gestaltung der Sonderausstellung im Rheinischen LandesMuseum führte das Akademische Kunstmuseum in einen authentischen Ausstellungsraum des 19. Jahrhunderts. Die von Schinkel umgebaute ursprüngliche Anatomie im Hofgarten mit ihrem Zentralbau (1823-1830), der seit 1879 vom Akademischen Kunstmuseum genutzt wird, wurde 1884 mit einem angebauten Querflügel eigens für die Abgusssammlung erweitert. Damit ist die Bonner Sammlung nicht nur eine der weltweit größten ihrer Art, sondern auch die einzige in teilweise extra dafür gebauten historischen musealen Räumen.[41] Auch wenn die Gipse inzwischen zahlreicher geworden sind, ist das Konzept einer chronologischen Aufstellung der Skulptur des 7. Jahrhunderts vor Christus bis in das zweite nachchristliche Jahrhundert bis heute beibehalten worden. Die von Johann Joachim Winckelmann schon 1764 beschriebene antike »Kunstentwicklung« von der Knospe über die Blüte zur Dekadenz und dem

---

38 Thorsten Uthmeier, Am Ufer lauert der Tod – Jagdplätze des Neandertalers in der niederrheinischen Bucht: Ergebnisse einer archäologischen Prospektion der Abbaukanten im rheinischen Braunkohlerevier, in: Uelsberg 2006 (wie Anm. 2), S. 269-289.

39 Paul Kauhausen (Bearb.), Die Lebenserinnerungen des Johann Wilhelm Schirmer (= Niederrheinische Landeskunde, Bd. 1), Düsseldorf 1956, S. 45. Vgl. Hannah Eggerath, Im Gesteins. Das ursprüngliche Neandertal in Bildern des 19. Jahrhunderts, Köln 1996, S. 52-58 und S. 137-139 über den ebenfalls aus Jülich stammenden Schirmerschüler Leonhard Rausch.

40 Vor einigen Jahren ist es gelungen, den Abraum der zerstörten Fundstelle wieder aufzufinden. Vgl. Ralf W. Schmitz, Vorbericht zu den Grabungen im Bereich der Fundstelle des Neandertaler-Typusexemplars, in: Bonner Jahrbücher, Bd. 200 (2000), S. 495-508; Ralf W. Schmitz (Hrsg.), Neanderthal 1856-2006 (= Rheinische Ausgrabungen, Bd. 58), Mainz 2006.

41 Vgl. hier und im Folgenden Deutsches Archäologisches Institut (Hrsg.), Verzeichnis der Abguss-Sammlung des Akademischen Kunstmuseums Bonn, Berlin 1981 und Johannes Bauer/Wilfred Geominy (Hrsg.), Gips nicht mehr. Abgüsse als letzte Zeugen antiker Kunst, Bonn 2000.

42 Johann Joachim Winckelmann, Geschichte der Kunst im Altertum, Dresden 1764.

Verfall war in der Ausstellungsstruktur des Akademischen Kunstmuseums nachvollziehbar.[42] Anhand dieses Zeitstrahls erläuterte der Kustos der Sammlung Dr. Wilfred Geominy kenntnisreich und kurzweilig den Besuchern aus Jülich die Entwicklung der griechischen Plastik vom archaischen Kuros bis zum Hellenismus (Abb. 13). Dabei wurde auch die Rezeptionsgeschichte griechischer Bronzeplastiken in römischen Steinmetzkopien vorgestellt.

Durch die Abformtechnik ermöglichen Abgusssammlungen eine Versammlung der weltweit verstreuten Kunstwerke an einem Ort mit Genussmöglichkeit der Ästhetik in ruhiger Umgebung abseits der Touristenströme.

Abb. 13: Führung mit Kustos Dr. Wilfred Geominy im Akademischen Kunstmuseum Bonn (Foto: Marcell Perse).

Eine Verbindung zur »Roots«-Ausstellung findet sich auch hier, da die Paläoanthropologen bislang zum vergleichenden Arbeiten ebenfalls auf Abgüsse fossiler Knochenfunde der weltweit anzutreffenden Fundstellen angewiesen sind. Die Möglichkeiten digitaler Medien werden in naher Zukunft in der Paläoanthropologie immer wichtiger. Das Neanderthal Museum bei Mettmann hat mit seinem NESPOS-Programm eine international zugängliche digitale Oberfläche geschaffen, die dreidimensionale Abbildungen von menschlichen Knochen der Altsteinzeit präsentiert und alle ihre Details aufdeckt.[43] Die technischen Möglichkeiten von dreidimensionalen virtuellen Modellen halten auch in die Altertumswissenschaft Einzug, werden den plastischen Eindruck im Raum mit seinen vielfältigen Wahrnehmungsmöglichkeiten jedoch nicht ersetzen können. Eine Abgusssammlung wie das Akademische Kunstmuseum ist neben ›lebensechter‹ Galerie für Vergleichsstudien auch ein forschungsgeschichtliches Archiv. Durch die bedenkenlose Abformpraxis des 19. Jahrhunderts überliefert sie z. T. Werke, die heute nicht mehr erhalten oder aufgrund von Umwelteinflüssen verändert sind. Zudem bewahrt sie Rekonstruktionen, wie z. B. die Ergänzung des Aphaia-Giebels durch Bertel Thorvaldsen (1770-1844), die heute in der puristischen Präsentation der Originale in München wieder entfernt wurden, aber selbst schon ein Teil der Kunstgeschichte geworden sind. Die Führung endete am Gipsabguss des Fechters Borghese, der in den Kunstakademien des 19. Jahrhunderts als anspruchsvolle Zeichenübung genutzt wurde, weil er den Schülern der Gipsklasse eine vertrackte Aufgabe zur Darstellung extremer perspektivischer Verkürzungen auf Papier abverlangte (Abb. 14).[44] Auch Johann Wilhelm Schirmer berichtet in seinen Lebenserinnerungen davon, dass der neu nach Düsseldorf berufene Direktor Scha-

---

43 Flora Gröning/Jan F. Kegler/Gerd-C. Weniger, Die digitale Welt der Neandertaler – NESPOS, ein Online-Archiv für die Neandertalerforschung, in: Archäologisches Korrespondenzblatt, Jg. 37 (2007), H. 3, S. 321-334.

44 Die Ausformung der Düsseldorfer Kunstakademie nach dem Original im Louvre war zuletzt in der Ausstellung »Künstlermuseum« zur Wiedereröffnung des museums kunst palast 2001 zu sehen (Nr. 121). Vgl. auch die Kreidezeichnung von Peter von Cornelius »Studie nach einem Gipsabguss des ›Borghesischen Fechters‹«, 1802; Ute Ricke Immel (Bearb.), Die Handzeichnungen des 19. Jahrhunderts. Düsseldorfer Malerschule, T. 1: Die erste Jahrhunderthälfte, 2 Bde. (= Kataloge des Kunstmuseum Düsseldorf, Bd. III, 3/1 u.2), Düsseldorf 1980/1978, Bd. 1: S. 78f., Nr. 182, Bd. 2: Abb. 348.

Abb. 14: Der Abguss des Fechters Borghese im Akademischen Kunstmuseum Bonn (Foto: Marcell Perse).

dow ihm 1826 den Fechter als fortgeschrittene Prüfungsaufgabe auftrug.[45] Das Zitat, in dem von Schirmer die Bedeutung der antiken Kunst als unverändert gültiger Maßstab beschworen wird, stand am Ende des Rundganges: »*Ich war mit einer Fechterfigur beschäftigt. Als nun bald der Direktor in der Klasse erschien, kam er sogleich auf mich zu, meine Arbeit zu sehen, und nun begann eine Unterweisung, wie sie mir bisher noch nie zuteil geworden war. Zuerst wurde der Geist der Antike im allgemeinen berührt, danach auf den vor uns stehenden Gipsabguß übergehend, die eigene Charakteristik des Individuums des Fechters besprochen, worauf die Energie seiner Bewegung, das Leben dieser Gestalt usw. entwickelt wurde. Dann ging er auf meine Zeichnung ein, lobte was zu loben war, bemerkte jedoch zum Schluß, daß das wenige Gute in meinem Umriß nur zufällig und nicht aus innerem Verständnis entstanden sei; zeigte mir nun die feinen Überschneidungen in den verkürzt gesehenen Teilen, besprach die Verhältnisse, wie die Teile sich zueinander verhalten, mit einem Wort: er stach meinem geistigen Auge den Star, und ich begriff nun erst, daß ich, um nach dem Leben zeichnen zu lernen, erst begreifen musste, w o r i n das Leben besteht.*«

Auch wenn wir heute aus einer relativierten Sichtweise die normierende Qualität der griechischen Kunst betrachten, kann man über die unterschiedlichen Eindrücke der Exkursion zu Recht sagen, dass sie vielfältige Anregungen gab, mehr und besser SEHEN zu lernen – dies auf einer anderen Ebene vielleicht auch im Hinblick auf das eigene Leben, wenn man bedenkt, dass der Mensch, würde man das Alter der Erde in einem Tag komprimieren wollen, erst vor 51,4 Sekunden (vor etwa 2,5 Millionen Jahren) entstanden ist.

Simon Matzerath und Marcell Perse

---

45 Kauhausen 1956 (wie Anm. 39), S. 50-53. Das Museum Jülich besitzt einen kleinen Bronzenachguss; Inv.-Nr. 2005-0094, H. 64,5 cm.

Vom Kölner Spruch über den Augsburger Religionsfrieden zum Dreißigjährigen Krieg – Bemerkungen zu den Ausstellungen in Neuburg an der Donau und Augsburg im Jahr 2005

»Mit der Zeyt«
Wahlspruch Ottheinrichs von der Pfalz

◄◄ Abb. 1: Barthel Beham, Ottheinrich von der Pfalz, Herzog von Pfalz-Neuburg, 1535, Öl auf Lindenholz, 43 x 32 cm, Bayerische Staatsgemäldesammlung, München, Inv.-Nr. 5316 (Reproduktion aus: Kurt Löcher, Barthel Beham. Ein Maler aus dem Dürerkreis, München/Berlin 1999, S. 165, Abb. 144).
▲ Abb. 2: Neuburg an der Donau, Schlossinnenhof mit Blick auf den reich mit Fassadenmalerei in Sgraffitotechnik geschmückten Ottheinrichbau, 2005 (Foto: Bernd Ritschel).

Zwei Jubiläen waren der Anlass für die beiden bedeutenden kulturhistorischen Ausstellungen im Süden Deutschlands im Sommer 2005: Das Haus der Bayerischen Geschichte veranstaltete auf Schloss Neuburg an der Donau die Landesausstellung »Von Kaisers Gnaden. 500 Jahre Pfalz Neuburg« (3. Juni - 16. Oktober 2005)[1] und das Maximilianmuseum in Augsburg die Ausstellung »Als Frieden möglich war. 450 Jahre Augsburger Religionsfrieden« (16. Juni - 16. Oktober 2005).[2] Vor allem die erste Ausstellung wies deutliche Bezüge zur wechselvollen Geschichte der Herzogtümer Jülich-Kleve-Berg auf.

Die so genannte »Junge Pfalz« war durch einen Schiedsspruch Kaiser Maximilians I. auf dem Kölner Reichstag von 1505 entstanden. Der Kaiser beendete damit den Landshuter Erbfolgekrieg, der das Haus Wittelsbach entzweit hatte. Mit der Schaffung einer eigenen Linie Pfalz-Neuburg konnte der innerwittelsbachische Konflikt vorerst entschärft werden. Die Ausstellung konzentrierte sich nach der ausführlichen Darstellung der Vorgeschichte im 15. Jahrhundert und dem Eingreifen Kaiser Maximilians I. vor

---

1 Suzanne Bäumler/Evamaria Brockhoff/Michael Henker (Hrsg.), Von Kaisers Gnaden. 500 Jahre Pfalz-Neuburg. Katalog zur Bayerischen Landesausstellung 2005, Neuburg an der Donau, Regensburg: Pustet 2005 (400 S., zahlr. Abb.).
2 Carl A. Hoffmann u.a. (Hrsg.), Als Frieden möglich war. 450 Jahre Augsburger Religionsfrieden. Begleitband zur Ausstellung im Maximilianmuseum Augsburg, Regensburg: Schnell und Steiner 2005 (688 S, zahlr. Abb.).

allem auf die Person des Pfalzgrafen Ottheinrich (1502-1559), des späteren Kurfürsten von der Pfalz (seit 1556) (Abb. 1). Dieser war ein bedeutender Renaissancefürst, dem in jüngster Zeit mehrere Studien gewidmet wurden, sodass die Ausstellung hier ein gewisses Resümee ziehen konnte.[3] Vor allem die eigens für Ottheinrich geschaffenen Tapisserien beeindruckten, während etwa die Präsentation fürstlicher Macht durch Architektur, u. a. am Beispiel des Heidelberger Schlosses vor Augen geführt, schwerer zu vermitteln war. In dieser Hinsicht war Schloss Neuburg mit der bedeutenden Schlosskapelle[4] und der aufwändigen Hofausmalung in Sgrafitto-Technik[5] das hochrangigste Exponat für diesen Ausstellungsbereich (Abb. 2). Umso unverständlicher ist es, dass der ansonsten üppig mit Abbildungen ausgestattete Katalog auf aktuelle Ansichten des Schlosses weitgehend verzichtet. Eindrucksvoll waren die auf einer Reise Ottheinrichs nach Krakau 1536/37 entstandenen Stadtansichten (Abb. 4b)[6] und die beiden Tapisserien von 1541 aus der Neuburger Werkstatt des Christian De Roi, die Szenen der Reise des jungen Fürsten in das Heilige Land 1521 wiedergeben. Es war übrigens die letzte Pilgerfahrt eines Reichsfürsten nach Jerusalem, da danach die Route durch die Expansion der Osmanen in den Mittelmeerraum hinein nur noch schwer zu passieren war.[7] In einem knapp gefassten Ausklang wurde die weitere Entwicklung des Herzogtums Pfalz-Neuburg aufgezeigt, so die Eheverbindung an den Niederrhein (s.u.), der jülich-klevische Erbfolgestreit und der Antritt des Erbes in den Herzogtümern Jülich und Berg 1614. Illustriert wurde dies u.a. mit dem Gemälde »Die Belagerung der Festung Jülich 1621/22« von Pieter Snayers aus der Sammlung des Museums Jülich. Damit war der Bogen geschlagen zu der im Jahr 2005 parallel zur Landesausstellung eröffneten »Staatsgalerie Flämischer Barock« der Bayerischen Staatsgemäldesammlung,[8] die in einem eindrucksvoll für diese Zwecke hergerichteten Teil von Schloss

---

3 Als Einstieg ist empfehlenswert: Stadt Neuburg an der Donau (Hrsg.), Pfalzgraf Ottheinrich. Politik, Kunst und Wissenschaft im 16. Jahrhundert, Regensburg 2002.

4 Fritz Grosse, Image der Macht. Das Bild hinter den Bildern bei Ottheinrich von der Pfalz (1502-1559), Petersberg 2003.

5 Ulrike Heckner, Im Dienst von Fürsten und Reformation. Fassadenmalerei an den Schlössern in Dresden und Neuburg an der Donau im 16. Jahrhundert (= Kunstwissenschaftliche Studien, Bd. 64), München/Berlin 1995. Die Fassadenmalerei entstand erst unter Wolfgang von Pfalz-Zweibrücken nach 1562, geht aber in ihrer Konzeption auf Ottheinrich zurück. Die Ausführung übernahm der aus Lüttich stammende Hans Schroer d.Ä.

6 Universitätsbibliothek Würzburg; siehe hierzu auch Angelika Marsch/Josef H. Biller/Frank D. Jacob (Hrsg.), Die Reisebilder Pfalzgraf Ottheinrichs aus den Jahren 1536/1537. Von seinem Ritt von Neuburg a.d. Donau über Prag nach Krakau und zurück über Breslau, Berlin, Wittenberg und Leipzig nach Neuburg, Faksimile und Kommentarbd., Weißenhorn 2001; Angelika Pabel u.a., Reise, Rast und Augenblick. Mitteleuropäische Stadtansichten aus dem 16. Jahrhundert. Ausst.-Kat. Würzburg, Dettelbach 2002. Vgl. die kritische Rezension beider Publikationen durch Fritz Grosse, in: Journal für Kunstgeschichte, Jg. 8 (2004), H. 4, S. 359-365, der darauf aufmerksam macht, dass die Staffage der Veduten von späterer Hand, etwa zwischen 1580 und 1620, überarbeitet wurden. Auch zweifelt er an der künstlerischen Autorschaft Mathis Gerungs. So heißt es denn auch richtigerweise im Ausst.-Kat. Neuburg an der Donau (wie Anm. 1), S. 163-170, Kat.-Nr. 7.3 (Josef H. Biller): »Der Künstler, den Ottheinrich mitgenommen hat, lässt sich bislang nicht eindeutig identifizieren.« (S. 164). Die Frage nach der Zeitstellung der Staffagen wird jedoch nicht gestellt.

7 Folker Reichert, Die Reise des Pfalzgrafen Ottheinrich zum Heiligen Land 1521, Regensburg 2005; zur Einordnung siehe Paula Giersch/Wolfgang Schmid, Rheinland – Heiliges Land. Pilgerreisen und Kulturkontakte im Mittelalter, Trier 2004, bes. S. 198-211.

8 Konrad Renger/Nina Schleif, Flämische Barockmalerei. Staatsgalerie Neuburg an der Donau, Köln 2005.

Abb. 3: Die Lande der Wittelsbacher beim Aussterben der Linie Pfalz-Simmern (Reproduktion aus: Johannes Erichsen/Katharina Heinemann [Hrsg.], Brennpunkt 1704 – Die Schlacht von Höchstädt. Ausst.-Kat. Höchstädt, Ostfildern 2004, Abb. S. 28).

Neuburg untergebracht ist. Nicht zuletzt durch den »Sprung zum Niederrhein«[9] war das Interesse der Pfalz-Neuburger an flämischer Malerei geweckt worden (Abb. 3). Herzog Wolfgang Wilhelm, der erste Herzog von Jülich-Berg aus dem Haus Pfalz-Neuburg, bestellte beispielsweise bei Peter Paul Rubens Altargemälde für die Hofkirche in Neuburg an der Donau, die mit ihren nahezu fünf Metern Höhe den unbestreitbaren Höhepunkt der Staatsgalerie bilden. Zwei Generationen danach baute dann Kurfürst Johann Wilhelm von der Pfalz (1658-1716) planmäßig eine Galerie mit überwiegend flämischen Gemälden in seiner Residenzstadt Düsseldorf auf, die im 18. Jahrhundert Zielpunkt zahlreicher Künstler und Gelehrten war.[10] 1806 gelangte der größte Teil dieser Bestände nach München, wo die Gemälde mit der in der Zusammensetzung ähnlich ausgerichteten Sammlung aus der Zeit des Kurfürsten Max

---

9 Hans Schmidt, Pfalz-Neuburgs Sprung zum Niederrhein. Wolfgang Wilhelm von Pfalz-Neuburg und der Jülich-Klevische Erbfolgestreit, in: Hubert Glaser (Hrsg.), Um Glaube und Reich. Kurfürst Maximilian I. Beiträge zur Bayerischen Geschichte und Kunst 1573-1657 (= Wittelsbach und Bayern, Bd. II.1), München 1980, S. 77-89.

10 Bettina Baumgärtel, Niederländische Kunst um 1700 zwischen politischem Kalkül, religiöser Erbauung und Belehrung. Die Sammlung des Kurfürsten Johann Wilhelm von der Pfalz in Düsseldorf, in: Ekkehard Mai (Hrsg.), Holland nach Rembrandt. Zur niederländischen Kunst zwischen 1670 und 1750, Köln/Weimar/Wien 2006, S. 19-48.

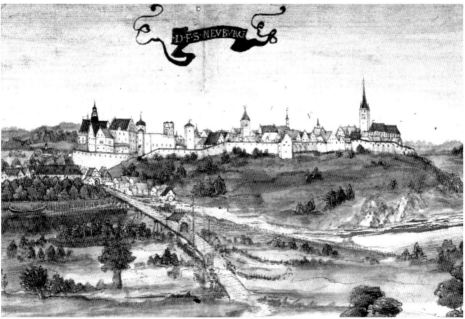

Abb. 4a: Neuburg an der Donau, Schloss und Hofkirche von Ostnordost, 2005 (Foto: Bernd Ritschel).
Abb. 4b: Unbekannter Künstler, Neuburg an der Donau von Ostnordost, 1536/37, Aquarell, 29,5 x 42,5 cm, Universitätsbibliothek Würzburg, Delin 6,1, Ausschnitt (Reproduktion aus: Pabel 2002 [wie Anm. 6], Abb. S. 21). Die Vedute gibt einen Eindruck der Residenzstadt in der Zeit Ottheinrichs. Überarbeitungen sind denkbar, so könnten die Laubengänge eine spätere Hinzufügung sein.

Emanuel von Bayern zu einem Museum von europäischem Format zusammengeführt wurden. Die Dauerausstellung in Neuburg an der Donau gibt einen guten Überblick über die flämische Malerei des 17. Jahrhunderts. Vollständig unberücksichtigt blieben in der bayerischen Landesausstellung die baukünstlerischen Beziehungen zwischen Pfalz-Neuburg und dem Niederrhein. So war Alexander Pasqualini (1567-1620/23), ein Enkel Alessandro Pasqualinis, des Erbauers von Schloss und Zitadelle Jülich, zu Beginn des 17. Jahrhunderts an den Entwürfen für das Rathaus und die Hofkirche in Neuburg an der Donau beteiligt (Abb. 4a).[11]

Interessant ist der direkte Vergleich zwischen den Fürsten Ottheinrich von Pfalz-Neuburg und Wilhelm V. von Jülich-Kleve-Berg (1516-1592), die knapp eine Generation auseinander liegen. Deutlich wird m.E., dass Ottheinrich in der Präsentation fürstlicher Macht um einiges ambitionierter war als Wilhelm V. So reagierte er auf den Umstand, dass sein Territorium noch sehr jung war und er über eine entsprechend aufwändige Hofhaltung seinen Status gegenüber den Standesgenossen behaupten und festigen musste.[12] Zudem hatte er sich früh der Reformation angeschlossen, was beispielsweise eine innovative Ausstattung der Schlosskapelle in Neuburg an der Donau zur Folge hatte. Für den nach außen vertretenen Anspruch Ottheinrichs war sein Territorium viel zu klein, sodass er schnurstracks in die Schuldenfalle geriet. Es ist der Konsolidierungspolitik seiner Nachfolger zu verdanken, dass das Haus Pfalz-Neuburg im 17. Jahrhundert einen rasanten Aufstieg nehmen konnte.[13] Eine Grundlage hierfür bildete die Vermählung Philipp Ludwigs von Pfalz-Neuburg (1547-1614) mit Anna von Jülich-Kleve-Berg im Jahr 1574, die mit großem Gepränge in Neuburg an der Donau gefeiert wurde (Abb. 5).[14] Zentrale Elemente der Hochzeitfeierlichkeiten – wie Turniere und Feuerwerk – finden sich übrigens 1585 bei der Vermählung Johann Wilhelms von Jülich-Kleve-Berg mit Jakobe von Baden in Düsseldorf wieder.[15]

Einen deutlich anderen Charakter als die Landesausstellung in Neuburg an der Donau hatte die Jubiläumsausstellung zum Augsburger Religionsfrieden von 1555 in Augsburg. Dem dortigen Vorbereitungsteam ist es gelungen, eine beeindruckende Fülle qualitätsvoller Exponate aus der ganzen Welt zusammenzuholen, um die Epoche zwischen 1555 und 1648 aufzubereiten. Aus rheinischer Sicht

---

11 Jürgen Zimmer, Hofkirche und Rathaus in Neuburg/Donau (= Neuburger Kollektaneenblatt, Bd. 124), Neuburg an der Donau 1971.
12 Vgl. hierzu auch die Rezension des Ausst.-Kat. Neuburg an der Donau 2005 (wie Anm. 1) durch Stephan Laux in: Zeitschrift für bayerische Landesgeschichte, Bd. 69 (2006), H. 2, S. 781-784.
13 Schon zu Lebzeiten hatte Ottheinrich das Herzogtum Pfalz-Neuburg seinem Vetter Wolfgang von Pfalz-Zweibrücken (1526-1569) vermacht, der sein größter Gläubiger war. Dessen Erbsohn war Philipp Ludwig. In der Kurpfalz trat Pfalzgraf Friedrich III. von Pfalz-Simmern das Erbe Ottheinrichs an; vgl. Michael Henker, Herzogtum und Familie – Pfalz-Neuburg von 1559 bis 1808, in: Ausst.-Kat. Neuburg an der Donau 2005 (wie Anm. 1), S. 359-361.
14 Horst H. Stierhof, Das Jülicher Herrscherhaus und seine Verbindung zu Pfalz-Neuburg. Historische Ausstellung im Sitzungssaal des Alten Rathauses Jülich 12.-29. November 1981, Jülich 1981.
15 S. hierzu demnächst Guido v. Büren, Die »Fürstlich Jülichsche Hochzeit« von 1585 und die Festkultur der Renaissance, in: Jülicher Geschichtsblätter, Bd. 76/77 (2008/2009), in Vorbereitung. In der Bewertung der jülich-klevischen Hofkultur ist allein schon dadurch Vorsicht geboten, dass sich hiervon – ganz anders als etwa bei derjenigen Ottheinrichs – nur wenige Sachzeugnisse erhalten haben. Bedenkt man jedoch beispielsweise die Architektur des herzoglichen Schlosses in der Zitadelle Jülich, mag man einen Eindruck davon bekommen, welches Niveau fürstlicher Magnifizenz auch in den Vereinigten Herzogtümern Jülich-Kleve-Berg erreicht wurde.

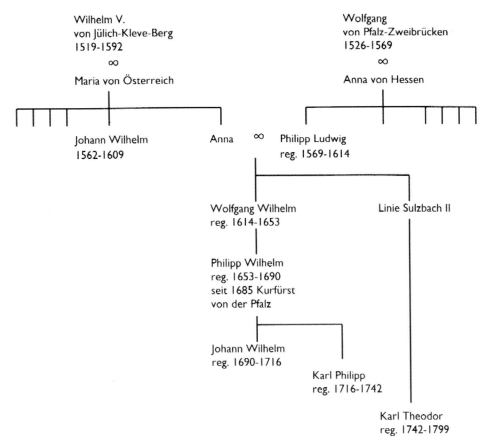

Abb. 5: Vereinfachte Stammtafel der Häuser Pfalz-Neuburg und Jülich-Kleve-Berg (Verf. nach Stierhof 1981 [wie Anm. 12], S. 20).

bedauerlich war, dass der Blick weitgehend auf den süddeutschen Raum beschränkt blieb. Dies wurde zumindest teilweise durch die Beiträge einer die Ausstellung begleitenden Tagung ausgeglichen. In dem inzwischen erschienenen Tagungsband gibt Stefan Ehrenpreis einen hervorragenden Überblick über die Auswirkungen des Augsburger Religionsfriedens auf die Herzogtümer Jülich-Kleve-Berg.[16] Er kommt dabei zu folgendem Schluss: »Die Wirkungen des Augsburger Religionsfriedens für die religiöse Entwicklung in den Vereinigten Herzogtümern lagen kaum in den einzelnen Details des Reichsgesetzes, sondern in dem durch ihn neu geschaffenen reichs- und konfessionspolitischen Rahmen. Der Religionsfriede und noch mehr die Abdankung Karls V. [im selben Jahr] befreite die herzogliche Regierung

---

16 Stefan Ehrenpreis, Die Vereinigten Herzogtümer Jülich-Kleve-Berg und der Augsburger Religionsfrieden, in: Heinz Schilling/Heribert Smolinsky (Hrsg.), Der Augsburger Religionsfrieden 1555 (= Schriften des Vereins für Reformationsgeschichte, Bd. 206), Gütersloh 2007, S. 239-267. In dem Sammelband Gerhard Graf/Günther Wartenberg/Christian Winter (Hrsg.), Der Augsburger Religionsfrieden. Seine Rezeption in den Territorien des Reiches, Leipzig 2006, werden die Verhältnisse am Niederrhein nicht berücksichtigt.

endgültig von den Bindungen des Venloer Vertrages [von 1543] und eröffnete zwei Jahrzehnte von inneren Reformen am Niederrhein. [...] Die sich aus der zurückhaltenden Religionspolitik entwickelnde mischkonfessionelle Lage war kein Resultat einer durch den Religionsfrieden angeregten Kopie konfessioneller Koexistenz. Vielmehr ergab sie sich aus einer Kombination mehrerer Faktoren: einem aus den Niederlanden gespeisten regionalen Protestantismus eigener Prägung mit starker Betonung des presbyterial-synodalen Prinzips, einer starken Stellung der Landstände und der wenig zentralisierten Verwaltungsstruktur. Auf der anderen Seite fehlte zwar wegen der schwachen Durchsetzungsmöglichkeit seitens des Kölner Erzbischofs ein wichtiger Faktor der katholischen Reform, aber der hohe außenpolitische Druck der spanischen Nachbarschaft in Brüssel und die Bedeutung der Reichsstadt Köln für die religiöse Haltung des katholischen Bevölkerungsteils bildeten altkirchliche Gegenkräfte. Schließlich hat auch auf Herzog Wilhelm V. und seine Regierung die zunehmende Spaltung innerhalb des deutschen Protestantismus kaum attraktiv gewirkt [... sondern] zu einer eindeutig altkirchlichen Orientierung beigetragen, ohne [dass] die Distanz zur tridentinischen Reformvorstellung aufgegeben worden wäre.«[17] Nur knapp gestreift wird bei Ehrenpreis die Frage nach den Aktivitäten des jülich-klevischen Hofes während der Verhandlungen in Augsburg 1555, die noch der genaueren Erforschung harren.[18] Den Reichstagsabschied haben der Herzog selbst und seine Räte Wilhelm von Neuhof, genannt Ley, Wilhelm von Reuschenberg und Heinrich von der Recke unterzeichnet.[19] Wilhelm V. hatte sich im Vorfeld des Ausgburger Reichstags dem »Heidelberger Verein« angeschlossen, der in der Konfessionsfrage eine auf Ausgleich bedachte Position einnahm.[20] Die Führung in dieser Gruppe von Reichsständen hatten die Kurfürsten von Brandenburg und von der Pfalz inne.[21] Diesen war es selbstredend in größerem Maße als dem Herzog von Jülich-Kleve-Berg möglich, über den Kurfürstenrat auf die Verhandlungen in Augsburg Einfluss zu nehmen.[22]

Die Augsburger Ausstellung gliederte sich in neun, unterschiedlich große Kapitel. Den Auftakt bildeten Kaiser Karl V. und sein Konzept der »Monarchia universalis« zwischen Anspruch und Wirklichkeit. Die einundzwanzig Exponate dieses ersten Ausstellungsraumes standen für die Themen »Monarchia universalis«, habsburgisch-französischer Konflikt und die Türkengefahr, Reformation sowie Dualismus Kaiser – Reichsstände, fokussiert auf den Schmalkaldischen Krieg. Nach diesem Auftakt gab das zweite Kapitel mit 45 Exponaten einen chronologischen Längsschnitt vom Augsburger Religionsfrieden bis zum West-

---

17 Ehrenpreis 2007 (wie Anm. 16), S. 266f.
18 In der maßgeblichen Studie von Axel Gotthard, Der Augsburger Religionsfriede (= Reformationsgeschichtliche Studien und Texte, Bd. 148), Münster 2004, werden die Vereinigten Herzogtümer nur gestreift; vgl. auch die Besprechung durch Maria Rössner-Richarz, in: Annalen des historischen Vereins für den Niederrhein, Bd. 210 (2008), S. 249-251.
19 Nach Günter Bers, Wilhelm Herzog von Kleve-Jülich-Berg (1516-1592) (= Beiträge zur Jülicher Geschichte, Nr. 31), Jülich 1970, S. 5, nahm der Herzog am Augsburger Reichstag, der am 5. Februar 1555 eröffnet wurde, nicht teil. Die Unterzeichnung des Religionsfriedens fand am 24. September 1555 statt. Die Anwesenheit Wilhelms V. bei der Abdankung Karls V. am 25. Oktober 1555 in Brüssel ist nach Bers dagegen belegt.
20 Bernhard Sicken, Der Heidelberger Verein (1553-1556). Zugleich ein Beitrag zur Reichspolitik Herzog Christophs von Württemberg in seinen ersten Jahren seiner Regierung, in: Zeitschrift für württembergische Landesgeschichte, Bd. 32 (1973), S. 320-435.
21 Albrecht P. Luttenberger, Glaubenseinheit und Reichsfriede. Konzeptionen und Wege konfessionsneutraler Reichspolitik 1530-1552 (Kurpfalz, Jülich, Kurbrandenburg), Göttingen 1982.
22 Ich danke Stefan Ehrenpreis, Nürnberg, für freundliche Hinweise.

fälischen Frieden. Anders als 1998 die große Europaratsausstellung in Münster und Osnabrück,[23] die in der Präsentation jeweils auf die Friedensverträge zulief, wurde bereits hier das Dokument, um das es ging, der Augsburger Religionsfrieden vom 25. September 1555 (Kat.-Nr. II.5), gezeigt. So hilfreich ein chronologischer Zugriff für den Besucher ist, so mutig war es von den Ausstellungsmachern in einem überschaubaren räumlichen Rahmen diesen Parforceritt zu wagen. Das dritte Kapitel weitete nun den Blick von der Bühne des Alten Reiches auf die konfessionelle Entwicklung in ganz Europa. Während ja der in Augsburg geschlossene Frieden tatsächlich eine Generation lang hielt und erst um 1600 verstärkt in Frage gestellt wurde, trug man in anderen Teilen Europas die konfessionellen Konflikte mit kriegerischen Mitteln aus, ging es dabei doch auch immer um Machtfragen. So nahm die Ausstellung den spanisch-niederländischen Konflikt (Kat.-Nr. III.1-11) und die konfessionell geprägten Auseinandersetzungen in Frankreich (Kat.-Nr. III.12-18) in den Blick. Das vierte Kapitel fragte nach dem jüdischen Leben im Heiligen Römischen Reich. Die drei hier gezeigten Objekte konnten jedoch nicht davon überzeugen, dass dieses Thema im Rahmen der Ausstellung hätte behandelt werden müssen. Nachdem bisher die politische Dimension der Konfessionsfrage thematisiert wurde, richtete sich der Blick mit dem fünften Kapitel auf die Bildung der drei Konfessionen römisch-katholisch, lutherisch und calvinistisch. Das Gemälde »Der Frieden mahnt die Kirchen zur Toleranz« eines unbekannten niederländischen Malers aus dem ersten Viertel des 17. Jahrhunderts bildete das Auftaktexponat dieses Kapitels (Kat.-Nr. V.1; hier: Abb. 6). Obgleich es nur auf die Situation in den Niederlanden anspielt, erlangte das Bildthema, das durch einen weit verbreiteten Kupferstich von 1570 vorbereitet wurde, eine gewisse Popularität. Um einen Tisch sitzen Calvin, der vor sich ein gebratenes Kalb liegen hat (*Calv fijn ist*) und über diesem eine Orange ausdrückt – eine Anspielung auf das Haus Oranien –, der Papst, der die ihm von Calvin dargereichte Orange abwehrt, während die auf seinem Schoß sitzenden Katzen seinen Brei (*pap is*) verschmähen,[24] da dieser durch die Beigabe von Orangenschalen bitter geworden ist, und schließlich Luther, der – um Harmonie und Ausgleich bemüht – die Laute schlägt (*luyt teer an*). In der rechten unteren Ecke hockt ein Wiedertäufer, worauf das in das Wasser getunkte Brot anspielt. Er scheint von der Tischrunde nichts Gutes erwarten zu können, wie seine Nähe zum Feuer, das wohlmöglich an Scheiterhaufen gemahnen soll, vermuten lässt. Links betritt durch eine Tür die Personifikation des Friedens den Raum. Sie reicht den Anwesenden einen Ölzweig als Friedenszeichen, muss sich aber eingestehen, dass sie kaum gehört wird. Das Bildthema geht vermutlich auf ein satirisches Theaterstück zurück, wie es in irenischen Humanistenkreisen zur Aufführung kam.[25]

Das sechste Kapitel deklinierte nun die Konfessionalisierung in ausgewählten Territorien des Alten Reiches durch. Im Einzelnen waren dies das katholische Bayern (Kat.-Nr. VI.1-26) – hier auch die Jesuiten abhandelnd –, das lutherische Württemberg (Kat.-Nr. VI.27-48) und die calvinistische Kurpfalz (Kat.-Nr. 49-75). Gerade bei der Darstellung der Entwicklung in der Kurpfalz im Hinblick auf Friedrich V., den Winterkönig, knüpfte die Ausstellung wieder an das zweite Kapitel an. Das sechste Kapitel war geistlichen Fürstenstaaten, mit einem deutlichen Schwerpunkt auf dem Fürstbistum Augsburg, vorbehalten. Das Erzstift Köln wurde repräsentiert durch den Bischofsstab des Kölner Erzbischofs und Kurfürsten Maximilian Heinrich (reg. 1651-1688; Kat.-Nr. VII. 3), den Reformationsversuch unter Gebhard Truchsess zu Waldburg (reg. 1575-1589, Resignation; Kat.-Nr. VII. 16) und das Durchsetzen Ernst von Bay-

---

23 Klaus Bußmann/Heinz Schilling (Hrsg.), 1648 – Krieg und Frieden in Europa. Ausst.-Kat. Münster/Osnabrück, 3 Bde., München 1998.
24 Die Katzen lecken den Brei nicht; *Catten lecken* = Katholiken.
25 Wolfgang Brückner, Lutherische Bekenntnisgemälde des 16. bis 18. Jahrhunderts. Die illustrierte Confessio Augustana, Regensburg 2007, S. 101-104.

Abb. 6: Der Friede mahnt die Kirchen zur Toleranz, Öl auf Leinwand, 131,5 x 162,5 cm, Museum Catharijneconvent, Utrecht, Inv.-Nr. RMCC s00048 (Reproduktion aus: Ausst.-Kat. Augsburg 2005 [wie Anm. 2], Abb. S. 407).

erns, der die zwei Jahrhunderte andauernde Herrschaft von Mitgliedern des Hauses Wittelsbach in Kurköln begründete (Kat.-Nr. VII.18).

Der – später so formulierte – Grundsatz *Cuius regio, eius religio* des Augsburger Religionsfriedens galt für die Reichsstädte nicht. Und so war auch die Reichsstadt Augsburg ein Beispiel für die Möglichkeit der Bikonfessionalität, die eine durchaus friedensstiftende Funktion hatte. In diesem Kapitel schöpfte die Ausstellung aus dem Vollen der Eigenbestände der Augsburger Museen. Auch wenn die europäische Bedeutung des Augsburger Kunsthandwerks unbestritten und ein gewisser Grad an Lokalpatriotismus verständlich ist, wurde hier des Guten deutlich zu viel getan. Um wie viel eindrucksvoller gelang da das Schlusskapitel zum Augsburger Friedensfest und den Jubelfesten zum Augsburger Religionsfrieden mit der von Georg Petel in Augsburg 1632/33 geschaffenen Lindenholzskulptur des Christus Salvator (Kat.-Nr. IX.1)![26]

---

26 Siehe nun auch: Léon Krempel, Georg Petel 1601/02-1634. Bildhauer im Dreißigjährigen Krieg. Ausst.-Kat. München, München/Berlin 2007, mit Hinweisen auf die Beziehungen Petels nach Köln und zum dort tätigen Jeremias Geisselbrunn; Ursula Weirauch, Der Engelbertschrein von 1633 im Kölner Domschatz und das Werk des Bildhauers Jeremias Geisselbrunn, Düsseldorf 1973.

Noch ein Wort zum Ausstellungskatalog, der als Handbuch zum Thema konzipiert ist: Beeindruckend ist der Katalogteil, der alle Exponate umfassend dokumentiert. Ein Umstand, der nicht hoch genug zu bewerten ist, werden doch auch zu Großausstellungen aus Kostengründen teilweise nur noch reine Aufsatzbände herausgegeben. Die Dokumentation der Exponate auf einer CD, wie jetzt im Fall der Rheinland-Pfälzischen Landesausstellung »Konstantin der Große« ist nur ein schlechter Ersatz. Mancher sieht darin schon mit guten Gründen die »Forschung mit Füßen getreten«.[27] Der umfangreiche Aufsatzteil bewegt sich auf ebenfalls hohem Niveau, wenngleich er wenig Spielraum für neuere Ansätze zeigt. Der einleitende Aufsatz »Das lange 16. Jahrhundert – der Augsburger Religionsfrieden zwischen Reformation und Konfessionalisierung« stammt aus der Feder von Heinz Schilling; auf ihn geht u.a. das Konfessionsparadigma der Frühneuzeitforschung zurück,[28] das wie ein roter Faden den Ausstellungskatalog durchzieht. Das materialreich ausgebreitete Panorama birgt die Gefahr, dass die Darstellung – gerade auch in der Ausstellung – eher deskriptiv als analytisch und in die Tiefe gehend erfolgt. Damit wird aber letztlich ein Problemfeld angesprochen, das allen (kultur-)geschichtlichen Ausstellungen eigen ist.

Abschließend sei noch auf einen scharfsinnigen Zeitzeugen verwiesen, der das Deutschland zwischen Augsburger Religionsfrieden und Dreißigjährigem Krieg durchstreifte: Der Franzose Michel de Montaigne staunte nicht schlecht, als er 1580 durch das Oberrheingebiet bis Augsburg reiste und dabei immer wieder auf Beispiele friedlicher Koexistenz der Konfessionen stieß. Ganz anders dagegen die Situation in Frankreich, wenn man sich etwa die Ereignisse der Bartholomäusnacht 1572 vor Augen führt. Es wurde zwar in den von Montaigne besuchten Städten auf theologischer Ebene heftig diskutiert, aber es kam zu keinen Übergriffen (mehr). Die friedenswahrende Wirkung des Augsburger Religionsfriedens war also allerorten spürbar, wenngleich der Frieden ja nur die Augsburger Konfession reichsrechtlich anerkannte. So verwundert es nicht, dass Montaigne in Kempen sich von dem Geistlichen Johannes Tilianus Augustanus »ein Exemplar der neuen Augsburgischen Konfession« erbat, um die Lutheraner besser verstehen zu können.[29] Spürbar wird aber auch das Problem, dass die Calvinisten außerhalb der durch den Augsburger Religionsfrieden geschaffenen Ordnung standen und es gerade zwischen Lutheranern und Calvinisten heftige theologische Auseinandersetzungen gab. Im Tagebuch der Reise Montaignes heißt es zu Kempten: »Kempten ist lutherisch. Wie schon in Isny fällt auch hier auf, dass die katholische Kirche ihre Messen gleichwohl feierlich weiterbegeht. So wurde am Morgen nach uns-

---

27 Vgl. die Zuschrift bedeutender Vertreter des Faches an die Redaktion: »Forschungen mit Füßen getreten. Zum sogenannten Katalog der Ausstellung ›Konstantin der Große‹ in Trier (2.6.-4.11.07)«, in: Kunstchronik, 61. Jg. (2008), H. 6, S. 312f.
28 »... Wolfgang Reinhard und Heinz Schilling [haben] seit 1981 durch theoretische Anreicherung der ›Konfessionsbildung‹ nach Zeeden zu dem Konzept ›Konfessionalisierung‹ versucht, der Kirchengeschichte ihren Platz im langfristigen Prozess der Modernisierung der deutschen Gesellschaft zuzuweisen. Das hat allerdings zur Folge, dass insbesondere bei Schulze und Schilling die Frühe Neuzeit ausdrücklich als ›Vorlauf der Moderne‹ begriffen und damit bewusst teleologisch reduziert wird.«; Wolfgang Reinhard, Probleme deutscher Geschichte 1495-1806, in: ders. (Hrsg.), Gebhardt. Handbuch der Deutschen Geschichte, 10., völlig neu bearb. Aufl. Stuttgart 2001, S. 1-107, hier: S. 42. Zum Versuch den Konfessionalisierungs-Begriff für die Kunstgeschichte fruchtbar zu machen siehe Thomas Packeiser, Zum Austausch von Konfessionalisierungsforschung und Kunstgeschichte, in: Archiv für Reformationsgeschichte, Bd. 93 (2002), S. 317-338.
29 Michel de Montaigne, Tagebuch der Reise nach Italien über die Schweiz und Deutschland von 1580 bis 1581, übers., hrsg. und mit einem Essay versehen von Hans Stilett, Frankfurt am Main 2002, S. 70.

rer Ankunft – es war Donnerstag, also ein Werktag – in der wunderschönen Abtei oberhalb der Stadt die Messe wie an Ostern in Notre-Dame zu Paris gelesen: mit viel Musik, vor allem Orgelspiel. Freilich wohnten dem Gottesdienst nur die Mönche bei.«[30] Montaigne besuchte auf seiner Reise auch immer wieder lutherische Kirchen. In Isny hatte er sich mit einem Doktor der Theologie, einem Lutheraner, getroffen und mit ihm diskutiert: »... beim gemeinsamen Essen sagte er mit rückhaltloser Offenheit, er würde lieber hundert Messen hören, als am Abendmahl Calvins teilzunehmen.«[31] Hier spürt man schon die Härte der konfessionellen Auseinandersetzungen, die das Reich in der ersten Hälfte des 17. Jahrhunderts an den Rand des Abgrunds führen wird. Erst der Westfälische Frieden schafft dann 1648 eine tragfähige neue Ordnung, die immerhin anderthalb Jahrhunderte standhielt, um dann in den Wirren der Revolutionszeit und der napoleonischen Kriege unterzugehen. Die ganze Spanne der Reichsgeschichte wurde 2006 anlässlich des 200. Jahrestages seines Endes in einer großen Doppelausstellung in Magdeburg und Berlin dargestellt,[32] über die noch zu berichten sein wird.

Guido v. Büren

---

30 Montaigne 2002 (wie Anm. 22), S. 67.
31 Montaigne 2002 (wie Anm. 22), S. 70.
32 Matthias Puhle/Claus-Peter Hasse (Hrsg.), Heiliges Römisches Reich Deutscher Nation 962 bis 1806. Von Otto dem Großen bis zum Ausgang des Mittelalters. Ausst.-Kat. Magdeburg, 2 Bde., Dresden 2006; Hans Ottomeyer/Jutta Götzmann/Ansgar Reiss (Hrsg.), Heiliges Römisches Reich Deutscher Nation 962 bis 1806. Altes Reich und Neue Staaten 1495 bis 1806. Ausst.-Kat. Berlin, 2 Bde., Dresden 2006.

Patricia Clough, Aachen – Berlin – Königsberg. Eine Zeitreise entlang der alten Reichsstraße 1. Aus dem Englischen von Dietmar Zimmer, München: Deutsche Verlags-Anstalt 2007.
224 S., ISBN 978-3-421-04210-1, 19,95 EUR.

Die Visitenkarte, die Patricia Clough (Abb. 1) im Herbst 2004 beim Besuch des Stadtgeschichtlichen Museums Jülich hinterließ, nennt sie als »Writer« mit italienischer Adresse. Die englische Journalistin stand in Jülich relativ am Anfang ihrer Reise entlang der ehemaligen Bundesstraße 1 bzw. Reichsstraße 1. Westlich des Rheins hat dieser Klassiker der Fernstraßen an manchen Stellen Verbindung zum römischen Straßennetz, das damals die Heimat und die heutige Wahlheimat der Autorin mit großen Teilen Europas und der nichteuropäischen Mittelmeerländer verband. Ausgehend von Aachen und dem dort stehenden Schild »Königsberg 1000 km« tastet sich die Autorin reisend und schreibend nach Ostdeutschland und nach Polen bis zur heutigen russischen Enklave Kaliningrad vor, wobei sie wiederholt die Frage prüft: »Wo beginnt der Osten?«. Die runden 1000 km (Luftlinie und nicht tatsächliche Entfernung; vgl. S. 207) machten die Straße zu einem Symbol für die Ausdehnung des Deutschen Reiches schlechthin – eine Maßeinheit, die selbst die Teilung Deutschlands und die veränderten Grenzen im Osten nach dem Zweiten Weltkrieg überlebte. Schulatlanten der 1960er Jahre führen die Strecke diagonal durch Deutschland noch immer als Größenvergleich an (Abb. 2 – Hinweis W. Hommel bei der Autorenlesung in Jülich) – Revanchismus am Rande oder nur Bezug auf eine im kollektiven Gedächtnis vorhandene bekannte Bezugsgröße für Entfernungen? Zur Schulzeit des Rezensenten in den 1970er Jahren war der Größenvergleich im gleichen Schulatlas an dieser Stelle auf die Luftlinie Hamburg - München umgestellt, was mit seinen nur noch 600 km allerdings auch die Verkleinerung des Staatsgebietes verdeutlicht.

Das vorliegende Buch wurde maßgeblich angeregt durch die Essener Ausstellung »Transit. Brügge - Novgorod. Eine Straße durch die europäische Geschichte« aus dem Jahr 1997 (S. 48), die dem großen

Abb. 1: Lesung von Patricia Clough zum Welttag des Buches 23.04.2007 in Jülich, Buchhandlung Fischer (Foto: Andreas Maurer).

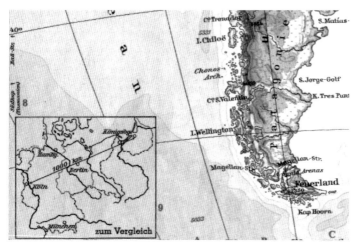

Abb. 2: 1000 km Entfernung nach Königsberg als Maßstab im kollektiven Bewusstsein – Nebenabbildung im Diercke Weltatlas, Schulausgabe 1966 (S. 136 im Vergleich zur Südspitze Südamerikas).

West-Ost-Verbindungsweg quer zu den zum Meer fließenden Flusssystemen durch alle Epochen nachspürte. (Jülich war dort ebenfalls mit Beiträgen vertreten.)

Der Reiz des vorliegenden Buches liegt sicherlich in der Sicht von außen auf Deutschland bei gleichzeitiger Vertrautheit, wie sie die Autorin als langjährige Auslandskorrespondentin von Zeitungen wie »Times« oder »Independent« einbringen kann. So konstatiert die ehemalige Austauschschülerin Clough zwar einerseits, dass im öffentlich wahrnehmbaren Bewusstsein ihres Gastlandes »die deutsche Geschichte scheinbar erst in den späten 1940er Jahren begonnen« hat, andererseits lobt sie »diese unglaublich entspannte, demokratische Atmosphäre in den Klassenzimmern« (S. 10). Und während in Deutschland noch häufig der Witz von »Hier wächst zusammen, was nicht zusammen gehört.« die Runde macht, helfen ihr die mit der Straße verbundenen »Ereignisse, Menschen, Ideen und Mythen« (S. 20) zu verstehen, »dass bei allen Verwerfungen, Umbrüchen, Teilungen und Zäsuren die Geschichte Deutschlands und der Deutschen letztendlich doch ein gemeinsames Ganzes ergibt« (S. 22). An vielen Stellen spürt man eine große Empathie mit den Deutschen, die schon ihre Mutter sie in Bombennächten nicht grundsätzlich zu hassen lehrte (S. 47). Sympathie mit einem Deutschland, das vielen britischen Kollegen zu langweilig erscheint, weil man dort angeblich versucht, »Konflikte und Dramatik möglichst zu vermeiden« (S. 29).

Von Aachen kommend, trifft die Autorin in Jülich auf die römische Vergangenheit und der Leser nahezu auf den Originalton der Jülicher Museumsführung (S. 33f.): »Ein Halt in Jülich ist wichtig, hier lernen wir unsere ältesten Reisegefährten kennen, und wir können einen Eindruck davon gewinnen, wie der Weg vor 2000 Jahren ausgesehen hat. Jülich, das damals Iuliacum hieß, war ein wichtiger Ort an der großen Römerstraße, die von Gallien an den Rhein führte. In Jülich gabelte sie sich. Ein Weg führte direkt nach Osten, in Richtung Köln, der andere nordöstlich hin zum Castrum Novaesium, dem heutigen Neuss. – Die Straßen wurden von römischen Legionären und ihren Hilfstruppen gebaut, das war ein Teil der Strategie, das nördliche Mitteleuropa zu erobern und zu beherrschen. Man fragt sich, wie diese Wege damals den einfachen germanischen Stämmen vorgekommen sein könnten – wahrscheinlich wie Erscheinungen aus einer anderen Welt. Denn Römerstraßen waren fünfundzwanzig Meter breit – fast so breit wie moderne Autobahnen –, solide gebaut, mit effizienter Drainage und meistens pfeilgerade. In der Mitte zog sich ein robuster, leicht gewölbter Streifen eines gestampften Kies-Sand-Gemisches für Kutschen und Karren entlang, und zu beiden Seiten gab es Sandbahnen für Pferde und anderes Getier [siehe hier Abb. 3]. Es gab stabile Brücken, Raststellen, wo Reisende pausieren oder übernachten konnten sowie Wegweiser und Meilensteine zur Angabe von Entfernungen. Entlang der Straßen befanden sich oft kleinere Ansiedlungen, Tempel und Gräber.

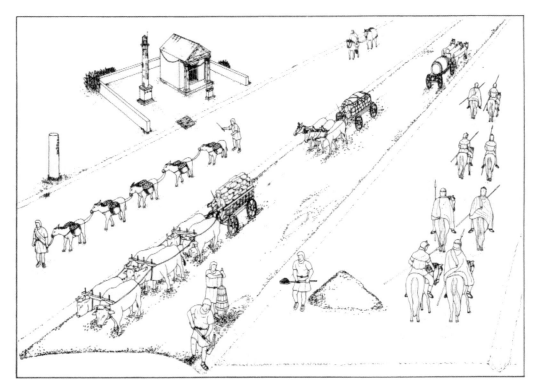

Abb. 3: Rekonstruktion einer römischen Straßenszene (Entwurf: Marcell Perse, Zeichnung: Mariola Najdul 1992).

Einen faszinierenden Querschnitt einer römischen Straße kann man im Museum von Jülich an einem raffinierten Modell bewundern. Es entstand anhand von Ausgrabungen im Zuge der Braunkohlenförderung in der Gegend. Aufgrund der verschiedenen Farben und Schattierungen der einzelnen Baumaterialien kann man die Schichten, die die ursprüngliche Römerstraße bildeten, erkennen sowie die folgenden Reparaturen und Verbesserungen an der Fahrbahnoberfläche und schließlich die später aufgebrachten Schichten [siehe hier Abb. 4]. Es ist ziemlich eindeutig, dass niemand im Straßenbau fähiger war als die Römer, bis im 19. Jahrhundert die Preußen kamen.

Diese Reste entstammen einem Straßenabschnitt zwischen Jülich und Köln und sind vermutlich erhalten, weil dieser über die Jahrhunderte am stärksten benutzt und deshalb wohl besser instand gehalten wurde. Die alte R 1 dagegen folgte in etwa dem nordöstlichen Abzweig nach Neuss, der nach der Römerzeit zunächst in Vergessenheit geriet. Hiervon sind keine Spuren mehr übrig bis auf einige Gräber und einen Stich aus dem 17. Jahrhundert, auf dem die Ruinen einer Römerbrücke zu sehen sind, die einmal das Flüsschen Erft überspannte und nun schon lange verschwunden ist.«

Mit letzten Bemerkung wird Bezug genommen auf zwei kolorierte Handzeichnungen (nicht Stiche) des 17. Jahrhunderts im Kartenbestand des Stadtarchivs Neuss (Abb. 5), wobei man hier nicht zum ersten Mal bedauert, dass der Charakter des Buches als literarische Reisebeschreibung ohne Zitate und Quellennachweise arbeitet, sodass man mancher Anregung mühsam nachspüren muss (vgl. Jürgen Huck, Neuss, der Fernhandel und die Hanse, Bd. 1, Neuss 1984, Taf. 1, Bd. 2, Neuss 1991, Taf. 6 und Heinz Günter Horn (Hrsg.), Die Römer in Nordrhein-Westfalen, Stuttgart 1987, S. 587). Was die verlorenen

Abb. 4: Lackprofil von 1990 der Römerstraße Köln – Jülich mit Kontinuität bis zur B 55 im Stadtgeschichtlichen Museum Jülich, Herstellung durch Rheinbraun (Foto: Hermann Mesch).

Spuren der Römerstraße nach Neuss betrifft, hat sich neuerdings etwas getan. Beim Erweiterungsbau der Fachhochschule Jülich auf der Merscher Höhe wurde bis Ende 2007 ein Abschnitt der römischen Kiestrasse Jülich - Neuss auf bislang 135 m Länge freigelegt (Grabung NW 2007/1038 Jülich Solarcampus der Firma artemus, Frechen, Stelle 9; Grabungsleiter J. Englert; vgl. einen Anschnitt im Tagebau Garzweiler: Surendra Kumar Arora, Die Römerstraße war auf dem Kolluvium erbaut, in: Archäologie im Rheinland 2001, Stuttgart 2002, S. 65-67 und den Luftbildbefund bei Pattern; siehe Marcell Perse, Auf der Suche nach einem Gründungsfaktor für Pattern, in: August Engel, 1100 Jahre Pattern, 893-1993. Geschichte und Geschichten der Dörfer Pattern und Mersch, Jülich 1993, S. 14-24), die aber deutlich schmaler und weniger gekiest war als die zur römischen Zeit Haupt-Route nach Köln. Bei 10 m Gesamtbreite von Graben zu Graben bestand hier nur eine ca. 4 m breite Kiesbahn. Die »Alte Reichsstraße«, wie sie in Mersch als Straßenname noch überlebt hat, folgte der gleichen Richtung wie die römische Straße nach Neuss, wählte aber eine etwas andere Führung, so dass von keiner direkten Kontinuität zwischen Römerstraße und R 1 auszugehen ist, wie sie bei der B 55 Jülich - Köln bestand. Diese für die kulturtouristische Aufbereitung »Via Belgica« genannte Trasse Köln - Heerlen wies dagegen 25 m Gesamtbreite und einen 8-9 m breiten Kieskörper auf. (Eine Publikation zur »Via Belgica« ist als Band 18/2 der Reihe »Materialien zur Bodendenkmalpflege im Rheinland« 2008 erschienen).

Den Status als Bundesstraße hat die alte R 1 hinter Jülich schon lange verloren, weil ihre Funktion durch die parallele Autobahn übernommen wurde – bzw. neuerdings aufgrund der Autobahnmaut zum Unmut der Anwohner wieder als parallele LKW-Strecke missbraucht wird (vgl. z. B. Jülicher Zeitung Nr. 4, 5.1.2008, S. 15 »Jetzt reicht es uns endgültig«). Neben dem Straßennamen in Mersch erinnert noch in Jülich, wo die Neusser Straße die Stadt verlässt, ein Grenzstein an die alte Fernverbindung, der den Übergang von Gemeindegebiet zur Straßenunterhaltung des Reiches markiert (Abb. 6). Entsprechend dem Bedeutungsverlust der Fernstraße säumen aufgegebene Gaststätten und Fernfahrerkneipen die Straße – das Königshäuschen am Aldenhovener Berg und das abgerissene Haus Hesselmann an der Rurbrücke in Jülich sind nur zwei von vielen.

Richtung Neuss stößt die Straßensuche auf den Braunkohletagebau Garzweiler, wo man ihre Spur zumindest noch an der Zufahrt zu einem Aussichtspunkt mit Beschilderung »Alte B 1 gesperrt« erkennt. Die Spur hinter dem Tagebau wieder aufzunehmen gestaltet sich heute als Sucharbeit. »In Fürth, einem Dorfe halbwegs Düsseldorf«, wo der in Jülich geborene Landschaftsmaler Johann Wilhelm Schirmer

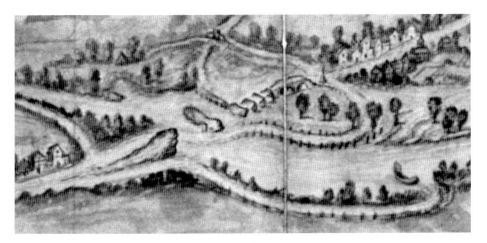

▲ Abb. 5: Reste der Römerbrücke über die Erft. Detail einer Handzeichnungen des 17. Jahrhunderts (Foto: Stadtarchiv Neuss).

▼ Abb. 6: Grenzstein an der Ostseite der Neusser Straße, am südlichen Fuß der Bahnunterführung, mit den Inschriften »REICH« und »GEM[einde]« (Basalt, behauener Bereich 27 x 32 x 15 cm, Höhe über Erde 53 cm) (Fotos: Marcell Perse).

Anfang März 1825 bei seinem Fußmarsch zur Kunstakademie Düsseldorf seine Mittagspause einlegte »um bei einem Glase Bier die verschiedenen Viktualien zu probieren, womit die herzliche Mutter meine Taschen so gut versorgt hatte« (Die Lebenserinnerungen des Johann Wilhelm Schirmer. Bearb. Von Paul Kauhausen, Krefeld 1957, S. 29), markiert eine aufgelassene Tankstelle das Wiedereinsetzen der alten Straße. Die Bebauung geht nahtlos in den Ort Elsen über (S. 37f.), dessen Bedeutung als Niederlassung des Deutschen Ordens man ihm heute nicht mehr ansieht (vgl. Cornelia Schulte, Der Besitzatlas des Deutschen Ordens in Elsen. Die kartographische Erfassung der Reichsherrschaft Elsen des Deutschen Ordens 1759-1761, Grevenbroich 2000). Für die Fragestellung »Wo beginnt der Osten?« ist das Thema Deutscher Orden natürlich sehr passend und spielt im Verlauf der Straße noch eine entscheidende Rolle (S. 167ff. »Kreuzritterland«). Die ebenfalls in Straßennähe gelegene Deutschordenskommende Aldenhoven-Siersdorf hätte sich hier gut eingefügt, zumal von ihr noch mehr erhalten ist (wenigstens momentan noch).

Johann Wilhelm Schirmers Vorliebe für den Wald muss man als Engländer wohl als typisch deutsch empfinden, wenn man dem von der Autorin aus ihrer Studienzeit erinnerten Satz liest (S. 52): »Sie werden die Deutschen nie verstehen, bevor Sie nicht ihr atavistisches, fast schon mythisches Verhältnis zu ihren Wäldern verstehen« – auch wenn Wald in Dichtkunst, Märchen, Volksliedern, Musik und Malerei »allgegenwärtig« ist und es Wanderer und Umweltschützer gibt, erscheint einem Leser, der von Tagebauen mit Restwaldsaum umgeben ist, diese Aussage doch fern. Sich als Objekt einer vereinfachenden Weltsicht zu erkennen, die bei den Deutschen aufgrund der Zäsur der Schlacht im Teutoburger Wald 9 n. Chr. nicht nur eine andere Sprachentwicklung als bei den romanischen Nachbarn sieht, sondern eine lange historische Prägung als naturverbundenes und waldliebendes Naturvolk konstatiert, ist eine unerwartete Außensicht (S. 57) – aber unsere eigenen europäischen Auslandsvorstellungen funktionieren schließlich auch nicht anders! Über das »leicht peinliche« Hermannsdenkmal (S. 59) landen wir schließlich beim »Legendenjäger« in Braunschweig (S. 69ff.). Mit Versöhnungsarbeit in der Schulbuchredaktion anzusetzen ist ein höchst spannendes und leicht zu unterschätzendes Thema. Im Klassenzimmer werden viele Werte und Einschätzungen bewusst und unbewusst geeicht – durch Aussagen wie Auslassungen gleichermaßen. Was hier von deutsch-polnischer »Entschuttung« im Schulbuch berichtet wird, lässt an viele offene Baustellen denken: von der EU geförderte Schulbücher in palästinensischen Schulen wurden vor einiger Zeit zum Skandal, weil solche Arbeit dort nicht geleistet war und Feindbilder weiter anerzogen werden. Und welche Ergebnisse würde wohl die spannende Untersuchung europäischer Schulbücher auf das Bild der Nachbarn hin ergeben? Unverständlich nur, wie nach so einem Kapitel der Autorin auf späteren Seiten eine Formulierung wie »unsere [englischen] Mythen beschränken sich wenigstens auf Bücher und Klassenzimmer« passiert. – Mythenverbreitung kann man nicht beschränken, darum ist die Arbeit daran im Vorfeld der Schulverwendung ja auch so wichtig!

Historische Meilensteine sind augenfällige Zeugen für die Geschichte einer Straße. Gerade auf der Strecke Jülich - Aldenhoven sind einige Beispiele preußischer Meilenzeiger präsent. An der historischen Meilensteinstation am Fuße der Sophienhöhe sind sie sogar thematisiert und erläutert (Wolfgang Gaitzsch, Römische Straße und preußische Meilensteine vor der Sophienhöhe bei Jülich [= Rheinische Kunststätten, H. 375], Neuss 1992). Als markantes Element ist man hierzulande die Darstellung des preußischen Adlers auf den Obelisken für ganze Meilen gewohnt. In Ostdeutschland sind es jedoch »stolze Obelisken mit kunstvollen Inschriften und dem charakteristischen Signalhorn der preußischen Post« (S. 77). Wen diese Denkmälergattung näher interessiert, sei auf die Internetseite www.forschungs-gruppe-meilensteine.de mit integrierter Datenbank verwiesen (siehe hierzu auch: Landesbetriebe Straßenwesen Brandenburg [Hrsg.], Chausseen – Alleen – Meilensteine – Chausseehäuser. Zeitzeugen der wirtschaftlichen und kulturellen Entwicklung Brandenburgs und Berlins, Hoppegarten 2008). Man unterscheidet nämlich grundsätzlich zwei Arten von preußischen Meilensteinen: Postmeilensteine und Chausseemeilensteine. Ursprünglich wurden die Steine unter Verantwortung der Postverwaltung aufgestellt, speziell im östlichen Brandenburg und dem heute polnischen Gebiet. Ab 1814 kamen die Meilensteine dann unter die Verantwortung der Chausseebauverwaltung, die entsprechend in der ab 1815

Abb. 7: Im Garten von Max Liebermann am Wannsee, die nach Gemälden des Künstlers rekonstruierte »Birkenallee nach Westen« (Foto: Marcell Perse).

neuen preußischen Rheinprovinz die Errichtung übernahm. Daher tragen die älteren Steine z.T. das Posthorn und die jüngeren und alle rheinischen den heraldischen Adler (Auskunft Wolfgang Fredrich, Vorsitzender der o.g. Forschungsgruppe).

In Berlin beschreibt die Autorin zwei eindrückliche Orte, die poetische Bildsymbole für die Straßengeschichte liefern. Die erst 2006 wiedereröffnete Villa von Max Liebermann (1847-1935) am Wannsee – unweit des Ortes der unseligen Wannsee-Konferenz, die zum dunkelsten Kapitel der Geschichte an der Straße gehört, weil hier 1942 der Holocaust an den europäischen Juden endgültig beschlossen wurde – zeigt nicht nur einen Querschnitt seiner Werke, sondern präsentiert auch den aufgrund dieser Gemälde und alter Pläne rekonstruierten Garten des Malerfürsten (S. 113). Darin ist auch der symbolische Widerstreit zwischen Wegeplanung und Naturraum in Szene gesetzt: Ein gradliniger Weg, der nicht nur gesäumt sondern auch überschnitten wird von einer Birkengruppe, die schon vorher da war – und jede Wegeführung, die verfällt, auch wieder überwachsen wird (Abb. 7). Die andere Stelle ist die Berliner Staatsbibliothek nahe dem Potsdamer Platz. Dort sperrt sich die Architektur von Hans Scharouns Staatsbibliothek gegen den historischen Nachvollzug des Straßenverlaufes, da sie »wie ein gestrandeter Ozeanriese quer über der alten R 1 liegt« (S. 119). Sicherlich ist dies ein markanter Ort der Straßenveränderung, aber dem Leser aus dem rheinischen Braunkohlenrevier wird doch fremd bleiben, dass für die Autorin diese Umwidmung der ehemaligen Straßentrasse in ein Baugrundstück tatsächlich eine bedeutungsschwerere Zäsur darstellt als selbst das »Verschwinden im Tagebau«. Im Buch sieht man diesen Ort nur mit den Worten der Autorin aus deren Innensicht. Die Planung des Architekten Renzo Piano für den Marlene-Dietrich-Platz, das heutige Ende der Alten Potsdamer Straße, lässt bewusst im Bereich der

ehemaligen R 1 eine Lücke zwischen den modernen Baublöcken, »durch den man von Osten die Rückseite der Staatsbibliothek erkennen kann. Zwei dort zur Verzierung aufgestellte gewaltige Felsbrocken scheinen Scharouns bewusste Blockierung der alten Straße nur noch zu unterstreichen.« (S. 121). Ein Foto mag diesen Vergleich der Monumentalität des Hochbaues mit der Tiefbau-Monstrosität der Braunkohle-Tagebaue ergänzen und ggf. relativieren (Abb. 8).

Unbestreitbar ist die Straßengeschichte mit dem Thema Krieg verbunden. Für einen deutschen Leser erstaunlich sind die Sätze der Autorin, die sich dafür explizit als »Ausländerin« bezeichnet (S. 149): »In einem anderen Land würden Soldaten, die ihre Hauptstadt vor der Invasion eines Feindes verteidigen, ganz natürlich als Helden gefeiert und mit einem Denkmal geehrt werden. Kein Zweifel auch, dass viele der deutschen Soldaten, die tapfer bei Seelow kämpften, dies für ihre Frauen und Kinder taten und für ihr Land. Doch weil

Abb. 8: »Bei aller schlechten Behandlung, die die alte R 1 ertragen musste – Vernachlässigung, Aufgabe, Degradierung, Verschwinden im Tagebau, Zerschneiden durch mehrere Grenzen inklusiv der Berliner Mauer – wurde sie doch nirgends (soweit mir bekannt ist) tatsächlich in ein Baugrundstück verwandelt – außer hier, mitten im Herzen von Berlin.« Die Blockierung der Alten Potsdamer Straße durch das Ensemble des Marlene-Dietrich-Platzes und die Nationalbibliothek wird zum Nabel von Cloughs Straßenschilderung (S. 119) (Foto: Marcell Perse).

dies so vollkommen untrennbar verbunden ist mit einem kriminellen Regime, das den Krieg begonnen hat, konnte ihr Opfer nicht gewürdigt werden. Diese Tatsache ist meiner Ansicht nach eine der Tragödien des letzten Jahrhunderts – die so lange einer natürlichen, gesunden Zuneigung zum eigenen Land, zur eigenen Nation im Weg gestanden hat. Jemand von außerhalb kann die Deutschen um ihr schwieriges Verhältnis zu ihrem Vaterland nicht beneiden.« Diese differenzierte Sicht hat den Mut zum schmalen Grat, genauso wie beim Nachdenken über den »kollektiven Wahnsinn« der zum Holocaust führte, wo der Leser beim Mustern der banal-normalen Täterfotos einem nachdenklichen »Wir selbst könnten es sein« begegnet (S. 178). »Was hätten wir getan, wenn wir damals in Deutschland gelebt hätten?«

Die Reise geht schließlich bis zur neuen EU-Ostgrenze und zur russischen Enklave Kaliningrad (Königsberg), wo der Osten trotz aller Umbrüche stark zu empfinden ist. Der geplante Ausbau der alten, nie fertig gestellten Reichsautobahn 3 zeigt, dass Straßenbau auch weiterhin hohe Politik ist. Der Weg der Gedanken und Lebensarten bleibt spannend. – Auch wenn der Leser akzeptieren muss, dass Details eben nicht immer die Hauptrolle spielen – »die alte Reichsstraße führte höchstwahrscheinlich durch die Stadtmitte« Magdeburgs (S. 81) – und es keine Abbildungen im Buch gibt, selbst wenn ein Foto in einer Passage die Hauptrolle spielt (S. 142): Man liest neugierig weiter. Natürlich wäre z. B. ein Bild des Wegweiser-Parks von Witnica mit seiner progressiven Integration der Vergangenheit der Vertriebenen aller Seiten eine reizvolle Ergänzung. Aber vielleicht fordert gerade die Beschränkung auf Schrift weitere Recherchen des Lesers heraus. »Ich habe vieles gelernt, was ich noch nicht wusste.« Dieses Resümee der Autorin über ihre Reise ist ein guter Schlusssatz (S. 217). Seien es so Details wie, dass der Bundesrat an der Stelle des Elternhauses von Felix und Fanny Mendelssohn-Bartholdy steht (S. 133), oder dass der Nobelpreis für Literatur 1905 an Henryk Sienkiewiczs ging, dessen lesenswerten Roman »Krzyacy« (Die Kreuzritter) von 1900 heute kaum einer kennt; oder, dass die Lektüre von Cloughs Buch wie selbstverständlich eine breite Kenntnis von Kunst und Literatur voraussetzt – bzw. dazu reizt, diese aufzubessern: Vielleicht steht man selbst wie die Autorin »zum ersten Mal den Gemälden Anselm Kiefers« gegenüber (S. 118), und lässt sich zur Lektüre von Johannes Borowskis »Levins Mühle« von 1964 verlocken, der als DDR-Autor im Westteil Deutschlands zu Unrecht unbekannt geblieben ist (S. 164). – Das Buch ist eine europäisch-anregende Lektüre.

Marcell Perse

Hans Georg Kirchhoff, Grevenbroich – Die Stadtgeschichte. Von der Vorzeit bis zur Französischen Revolution. Unter Mitarbeit von Jost Auler (= Beiträge zur Geschichte der Stadt Grevenbroich, Bd. 17), Grevenbroich: Geschichtsverein für Grevenbroich und Umgebung e.V. 2006.
275 S., zahlr., nicht gezählte s/w-Abb. u. 3 kolorierte Karten, 15,- EUR.

Mit dem anspruchsvollen Titel »Grevenbroich – Die Stadtgeschichte« legt der Geschichtsverein die erste »umfassende Stadtgeschichte« (S. 7) der erst seit 1975 im heutigen Umfang bestehenden Stadt vor. Warum man sich dabei auf die Zeit »bis zur Französischen Revolution« – laut Text bis zum »Zeitalter des Barock (1650-1794)« beschränkte und somit gerade nicht *die* Stadtgeschichte, sondern nur ihren virtuell ersten Band vorlegte, geht weder aus dem Vorwort des langjährigen Vereinsvorsitzenden, Rechtsanwalt Dr. Schmitz (S. 7), noch aus der Einleitung der beiden Autoren (S. 9) hervor, könnte aber am relativ hohen Alter des Hauptautors, der beim Erscheinen des Buches 76 Jahre alt war, liegen oder daran, dass sein Forschungsschwerpunkt nicht im 19. und 20. Jahrhundert liegt.

Im 1. Teil stellt der als freiberuflicher Archäologe in seiner Heimatstadt Dormagen wirkende J. Auler, M.A. (geb. 1958) »Archäologische Zeugnisse von den Anfängen bis ins Mittelalter« (S. 11-42) dar. Nach einem Abriss des Forschungsstandes gibt er einen Überblick über die Alt-, Mittel- und Jungsteinzeit, die Bronze- und die vorrömische Eisenzeit und behandelt anschließend die römische Kaiserzeit (wobei ausschließlich der Hausbau dargestellt ist) und das Frühmittelalter, das er im 13. Jahrhundert (!) enden lässt; eine Zusammenfassung beschließt die Darstellung, die mit 23 nummerierten Abbildungen illustriert und mit Anmerkungen versehen ist. Leider werden die 1991 in »Archäologie im Rheinland« publizierten römischen Funde aus dem Elsbachtal (Wasserleitung) nicht zur Sprache gebracht (weshalb diese Reihe auch im Literaturverzeichnis fehlt). Bei der Darstellung zur viel zitierten Niederungsburg Althochstaden (»Husterknupp«) fehlt der Hinweis auf die jüngst erfolgte Neudatierung durch Reinhard Friedrich (Rheinische Ausgrabungen, Bd. 44, 1998), wonach die Entwicklung von der »Flachsiedlung« der zweiten Hälfte des 10. Jahrhunderts über die »Kernmotte« der ersten Hälfte des 11. Jahrhunderts bis zur endlichen »Hochmotte« seit der Mitte des 11. Jahrhunderts verlief.

Im 2. Teil behandelt der derzeit beste Kenner der Geschichte des Kreises Neuss H. G. Kirchhoff (geb. 1930), der lange Jahre auch Mitglied des Kreistages bzw. des Grevenbroicher Stadtrates war und ab 1966 Professor für Landesgeschichte und Geschichtsdidaktik an der PH und späteren Universität Dortmund war, die eigentliche Stadtgeschichte »Von der Frankenzeit bis zur Französischen Revolution« (S. 43-153). Dabei bemüht er sich, »auch für nicht fachwissenschaftlich vorgebildete Leser verständlich zu schreiben und keinen Fachjargon zu verwenden.« Wie niedrig er den Bildungsstand der Leser ansetzt, geht aus dem oft seht vereinfachend erläuternden Glossar (S. 263-264) hervor, in dem auch Begriffe wie »Adel«, »Barock«, »Burg«, »Frühmittelalter«, »Hochmittelalter« und »Terrasse« neben Fachbegriffen wie »familia«, »Kurmede« oder »Vogtei« zu finden sind. Offenbar mit Rücksicht auf diesen Leserkreis, der sonst höchstens Zeitungen liest, wurde das Buch zweispaltig gesetzt. Den Anfang macht »das römische Erbe« (S. 43-52), wobei der Verf. auch den Boden, das Wasser, Namen und Sprache behandelt. Der Name der Stadt selbst (der kein römisches Erbe, sondern germanisch ist) wird erst S. 74 erklärt. Bei dem letzten Abschnitt »Die Gillbach« hätte man sich eine Erklärung gewünscht, wieso es »die«, nicht »der« Bach heißt. (Es muss sich um eine gesamtfränkische Besonderheit handeln, denn auch im Rheingau und in Mainz sagt man noch heute, besonders in der älteren Generation, »die Bach«, vor allem, wenn alles »die Bach enunner« läuft, d.h. immer schlechter wird oder verkommt; zum wechselnden Geschlecht von »Bach« siehe auch das Grimmsche Wörterbuch, online, Bd. 1, Sp. 1057).

Es folgt »Die Fränkische Zeit (450-900)« (S. 53-62), beginnend mit der Landnahme, den fränkischen Gauen, dem Gillgau im besonderen, über die Christianisierung und die Missionare (besonders Willibrord) bis zu den fränkischen Dörfern um 800.

Anschließend wird »Das Hohe Mittelalter (900-1250)« behandelt (S. 63-90): Politische Strukturen, Grundherrschaften, Landgerichte und Immunitäten, die Dynasten, Broich und Kessel, Burg und Dorf Broich, die (Grevenbroicher) Stadtgründung (dass der Verf. dabei »oppidum« mit »Stadt« gleichsetzt, ist schlicht und ergreifend falsch!), der Übergang Grevenbroichs an die Grafschaft Jülich. Da die Herrschaft Dyck im Stadtgebiet Besitzungen hatte, wird sie hier mitbehandelt. Obwohl es S. 251ff. eine eigene Stadtteilgeschichte gibt, werden hier bereits Elsen und die Grafen von Hochstaden beschrieben, wobei ein ausführlicher Exkurs (S. 80-85) dem Kölner Erzbischof Konrad v. Hochstaden als »Sohn Grevenbroichs« gewidmet ist. Es folgen Hülchrath, Wevelinghofen und das Jülicher Amt Grevenbroich.

Unter »Die Kirche« (S. 91-99) werden siebzehn (Pfarr-)Kirchen aufgezählt und kurz beschrieben; es folgen »Die Klöster«, namentlich Langwaden, das Grevenbroicher Wilhelmitenkloster, das zur Blütezeit des Ordens das Hauptkloster der deutschen Ordensprovinz mit achtzehn Niederlassungen war (dass die abgebildete, schlecht lesbare Inschrift ohne Jahreszahl »Favente Deo Beaufaux« »einen Neubau des Klosters im 16. Jahrhundert« »beurkundet«, kann man nur wissen, wenn man weiß, dass der Name B. einen Prior dieses Jahrhunderts bezeichnet), das im 15. Jahrhundert von Franziskaner-Tertiaren besiedelte Welchenberg (Franziskaner-Tertiaren sind keine Mönche!), St. Leonhard zwischen Gustorf und Garzweiler und die Klause in Hemmerden. Ein weiteres Kapitel ist den Juden gewidmet (S. 100-101), die in Hülchrath eine Synagoge, allerdings erst seit 1875(!) besaßen…

»Das Späte Mittelalter (1250-1500)« wird S. 102-113 behandelt, wobei die sehr kursorische Darstellung weit über das Stadtgebiet hinausgeht. Darin findet sich der für *die* Stadtgeschichte betreffend Hülchrath bemerkenswerte Satz: »Die Geschichte der ehemaligen Stadt Hülchrath ist so kompliziert, dass sie einer besonderen Untersuchung bedarf«!

Es folgt »Das Zeitalter der Glaubenskämpfe (1500-1650)« (S. 114-133), das viel allgemeine (religions-)politische Geschichte des Erzstifts Köln und des Herzogtums Jülich enthält und u.a. den Kölner Krieg 1582-1589, den jülich-klevischen Erfolgestreit und den 30jährigen Krieg behandelt.

Den Abschluss bildet »Das Zeitalter des Barock (1650-1794)« (S. 153), das sich allerdings nicht auf die

Kunstgeschichte beschränkt, sondern weitgehend politische Geschichte bietet; »Barocke Kirchen und Klöster« sind auf knapp einer Seite behandelt. Dafür ist ein ausführlicher Exkurs dem aus Grevenbroich stammenden Zisterzienserabt von Alten-Kamp, Franz Daniels (1692-1749), gewidmet (S. 147-153), der wohl ein Sohn des Grevenbroicher Vogts war. »Vermutlich« trat er zunächst in das Grevenbroicher Wilhelmiten-Kloster ein, das ab 1628 zisterziensisch war – eine reine Spekulation, denn Daniels war schon mit 26 Jahren, also 1618, Pfarrer in Rheinberg, das von Kamp aus betreut wurde. Ansonsten wird reine Klostergeschichte geboten, die in diesem Umfang in einer Grevenbroicher Stadtgeschichte wenig sinnvoll erscheint.

In einer eigenen, alphabetisch geordneten »Stadtteilgeschichte« (S. 155-262) bietet der Verf. all das, was im allgemeinen Teil nicht gebracht werden konnte, wobei sich Überschneidungen nicht vermeiden lassen. Bei einzelnen Orten geht die Darstellung bis in die 30er Jahre des 19. Jahrhunderts zurück. Nach einem allgemeinen Überblick, der auch das Stadtwappen erläutert und auf zwei Karten, die den Rhein-Kreis-Neuss und das Stadtgebiet von Grevenbroich nach der kommunalen Neugliederung von 1975 zeigen, beginnt die Darstellung mit **Allrath** (S. 158-161), das in der Auflistung S. 155 vergessen wurde, gefolgt von **Barrenstein** (S. 162-164), für das dasselbe gilt! Zu **Elfgen** (S. 165-166) wird im Inhaltsverzeichnis als Unterstichwort Belmen (dessen Pfarrdorf Elfgen war) ausgeworfen, das aber im Text mit keinem Wort erwähnt wird! Auch weist der Verf. nicht auf seine »Geschichte der ehemaligen Gemeinde Garzweiler« von 1989 (Schriftenreihe des Kreises Neuss, Bd. 16) hin, in der er Elfgen mitbehandelt. Es folgt, ausführlicher, die ehemalige Reichsherrschaft **Elsen**, die seit 1263 im Besitz des Deutschen Ordens war (S. 167-176). Leider wird nicht gesagt, zu welcher Ordenskommende es gehörte oder ob es direkt dem in Köln residierenden Landkomtur der Ballei Koblenz unterstand. Bei der auf S. 168 abgebildeten und auf S. 169 ausführlich beschriebenen Karte Elsens von 1536 wird erwähnt, dass sie erst vor wenigen Jahren »im Archiv des Reichskammergerichts« gefunden wurde. (Die Angabe einer Signatur oder zumindest der Hinweis auf den entsprechenden Inventarband wäre nicht falsch gewesen; vgl. z. B. Hans-Joachim Behr und Franz Josef Heyen [Hrsg.], Geschichte in Karten, Düsseldorf 1985, S. 243, Abb. 191 u. S. 288; die Karte befindet sich im Landeshauptarchiv Koblenz, Best. 202, Nr. 9557.) Bei **Frimmersdorf** (S. 177-179) wird auf eine über das Hochmittelalter hinausführende Darstellung verzichtet, da dazu inzwischen Bd. 16 der Grevenbroichen Beiträge vorliegt – eine etwas seltsame Begründung, die den Anspruch, *die* Stadtgeschichte zu sein, weiter herabsetzt; allerdings wird zusätzlich S. 179 weiterführende Literatur genannt. Auf **Gilverath** (S. 180-183) folgen die Stadtbefestigungen von **Grevenbroich** (S. 184-194). Ausführlich wird auch **Gustorf/Gindorf** dargestellt (S. 195-202), das Anfang des 18. Jahrhunderts durch den Torfabbau zu erheblichem Wohlstand gelangte. Bei der schwer zu deutenden Bedeutung des erstmals 1066/80 erwähnten Ortsnamens lässt der Verf. die Möglichkeit außer acht, dass es sich bei dem Anfangsbuchstaben um ein jotiertes »G« handeln könnte (bei dem abgebildeten Schriftstück handelt es sich nicht um eine »Urkunde«, sondern um ein Urbar!). Es folgen **Hemmerden** (S. 203-209) und **Hülchrath** (S. 210-226), wobei es u. a. um die Frage geht, wo Alt-Hülchrath lag, und ob es im Kölner Krieg (1583) zerstört wurde. Danach kommen **Kapellen** (S. 227-228), **Laach** (S. 229-232) und **Neuenhausen** (S. 232-244). Ausführlich wird die Namensherkunft und -bedeutung von **Welchenberg** (S. 245-247) behandelt. Den Abschluss bildet **Wevelinghoven** (S. 248-262), in dessen Ortsgebiet sich u.a. drei Burgen befanden.

Das dankenswerterweise beigegebene Ortsregister (S. 272-274) ist leider nicht vollständig.

Fazit: Es handelt sich zwar um eine, von einigen Einzelheiten abgesehen, zuverlässige Arbeit, wofür schon der Name der beiden Autoren bürgt, die aber keine zusammenhängende Darstellung, sondern eher eine Chronik und keine Stadt*geschichte* ist. Da sie bewusst auf den historischen Laien zugeschnitten ist und entgegen der Behauptung im Literaturverzeichnis S. 265 für den Hauptteil keine Anmerkungen enthält, ist sie für wissenschaftliche Zwecke nur eingeschränkt geeignet. Dass man es auch anders machen kann, hat Peter Dohms bereits vor mehr als 20 Jahren in seiner Ortsgeschichte von Lobberich und 1991 in der von ihm leitend herausgegebenen Stadtgeschichte von Meerbusch gezeigt.

Das Literaturverzeichnis besteht, wenn ich richtig zähle, aus 113 Titeln, die aber nur annähernd die wesentliche Literatur umfassen. Bei den »Regesten der Erzbischöfe von Köln« sind unverständlicherweise nur die früheren, von Knipping und Oediger herausgegebenen Bände genannt, nicht aber die von Wilhelm Janssen und Norbert Andernach (Abschlussband 2001) bearbeiteten. Paul Clemen wird im Text einmal erwähnt, sein Werk »Die Kunstdenkmäler der Rheinprovinz« fehlt aber mit dem Grevenbroich betreffenden Band. Des weiteren vermisse ich die Bonner Dissertation von Peter Koof »Die Entstehung der altjülichschen Städte«, die 1991 mit einem Vorwort von Edith Ennen und einer Einleitung von Wolfgang Herborn von der Joseph-Kuhl-Gesellschaft neu herausgegeben wurde (Forum Jülicher Geschichte, Bd. 2), die 1988 erschienene Bonner Dissertation von Heinz Andermahr, Graf Gerhard VII. von Jülich (1297-1328), der 1304 Burg und Herrschaft Grevenbroich aus dem Erbe der Grafen von Kessel an sich brachte, Dieter Schlangen, Grevenbroicher Postgeschichte. Von der Thurn- und Taxisschen Post zur Deutschen Post AG, Grevenbroich-Elsen 2000 und den 1985 in der Festschrift Severin Corsten (Annalen des Historischen Vereins für den Niederrhein H. 188) S. 61-90 erschienenen Aufsatz von Wilhelm Janssen, der ausgehend von Grevenbroich das »Verhältnis von Pfarrorganisation und Stadtbildung« in der spätmittelalterlichen Erzdiözese Köln behandelt. Für Hülchrath sind zwar die 1913 von Hermann Aubin herausgegebenen Weistümer genannt, doch hätte mit Hinblick auf die Zielgruppe der Arbeit der 1996 bei Droste in Düsseldorf erschienene Nachdruck erwähnt werden sollen; für Wevelinghoven wäre der 1999 erschienene, von Karl Emsbach herausgegebene Bd. 4 der »Lebensbilder aus dem Kreis Neuss« zu ergänzen, der u. a. den Freiherrn Florenz d. J. v. Wevelinghoven (14. Jahrhundert) darstellt.

Hugo Altmann

Henning Stilke, Mittelalterliche keramische Münzschatzgefäße aus dem Rheinland (= Kunst und Altertum am Rhein. Führer des Rheinischen Landesmuseums Bonn und des Rheinischen Amtes für Bodendenkmalpflege, Bd. 143), Köln: Greven Verlag 2003.
136 S., 65 Abb., ISBN 3-7743-0348-7, 19,90 EUR.

Der Titel des Buches lässt durch die Kombination der für Datierungsfragen wichtigen Fundgattung Münzen und Gefäßkeramik neue Anregungen zur absoluten Chronologie rheinischer Töpferwaren erwarten. Dabei sind zwei Termini definitionsbedürftig. Zum einen »mittelalterlich« und dann »Rheinland«. Ein Zeitstrahl mit Eintragung der Verbergungsjahre (S. 28, Abb. 11) steckt einen Rahmen vom 10. bis zum Beginn des 16. Jahrhunderts (Terminus post quem von 983 bis 1502) ab, wobei für das 11. Jahrhundert kein Beleg vorliegt. Die im Laufe der Bearbeitung veränderte Abgrenzung des Arbeitsgebietes (S. 7 u. Abb. 1) ging ursprünglich vom Bestand des Rheinischen Landesmuseums Bonn aus, um dann nach Westfalen und punktuell bis in den Moselraum ausgeweitet zu werden. Schwerpunkt bleibt jedoch das Gebiet des Landschaftsverbandes Rheinland als Träger des Rheinischen Landesmuseums und des Rheinischen Amtes für Bodendenkmalpflege. So kommen vierzig Fundkomplexe zur Bearbeitung, darunter Funde aus Oberzier (Nr. 31; nach 1427) sowie die nur 20 m auseinanderliegenden und vielleicht zusammen zu sehenden Funde aus Selgersdorf und Krauthausen (Nr. 36/37; beide nach 1449). Diese sind in der neueren lokalgeschichtlichen Forschung bislang noch zu wenig wahrgenommen worden. (Detailliertere Beschreibung des Selgersdorfer Fundes bei Steilberg, in: Zeitschrift des Aachener Geschichtsvereins, Bd. 53 [1931], S. 215; dort auch Literaturhinweise zu den Funden in Krauthausen und Oberzier; siehe auch Rur-Blumen. Beilage zum Jülicher Kreisblatt, nr. 7, 18.02.1933, S. 51.)

Sehr erhellend, wenn auch ernüchternd im Hinblick auf eine wünschenswert breite und objektive Erfassung archäologischer Quellen, ist die Darstellung der Forschungsgeschichte (S. 10-13). Der Filter durch die subjektiven Vorlieben und Möglichkeiten der Forscher tritt klar hervor – schon in der Einleitung als »Forschungsschwerpunkt der Fachvertreter« sehr neutral benannt. Man mag diesen Faktor andererseits auch als Ermutigung verstehen, welche Erkenntnismöglichkeiten das zielgerichtete Engagement und die Gewissenhaftigkeit Einzelner in der Archäologie generieren können. So wird z. B. die Leistung Wilhelmine Hagens am Münzkabinett des Rheinischen Landesmuseums immer wieder positiv hervorgehoben. Für den Stadtbereich Jülich sind neben dem unten näher behandelten Münzschatz Grünstraße nicht nur keine weiteren Schatzfunde, sondern auch kaum mittelalterliche Münzfunde überhaupt dokumentiert. Sicherlich waren die nicht so tief gelegenen mittelalterlichen Schichten häufig schon durch frühneuzeitliche Kellereinbauten gestört, aber das primär auf die römische Zeit gerichtete Forschungsinteresse tat sein Übriges, das Mittelalter im Dunkeln zu belassen. Lediglich eine Goldmünze des 15. Jahrhunderts, ein Schiffsnobel König Heinrichs VI. von England, ist ohne nähere Fundumstände beim Entschutten des Grundstückes Baierstraße 7 bekannt geworden (Museum Jülich, Inv.-Nr. MS 402/681).

Die Fundgattung der MünzSCHATZfunde weckt natürlich Erwartungen. Ihre Verbergung wird meist mit Extremsituationen wie Krieg und Unruhen verbunden, sodass sich die Frage nach dem historischen Kontext in den Vordergrund drängt. Hier bremst der Autor die Erwartungen. Die Arbeit beschränkt sich auf Fundkomplexe, von denen das Verbergungsgefäß bekannt, aus Keramik und erhalten ist, womit die Materialbasis nur vierzig Ensembles umfasst. Häufig wurden die Behältnisse in der Hysterie eines Schatzfundes vernachlässigt und sind darum verloren. Hauptziel der Arbeit sind aber die chronologischen Anhaltspunkte, welche die Münzschatzfunde für die rheinische Keramikentwicklung geben können. Da es eine umfassende Zusammenstellung aller Münzschatzfunde im Rheinland unabhängig von den Behältnissen jedoch bislang nicht gibt, kann die Frage nach dem historischen Verbergungsanlass unbeabsichtigt mit dem besonderen Interesse des Lesers rechnen. Wenn man sieht, welche historischen Bezüge schon aus dieser kleinen Gruppe von Münzfunden in bekannten Keramikgefäßen aufleuchten, kann man dieses Desiderat einer umfassenderen Arbeit zu den Münzschatzfunden allgemein – das seltsamerweise vom Autor nirgendwo ausdrücklich benannt wird (bisher nur listenmäßige Zusammenstellung bei Klaus Petry/Karl Weisenstein, Münzprägung und Geldumlauf in Mittelalter und früher Neuzeit. [= Geschichtlicher Atlas der Rheinlande, Beiheft VII/11-VII/12], Köln 2000, S. 55-69) – nur bedauern! So kann der Autor zeigen, dass die verschiedenen Geldrischen Erbfolgekriege des 14./15. Jahrhunderts eine Häufung der Münzschätze zur Folge haben (S. 28-31). Immerhin 23 der insgesamt vierzig bearbeiteten Fundkomplexe stammen aus diesem Zeitraum und fungieren sozusagen als Seismograph des konfliktreichen Werdens der Territorien am Niederrhein.

Aus der besonderen Attraktion der Auffindung eines Schatzes resultiert, dass aus dem Rheinland kein einziger Fund *in situ* dokumentiert ist, d. h. weitergehende archäologische Aussagen über die Fundstücke hinaus nicht möglich sind. Dies gilt leider auch für einen als Negativbeispiel genannten Fund aus Jülich (S. 11): »*Im Alltag der Bodendenkmalpflege und damit auch in der wissenschaftlichen Aufnahme und konservatorischen Behandlung der Funde wirkte sich weiterhin das Verhalten des Finders bestimmend auf den Fundanfall aus. Das verdeutlichen Fundmeldungen, die sich nicht wesentlich von denen des 19. Jahrhunderts unterscheiden. Dazu gehört beispielsweise ein Münzschatz der ersten Hälfte*

des 14. Jahrhunderts aus Jülich, der im Frühjahr 1953 in der Grünstraße bei Ausschachtungsarbeiten für einen Wohnblock zutage kam.« Der Fundkomplex wurde auseinandergerissen und die schönsten Stücke im Münzhandel verkauft. Dem Schatzgefäß und den näheren Fundumständen schenkte man keine Beachtung. Die Fundchronik in den Bonner Jahrbüchern vermeldet: »*Die Münzen sollen sich in einem Topf befunden haben, der zerbrochen wurde; die Scherben wurden nicht geborgen.*« (W. Hagen, Jahresbericht 1951-1953, in: Bonner Jahrbücher, Bd. 155/156 [1955/56], S. 585-589) Aufgrund des verlorenen Münzschatzgefäßes taucht der Fund im Katalog des hier besprochenen Buches nicht auf. Zum 100. Geburtstag des Jülicher Museums 2002 stand dieser Komplex als Nr. 37 der einhundert beispielhaft für die Jülicher Sammlung ausgewählten Museumsstücke

Abb. 1a und b: Jülich, Münzschatz Grünstraße. Markgraf Wilhelm V. von Jülich, Adlergroschen 1348-1356 und Dreikönigsgroschen 1336-1356, M. 1:1 (Fotos: Gerd Martin Forneck).

noch einmal besonders im Fokus des Interesses. Dem damaligen Museumsleiter Dr. Johannes Halbsguth war es 1953 zumindest gelungen, den im Münzhandel nicht direkt absetzbaren, schlechter erhaltenen Teil des Schatzfundes für die Jülicher Sammlung zu sichern. Im Münzkabinett des Rheinischen Landesmuseums Bonn konnten so immerhin noch 139 Münzen des 13. und der 1. Hälfte des 14. Jahrhunderts bestimmt werden. Die besondere historische Brisanz des Fundkomplexes ergibt sich aber aus der Schlussmünze, die als numismatische Rarität eine Odyssee durch Privatsammlungen antrat. Dem Koblenzer Numismatiker und Münzhändler Gerd Martin Forneck ist es zu verdanken, dass der in Jülich geprägte Adlergroschen nach den Bestimmungen des Rheinischen Landfriedensvertrages von 1348 und ein ebenfalls in Privatbesitz gelangter schöner Dreikönigsgroschen aus dem Schatz im Zuge des Jülicher Museumsjubiläums wieder zurückgewonnen werden konnten (Inv.-Nr. 2002/210 und 2004/132; hier: Abb. 1). Claudia Klages, die jetzige Leiterin des Münzkabinetts im Rheinischen Landesmuseum Bonn führt zu dem Adlergroschen aus: »Es wurde früh erkannt, dass es sich hierbei um eine der wenigen bekannten Münzen aus dem ersten rheinischen Münzvertrag handelt, sogar die einzige erhaltene aus Jülich (vgl. Petry/Weisenstein 2000 [wie oben], S. 18ff., besonders S. 28f. mit älterer Lit.; Schatzfund in Liste S. 60). Diese Münzen tragen einheitlich als Reichszeichen einen Adler. Der Vertrag wurde im Jahr 1348 für die Dauer von fünf Jahren zwischen dem Markgrafen von Jülich, den Erzbischöfen von Köln und Trier sowie dem Herzog von Luxemburg geschlossen. Da außer zwei Luxemburger Prägungen der Adlergroschen die späteste Münze im Jülicher Schatz ist, kann dieser also frühestens 1348 verborgen worden sein. – Obgleich die Münzen erst deutlich nach 1348 versteckt worden sein könnten, liegt es nahe anzunehmen, dass der Grund hierfür die verheerende Pest und die Judenpogrome zwischen 1348 und 1350 waren, denen über ein Drittel der Bevölkerung Europas zum Opfer fielen. Diese Annahme wird dadurch noch wahrscheinlicher, dass sich die Fundstelle des Schatzes im ehemaligen Judenviertel der Stadt Jülich befand.« Der Fundort im Bereich des Wohnblocks Grünstraße Nr. 21-27 liegt an der Westseite der Straße nördlich der Einmündung der Gerberstraße bis auf Höhe der Bocksgasse. In diesem Bereich befand sich zwischen 1350 und 1461 auch eine Synagoge (Friedrich Lau, Jülichsche Städte II. Jülich [= Publikationen der Gesellschaft für Rheinische Geschichtskunde, Bd. 29], Bonn

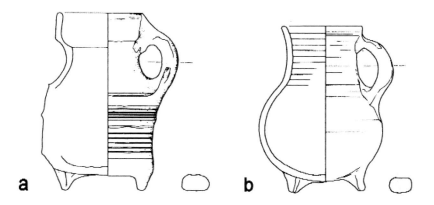

Abb. 2a und b: Jülich, Münzschatz Grünstraße. Zeichnungen der mutmaßlichen Schatzfundgefäße, zwei Becherkrüge aus engobiertem Faststeinzeug, 2. Hälfte 13. Jahrhundert (a – Inv.-Nr. XXV/6 mit rotbrauner matter Engobe, b – Inv.-Nr. XXV/13 mit braunlila glänzender Engobe), M. 1:3 (Zeichnung Renate Aierle).

1932, S. 163). Die überregionale Zusammensetzung des Münzspektrums deutet auf einen Fernhändler hin. Aufgrund der Indizien von Fundlage, Datierung und Herkunft der Münzen liegt die Interpretation als Versteckfund eines jüdischen Händlers nahe, der aufgrund der Pogrome daran gehindert wurde, sein Geld wieder zu bergen. Im Zuge der erneuten Bearbeitung des Fundensembles 2002 wurden in der Sammlung des Museums Jülich auch zwei mittelalterliche Keramikgefäße dokumentiert, die damals von der selben Fundstelle ins Museum gelangten (Inv.-Nr. XXV/6 u. XXV/13). Es ist eine verlockende Annahme, in diesen die vermissten Münzschatzgefäße zu sehen. Es handelt sich um zwei »Becherkrüge« aus Faststeinzeug mit unterschiedlicher Oberfläche, sogenannter Engobe (Abb. 2). Für beide charakteristisch sind der flache linsenförmige Boden und die drei lappenartigen Standbeine. Damit entsprechen die Gefäße einem Typ, der auch aus Jülicher Produktion sowohl mit stark gerifter als auch glatter Wandung und unterschiedlicher Engobe bekannt ist (vgl. Reinhard Friedrich, Die Keramik aus dem mittelalterlichen Stadtgraben von Jülich, in: Bonner Jahrbücher, Bd. 197 [1997], S. 191-228, hier: S. 205, Abb. 8, 67/68). Entsprechende Gefäße sind typisch für die 2. Hälfte des 13. Jahrhunderts. Sie kommen in Schinveld in Periode IV vor und auf dem Husterknupp ab Stufe IV, was ab 1244 bedeutet. Damit kämen beide Gefäße von ihrem zeitlichen Ansatz sehr gut als mutmaßliche Münzschatzgefäße in Frage. Beide weisen Beschädigungen auf, wobei vor allem das gerifte Exemplar stärker zerschert war und mit Ergänzungen zusammengesetzt ist, was der Beschreibung des zerbrochenen Fundgefäßes entspricht. Vom damaligen Museumsleiter Halbsguth wurde keine baubegleitende Beobachtung der Ausschachtungen für den Baublock an der Grünstraße im Frühjahr 1953 durchgeführt (wie es für viele andere Grundstücke belegt ist) und sein Zeitungsbericht (JVZ Nr. 83 vom 8.4.1954, S. 7) berichtet rückblickend ausdrücklich nur von der Entdeckung des Münzschatzes und nennt keine anderen Fundkomplexe. Es ist aber m.E. davon auszugehen, dass auch die beiden Gefäße vom Finder der Münzen akquiriert wurden und mit hoher Wahrscheinlichkeit dem Münzschatzfund zuzurechnen sind. Nach der Art von Fundortangaben im 1955 vom Kulturamt herausgegebenen »Verzeichnis der im römisch-germanischen Museum der Stadt Jülich ausgestellten Funde« ist für das Gefäß mit der gerifteten Wandung die Zuordnung durch die gleiche Wortwahl wie für die Münzfunde »Fundort: Grünstraße (Wohnblock)« mit an Sicherheit grenzender Wahrscheinlichkeit anzunehmen (Inv.-Nr. XXV/6). Das andere Gefäß mit dem trichterförmigen Rand, für das nur die Straße ohne Zusatz des Wohnblocks als Fundort angegeben

Abb. 3: Jülich, Münzschatz Grünstraße. Nachstellung des Münzschatzfundes mit wohl originalem Topf und den Hellern aus dem Fund (Foto: Christoph Fischer).

ist, könnte als zweites Behältnis dazu gehören, ist aber nicht so eindeutig zuzuordnen. Für die Zahl der bekannten Münzen hätte ein Gefäß wohl ausgereicht (Abb. 3).

Das Hauptaugenmerk der hier besprochenen Arbeit liegt auf der Keramik. Im Hinblick auf diese Intention wäre eine engere Verzahnung von Text- und Katalogteil hilfreich gewesen. Wo ein im Katalog aufgeführtes Gefäß im Text besprochen wird, muss der Leser suchen und die Ansprache der keramischen Warenart ist im Katalogteil nicht als Stichwort ausgewiesen, sondern in den beschreibenden Fließtext integriert. Das Manuskript des 2003 erschienenen Buches wurde im Juli 1998 abgeschlossen, sodass der Autor den Beitrag von Reinhard Friedrich über die hochmittelalterlichen Töpfereiprodukte aus Jülich von 1997 noch nicht rezipiert hat (Friedrich 1997 [wie oben]). Zu Recht beklagt der Verfasser, dass die Langerweher Töpfereiprodukte mangels Bearbeitung und Publikation bislang kaum bekannt sind (S. 59) und muss statt dessen auf die gut überblickbaren Produktionsphasen der Töpfereien um Brunssum-Schinveld in Südlimburg zurückgreifen. Entsprechende Gefäße können formengleich jedoch auch aus rheinischen Töpfereien wie z. B. Langerwehe oder Jülich stammen, die näher an den Fundorten liegen. NAA-Analysen könnten hier zukünftig Klarheit bringen (vgl. Hans Mommsen, Charakterisierung der hochmittelalterlichen Keramik aus Jülich durch Neutronenaktivierungsanalyse, in: Jülicher Geschichtsblätter, Bd. 69/70/71, 2001/02/03 [2004], S. 63-66).

Interessante Beziehungen zur Jülicher Töpferei ergeben sich von Katalognummer 9 des Buches, einer Faststeinzeugkanne aus einem Aachener Schatzfund, die sie vor 1244 datiert (S. 59). Ähnliche Gefäße wurden auch in Jülich hergestellt (vgl. Friedrich 1997 [wie oben], S. 201, Abb. 6, 35; 7, 47/48; 10,94/95). Bei dem Aachener Gefäß handelt es sich um ein Beispiel für schmale und wenig profilierte frühe Krugränder, die eine typologische Übergangsform zu den Dornrändern darstellen, die das 13. Jahrhundert dominieren (Friedrich 1997 [wie oben], S. 211). Während letztere jedoch bislang nicht weiter chronologisch differenziert werden können, bleiben die erstgenannten schmalen Formen auf das Ende des 12. und den Anfang des 13. Jahrhunderts beschränkt. Friedrich führt dazu noch das von Stilke nicht eigens beschriebene Merkmal des überrandständigen Henkels an (Friedrich 1997 [wie oben], S. 210 u. 221). Demnach würden wir mit dem Aachener Fund ein Beispiel »langer Chronologie« fassen, bei der ein schon relativ altmodisches Gefäß zur Verbergung der Münzen gewählt wurde. Darin könnte man ein ähnlich planmäßiges Handeln wie in der Verwendung von Fehlbränden oder beschädigten Gefäßen sehen. Diese waren für den alltäglichen Gebrauch weniger nützlich und wurden daher für die Horte bewusst ausgewählt. So war z. B. auch das Münzschatzgefäß des Selgersdorfer Fundes ein Fehlbrand (was man allerdings nur dem Text S. 41f., Abb. 17, 1 – ohne Katalognummerverweis! – und nicht der Katalogbeschreibung S. 118-120, Nr. 36 entnehmen kann). Mit der Entwicklung des Faststeinzeugs und dann des Steinzeugs im 13./14. Jahrhundert wird diese für eine Bodenlagerung aufgrund der höheren Dichtigkeit (versinterter Scherben) geeignetere Keramik in 90 % der beobachteten Fälle als Verbergungsgefäße gewählt (S. 38). Aus dem Haushaltsbestand, die technisch hochwertigere Keramik zu wählen – diese aber durchaus in minderwertiger Ausführung oder Erhaltung – entspricht genau der Funktion, die die Gefäße haben sollten.

Für den aus dem ganzen 13. Jahrhundert bekannten Typus des gerieften Bechers bietet die Fundgattung der Münzschatzgefäße Daten für Anfang und Ende der Laufzeit (S. 58). In St. Irminen in Trier kam ein solches Gefäß kurz nach 1190 in den Boden (Kat.-Nr. 3.7), wohingegen ein sauerländischer Fund nach 1285 datiert (Kat.-Nr. 12). Entsprechende Becher sind auch im Material der Jülicher Töpferei des Hochmittelalters zahlreich vertreten (vgl. Friedrich 1997 [wie oben], S. 203, Abb. 7, 44-46/55-57 u. S. 206, Abb. 9, 69/70). Zum chronologischen Abgleich der Laufzeit wäre für diesen (und auch für andere) Aspekte der Verweis auf Rolf-Dieter Bauches Arbeit »Die Keramik des 12. Jahrhunderts zwischen Köln und Aachen« sinnvoll gewesen, dessen jüngster Fundkomplex ebenfalls geriefte Becher aufweist (Archäologische Berichte 9, Bonn 1997, Nr. 55, Taf. 91,12/13). Seine Seriation geschlossener Funde führt zu einer Relativchronologie, welche die von Stilke betriebene Erforschung absolutchronologischer Ansätze durch Münzdatierungen sinnvoll unterstützt. Erst die Kombination dieser unterschiedlichen methodischen Ansätze kann langfristig die Verzerrungen durch Unterschiedlichkeiten aufgrund kurzer oder langer Chronologie bei Münzdatierungen ausgleichen.

Dem Autor ist es insgesamt gelungen, eine interessante Studie vorzulegen, die jenseits der relativ schmalen Materialbasis von vierzig Komplexen viele weitergehende Fragestellungen anreißt. Aufgrund von Forschungsdefiziten sowohl zu mittelalterlichen Münzschätzen allgemein als auch zur Feinchronologie mittelalterlicher Keramik im Rheinland würde man sich weitere systematische Arbeiten wünschen. Um so mehr ist zu begrüßen, dass mit dem vorliegenden Buch ein erster Schritt für die spezielle Schnittmenge beider Desiderate solide getan worden ist.

Marcell Perse

Ulrich Stevens, Burgkapellen. Andacht, Repräsentation und Wehrhaftigkeit im Mittelalter, Darmstadt: Wissenschaftliche Buchgesellschaft 2003.
304 Seiten, 128 Abb., ISBN 3-534-14284-5, 39,90 EUR.

Ulrich Stevens stellt in seiner 2003 vorlegten Untersuchung eine Typologie zu über zweihundert ausgewählten Burgkapellen, überwiegend des deutschsprachigen Raumes, vor. Grundlage der Arbeit ist seine Dissertation von 1978, in der er über siebenhundert erhaltene oder in historischen Quellen überlieferte Bauten behandelt.

Die Mitte des 19. Jahrhunderts beginnende wissenschaftliche Burgenforschung legt ihr Augenmerk auf den militärischen Aspekt, die Kapellen werden in der Regel nur gestreift. Die bisher erschienenen Arbeiten zu Burgkapellen beschäftigen sich entweder nur sehr allgemein mit ihrer Bauform oder aber speziell mit einer bestimmten Epoche, sodass Stevens Abhandlung die erste weiter gefasste Untersuchung über Burgkapellen im deutschen Sprachraum vom 8. Jahrhundert bis zum Beginn des 16. Jahrhunderts ist.

Burgkapellen entstehen im engeren Sinne erst im 11. Jahrhundert (G. Streich 1984). Ulrich Stevens definiert Burgkapellen als »in einer Burg gelegene sakrale Bauten, Räume oder Raumteile, die entweder gleichzeitig mit einer Burg angelegt oder in eine Burg im Laufe der Zeit, in der die Burg als Wohn- und Wehrbau genutzt wurde, eingefügt wurden; Burgkapellen dienen als kirchliche Räume einem weltlichen Herren oder einer weltlichen Gemeinschaft« (S. 12). Er unterscheidet sie von Burgkirchen, da diese mit kirchlichen Rechten belegt sind. Dieser Unterschied ist nur archivalisch zu klären, da anhand formaler Kriterien darüber keine Aussage getroffen werden kann. Des Weiteren muss bei einer Burgkapelle berücksichtigt werden, dass sie Bestandteil eines eng miteinander verzahnten Baugefüges ist, sodass bei einer Typologisierung immer sowohl Gestalt als auch Bauzusammenhang untersucht werden müssen.

Die hier behandelten Burgkapellen werden von Stevens in zwei große Gruppen aufgeteilt: Zum einen in selbstständige Baukörper, zum anderen in Räume, die einem übergeordneten Baukomplex eingefügt sind. Er teilt dann im Weiteren die Kapellen in verschiedene Typen ein, so in die Saalkirche, die mehrgeschossige Kapelle, die Tor- und Turmkapelle sowie die Hauskapelle. Schließlich wendet er sich verschiedenen Einzelformen zu; in diese Gruppe gehen auch einige Grenzfälle zu den Burg- und Schlosskirchen ein. Jede einzelne Kapelle wird zunächst in beschreibender Form vorgestellt.

In der Gruppe der selbstständigen Baukörper, zu der auch die mehrgeschossigen Kapellen zählen, überwiegt – in unterschiedlicher Ausprägung – der Typ der Saalkirche. In die zweite Gruppe fallen die Tor- und Turmkapellen sowie die Hauskapellen. Bei dieser Unterteilung zeigt sich die Problematik einer so gearteten Untersuchung, der sich Stevens durchaus bewusst ist: Die Raumform der Saalkirche ist zwar charakteristisch für den selbstständigen Baukörper, findet sich aber, da es sich um die einfachste Form eines Sakralbaus handelt, auch bei den anderen Arten der Burgkapellen; bei diesen ist jedoch dann für die Typisierung der bauliche Zusammenhang ausschlaggebend. Nicht alle Kapellen können daher eindeutig einem einzigen Typ zugeordnet werden. Dies ist dem Umstand geschuldet, dass die Raumform an sich, aber auch die Lage zu anderen Bauteilen berücksichtigt werden muss, da Stevens eine »praktikable Übersicht« schaffen wollte und »dazu vom Gebot eines streng logischen Aufbaus« abweichen musste. Weitere Schwierigkeiten bei der Typologisierung sind der oft mangelhafte Erhaltungszustand sowie spätere Umbauten, die den Originalzustand verunklären.

Diese Gründe sowie die nur urkundlich überlieferten Kapellen sprechen gegen eine statistische Auswertung bezüglich Typus und Größe; dennoch kommt Stevens zu dem Schluss, dass die Mehrzahl der überkommenen Burgkapellen, dem Typ der Saalkirche zuzuordnen ist; danach folgen – zu jeweils ungefähr einem Zehntel – die Torkapellen, die mehrgeschossigen Kapellen (davon die Hälfte als Doppelkapelle ausgebildet), die Hauskapellen und schließlich die Turmkapellen. Interessant bei dieser Auswertung ist tatsächlich, dass der Anteil der Torkapellen, der gewöhnlich als häufiger Typ für Burgkapellen genannt wird, im Vergleich zu den eigenständigen Saalkirchen verschwindend gering ist.

Ausführlich untersucht der Autor Burgkapellen in Form von Saalkirchen. Es gibt sie in unterschiedlicher Ausprägung: Rechtecksäle ohne gesonderten Chor, Apsidensäle, Saalkirchen mit Polygonschluss, Saalkirchen mit Rechteckchor, zentralisierende Saalkirchen, Saalkirchen mit Querhaus. Er resümiert, dass Saalkirchen zunächst ausschließlich als Raum für den Gottesdienst geschaffen wurden. Erst durch weitere formale Beifügungen (Konchen, Querhaus, Türme etc.), formale Zitate, Bauschmuck oder Malerei erhält diese sehr einfache Bauform Repräsentationscharakter. Eine Westempore als Sitz für den Bau- bzw. Burgherren – gegebenenfalls mit einem direkten Zugang vom Palas aus – weist unmittelbar in diese Richtung. Es entsteht eine Absonderung und Überhöhung des jeweiligen Nutzers.

Eine schwer deutbare Sonderform sind Saalkirchen mit profanem Unter- oder Obergeschoss; denkbar mag in einigen Fällen die Nutzung des profanen Raumes im Obergeschoss als Schatzkammer sein.

Als nächstes werden die mehrgeschossigen Kapellen abgehandelt. Hier sind Zentralräume mit umlaufenden Emporen, Doppelkapellen, Saalkirchen mit übereinander liegenden Emporen und Altären, doppelgeschossige Kapellen mit (und ohne) Raumverbindung, nicht mehr einzuordnende doppelgeschossige Kapellen sowie sonstige mehrgeschossige Kapellen zu unterscheiden.

Entwicklungsgeschichtlich steht neben der einfachen Bauform der Saalkirche (Düren, Pfalz; Ende des 8. Jahrhunderts, S. 237) die aufwändige Hofkirche in der Nachfolge der Aachener Pfalzkapelle, die der Autor zu den mehrgeschossigen Burgkapellen zählt und die bis in das 11. Jahrhundert auch bei den Burgkapellen kopiert wird. (Stevens streift die Diskussion um die historisch angemessenere Bezeichnung als Kirche des Aachener Marienstifts, ohne die einschlägigen Arbeiten zu diesem Problemkreis von L. Falkenstein anzuführen.) Bis zum 11. Jahrhundert sind diese beiden Formen die Haupttypen. Seit dem 12. Jahrhundert treten Doppelkapellen und Turmkapellen sowie die Hauskapellen hinzu, und das Bild wird vielfältiger. Die erste Torkapelle lässt sich in den 60er Jahren des 12. Jahrhunderts in Donaustauf nachweisen (S. 125ff., Abb. 69, 70). Diese Vielfalt endet schon im 13. Jahrhundert und wird von einfachen Grund- und Aufrissen abgelöst.

Die ursprüngliche und vorrangige Aufgabe einer Burgkapelle ist die kirchliche Grundversorgung der Burgbewohner, daneben treten rechtliche und weitergehende kirchliche Aspekte. So kann eine Burgkapelle auch Pfarr- oder Stiftskirche sein bzw. im Laufe der Zeit werden und auch als Archivraum oder Gerichtsort genutzt werden.

Stevens vertritt die Ansicht, dass schon durch das Vorhandensein einer Burgkapelle der Bauherr auf seine Macht und seinen Herrschaftsanspruch hinweist. Gesteigert wird dieser Anspruch durch die Lage der Kapelle gegebenenfalls in der Hauptburg, durch ihre Bauform z. B. als Kopie der Aachener Pfalzkapelle oder durch ihre weitere Ausstattung; reicher Bauschmuck oder aufwändige Wandmalereien verdeutlichen den repräsentativen Charakter. Da Kapelle und Palas die repräsentativsten Bauteile einer Burg sind, bedingt ihre Verbindung zudem eine wechselseitige Steigerung dieses Bedeutungsgehaltes. Darüber hinaus kommt der Kapelle nach Stevens eine weitere Bedeutung zu: Sie steigert vor allem als Tor- und Turmkapelle auf einer ideellen Ebene die Wehrhaftigkeit der Burg; umgekehrt erhält die Kapelle durch ihre Lage am Tor oder einer anderen gefährdeten Stelle wehrhaften Charakter.

Festzustellen ist, dass Stevens eine Vielzahl an Kapellen vorstellt und diese versucht, einer Ordnung zu unterwerfen. Dabei kann das Buch nicht verleugnen, dass es – bei aller wissenschaftlichen Gründlichkeit – im Bemühen um die Klärung rein formaler Aspekte einer älteren kunsthistorischen Schule verhaftet bleibt. Um jedoch jedem Bau und einer weiterführenden Fragestellung gerecht zu werden, hätten, sofern es die Rahmenbedingungen zulassen, Fragen nach dem Bauherrn und seinem (sozialen) Kontext gestellt werden müssen; ebenso hätte die jeweilige detaillierte Baugeschichte der gesamten Burg berücksichtigt werden müssen, was leider nur in Einzelfällen geschehen ist. Ein solches Vorgehen hätte zugegebenermaßen den Umfang der Arbeit leicht ausufern lassen können.

Lobenswert ist, dass Stevens Bauten – wie z. B. die Nideggener Burgkapelle – behandelt, die ansonsten in der Literatur wenig Beachtung finden. Neben der Kapelle im Nideggener Wohnturm aus der Zeit nach 1177 (S. 166f., Abb. 167) geht er auch auf die erhaltene Altarnische der Südseite des dortigen Palasbaues aus der zweiten Hälfte des 14. Jahrhunderts ein (S. 220f., Abb. 117).

Eine klarere Textstruktur mit mehr Absätzen hätte den Lesefluss wesentlich erleichtert. Ein Manko sind zudem die Schwarz/Weiß-Abbildungen, die sehr häufig als Reproduktionen aus der älteren Literatur wiedergegeben sind und eine entsprechend schlechte Wiedergabequalität aufweisen. Gerade bei den Grundrissen ist dies bedauerlich, da diese zudem häufig Nordungspfeile vermissen lassen; darüber hinaus weisen sie unscharfe zeitgenössische Beschriftungen auf. All das macht es dem Leser nicht leicht, die Beschreibungen mit den Plänen abzugleichen. Leider sind die Grundrisse – wenn schon die Nordungspfeile fehlen – nicht immer genordet abgebildet. Problematisch ist dies vor allem deshalb, weil die Kapellen nicht grundsätzlich geostet sind. Zu bemängeln ist außerdem, dass nicht von jedem behandelten Bau Abbildungen bzw. zumindest Grundrisse wiedergegeben sind. So kann der Leser manche Thesen bzw. Beschreibungen nur schwer nachvollziehen (z. B. dass sich die Kapelle von Oberranna schützend vor die Burg stellt [S. 256]. Zu fragen wäre hier ja auch, inwieweit die Baugeschichte und die Topographie für den Bauzusammenhang mit beeinflussend waren). Durch das begrüßenswerte Ortsregister sowie die Angabe der jeweils wichtigsten Literatur hat das Buch den Charakter eines knapp gefassten Katalogs zu Burgkapellen im deutschsprachigen Raum erhalten.

Ulrich Stevens hat trotz der geäußerten Kritik ein wichtiges Überblickswerk vorgelegt, das ein großes Unterfangen darstellt und sich als wissenschaftlicher Beitrag zur Erforschung des mittelalterlichen Burgenbaus wohltuend von gerade in diesem Themenbereich häufig anzutreffenden weniger qualifizierten Beiträgen abhebt.

Anne Schunicht-Rawe

Peter Johannes Droste, Wasserbau und Wassermühlen an der Mittleren Rur (= Aachener Studien zur älteren Energiegeschichte, Bd. 9), Aachen: Shaker 2003
374 S., 29 Abb., ISBN 3-8322-2011-9, 34,80 EUR.

In einer weiteren technikgeschichtlichen Dissertation aus dem Historischen Institut der RWTH Aachen befasst sich Peter Johannes Droste mit Wassermühlen und den Mühlenteichen an der Rur zwischen Nideggen und Jülich. Dort war im Laufe der Zeit ein frühes industrielles Zentrum entstanden. Möglich wurde es durch die Nutzung der Wasserkraft der Rur, die abschnittsweise hier das nötige Gefälle hat. Der stark schwankende Wasserstand zwischen Hochwasser nach der Schneeschmelze und Niedrigwasser nach Trockenperioden erlaubte es aber nicht, Wassermühlen direkt an der Rur anzulegen. Stattdessen wurden Stauwehre in den Fluss gebaut und das Wasser in Kanäle abgezweigt, deren Wasserstand man leicht regulieren konnte. Es sind dies die so genannten »Mühlenteiche«, die übrigens nur an der Rur so heißen, obwohl ein Teich im üblichen Sprachgebrauch ein stehendes Gewässer ist, kein Kanal. (»Teich« als Fließgewässer findet sich weder im Duden noch im Grimmschen Wörterbuch.) Schon an der Erft heißen diese Kanäle »Mühlengräben«. Drei Nutzungen der Mühlenteiche erwähnt der Autor.

Neben dem Mühlenbetrieb sind Mühlenteiche auch für die Füllung der Wassergräben von befestigten Herrensitzen, sowie für die Stadtgräben der Stadt Düren benutzt worden. In den Urkunden überwiegen die Streitigkeiten um Wasserrechte der Müller, sodass der Befestigungsaspekt bei den Mühlenteichen in den Hintergrund tritt. Die dritte Nutzung der Mühlenteiche betraf die Bewässerung von Wiesen. Das erscheint uns heute unnötig zu sein, es bedeutete damals wohl eine Art Mineraldüngung der Wiesen. Wie wichtig das war, zeigt das Mühlenweistum von 1566 für den Lendersdorfer Teich. Droste hat dieses Weistum hier in einer besser lesbaren Form als in der handschriftlichen Kopie von 1835 veröffentlicht. Im Weistum wird u. a. genau festgelegt, zu welcher Stunde ein bestimmter Wiesenbesitzer das Wasser aus dem Mühlenteich auf seine Wiese ableiten durfte.

Zwischen Nideggen und Barmen unterhalb von Jülich hat Droste 110 Mühlenstandorte an neun verschiedenen Mühlenteichen aus den Urkunden ermittelt. Der Lendersdorfer Teich und der Dürener Teich sind dabei die mit dem größten Einzugsbereich. Alle Mühlen bis zur heutigen Zeit erschöpfend zu behandeln, übersteigt den Umfang einer Dissertation erheblich. Darum bricht Droste die Beschreibung der Mühlen mit dem Jahr 1830 ab. Der Vorschlag seines Doktorvaters, auf die Territorialgeschichte weitgehend zu verzichten (S. 1) ist etwas unglücklich, denn erstens kann man das gar nicht durchhalten und zweitens interessiert den Leser gerade der Zusammenhang zwischen Technikgeschichte und Regionalgeschichte. Schließlich haben nicht erst im 19. Jahrhundert, sondern viel früher schon die Menschen an der Rur von den technischen Betrieben und den technischen Errungenschaften gelebt. Man sieht das an den ganz unterschiedlichen Mühlen, die vor allem seit der frühen Neuzeit an der Rur entstanden. Neben den Kornmühlen sind das Ölmühlen, Lohmühlen, Papiermühlen, Waidmühlen, Sägemühlen, Walkmühlen, Pulvermühlen und Schleifmühlen sowie Blasebälge für die Eisenverhüttung und Hammerwerke.

Es sind die Beschränkungen, die der Autor sich auferlegt, die zu Kritik an seiner Arbeit führen. Die industrielle Entwicklung der Mühlenstandorte im 19. und 20. Jahrhundert würde, zugegebenermaßen, einen zweiten Band erfordern. So aber werden die interessanten und wertvollen Vorarbeiten nicht optimal genutzt. Über einige »Kleinigkeiten« stolpert man in der Arbeit. Da wird die Beschreibung des Dürener Landes aus dem 17. Jahrhundert durch Polius erwähnt, die Zitatstelle geht beim Seitenumbruch (S. 14) verloren. Im Literaturverzeichnis ist Polius aber auch nicht zu finden, weil dort nur mehrfach zitierte Titel aufgeführt sind, eine etwas abwegige Beschränkung in einer Dissertation. Weiterhin fehlt ein Stichwortverzeichnis oder wenigstens in der Mühlentabelle im Anhang eine Angabe, wo die betreffende Mühle behandelt wird. Zu den »Kleinigkeiten« gehört auch die Bemerkung, das Kastell in Jülich sei schon im Bataveraufstand 69 n. Chr. gebaut worden. Nach den archäologischen Erkenntnissen sind die Frankeneinfälle im 2. und 3. Jahrhundert der Grund für den Bau des Jülicher Kastells.

Der Wert der Arbeit liegt in der gründlichen Erfassung der urkundlichen Quellen zu Mühlen und Mühlenteichen. Damit kann man ein Mindestalter von Mühlenteichen bestimmen, aber natürlich nicht, wann sie tatsächlich angelegt worden sind. Die römerzeitlichen großen Mühlsteine (80 cm Durchmesser), die an der Düsseldorfer Straße in Jülich und in einem kürzlich ausgegrabenen Haus im Schlangengraben in Kirchberg gefunden worden sind, deuten zwar auf Wassermühlen hin, liegen aber leider nicht an einem fließenden Wasser, so dass man nicht auf die Existenz von Mühlenteichen schon in der Römerzeit schließen kann. Wenn die »villa duria«, die karolingische Pfalz in Düren – im Jahr 747 erstmals erwähnt – schon vom Dürener Teich umflossen war, dann wäre das der älteste nachweisbare Mühlenteich an der Rur. So liefert die Arbeit eine Menge Anregungen aus den Urkunden und dem Lendersdorfer Weistum. Eine Erweiterung der Arbeit auf das 19. und 20 Jahrhundert wäre wünschenswert.

Eberhard Graffmann

John Oliver Hand, Joos van Cleve. The Complete Paintings, New Haven/London: Yale University Press 2004.
230 S., 167 Abb., ISBN 0-300-10578-9, ca. 70 $.

Die Monographie John Oliver Hands über den Antwerpener Maler Joos van Cleve, »meester Joos van[er] beke al[ia]s van Cleve, schild[er]« (ca. 1485-1541) – wie ihn ein Eintrag im Antwerpener Staatsarchiv vom 11. März 1523 überliefert – ist die erste Gesamtschau zu dessen Oeuvre seit 1925 bzw. 1931. John Hand ist Kurator für nordeuropäische Renaissancemalerei an der National Gallery of Art in Washington und hatte bereits 1978 seine Dissertation zu den frühen und reifen Werken Joos van Cleves verfasst.[1] Das jetzt vorliegende Buch hat 230 Seiten und 167 Abbildungen, davon sind 110 Seiten dem Gesamtwerk gewidmet. Das anschließende Werkverzeichnis mit 121 Katalognummern umfasst 83 Seiten. Die ersten 100 Kat.-Nrn. verzeichnen eigenhändige Werke in Kooperation mit Werkstattmitarbeitern. Als Kat.-Nr. 101-122 sind fragwürdige Zuschreibungen verzeichnet, oder solche, die nur durch Werkstatt-Versionen bekannt sind. In den jeweiligen Katalog-Unternummern werden zeitgenössische und spätere Kopien aufgeführt. Zahlreiche drucktechnisch hervorragende Farbaufnahmen (um die Hälfte bis zu Zweidritteln der Gesamtabbildungen in den Übersichtkapiteln) sind um meist großformatige Detailansichten vermehrt. Die Werkgliederung erfolgt wie bereits in Hands Dissertation chronologisch nach sechs Werkphasen: ›Kalkar und Brügge‹, ›Die frühen Jahre in Antwerpen‹, ›Antwerpen 1515-1524‹, ›Zwei Altäre für Köln 1523-1524‹, ›Antwerpen 1525-1529‹ sowie ›Frankreich – Italien(?) und Antwerpen 1529/1530-1540‹. Diesen vorangestellt sind zwei Kapitel. Das erste verfolgt die Biographie anhand von Schriftdokumenten, das zweite gibt einen ausführlichen Überblick zur Wiederentdeckung von van Cleves Gemälden im 19. Jahrhundert. Auch hierin bildet Hands Dissertation die Basis des Buches. Vorangestellt sind ein Vorwort (2 S.) und eine Einführung (3 S.). Dem *catalogue raisonné* folgen sechs Transkriptionen von Archivalien aus den Jahren 1523-1542 (4 S.). Als Appendix ist dem Buch ein Auszug zum Leben des »Joos van Cleef« aus Karel van Manders (1548-1606) Malerbuch von 1603/1604 (in der 2. Aufl. von 1616-1618) beigegeben (2 S.). Eine Konkordanz zu den beiden Referenzwerken: Friedländer 1931[2] und Baldass 1925[3] schließt die Monographie ab (3 S.). Es folgen die Anmerkungen (6 S.), die Bibliographie (17 S.), der Abbildungsnachweis und ein kombiniertes Namens- und Sachregister (4 S.).

Zur Verankerung der Werkchronologie ist das Jahr 1511 bedeutsam, als van Cleve als Freimeister (*vrymeester*) in der Antwerpener St. Lukas-Gilde verzeichnet ist, einer Art Berufsinnung, die in Antwerpen Maler und Bildschnitzer gemeinsam vertrat. Daher waren hier etwa im Unterschied zu Brüssel, wo Maler den Vorrang genossen, sowohl Maler als auch Bildschnitzer bei der Bestellung von Altarretabeln aus geschnitztem Schrein und Tafelgemälden für das Gesamtwerk vertragsfähig.
Joos van Cleves Nennung als Antwerpener Freimeister markiert mit einem bezüglich des Werkes externen Datum grob das Ende der frühen Lehrjahre unter dem Einfluss des Genter Malers Jan van Eyck (um 1390-1441) (Gemälde Adam und Eva, Paris, Louvre, Kat.-Nr. 1), der Malerei seiner niederrheinischen Heimat im Herzogtum Kleve und der ihn früh prägenden Brügger Malerei. Doch konstatiert Hand zu Beginn der Antwerpener Jahre noch die Wirkung Brügger Landschaftsschilderung, namentlich der

---

1 John O. Hand, Joos van Cleve. The early and mature Paintings. Phil. Diss. Princeton University 1978, 2 Bde.
2 Max J. Friedländer, Die altniederländische Malerei, Bd. IX, Leiden 1931.
3 Ludwig Baldass, Joos van Cleve. Der Meister des Todes Mariä, Wien 1925.

Gerard Davids (Ruhe auf der Flucht, Madrid, Prado) auf van Cleve, die dann aber zunehmend der geradezu perfekten Assimilierung der weiten Weltlandschaften eines Joachim Patinir (ca. 1480-1524) weichen (Ruhe auf der Flucht, ca. 1516/1518, Brüssel, Kat.-Nr. 11).

Der dem Namenszusatz »van Cleve« vorangehende Familienname »van[er] beke«, dessen »v-b« auch im ligierten Monogramm des Künstlers im Rundmedaillon des Fensters im ›Tod der Maria‹ für den Kölner Nikasius Hackeney von 1515 erscheint (Köln, Wallraf-Richartz-Museum/Fondation Corboud, Kat.-Nr. 7), ist zunächst auf das Herzogtum Kleve zu beziehen und nicht auf die Stadt allein. Zum Namen »van der Beke« kann mit Friedrich Gorissen lediglich auf das Wappen der Familie auf einem Taufstein in der Kirche von Alt Schermbeck, bei Wesel verwiesen werden, einem Territorium, das vor 1398 dem Klever Herzogtum arrondiert wurde. Ob aber dieses Familienwappen dasjenige der Familie Joos van der Bekes ist, bleibt offen. Das selbige gilt für einen in Urkunden (von Marienvrede) zwischen 1478 und 1507 – nicht 1505 (sic!) – genannten Evert van der Beke, den ebenfalls Gorissen angeführt hat.[4]

In der späten Werkphase stehen die Gemälde Joos van Cleves für den französischen Hof Franz I. (reg. 1515-1547) um 1530 als wichtige Scheidemarke zur Verfügung. Hand hatte 1978 zunächst in Übereinstimmung mit Baldass das zweite Jahrzehnt des 16. Jahrhunderts im direkten Anschluss an den Freimeister-Status von 1511 noch in zwei Werkphasen geschieden: Eine erste vor und um die frühesten datierten Altargemälde (1506-ca. 1508/1509) und eine zweite um die beiden datierten Altarretabeln von 1515 und 1516. Diese sind das ehemals auf dem verlorenen Rahmen mit 1515 bezeichnete Triptychon des Todes der Maria für die Hackeneysche Hauskapelle in Köln (Köln, Wallraf-Richartz-Museum/Fondation Corboud, Kat.-Nr. 7) und das 1516 aufgestellte ›Reinholdsretabel‹ für die Kapelle der Reinhold-Bruderschaft in der Danziger Liebfrauenkirche, jetzt in Warschau (Kat.-Nr. 8). Nun aber weitet Hand die zweite Antwerpener Schaffensphase bis 1524 aus, worauf ein Kapitel mit den beiden in die Jahre 1523 und 1524 datierbaren Altarretabeln für Kölner Auftraggeber folgt. Erstere Auftragsarbeit ist die zweite Version des ›Todes Marias‹ (München, Alte Pinakothek, Kat.-Nr. 47) für die Kölner Hackeneys, das zweite ist das Beweinungstriptychon mit der Hausmarke der Familie des Kölner Ratsherrn Johan Smitgen in Frankfurt/Main (Städel, Kat.-Nr. 48). An den Beginn der vierten Antwerpener Werkphase (1525-1529) stellt Hand abermals ein Altarretabel, die Beweinungstafel für die Annenkapelle der Kirche Santa Maria della Pace in Genua (Kat.-Nr. 73), von wo es 1812 durch die Napoleonischen Truppen nach Paris verbracht wurde und sich heute im Louvre befindet. Das Gemälde war Gegenstand einer weiteren wichtigen Forschungsetappe auf der Hands Buch aufbaut: eine von Cécile Scailliérez kuratierte Ausstellung rund um dieses Gemälde im Louvre 1991.

Das Jahr 1529 markiert dann mit dem einsetzenden Fehlen der bis dahin regelmäßigen Nachrichten über Joos van Cleve in den Listen (liggeren) der Antwerpener Lukas-Gilde und anderen Antwerpener Dokumenten bis 1535 (Präsentation zweier Lehrlinge in der St. Lukas-Gilde) den Beginn der letzten Werkphase. In der Forschung wird mit Lodovico Guicciardini (Nachricht von 1567) zumeist eine Reise an den Hof König Franz I. von Frankreich nach Amboise angenommen, in dessen Auftrag van Cleve ausweislich der Bildnisse Franz I. in Philadelphia und jener von dessen Gemahlin Königin Eleonora in Hampton Court sowie in Wien Portraits angefertigt hat (Kat.-Nr. 85-87), obwohl keine zeitgenössischen Dokumente über einen Frankreichaufenthalt vorliegen. Es ist lediglich seine Abwesenheit zwischen 1529 und 1535 in Antwerpen dokumentiert. Ein Aufenthalt in Italien hingegen kann nur mit einem Fragezeichen versehen werden. Überhaupt betont Hand, wie schwierig es sei, die letzte Werkphase des

---

4 Friedrich Gorissen, Meister Matheus und die Flügel des Kalkarer Hochaltars. Ein Schlüsselproblem der niederrheinischen Malerei, in: Wallraf-Richartz-Jahrbuch, Bd. 35 (1973), S. 149-206, hier: S. 206, Anm. 174.

Maler-Ateliers in konkreten Werken zu fassen. Hier dürfte insbesondere der Sohn Cornelis van Cleve (Antwerpen 1522 - 1570 Antwerpen) ins Auge zu fassen sein, sind doch Übergänge eines Ateliers vom Vater auf den Sohn vielfach mit diesem Problem behaftet.

Der charakteristische Stil der sechs Werkphasen wird von Hand mehr oder weniger deutlich umrissen, vor allem aber in einzelnen konkreten Werkanalysen nachvollziehbar gemacht. Markante Einflussgrößen bilden dabei die Prägung van Cleves durch die Brügger Malerei (Gerard David und Hans Memling) sowie durch die Flügelgemälde des Hochaltarretabels in St. Nikolai in Kalkar von Meister Matheus (1505 genannt) und Jan Joest von Kalkars (ca. 1455/1460-1519) auf Grund des kaum bestreitbaren, wenn auch nur schwer erklärlichen Selbstportraits van Cleves in der Person eines männlichen Zuschauers in der Szene mit der Erweckung des Lazarus.[5] Auf dieses so genannte Kryptoportrait stützt sich die Annahme einer Lehr- oder doch zumindest einer Mitarbeiterzeit van Cleves in Jan Joests Werkstatt, obwohl in den Dokumenten lediglich anonyme »knechte« als Mitarbeiter Jan Joests genannt werden. Als ein weiterer dieser »knechte«, die einmal Trinkgeld-Zahlungen erhalten, wird der Kölner Maler Bartholomäus Bruyn (Niederrhein 1493-1555 Köln) angenommen, mit dessen späterem Werk jenes van Cleves offensichtlich in einflussreichem Austausch stand – zumindest in Richtung der Werke Bruyns. Hand schließt aus dem seit Firmenich-Richartz 1891 angenommenen Vorhandensein beider Portraits in Bruyns Flügelretabel mit der Legende des Hl. Viktor (Köln, Wallraf-Richartz-Museum/Fondation Corboud, 1529) auf eine Freundschaft der Maler und vermutet deren Zusammenarbeit in Jan Joests Essen-Werdener Retabel. Danach sei Bruyn 1512 für immer nach Köln gegangen.

Die seit Bialostocki (1972) und Gorissen (1973) vertretene These von van Cleves Selbstportrait im Kalkarer Hochaltarretabel, ausgeführt als Mitarbeiter der Werkstatt Jan Joests, ist trotz ihrer augenscheinlichen Überzeugungskraft in Analogie zu einem als Selbstbildnis Joos van Cleves allgemein akzeptierten Portrait in Madrid, angesichts üblicher Werkstattpraktiken nicht leicht erklärbar. Eine Infrarot-Reflektografie-Aufnahme erhellt, dass anstelle des Männerkopfes zuvor offenbar eine Frau (Hl. Martha?) dargestellt war. Hand führt denn auch ein enges Verhältnis zu Jan Joest selbst, van Cleves fortgeschrittene Malkenntnisse und eine gegenüber den anderen Werkstattmitarbeitern herausgehobene Stellung des Lehrlings (apprentice) oder Gesellen (journeyman) an, um den seiner Ansicht nach singulären Fall der Selbstschilderung eines Werkstattmitarbeiters in einem Gemälde des Werkstattleiters mit gutem Grund annehmen zu können. Mit dem vermeintlichen Selbstbildnis ist eine ganze Reihe dergleichen Darstellungen eröffnet. Diese reicht über das bereits erwähnte, gemeinhin als Selbstportrait akzeptierte Halbfigurenbildnis mit Nelke in Madrid von ca. 1519 (Prado, Kat.-Nr. 22) in Analogie zu dessen Gesichtszügen in anderen Männerportraits, wie vor allem jene Wiedergabe der eigenen Physiognomie auf dem rechten Außenflügel des Danziger Reinholdretabels in der Figur des namengebenden Patrons von 1516 und in anderen Werken mehr, bis hin zu jenem, in der Anbetung der Könige in Dresden, um 1525 (Kat.-Nr. 74).

Was die Bildthemen betrifft, die van Cleves Werk umfasst, ist insbesondere die dritte Werkphase (1515-1524) von besonderer Wichtigkeit, weil hier in einer »frühen Reife« des Malers, so Hand, Künstler und

---

5 Hierzu zuletzt Lioba Schollmeyer, Jan Joest. Ein Beitrag zur Kunstgeschichte des Rheinlandes um 1500 (= Schriften der Heresbach-Stiftung Kalkar, Bd. 11), Bielefeld 2004. Schollmeyer kann die Rolle des Meisters Matheus, auf den nach der älteren Forschung z.T. die Unterzeichnungen für das Kalkarer Hochaltarretabel zurückgehen sollen, durch die genaue Lektüre der Quellen deutlich relativieren. Dieser war lediglich mit der Fassung der Rahmen des Kalkarer Altars beauftragt worden, hatte also keinen künstlerischen Einfluss.

Werkstatt plötzlich sehr produktiv wurden und die Basis jener Bildthemen legten, aus denen van Cleve später immer wieder schöpfen sollte. Erstmals treten die Bildtypen ›Madonna mit Kind‹ (Kat.-Nr. 9), ›Hl. Hieronymus‹ (Kat.-Nr. 12), ›Anbetung der Könige‹ (Kat.-Nr. 16), ›Hl. Familie‹ (Kat.-Nr. 32) und säkulare Portraits auf. Im Fall des Bildtyps ›Hl. Familie‹ erweiterte van Cleve das Bildmodell des kleinformatigen Andachtsbildes der ›Madonna mit Kind‹ um den Hl. Josef, wobei es sich um einen »neuen Typ des nicht erzählenden Andachtsbildes« (S. 52) handelt.

Bezüglich der Entwicklung des Personalstils van Cleves, ist insbesondere auf die vierte Werkphase (1525-1529) einzugehen. Sie wird von Hand recht griffig charakterisiert. Die bereits zuvor partiell in der Ornamentik und in einzelnen Figurentypen aufgenommenen Bildprägungen Leonardo da Vincis (1452-1519) und Raffaels (1483-1520), führten in den »großen Figuren von stärkerer Körpermasse (amplitude) und Solidität« zu »raumhaltigere[n] Kompositionen« und es sei eine »stark ansteigende Tendenz zu opaken, braungrundigen Schatten« in der Modulation der Figurenkörper festzustellen. Die Kontinuität in der Kombination nordischer und italienischer Elemente im vorangegangenen Werk van Cleves zeigte nun eine stärkere Entspannung (ease) und Sicherheit bestimmter italienischer Elemente. Einige der feinsten Arbeiten van Cleves seien in dieser Phase gemalt worden. Das Verständnis der Kunst Leonardos und Raffaels sei nun umfassender als zuvor.

In seiner Einführung hatte Hand die Hoffnung geäußert, zeigen zu können, inwieweit Joos van Cleves Werk symptomatisch ist für die Spezifika des Kunstzentrums Antwerpen in der ersten Hälfte des 16. Jahrhunderts. Dieses Vorhaben kann man als vollauf gelungen bezeichnen. Es wäre aber auch möglich gewesen, stärker als Hand es tut, insbesondere die neuartigen Bedingungen einer zuvor in diesem Umfang nie da gewesenen Dynamik der stark arbeitsteiligen Kunstproduktion zu berücksichtigen. Die mitunter fast als seriell zu bezeichnenden Tendenzen in der Atelierpraxis sowie die Kunst-Vermarktung und die damit verbundenen Mechanismen hätten stärker nicht nur im Hinblick auf die Themen und Funktionen von van Cleves Gemälden jenseits der wenigen großen Altarretabel mit ohnehin starkem Andachtsbildcharakter bzw. Kunstkennern entgegen kommender Nahansichtigkeit herausgearbeitet werden können. Die Spiegelung der stark arbeitsteiligen Kunstproduktion sowie die Rolle des Kopienwesens des Antwerpener Kunstmarktes am Beispiel von van Cleves Atelier hätten in ihrer konkreten Ausformung, in der personellen und arbeitsteiligen Konstellation des Ateliers innerhalb der jeweiligen Werkphasen, stärker in Betracht gezogen werden können.

Diese Option einer Darstellung des Werkstattbetriebes an Hand von van Cleves Atelier scheint dem Autor durchaus bewusst, doch stünde dieser Ansatz Hands selbst gestellter Aufgabe eine Künstlermonographie zu verfassen, eher im Wege. In einer Werkmonographie geht es eben darum, die großen Linien des Personalstils herauszuarbeiten und eine Entwicklung bzw. einzelne Werkphasen des Gesamtschaffens klar erkennbar werden zu lassen. Indirekt jedoch bietet Hands Monographie neben der im Zentrum stehenden Darstellung zum Künstlerindividuum und der Entwicklung seines Personalstils, im Katalogteil das Material für ein derartiges, noch ungeschriebenes zweites Buch, das den Marketing-Aspekt, die Vermarktung der Kunstmarke des van Cleveschen Oeuvres zum Thema haben könnte. Denn, wie bereits erwähnt, listet Hand alle ihm bekannten Kopien und Variationen in Unternummern auf, die er jeweils ›Urbildern‹ zuordnet. Trotz der Relativierungen des Originalitätsbegriffs im Antwerpen des frühen 16. Jahrhunderts »in the last fifteen or twenty years«, so Hand in der Einleitung, sei er davon überzeugt, dass »sichtbare qualitative Differenzen es ermöglichen, einige Bilder der Werkstatt und andere der gemeinsamen Autorschaft (joint authorship) von Meister und Werkstattmitarbeitern zuzuweisen« (S. 3).

Die Aufgabe, aus dem von Hand gebotenen Material den Aspekt der Vervielfältigung bzw. Variation eines Themas unter Gesichtspunkten der Werkstattpraxis herauszuarbeiten, hat bereits Micha Leeflang in ihrer jüngst abgeschlossenen Dissertation zu Joos van Cleve unter Einbeziehung von Infrarot-Reflektografien zu einhundertsieben der etwa dreihundert Werke und unter Verwendung der Ergebnisse von fünfzig jetzt dendrochronologisch datierten Gemälden in faszinierender Weise geleistet und die Ergebnisse auch bereits vor Erscheinen der Handschen Monographie partiell vorgelegt.[6] Hand verweist ausdrücklich auf die Arbeit von Leeflang wenn er anführt, dass möglicherweise einige Motive hergestellt wurden, um sie mittels Schablone oder Zeichnung vervielfältigen zu können (S. 3).

Die Ergebnisse Leeflangs hätten ihn – so Hand weiter –, etwa dazu geführt, seine Meinung zur Beziehung der Zeichnung ›Die Anbetung der Könige‹ im Amsterdamer Rijksmuseum (Abb. 61) zu dem Gemälde des selben Themas in der Kirche San Donato in Genua (Kat.-Nr. 69) zu ändern. Sei Hand Scailliérez zunächst darin gefolgt, die 1991 vorgeschlagen hatte, die Amsterdamer Zeichnung könnte von Joos van Cleve stammen und habe zur Vorbereitung des Genueser Altargemäldes gedient, habe ihn Leeflangs Befund umgestimmt, der mittels Infrarot-Reflektografie zeige, dass Details des ausgeführten Gemäldes, die in der Amsterdamer Zeichnung fehlen auch in der Unterzeichnung des Gemäldes nicht angelegt worden waren. Hand meint nun, die Amsterdamer Zeichnung sei offenbar von einem anderen Künstler nach dem fertigen Gemälde angefertigt worden. Dieser Schluss ist nach Ansicht des Rezensenten nicht zwingend. Die Details des Gemäldes könnten ja auch mit anderen Hilfsmitteln ausgeführt oder gar frei ergänzt worden sein. Selbst ein rein theoretisch angenommener eindeutiger Befund, dass die Handschrift der Amsterdamer Zeichnung und jene der Unterzeichnung des Genueser Altarbildes nicht übereinstimmen, könnte ja auch bedeuten, dass als Vorlage des Gemäldes womöglich eine ›fremde‹ Zeichnung gedient habe. Hier liegt aber genau die Grenze einer Erkenntnismöglichkeit unter der Prämisse eines Originalitätsbegriffs einer Künstlerpersönlichkeit klassischen Zuschnitts, wie auch Hand sie für van Cleve teilt. Nimmt man die neueren Erkenntnisse zum Werkstattbetrieb der Malerateliers im Antwerpen der ersten drei Jahrzehnte des 16. Jahrhunderts in ihrer Konsequenz ernst, so wäre es durchaus denkbar, dass ein Maler einem fremden Kompositionsschema folgte, ohne dass die Qualität seiner Arbeit, die sich dann allein in der Malweise und technischen Ausführung eines jeden Details zeigte, es zu einem weniger geschätzten Werk machte als eines von genuiner Komposition.

Genau um solche Fragen geht es ja unter anderem in der neueren Forschung zu den so genannten ›Antwerpener Manieristen‹.[7] Hand hingegen scheint van Cleve in kennerschaftlicher Tradition mitunter noch gegen den gelegentlich erhobenen Vorwurf mangelnder Inventionskraft und Deklassierung als Eklektiker – eine pejorative Kategorie aus der Forschungsgeschichte zum Historismus des 19. Jahrhunderts – verteidigen zu müssen. Dagegen stellt Hand die subtile Verwendung der Farben und deren opake Oberflächen als technische Raffinessen heraus und verweist etwa auf die bereits erwähnte ikonographische Erweiterung des Bildthemas ›Heilige Familie‹ unter Verwendung des von van Cleve und seiner Werkstatt häufig dargestellten Bildthemas ›Muttergottes mit Kind‹ (z. B.: Kat.-Nr. 32, 33, 63) und betont damit, dass selbst van Cleve mitunter zur Invention fähig gewesen sei, ohne an andere Stelle zu verschweigen, dass bei heutigem Wissensstand vielfach nicht entschieden werden könne, ob jeweils Joos der nehmende oder der gebende Teil zukomme.

Die Besprechung der San Donato-Anbetung kann beispielgebend noch einmal Hands Herangehensweise verdeutlichen. Die wahrscheinlich im Auftrag von Stefano Fieschi Raggi für dessen Familienkapelle

---

6 Micha Leeflang, ›Uytnemende Schilder van Antwerpen‹. Joos van Cleve: atelier, productie en werkmethoden. Phil. Diss. Groningen 2007. Siehe auch Leeflangs Rezension von Hands Buch in: The Burlington Magazine, Bd. CXLVIII, Nr. 1235 (Febr. 2006), S. 125-126. Eine weitere Besprechung von Stanley E. Weed erschien in: The Sixteenth Century Journal, Bd. XXXVII, Nr. 4 (2006), S. 1240-1241.

in der Kirche San Donato in Genua gefertigte ›Anbetung der Könige‹ (ca. 1520/1525, Kat.-Nr. 69) steht bei Hand für seine stark auf den Werkstattleiter als genuinen Künstler abzielende Auffassung von van Cleve und seinem Atelier. Hand meint, der nicht zu übersehende, bisher aber zu wenig beachtete hohe Werkstattanteil am San Donato-Retabel relativiere die an diesem Gemälde aufgeworfene Diskussion um die Frage, wann (und ob) van Cleve in Genua gewesen sei.

Ein besonders kritischer Rezensent würde vielleicht monieren, dass das Gemälde, nur in einer kleinen Farbabbildung reproduziert, wiedergegeben ist und der Autor den Leser so dazu anhält, seinem Urteil ohne eigene (zwangsläufig oberflächlich bleibende) Überprüfungsmöglichkeit zu folgen. Sicherlich wäre eine in der Bebilderung weniger textgeleitete Gewichtung überzeugender. Denn bei gleichwertiger Vorführung jener von Hand als besonders qualitätvoll und solcher als mit hohem Werkstattanteil angesehener Gemälde wäre es dem Leser womöglich deutlicher möglich, an den Überzeugungen von Hands Kennerschaft Anteil zu nehmen. Diese Kritik soll aber angesichts des so reich und qualitätvoll bebilderten Buches und des ohnehin hohen Preises gar nicht erst erhoben werden.

Hand gibt zu bedenken, dass die Komposition der Mitteltafel sehr stark im Stil der Antwerpener Manieristen gehalten sei und sehr disparate Ebenen der Qualität und [technischen] Ausführung in diesem Werk sichtbar seien (S. 59). Ein hoher Grad von Werkstattbeteiligung sei in der zentralen Tafel wahrnehmbar und manifestiere sich in solchen Dingen wie der »rather awkward juncture« des Kopfes der Jungfrau zu ihrem Körper und der routinierten und etwas holzschnittartigen Ausführung der Köpfe der Magier. Dagegen zeige sich eine unmittelbarere und direkte Einbeziehung des Meisters in den Flügelgemälden. Die Art und Weise, wie das rote Kleid Magdalenas gemalt sei, spreche für van Cleves persönlichen intensiven Einfluss auf diese Ausführungen. Im linken Altarflügel, so scheint es ihm, sei Joos wohl selbst verantwortlich gewesen für das Portrait Stefano Raggis. Zum Vergleich führt Hand ein Luca d'Olanda zugeschriebenes Portrait Raggis in Genua an. Nach Hand mögen sowohl dieses Portrait als auch eine Zeichnung als Modelli für den Altarflügel gedient haben. Wahrscheinlich sei das Altartriptychon in Antwerpen von Joos van Cleve und seinen Assistenten gemalt worden. Nicht zuletzt dürfte in einer hier erkennbar werdenden Qualitätsgewichtung hinsichtlich eines größeren oder geringeren Anteiles an Eigenhändigkeit (Aufmerksamkeit) des (durch den) Meister(s) oder der Werkstattmitarbeiter, der Preis dieser Auftragsarbeit bzw. die Prioritäten der Auftraggeberfamilie ausschlaggebend gewesen sein.

In dieser Einschätzung zeigen sich die Möglichkeiten und Grenzen einer Erkenntnis zur Arbeitsteilung in Joos van Cleves Atelier durch John Hands Darstellung. Bei einer Intensivierung der Fragen nach der personellen Zusammensetzung und aufgabenbezogenen Arbeitsteilung in den jeweiligen Werkphasen, so bleibt zu hoffen, dürften in Zukunft noch differenziertere Erkenntnisse zu erzielen sein, die sich auf die jetzt vorliegende, höchst verdienstvolle und hervorragende Monographie von John Hand werden stützen können.

Christof Claser

---

7 Siehe hierzu den Ausstellungskatalog ExtravagAnt! A forgotten chapter of Antwerp painting 1500-1530. Ausst.-Kat. Antwerpen/Maastricht 2005/2006, Antwerpen 2005 und den zugehörigen Sammelband mit Beiträgen von Till-Holger Borchert, Annick Born, Maximiliaan P.J. Martens, Godehard Hoffmann, Stephen Goddard, Yao-Fen You, Peter van den Brink, Micha Leeflang, Dan Ewing und Paul Vandenbroeck im: Jaarboek Koninklijk Museum voor Schone Kunsten Antwerpen 2004/2005 (2006).

Dagmar Täube (Hrsg.), Rheinische Glasmalerei. Meisterwerke der Renaissance (= Sigurd Greven-Studien, Bd. 7), 2 Bde., Regensburg: Schnell & Steiner 2007.
Bd. 1: 132 S., 91 Abb., Bd. 2: 428 S., 157 Kat.-Nrn. m. Abb. und 64 weitere Abb., ISBN 978-3-7954-1944-8, 49,90 EUR.

Das zweibändige Werk »Rheinische Glasmalerei. Meisterwerke der Renaissance« ist weit mehr als ein Katalog zur gleichnamigen Ausstellung 2007 im Museum Schnütgen Köln. Dem aufmerksamen Leser breitet sich ein Reichtum an Kunst in und um Köln um die Wende des 15. zum 16. Jahrhundert aus, der sich von der Glasmalerei über die Tafelmalerei bis zur Skulptur erstreckt. Auf zusammen 560 Seiten mit über 600 Farbabbildungen bietet der prächtige Doppelband vor allem einen Einblick in die Schätze der Klöster Altenberg bei Köln, Mariawald im Kreis Düren und Steinfeld in der Eifel.

Während der Säkularisation um 1802 wurden allerdings viele Kirchen und Klöster in Köln und im Umland aufgelöst und Schätze wie die aus den Kreuzgängen dieser Klöster in alle Welt zerstreut. Die Darstellungen aus der Heilsgeschichte, die ursprünglich zur Erbauung und Belehrung der Nonnen und Mönche gedacht waren, gelangten so in Privatbesitz, vorwiegend in englische Adelshäuser. Das Katalogbuch führt in farbigen Gesamt- und Detailaufnahmen diese besonders schönen und qualitativ hochwertigen Meisterwerke der Glasmalerei wieder zusammen.

Dagmar Täube, die nach ihrer kurzen Leitung des Deutschen Glasmalerei-Museums Linnich 1998 an das »Victoria and Albert Museum« nach London ging, um 1999 als stellvertretende Direktorin an das Schnütgen-Museum Köln zurückzukehren, ist mit diesem Werdegang eine profunde Kapazität auf dem Gebiet historischer Glasmalerei. Zahlreiche Stücke aus den genannten Klöstern befinden sich im »Victoria and Albert Museum« und konnten die Kölner Ausstellung als Leihgabe hervorragend bereichern. (Siehe hierzu jetzt auch Susan Foister, Art of Light. German Renaissance Stained Glass. Ausst.-Kat. London, The National Gallery, London 2007.)

Die Bilderzyklen erzählen von Liebe, Sünde, Gutem und Bösem, Schuld und Sühne, sie spiegeln die Zustände in den Klöstern und lassen die Wirren an der Schwelle zur Neuzeit erkennen. Neben der Herausgeberin Dagmar Täube erläutern namhafte Autoren wie Hartmut Scholz, Helga Giersiepen, Reinhard Köpf, Hans-Joachim Ziegler, Esther Meier, Philipp Zitzlsperger und Paul Williamson in ihren Beiträgen, warum im 16. Jahrhundert die Kreuzgänge verglast wurden, welche Bedeutung die Bildprogramme hatten und auf welche Weise viele dieser Glasmalereien den Weg nach England fanden.

Mit den Bestandsaufnahmen und der künstlerischen Einordnung der Scheiben wird diese Publikation zum unverzichtbaren Standardwerk. Nach Ausstellungen und Katalogen wie »Stefan Lochner. Meister zu Köln« 1993 im Wallraf-Richartz-Museum und »Himmelslicht« 1998/99 im Schnütgen-Museum werden nun auch die Glasmalereien aus Kölner Werkstätten, die hier zu Beginn der Neuzeit vor allem für die Kreuzgänge der umliegenden Klöster angefertigt wurden, durch diese neuesten Forschungen bekannt gemacht. Aber auch die um 1530 entstandenen Scheiben von St. Peter in Köln werden besprochen und Hartmut Scholz zitiert in seinem Essay den Gelehrten und Antiquar Charles Winston, der schon 1847 begeistert die Qualität dieser Fenster lobte. Aufschlussreich ist auch der Aufsatz von Helga Giersiepen über die Vielzahl von Inschriften im Altenberger Zyklus. Man findet sie wie auch andernorts auf Spruchbändern, dargestellten Büchern, Gewandsäumen oder auf Gebäuden. In der Regel fällt es uns heute schwer, sie zu entziffern, wenn wir nicht gerade die Paläographie und Diplomatik unter den geschichtlichen Hilfswissenschaften studiert haben. Auch über die Kostümierung werden wir informiert, speziell in den Fällen Steinfeld und Mariawald. Philipp Zitzlsperger klärt uns über die Gleichzeitigkeit des Ungleichzeitigen auf, die verschiedenen Zeiten angehörige Kleidung der Dargestellten auf den Scheiben und ihre verschiedenen Rollen.

Überhaupt erhält die Glasmalerei in diesem Doppelband auch durch den umfangreichen Vergleich zur

Tafelmalerei in Dagmar Täubes Essay einen höheren Stellenwert, als es bisher in der Kunstgeschichte der Fall war, eine Entwicklung, die in anderen Ländern längst vollzogen ist und die Täube hier dankenswerterweise übernimmt.

Unlängst wies uns die Restauratorin Iris Schäfer bei einer Mitarbeiter-Fortbildung im Wallraf-Richartz-Museum auf die Raffinessen des Meisters des Bartholomäus-Altars hin. Er beherrschte die Tafelmalerei, die Glasmalerei und die Vergoldung gleichermaßen. Im linken Flügel seines Thomas-Altars wandte er für ein Brokat-Muster im Hintergrund die aus der Glasmalerei kommende Technik des Scraffito an. Die Qualität der Glasmalerei steht derjenigen der Tafelmalerei in nichts nach. Sie sieht nur einfach anders aus, folgt sie doch ganz anderen Gesetzmäßigkeiten. Ihre anderen Charakteristika bieten eine Fundgrube für Forschungen und Entdeckungen. Jemand wie Ferdinand Franz Wallraf wusste das. Die Kunstgeschichtsschreibung nach dem Zweiten Weltkrieg hatte das vergessen.

Während im ersten Band diverse Aufsätze das renaissancezeitliche Köln wieder auferstehen lassen, liefert uns der zweite Band neben der Einbeziehung der Heiligen-Legenden aus der Legenda Aurea des Jacobus de Voragine eine Bestandsaufnahme der noch vorhandenen Scheiben aus den drei erwähnten Klöstern Altenberg, Mariawald und Steinfeld mit ausführlicher Einführung in die Geschichte des jeweiligen Klosters. Aufgrund weniger erhaltener Stücke aus dem Kölner Kloster St. Apern und ihrer stilistischen Nähe gerade zu den Scheiben mit dem Zyklus des Heiligen Bernhard von Clairvaux in Altenberg wird auch das nicht mehr existierende St. Apern in die Betrachtungen mit einbezogen.

Neben genauesten Angaben zu Provenienz, Zustand, Inschriften und ihrer Übersetzung, Inhalt und Quellen geben uns die farbigen Abbildungen über Ergänzungen, Spolien und – mitunter fraglicher – Originalität anschaulich Auskunft. Die Forschungen zu den Glasmalereien im Kreuzgang von Kloster Steinfeld basieren hier auf den umfangreichen Recherchen des Priesters Nicolai Reinartz und der posthumen Veröffentlichung dazu, herausgegeben 1955 von Wilhelm Neuss.

Im Falle Mariawalds macht uns Guido von Büren in seiner Rezension im Jahrbuch des Kreises Düren 2008 (S. 119-129) darauf aufmerksam, dass die Rekonstruktionen der Kirchenfenster durch Brigitte Wolff-Wintrich von 2003 im vorliegenden Werk weitgehend unbeachtet bleiben und auch der für das Verständnis der Glasmalereien wichtige historische Kontext des Herzogtums Jülich unverständlicherweise nur knapp gestreift wird. Zur Baugeschichte des Klosters ist noch nachzutragen, dass der Südflügel des Kreuzgangs die außen eingemeißelte Jahreszahl 1563 zeigt, dieser Trakt also mit Sicherheit keine Glasmalereien mehr besessen hat (vgl. Heinz Köllen, Abtei Marialwald auf dem Kermeter in Heimbach [Eifel] [= Rheinische Kunststätten, H. 415], Neuss 1994, S. 12 u. 29ff.).

Man ist erstaunt über die umfangreichen Veränderungen, die jede einzelne Scheibe im Laufe der Jahrhunderte zu einem Stückwerk werden ließ. Viele Notbleie, Dublierungen und spätere Ergänzungen sorgen für eine manchmal seltsam erscheinende Komposition und dennoch sind es Meisterwerke geblieben. Für den Kreuzgang von Mariawald lassen sich von möglicherweise ehemals neunzehn zweibahnigen Fenstern aus erhaltenen Scheiben immerhin noch mindestens acht Fenster rekonstruieren.

Auch im zweiten Band werden immer wieder überzeugende Vergleiche gezeigt, wie z.B. die Mariawalder Scheibe »Elija erweckt den Sohn der Witwe« aus dem »Victoria and Albert Museum« London und die zeichnerische und kompositionelle Ähnlichkeit mit einer Zeichnung des Niederländers Rogier van der Weyden oder die »Taufe Christi« mit einem Stich Martin Schongauers. Es verdeutlicht die Auseinandersetzung der Glasmaler mit Werken führender Künstler ihrer Zeit.

Ein bisschen mehr Information zur Technik, zum spezifischen Charakter der Scheiben und ihren Unterschieden gegenüber gotischer Glasmalerei hätte sich vielleicht der Laie gewünscht, denn nicht jeder weiß, dass es sich um mundgeblasenes Echtantikglas handelt und welche Teile der Scheibe farbig bemalt und welche mit farbigem Glas versehen sind. Auch ist interessant zu beobachten, wie sich der

Einsatz von Silbergelb, Braunlot und Schwarzlot von der Gotik zur Renaissance verstärkte, um damit gekonnte Zeichnung selbst in den Vordergrund zu rücken gegenüber der Aneinanderreihung farbiger Glasstücke mit wenig Schwarzlotauftrag in gotischer Zeit. Besonders ausgeprägt zeigt sich diese Entwicklung im Zyklus zur Geschichte des heiligen Bernhard in Altenberg. Nicht nur die Tafelmalerei hatte sich zum Detail-Reichtum entwickelt, der Kupferstich brillierte mit raffinierter Linearität, Schraffur und Licht- und Schattensetzung. All diese neuen Möglichkeiten beeinflussten auch die Entwicklung der Glasmalerei. Ihre Meister waren zweifelsohne große Könner und es ist spannend und schwierig bis unmöglich, Zuschreibungen zu wagen.

Dagmar Täube bringt Namen für die Kölner Werkstatt ins Spiel wie Everhard Rensig und (höchstwahrscheinlich) seinen Sohn Gerhard Remsich, deren Monogramme auf Mariawalder und Steinfelder Scheiben zu finden sind. Auch die Stilistik des in Kalkar tätigen Künstlers Jan Joest wird zu Vergleichen herangezogen. Fraglich ist, ob jemals genauere Zuschreibungen möglich sein werden.

Mit ihren Ergebnissen kann sich die Forschung zur rheinischen Glasmalerei des Spätmittelalters und der Renaissance durchaus messen mit der Qualität des Corpus Vitrearum Medii Aevi in Freiburg und Berlin-Brandenburg.

Doch ist dieser Doppelband keineswegs nur für Fachleute gedacht. Die Texte und die Verteilung der Abbildungen bietet dem Fachmann wie auch dem interessierten Laien ein anschauliches Kompendium. Angesichts der Wirren zur Zeit der Säkularisation und der Zerstörungen beider Weltkriege ist es erstaunlich, dass doch noch so viel erhalten ist, und über die höchstwahrscheinlich verlorenen und fraglichen Stücke zu den besprochenen Zyklen geben die letzten Seiten im zweiten Band Auskunft.

Man darf auf folgende Publikationen gespannt sein, denn die Forschungen sind noch lange nicht am Ende.

Iris Nestler

Alfred Kohler, Ferdinand I., 1503-1564. Fürst, König und Kaiser, München: C. H. Beck 2003.
377 S., 1 Farbabb. auf dem Schutzumschlag, 18 s/w-Abb. im Text und 1 Karte, ISBN 3-406-50278-4, 16,40 EUR.

Wenn Herzog Wilhelm V. von Jülich-Kleve-Berg (1516-1592) in dieser ultimativen Biographie des hervorragenden österreichischen Historikers Alfred Kohler der am häufigsten genannte rheinische Fürst ist (noch vor den Erzbischöfen von Köln), dann kommt das nicht von ungefähr. Denn er war einer der nicht wenigen Schwiegersöhne des Kaisers, der 1546, drei Jahre nach seiner Niederlage im Geldrischen Erbfolgekrieg gegen Karl V., das fünfte Kind bzw. die zweite Tochter des Kaiserbruders Ferdinand (der seit 1531 Römischer König war) geheiratet hatte (nachdem seine Ehe mit Jeanne d'Albret päpstlicherseits annulliert worden war), und um deren katholische Umgebung und die katholische Erziehung seiner Enkel sich der strenggläubige Ferdinand Sorgen machte, da Wilhelm zu der Zeit als zwischen beiden Konfessionen schwankend, angesehen werden musste.

Daher ist es sinnvoll, die Biographie des zu Unrecht vergessenen Kaisers, der 1558 seinem älteren Bruder Karl V. nachfolgte, in dieser Zeitschrift, auch fünf Jahre nach ihrem Erscheinen, zu besprechen. Hinzuweisen ist in diesem Zusammenhang auch auf den voluminösen und materialreichen Ausstellungskatalog des Kunsthistorischen Museums Wien »Kaiser Ferdinand I., 1503-1564. Das Werden der Habsburgermonarchie« (Mailand 2003), der sich weitgehend auf die Erblande beschränkt und Wilhelm V. als Ehemann der Maria von Österreich nur kurz erwähnt.

Nach Vorwort (S. 11-12) und Einleitung mit Forschungsbericht und Überlegungen zur wissenschaftlichen Biographik (S. 13-34) werden im 1. Kapitel »Kindheit und Jugend eines spanischen Prinzen« – Ferdinand, Sohn Philipps des Schönen, des 1. Sohnes Maximilians I., und Juanas de Loca (gen. Johanna die Wahnsinnige) wuchs in Spanien auf – geschildert, wobei sowohl die Durchsetzung seiner Ansprüche auf Spanien durch den späteren Kaiser Karl V., als auch Ferdinands Aussichten als Alternativkandidat für die Kaiserwahl zur Sprache kommen (S. 35-59). Das 2. Kapitel handelt von der Teilung des Erbes und dem Antritt der Herrschaft Ferdinands in den österreichischen Erblanden (S. 60-88). Im 3. Kapitel werden Ferdinands Persönlichkeit und Familie dargestellt (S. 89-129). Der anfangs »multikulturelle« Hofstaat und die Ratgeber – Spanier, Niederländer und Deutsche – wird im 4. Kapitel behandelt (S. 130-155). Die Erweiterung der Herrschaftsgebiete – Württemberg, Böhmen, Ungarn – ist das Thema des 5. Kapitels (S. 151-184). Bedeutsam das 6. Kapitel über Ferdinands Auseinandersetzung mit dem Protestantismus (S. 185-206). Der Abwehr der Osmanen in Österreich und in Ungarn ist das 7. Kapitel gewidmet (S. 207-224). »Von Passau nach Augsburg«, d.h. vom Passauer Vertrag von 1552 bis zum Augsburger Religionsfrieden von 1555, handelt das 8. Kapitel, das Ferdinand in der Rolle als Nachfolger Karls V. darstellt (S. 225-257). Im 9. Kapitel werden Ferdinands Kaiserjahre (1558-1564) behandelt, u.a. mit ausführlicher Darstellung seines Engagements für das Konzil von Trient, das in seinem erbländischen Herrschaftsgebiet tagte (S. 258-285). Die bei den Habsburgern im 16. und 17. Jahrhundert stets gegebene Nachfolgeproblematik wird im 10. Kapitel geschildert. Ferdinands »Tod und Nachleben« – er war schließlich, obwohl er den Protestantismus hasste, der Urheber der »Declaratio Ferdinandea«, die die Protestanten unter Umgehung des Geistlichen Vorbehalts des Augsburger Religionsfriedens schützte (S. 304- 318) – bilden den Abschluss. Der Anhang enthält die nach Kapiteln geordneten Anmerkungen (S. 321-336), die ebenfalls so geordneten Quellen und die Literatur (S. 337-354), die eine wahre Fundgrube, auch für die Jülicher Geschichte sind, den Bildnachweis (S. 355-356), eine etwas verwirrende Genealogische Tafel (S. 357-359), eine Karte Europas mit den habsburgischen Besitzungen Ferdinands (S. 360-361) und ein Personen- und Ortsregister (S. 367-377).

Dass das Literaturverzeichnis nicht alphabetisch geordnet ist, ist ein Nachteil; bei den »Biographien/Biographischen Abrissen« (S. 337f.) fehlen die Artikel in der Allgemeinen deutschen Biographie (ADB), dem Lexikon der deutschen Geschichte von Gerhard Taddey und der elf Spalten umfassende Artikel in Bd. XVIII, 2001, des Biographisch-Bibliographischen Kirchenlexikons (BBKL). Bei dem Register ist zu bemängeln, dass in den zwei Fällen, in denen Jülich (S. 369) genannt wird, nicht die Stadt, sondern der Herzog bzw. das Herzogtum gemeint sind und dass nicht erkannt wurde, dass »Maria (die Katholische), Kgn. von England« und die fünfzehn Zeilen danach genannte »Maria Tudor, Kgn. von England« ein und dieselbe Person sind.

Hugo Altmann

Rabaskadol, Fritz Heller, Capella '92, Gerben van der Veen, Martin Peudargent. Music at the court of duke Wilhelm V of Jülich-Kleve-Berg, [Joure:] Aliud 2007.
Super Audio CD, Laufzeit 69:47 min., viersprachiges Booklet mit 22 S. und 12 Abb. (Text: Guido v. Büren, Fritz Heller und Martin Lubenow), Best.-Nr. ACD HN 016-2, 19,99 EUR.

Die fundiert und sorgfältig edierte Notentextausgabe der erhaltenen Motetten von Martin Peudargent (um 1510 - vor 1594)[1] wird abgerundet durch eine CD-Einspielung, die eine ungefähre Vorstellung vom klanglichen Eindruck der musikalischen Aktivitäten am Hof Wilhelms V. von Jülich-Kleve-Berg vermitteln soll. Mit dem Instrumentalensemble »Rabaskadol« und der Chorgemeinschaft »Capella '92« nahm man 23 Titel aus der umfangreichen Sammlung auf, die teilweise auch in den viel beachteten Live-Konzerten in Düsseldorf, Gelsenkirchen und Jülich zu hören waren.

Was die Besetzung angeht, bedient man sich der in der Renaissance üblichen »ad-libitum«-Praxis. Das heißt, die Werke konnten rein instrumental, rein vokal, gemischt, solistisch oder chorisch besetzt werden. Die Instrumentenwahl hing vom vorhandenen Angebot ab. Das von Fritz Heller 1985 gegründete Ensemble »Rabaskadol« verwendet hauptsächlich Streichinstrumente aus der Renaissance und die damals üblichen Blasinstrumente wie Pommer, Posaune, Zinken und Dulzian. Tasteninstrumente wie Orgelpositiv und Cembalo runden das Instrumentarium ab, das durch historische Darstellungen der Musiker am jülich-klevischen Hof verbürgt ist. Die Instrumente präsentieren sich auf der CD sechs Mal allein und werden zur Unterstützung der Gesangsnummern differenziert eingesetzt. Auch wenn damit schon eine ordentliche Prise an Farbigkeit erzielt wird, hätte die Verwendung von Zupfinstrumenten zu einer weiteren Auflockerung der stilistisch ähnlich gelagerten Werke beigetragen.

Die Kompositionen reflektieren eindrucksvoll die damals übliche Vokalpolyphonie mit strengen Imitationstechniken, gemessenen Tempi und einer geringen dynamischen Bandbreite. Rhythmisch sind viele Beiträge dem Canzonen-Duktus verhaftet (lang-kurz-kurz), sodass die Sammlung in Folge ein wenig gleichförmig klingt. Eine Öffnung zu experimentellen Neuerungen ist bei Peudargent noch nicht zu hören. Ganz auf der Höhe der stilistisch fantasievolleren Großmeister Orlando di Lasso (1532-1594) oder Claudio Monteverdi (1567-1643) bewegt sich Peudargent eben nicht. Die siebzehn Sängerinnen und Sänger der sauber artikulierenden und intonierenden »Capella '92« unter Leitung von Gerben van der Veen wechseln geschickt zwischen chorischer und solistischer Besetzung, wobei der Anteil der vorzüglichen Sopran-Solistin etwas zu stark dominiert. Beim Chor legt van der Veen stärkeren Wert auf die Durchhörbarkeit des polyphonen Geflechts als auf die Klangfülle, so dass die Beiträge auch in voller Besetzung ein wenig asketisch klingen. Hier wäre etwas mehr Mut zum Spiel mit sinnlicher Fülle vertretbar gewesen.

Insgesamt eine Einspielung, die dem wissenschaftlichen Wert des gesamten Peudargent-Projekts[2] gerecht wird, ein wenig aber von der Lebensfreude und der Neugier der Renaissance-Menschen auf neue Klänge und Farben vermissen lässt.

Pedro Obiera

---

1 Martin Lubenow (Bearb.), Martin Peudargent. Musiker und Komponist am jülich-klevischen Hof. Gesamtausgabe (= Jülicher Forschungen, Bd. 7), Germersheim/Jülich 2006.
2 Zum Gesamtprojekt vgl. die umfangreiche Internetpräsenz www.juelicher-hofmusik.de.

Arnold Bartetzky (Hrsg.), Die Baumeister der »Deutschen Renaissance«. Ein Mythos der Kunstgeschichte?, Beucha: Sax-Verlag 2004.
269 S., 43 Abb., ISBN 3-934544-52-5, 25,- EUR.

Die kunsthistorische Erforschung größerer thematischer Zusammenhänge steht oft vor dem Dilemma eines unausgewogenen Forschungsstandes. Das gilt vor allem für die Architektur des langen 16. Jahrhunderts – der Renaissance – in Deutschland bzw. generell in den Ländern nördlich der Alpen. G. Ulrich Großmann hatte 1989 anlässlich der Eröffnung des Weserrenaissance-Museums Schloß Brake darüber geklagt, dass dieses »Thema am Rande des allgemeinen Interesses« liege und dass »Lehrstuhlinhaber ... gerne mit dem Satz zitiert« würden, »dass ihnen die 2385. Dissertation über ein Thema der italienischen Renaissance, oder doch wenigstens über ein Werk von A[lbrecht]. Dürer, also außerhalb der deutschen Renaissancearchitektur, lieber wäre, als die erste Arbeit z. B. über ein Thema aus dem Bereich der Weserrenaissance.«[1] Obgleich Großmann zurecht einen Stimmungsumschwung im universitären und musealen Bereich konstatieren konnte, ist der Forschungsstand immer noch von einem starken qualitativen Gefälle geprägt. Dies wurde bei der Erarbeitung des »Handbuchs der Renaissance« deutlich, wo es kaum möglich war, neue Fragestellungen auf alle ausgewählten Objekte anzuwenden.[2]

Das weit verbreitete Bild, das von dem Gegensatzpaar der für das Mittelalter stehenden Handwerkerarchitektur und der für die Neuzeit stehenden Künstlerarchitektur gezeichnet wird, ist längst überholt, dennoch wird es noch gerne kolportiert. Die verstärkt einsetzende Schriftlichkeit in der frühen Neuzeit hat zur Überlieferung einzelner Namen geführt, die besonders in der um Identitätsstiftung bemühten regionalen Kunstgeschichtsforschung zur Konstruktion einzelner Künstlerpersönlichkeiten geführt hat. Ein plastisches Beispiel ist hierfür die »Weserrenaissance«, für die nicht nur eine homogene Stilgruppe von Bauten mit einzelnen Untergruppen erarbeitet wurde, sondern diese auch mit Namen einzelner Baumeister verbunden wurden, was einer kritischen Überprüfung jedoch nicht immer standhält.[3]

---

1 G. Ulrich Großmann, Zur Ausstellung, in: ders. (Hrsg.), Renaissance im Weserraum, Bd. 1: Katalog, München/Berlin 1989, S. 17-19, hier: S. 17.
2 Anne Schunicht-Rawe/Vera Lüpkes (Hrsg.), Handbuch der Renaissance. Deutschland – Niederlande – Belgien – Österreich, Köln 2002. Bedauerlicherweise wurden einige Neuakzentuierungen gegenüber der bisherigen Forschung, die sich oftmals unreflektiert in Traditionen des 19. Jahrhunderts bewegt, missverstanden und deshalb abgelehnt; vgl. die Besprechung des Handbuchs durch Wolfgang Schmid, in: Rheinisch-westfälische Zeitschrift für Volkskunde, 48. Jg. (2003), S. 291-293, der die den Bearbeitern wichtige Diskussion des Renaissance-Begriffes, die sich in der Tagung »Wege zur Renaissance« (Norbert Nußbaum/Claudia Euskirchen/Stephan Hoppe [Hrsg.], Wege zur Renaissance. Beobachtungen zu den Anfängen neuzeitlicher Kunstauffassung im Rheinland und den Nachbargebieten um 1500, Köln 2003) fruchtbar fortsetzte, als »nicht sehr erhellender Einleitungsessay« abtut.
3 Der ältere Forschungsstand ist zusammengefasst bei Herbert Kreft/Jürgen Soenke, Die Weserrenaissance, 6. überarb. Aufl., Hameln 1986. Dagegen beispielsweise die Dekonstruktion der sogenannten Hamelner Baugruppe mit ihrem vermeintlichen Protagonisten Cord Tönnis bei Thorsten Albrecht, Die Hämelschenburg. Ein Beispiel adeliger Schlossbaukunst des späten 16. und frühen 17. Jahrhunderts im Weserraum (= Materialien zur Kunst- und Kulturgeschichte in Nord- und Westdeutschland, Bd. 13), Marburg 1995, S. 256-271.

In seiner Einleitung setzt sich der Herausgeber des vorliegenden Sammelbandes ausführlich mit Wilhelm Lübke auseinander, der zu den Begründern der Erforschung der Architektur der Renaissance *in* Deutschland zählt, die begrifflich zu einer »Deutschen Renaissance« verkürzt wurde.[4] Auch an anderer Stelle hat sich Bartetzky zusammenfassend mit der Architektur der »Deutschen Renaissance« beschäftigt.[5] Nun kann man sich die Frage stellen, wie fruchtbar diese Auseinandersetzung generell ist. Diese Herangehensweise greift m.E. zu kurz, da sie hinter die aktuelle Methodendiskussion zurückfällt. So beraubt sich der Verf. eines wichtigen »Axioms« bei der Diskussion des nordeuropäischen Baubetriebs der Frühen Neuzeit, wenn er feststellt: »In einigen jüngeren Arbeiten wird das Innovationspotential der nordischen Renaissance betont, das sich nicht allein an der Übernahme antikisierender Formen festmachen lasse [...]. Auf eine Diskussion dieser interessanten Ansätze kann im Zusammenhang mit der Fragestellung des vorliegenden Bandes verzichtet werden.« (S. 8, Anm. 4). Dies führt dazu, dass der Verf. konstatiert, die antikisierenden Formen der Renaissance gingen eine »oftmals bizarre Verbindung« mit lokalen spätgotischen Bautraditionen ein (S. 8). Die Zeitgenossen werden dieser Wertung nicht gefolgt sein, da ihnen die im 19. Jahrhundert nachträglich vorgenommene Definition durch bestimmte Formen klar definierter Stile fremd gewesen ist. Insbesondere auch vor dem Hintergrund, dass es weitaus mehr Verbindendes im Baubetrieb zwischen dem 15. und 16. Jahrhundert gab, als Trennendes. Die bahnbrechenden funktionellen Neuerungen in der Architektur geschahen unabhängig von der stilistischen Gestaltung. Insoweit fällt es schwer, einen spezifischen Typus des Baumeisters der Renaissance herauszuarbeiten, wie der Verf. auch einräumt.

Das von der Kunstgeschichte apostrophierte Bild vom umfassend gebildeten Architekten basiert auf dem Idealbild, das italienische Kunsttheoretiker in Anlehnung an Vitruv entworfen haben. Dieses ist aber eher als ein literarisches Konstrukt zu verstehen. Es geht mithin nicht darum, das Idealbild mit der erschlossenen historischen Wirklichkeit abzugleichen, sondern deren eigenen Wert zu erkennen. In diesem Sinne enthält der Sammelband wichtige Korrekturen an bisherigen Darstellungen der Viten von Baumeistern der Renaissance in Deutschland. So wird aus dem mitteldeutschen Stararchitekten Hieronymus Lotter[6] ein umtriebiger Bauunternehmer, der nicht als Künstlerpersönlichkeit zu verstehen ist (Wolfram Günther). Ganz ähnliche Bewertungstendenzen weisen auch die weiteren biographischen Skizzen auf: Wendel Roskopf (Klara Kaczmarek-Patralska), Konrad Krebs (Christine Kratzke und Tim Teppe), Wilhelm Vernucken (Martin Müller), Antonis von Obberghen (Arnold Bartetzky), Lüder von Bentheim (Paul Zapraris), Jakob Wolff d.J. (Jörn Bohr), Elias Holl (Thomas Fichtner und Kai Wenzel), Heinrich Schickardt (Ruben Rebmann). Leider bewegen sich nicht alle Beiträge, die auf ein kunsthistorisches Seminar an der Universität Leipzig zurückgehen, auf der Höhe des Forschungsstandes. Hatte dieser Vorwurf früher immer etwas Besserwisserisches, so ist er in Zeiten des Internets durchaus berech-

---

4 Wilhelm Lübke, Geschichte der Renaissance in Deutschland, 2 Bde., 2. Aufl. 1882. Die erste Auflage war 1872 als Bd. 1 der »Geschichte der Baukunst« unter dem Titel »Geschichte der deutschen Renaissance« erschienen.
5 Arnold Bartetzky, Die Architektur der ›Deutschen Renaissance‹, in: Kunsthistorische Arbeitsblätter, H. 9, 2003, S. 15-26. Der Verf. verwendet den Begriff in einem historiographiegeschichtlichen Sinne, daher auch die einschränkenden Anführungszeichen. Im Hinblick auf eine Staatsgrenzen überwindende Forschung, sollte man m.E. ganz auf ihn verzichten; vgl. Thomas DaCosta Kaufmann, Höfe, Klöster und Städte. Kunst und Kultur in Mitteleuropa 1450-1800, Köln 1998 (OA London 1995), ders., Art and architecture in Central Europe 1550-1620. An annotated bibliography (= Studien zur Kultur der Renaissance, Bd. 2), Marburg 2003 (EA Boston 1988).
6 Lutz Unbehaun, Der sächsische Baumeister Hieronymus Lotter, Leipzig 1989.

tigt. So behauptet Martin Müller, die Publikation von Richard Klapheck zu Schloss Horst von 1915 enthielte die »bis heute einzigen Forschungsergebnisse [...] zur Entstehungsgeschichte des Schlosses, seiner Kunstwerke und der am Bau beteiligten Künstler«. Damit übersieht er die z.T. bahnbrechenden Untersuchungen, die seit der Mitte der 1980er Jahre im Zusammenhang mit der erfolgreichen Revitalisierung der Schlossanlage entstanden sind.[7]

Der Herausgeber kommt in seiner Zusammenfassung zu dem Schluss, dass der »in Italien allmählich aufkommende Typus des theoretisch bewanderten, allein für den Entwurf zuständigen Künstlerarchitekten im Baubetrieb der ›Deutschen Renaissance‹ [...] keine Existenzgrundlage gehabt« habe. Die Auswahl der behandelten Baumeister erscheint insoweit unglücklich, da kein italienisch-stämmiger Architekt behandelt wird, der im Bearbeitungsraum nachweisbar ist. Die Biographie und das Tätigkeitsspektrum eines Alessandro Pasqualini oder eines Grafen Rochus zu Lynar hätten das so entstehende Gesamtbild deutlich abgerundet bzw. differenziert. Zudem kann man sich fragen, ob man die Perspektive nicht stärker von den Baumeistern weg, hin zu deren Auftraggebern hätte wenden müssen. Diese orientierten sich an überregionalen Entwicklungen und traten mit in den humanistisch geprägten Diskurs um die Baukunst ein. Sie waren die eigentlichen Wegbereiter des Vitruvianismus nördlich der Alpen, der frei von jedweden Nationalismen war. Die Baumeister agierten gerade bei den von uns heute als bedeutend angesehenen Bauten niemals alleinverantwortlich, sondern in einem engen Beziehungsgeflecht, dem der vorliegende Sammelband nicht in jedem Fall gerecht wird.

Guido v. Büren

Barbara Uppenkamp, Das Pentagon von Wolfenbüttel. Der Ausbau der welfischen Residenz 1568-1626 zwischen Ideal und Wirklichkeit (= Veröffentlichungen der Historischen Kommission für Niedersachsen und Bremen, Bd. 229), Hannover: Verlag Hahnsche Buchhandlung 2005.
395 S., 62 Abb., ISBN: 3-7752-6029-3, 39,- EUR.

Bereits der Titel dieses Buches über »Das Pentagon von Wolfenbüttel« führt in das Spannungsfeld der historischen Stadtplanung zwischen Ideal und Wirklichkeit. Die Kunsthistorikerin Barbara Uppenkamp widmet sich in ihrer umfangreichen kunst- und architekturhistorischen Untersuchung dem Ausbau der welfischen Residenzstadt Wolfenbüttel. Sie führt den Leser nicht nur durch eine frühneuzeitliche Residenz, sondern zugleich durch ein komplexes kulturelles Beziehungsgeflecht.
So umfasst der Band mehr als nur bisher unveröffentlichte Quellen zur Geschichte Wolfenbüttels, sondern gibt eine Beschreibung der Topografie und Baugeschichte der Stadt, ergänzt durch einen Katalog aller erhaltenen Häuser aus der Zeit vor dem Dreißigjährigen Krieg. Die Autorin eröffnet mit dieser architekturhistorischen Abhandlung einen tiefen Einblick in die Grundsätze frühneuzeitlicher Philosophie, Staatsidee und Stadtplanung.

---

[7] Zusammenfassend mit der älteren Lit.: Lutz Heidemann (Red.), Schloss Horst. Dokumentation, Hagen 2002. Müller entging zudem die Dissertation von Wolfgang Heuer, Wilhelm Vernuken. Ein Bildhauer und Baumeister des Manierismus in Deutschland, Düsseldorf 2000. Eine ausgreifende Darstellung der Planungs- und Baugeschichte der Kölner Rathauslaube, die Vernuken nach Entwürfen von Cornelis Floris errichtete, jetzt bei Isabelle Kirgus, Die Rathauslaube in Köln 1569-1573. Architektur und Antikerezeption (= Sigurd Greven-Studien, Bd. 4), Bonn 2003.

Barbara Uppenkamp studierte Kunstgeschichte, Philosophie und Sprachwissenschaften in Hamburg. Sie war von 1993 bis 1995 Stipendiatin des Graduiertenkollegs Politische Ikonographie der Deutschen Forschungsgemeinschaft an der Universität Hamburg. Nach ihrer Promotion war sie wissenschaftliche Mitarbeiterin am Weserrenaissance-Museum Schloß Brake in Lemgo und arbeitete als Lehrbeauftragte an den Universitäten Hamburg und Lüneburg sowie als Dozentin für Architekturgeschichte an der University of Reading in England. In ihrer Forschungsarbeit befasst sich die Autorin schwerpunktmäßig mit der Kunst, Architektur und Urbanistik der frühen Neuzeit und der Moderne. Aus ihren Veröffentlichungen sei auf folgende Artikel verwiesen, die sich auf die Idealstadt Wolfenbüttel beziehen: Ordnung und Geometrie. Die Wolfenbütteler Heinrichstadt – eine deutsche Idealstadt um 1600, in: Guido v. Büren (Hrsg.), Pasqualini-Studien I (= Jülicher Forschungen, H. 4), 1995, S. 7-30; Idealstadt Wolfenbüttel, in: Hermann Hipp/Ernst Seidl (Hrsg.), Architektur als politische Kultur – philosophia practica, Berlin 1996, S. 115-129.

Das Buch gliedert sich in vier größere Kapitel, denen ein Vorwort, die Quellenlage und der Forschungsstand sowie eine Einführung zur Geschichte des Braunschweigischen Herrschaftshauses im 16. und 17. Jahrhundert vorangestellt sind. Nach einer Zusammenfassung am Ende des Buches findet der Leser außer einer Bibliographie ein Verzeichnis der benutzten Quellen, einen Abbildungsnachweis, je einen Anhang zu den vier Kapiteln, ein Register und die Abbildungen.

Das Vorwort informiert über die vorliegende Arbeit, eine überarbeitete Fassung ihrer Dissertationsschrift, die im Jahr 2000 unter dem Titel »Das Pentagon von Wolfenbüttel – Entwurf und Wirklichkeit einer Idealstadtanlage in Deutschland um 1600« am Fachbereich für Kunst- und Kulturwissenschaften der Universität Hamburg angenommen wurde.

In der Einleitung umreißt die Autorin einige Eckpunkte ihrer Arbeit über die Gründung und Entwicklung der Heinrichstadt zu Wolfenbüttel in der Zeit von 1568 bis 1628. Da es sich um eine monographisch angelegte Untersuchung handelt, wurde auf einen allgemeinen Überblick zur Geschichte der Idealstadt verzichtet. So dient der 1583 von dem Straßburger Festungsbaumeister und -theoretiker Daniel Specklin gezeichnete Idealplan von Wolfenbüttel in Form eines Pentagons, wie auf dem Bucheinband zu sehen, nur als augenfälliger Ausgangspunkt gegenüber der gebauten Realität.

»Die Dissertation behandelt die Frage nach der Umsetzung gesellschaftlicher Normen und landesherrlichen Ehrgeizes in die gebaute Form einer Stadt. Neben den Bauten als Primärquellen machen die erhaltenen handschriftlichen Quellen und zeitgenössische Publikationen einen wesentlichen Teil der Untersuchung aus.« (S. 11). Deshalb spielen auch die an der von Herzog Julius gestifteten Universität Helmstedt erörterten politischen Theorien eine bedeutende Rolle.

Das erste Kapitel beschäftigt sich mit der Topographie und der Baugeschichte der Wolfenbütteler Heinrichstadt sowie mit erhaltenen und zerstörten Bauten anhand eines bautypologischen Schemas gemäß den Vorstellungen der Zeit. Eine Tabelle des Braunschweiger Geometers Henning Hasemann von 1625 veranschaulicht dieses Schema. Das zweite Kapitel ist dem Verhältnis von Architektur und Architekturtheorie gewidmet. Die Autorin rekonstruiert den Buchbesitz von Herzog Julius und diskutiert auf diesem Hintergrund die ursprüngliche Planung. Das dritte Kapitel erläutert die ideengeschichtlichen Grundlagen, die Reformation, aber besonders die politischen Lehren der Zeit. Das vierte Kapitel erschließt die Frage der Umsetzung eines politischen Ideals in eine Idealstadt.

Es folgt ein kurzer Überblick über die Quellenlage und den Forschungsstand. Aus dem reichhaltigen Quellenmaterial sei z. B. auf die schwer zu lesenden eigenhändigen Schriftstücke des Herzogs verwiesen. Sehr aufschlussreich waren aber die umfassenden Bauordnungen, Inventarlisten, ungedruckten Abhandlungen, Karten und Pläne der Stadt sowie der Bibliothekskatalog vom Anfang des 17. Jahrhunderts, eine Art »Schlüssel« zu den Architekturtraktaten des 16. Jahrhunderts. Die Autorin benennt neben

Friedrich Thöne noch Gerhard Eimer, Kersten Krüger, Evi Jung und Krzystof Biskup als Forschende für ihr Thema.

Die Einleitung wird abgeschlossen durch einige Hintergrundinformationen zur Geschichte des braunschweigischen Herrscherhauses im 16. und 17. Jahrhundert, dabei stehen die Herzöge Julius, Heinrich Julius und Friedrich Ulrich im Fokus. Besonders Herzog Julius gestaltete seine Residenzstadt nach modernsten wirtschaftlichen, militärischen und philosophischen Gesichtspunkten, orientiert an den Ingenieursleistungen der Niederländer. Heinrich Julius baute die Stadt weiter aus, z. B. die monumentale evangelische Hauptkirche Beatae Mariae Virginis, aber er verzichtete auf den Ausbau der Heinrichstadt in Form des riesigen Pentagons. Friedrich Ulrichs Regierungszeit war überschattet vom Dreißigjährigen Krieg, die Festung Wolfenbüttel wurde besetzt. Selbst in der Namensgebung der Wolfenbütteler Stadtteile spiegelt sich die Geschichte ihrer Herrscher.

Das Kapitel I. gibt eine Beschreibung der Topographie und Baugeschichte zwischen 1568 und 1626, beginnend mit der Infrastruktur, dem Ausbau des Wasserwegenetzes im Herzogtum, aber auch in der Heinrichstadt, den Mühlen, den Straßen und den Märkten. Unter dem Abschnitt *Architectura militaris* erhält der Leser einen Überblick über die Festungsanlagen und ihre Baumeister. So wurde 1559/60 durch Francesco Chiaramella di Gandino nach der italienischen Manier und 1650 durch Cornelis van den Bos nach der niederländischen Manier gebaut. Der durch Daniel Specklin dokumentierte fünfeckige Idealplan war wohl für die Ausführung der Festungswerke bestimmt, die Zitadelle sollte eine regelmäßige Form erhalten, gefolgt von der Stadt im Osten mit drei großen Bastionen. Aber 1599 zeigten die Ausführungen und Einsparungen das Ende des pentagonalen Idealplanes. Auch die Bedeutung der ausländischen, vor allem niederländischen Baumeister war nicht mehr entscheidend. Trotzdem hielt die Festung dem Beschuss der drei Belagerungen in den Jahren 1627, 1632 und 1641 stand. Erst die Umbauten durch Cornelis van den Bos nach der neuniederländischen Manier führten zu entscheidenden Veränderungen; die Orillons der Bastionen verschwanden und die Bastionsspitzen wurden weiter nach vorne verlegt. Außerdem wurden neue Bastionen und Stadttore errichtet. Natürlich geht die Autorin auch der Geschichte der Tore und des Zeughauses nach. Der Abschnitt *Architectura civilis et recreationis* widmet sich hauptsächlich dem Schloss und dem Lustgarten, danach folgen die Abschnitte zu den Sakralbauten, den öffentlichen Bauten und den Privatgebäuden.

Das Kapitel II. führt dem Leser unter dem Titel »Architekturtheorie und ideale Architektur« die Welt der Kunst, Wissenschaft und Technik am Wolfenbütteler Hof vor Augen. Wie viele Herrscher dieser Zeit interessierten sich auch die Herzöge in Wolfenbüttel für kriegstechnische Erfindungen, astronomische Geräte und die Alchemie. Ein Inventar von 1589 berichtet von einer Sammlung von *Artificialia, Scientifica* und *Naturalia* in drei Räumen im Nordflügel des Schlosses. »Im Raumgefüge des Burgundischen Saales, des Burgundischen Tanzsaales und des Altans ist Herzog Julius mit seiner Vorliebe für technische Geräte, Waffen und mit seinen naturwissenschaftlichen Interessen präsent. Darüber hinaus steht das Interesse für Architektur und Städtebau im Vordergrund, gefolgt von repräsentativen Interessen und erbaulichen und beschaulichen Dingen.« (S. 137-138).

Zwar hatte die Bibliotheca Julia des Herzogs Julius ihren Schwerpunkt im politisch-ökonomischen und theologischen Bereich, aber der Bibliothekskatalog des Liborius Otho bescheinigt die fachliche Kompetenz der Herzöge auch in der Baukunst. »Grundlegend waren die Vitruv-Ausgaben und Kommentare des 16. Jahrhunderts. Daneben standen die ›Zehn Bücher über die Baukunst‹ von Leon Battista Alberti sowie die Werke von Jacques Androuet Ducerceau und Philibert Delorme. Auch die wichtigsten Publikationen von Hans Vredeman de Vries waren vertreten. Die antiquarischen Interessen der Herzöge spiegeln sich in Büchern mit Ansichten der berühmten antiken Bauwerke Roms. Hohe Bedeutung kam den aktuellen Festungstraktaten und Maschinenbüchern zu. Eine weitere Gruppe bilden die Bauordnungen, die zum Teil unter den Politica aufgeführt sind. Die sogenannten ›Säulenbücher‹ stellten nur einen kleinen Anteil unter den Architekturtraktaten.« Hervorgehoben werden muss natürlich Daniel Specklins »Architectura von Vestungen« von 1589, da dieses Buch Herzog Julius gewidmet ist.

Typisch für das frühe 17. Jahrhundert ist die Vorliebe für eine komprimierte Gesamtschau der Architekturtheorie in Form einer Stadt. In Hasemanns Schema »SYNOPSIS ARCHITECTONICAE« vereinen sich die Theorien Vitruvs und Albertis. »Die Bautypologie, die sich bei Hasemann entfaltet, ergibt das exemplarische Bild einer Residenz um 1600. Sie ist aber auch das genaue Abbild Wolfenbüttels am Ende des in dieser Arbeit besprochenen Zeitraums.« (S. 162).

Ein gesonderter Abschnitt befasst sich mit den Plänen und den Modellen der Heinrichstadt. Aus der Gegenüberstellung des Straßburger Plans von 1583 von Daniel Specklin mit dem Hemerdey-Plan von 1573 analysiert die Autorin, dass sich der Entwurf des Pentagons ungefähr auf das Jahr 1574 datieren lässt, »als Johann Pasqualini [d.Ä.], Wilhelm de Raet, Ruprecht Lobri und Paul Francke in Wolfenbüttel zusammentrafen« (S. 170). Pasqualini hatte vor seiner Abreise von Wolfenbüttel alle gefertigten Modelle und Abrisse der herzoglichen Verwaltung überstellt. »In die Form des Pentagons flossen die aktuellen theoretischen Überlegungen zu Idealstädten und Festungssternen ein, die durch die Literatur italienischer Architekturtheoretiker vermittelt wurden, vor allem aber durch die Hinzuziehung erfahrener Stadtbaumeister, zu denen Johann Pasqualini und Wilhelm de Raet gehörten.« (S. 170).

Das Kapitel III. umspannt den großen Bogen von der Architektur zur praktischen Philosophie. Ausgehend von der Politik, der Verwaltung, der Einführung der Reformation und der Gründung der Universität Helmstedt durch die Herzöge Braunschweig-Wolfenbüttel, untersucht die Autorin die grundsätzliche Rolle der Rhetorik, Philosophie und Theologie in der Herrschaftsausübung, in der dann Bauen als Ausdruck »der guten Policey« verstanden werden kann. Baupolizeiliche Verordnungen regeln nicht nur die Feuerverhütung, sie bezeugen ein städtebauliches Programm, das die Stadt in ein einheitliches Muster geleitet. Geordnete Blickachsen dienen außerdem militärischen und ästhetischen Gesichtspunkten. Die Ausdifferenzierung der staatlichen Aufgaben fordert die Ausdifferenzierung der Bauaufgaben. »Im Sinne des aristotelischen Politikverständnisses entspricht dem Gedanken der architektonischen Wissenschaft die architektonische Ordnung der Gesellschaft. Dies lässt sich auch an der Entwicklung von Wohnbauten für kleine, mittlere und große Verhältnisse und deren Verortung in der städtischen Topographie ablesen.« (S. 240-241)

Das Kapitel IV. erläutert die Begriffe der Idealstadt und Utopie bezogen auf Wolfenbüttel. Zunächst wird eine Stadt als Tugendraum des guten Fürsten vorgestellt, hier herrscht der göttliche Heilsplan in Form einer hierarchischen Ordnung des Sozialgefüges, wie im ganzen frühneuzeitlichen Territorialstaat. Diese gesellschaftliche Gliederung spiegelt sich in der Gebäudetypenlehre, die als ein konstitutives Element für die Strukturierung der urbs gelten kann. Architektur verstanden als Diagramm der gesellschaftlichen Ordnung ist auch ein Mittel, diese Ordnung hervorzubringen. Die Politik selbst wird zur »architektonischen« Wissenschaft. »Diese Intention kommt den Intentionen der frühneuzeitlichen Staatsromane und Utopien nahe. Das Ziel der Politik, so wie es in den frühneuzeitlichen Utopien dargestellt wird, ist eine ethische Lebensführung, nicht Freiheit des Einzelnen, sondern Normierung zum Guten.« (S. 248).

Im zweiten Abschnitt dieses Kapitels erörtert die Autorin die Stadt als Mikrokosmos. Diese Vorstellung, die zur Zeit des Ausbaues von Wolfenbüttel zu einer regelmäßigen Stadtanlage, sich im Titelblatt zu Thomas Hobbes »Leviathan« versinnbildlicht, findet sich schon in den Architekturtraktaten der Renaissance, wie beispielsweise bei Alberti oder Francesco di Giorgio Martini. Von Martini stammen zwei städtebauliche Idealpläne; ein zentralorientiertes Polygon und eine Körpermetapher, wobei der Tempel die Stelle des Herzens, der Marktplatz die des Bauches einnimmt, Füße und Ellenbogen markieren die Festungswerke, und der Kopf wird als beherrschende Zitadelle von einem zinnenbewehrten Turm bekrönt. Die Welt solcher Organismusmodelle fand durch Pietro Cataneos Traktate Eingang in die Bibliothek des Herzogs Julius. Die nach neuesten fortifikatorischen Erkenntnissen erdachten Stadtanlagen führen bei Cataneo zu zwei Typen von Entwürfen, einer Stadt im Quadrat oder Mehreck oder der Kombination von Stadt und Zitadelle als Mehreck mit Kastell.

»Der Grundriß Wolfenbüttels zeigt um 1628 jene anthropomorphe Gestalt, wie sie bei Francesco di Giorgio erscheint. Entsprechend der anthropomorphen Auffassung ist in der Dammfestung mit dem Schloß das Haupt und in der Heinrichstadt der Körper der Stadt zu erkennen, dessen Herz die Hauptkirche Beatae Mariae Virginis und dessen Adern die Straßen und Kanäle sind, die diesen Körper mit Nahrung versehen.« (S. 254).

»Wie aus dem Straßburger Plan ersichtlich ist, plante Herzog Julius, die Dammfestung und die Heinrichstadt in ein größeres Radialsystem einzubetten, das die Form eines regelmäßigen Pentagons erhalten sollte. Damit wäre es zu einer einmaligen Kombination eines Mehrecks mit Kastell und Radialplan gekommen. Diese wahrscheinlich auf Herzog Julius selbst und den Baumeister Johann Pasqualini zurückgehende Planung wurde nicht nur von Daniel Speckle, sondern auch von den am Wolfenbütteler Hofe tätigen Festungsbaumeistern Wilhelm de Raet und Ruprecht Lobri aus pragmatischen Gründen kritisiert.« (S. 254)

Ob die besondere Form des Pentagons, als beste Form für eine Festung und als Symbol des Kosmos, bewusst ausgewählt wurde, kann nicht belegt werden. Herzog Julius zog es oft in den Altan, das mikrokosmische Zentrum der geplanten Stadtanlage.

Wie ordnet sich die Heinrichstadt in das Feld der Darstellungen frühneuzeitlicher Idealstädte ein? Hanno-Walter Kruft kombiniert die Gründung einer Idealstadt mit einer Sozialutopie und unterscheidet zwischen Idealstadt und Planstadt, die zwar auch geometrisch ist, aber eher nach pragmatischen, fortifikatorischen Gesichtspunkten angelegt ist. Für die Idealstadt Wolfenbüttel möchte die Autorin diese Ansätze so nicht akzeptieren. Die geometrische Formgebung der Stadt als Pentagon geht über pragmatische Absichten hinaus und natürlich waren dem Herzog Julius die Vorstellungen Platons von einem idealen Staatswesen bekannt: »Eine konkrete Utopie, die hier in die gebaute Form einer Stadt umgesetzt werden sollte, läßt sich jedoch nicht ausmachen. Es ist überhaupt fraglich, ob dies bei den frühneuzeitlichen sogenannten ›Idealstädten‹ jemals der Fall war. Richtig ist hingegen, daß eine Utopie wie ›Christianopolis‹ in dem gleichen geistigen Klima entstand, aus dem heraus auch die Heinrichstadt gegründet wurde. Beide sind als Diskurs über das beste Staatswesen aufzufassen.« (S. 263).

Obwohl der Ausbau der Stadt nicht nach dem Radialplan, sondern nach dem Typus Mehreck mit Kastell erfolgte, zeigt die Architektur in Wolfenbüttel, dass sie zur Fiktion und Symbolik neigt. In Wolfenbüttel verbinden sich Ordnung und Geometrie, um ein politisches Konzept darzustellen. Dem platonischen Idealstaat stellt Johann Angelius von Werdenhagen ein Exemplum eines wohlgeordneten Staatswesens nach Thomas Morus' »Utopia« gegenüber. »Wolfenbüttel macht die gleiche Wendung mit. Die Stadt verkörpert weniger das Ideal einer vollkommenen Gemeinschaft im Sinne Platons als vielmehr das Exemplum eines frühneuzeitlichen Staates gemäß der Vorstellung von ›Guter Policey‹. Sein geordnetes Gemeinwesen erscheint als ein Körper, der durch den souveränen Herrscher mit seinen Machtinstrumenten bewegt wird. Die politische Entwicklung der Zeit ist abgebildet in der Form der Stadt.« (S. 265-266).

Die zweiseitige Zusammenfassung am Ende der vier Kapitel verknüpft und deutet stringent die vielfältigen Themen der frühen Neuzeit, die sich in der Architektur einer Stadt widerspiegeln.

Das Buch ist beispielhaft für die Analyse der Architekturgeschichte einer Stadt, der gebauten Architektur und der vielfältigen historischen Quellen. Dabei erfährt der kulturelle Kontext eine besondere Beachtung. Schon im Buch »Stadt – Idee und Planung« von Eva-Maria Seng aus dem Jahre 2003 wurde eine Studie von Uppenkamp über Wolfenbüttel von 1996 als richtungweisend am Ende des Abschnittes über Wolfenbüttel zitiert. Im Kapitel über »Neue Städte im 16. und 17. Jahrhundert« bei Seng wurden auch Freudenstadt und Jülich besprochen.

Das nun vorliegende Buch von Uppenkamp darf man sicher als Standardwerk zu Wolfenbüttel bezeichnen. Es ist aber weit mehr als eine interessante Fallstudie für Spezialisten der Stadtplanung. Nicht zuletzt die Idealstadt Jülich fordert eine so umfassende Betrachtung, die trotz entsprechender Ansätze als ganzes noch aussteht.

Bernhard Dautzenberg

Michael Streetz, »... dasselbe mit allen gemächern in augenschein zu nehmen...«. Das Renaissanceschloß Hannoversch Münden in den Inventaren des 16., 17. und 18. Jahrhunderts. Eine Fallstudie zur Auswertung schriftlicher Quellen und ihrer Verbindung mit Ergebnissen der Bauforschung, 2 Bde., Frankfurt a.M. u. a.: Lang 2004.
1011 S., 248 Abb., ISBN 3-631-51811-0, 125,- EUR.

Die vorliegende, mehr als eintausendseitige Publikation geht zurück auf die Dissertation des Verf., die 1996 von der Universität Göttingen angenommen wurde. Beinahe hätte das Werk das Schicksal manch anderer wissenschaftlicher Abschlussarbeit ereilt, nie publiziert zu werden. Obgleich im Rahmen des am Ende der 1980er Jahre gestarteten, groß angelegten Forschungsprojektes des Weserrenaissance-Museums Schloß Brake zur Renaissance im Weserraum entstanden, ließ sich eine Veröffentlichung in der museumseigenen Schriftenreihe »Materialien zur Kunst- und Kulturgeschichte in Nord- und Westdeutschland« (bisher 30 Bde.) nicht realisieren. Bereits im Lit-Verlag angekündigt, scheiterte auch diese Option. Umso dankbarer ist man, dass der Verlag Peter Lang das Werk in sein Programm aufnahm, wenngleich der stattliche Preis eine große Verbreitung verhindern wird, zudem die Druckqualität nicht über die eines üblichen Dissertationsdruckes hinausreicht. Entscheidend ist aber, dass die vor allem in methodischer Hinsicht wichtige Arbeit nun vollständig rezipierbar ist, konnte bisher doch nur auf zwei Aufsätze des Verf. mit Teilergebnissen seiner Forschungen zurückgegriffen werden (Das Fürstentum Calenberg-Göttingen [1495/1512-1584], in: Niedersächsisches Jahrbuch für Landesgeschichte, Bd. 70 [1998], S. 191-235 sowie »Die unterste Gallerey vor den andern und dritten Flügel«. Über den verlorenen Arkadenhof des Renaissance-Schlosses Hannoversch Münden, in: Niederdeutsche Beiträge zur Kunstgeschichte, Bd. 38 [1999] [= Kunst und Geschichte. Festschrift für Karl Arndt zum siebzigsten Geburtstag], S. 105-129).

Das Schloss in Hannoversch Münden bildete neben denjenigen in Uslar (»Freudenthal«) und Neustadt am Rübenberge (»Landestrost«) eine der Residenzen des Fürstentums Calenberg-Göttingen. Unter Herzog Erich II. von Braunschweig-Calenberg (1528-1584) erlebte das Fürstentum an der Weser einen aufwändigen Ausbau der Residenzen. Der Bauherr war ein ambitionierter Landesherr, der vor allem als Söldnerführer des spanischen Königs Philipp II. in Erscheinung trat (vgl. hierzu die materialreiche Publikation Wolfgang Kunze, Leben und Bauten Herzog Erichs II. von Braunschweig-Lüneburg. Katalog zur historischen Ausstellung im Schloß Landestrost – Neustadt am Rübenberge, Hannover 1993). Seine bewegte Biographie zeigt deutlich, dass die Architektur der Renaissance im Weserraum, die sogenannte

»Weserrenaissance«, nicht als regionale Stilrichtung misszuverstehen, sondern im weiten Horizont der europäischen Kunstgeschichte zu verorten ist. So spricht viel dafür, dass das durch einen Brand 1612 zerstörte Schloss Uslar (Baubeginn 1558), das wie Hannoversch Münden teilweise von niederländischen Bauleuten errichtet wurde, eine direkte Rezeption des Schlossbaus der Habsburger und ihres hochadeligen Klientels in den Niederlanden gewesen ist. Vorbild für die stattliche Vierflügelanlage dürfte Schloss Boussu gewesen sein, das für Jean de Hennin Liétard nach Entwürfen Jacques Du Broeucqs errichtet wurde (vgl. Heiner Borggrefe/Bettina Marten, »Pensionario alemano de su Magestad«. Herzog Erich II. von Braunschweig-Calenberg in den Diensten König Philipp II. von Habsburg nach unveröffentlichten Quellen im spanischen Zentralarchiv zu Simancas, in: ders./Barbara Uppenkamp [Hrsg.], Kunst und Repräsentation. Beiträge zur europäischen Hofkultur im 16. Jahrhundert, Bamberg 2002, S. 181-298, hier: S. 191).

Die Möglichkeit bzw. Notwendigkeit zum Ausbau des Schlosses in Hannoversch Münden, oberhalb des Zusammenflusses von Werra und Fulda, ergab sich durch einen Brand am 1. April 1560. Nachdem im folgenden Jahr mit dem großzügigen Wiederaufbau begonnen worden war, schweigen die Quellen ab 1562 für nahezu ein Jahrzehnt, ehe sich in den 1570er Jahren Bauaktivitäten wieder näher fassen lassen. Die erhaltene Innenausmalung einiger Räume zeigt u. a. die Jahreszahl 1574. Der Wert der vorliegenden Arbeit ist in der Korrelation der Auswertung der schriftlichen Quellen, vor allem der Inventare, mit den Ergebnissen bauhistorischer Untersuchungen zu sehen. So entsteht die Möglichkeit zur weitergehenden Analyse des Bauwerks auf einer bewundernswert minutiös ausgebreiteten Quellenbasis. Vergleichende Untersuchungen des Schlossbaus der Renaissance sind nur auf der Grundlage solch detaillierter Einzelstudien möglich, die leider aber eher noch die Ausnahme als die Regel bilden. Nach der Einleitung, in der das methodische Rüstzeug und der Forschungsstand darlegt werden, zeichnet der Verf. in einem ersten größeren Abschnitt den historischen Rahmen des Schlossbaus nach. Er beginnt mit den politischen, wirtschaftlichen und topographischen Bedingungen des Standorts Münden. Der Ort wird erstmals 1183 erwähnt; bereits 1247 ist das Stapelrecht belegt, das die wirtschaftliche Bedeutung der Stadt für Jahrhunderte sicherte, wurde doch hier der Handel über die Weser kontrolliert. Das zum Schutz dieses Platzes, der zudem direkt am Werraübergang lag, eine Burg errichtet wurde, ist geradezu selbstverständlich, wenngleich eine Datierung und genaue topographische Zuordnung zur Stadt noch nicht geklärt ist. Münden lag im 1235 entstandenen Herzogtum Braunschweig-Lüneburg, seit 1495 im (Teil-)Herzogtum Calenberg-Göttingen. Dessen Geschichte zeichnet Streetz im Folgenden nach, wobei besonders Erich II. als Bauherr des Mündener Schlosses im Vordergrund steht. Nicht nur in diesem Zusammenhang wird die Erklärung der Besonderheiten des Schlossbaus unter Erich II. als Zeichen für dessen reichsfürstliche Stellung vom Verf. nicht hinreichend erkannt bzw. betont (vgl. hierzu Ernst Schubert, Hannoversch Münden, in: Werner Paravicini [Hrsg.], Höfe und Residenzen im Spätmittelalterlichen Reich [= Residenzenforschung, Bd. 15.1], Teilbd. 2: Residenzen, Ostfildern 2003, S. 251-253). Erich gehörte neben Graf Otto IV. von Holstein-Schaumburg (1517-1576) zu den Landesherren im Weserraum, die sich aus ihrem adeligen (ritterlichen) Selbstverständnis heraus den Habsburgern als Söldnerführer andienten und damit ihre heimischen Territorien in arge Bedrängnis brachten. Auf eigene Kosten stellten sie Truppen auf, die für Karl V. gegen den französischen König oder später für dessen Sohn Philipp II. gegen die aufständischen nördlichen niederländischen Provinzen, die so genannten Generalstaaten, in den Krieg zogen. Das Risiko lag insoweit bei den Fürsten, als die Zahlungsmoral der Habsburger äußerst schlecht war und sie oftmals kein Bargeld sahen, dagegen mit (Kleinst-)Herrschaften in den Niederlanden, in Italien oder in Frankreich entschädigt wurden. Den wirtschaftlichen Wohlstand des Weserraums, vor allem Ergebnis des europaweiten Getreidehandels über die Weser, schöpften die Habsburger auf diese Weise geschickt ab. Die Territorialherren sahen sich dazu gezwungen, die

Kriegszüge aus den Steuereinnahmen ihres Landes zu finanzieren. Als Erich II. von Braunschweig-Calenberg und Otto IV. von Schaumburg starben, hinterließen sie völlig zerrüttete Staatsfinanzen.

Im dritten Teil des Abschnitts, der dem historischen Rahmen gewidmet ist, wendet sich Streetz den Besitzverhältnissen und Nutzungsphasen des Schlosses und der jeweiligen Bautätigkeit zu. Er unterscheidet folgende Phasen der Schlossgeschichte: Vor der Residenzzeit (Mittelalter), in der Residenzzeit von 1495-1584 (von Erich I. über dessen Frau Elisabeth, die über Münden als Teil ihrer Leibzucht – Besitz- und Nutzungsrechte, die ihr als Witwe zustanden – verfügte, zu Erich II.), zwischen 1584 und 1735: Interimszeit (u. a. Dreißigjähriger Krieg), die Kasernenzeit zwischen 1735 und 1765, die – wie am herzoglichen Schloss in der Zitadelle Jülich – zu deutlichen Veränderungen an der Bausubstanz führte, die Kornmagazinzeit zwischen 1765 und 1850 sowie die Phasen der öffentlichen Nutzung von 1850 bis 1973 und schließlich bis heute, da sich im Schloss u. a. Teile des Amtsgerichts, des Finanzsamtes und das städtische Museum befinden.

Den weitaus umfangreichsten Abschnitt der Monographie bildet der sich in einem rekonstruierenden Rundgang der Architektur widmende Mittelteil. Auf der Grundlage des heutigen Erscheinungsbildes und der synoptischen Auswertung der zahlreichen Inventare schreitet der Verf. in einem imaginären Rundgang die Residenz Gebäude für Gebäude, Flügel für Flügel, Raum für Raum ab. Die Angaben der Inventare wurden von Streetz in der Zeitachse rückwärts schreitend miteinander in Beziehung gesetzt. Auf diese Weise entstand ein historisches Raumbuch, mit dem die räumlichen Veränderungen genauso nachzuzeichnen sind, wie die Rekonstruktion verschwundener Bauteile möglich wird, die für das Erklären der einstigen funktionalen Zusammenhänge des Schlossbaus unerlässlich sind. Die Beschreibungen werden flankiert von rekonstruierten Grund- und Aufrissen auf der Basis historischer Aufmaße aus dem 18. Jahrhundert. Den heutigen Baukörper beschreibt der Verf. wie folgt: »Schloß Münden bietet sich dem modernen Betrachter als zweiflügelige Anlage mit einem längeren Nordflügel parallel zur nahen Werra [...] und einem kürzeren Ostflügel dar. In den Winkel zwischen beiden Flügeln ist ein weitgehend ins Innere verlagerter Wendeltreppenturm auf polygonalem Grundriß eingestellt, der die Firsthöhe kaum übersteigt. Das freie Ende des Ostflügels wird durch einen Turm in der Südostecke abgeschlossen, der das Gebäude deutlich überragt. [...] Zusammen mit einigen westlich angrenzenden Räumen ist der Turm im Erdgeschoß durch eine überwölbte Durchfahrt vom nördlichen Teil des Ostflügels getrennt. Der Gebäudebestand wird komplettiert durch einen im örtlichen Sprachgebrauch ›Westflügel‹ genannten Treppenhausbau, der sich südlich an das freie Ende des Nordflügels anschließt. Er beherbergt eine geradläufige Treppe und je einen dahinterliegenden Raum pro Stockwerk.« (S. 139). »Nach dem jüngsten Aufmaß des Erdgeschossgrundrisses [...] beträgt die äußere Länge des Nordflügels 96,0 m, diejenige des Ostflügels 54,5 m und das addierte Maß von Westgiebel und anschließender Wand des Treppenhausbaues 20,5 m. Der Nordflügel besitzt eine Tiefe von 14,6 m, der Ostflügel von 12,5 m und der Westflügel von 14,7 m. [...] Die Traufhöhe liegt ca. 19,0 m über dem Hofniveau, die Firsthöhe 28,0 m.« (S. 143f.). Das Erscheinungsbild des 16. Jahrhunderts unterscheidet sich vom heutigen insoweit, als ein niedriger Südflügel das Schloss zu einer nahezu geschlossenen langrechteckigen Mehrflügelanlage machte. Im Innenhof erschloss eine hölzerne Arkadenanlage die drei Obergeschosse des Schlosses. Damit wurde eine Geschosseinteilung erreicht, die noch ein Geschoss mehr aufwies, als es beispielsweise durch Inventare des 16. und frühen 17. Jahrhunderts für das herzogliche Residenzschloss in der Zitadelle Jülich belegt ist. Die äußere Länge beträgt hier im Mittel 72,98 m und die Tiefe ca. 12,5 m (Jürgen Eberhardt, Die Zitadelle von Jülich. Wehranlagen, Residenzschloß und Schloßkapelle. Forschungen zur Planungs- und Baugeschichte, Jülich 1993, S. 36). Interpretierte Erik Forssmann die Gestaltung der Innenhoffassade des Treppenhausbaus im Hinblick auf die durch Serlio vermittelte vitruvianische Architekturtheorie als »fragmentarische[en] Zustand« (Die Bedeutung Vitruvs und der Architekturtheorie für die Baukunst der Weserrenaissance, in: G. Ulrich Großmann [Hrsg.], Renaissance in Nord-Mitteleuropa I, München/Berlin 1990, S. 9-29, hier: S. 20), so erklärt sich nach der hier vorgelegten Rekonstruktion dieser Zustand aus den heute fehlenden Anschlüssen der hölzernen Galerie. Hervorzuheben ist der erhaltene Schweifgiebel am westlichen Abschluss des Nordflügels, der eine äußerst frühe Rezeption entsprechender druckgraphischer Vorlagen von Hans Vredeman de Vries (1526-1609) darstellt (*Dorica-Ionica*, 1565), dessen Beteiligung an den (möglicherweise erst) nach 1585 entstandenen Lukarnen (Dachgauben) der Verf. für möglich hält (s. hierzu Streetz 1998 [wie oben], S. 233). Druckgraphische Vorlagen von Vredeman de Vries für Rollwerkkartuschen (*Variarum Protractionum*, 1555) fanden auch in den ausgemalten Räumen des Schlosses aus den 1570er Jahren Verwendung (vgl. hierzu Heiner Borggrefe u. a. [Hrsg.], Hans Vredeman de Vries und die Renaissance im Norden. Ausst.Kat. Lemgo/Antwerpen, München 2002, S. 238, Kat.Nr. 63 [Thomas Fusenig]). Zu nennen ist hier vor allem das bekannte so genannte »Römergemach« – die Bezeichnung ist in den Inventaren erst 1699 belegt, davor hieß es stets Sommergemach – in der Nordostecke des obersten Geschosses und das darunter liegende »Gemach zum Weißen Roß«, die Ratsstube. Die in Nischen dargestellten lebensgroßen Figuren, die dem Römergemach den Namen gaben, gehen zurück auf die Stichserie *Divitium miseria* (»Das Elend der Reichen«) von Maarten van Heemskerck (1563). Der mit Zitaten antiker Geistesgrößen, wie z. B. Cicero, versehene Zyklus feiert die fürstliche Freigebigkeit. Die Nutzung der Raumfolge ist nicht ganz klar, da dem Landesherrn ein Gemach an anderer Stelle des Schlosses zur Verfügung stand. Die prachtvollen Ausmalungen scheinen einen Hinweis darauf zu geben, dass die Gemächer überwiegend im Sommer genutzt wurden bzw. werden sollten – der Verf. verweist auf die im Sommer vorteilhafte sonnenabgewandte Lage –, was das Behängen der Wände mit Tapisserien nicht notwendig erscheinen ließ. Eine Besonderheit stellt auch der Erker an der Nordseite dar, der das Gemach an der Fassade ablesbar macht. Es ist gut vorstellbar, dass wir es hier mit einem Teil eines so genannten »Prunkappartements« zu tun haben, das Stephan Hoppe für den mitteleuropäischen Residenzbau des 15. und 16. Jahrhunderts fassbar gemacht hat. Es diente dem jeweiligen Schlossherrn zur standesgemäßen Unterbringung gleichrangiger wie höherrangiger Gäste (vgl. Stephan Hoppe, Der Raumtypus des »Prunkappartements« als Träger symbolischen Kapitals. Über eine räumliche Geste der zeremonialen Gastfreundschaft im deutschen Schloßbau der beginnenden Neuzeit, in: Peter-Michael Hahn/Ulrich Schütte [Bearb.], Zeichen und Raum. Ausstattung und höfisches Zeremoniell in den deutschen Schlössern der Frühen Neuzeit [= Rudolstädter Forschungen zur Residenzenkultur, Bd. 3], München/Berlin 2006, S. 229-251; Streetz verweist auf S. 735 in Anm. 37 auf den Vortrag von 1999, der Hoppes Aufsatz zu Grunde liegt). Einen Hinweis verdient noch die Ausmalung des »Schiffsgemachs«, die sich fragmentarisch erhalten hat. Thema der Malerei ist die berühmte Seeschlacht von Lepanto. Diese hatte 1571 stattgefunden und war nur kurze Zeit später bereits Thema der Ausstattung des Mündener Schlosses.

Das den ersten Band abschließende knapp gefasste Kapitel zur architekturhistorischen Einordnung des Schlossbaus, stellt die Zusammenfassung der Studie im Hinblick auf übergeordnete Fragestellungen und Gesichtspunkte dar. Es vermag einen ersten Fingerzeig darauf zu geben, welche Aussagemöglichkeiten sich in einer Überschau für den renaissancezeitlichen Schlossbau im Alten Reich ergeben. Das Renaissanceschloss Hannoversch Münden stellt eine **Mehrflügelanlage** mit rechtwinklig aufeinander stoßenden Flügeln dar. Der Entwurf sah einen voll ausgebauten Westflügel vor, der jedoch nicht realisiert wurde. Die Südseite sollte durch eine Mauer bzw. einen niedrigen Flügel geschlossen werden. Somit wäre das Schloss als Dreiflügelanlage mit geschlossenem Hofraum anzusehen gewesen, wie es etwa auch das Düsseldorfer Residenzschloss seit dem 16. Jahrhundert war. Ein Ziel der Bauaktivitäten unter Herzog Erich II. war die **Vereinheitlichung übernommener und neu errichteter Bausubstanz**. Das galt vor allem für die Integration des Bereiches um den Treppenturm aus der Zeit des Vaters von Erich II.

Die äußere Vereinheitlichung gelang durch die konsequente Verwendung von Kreuzstockfenstern und die gleichmäßige Verteilung von Lukarnen oberhalb der Dachtraufe. Allein der Bereich der Schlosskapelle mit der abweichenden Geschosseinteilung und den spätgotischen spitzbogigen Fenstern stach hervor, was vielleicht aber auch ein durchaus gewünschter Effekt war. Im Innenhof sorgte die hölzerne Galerie dafür, dass Unregelmäßigkeiten älterer Bausubstanz verdeckt wurden. Allein der aus dem Mittelalter stammende so genannte Hausmannsturm am Ende des Ostflügels überragte ursprünglich den Ostflügel deutlich, wie besonders die Ansicht Merians von 1654 deutlich macht. Damit passt sich mit Abstrichen auch der Bau in Hannoversch Münden in die jüngst veröffentlichten Thesen von Matthias Müller ein, der ausgehend vom mitteldeutschen Raum als eine wichtige Konstante im renaissancezeitlichen Schlossbau das Streben der Bauherren zur Traditionsbildung durch bewusste Übernahme mittelalterlicher Bauelemente sehen möchte (Matthias Müller, Das Schloß als Bild des Fürsten. Herrschaftliche Metaphorik in der Residenzarchitektur des Alten Reiches [= Historische Semantik, Bd. 6], Göttingen 2004; vgl. hierzu die kritische Besprechung durch G. Ulrich Großmann/Anja Grebe, in: Kunstchronik, 59. Jg. [2006], H. 11, S. 566-572). Für den Bereich in der Nordostecke dürften jedoch im Fall von Münden vor allem ökonomische Gründe zum Erhalt älterer Bauteile geführt haben. Die **Fassadengestaltung** nimmt auf die unterschiedlichen Adressaten Rücksicht. Das Schloss als ein nicht öffentlich zugänglicher Ort verfügte über einen intimen Charakter im Innenhof, während der aufwändigere Dachschmuck auf die Fernwirkung hin ausgelegt wurde. Ein wichtiger Aspekt bei der Analyse der Schlossanlage sind die **Funktion der Galerie und die Erschließung insgesamt**. Es lassen sich einige interessante Parallelen zum Jülicher Schlossbau feststellen. Hier wie dort waren die voneinander getrennten Raumgruppen nur über die äußeren Korridore erschlossen. Repräsentative geradläufige Treppenhäuser befanden sich, wie ihre Vorläufer, die Treppentürme, jeweils an den Flügelenden, wobei die Belichtung weniger spektakulär als in Jülich angelegt war. Der Verf. zitiert Jülich als frühes Beispiel eines Arkadenhofes »auf deutschem Boden«, erwähnt bedauerlicher Weise die vergleichbaren Treppenhäuser jedoch nicht. Kritisch anzumerken ist hier, dass der Verf. Jülich über den Umweg der Arbeit von Antje Wendt zu Schloss Reinbek (Kreis Stormarn, Schleswig-Holstein) anführt, die eine ausführliche Einordnung »ihres« Schlosses in die Architekturgeschichte des 16. Jahrhunderts vor allem der südlichen Niederlande gibt (Antje Wendt, Das Schloß zu Reinbek. Untersuchungen und Ausstattung, Anlage und Architektur eines landesherrlichen Schlosses, Neumünster 1994, S. 97-138). Wenn sich Versuche zur Gewinnung eines Gesamtbildes überwiegend auf bereits erfolgte Zusammenfassungen stützen, besteht die nicht zu unterschätzende Gefahr, dass man sich immer weiter von den Originalbeispielen und deren Forschungsstand entfernt.

Besonderes Interesse verdienen die Ergebnisse zur **Raumanordnung und Nutzungsverteilung**. Auf das Prunkappartement wurde bereits hingewiesen. Für den mitteleuropäischen Schlossbau typisch lässt sich eine vertikale Differenzierung in Wirtschaftsbereich (Erdgeschoss), Wohnbereich (für den Schlossherrn im ersten Obergeschoss) und Bereich für Feste o.ä. (Säle in den obersten Geschossen) feststellen. Die Beschreibungen in den Inventaren beginnen meist mit den Appartements im ersten Obergeschoss, was deren zentrale Bedeutung für den Alltag bei Hofe unterstreicht. Im Nordflügel lassen sich hier »zwei Raumgruppen mit Wohnnutzung« nachweisen, »die sich mit ihrer differenzierten Raumaufteilung in ofenbeheizten Repräsentations- und Wohnraum, Schlafkammer mit Kamin und ein bis zwei weitere Nebenkammern als typische Renaissance-Appartements zu erkennen geben; je eine der Nebenkammern war mit einem gesonderten Abortraum ausgestattet, der halb in der nördlichen Außenwand und zur anderen Hälfte in einem vorgebauten Entsorgungsschacht angeordnet war.« (S. 733) Die östliche der beiden Raumgruppen verfügte über einen direkten Zugang zur Schlosskapelle. Die Raumaufteilung der fürstlichen Appartements war also ähnlich wie in Jülich, wenngleich der Komfort eines innenliegenden Korridors nicht vorhanden war, sondern die einzelnen Räume durch Türen bzw. Durchlässe direkt miteinander verbunden waren (vgl. den Grundriss des ersten Obergeschosses mit der Rekonstruktion des Raumgefüges im 16. Jahrhundert, Bd. 2, S. 1007, Abb. 244; zur Situation in Jülich s. Guido v. Büren, Salette, Schlafkammer, Garderobe und Kabinett. Raumaufteilung und Raumnutzung im herzoglichen Schloß zu Jülich in der zweiten Hälfte des 16. und zu Beginn des 17. Jahrhunderts, in: Günter Bers/Conrad Doose [Hrsg.], ›Italienische‹ Renaissancebaukunst an Schelde, Maas und Niederrhein. Stadtanlagen – Zivilbauten – Wehranlagen, Jülich 1999, S. 409-430, bes. S. 419, Abb. 4). Hinzuweisen ist noch auf die Hofstube im Erdgeschoss des Ostflügels, die vom Vorgängerbau übernommen wurde. Die »Neue Hofstube« wurde zu Lebzeiten Erichs II. nicht vollendet. Hier kam der Hof – etwa 150 Personen (für Jülich werden zwischen 200 und 400 Hofmitglieder angenommen) – regelmäßig zu den Mahlzeiten zusammen. Mit einem eigenen Brauhaus und entsprechenden Zukäufen wurde der Bedarf an Bier für den Hof gedeckt, Wein stand »nur den Edelleuten und den Räten« zu (S. 736). An Personal mit ihren Unterkünften sind der Koch und der Pastetenbäcker, verschiedene Schreiber, die Altfrau (oberste weibliche Bedienstete), der Pförtner, der Hausmann (Hausmannsturm) und der »Einheizer«, bei dem offen bleiben muss, ob er für alle Öfen zuständig war, belegt. Weiteres Personal wird in den Nebengebäuden und in den Dachgeschossen untergebracht gewesen sein. Zur **Innenausstattung** lassen sich nur eingeschränkt Angaben machen, da die Bauarbeiten am Schloss unvollendet liegen blieben. Eine Ausnahme bilden die noch heute erhaltenen ausgemalten Gemächer (s.o.), daneben existierte noch ein Gemach mit Vertäfelungen. Zudem sorgte die auch für das Fürstentum Calenberg-Göttingen nachweisbare hohe Mobilität des Fürsten und seines Hofes lediglich für temporäre Herrichtung der Gemächer zu Wohnzwecken. Die heute noch nachweisbaren **konstruktiven Details** erlauben interessante Aussagen zur Herleitung der Architektur des Schlosses. Auf die teilweise Herkunft der Bauleute aus den Niederlanden wurde bereits verwiesen. So verwundert es nicht weiter, hier wie beispielsweise in Reinbek oder im ebenfalls stark durch niederländische Bauleute geprägten Schloss Horst in Gelsenkirchen für die Niederlande typische Bauausführungen zu finden. (Der Erhaltungszustand in Jülich lässt leider hier keine Vergleiche zu.) Dies gilt einerseits für die Konstruktion von Decken »mit starken Trägerbalken von Außenwand zu Außenwand, in deren entsprechend gearbeiteten Ausklinkungen bedeutend schwächer dimensionierte Hölzer eingelassen waren« und andererseits für »die Konstruktion des Dachstuhles mit sogenannten Krummbindern, gebogen gewachsenen Hölzern, deren Krümmung dergestalt zur Gewinnung eines stützenfreien Dachraumes ausgenutzt wurde, dass der untere Teil der Streben der Senkrechten einer Drempelmauer angepaßt verläuft und erst im oberen Drittel in die Richtung der Dachschräge umknickt.« (S. 741; vgl. Elmar Alshut/Hans-Werner Peine, Schloss Horst in Gelsenkirchen, Regensburg 2006, S. 44) Offensichtlich wird der niederländische Einfluss auch an den Kreuzpfostenfenstern und dem Bauschmuck, der sich an niederländischer Druckgraphik orientiert (s.o.).

Der zweite Band enthält schließlich noch Anhänge (Text des Inventars von 1589, Hofordnung Erichs II. von 1550), ein Quellen- und Literaturverzeichnis, den Abbildungsnachweis und nahezu 250 Abbildungen. Schmerzlich vermisst man beim Umfang dieses Werkes ein Register. Wenngleich vor dem Hintergrund der inzwischen weiter entwickelten Residenzenforschung eine Zusammenfassung der Ergebnisse auf einem höheren Erkenntnisniveau wünschenswert gewesen wäre, sei abschließend noch einmal der hohe methodische Gewinn der Arbeit hervorgehoben, die hoffentlich zahlreiche Nachfolger in der Forschung finden wird.

Guido v. Büren

Joseph Milz, Duisburger Topographie im 16. Jahrhundert (= Duisburger Forschungen, Bd. 52), Duisburg: Mercator-Verlag 2005.
(V), 566, (XII) S., zahlr., nicht gezählte s/w-Abb., 1 Faltplan, ISBN 3-87463-384-5, 26,- EUR.

Einen im doppelten Sinne des Wortes gewichtigen Band legte 2005 der ehemalige Leiter des Duisburger Stadtarchivs sozusagen als Krönung seines Lebenswerkes vor.

Allerdings stellt es keine textlich geschlossene Topographie dar, sondern bietet, was durchaus sinnvoll ist, eine nach Straßen und Plätzen geordnete, jeweils mit einer ausführlichen vorangestellten Erläuterung versehene, aus den städtischen Amtsbüchern erstellte, nach Jahren (ohne weitere Datumsangabe) geordnete, bis in den Anfang des 17. Jahrhunderts reichende Regestensammlung betreffs Erwerbungen, Verkäufen, Hypothekenaufnahmen etc. der einzelnen Häuser dar. Nach einer ausführlichen Einleitung (S. 1-10), die u. a. die Quellen, besondere Bauvorschriften und Probleme der Bearbeitung schildert, werden, jeweils mit Graphiken illustriert, dargestellt: das Stadtzentrum (Burgplatz, Salvatorkirchhof und Markt) (S. 11-76), das erweiterte Zentrum, d.h. die Straßen um den Burgplatz (S. 77-150), die großen Straßen (S. 151-386) und die Zwischenbereiche (S. 387-488). »Abschließende Bemerkungen« (S. 489-492) beenden den Regestenteil. Es folgt das etwas knappe Quellen- und Literaturverzeichnis (S. 493-498).

Dankenswerterweise enthält das Werk ein umfangreiches Personen-, Orts- und Sachregister (S. 499-566), in dem die Personennamen von der Materie her notwendigerweise überwiegen. Leider ist es, wie Stichproben ergeben, bei weitem nicht vollständig. So fehlt unter dem Stichwort Johanniter die Angabe der S. 408; die Kirchmeister von St. Salvator kommen laut Register erst ab S. 75 vor, sind aber bereits schon S. 23 genannt; die S. 408 genannte klevische Unterherrschaft Meiderich fehlt in dem Ortseintrag S. 534, wo nur ein Barbar von Meiderich und ein Herr von Meiderich ausgeworfen sind, nicht aber die Herren von Myllendonk (Milz spricht von Mylendonk) als jahrhundertelange Inhaber der Herrschaft; auch unter Mylendonk fehlen sie als solche. Zudem ist das Register nicht sonderlich systematisch. So haben Kirchen, Klöster und Schulen keinen eigenen Eintrag, sondern sind nur unter der einzelnen Kirche, Kloster oder Schule (Kinderschule, Lateinschule) ausgeworfen. Diese Beispiele mögen genügen, erwecken doch schon diese wenigen den Eindruck, das Register sei mit »heißer Nadel« gestrickt und nur für »Eingeweihte« gedacht.

Hugo Altmann

Horst Dinstühler, »Itzo redt sie mitt dem teuffell«. Hexenglauben und Lynchjustiz in Jülich (= Forum Jülicher Geschichte, Bd. 43), Jülich: Joseph-Kuhl-Gesellschaft 2006.
131 S., ISBN 3-932903-34-X, 12,- EUR.

Am Abend des Pfingstsamstag 1606 betrat Grete Bogen das Haus des Schneidermeisters Adam Schneider in Jülich, um ein Kleidungsstück abzuholen. Schneider war merklich erkrankt, was sein Umfeld auf Grete zurückführte, die ihm die Krankheit angezaubert habe. Einen Tag zuvor hatte das Gericht deshalb eine Untersuchung veranlasst. In der Krankenstube forderten die dort anwesenden Personen, Verwandte und Nachbarn, Grete auf, sie solle Meister Adam die Krankheit wieder abnehmen. Die so Beschuldigte wies jede Verantwortung für die Krankheit von sich. Ehefrau und Tochter begannen auf Grete einzuschlagen, die sich der Situation nicht mehr entziehen konnte, denn immer mehr Leute kamen ins Haus. Der Sohn Adams prügelte Grete so hart, dass sein Knüppel zerbrach. Als sie die Schläge nicht mehr fühlte, erwog man, sie auf einen Eichenstuhl unter dem Schornstein zu setzen, dann erscheine ihr Buhlteufel und nehme die Krankheit zurück. Ein Soldat schleifte die an Kopf und Armen blutende ohnmächtige Grete in die Küche, wo man sie, da kein Eichenstuhl zur Hand war, auf eine Decke vor den Kamin legte. Da sie, aus der Ohnmacht erwacht, beteuerte, es nicht getan zu haben, wurde weitergeprügelt. Man war entschlossen, solange weiterzuschlagen, bis Grete die Krankheit dem Schneider abnehme oder tot sei. Als das Opfer auf den Boden fiel und ruhig dalag, sagte Hilger Kremer: »itzo redt sie mitt dem teuffell« (S. 74). Nun trug man die Halbtote wieder in die Krankenstube und verschloss die Tür. Wieder schlug man auf Grete ein. Man wollte, dass sie ihre rechte Hand in die Rechte Adams legte, doch dazu war sie bereits zu schwach. Der Sohn Adams musste ihr die Hand führen. Dabei starb sie. Am nächsten Tag fand der Schultheiß die Tote auf dem Misthaufen hinter dem Haus. Die Hauptverdächtigen waren in der Nacht geflohen. Zwei Jahre später resümierte der Schultheiß die Ermittlungen: Soweit greifbar, waren die Täter vergleichsweise milde bestraft worden. Eine Leibesstrafe wurde in keinem Fall verhängt. Aus sozialen Gründen entschied man sich im Fall der Ehefrau des Schneidermeisters, von einer Haftstrafe abzusehen und sie nur dazu zu verurteilen, an drei Sonntagen vor dem Heiligkreuzaltar auf bloßen Knien die Messe zu hören und für die Seele der Getöteten zu beten.

64 Blatt Akten sind im Hauptstaatsarchiv Düsseldorf (Hauptgericht Jülich 78) über diesen ungewöhnlichen Fall erhalten. Der Jülicher Stadtarchivar Dr. Horst Dinstühler M. A. stellt ihn in den Mittelpunkt seiner Schrift über die Hexenverfolgungen in Jülich. Nicht nur in seinen einführenden Bemerkungen zur allgemeinen Geschichte der Hexenverfolgungen erweist er sich – anders als viele Autoren lokaler Abhandlungen – erfreulich vertraut mit den Ergebnissen und Fragestellungen der neueren Hexenforschung. Er kommentiert die Quellenbefunde kompetent und zieht immer wieder vergleichend andere wissenschaftliche Studien zum Thema heran. Daher ist das schmale Büchlein nicht nur ein willkommener Beitrag zur Jülicher Geschichte, sondern verdient auch die Aufmerksamkeit der überregionalen Forschung.

Bevor Dinstühler sich dem Fall der Grete Bogen zuwendet, sichtet er den schriftlichen Niederschlag von Zauberei, Hexerei und Besessenheit in Jülich und vor dem Jülicher Haupt- und Stadtgericht. Von 1505/06 bis 1667/68 konnte er 21 Fälle ausmachen (S. 24-35). Während er Auszüge aus den Jahresrechnungen des Amtes Jülich wörtlich mitteilt, fasst er Prozessakten regestenartig zusammen. Bis etwa 1525 sind mindestens vier Frauen einer frühen Verfolgungswelle zum Opfer gefallen. Von den erhaltenen Prozessakten betrifft nur der letzte Fall von 1667/68 einen regulären Hexenprozess: Noch vor Anwendung der Folter starb die Beschuldigte im Gefängnis. Obwohl die dichte Rechnungsüberlieferung gute Voraussetzungen für eine Kontrolle von Hypothesen über das Ausmaß der Verfolgung bietet, traut der Autor seinen eigenen Befunden nicht. Er bemüht nicht näher bezifferbare Überlieferungsverluste und überinterpretiert einige wenige sehr vage Quellenhinweise, die sich auf nicht dokumentierte Verfolgungen beziehen könnten. 1606 ist bei einem Beleidigungsprozess die Rede davon, dass bei der Verhaftung der Katharina Weber als angebliche Zaubersche auf der Straße davon geredet wurde, dass sie viele weitere Zaubersche »besagt« habe. Dies auf einen Kettenprozess zu beziehen, ist ganz und gar unangemessen. Die Quelle belegt nur, dass ein Hexenprozess mit Gefangennahme stattgefunden hat – nicht mehr, aber auch nicht weniger. Und wenn 1642 sich Meister Leiendecker gegen die Aussage erfolgreich wehrte, seine Großmutter sei als Hexe in Jülich verbrannt worden, so darf man daraus den Schluss ziehen, dass eine solche Hinrichtung »in dieser Zeit vorgekommen sein wird« (S. 38). Wenn man aber davon ausgeht, dass Hinrichtungen sich in der Rechnungsüberlieferung niederschlagen müssen, wie dies ja auch die frühen Belege zeigen, bleibt für die Annahme einer hohen Dunkelziffer kein Raum. Es wird sicher weitere Verfahren gegeben haben, aber für die Annahme von weiteren Hinrichtungen fehlt es an konkreten Anhaltspunkten.

Leider erfährt der Leser über das vergleichsweise tolerante, humanistisch geprägte geistige Klima am Hof Herzog Wilhelms V. von Kleve-Jülich-Berg (1539-1592) nichts von dem, was von der Forschung wiederholt als Erklärung für die niedrige Verfolgungsrate während seiner Regierungszeit herangezogen wurde. Der Leibarzt Wilhelms, Johann Weyer, der Kämpfer gegen die Hexenprozesse, wird gleichsam en passant eingeführt, wenngleich mit einem wichtigen Zitat. Weyer war überzeugt, dass am Herzogshof niemand seine eigene Meinung zum Thema so teile wie der Herzog selbst (S. 18). Handfeste Beweise für Massenverfolgungen in Jülich hat das Heimatschrifttum, auf das Dinstühler verwiesen, nicht zu bieten, wohl aber unkritische Argumentation und methodische Fehler. Natürlich beweist der 1746 erstmals belegte Name »Hexenturm« nicht das geringste. Solche Hexentürme gibt es zuhauf, und in den seltensten Fällen haben sie tatsächlich als Hexengefängnis gedient. Und die in einem Aufsatz von 1927 ins Feld geführte Angabe eines Augsburger Flugblatts, 1591 seien 85 Werwolf-Hexen bei Jülich verbrannt worden, ist inzwischen als Fiktion entlarvt.

Hinsichtlich der methodischen Zuverlässigkeit von Thomas Beckers Auswertung der älteren quellennahen Arbeit von Pauls meldet Dinstühler glaubhaft Zweifel an (S. 21f.). Wenngleich Becker und Erika Münster-Schröer für die ersten Jahrzehnte des 16. Jahrhunderts zeigen konnten, dass Jülich kein so verfolgungsarmes Territorium war, wie die ältere Forschung glauben wollte, bestätigen die Ergebnisse Dinstühlers für die Zeit Wilhelms V. die ausgesprochene Zurückhaltung von Kleve-Jülich-Berg bei der Führung von Hexenprozessen.

Sachkundig und ausführlich wird der Fall der Grete Bogen von 1606 erläutert (S. 40-64). Nach einer detaillierten Schilderung des Ablaufs schließt der Autor einige analysierende Abschnitte an, die sich unter anderem der Rolle des Gerüchts und der Frage des Neutralisierungszaubers (»Wer gebunden hat, muss auch entbinden«) widmen. Besonders aufschlussreich ist die Rolle eines Geistlichen, des namentlich nicht genannten Pastors von »Neukirchen« (wohl der heutige Teilort von Grevenbroich), der sich als Wahrsager betätigte und mit seiner Ferndiagnose, Grete habe Meister Adam verhext und dem Rat, man solle die Schuldige mit einem guten Eichenprügel so lange prügeln, bis sie die Krankheit wieder abnehme, als Anstifter des Lynchmords gelten muss.

Auch wenn es einzelne Parallelen zu dem Jülicher Fall geben mag, so ist eine solche Lynchjustiz im Bereich des Hexenglaubens doch ausgesprochen untypisch. Um so dankbarer ist man für die komplette Edition der Akte (S. 65-108), die durch ein ausführliches Glossar und Register erschlossen wird. Die Wiedergabe erfolgt buchstabengetreu; lesbarer wäre sie geworden, hätte der Herausgeber immer wiederkehrende Abkürzungen wie M(eiste)r stillschweigend aufgelöst. Leider sagt er in den Editionsrichtlinien nicht, was die Zusätze in den Buchstabenanmerkungen bedeuten. Da kein Faksimile einer Seite beigegeben ist, kann man ohne Kenntnis der Vorlage nur mutmaßen, dass es sich um spätere Einfügungen handelt. Dies steht freilich im Widerspruch zur Angabe: »Randbemerkungen sind im Allgemeinen ohne nähere Kennzeichnung eingearbeitet« (S. 65).

Es wäre im Sinne einer möglichst weiten Verbreitung wünschenswert, wenn zumindest der Editionstext frei zugänglich – »Open Access« – im Internet bereitgestellt werden könnte. Im übrigen zeigen alle empirischen Befunde, dass die kostenfreie Einstellung eines Buches ins Internet die Verkaufszahlen nicht beeinträchtigt, sondern im Gegenteil erhöht.

Klaus Graf

Christian Ottersbach, Befestigte Schlossbauten im Deutschen Bund. Landesherrliche Repräsentation, adeliges Selbstverständnis und die Angst der Monarchen vor der Revolution 1815-1866 (= Studien zur internationalen Architektur- und Kunstgeschichte, Bd. 53), Petersberg: Michael Imhof Verlag 2007.
288 S., 275 Abb., ISBN 978-3-86568-066-2, 49,95 EUR.*

In gewohnt gediegener Form legt der Michael Imhof Verlag mit der an der Universität Marburg entstandenen Dissertation von Christian Ottersbach eine bemerkenswerte Forschungsarbeit vor. Der Titel »Befestigte Schlossbauten« erinnert nicht von ungefähr an die Habilitationsschrift des Doktorvaters von Ottersbach.[1] Bezog sich diese auf das Alte Reich, beschäftigt sich Ottersbach nun mit dem 19. Jahrhundert, genauer mit der Zeit des Deutschen Bundes. Damit erschließt er einen erfrischend neuen Zugang zum Schlossbau in der Epoche von Reaktion und Revolution. Diesem hat sich die kunsthistorische Forschung mit unterschiedlichen Fragestellungen genähert – nicht aber unter den funktionalen Aspekten der Verteidigungsfähigkeit. Die Burg bzw. das Schloss im 19. Jahrhundert wurde eher als vom »Geist der Romantik« beseelt angesehen.[2]

Die Präliminarien der Arbeit sind knapp gefasst: Die Einleitung skizziert die Fragestellung und den Gang der Untersuchung. Ausgangspunkt war für Ottersbach Schloss Lichtenstein bei Reutlingen, der »Inbegriff einer mittelalterlichen Ritterburg, und doch in seinen überwiegenden Teilen eine Neuschöpfung der ersten Hälfte des 19. Jahrhunderts« (S. 13). Es folgen hilfreiche Anmerkungen zur Terminologie von Burg, Schloss und Palast mit dem Resümee: »Das Folgende wird zeigen, dass die hier behandelten Objekte alle unter die Kategorie Schloss im Sinne eines befestigten, gesicherten Wohnsitzes fallen und der Definition des 19. Jahrhunderts entsprechend unter die Forts, Zitadellen und kleinen Festungen gerechnet werden können.« (S. 19). Von großer Wichtigkeit für das Verständnis der historischen Zusammenhänge sind die Begriffe »Befestigungsrecht und Befestigungshoheit«. Im Alten Reich standen diese nur den Fürsten und den Reichsstädten zu. Das änderte sich grundsätzlich auch im 19. Jahrhundert nicht, als »allein der Staatsgewalt, und im Fall des Deutschen Bundes sind dies überwiegend die Monarchen der Einzelstaaten, das Befestigungsrecht zukam« (S. 21). Den Auftakt der Arbeit beschließt eine kurze historische Darstellung der wichtigsten Entwicklungslinien der Epoche zwischen 1789 und 1866.

Ein Herzstück der Schrift bildet die Vorstellung »Ausgewählte[r] Bauten aus den Staaten des Deutschen Bundes«. Den Anfang macht das Residenzschloss zu Schwerin im Großherzogtum Mecklenburg-Schwerin, dessen Baubeginn kurz vor Ausbruch der Revolution von 1848/49 liegt. Bauherr war Großherzog Friedrich Franz II. Heute ist das Schloss Sitz des Landtags von Mecklenburg-Vorpommern und gilt als eines der herausragenden Beispiele der Neorenaissance. Ausführlich legt Ottersbach die Planungs- und Baugeschichte anhand des reichen Archivmaterials dar. Kurz nach dem Ende der Revolution beauftragte der Großherzog den Ingenieurhauptmann Schmitt mit einem Gutachten über die Verteidigungsfähigkeit seines Residenzschlosses. Dieser schlug die Anlage von Bastionen vor, die den unmittelbaren Schutz der Anlage ermöglichen sollten. In der Folgezeit wurden diese tatsächlich angelegt und armiert. Noch heute sind die Bastionen erhalten. Dem Großherzog und seinem Ingenieur

---

* Zuerst erschienen in: sehepunkte 7 (2007), Nr. 11 [15.11.2007], URL: <http://www.sehepunkte.de/2007/11/12712.html>.
1 Ulrich Schütte: Das Schloss als Wehranlage. Befestigte Schlossbauten der Frühen Neuzeit, Darmstadt 1994.
2 Vgl. z. B. Gebaute Träume am Mittelrhein. Der Geist der Romantik in der Architektur. Ausst.Kat. Koblenz, Regensburg 2002.

stand dabei weniger die Verteidigung des Schlosses gegen ein großes Heer als gegen aufgebrachte Untertanen vor Augen, die ja schon einmal ihrem Unmut freien Lauf gelassen hatten.

Für das Königreich Hannover stellt Ottersbach die Marienburg bei Nordstemmen vor. König Georg V. hatte 1857 mit den Planungen, zu denen ein Artillerieoffizier und ein Militäringenieur herangezogen wurden, beginnen lassen. Bis zur Vertreibung des Königs im deutsch-deutschen Krieg 1866 war die im mittelalterlichen Stil gebaute Burg noch nicht fertiggestellt und blieb letztlich auch unvollendet. Der Einfluss der Militärfachleute zeigt sich in der Anlage von Bastionen und Rondellen, mit denen die Zufahrten verteidigt werden sollten.

Mit den Bauaktivitäten der Könige von Preußen im 19. Jahrhundert verbindet man u. a. den Ausbau der Rheinburgen Rheinstein, Stolzenfels und Sooneck. Nach den bisherigen beiden Beispielen verwundert es weiter nicht, auch hier Elemente realer wie symbolischer Wehrhaftigkeit zu finden. In seiner Analyse kann Ottersbach einerseits Bezüge zum preußischen Festungsbau der Zeit herausarbeiten und andererseits plausibel machen, dass die Burgen als reale Verteidigungsanlagen gegen Frankreich angesehen wurden, wenngleich explizite Quellenbelege hier leider fehlen. Ein herausragendes Beispiel für das Thema der Arbeit ist die Stammburg Hohenzollern im Vorland der Schwäbischen Alb. Aufbauend auf den Festungswerken des späten 17. Jahrhunderts präsentiert sich die Anlage noch heute als beeindruckendes festes Schloss.

Zurecht breiten Raum nimmt die Darstellung von Schloss Lichtenstein im Königreich Württemberg ein. Bauherr war Graf Wilhelm von Württemberg, der sich den Traum einer »Ritterburg« erfüllte, diese aber – an der nicht durch natürliche Geländebegebenheiten geschützten Südseite – aufwändig fortifizieren ließ. Bemerkenswert sind seine zahlreichen eigenhändigen Skizzen, die zeigen, dass das Kriegshandwerk auch noch im 19. Jahrhundert ein herausragender Bestandteil adeliger Bildung und adeligen Selbstverständnisses war. Die Befestigung des Schlossareals begründete der Graf u. a. damit, dass er um seine reiche Kunstsammlung fürchtete.

Das Königreich Bayern nimmt eine Sonderstellung ein, die zeigt, dass die Fürsten durchaus unterschiedlich auf die Bedrohung ihrer Souveränität reagierten. Feste Schlösser entstanden hier nämlich nicht. König Maximilian II. ließ zwar Planungen für die Sicherung der Residenzstadt München gegen Revolutionäre ausarbeiten. Vor der Realisierung schreckte er jedoch wiederholt zurück, da er entsprechende Reaktionen der Bevölkerung gegen die abweisenden Bauten fürchtete. Er wollte lieber, eingedenk des Schicksals seines Vaters in der Revolution 1848/49, als »Bürgerkönig« in Erscheinung treten.

Der zweite Hauptteil des Buches widmet sich dem – selbstverständlich nicht auf den Raum des Deutschen Bundes beschränkten – Kontext, in den sich die beschriebenen Bauten einordnen lassen. Ottersbach referiert die wichtigsten Positionen in den zeitgenössischen Schriften zur Zivil- und Kriegsbaukunst zwischen 1780 und 1870. Der theoretische Diskurs stand in einer langen Tradition, die – bezogen auf das Bastionärsystem – sich bis in das frühe 16. Jahrhundert zurückverfolgen lässt. Ein zweites Kapitel stellt historische Zitadellen und Bergfestungen vor, die noch im 19. Jahrhundert militärisch genutzt wurden, wie z. B. die Zitadellen von Dömitz und Spandau sowie die Festung Königstein. Die im 19. Jahrhundert aktuell diskutierten Befestigungsarten (Manieren) und ihre Verwendung bei den befestigten Schlossbauten werden ebenso thematisiert, wie der entsprechende Ausbau alter Schlossanlagen (hier am Beispiel von Schloss Hartenfels in Torgau und der Marienburg). Die Interpretation der »feste[n] Schlösser als Topos adelig-höfischer Kultur im späten 18. und in der ersten Hälfte des 19. Jahrhunderts« bildet ein weiteres Kapitel. Hier werden grundlegende Elemente adeligen Selbstverständnisses herausgearbeitet, die den Epochenumbruch der Zeit um 1800 unverändert überdauerten.

Das Schlusskapitel fasst unter der Überschrift »Befestigung als Folge von Revolutionsangst« auf zwei Seiten pointiert die Grundthese des Buches zusammen: die Angst vor der Revolution als Movens für den Bau und die Unterhaltung befestigter Schlossbauten durch die Fürsten des Deutschen Bundes.

Die Qualität der Reproduktionen, vor allem des historischen Planmaterials, ist vorzüglich. Hervorzuheben ist das Register, welches das reichhaltige Material der Arbeit erschließen hilft. Bedauerlich ist aus Sicht des Rezensenten allein die »Verbannung« des umfangreichen Anmerkungsapparates in den Anhang. Christian Ottersbach hat ein stringent aufgebautes Buch vorgelegt, das die Forschung sicherlich befruchten wird. Dem Verfasser ist ein beeindruckendes Plädoyer für eine historisch angemessene und fundierte Analyse von Kunstwerken – hier Schlössern des 19. Jahrhunderts – gelungen. Darüber hinaus trägt die Arbeit hoffentlich mit dazu bei, dass die Erforschung des neuzeitlichen Festungsbaus im universitären Bereich weiter Wurzeln schlägt. In diesem Sinne ist auch zu begrüßen, dass die Deutsche Gesellschaft für Festungsforschung e.V. die Drucklegung und damit das zügige Erscheinen förderte.

Guido v. Büren

Dagmar Preising (Hrsg.), Collectionieren, Restaurieren, Gotisieren. Der Bildschnitzer Richard Moest 1841-1906. Zum 100. Todesjahr. Ausst.-Kat. Suermondt-Ludwig-Museum Aachen/Kölnisches Stadtmuseum, Aachen: Selbstverlag 2006.
271 S., zahlr., z.T. farbige Abb., ISBN 3-929203-66-9, 34,50 EUR.

Bei den Untersuchungen zum ersten Teil des wissenschaftlichen Katalogs der Skulpturensammlung des Suermondt-Ludwig-Museums über die »Bildwerke des Köln-Lütticher Raumes 1180-1430« fanden die Bearbeiter Dagmar Preising, Michael Rief und Ulrike Villwock vielfach die Provenienzangabe »Sammlung Moest« vor. Die so gekennzeichneten Skulpturen fielen durch teilweise äußerst subtil ausgeführte Ergänzungen und Überarbeitungen auf. Das Interesse war geweckt: Wer war dieser Sammler Richard Moest, aus dessen Sammlung so zahlreiche Skulpturen des Aachener Museums stammen? Diese Fragestellung führte zu einem Ausstellungsprojekt zum 100. Todestag des Kölners.

Seine Person und sein Nachlass sind Thema des ersten Essays im Katalog, verfasst von der Herausgeberin Dagmar Preising. Richard Moest war in erster Linie Bildschnitzer und als solcher Leiter eines Betriebs, in dem zeitweise zwanzig bis dreißig Bildschnitzer, Maler und Tischler Arbeit fanden. Hier wurden profane Möbel und Kirchenmobiliar hergestellt und restauriert. Aus diesem Metier ergab sich das Sammeln alter Kunst: Zum einen wurden in Zeiten des Historismus Anregungen und Vorlagen gebraucht, zum anderen boten die Geschäfte im Zusammenhang mit Restaurierungen reichlich Kontakte mit Kirchen und Sammlern und mithin auch Gelegenheiten zu günstigen Ankäufen. Häufig nicht im allerbesten Zustand kamen die alten Werke mit Richard Moest an den Richtigen. In seiner Werkstatt fanden sich alle Kompetenzen, ein lädiertes Stück wieder wie neu, oder aber im Geschmack der Zeit herzurichten: nämlich der Polychromie beraubt und dunkel gebeizt. Wie die Sammlungen Kramer in Kempen und Langenberg in Goch zeigen, war Moest nicht der Einzige, der sich einige Freizügigkeit und Willkür im Umgang mit der alten Kunst herausnahm. Nach seinem Tod 1906 wurden die Skulpturen, Möbel und Möbelfüllungen seiner Sammlung zum überwiegenden Teil von der Stadt Aachen angekauft.

Iris Benner beschreibt in ihrem Beitrag über das Wirken Richard Moests als Neugotiker für die katholischen Kirchen Kölns nicht nur die – in der Regel verlorenen – Werke, sondern auch deren Entstehungsgeschichte und das politisch-soziale Umfeld in der katholischen Metropole Köln. Diese war in der Folge der französischen Revolution, der Säkularisierung und der Ergebnisse des Wiener Kongresses zu einem Teil des protestantisch geprägten Preußens geworden. Das führte zu einer Vielzahl von Konflikten, die Iris Benner in ihrem jeweiligen Zusammenhang mit den neugotischen Retabeln Richard Moests eingehend schildert. Da gibt es viel Kölner Lokalkolorit des späten 19. Jahrhunderts, wozu ausführliche – manchmal schier ausufernde – Zitate beitragen.

Unter dem Titel »Designer nicht Fälscher« geht Walter Geis auf die profanen Möbel Richard Moests ein. Dieser hatte – wie andere auch – offenbar reichlich Truhen und Stollenschränke hergestellt, die teils von ihm direkt, teils vermittelt über private Sammlungen in Museen gelangten und dort als Werke des Spätmittelalters ausgestellt wurden. Auch in die publizierte Kunstgeschichte gerieten historistische Werke als solche des 15. und 16. Jahrhunderts (S. 45). Zwar wurde bei näherem Hinsehen dann doch mitunter die Herkunft eines solchen »spätgotischen« Stollenschranks aus dem 19. Jahrhundert erkannt, es wurde aber nie einer der üblichen Verdächtigen als deren Urheber belangt. Bis heute ist es schwierig, einem von ihnen ein bestimmtes Werk zuzuschreiben (S. 44), weil diese Möbel heute als Fälschungen gelten und dementsprechend wenig beachtet werden. Walter Geis versteht seinen Beitrag als Anregung zu einer Bestandsaufnahme dieser Möbel. Doch beim Lesen seines langen Aufsatzes wird deutlich, dass er schon einen guten Teil der Arbeit geleistet hat. Zu diesem Eindruck tragen auch die von ihm verantworteten Katalognummern 50, 56-60 und 62 bei. Trotz der Setzung im Titel seines Aufsatzes beschreibt Walter Geis Praktiken, die durchaus als arglistige Täuschung bezeichnet werden können (z. B. S. 78). Dennoch begründen seine Ausführungen sein Plädoyer, die neugotischen Möbel als originelle Schöpfungen des Historismus ernst zu nehmen.

Die Restauratorin Gloria von Hoensbroech beschreibt die Arbeitsweise der Werkstatt Moest bei der Restaurierung gefasster Kunstwerke anhand der Antwerpener Retabel in Jülich-Barmen, in Geilenkirchen-Süggerath und in der Engelbertuskapelle im Kölner Dom, die in der zweiten Hälfte des 19. Jahrhunderts von Richard Moest und seinen Mitarbeitern einer Restaurierung unterzogen worden waren. Das bedeutete in dieser Zeit Wiederherstellung der alten Schönheit. Was fehlte wurde ersetzt, die Polychromie ergänzt oder gänzlich erneuert. Sie beschreibt recht unterschiedliche Qualitätsniveaus der Fassungen bei den restaurierten Retabeln etwa im Vergleich zu von Moest selbst geschaffenen Reliefs in St. Johann Baptist in Köln. Ihre bei einer Konservierung des so genannten Georgsaltars im Kölner Dom gewonnenen Beobachtungen lassen Fragen offen, wie die Autorin bedauernd einräumt – beispielsweise diese: Haben die Restauratoren des 19. Jahrhunderts von den Fassmalern des 16. Jahrhunderts besonders aufwändig gestaltete Partien innerhalb ihrer Ergänzungen stehengelassen (S. 87, Abb. 9)?

Ein Teil des Moestschen Nachlasses gelangte über seine Tochter Rosa Annacker als »Nachlass Annacker« 1955 in das Kölnische Stadtmuseum. Rita Wagner beschreibt dieses Konvolut und seine wechselvolle Geschichte. In der Ausstellung und also auch im Katalog treten aus diesem Bestand neugotische Werke Richard Moests und Gipsabgüsse hervor, die dieser teils angekauft hatte, teils aber auch selbst nach historischen und sogar auch eigenen Werken (z. B. Kat.-Nr. 50, Walter Geis) hatte anfertigen lassen.

Der Katalog bringt 62 Nummern, die in der für die Kataloge aus dem Aachener Museum gewohnten ausführlichen, präzisen und durch die Zusammenarbeit von Restauratoren und Kunsthistorikern geprägten Weise bearbeitet sind. Für die kunsttechnologischen Beobachtungen zeichnen Ulrike Villwock und Michael Rief verantwortlich, für die kunsthistorischen Würdigungen außer Dagmar Preising Christof Claser, Andreas Fischer, Walter Geis und Michael Rief. Der scharfe Blick führt zu Detailbeobachtungen, die durchaus zu Rückschlüssen auf die Praxis in der Werkstatt Richard Moests führen. So sind die Ergänzungen an einer Madonna des 14. Jahrhunderts (Kat.-Nr. 3, S. 106f.) von deutlich unterschiedlicher Qualität. Während die rechte Hand Mariens mit dem Zepter dem feinen mittelalterlichen Vorbild der linken auch im hohen Rang der Ausführung nahe kommt, sind die ergänzten Arme des Christuskindes eher grob ausgeführt. Für Dagmar Preising sind diese Unterschiede Argument, die qualitativ hochwertige Ergänzung dem Meister selbst zuzuschreiben und die weniger guten den Lehrlingen in seinem Betrieb.

Andreas Fischer beschreibt anhand einer aus ihrem Zusammenhang in einem Antwerpener Retabel gelösten Figur des Königs Balthasar (Kat.-Nr. 7, S. 118f.) die Bemühungen des Sammlers im 19. Jahrhundert, dieser Figur durch einen neuen Sockel den Charakter einer autonomen Skulptur zu geben. Dass sie trotz ihrer verdrehten Haltung keineswegs von allen Seiten schön ist, sondern als ehemaliger Bestandteil einer eng gepackten Reliefassemblage nur eine einzige Ansicht zulässt, schränkt den Erfolg dieser Bemühungen stark ein.

Die heilige Helena (Kat.-Nr. 10, S. 123-125) wird von den beteiligten Restauratoren Ulrike Villwock und Michael Rief als vielfach beschädigt und ergänzt beschrieben (Abb. 1). Obwohl sie so in weiten Partien als Werk des Restaurators erscheint, kann ihre kunsthistorische Einordnung mit dem Hinweis auf die Werkstatt des Meister von Elsloo präzisiert werden, deren Darstellungen heiliger Frauen unter anderem meist durch auffällig schmale Münder gekennzeichnet sind. Zum Vergleich sei auf die Reliquienbüste einer Heiligen in Gangelt-Schierwaldenrath hingewiesen, die mit der Gruppe um die Kreuzigung im belgischen Beek in Verbindung gebracht wird (Abb. 2).

Während die kniende Maria einer Anbetung (Kat.-Nr. 26, S. 161-164, Dagmar Preising) »nur« zu 30 bis 40 Prozent aus Ergänzungen des 19. Jahrhunderts besteht, ist der das Ensemble einer Anbetung ergänzende kniende Josef ein Werke aus der Werkstatt des Kölner Neugotikers, das seine Herkunft nicht verleugnet. Zwei Engel mit der Geißelsäule (Kat.-Nr. 28a und b, S. 166-169, Dagmar Preising) stellen sich als das spätgotische Vorbild und seine etwa halb so große neugotische Kopie heraus. Dabei hat der Bildschnitzer des 19. Jahrhunderts weitgehend detailgenau beim Vorbild abgeschaut und so eine Statuette geschaffen, die man nach der Betrachtung der Abbildung im Katalog durchaus für spätgotisch halten könnte.

Abb. 1: Aachen, Suermondt-Ludwig-Museum, Heilige Helena (Reproduktion aus dem besprochenen Ausst.-Kat., S. 124).

Teils mit Fragezeichen bezüglich ihrer Herkunft versehen sind die im Katalog folgenden Werke bis Kat.-Nr. 39. So brachte erst die dendrochronologische Untersuchung bei einem schlafenden Jesse (Kat.-Nr.

Abb. 2: Gangelt-Schierwaldenrath, Reliquienbüste einer Heiligen, der Untergruppe Beek innerhalb der Elsloo-Werkgruppe zugeschrieben, um 1520 (Foto: Ulrich Schäfer).

32, S. 176-178, Christof Claser) die Gewissheit, dass die Skulptur nicht vor der Mitte des 19. Jahrhunderts geschnitzt worden sein kann. Ein bezeichnendes Licht auf das Vorgehen von Richard Moest bei der Restaurierung Antwerpener Retabel werfen die Katalognummern 33a und b: Statuette eines Propheten mit Spruchband. Diese stammt ursprünglich aus dem im Zweiten Weltkrieg stark beschädigten Retabel in der Kirche St. Martin zu Aldenhoven. Während sich im Nachlass Annacker die vermutlich originale Statuette (Kat.-Nr. 33a) befindet, hat sich in Aldenhoven die Kopie von Richard Moest, vermutlich aus den Jahren 1898/99, erhalten (Kat.-Nr. 33b). Es folgen mittelalterliche, aber auch neugotische Holzskulpturen, die mit denen nach ihnen abgeformten Gipsabgüssen konfrontiert werden. Die von Richard Moest und seiner Werkstatt für den zeitgenössischen Markt geschaffenen und teilweise auch signierten Figuren (bis Kat.-Nr. 48) verhehlen ihre Herkunft auch stilistisch nicht. Die im Verhältnis kleinen Köpfe und die sentimentalen Gesichter entsprechen dem von der Neugotik Gewohnten. Allenfalls das kräftigere Relief der Gewandfalten heben die Figuren aus dem zeitgenössischen Umfeld heraus und zeigen das Interesse ihres Meisters für die spätgotische Skulptur.

Die Gipsbüste einer Frau mit Kopftuch (Kat.-Nr. 55, S. 239-242) zeigt ein weiteres Mal (s.o. zu Kat.-Nr. 7) die Besitz ergreifende Haltung der Gründerzeit gegenüber der älteren Kunst. Der Gipsabguss präsentiert sich als klassische Büste in aufrechter Haltung auf einem gedrehten Sockel. Die Abformung wurde abgenommen von der Figur der in vorgebeugter Haltung mit dem Schweißtuch vor dem unter der Last des Kreuzes zusammengebrochenen Jesus knienden Veronika in der von Figuren nur so wimmelnden Kreuztragung des Bordesholmer Retabels, 1521 fertig gestellt von Hans Brüggemann. Als Büste isoliert wird sie zu einer nachdenklichen schönen Frau.

Der Katalog reißt ein bislang vernachlässigtes, ja vielfach verachtetes Kapitel der Kunstgeschichte an. Trotz der Fülle an Beobachtungen und Ergebnissen wird an vielen Stellen deutlich, dass ein groß angelegtes Forschungsprojekt zum Thema noch weit mehr Ertrag liefern könnte. Es gilt, die Neugotiker ernst zu nehmen, um sie verstehen zu können. Dazu boten die Ausstellungen in Aachen und Köln und der Katalog sehr viele Erkenntnisse und – wichtiger noch – wegweisende Überlegungen zur Methodik eines weiterführenden Forschungsprojekts. Das großformatige Buch mit Hardcover-Einband ist sehr schön gestaltet und qualitätvoll hergestellt.

Ulrich Schäfer

Michael Wildt, Volksgemeinschaft als Selbstermächtigung. Gewalt gegen Juden in der deutschen Provinz 1919 bis 1939, Hamburg: Hamburger Edition 2007.
412 S., ISBN 978-3-936096-74-3, 28,- EUR.

Michael Wildt will mit seinem Werk nachweisen, dass die Herstellung der »Volksgemeinschaft« ein zentraler Bestandteil der Politik der Nationalsozialisten war. Sie soll nach Meinung des Autors in einer politischen Tradition seit dem Ersten Weltkrieg stehen. Im Gegensatz zu anderen politischen Strömungen stehe bei der NSDAP dabei nicht die Stärkung des Gemeinsamen im Vordergrund. Die nationalsozialistische »Volksgemeinschaft« definiere sich demgegenüber mehr darüber, wer nicht zu ihr gehören solle. Hier seien allen voran die Juden ausgegrenzt worden. Schritt für Schritt sei es den Nationalsozialisten gelungen, die bürgerliche Zivilgesellschaft in eine rassistische Volksgemeinschaft umzuwandeln. Die immer wieder geschürten Übergriffe, die ständige Ausdehnung der »Grenzen des Erlaubten« vor allem gegenüber den Juden habe zu einem Gefühl der Überlegenheit, zu einer antisemitischen Selbstermächtigung geführt. Den Nachweis für diese These will Michael Wildt dadurch erbringen, dass er die zahllosen Übergriffe (ein verharmlosendes Wort) gegen Juden in der deutschen Provinz darstellt und sie als gewolltes Instrument der Parteiführung, nach 1933 auch der Staatsführung, begreift, die bürgerliche Zivilgesellschaft in eine rassistische Volksgemeinschaft zu überführen.

In acht Kapiteln will Michael Wildt seine These belegen. Ein Kapitel dient der Definition der Volksgemeinschaft, sieben beschreiben die Gewalt in der Provinz. Nur eines davon beschäftigt sich mit Gewalt gegen Juden in der Zeit der Weimarer Republik, die immerhin zwei Drittel des von Wildt gewählten Zeitraums umfasst. Allein diese formale Betrachtung zeigt, dass der Autor an seinem Thema gescheitert ist. Auch mit der »Volksgemeinschaft« ist nicht zu erklären, warum es möglich war, mitten im 20. Jahrhundert mitten in Europa eine willkürlich definierte Gruppe des Volkes zu terrorisieren und sie schließlich in einer kaum getarnten Form der industrialisierten Vernichtung zuzuführen. Die appellative Formulierung Kaiser Wilhelms II. zu Beginn des Ersten Weltkriegs – »In dem jetzt bevorstehenden Kampf kenne ich in meinem Volke keine Parteien mehr. Es gibt unter uns nur noch Deutsche« – nutzt die äußere Bedrohung zur Entschärfung innerer Konflikte (S. 28). Der Kaiser will niemanden ausgrenzen, sondern alle politischen Kräfte einbinden. Die vom Autor erkannte antisemitische Volksgemeinschaft ist demgegenüber etwas ganz anderes (S. 172). Michael Wildts Versuch, eine innere Verbindungslinie herzustellen, wirkt sehr willkürlich. Der entscheidende Unterschied zwischen all den Versuchen, Gemeinschaft herzustellen ist der 30. Januar 1933: Ab dann wurde aus der verquasten Theorie der Nationalsozialisten praktischer Staatsterror.

In der Weimarer Zeit gab es wie vielfach vorher Übergriffe einzelner gegen Juden, die schlimmstenfalls von den zur Aufrechterhaltung der Rechtsstaatlichkeit zuständigen Organen wie Polizei und Justiz geduldet oder bagatellisiert wurden. Nach Hitlers Ernennung zum Reichskanzler brachen die Dämme, indem nach und nach vor allem die Juden für vogelfrei erklärt wurden. Die Gewalt wurde jetzt nicht nur rechtswidrig geduldet, sondern von Staats wegen gefördert und geschürt, die Ausgrenzung der Juden wesentlich in den Jahren 1933-1935-1938 staatlich reglementiert und ab 1941 in einen Vernichtungskrieg exzessiv gesteigert. Dennoch: Dass das einigende Band des Dritten Reiches die Juden*frage* gewesen sei, ist nicht bewiesen, erst recht nicht durch das hier zu besprechende Buch. Für die Nationalsozialisten war die Beseitigung des »Schanddiktates von Versailles« ein mit der Bevölkerung geteiltes Ziel, die »jüdisch-bolschewistische Weltverschwörung« gegen Deutschland ein gern geglaubtes Modell zur Erklärung, das in idealer Weise zwei Hassobjekte kombinierte: Juden und Kommunisten, wobei der Begriff Bolschewisten eben die in der UdSSR regierenden Marxisten meint.

Das Verdienst des Buches liegt auf einem anderen Gebiet. Der Untertitel allein wäre schon ein hinreichender Grund, das Buch zu schreiben und seinen Inhalt zu loben: Gewalt gegen Juden in der deutschen Provinz. Der Zeitraum 1919 bis 1939 ist willkürlich gewählt. Er symbolisiert zutreffend die Kontinuität des Antisemitismus – nicht nur in Deutschland, sondern in vielen christlichen und islamischen Ländern. Gewalt gegen Juden in der deutschen Provinz gab es auch im 19. Jahrhundert, gab es in Schüben wohl immer schon: 1096 war die Bewegung zur Eroberung des Heiligen Landes (1. Kreuzzug) Anlass, in zahlreichen europäischen Städten[1] Pogrome gegen Juden hervorzurufen. Es fällt auch bekennenden Katholiken schwer, unter anderem wegen der Verfolgung der Juden die Geschichte der katholischen Kirche als fortwährende Heilsgeschichte zu begreifen.

Die Darstellung der »Gewalt gegen Juden in der deutschen Provinz« folgt weder einem chronologischen noch einem regionalen noch einem systematischen Konzept. Grob chronologisch geordnet dient der Gang der Darstellung dem Nachweis der versuchten Herstellung der Volksgemeinschaft. Dies macht den Text wenig übersichtlich für jemanden, der entweder regionale Schwerpunkte sucht oder einem systematischen Zusammenhang der Gewaltausbrüche und -anwendung nachspüren möchte.
Das ändert nichts daran, dass Wildt eindrucksvoll belegt, wie viel gesellschaftlich unterstützte Gewalt gegenüber Juden überall in Deutschland in den Jahren 1933 bis 1939 zu erleben war. Für das Jülicher Land oder den NS-Gau Aachen-Köln dokumentiert das Buch keine einzelnen Vorfälle. Wildt zitiert etwa Schüsse auf jüdische Wohnungen (S. 194), ohne dies nach Ort und Zeit fassbar zu machen. Belegt ist wohl die Unzufriedenheit der Partei: Dass der Viehhandel nach wie vor (1935) fest in jüdischer Hand sei (S. 181), dass immer noch zu viele in den jüdischen Geschäften kauften (S. 181). Die antisemitischen Ausschreitungen erreichten auch zwischen Köln und Aachen im Frühjahr 1935 einen neuen Höhepunkt, im Kreis Düren sogar nach einem Einschreiten des Gauleiters Josef Grohé (S. 198, 276), im Bereich Aachen im Juni 1935 (S. 202).

Dem Buch hätte es gut getan, wenn es auf einen Überbau verzichtet hätte und sich allein der Darstellung und Erforschung der lokalen Gewalt gewidmet hätte, um so zu der Beantwortung der Frage zu kommen: Wie konnte das geschehen? Die Entrechtlichung der Gesellschaft begann im März 1933, ohne dass es zu nennenswertem Widerstand gekommen ist. Otto Wels, der Vorsitzende der Reichstagsfraktion der SPD, hat es in seiner mutigen Rede gegen das Ermächtigungsgesetz weitsichtig formuliert: »Aus dem Gewaltfrieden[2] kommt kein Segen; im Innern erst recht nicht. Eine wirkliche Volksgemeinschaft lässt sich auf ihn nicht gründen. Ihre erste Voraussetzung ist gleiches Recht.«[3] Das widerstandslose Hinnehmen der willkürlichen Gewalt von Staats- und Parteiapparat ist vielleicht bedeutungsvoller für den Erfolg der Nazi-Diktatur als das aktive Mitmachen in einer Volksgemeinschaft. Diese Passivität hat die grauenvollen Verbrechen des »Tertii Imperii«[4] ermöglicht. Das ist die Lehre für die Zukunft.

Heinz Spelthahn

---

1 In Köln, Mainz, Speyer, Worms, Trier, Xanten, (Düsseldorf-)Eller, Neuss, Magdeburg, Prag, Metz und wohl auch in Ungarn.
2 Gemeint ist wohl der Versailler Vertrag.
3 Die Rede von Otto Wels (1873-1939) ist entnommen dem amtlichen Protokoll der Reichstagssitzung, ausgegeben am 13. April 1933, zitiert nach EVA Reden, Bd. 10, Hamburg 1993, S. 9.
4 Victor Klemperer hat den Begriff der »LTI«, der Lingua Tertii Imperii (»Sprache des Dritten Reichs«), geschaffen.

Carlo Lejeune, Die Säuberung (= Auf dem Weg zur deutschsprachigen Gemeinschaft, Bd. 1), Teil 1: Ernüchterung, Befreiung, Ungewissheit (1920-1944), Büllingen: Lexis 2005.
219 S., zahlr. Abb., ISBN 90-806682-3-0, 31,90 EUR.

Das vom Geschichts- und Museumsverein »Zwischen Venn und Schneifel« herausgegebene Buch behandelt mehrere Vorgänge aus der Geschichte Ostbelgiens zwischen 1919 und etwa 1950, die der Autor unter dem Begriff »Säuberung« zusammenfasst: Die Ausweisung preußischer Beamter nach der Eingliederung der Kreise Eupen und Malmedy in das Königreich Belgien 1920, die Verfolgung der Demokraten durch die NS-Diktatur während der deutschen Besatzung und völkerrechtswidrigen Annexion von 1940 bis 1944 sowie die Bestrafung der Kollaborateure der NS-Diktatur durch die belgische Justiz nach dem Zweiten Weltkrieg zwischen 1944 und etwa 1950.

Es gibt nur wenige wissenschaftliche Werke über die Zeitgeschichte der deutschsprachigen Gemeinschaft Belgiens. Deshalb hatte sich der Rezensent über das Buch von Carlo Lejeune zunächst gefreut. Leider ist es aber nicht die erwartete wissenschaftliche Studie. Der Autor versucht nicht, den Sachverhalt auf der Basis der ihm zur Verfügung stehenden Quellen darzustellen und in den geschichtlichen Zusammenhang einzuordnen. Stattdessen will er seine Meinung über die Einstellung belgischer Politiker zu ihren deutschsprachigen Landsleuten in der Zeit zwischen 1919 und etwa 1955 mit Zitaten aus einigen Quellen, ausgewählter Sekundärliteratur und Äußerungen von Publizisten begründen. Dabei gerät er mehrfach in die Nähe der Agitation.

Die vielen fett gedruckten Zitate und Bemerkungen, grafisch gestalteten Ausrufe- und Fragezeichen wirken aufdringlich. Ohne näher zu differenzieren, wirft der Autor der deutschsprachigen Gesellschaft Ostbelgiens »Geschichtsverdrängung« und »subtilen Selbstbetrug« vor, die Freddy Cremer und Andreas Fickers »tief greifend entlarvt« (S. 16) hätten. Von den Lesern fordert er »Mut zur Geschichtsaufbereitung« (S. 20), stellt suggestive Fragen wie »Zensur in einem Überwachungsstaat?« (S. 191), »War Gott Deutscher oder Belgier?« (S. 191) und »Sucht Welkenraedt einen Sündenbock?« (S. 208). Das Buch bietet viele solcher Beispiele von Suggestion.

Der Autor erweckt den Eindruck, sein Werk sei eine Quellenedition, denn er will »die Quellen sprechen« lassen (S. 16). Diese Quellen werden jedoch fragmentarisch zitiert. Kriterien für die Auswahl der Fragmente nennt der Autor nicht. Es fehlen kritische Kommentare zu den Berichten der Staatssicherheit, so der Hinweis, dass diese, wie viele Berichte von Agenten, subjektiv gefärbt, teilweise auch vollständig erfunden sein können. Folglich trägt das Buch dazu bei, das ohnehin unscharfe Bild der »épuration« (»Säuberung«) im deutschsprachigen Belgien zu verfälschen.

Für mehrere Behauptungen bleibt der Autor die Beweise schuldig, zitiert Literatur, in der ebenfalls keine oder nur unzureichende Belege angeführt werden. So behauptet er, Vorgänge und »Bilder« aus dem ersten Jahrzehnt nach dem Zweiten Weltkrieg »führen noch immer sehr häufig zu einem tiefen Missverständnis zwischen Wallonen und deutschsprachigen Belgiern« (S. 18). Er führt weder Beispiele noch Hinweise auf Quellen und Sekundärliteratur an. Das gleiche gilt für seine These, »der belgische demokratische Staat« habe »als Gegenmittel« gegen den »deutschen übersteigerten Nationalismus« auf »einen übersteigerten belgischen Nationalismus« gesetzt (S. 21). Tatsache ist jedoch, dass bereits in der Zeit zwischen den beiden Weltkriegen in Belgien und Deutschland Politiker wie Paul Henri Spaak und Konrad Adenauer sich um einen Ausgleich zwischen den Staaten und die Versöhnung der Völker Europas bemüht haben. Unklar sind einige Begriffe. So bezeichnet der Autor das »Identitätsempfinden« der deutschsprachigen Belgier mit dem Begriff »Deutschbelgier« und suggeriert, dieser Begriff der deutschnationalen Propaganda aus der Weimarer Republik (1918-1933) »betont als prägendes Merkmal die institutionelle Realität der ›Deutschsprachigen Gemeinschaft‹ als belgisches (Teil-)Bundesland« (S. 18). Offensichtlich versucht der Autor, das Selbstverständnis einer demokratisch verfassten Gemeinschaft mit einer Wortschöpfung deutscher Politiker zu erklären, welche die Rückgliederung Ostbelgiens in das Deutsche Reich anstrebten. Unklar ist auch der Begriff »gesundes Selbstbewusstsein« (S. 219). Die Erklärung »(welt-)offene Minderheit, die den Austausch und den Dialog nach allen Seiten sucht«, besteht aus Schlagwörtern, die ebenfalls nicht definiert und nicht belegt werden.

Einige Vorgänge der deutschen Geschichte sind verzerrt dargestellt. So behauptet der Autor, die Geschichte ab 1918 führte »zu einer Gleichsetzung von Demokratie und Niederlage bei den deutschen Eliten« (S. 19). Dies trifft nicht auf alle Eliten zu. Es gab in ihnen auch viele Demokraten – vor allem im Rheinland, in Westfalen, Baden, Württemberg und Bayern, wo die Mehrheit der Wähler bis zum Ende der Weimarer Republik demokratische Parteien wählte. Das Zitat von Klaus-Dieter Klauser, Hitler sei »an die Macht gespült« worden, trifft nicht den Sachverhalt. Die Weimarer Demokratie wurde von den preußischen Eliten des gescheiterten Kaiserreichs systematisch zerstört. Hitler wurde von ihnen mit Unterstützung des gestürzten Kaisers und einigen Mitgliedern des Hauses Hohenzollern zur Macht verholfen. Das antidemokratische Regime Preußens bis 1918 und seine den Sturz der Monarchie überdauernden Massenbewegungen sind ein wesentlicher Bestandteil der Vorgeschichte des Nationalsozialismus. Diese in der Forschung unumstrittenen Fakten sind Carlo Lejeune bekannt. Er wurde in Deutschland promoviert und hat in seiner Dissertation das grundlegende Werk von Karl-Dietrich Bracher »Die deutsche Diktatur« (Köln 1969 und öfter) benutzt. Warum bietet er seinen belgischen Landsleuten unzureichende Informationen und unklare Begriffe über die deutsche Geschichte?

Darüber sah im März 2007 der deutsche Historiker Klaus Pabst in seiner Laudatio anlässlich der Verleihung des Preises des Parlaments der Deutschsprachigen Gemeinschaft 2006 im Bereich Geschichte, den Carlo Lejeune für sein Buch erhielt, ebenso hinweg, wie über die methodischen Mängel (s. Zwischen Venn und Schneifel. Monatsblätter des Geschichts- und Museumsvereins, 43 Jg. [2007], H. 5, S. 100). Stattdessen bezeichnet er das Buch als »historisch sorgfältig«, erklärt, der »hohe Erkenntniswert« des Werkes beruhe auf »bisher oft noch ungenutzten Quellen« und erweckt den Eindruck, als habe Carlo Lejeune einen großen Teil der Akten der belgischen Exilregierung und einiger Ministerien ab 1944 ausgewertet. Dies kann schon deshalb nicht zutreffen, weil sonst das Buch mindestens doppelt so umfangreich sein müsste. Die Suggestion bezeichnet Klaus Pabst als »didaktische Zielsetzung« und erklärt, das behandelte Thema sei »hier erstmals in wissenschaftlicher Weise angegangen« worden. Beides ist jedoch in einem einzigen Buch nicht möglich. Da dieser Abschnitt ostbelgischer Geschichte bisher kaum erforscht ist, müsste zuerst eine Quellenedition oder eine wissenschaftliche Untersuchung vorgelegt werden. Erst auf dieser Basis könnte eine didaktische Aufbereitung erfolgen. Klaus Pabst glaubt zu wissen, die »épuration« sei »bis heute ein zentrales Thema« in der deutschsprachigen Gemeinschaft Belgiens und werde für ihre »Gegenwart und Zukunft« noch von »höchster Bedeutung« sein. Hier missachtet er die strikte Neutralität, die seine grundlegende Dissertation über Ostbelgien mit Recht auszeichnet (Klaus Pabst, Eupen-Malmedy in der belgischen Regierungs- und Parteienpolitik 1914-1940, Köln 1964 [Zeitschrift des Aachener Geschichtsvereins, Bd. 76 (1964), S. 206-514]). Die deutschsprachigen Belgier und ihre gewählten Vertreter sollten sich durch seine Laudatio nicht darüber täuschen lassen, dass Carlo Lejeune in seinem Buch die »reichen Einsichten« von über 50 Jahren »zeithistorischer und sozialwissenschaftlicher Forschung« (K.-D. Bracher) ignoriert.

Willi Arnolds

Jörg Engelbrecht/Stephan Laux (Hrsg.), Landes- und Reichsgeschichte. Festschrift für Hansgeorg Molitor zum 65. Geburtstag (= Studien zur Regionalgeschichte, Bd. 18), Bielefeld: Verlag für Regionalgeschichte 2004.
446 S., 25 Abb., ISBN 3-89534-518-0, 34,- EUR.

Der vorliegende stattliche Band wurde Hansgeorg Molitor anlässlich seiner Emeritierung gewidmet. Mehr als dreißig Jahre hat er als Professor am Historischen Seminar der Heinrich-Heine-Universität in Düsseldorf gelehrt. Dabei hat er sich nicht allein der rheinisch-westfälischen Landesgeschichte verbunden gefühlt, sondern immer auch die größeren Zusammenhänge gesucht – im Titel der Festschrift durch das »Reich« kenntlich gemacht. In Jülich hat er 1994 den zentralen Vortrag im Rahmen der Gedenkfeier der Stadt Jülich zum fünfzigsten Jahrestag des alliierten Luftbombardements vom 16. November 1944 gehalten. Dabei hatte er sich einerseits fundiert mit dem Thema der nahezu vollständigen Zerstörung Jülichs auseinandergesetzt, andererseits vielleicht zu sehr auf die Befindlichkeiten der Zuhörer Rücksicht genommen und lokalen Sichtweisen auf das Ereignis nicht widersprochen, welche die Einwohner Jülichs eher in einer Opferrolle sahen und zu wenige die Mittäterschaft berücksichtigten (vgl. die Dokumentation des Vortrags und der sich anschließenden Diskussion in: Jülicher Geschichtsblätter, Bd. 64 [1996], S. 33-51).

Den Aufsatzreigen eröffnet Mitherausgeber Jörg Engelbrecht mit einem »historischen Essay« über »Rhein-Maas als grenzüberschreitender Kulturraum«. Der Beitrag liest sich wie der Kommentar eines Historikers zu dem jüngst erschienenen aufwendigen Bildband »Die Kunst im Herzen Europas« von Godehard Hoffmann (Köln 2002). Dabei reicht der hier historisch gemeinte Raum Rhein-Maas deutlich über den administrativen Rahmen der Euregio Maas-Rhein hinaus, der bei Hoffmann den Bezugspunkt bildet. So interessant die Ausführungen Engelbrechts sind, so scheint mir die hier versuchte historische Kulturraumbildung – wohl in bewusster Abgrenzung zum in den letzten Jahren verstärkt in den Blick genommenen Kulturraum Niederrhein – zu kurz gegriffen. Für die Menschen des späten Mittelalters und der frühen Neuzeit bildete der gesamte niederländisch-niederrheinische Raum bis weit nach Westfalen hinein einen gemeinsamen (Kultur)Raum.

Heinz Finger rückt in das Zentrum seine Ausführungen die »fröhlichen Einzüge« (Blijde Inkomst, Joyeuse Entrée) »als Grundlage der Brabanter Verfassung«. Damit beleuchtet er die Hintergründe für die prächtigen Herrschereinzüge in Städte wie beispielsweise Antwerpen oder Brüssel, die nicht als reine Schauveranstaltungen missverstanden werden dürfen. Die teilweise aufwendigen Dokumentationen in Buchform, die im 16. Jahrhundert üblich wurden, erklären sich aus der beschriebenen verfassungsmäßigen Funktion der Triumphzüge: Sie dokumentierten für alle Welt überprüfbar den vollzogenen Rechtsakt der Huldigung und der Privilegienbestätigung, der aus der Sicht der Städte besonders wichtig war.

Leo Peters stellt »reformationsgeschichtliche Aspekte eines Kempener Heiratsvertrages von 1546« zwischen dem ostfriesischen Häuptling Tido von Inn- und Knyphausen und der Tochter Eva des Kempener Amtmanns, Wilhelm Freiherr von Rennenberg, vor. Damit knüpft der Autor an seine wichtige Studie zu Wilhelm von Rennenberg aus dem Jahr 1979 an. Neben den konfessionellen Hintergründen – der Kempener Amtmann Rennenberg hatte sich auf die Seite des Kölner Kurfürsten Hermann von Wied geschlagen, der vergeblich versucht hatte, das Erzstift Köln zu reformieren – beleuchtet der Aufsatz die familiären Verbindungen. Dabei wird deutlich, wie raumgreifend der Lebensweg eines niederrheinischen Adeligen sein konnte, der sich am Übergang vom Späten Mittelalter zur Frühen Neuzeit als Landsknechtsführer verdingte.

»Die geistlichen Reichsstände und das Augsburger Interim 1548-1551« ist das Thema des Beitrags von Horst Rabe, den man nicht zuletzt durch seine lesenswerte Gesamtdarstellung des Jahrhunderts der Glaubensspaltung (München 1991) kennt. Das Augsburger Interim war der Versuch Kaiser Karls V., nach dem für ihn siegreichen Schmalkaldischen Krieg, den protestantischen Reichsständen eine aus seiner Sicht akzeptable Kirchenordnung aufzuoktroyieren. Obgleich er Priesterehe und Laienkelch erlaubte, waren die Regelungen für die protestantischen Reichsfürsten nicht akzeptabel und ließen sich schließlich auch nicht durchsetzen. Interessant sind die Hinweise Rabes auf das Agieren Herzog Wilhelms V. von Jülich-Kleve-Berg in dieser Frage. Der Herzog befand sich in einem Dauerkonflikt mit den Kölner Erzbischöfen, allen voran Adolf von Schaumburg, da er und schon sein Vater Johann III. (aus Kölner Sicht) eigenmächtig Kirchenordnungen erstellen und Visitationen durchführen ließen. Nun gab das Interim Wilhelm V. das Instrument in die Hand, im Gegensatz zu den entsprechenden Regelungen mit dem Kaiser im Vertrag von Venlo (1543) auf die Gültigkeit der Kirchenordnung von 1532/33 zu beharren, »die von einem theologisch vermittlungswilligen Reformkatholizismus geprägt war – einer Konzeption also, der das Interim in vielem sehr ähnlich war.«

Paul Münch beschäftigt sich in seinem Beitrag mit dem Regensburger Religionsgespräch von 1601 und dessen seinerzeitigen Rezeption. Obgleich die öffentliche Disputation in der Tradition der vortridentinischen Religionsgespräche stand, ging es den Beteiligten weniger um eine tatsächliche Annäherung als eine öffentlichkeitswirksame Abgrenzung. An dem Gespräch nahm übrigens auch Philipp Ludwig von Pfalz-Neuburg mit seinem damals 23jährigen Sohn Wolfgang Wilhelm teil, was zum folgenden Aufsatz überleitet.

Olaf Richter zeichnet nämlich hierin den »Übertritt des Pfalzgrafen Wolfgang Wilhelm zum katholischen Glauben in Düsseldorf im Jahr 1614« nach. Damit behandelt er ein wichtiges Kapitel des jülich-klevischen Erbfolgestreits, in dem sich der Pfalzgraf gemeinsam mit dem Kurfürsten von Brandenburg u. a. gegen den Kaiser durchsetzen konnte. Zur Absicherung seiner Position suchte Wolfgang Wilhelm die Nähe zu seinen bayerischen Verwandten, indem er konvertierte und eine Tochter des Herzogs von Bayern heiratete.

Gilt der jülich-klevische Erbfolgestreit gemeinhin als ein Vorspiel, mindestens aber als eine Etappe hin zum 30jährigen Krieg, bietet Thomas Brockmann Einblicke in innerösterreichische Konfliktfelder zu Beginn dieses großen Krieges: »Gegenreformation und habsburgische Behauptungspolitik. Ferdinand II., der Papst, die Jesuiten und die Frage der protestantischen Religionsrechte im Erzherzogtum Österreich 1619/20.« Wie schon an anderer Stelle des Aufsatzreigens besticht dieser Beitrag durch die Erschließung neuen Quellenmaterials.

Ganz grundsätzlichen Fragen bezüglich des Reiches nach Beendigung des 30jährigen Krieges wendet sich Johannes Burkhardt zu: »Der Westfälische Friede und die Legende von der landesherrlichen Souveränität«. Geradezu genüsslich widerlegt der Autor die weit verbreitete Darstellung, durch den Westfälischen Frieden hätten die Landesherren des Deutschen Reiches weitgehende Souveränität erhalten. Dieses Diktum findet sich erst in der historischen Forschung des 19. und 20. Jahrhunderts, als man vom Untergang des Reiches 1806 her, seine Geschichte als die eines stetigen Niedergangs zu schreiben begann.

Dorothea von Pfalz-Neuburg war das 14. Kind (von insgesamt 17 überlebenden) des Kurfürsten Philipp Wilhelm, Herzog von Jülich-Berg, und seiner zweiten Gemahlin Elisabeth Amalia von Hessen-Darmstadt. Wie ihre Geschwister war sie auf dem europäischen Heiratsmarkt sehr begehrt. Barbara Schildt-Specker berichtet quellennah über ihre prunkvolle Hochzeit mit Odoardo II. Farnese in Parma 1690 und ihre Reise dorthin.

Der Düsseldorfer Stadtarchivar Clemens von Looz-Corswarem stellt ins Zentrum seines Beitrags die »›Speckermönche‹ in Düsselthal in der öffentlichen Wahrnehmung des 18. Jahrhunderts«. Die Mönche, Zisterzienser von der strengen Observanz (Trappisten), hatten ihren Namen von den sich in ihrem Besitz befindenden Speckerhöfen. Sie waren erst 1707 durch den Landesherrn Johann Wilhelm (II.) in der Nähe von Düsseldorf angesiedelt worden. Die öffentliche Wahrnehmung des Klosterlebens war schon allein deshalb eingeschränkt, weil die Mönche mit ihren sehr strengen Ordensregeln entsprechend abgeschieden lebten. Gerade dieser Umstand weckte aber das Interesse der Zeitgenossen, was sich in zahlreichen Berichten niederschlägt. 1803 wurde das Kloster mit seinen damals 21 Ordensmitgliedern infolge der landesweiten Säkularisation im Herzogtum Berg aufgehoben. Die Kritik der Aufklärung an den rein kontemplativen Orden wird schon allein darin deutlich, dass bereits in den 1790er Jahren eine geistliche Kommission das Kloster Düsselthal aufsuchte, »das Redeverbot aufhob« und damit »die Mönche wieder an der Gebrauch der Sprache gewöhnte und somit auf ein Leben außerhalb des Klosters vorbereitete.«

Mit einem scheinbar kuriosen Ereignis beschäftigt sich Fritz Dross: »Gottes elektrischer Wille? Zum Düsseldorfer ›Blitzableiter-Aufruhr‹ 1782/83«. Im Sommer des Jahres 1782 hatte Johann Jakob Hemmer im Auftrag des Kurfürsten Carl Theodor an die landesherrlichen Gebäude in Düsseldorf Blitzableiter (»Wetterleitern«) anbringen lassen. Entgegen der Vorstellung eines Jahrhunderts der Aufklärung und der weitgehenden Akzeptanz naturwissenschaftlicher Erkenntnisse und ihrer praktischen Umsetzung, kam es in Düsseldorf zu lautstarkem Protest gegen diese Neuerung. Schließlich sah sich der Blitzableiter-Experte Hemmer, der anderenorts ungestört hatte arbeiten können, gezwungen, eine beschwichtigende Schrift zu diesem Thema zu veröffentlichen.

In seiner knappen Skizze »Schöngeister und Brandstifter. Französische Revolutionäre und Encyclopédistes als Übersetzer« befasst sich Fritz Nies mit der Übersetzungspraxis im vorrevolutionären Frankreich. Ihn beschäftigt dabei die Frage, wie stark ausländisches Gedankengut auf die Revolutionäre Einfluss nahm. Tatsächlich kann er feststellen, dass zahlreiche ausländische Werke, vor allem historiographischer Natur durch entsprechende Übersetzungen in Frankreich rezipierbar wurden.

Aufbauend auf den Publikationen anlässlich der 200. Wiederkehr der Säkularisation 1802 bzw. 1803 links und rechts des Rheins beschäftigt sich Ottfried Dascher mit »Revolutionskrieg und Säkularisation. Ihre Folgen für Kunst und Kultur in Rheinland und Westfalen (1794-1815)«. Neben den Kloster- und Stiftsauflösungen mit ihren teilweise verheerenden Folgen für jahrhundertealtes Kunst- und Kulturgut geht er dabei auch auf den für Düsseldorf schmerzvollen Verlust der bedeutenden kurfürstlichen Kunstsammlung ein, die vom Rhein an die Isar (München) gelangte.

Einen Blick auf die Betroffenen der Säkularisation erlauben die Briefe Alexander Franz von Wessenbergs (*1734) an seinen Neffen Ignaz Heinrich von Wessenberg (1774-1860) und an seinen Schwipp-Schwager Graf Benedikt Joseph von Thurn-Valsassina (1744-1825) aus den Jahren 1801-1805. Alexander Franz war Propst des Bistums Speyer, Domkustos in Worms und Dekan des reichsfreien Ritterstiftes Odenheim, sein Neffe letzter Konstanzer Generalvikar und Bistumsverweser und sein Schwipp-Schwager Dompropst in Regensburg. Unter der Überschrift »›La triste et irréparable situation‹. Stimmungsbilder aus der Adelsgesellschaft während der Säkularisation« edieren Christine Roll und Heide Stratenwerth eine Auswahl der französischsprachigen Briefe, wobei eine weitergehende Analyse des interessanten Materials leider unterbleibt.

Ein historisches Kuriosum stellt Stephan Laux vor: »Das Patrozinium ›Saint Napoléon‹ in Neersen (1803-1856). Ein Beitrag zur Rezeption der napoleonischen Propaganda im Rheinland«. Sicherlich war schon immer bekannt, dass es im Rheinland einen nicht zu unterschätzenden Teil der Bevölkerung gab, der den französischen Revolutionstruppen und später Napoleon positiv gegenüber standen. Hierzu gehörten besonders diejenigen, die in der neuen Ordnung eine steile Karriere machten. Dennoch muss überraschen, was in Neersen zu Beginn des 19. Jahrhunderts geschah: Der in das französische Verwaltungssystem eingebundene Karl Joseph Lenders setzte sich nicht nur erfolgreich dafür ein, dass die Kirche von Neersen zur Pfarrkirche erhoben wurde, sondern er erreichte auch, dass sie das Patrozinium »Saint Napoléon« erhielt – eine eigenwillige Ehrerbietung für Napoleon, die Laux gekonnt in die zeitgenössische Bandbreite der Napoleonverehrung einzuordnen weiß.

Den Versuch (Geschichts)Theorie mit konkreten Ereignissen in Verbindung zu bringen stellt der Beitrag von Michael Koch dar: »*Latro* und Partisan. Nachdenken über die Verwendbarkeit von Carl Schmitts Partisanenbegriff in vormodernen und zeitgenössischen Zusammenhängen der Geschichte der Iberischen Halbinsel«. Der Autor versucht eine Rückbindung von Schmitts erstmals 1963 erschienenem Essay »Theorie des Partisanen« an die althistorische Forschung zur Iberischen Halbinsel, um zuletzt auf die baskische Untergrundorganisation ETA einzugehen.

Explizit zeitgeschichtlich sind die beiden letzten Beiträge des Sammelbandes. Herbert Schmidt stellt den »Fall Dr. Prager/Lennhoff« als »Dokumentation zum Denunziantenwesen in der NS-Zeit« vor und Kurt Düwell beschäftigt sich mit Vertriebenen, Flüchtlingen und »illegalen Grenzgängern« in Nordrhein-Westfalen (1946-1969).

Wie bereits zu Beginn angedeutet, ist es den Herausgebern gelungen, einen inhaltlich stimmigen Sammelband zusammenzustellen, der mühelos zwischen den Ebenen Landes- und Reichsgeschichte auf gleichbleibendem Niveau zu pendeln und gleichzeitig die Forschungsschwerpunkte bzw. -interessen des Jubilars nachzuzeichnen weiß. Einziger Wehrmutstropfen ist neben dem Fehlen eines Registers das Fehlen eines Verzeichnisses der Schriften Molitors und der von ihm betreuten Abschlussarbeiten.

Guido v. Büren

Bei der Redaktion eingegangene Veröffentlichungen

(Besprechung bleibt vorbehalten)

Michaela Aufleger (Red.), Erlebnisraum Römerstraße Köln-Trier. Erftstadt-Kolloquium 2007 (= Materialien zur Bodendenkmalpflege im Rheinland, H. 18), Bonn: Rheinisches Amt für Bodendenkmalpflege 2007.
160 S., zahlr. Abb., ISBN 978-3-9806426-9-9, ca. 15,- EUR.

Andrea Baresel-Brand, Grabdenkmäler nordeuropäischer Fürstenhäuser im Zeitalter der Renaissance 1550-1650 (= Bau + Kunst, Bd. 9), Kiel: Verlag Ludwig 2007.
424 S., 83 Abb., ISBN 978-3-937719-18-4, 34,90 EUR.

Wolter v. Egan-Krieger, Zwischen Weitsicht und Widersinn. Theodor Freiherr von Hallberg-Broich. Eine Lebensbeschreibung, Norderstedt: Books on Demand 2007.
288 S., Abb., ISBN 978-3-8334-9826-8, 26,- EUR.

Geschichtsverein der Gemeinde Inden e.V. (Hrsg.), Tagebuch eines Jahrhunderts 1900-1999. Auswirkungen der Geschichte in der typischen rheinischen Landgemeinde Inden im westlichen Braunkohlerevier, Düren: Hahne & Schloemer 2006.
592 S., zahlr. Abb., ISBN 978-3-927312-79-1, vergriffen.

Dieter Geuenich/Irmgard Hantsche (Hrsg.), Zur Geschichte der Universität Duisburg 1655-1818 (= Duisburger Forschungen, Bd. 53), Duisburg: Mercator-Verlag 2007.
322 S., zahlr. Abb., ISBN 978-87463-406-9, 20,- EUR.

G. Ulrich Großmann/Franz Sonnenberger (Hrsg.), Das Dürer-Haus. Neue Ergebnisse der Forschung (= Dürer-Forschungen, Bd. 1), Nürnberg: Verlag des Germanischen Nationalmuseums 2007.
288 S., 93 farbige und 125 s/w-Abb., ISBN 978-3-936688-24-5, 35,- EUR.

Manfred Groten/Peter Johanek/Wilfried Reininghaus/Margret Wensky (Hrsg.), Handbuch der Historischen Stätten Nordrhein-Westfalen, 3., völlig neu bearbeitete Aufl., Stuttgart: Alfred Kröner Verlag 2006.
1280 S., 11 Übersichtskarten, 34 Stadtpläne, ISBN 978-3-520-27303-1, 49,- EUR.

Melanie Herget, Das fränkische Gräberfeld von Rödingen, Kr. Düren. Chronologie und Belegungsabfolge (= Marburger Studien zur Vor- und Frühgeschichte, Bd. 22), Rahden/Westf.: Verlag Marie Leidorf 2006.
164 S., 43 Abb., 43 Karten, 1 Beilage, ISBN 3-89646-105-2, 59,80 EUR.

Wolfgang Hommel, Jülich FF. Flächen – Festung – Familie – Freizeit – Forschung, Jülich: Verlag Jos. Fischer 2007.
128 S., zahlr. farbige Abb. (Bildband), ISBN 978-3-87227-207-2, 19,90 EUR.

Hermann Holz/Michael Hecker (Bearb.), Verlorene Jugendjahre. Meine Erlebnisse in Krieg und Gefangenschaft 1942-1950, Welldorf/Köln 2007.
104 S., 47 s/w-Abb., 15,- EUR.

Andreas Kamm, Sparrenburg. Burg – Festung – Wahrzeichen (= Sonderveröffentlichung des Historischen Vereins für die Grafschaft Ravensberg e.V., Bd. 12), Bielefeld: tpk-Regionalverlag 2007.
144 S., 115 Abb., ISBN 978-3-936359-27-5, 15,80 EUR.

Bernd Löhberg, Das »Itinerarium provinciarum Antonini Augusti«. Ein kaiserzeitliches Straßenverzeichnis des Römischen Reiches, 2 Bde., Berlin: Frank & Timme 2006.
Zus. ca. 700 S., zahlr. Karten, 1 Beilage, ISBN 978-3-86596-085-6, 148,- EUR.

Thomas Otten/Sebastian Ristow (Red.), Von den Göttern zu Gott. Frühes Christentum im Rheinland, Berlin: Ernst Wasmuth Verlag 2006.
144 S., zahlr. meist farbige Abb., ISBN 978-3-8030-1058-2, 16,80 EUR.

Sebastian Ristow, Frühes Christentum im Rheinland. Die Zeugnisse der archäologischen und historischen Quellen an Rhein, Maas und Mosel, Köln: Verlag Rheinischer Verein 2007.
450 S., 90 Abb. im Text und. 88 meist farbige Abb.-Taf., ISBN 978-3-86526-010-9, 49,- EUR.

Winfried Romberg, Erzherzog Carl von Österreich. Geistigkeit und Religiösität zwischen Aufklärung und Revolution (= Archiv für österreichische Geschichte, Bd. 139), Wien: Verlag der Österreichischen Akademie der Wissenschaften 2006.
461 S., ISBN 3-7001-3511-4, 58,- EUR.

Martin Schlemmer, »Los von Berlin«. Die Rheinstaatsbestrebungen nach dem Ersten Weltkrieg (= Rheinisches Archiv, Bd. 152), Köln/Weimar/Wien: Böhlau Verlag 2007.
863 S., ISBN 978-3-412-11106-9, 74,90 EUR.

Lioba Schollmeyer, Jan Jost. Ein Beitrag zur Kunstgeschichte des Rheinlandes um 1500 (= Schriften der Heresbach-Stiftung Kalkar, Bd. 11), Bielefeld: Verlag für Regionalgeschichte 2004.
440 S., 151 s/w-Abb., 33 farbige Abb., ISBN 978-3-89534, 39,- EUR.

Ingeborg Unger, Kölner und Frechener Steinzeug der Renaissance. Die Bestände des Kölnischen Stadtmuseums (= Publikationen des Kölnischen Stadtmuseums, Bd. 8), Köln: Kölnisches Stadtmuseum 2007.
549 S., 1025 s/w-Abb. und 31 farbige Abb., ISBN 978-3-940042-01-9, 44,50 EUR.

Carl-Josef Virnich, Zuckerfabrik Jülich (1880-2006), Jülich: Zuckerfabrik Jülich 2007.
143 S., zahlr. Abb., nicht im Buchhandel erhältlich.

Rita Wagner, Kölnischer Bildersaal. Die Gemälde im Bestand des Kölnischen Stadtmuseums einschließlich der Sammlung Porz und des Kölner Gymnasial- und Stiftungsfonds, Köln: Kölnisches Stadtmuseum 2006.
471 S., 1200 Abb., davon 17 in Farbe, ISBN 3-927396-94-X, 27,50 EUR.

Guido v. Büren (Zusammenstellung)

Chronik des Jülicher Geschichtsvereins 1923 e.V. vom 1. Juli 2004 bis zum 30. Juni 2006

I. Fahrten und Exkursionen

17. Juli 2004	Schloss Benrath und Schloss Dyck (Leitung: Guido v. Büren)
11./12. September 2004	Hansestadt Soest mit Besuch des Westfälischen Museums für Archäologie in Herne und Abschluss am Möhnesee (Leitung: Peter Kranen und Guido v. Büren)
7.-10. Oktober 2004	Mehrtagesfahrt »Edel und Frei – Oberfranken und Bayerischer Wald« in Zusammenarbeit mit der Stiftung und dem Förderverein Deutsches Glasmalerei-Museum Linnich e.V. (Leitung: Helga Schieffer, Guido v. Büren und Dr. Eberhard Graffmann)
12. Januar 2005	Besuch der Ausstellung »Albrecht Dürer – Apelles des Schwarz Weiß« im Suermondt-Ludwig-Museum Aachen (Führung: Christine Vogt)
12. März 2005	Speyer (Ausstellung »Europas Juden im Mittelalter« im Historischen Museum der Pfalz) und Worms (Jüdischer Friedhof) (Leitung: Guido v. Büren und Gabriele Spelthahn)
23. April 2005	Essen, Abtei Werden, Domschatz und Ruhrlandmuseum (erster Teil der Ausstellung »Krone und Schleier – Kunst aus mittelalterlichen Frauenklöstern«) (Leitung: Guido v. Büren und Dr. Eberhard Graffmann)
3. Mai 2005	»Zu Gast in...« Rödingen und Höllen: ehemalige Synagoge (Führung: Monika Grübel) und Katharinen-Kapelle (Führung: Uwe Cormann)
4. Juni 2005	Bonn, Kunst- und Ausstellungshalle der Bundesrepublik Deutschland (zweiter Teil der Ausstellung »Krone und Schleier – Kunst aus mittelalterlichen Frauenklöstern«), Sinzig (Stadtführung) und Remagen (Leitung: Guido v. Büren und Dr. Eberhard Graffmann)

25. Juni 2005	Waterloo und Nivelles (Leitung: Dr. Wolfgang Peter)
3. September 2005	Mühlen-Tour durch das deutsch-niederländische Grenzgebiet (Leitung und Führung: Hubert Verbeek)
5.-9. Oktober 2005	Mehrtagesfahrt »Jülich und Pfalz-Neuburg« in Zusammenarbeit mit dem Förderverein Deutsches Glasmalerei-Museum Linnich e.V. sowie dem Förderverein »Festung Zitadelle Jülich e.V.« (Leitung: Guido v. Büren, Dr. Eberhard Graffmann und Helga Schieffer)
18. März 2006	Besuch der Ausstellung »ExtravagAnt! Antwerpener Gemälde für den europäischen Markt (1500-1525)« im Bonnefantenmuseum in Maastricht (Führung: Dr. Godehard Hoffmann)
1. April 2006	Steine, Scherben und Papier – Jülicher Archäologie im Überblick. Führung durch das Stadtgeschichtliche Museum im Kulturhaus am Hexenturm und das Museum Zitadelle in Zusammenarbeit mit dem Rheinischen Amt für Bodendenkmalpflege, Außenstelle Nideggen-Wollersheim (Führung: Marcell Perse)
8. April 2006	Euskirchen (Tuchfabrik Müller, Rheinisches Industriemuseum) und Mechernich-Kommern (Rheinisches Freilichtmuseum mit der Ausstellung »Wir Rheinänder«) (Leitung: Guido v. Büren)
29. April - 1. Mai 2006	Mehrtagesfahrt »St. Denis – Chartres – Reims« in Zusammenarbeit mit dem Förderverein Deutsches Glasmalerei-Museum Linnich e.V. (Leitung: Helga und Walther Schieffer)
17. Mai 2006	»Zu Gast in...« Körrenzig: Alte Kirche (Führung: Uwe Cormann)
10. Juni 2006	Von Jülich nach Heimbach – Wasserkraftnutzung an der Rur (Leitung und Führung: Hubert Verbeek)

Zwei-Tages-Fahrt »Hansestadt Soest« (11. und 12. September 2004)

Am 11. und 12. September ging der Jülicher Geschichtsverein auf Exkursion in die alte Hansestadt Soest unter der Leitung von Peter Kranen und Guido v. Büren. Die Hinfahrt wurde in Herne zu einem Besuch des Westfälischen Museum für Archäologie unterbrochen. Man konnte den Museumspfad von der Neuzeit bis in die frühe Steinzeit durchwandern, von Trümmern des Zweiten Weltkrieges, über Funde von Schloss Horst bis zu Fürstengräbern mit Pferdebestattungen, von der Nachbildung einer frühen christlichen Kirche aus der Zeit Karls d. Gr., in die man sich richtig hineinsetzen konnte, bis zu den zerschlagenen Tontöpfchen der Salzsiederei längs des Hellwegs, der vorgeschichtlichen Straße durch Westfalen. Einen besonderen Schwerpunkt bildeten Funde aus der Balver Höhle mit Knochen von Neandertalern, Höhlenbären und Milchzähnen von kleinen Mammuts.

Soest war das Hauptziel der Fahrt. Die Stadt hat eine ungewöhnliche Geschichte. Sie war eines der frühen Mitglieder der Hanse und ist mit Salz und Tuchhandel besonders im 13. und 14. Jahrhundert reich geworden. Im Jahr 1444 kündigte sie dem Kölner Erzbischof die Gefolgschaft und wählte sich den Herzog von Kleve zum neuen Landesherren. Sie wollte, wie andere Städte auch, einfach nicht mehr so viel Steuern zahlen. Das führte zu einem heftigen Krieg mit dem Kölner Erzbischof, der die Stadt aber nicht erobern konnte. Die Feindschaft mit dem Kölner Erzbischof war in der Folgezeit nicht von Nutzen für Soest. Als dann die Hanse sich auflöste und Tuch- und Salzindustrie sich verlagerten, verarmte die Stadt. Für die großartigen gotischen Kunstschätze der reichen Stadt Soest hatte das durchaus positive Folgen, nicht für die Bürger. Die Einwohnerzahl sank langsam von 12.000 auf 3.000. Eine Erneuerung der Stadt im Stil der Renaissance konnte man sich nicht mehr leisten. Früh trat man der Reformation bei, ohne dass es zu einem Bildersturm kam. In der evangelischen Stadt blieb die Barockisierung der Gegenreformationszeit aus. Die französischen Revolutionstruppen, die ja am Rhein Kirchen und Klöster plünderten, kamen nicht bis nach Soest. Auch die Säkularisation verlief einigermaßen glimpflich, und viele Schätze wurden vor den Bomben des Zweiten Weltkriegs versteckt. So findet man heute eine solche Fülle von Kunstschätzen aus der Blütezeit der Stadt Soest im 14. und 15. Jahrhundert, die man nur staunend betrachten kann. Es gibt wohl kaum eine andere evangelische Stadt mit so vielen Marienkirchen und Mariendarstellungen aus vorreformatorischer Zeit.

Etwas Besonderes war eine Mondscheinpromenade mit Nachwächterlaterne durch die verwirrenden Gassen der Altstadt und über die Stadtmauer, wobei man mit Augenzwinkern noch etwas über die Entstehung des westfälischen Pumpernickels, über die Traditionen und das Leben in der Stadt erfuhr.

Mit einem Abstecher zum nahegelegenen Möhnesee endete die bilderreiche Fahrt. Nur wenn man unbedingt schlank bleiben möchte, dann sollte man nicht nach Soest fahren.

Eberhard Graffmann

Mehrtagesfahrt »Edel und Frei – Oberfranken und Bayerischer Wald«
(7.-10. Oktober 2004)

Die letzte Fahrt des JGV im Jahr 2004 fand vom 7.-10. Oktober zusammen mit dem Förderverein des Deutschen Glasmalerei-Museums Linnich e.V. statt. Sie stand unter der Leitung von Helga und Walther Schieffer, Guido v. Büren und Eberhard Graffmann. Auf der Hinfahrt wurde ein Halt in Bamberg eingelegt. Die Stadt, die seit 1993 zum Weltkulturerbe zählt, zeigte sich bei strahlendem Herbstsonnenschein von ihrer besten Seite. Es gab einen eindrucksvollen Rundgang durch die Stadt an der Regnitz und durch den Bamberger Dom mit seinen berühmten Plastiken, wie z. B. dem Bamberger Reiter und dem Grabmal des heiliggesprochenen deutschen Kaiserpaares Heinrich II. und Kunigunde, von Tilmann Riemenschneider.

Einquartiert war die Gruppe im Schloss Weißenstein in Pommersfelden, allerdings nicht in den hochherrschaftlichen Räumen, sondern in dem zum Hotel umgebauten Marstall. Der Besuch der Glashütte Lambertz in Waldsassen erforderte von den Teilnehmern ein sehr frühes Aufstehen, was aber mit viel Humor angenommen wurde. Der technische Ablauf in der Glashütte, die Schmelze in der Nacht und die Verarbeitung am frühen Morgen, ließ nur einen Besuchstermin um 9 Uhr zu, und das bei einer gut zweistündigen Fahrt über das Fichtelgebirge. Dafür wurde man entschädigt mit einem faszinierenden Verarbeitungsprozess der Glasmasse von einer geblasenen Kugel zu einem trickreich geformten Zylinder, der aufgeschnitten und schließlich zu einer großen Scheibe »gebügelt« wurde. Wie die farbigen Muster in das Glas kommen, ist teilweise noch Betriebsgeheimnis. Man hätte sich am liebsten ein Stück aus dem großen Lager mitgenommen. Der Besuch des Stiftes von Waldsassen mit seiner Barockkirche und der berühmten Bibliothek sowie eine kurze Fahrt zur nahegelegenen Wallfahrtskirche Kappel rundeten den Tag ab.

Die bayerische Landesausstellung »Edel und Frei – Franken im Mittelalter« in Forchheim führte von der frühmittelalterlichen Zeit, in der die Archäologen thüringische, slawische und dann fränkische Einflüsse dokumentieren konnten bis ins 13. und 15. Jahrhundert mit seinen prachtvollen Bilderhandschriften. Beim anschließenden Abstecher zur Wallfahrtskirche Vierzehnheiligen trat ein 15. Nothelfer in Gestalt des Organisten in Erscheinung. Die Kirche war wegen Winterzeit und einem Orgelkonzert schon früh geschlossen, was aber zehn Tage vorher nicht mitgeteilt worden war. So öffnete der Organist die Türen und führte noch zwei weitere Gruppen gekonnt durch die Kirche.

Vor der Rückfahrt wurde noch Coburg mit seiner berühmten Veste aufgesucht (Abb. 1). Man ist immer wieder überrascht und fasziniert von einer im letzten Krieg nicht zerstörten Stadt. Die Veste Coburg steckt voller Kunstsammlungen, mit Gemälden, Kupferstichen, Ritterrüstungen und vielem mehr. Nur einen Bruchteil

Abb. 1: Die Reisegruppe während der Führung durch Coburg (Foto: Walther Schieffer).

davon kann man aufnehmen. Im 19. Jahrhundert stellte das Haus Sachsen-Coburg die Mitglieder der europäischen Königshäuser von Preußen, England, Belgien, Spanien, Portugal, Bulgarien bis Russland. Die Familientreffen des Hauses fanden in dem romantischen Schlösschen Rosenau statt, mitten in einem großen englischen Park gelegen. In der Orangerie des Schlösschens ist heute eine Sammlung moderner Glaskunst untergebracht, die natürlich auf großes Interesse der Teilnehmer stieß. Es ist schade, dass diese schöne Gegend Deutschlands für uns im äußersten Westen so weit entfernt ist.

Eberhard Graffmann

Mehrtagesfahrt »Jülich und Pfalz-Neuburg« (5.-9. Oktober 2005)

Der JGV, der Förderverein »Festung Zitadelle Jülich e.V.« und der Förderverein Deutsches Glasmalerei-Museum Linnich e.V. waren vom 5. bis 9. Oktober 2005 gemeinsam auf großer Fahrt. Unter der Leitung von Helga Schieffer und Guido v. Büren wurden drei bedeutende Ausstellungen besucht. Die bayerische Landesausstellung in Neuburg an der Donau befasste sich mit den Herzögen von Pfalz-Neuburg, die von 1614 bis 1794 auch die Jülicher Geschichte mitbestimmt haben. Zu

Abb. 2: Die Reisegruppe im Hof von Schloss Höchstädt, Witwensitz der Anna von Jülich-Kleve-Berg (Foto: Martin Marquardt).

unserer Überraschung hatten wir mit Johanna Maßmann, die vom bayerischen Finanzminister herzlich begrüßt wurde, den 100.000. Besucher in unseren Reihen. Nach Ausstellung und Stadtführung ging der Tag in Neuburg auf der Terrasse des Arco-Schlösschens hoch über der Stadt und der Donau bei strahlendem Herbstwetter zu Ende.

Die zweite Ausstellung mit dem Titel »Als Frieden möglich war« betraf das 450-jährige Jubiläum des Augsburger Religionsfriedens von 1555, der ein erster wichtiger Schritt zu einem geregelten Miteinander der christlichen Konfessionen im Deutschen Reich war. Reformation und Konfessionalisierung sind in den letzten Jahren wichtige Themen auf den Mehrtagesfahrten des Geschichtsvereins gewesen, auch im Hinblick auf den Sonderweg der Konfessionspolitik, den die Jülicher Herzöge zu gehen versuchten.

Thema der dritten Ausstellung im Renaissanceschloss Höchstädt an der Donau (Abb. 2), dem Witwensitz der Anna von Jülich-Kleve-Berg, der Tochter Herzog Wilhelms V., war die verlustreichste Schlacht des 18. Jahrhunderts. Bei Höchstädt besiegte im Jahr 1704 eine große Allianz europäischer Mächte die nur noch mit Bayern verbündeten Franzosen. Damit wurde vorerst verhindert, dass der spanische Thron an die Bourbonen fiel. Auf englischer Seite war der Herzog von Marlborough, ein Vorfahre von Winston Churchill, wesentlich beteiligt.

Neben den Ausstellungen gab es noch andere interessante Ziele. Die Festung Rosenberg in Kronach, eine über Jahrhunderte gewachsene »Bilderbuch«anlage wurde besichtigt, zum Schluss sogar mit brennender Kerze auf einem Gang durch die Kasematten. Kloster Banz an der romantischsten Stelle des oberen Maintals mit Blick auf die Wallfahrtskirche Vierzehnheiligen und den Staffelstein stand ebenfalls auf dem Programm. Übernachtet wurde in Schloss Weißenstein in Pommersfelden. Besonders die Gemäldesammlung des Mainzer Erzbischofs Lothar Franz von Schönborn und das barocke Treppenhaus beeindruckten die Teilnehmer.

Ingolstadt mit seinem Armeemuseum diente als Stützpunkt für die Fahrten nach Neuburg, Augsburg und Höchstädt. Mit einem Mittagessen auf der Goldbergalm bei Höchstädt klang die Fahrt aus, die alle - zur Freude der Reiseleitung auch sehr diszipliniert mitmachenden - 75 Teilnehmer begeistert hat.

Eberhard Graffmann

Zur Reise »Jülich und Pfalz-Neuburg« ist eine 64-seitige Dokumentation erschienen, die neben einer Fotoauswahl alle während der Fahrt gehaltenen Referate enthält. Interessenten können die Dokumentation zum Selbstkostenpreis von 5,- EUR. über die Geschäftsführung erhalten. Aus dem Inhalt: Reisebericht, Programm, Vorträge (Wie kommen die Franken zu ihrem Namen?; Ottheinrich von Pfalz-Neuburg [1502-1559]; Kronach; Kloster Banz; Die Schönborns, ihre Zeit und Schloss Weißenstein ob Pommersfelden; Ingolstadt; Neuburg an der Donau; Augsburg; Der Augsburger Religionsfrieden; Vier Hochzeiten und ein Todesfall oder Das Verschwinden der Herzogtümer Jülich-Kleve-Berg aus der Geschichte; Der Spanische Erbfolgekrieg [1701-1714] und die Schlacht bei Höchstädt am 13. August 1704; 1444 – Die Hubertusschlacht und die Gründung des Hubertus-Ritterordens).

Mehrtagesfahrt »St. Denis – Chartres – Reims« (30. April - 1. Mai 2006)

Der Förderverein Deutsches Glasmalerei-Museum Linnich e.V. und der JGV veranstalteten vom 30. April - 1. Mai 2006 eine Reise zu den großen gotischen Kirchen in Chartres, Saint-Denis und Reims, natürlich auch mit dem Ziel, das Glasmalereimuseum in Chartres einem erweiterten Kreis bekannt zu machen. Das stieß auf so große Resonanz bei den Mitgliedern und den immer willkommenen Gästen, dass ein doppelstöckiger Bus nötig war. Die Leitung und Organisation lag bei Helga und Walther Schieffer aus Linnich, unterstützt von einer Reihe weiterer Helfer.

Der Baustil der Gotik ist bekanntlich nicht in einem der Mittelmeerländer entstanden, sondern in Frankreich. Daher hat man in Rom in der Zeit der Renaissance »Gotisch« als »Barbarisch« betrachtet und eher belächelt. Die Gotik ermöglichte große farbenprächtige Kirchenfenster, wodurch die Kirchenräume viel heller wurden als in der vorhergehenden Zeit der Romanik. Leider verblassen die frühen Fenster des 13. Jahrhunderts und werden immer trüber, wie in den Werkstätten des Glasmalereimuseums zu sehen war. Die ursprünglich hell leuchtenden Glasfenster würden wir fast schon als zu grell empfinden, weil wir die dunkleren Farben schätzen gelernt haben.

Bei allen Gemeinsamkeiten der gotischen Kirchen waren ihre charakteristischen Unterschiede von besonderer Bedeutung. Saint-Denis bei Paris fiel mit seinen Gräbern der französischen Könige auf; es war die erste gotische Kirche. Die Kathedrale von Chartres, ein Marienheiligtum, besitzt besonders gut erhaltene Glasfenster aus früher Zeit. Die Kathedrale von Reims, die Krönungskirche der französischen Könige, ist berühmt für ihren prunkvollen Figurenschmuck (mit erschreckenden Umweltschäden). Sie besitzt Glasfenster aus fast allen Jahrhunderten bis hin zu den Fenstern von Marc Chagall aus dem Jahr 1974. Die Abteikirche Saint-Remi wirkt heute eher bodenständig, sie hat in vielen Dingen das Vorbild für andere gotische Kirchen gegeben. Die Begeisterung, die der Bau der gotischen Kirchen in Frankreich auslöste, war immer noch zu spüren. Dabei wurden »nur« vier der über zwanzig gotischen Kirchen in der weiteren Umgebung von Paris auf dieser Fahrt besucht. Stadtführungen in Reims und Chartres ergänzten das Programm, wobei besonders die Fachwerkbauten in Chartres beeindruckend waren. Neben den gotischen Kirchen stieß man natürlich immer wieder auf Spuren der deutsch-französischen Geschichte von den frühen Merowingern bis zum Gedenkstein für die Begründung der Deutsch-Französischen Freundschaft durch Konrad Adenauer und Charles de Gaulle.

Eberhard Graffmann

II. Mittwochsclub

29. September 2004	Ulrich Schäfer, Antwerpener Retabel in der Umgebung von Jülich.
27. Oktober 2004	Andreas Kupka, Monno van Coehoorn – der »niederländische Vauban«.
24. November 2004	Ursula Schirmer, Die Deutsche Stiftung Denkmalschutz und ihre Projekte im Rheinland.
26. Januar 2005	Bernd Päffgen, Neue Ausgrabungen im Bereich der Tagebaue um Jülich.
23. Februar 2005	Marcell Perse, Minerva – von der Kriegerin zum Bildungssymbol.
30. März 2005	Erwin Fuchs, Die Geschichte der Juden in Jülich.
27. April 2005	Heiner Borggrefe, Die Grafen von Mansfeld und die Anfänge der mitteleuropäischen Renaissancearchitektur. Vortrag anlässlich des 512. Geburtstags Alessandro Pasqualinis.
28. September 2005	Frank Biller, Der Matronenkult im Jülicher Land.
26. Oktober 2005	Andreas Kupka, Der Reichsarbeitsdienst in Jülich.
30. November 2005	Stefanie Lieb, Die romanische Kapitellornamentik am Westturm der Propstei-Pfarrkirche St. Mariä Himmelfahrt in Jülich.
25. Januar 2006	Stephan Laux, Der ›Heilige Napoleon‹ von Neersen. Französischer Staatskult im Rheinland im Zeitalter Napoleons.
22. Februar 2006	Bernhard Dautzenberg, Archäologie am Wallgraben in Jülich.
29. März 2006	Guido v. Büren, Die »Fürstlich Jülichsche Hochzeit« von 1585 und die Festkultur der Renaissance.
26. April 2006	Norbert Nussbaum, Rheinische Arkadenhöfe des 16. Jahrhunderts. Vortrag anlässlich des 513. Geburtstags Alessandro Pasqualinis.

Abb. 3: Blick in die Kunst- und Geschichtsbibliothek des Museums Zitadelle Jülich und des JGV während einer Führung von Studenten der FH Aachen, Abt. Jülich (Foto: Marcell Perse).

III. Bibliothek

Nach dem erfolgten Umzug der Bibliothek in das Kulturhaus am Hexenturm konnte im Berichtszeitraum die Eingliederung der Bestände in die Kunst- und Geschichtsbibliothek des Museums Zitadelle Jülich erfolgreich abgeschlossen werden (Abb. 3). Der Bestand des JGVs ist nun online über www.juelich.de/museum/bibliothek recherchierbar. Die regelmäßigen Öffnungszeiten seit Mai 2006 (2. Freitag im Monat von 14.00-18.00 Uhr und 3. Samstag im Monat von 10.00-13.00 Uhr sowie nach Voranmeldung) haben sich inzwischen etabliert. Das Bibliotheksteam arbeitet daran, den umfassenden Bestand an Jahrbüchern und Zeitschriften für die Nutzer inhaltlich zu erschließen. Der JGV beteiligte sich finanziell am Ankauf des wissenschaftlichen Nachlasses von Dr. Hartwig Neumann, der in der nächsten Zeit schrittweise für die Benutzung zugänglich gemacht wird.

Eberhard Graffmann

IV. Arbeitskreise

1. Mundartfreunde

Die Mundartfreunde sind im Berichtszeitraum regelmäßig zu ihren Treffen jeweils am ersten Dienstag eines Monats in der »Weinstube« in Jülich zusammengekommen. Mit großem Erfolg wurden jeweils im November wieder in Zusammenarbeit mit der VHS Jülich in der Stadthalle die Mundartnachmittage bzw. -abende durchgeführt.

Ursula Schütte

2. Jüdisches Leben im Jülicher Land

Die Aktivitäten der Jahre 2004 und 2005 des AK Jüdisches Leben waren bereits in der Chronik im letzten Jahrbuch vorgestellt worden. Im Jahr 2006 konzentrierte sich die Arbeit vorwiegend auf das Buch »Entrechtet – entwurzelt – ermordet«. Das Buch wurde von Heinz und Gabriele Spelthahn unter Mitwirkung von vielen Autoren und Hinweisgebern geschrieben. Der AK hatte 1997 erstmals den Versuch unternommen, das Schicksal der Juden im Jülicher Land zu dokumentieren. Bis dahin lagen nur Untersuchungen für Linnich und Inden vor. Für Jülich – sehr erstaunlich – hatte es das in den fünfzig Jahren nach dem Krieg nicht gegeben. Für Aldenhoven und Titz waren die Untersuchungen von *Dovern* und *Paulißen* vorhanden, die jedoch andere Schwerpunkte setzten. So war das Buch »An der Synagoge« – aus Anlass der Umbenennung eines Teils der Grünstraße in »An der Synagoge« – bahnbrechend. Neun Jahre später waren neue Erkenntnisse bekannt. *Dovern* hatte für Jülich in deutlicher Anlehnung an das Buch des JGV – soweit es die jüdischen Opfer in der Zeit des Nationalsozialismus betrifft – sein Familienbuch über die Jülicher Juden veröffentlicht. So war es an der Zeit, die Ergebnisse der Forschungen wissenschaftlich aufgearbeitet darzustellen. Das geschah in dem Buch »Entrechtet – entwurzelt – ermordet«, das Ende 2006 in Zusammenarbeit zwischen dem JGV und der Jülicher Gesellschaft gegen das Vergessen und für die Toleranz e.V. erschien. Es wurde am 10. Dezember 2006 in einer eindrucksvollen Veranstaltung aus Anlass des fünfjährigen Jubiläums der Errichtung des Mahnmals auf dem Propst-Bechte-Platz im Jahr 2001 vorgestellt. Die Redner (unter anderem Bundesminister a.D. Dr. Wolfgang Clement, Herbert Rubinstein vom Landesverband der jüdischen Gemeinden in Nordrhein und Bürgermeister Heinrich Stommel) unterstrichen deutlich, dass die Freiheit zu jeder Zeit gefährdet ist und durch aktiven Einsatz der Demokraten täglich neu erobert und gesichert werden muss. Das Buch nennt erstmals die Namen und Schicksale der Juden in Jülich, Linnich, Aldenhoven, Titz, Inden, Niederzier, Langerwehe, Hoengen und Bettendorf im Zusammenhang mit den Verbrechen der Nationalsozialisten.

Führungen von Schülern und von jüdischen Menschen aus dem Jülicher Land wurden und werden gerne durchgeführt. Der AK würde sich gerne dafür einsetzen, dass die Überlebenden und deren Nachfahren aus dem Jülicher Land als Ehrengäste der früheren Heimatgemeinde das Jülicher Land besuchen. Während in Jülich und Linnich dies schon einmal geschehen ist, wäre dies für Inden, Titz und Aldenhoven ein Novum.

Der AK ist auch Mitveranstalter der »Jüdischen Woche«, die jährlich um den Gedenktag des 9. Novembers herum veranstaltet wird.

Gabriele Spelthahn

3. Denkmalpflege und Kleindenkmalpflege

Vom AK werden folgende Aktivitäten abgedeckt:
a) Betreuung der Denkmale in Zusammenarbeit mit den zuständigen Behörden
b) Durch Exkursionen wird ein interessierter Besucherkreis mit wichtigen Denkmalen des Jülicher Landes vertraut gemacht; darüber hinaus werden die geschichtlichen Zusammenhänge der Denkmäler, Orte und Regionen mit Jülich und mit der deutschen und europäischen Geschichte aufgezeigt.
c) Kleindenkmale und Kirchengebäude des Jülicher Landes werden in Form von Aufsätzen in den Jülicher Geschichtsblättern vorgestellt. So veröffentlichte der JGV als Bd. 18 seiner Schriftenreihe im Dezember 2005 das Buch »Der Marienbrunnen auf dem Kirchplatz vor der Propstei-Pfarrkirche St. Mariä Himmelfahrt in Jülich« (s. u.).

Am 3. Mai 2005 führte eine Halbtagsexkursion in der Reihe »Zu Gast in...« nach Rödingen-Höllen, Gemeinde Titz. Die Judaistin Monika Grübel vom Landschaftsverband Rheinland führte durch die ehemalige Synagoge und das Vorsteherhaus der einstigen jüdischen Gemeinde in Rödingen. Danach zeigte sie in der benachbarten Außenstelle des Rheinischen Amtes für Bodendenkmalpflege den Film »Die Tante mit der Synagoge im Hof«. Den Abschluss der Exkursion bildete der Besuch der Katharinen-Kapelle in Höllen unter der Führung von Uwe Cormann.

Das Dorf Körrenzig mit der alten Pfarrkirche St. Peter stand am 17. Mai 2006 auf dem Programm der Exkursionsreihe »Zu Gast in...«. Da die Körrenziger Bevölkerung an diesem Tag durch eine Wallfahrt an der Teilnahme gehindert war, hielt Uwe Cormann seinen Vortrag am 12. September 2006 vor über fünfzig Zuhörern noch einmal.

Uwe Cormann

V. Mitwirkung in Arbeitskreisen

1. Arbeitskreis historische Festungsstadt im Verein Stadtmarketing Jülich e.V.

Nachdem das Verkehrsbüro Jülich Information Ende 2002 geschlossen wurde, gründete sich im Verein Stadtmarketing Jülich e.V. der AK historische Festungsstadt. In diesem engagiert sich auch der JGV. Der AK übernahm die Führungskoordination bei den Zitadellenfesten 2004 und 2006, letzteres war in einem groß angelegten historischen Spektakel der »Fürstlich Jülichschen Hochzeit« von 1585 gewidmet. Der AK war auch beteiligt an den Führungen während der im August 2005 erstmals in Jülich durchgeführten Fledermausnacht in der Zitadelle.

2. Arbeitsgemeinschaft der Geschichtsvereine im Kreis Düren (AGV)

Guido v. Büren wurde auf dem Herbsttreffen der AGV 2005, das in Nideggen stattfand, von den zahlreich erschienenen Vereinsvertretern in die Sprechergruppe gewählt. Er trat damit zusammen mit Renate Xhonneux (Geschichtsverein Inden) die Nachfolge von Helmut Scheuer (Inden/Jülich) an, der zu den Mitbegründern der AGV gehört. Der Sprechergruppe gehören weiterhin an Bernd Hahne (Geschichtswerkstatt Düren), Karl-Josef Nolden (Kreuzau-Drove), Hans Wassen (Niederzier) und Ludger Dowe (Düren), der auch die Geschäftsführung innehat.

VI. Jülicher Bücherbörse (JüBüBö)

Im Berichtszeitraum fanden die 17. und 18. Bücherbörse in Zusammenarbeit mit dem Museum Zitadelle Jülich statt. Als Veranstaltungsort wurden die Schlosskapelle und das Foyer im Südostturm der Zitadelle genutzt. Die Bücherbörse, die immer am ersten Sonntag nach Aschermittwoch stattfindet, hat sich als zentraler Treffpunkt für alle an der Jülicher Geschichte Interessierten etabliert. Zu danken ist Hans Beyß, der nun schon seit vielen Jahren, die Standanmeldungen annimmt und die Bücherbörse organisiert.

VII. Publikationen

1. Jülicher Geschichtsblätter

Ende 2004 erschien endlich die lang erwartete Ausgabe der Jülicher Geschichtsblätter Bd. 69-71, die die Jahrgänge 2001-2003 zusammenfasste. Der sechshundert Seiten starke Band mit über zweihundert Abbildung stieß nicht nur bei den Mitgliedern, die ihn wie gewohnt als Jahresgabe erhielten, auf großes Interesse. Der Band hat einen deutlichen Schwerpunkt in Beiträgen, die das 16. Jahrhundert, die große Zeit der Herzogtümer Jülich-Kleve-Berg, berühren. Neben den Pasqualini-Studien stehen Ergebnisse und Ergänzungen der Sonderausstellung im Hexenturm aus dem Jahr 1999 zu Leben und Werk Konrad Heresbachs. Die Beiträge zur Jülicher Archäologie spannen diesmal den Bogen von der Spätantike bis ins 20. Jahrhundert, wobei auch das wegen der schlechten Quellenlage gegenüber der Renaissancezeit immer etwas stiefmütterlich behandelte Mittelalter in Jülich in den Blick genommen wird. Die Fortführung der Serien über Kirchenbauten und historische Windmühlen rundet den Reigen der Beiträge ab. Besonders umfangreich ist mit 25 Besprechungen der Rezensionsteil.

2. Der Marienbrunnen

Nach langer Vorbereitungszeit liegt nun eine genaue Beschreibung des Marienbrunnens und damit wichtiger Etappen der Jülicher Stadtgeschichte vor. Uwe Cormann hatte die Idee zu diesem Werk und schon früh eine erste Beschreibung vorgelegt. Dass es relativ lange gedauert hat, bis daraus Bd. 18 der Veröffentlichungen des JGV wurde, ist weniger dem Autor als der Arbeitsbelastung der weiter an dem Projekt Beteiligten anzulasten. Aus Sicht der Redaktion ist an erster Stelle Dr. Peter Nieveler zu danken, der neben guten Ratschlägen und Hinweisen die wichtige Ergänzung zur Künstlerin Maria Fernandez beisteuerte. Er war es auch, der durch seinen Kontakt zum Ehepaar Horrig dafür gesorgt hat, dass die Illustration des Werkes gelingen konnte. Propst Heinrich Bongard hat trotz hoher Belastungen schließlich doch die Zeit gefunden, dem Ganzen den letzten Schliff zu geben. Seit vielen Jahren verleiht die Designerin Evelyn Wirtz den Publikationen des JGV ein einfühlsam gestaltetes, unverwechselbares Gesicht – so auch dieses Mal. Der Druck lag schließlich in den bewährten Händen der B.o.s.s Druck und Medien GmbH, Kleve. Namentlich zu erwähnen ist hier Theo van Koeverden, dem für die stets angenehme Zusammenarbeit zu danken ist.

Das Titelbild zeigt neben der Maria mit dem Jesuskind auch die Darstellung des Hexenturmes und der Propsteipfarrkirche. Das Lichtprojekt Jülich hat 2005 die Illumination des Hexenturms erfolgreich umgesetzt, nun steht die Propsteipfarrkirche auf der Agenda. Je verkauftem Buch unterstützt der JGV das Lichtprojekt mit 1,- EUR.

VIII. Internetauftritt

Die Homepage des JGV (www.juelich.de/jgv) wurde weiter ausgebaut. So kann man u.a. die Inhaltsverzeichnisse der letzten Ausgaben der Jülicher Geschichtsblätter einsehen. Die kontinuierliche Aktualisierung und Pflege der Seiten ließ zeitweilig zu Wünschen übrig; das konnte im Berichtszeitraum dank des Einsatzes von Dr. Christoph Fischer zum Positiven geändert werden.

IX. Ehrung

Walther Schieffer, einem langjährigen Mitglied des JGV, wurde im Oktober 2004 die »Hubertuskreuzgedenkplakette« von der St.-Hubertus-Schützengesellschaft 1444 Linnich e.V. verliehen. Er ist damit seit 1979 erst der sechste Träger dieser besonderen Auszeichnung. Gewürdigt wurde damit sein vielfältiges Engagement zum Wohle seiner Heimatstadt Linnich, das nicht ohne die Unterstützung seiner Ehefrau Helga denkbar wäre. Bei der feierlichen Verleihung im Linnicher Rathaus wurde auch ausdrücklich auf die Mitarbeit Walther Schieffers, vor allem im Hinblick auf die Organisation von Fahrten, im JGV hingewiesen.

X. Mitgliederbestand

Das Jahr 2004 schloss mit einem Mitgliedsbestand von 424. Im Jahr 2005 standen 11 Zugängen 15 Abgänge gegenüber, somit schloss das Jahr mit 420 Mitgliedern. 2006 konnte der leichte Abwärtstrend gestoppt werden, sodass die Mitgliederzahl im Laufe des Jahres wieder anstieg. Im Berichtszeitraum verstarben folgende Mitglieder: Josef Granrath, Therese Helle, Dr. Karlheinz Jost, Paula Renn (Ehrenmitglied), Peter Rosenbaum, Dr. Wolfgang Schäfer, Heinrich Schmitz, Sibille Schotten, Horst Werbelow.

XI. Vorstand des JGV in der Zusammensetzung vom 28. März 2007

Vorsitzender: Guido v. Büren, Kuhlstr. 20, 52428 Jülich, Tel. 02461-54968, gvbueren@juelich.de

stellv. Vorsitzender: Dr. Eberhard Graffmann, Bastionstr. 12, 52428 Jülich, Tel. 02461-1723, e.graffmann@gmx.de

Geschäftsführerin: Barbara Scheidt M.A., Berliner Str. 19, 52428 Jülich, Tel. 02461-2434, bscheidt@juelich.de

Schatzmeister: Peter Kranen, Karl-Theodor-Str. 5, 52428 Jülich, Tel. 02461-52279, peterkranen.juelich@t-online.de

Den Vorsitz im Redaktionsausschuss und die Koordination der Arbeitskreise hat der Vorsitzende übernommen.

Bibliothek: Dr. Eberhard Graffmannn (s. o.)

Buchvertrieb u. JüBüBö: Hans Beyß, Nideggener Str. 1, 52428 Jülich, Tel. 02461-50948

Arbeitskreise

Denkmalpflege:	Uwe Cormann, Berliner Str. 38, 52428 Jülich, Tel. 02461-55372
Jüdisches Leben:	Gabriele Spelthahn, Kreuzstr. 137, 52428 Jülich, Tel. 02461-57915, info@juelicher-gesellschaft.de
Mundartfreunde:	Ursula Schütte, Heckfeldstr. 1, 52428 Jülich, Tel. 02461-53180
Ausstellungen:	Karl Sauer, Promenadenstr. 4, 52428 Jülich, Tel. 02461-8794
weitere Beisitzer:	Walter Maßmann, Merkatorstr. 20, 52428 Jülich, Tel. 02461-51643, wmassmann@persoft-edv.de
	Dr. Wolfgang Peter, Dr.-Weyer-Str. 10, 52428 Jülich, Tel. 02461-93890

fett =	geschäftsführender Vorstand
normal =	Beisitzer im Sinne von §8(7) der Satzung
Kassenprüfer:	1. Dr. Peter Turek, 2. Franz Wilhelm Bücher, Stellv. Heinz Spelthahn

Nachrufe

Paula Renn –
Ehrenmitglied des Jülicher Geschichtsvereins 1923 e.V.

Frau Paula Renn wurde in Baasem in der Eifel am 29.01.1914 geboren. Ihre Kindheit verbrachte sie in Schmidtheim, wo sie nach ihrer Heirat mit Dr. Heinz Renn, dem späteren Oberstudiendirektor und Leiter des Gymnasiums Zitadelle in Jülich, eine Familie gründete und vier Kinder großzog. Im Jahre 1954 siedelte die Familie nach Bad Münstereifel um, wo der Ehemann die Stelle des Verwaltungsoberstudienrates am St. Michael Gymnasium innehatte. Die Familie lebte von 1954 bis 1963 in Bad Münstereifel, bis Dr. Renn zum Oberstudiendirektor an das Gymnasium in Jülich berufen wurde. In Jülich verbrachte Paula Renn die meiste Zeit ihres Lebens.

Sie war stets die belebende und inspirierende Kraft hinter den Leistungen und Ehrungen ihres Mannes, der von 1966 bis 1987 Vorsitzender des Jülicher Geschichtsvereins war. So hat sie nicht nur, als Not am Mann war, das Sekretariat des Gymnasiums Zitadelle zeitweise betreut, sie hat auch viele Manuskripte ihres Mannes gegengelesen, mit ihm die geschichtlichen Exkursionen intensiv vorbereitet und viele Impulse für seine wissenschaftliche und pädagogische Arbeit gegeben. Vor allem engagierte sie sich in der Familie und sorgte dafür, dass ihre vier Kinder eine solide Ausbildung erhielten. Dabei kam es ihr vor allem auf die Herzensbildung und die Pflege der musischen Begabungen ihrer Kinder an.

Auch nach dem Tod ihres Mannes im Jahre 1992 pflegte sie enge Beziehungen zum Jülicher Geschichtsverein, der sie 1994 zum Ehrenmitglied ernannte, engagierte sich in Ausstellungen ihrer Fotografien in verschiedenen Foren und nahm bis ins hohe Alter regen Anteil am Musik- und Kulturleben der Stadt. Ihre stille und bescheidene Art, im Hintergrund wirksam zu werden, hat sie oft im Schatten ihres Mannes erscheinen lassen. Dabei hat sie viel zum Kulturleben der Stadt Jülich beigetragen.

Erst als ihre physischen und geistigen Kräfte nachließen, zog sie von Jülich nach Jüchen. Dort nahm sie ihre Tochter Heidi Lerche-Renn in ihrer Wohnung auf, wo sie ihren Lebensabend würdig und in vertrauter Umgebung beschließen konnte. Am 08.04.2005 verstarb Frau Paula Renn im Alter von 91 Jahren in Jüchen.

Ortwin Renn

Dr. iur. Erwin Fuchs – Anwalt der Jülicher Geschichte Vorsitzender des Jülicher Geschichtsvereins 1923 e.V. 1998-2006

Dr. Erwin Fuchs ist tot und wir können uns nur schwer an diesen Gedanken gewöhnen. Er war so alt, wie der Jülicher Geschichtsverein, Jahrgang 1923. Als der Verein 1957 wiedergegründet wurde, zögerte er nicht lange und trat ihm ein Jahr später bei. 1971 veröffentlichte er seinen ersten Beitrag in den Mitteilungen des Jülicher Geschichtsvereins, er war der Medizinalordnung des Jülicher Herzogs Carl Theodor aus dem Jahr 1773 gewidmet. Zahlreiche Beiträge sollten folgen. Schon dieser erste kleine Aufsatz enthält alle Zutaten, die einen Text des versierten Juristen Fuchs kennzeichnen: Er rückt einen rechtsgeschichtlichen Aspekt ins Zentrum der Betrachtung, ist dennoch allgemeinverständlich formuliert und oft durchzogen von einer feinen Ironie, die die Lektüre zu einem Vergnügen macht. Dabei entzog er sich nicht dunklen Kapiteln der Geschichte. Wenn er etwa Kindesmordprozesse oder die Hexenverfolgung zum Thema machte – dann traf er auch hier den richtigen Ton.

Bewundernswert war seine Kenntnis der lateinischen Sprache. Seine Übersetzungen zeugen von einem herausragenden Sprachgefühl. Überhaupt machte ihm das Formulieren seiner Texte am meisten Spaß, wie er selbst immer betonte. Das sprachliche Feilen an einzelnen Formulierungen konnte ihn ganze Nachmittage beschäftigen. Schmunzelnd berichtete er, dass er nach unzähligen Redaktionsdurchläufen beim nochmaligen zufälligen Blick in die erste Fassung einer Textpassage feststellen musste, dass die letztgültige dieser wieder entsprach. So erging es ihm vor allem bei seinem opus magnum: seinem Buch zu Dr. Johann Weyer, Leibarzt Herzog Wilhelms V. von Jülich-Kleve-Berg und bedeutender Gegner der Hexenverfolgungen seiner Zeit. Fuchs ergötzte sich an Weyers Texten, die gespickt sind mit intellektuellen Anspielungen und auch durchaus heiteren Anekdoten. Nachdem er in den Beiträgen zur Jülicher Geschichte einen zweiteiligen Aufsatz über »Joannes Wierus Archiater« veröffentlich hatte (1980/1982), ließ ihn die Erweiterung zum Buch nicht mehr los. Am Ende waren es mehrere hundert Manuskriptseiten, die der Endredaktion harren und wohl nicht zuletzt deshalb unpubliziert bleiben werden. Darüber hinwegtrösten kann die Fülle der anderen lokalhistorischen Veröffentlichungen – neben seinen unzähligen, in Jülich weitgehend unbekannten Beiträgen in juristischen Fachzeitschriften. Besonders hervorzuheben ist dabei seine Biographie Herzog Wilhelms V. von Jülich-Kleve-Berg (1993) und seine Hommage an die »Muttkrate«, sprach-, kultur- und rechtsgeschichtliche Betrachtungen über die Selbstbezeichnung der Jülicher »Ureinwohner« (1997). Erwin Fuchs konnte zwar keine verbindliche Erklärung für die Bezeichnung finden, erfreut aber den Leser mit »dem Reichtum der vielen Möglichkeiten«.

Als der Jülicher Geschichtsverein 1998 einen neuen Vorsitzenden suchte, erklärte er sich nach kurzem Zögern bereit, diese Aufgabe zu übernehmen. Jede Art der »Vereinsmeierei« war ihm fremd. Es ging ihm um die Sache, und die verfolgte er mit Beharrlichkeit. Er betonte nach außen immer wieder, die Vorstandsarbeit funktioniere auch ohne ihn und deshalb habe er das Amt in seinem hohen Alter überhaupt nur übernommen. Aber das war natürlich nur die halbe Wahrheit, entsprach aber ganz seiner Bescheidenheit. Wurde er in seiner Funktion als Vorsitzender zu Ehrungen anderer eingeladen, tat er sofort kund, dass ihm bitteschön so etwas selbst nie wiederfahren dürfe. Die Glückwünsche zu seinem 80. Geburtstag und zu seinem 50jährigen Anwaltsjubiläum nahm er gelassen mit dem Hinweis entgegen, es sei doch nicht sein Verdienst, dass er so alt geworden sei, auch wenn er dafür Dankbarkeit empfand.

In aktuellen Diskussionen hielt er mit seiner Meinung nicht hinter dem Berg, wenngleich er es verstand, diese geschickt und niemanden verletzend zu vertreten. Nach dem Wiederaufbau Jülichs nach dem Zweiten Weltkrieg gefragt, über den in Bezug beispielsweise auf »Trümmerfrauen« oder die Planungen René von Schöfers viel diskutiert wurde, sagte er in einem Interview 2005 in seiner unnachahmlichen Art: »Nein, Aufbruchstimmung herrschte nicht in Jülich. Aufgebaut haben die Stadt die Metzger, Bäcker, Lebensmittelhändler und Wirte.«

Erwin Fuchs, der 1950 mit der Arbeit »Die Gesetzmäßigkeit des Einwandes der unzulässigen Berufung auf Formmängel« promoviert worden war, engagierte sich nicht nur für die Geschichte Jülichs, sondern auch für Gegenwart und Zukunft der Stadt. So war er lange Jahre (1969-1991) Vorsitzender des Fördervereins Gymnasium Zitadelle, der Schule, an der er 1942 sein Abitur gemacht hatte. Mit seinen Beiträgen prägte er dessen Jahresschrift »Die Zitadelle«. Darüber hinaus war er 1953 Gründungsvorsitzender der Verkehrswacht Jülich e.V. Seine sportliche Heimat und viele Erfolge fand er auf dem Tennisplatz des TV Blau-Weiß Jülich.

Seine eigentliche Passion blieb aber das gedruckte Wort. Bücher in jeder erdenklichen Form waren sein begehrtes Sammelobjekt. Dabei gehörte er zu den glücklichen Menschen, die trotz der zeitlichen Belastungen in Familie, Beruf und Freizeit noch dazu kommen, in den Büchern, die sie ihr eigen nennen dürfen, tatsächlich zu lesen. Seine breite Kenntnis klassischer Texte war bewundernswert und orientierte sich an einem Bildungsideal, das heute historisch ist.

Dem Leben des Dr. Erwin Fuchs in wenigen Zeilen gerecht zu werden, ist kaum möglich. Aber es war den Versuch wert, einige Aspekte dieser reichen Persönlichkeit darzustellen. Manches ließe sich noch sagen: Über sein evangelisches Christentum im katholischen Jülich, über seine Freundschaftspflege und sein Denken über diejenigen, die der Nazi-Ideologie erlegen waren. Er war ein Mensch, wie er sein soll!

Guido v. Büren

Ansprache bei der Trauerfeier für Dr. Erwin Fuchs am 04.12.2006 in der Christuskirche zu Jülich

Liebe Frau Fuchs, liebe Angehörige des Verstorbenen, liebe Trauergäste!

Ein Buch ist zuende, doch wir wagen nicht, es zur Seite zu legen. Es heißt: »Dr. Erwin Fuchs«. Doch gesucht sind Untertitel: »Ein Gelehrter im Anwaltsornat« oder »Bücher waren sein Leben«.

Wir ahnen, es ist noch lange nicht zuende. Wir werden uns höchstens darauf verständigen können, dass ein großes Kapitel zu Ende ist: »Der Vater ist tot, es lebe der Vater!«.

Er wird Jülich verlassen für eine kleine Weile in diesem hölzernen Reisewagen. Aber er kommt zurück auf die Merscher Höhe, kleiner, geläutert, verändert, aber es kommt nicht nichts zurück. Sterbliche Überreste nennen wir das. Es wird eine Urne sein, wie er das wollte. Und sie wird uns wichtig sein. Sie ist mehr als Staub und Asche, sie gehört zu seinen mächtigen Spuren. Es macht ja gerade uns Menschen aus, dass für uns die Todeslinie etwas höchst Mehrdeutiges hat. Manche sagen im Überschwang des triumphierenden Osterglaubens: Jetzt fängt das Leben erst richtig an, wohlgemerkt: für Erwin! Manche sagen, er lebt weiter, in welchem Aggregatzustand auch immer. Sein Wohnort ist nicht die Merscher Höhe allein. Ein Stück bleibt in der Dr.-Weyer-Straße. Doch er hat dazu noch viele Nebenwohnsitze – im Herzen seiner großen Familie – und seinen Platz an der Seite des Allmächtigen.

Nur ein Satz ist völlig falsch: dass jetzt alles aus ist mit ihm. Und dennoch wird er sehr, sehr fehlen, auch das ist gewisslich wahr.

Weisen der Unsterblichkeit kann man besichtigen, wenn man in Dr. Erwin Fuchsens Haus geht, genauer: in sein Arbeitszimmer. Da ist die Unsterblichkeit des Geistes zu bestaunen und zu spüren. Alles, was in der Welt des Geistes Rang und Namen hat, ist in seinem Arbeitsbibliothekswohnzimmer zuhause. Ich gestehe frank und frei: Das fasziniert mich ungemein. Wenn ich etwas von ihm sehr tief begriffen habe, dann dies: Sein Leben waren die Bücher. Er war ein Bücherwurm, eine Leseratte, ein *homme de lettres*, ein vernarrter Leser. Für ihn hat Leidenschaft etwas mit Papier zu tun: Der Geruch der Worte, zwei Deckel, schön gebunden in Leinen oder Leder oder Pergament und dazwischen jeweils eine ganze Welt: Das Reich der Gedanken. Der Club der toten Dichter.

Für manche ist es nur Papier mit Leim und schwarzen Einsprengseln. Doch wer Augen hat zu lesen, für den bedeutet es die ganze Welt.

»Am Anfang war das Wort«, heißt es im Johannesprolog. Die Welt wird erschaffen aus dem Nichts durch ein Wort.

Das ist der Anfang der Theologie und gleichzeitig die Basis der Welt des Geistes: *»En arche en ho logos«* – *»In pricipio erat verbum«* (Joh. 1,1).

In Goethes Faust werden die Übersetzungsvarianten durchgespielt. Faust triumphiert mit dem Vorschlag: »Im Anfang war die Tat!« (Faust I, Vers 1237).

Erwin Fuchs würde sagen: Am Anfang stand die Wissenschaft – lateinisch: *litterae*.

Auf seiner Todesanzeige lese ich das Seneca-Zitat: *»Otium sine litteris mors est et hominis vivi sepultura«* – »Muße ohne geistige Beschäftigung ist Tod und Bestattung eines lebenden Menschen«.

»Sine litteris« oder positiv *»cum litteris«*, was bedeutet das? Die Übersetzung »geistige Beschäftigung« ist schon bedenkenswert. Aber das Wort hat einen weiten Bedeutungshorizont und eine Fülle von Nuancen. Die deutsche Sprache hat dafür mindestens siebzehn Bedeutungen: Schreiben, Brief, Akten, Dokument, Urkunde, Berichte, Dekrete, Kontrakte, Diplom, Bücher, Schriftdenkmäler, Werke, Literatur, Wissenschaft, Gelehrsamkeit, Schriftstellerei.

Sie, die Sie hier sitzen als Trauernde und Hinterbliebene, Sie wissen noch besser als ich: Alles, was das lateinische *litterae* bedeutet, hat etwas mit dem Verstorbenen zu tun. Ob als Jurist, ob als Anwalt, ob als Schriftsteller, ob als Gelehrter, ob als Forscher, ob als Historiker. Immer waren *litterae* seine Welt. »Dann gehe ich zu Fischer und hole dazu ein Buch!« Das war sein Lebenskonzept.

Die Nachgeborenen werden sagen: Da gehe ich ins Internet zu Google und zu Wikipedia. Und Erwin würde dazu sagen: Das Internet hat keine Sinnlichkeit. Ein Buch ist ein Buch und ein Bildschirm ist ein Bildschirm.

Ich will jetzt eine Deutung vortragen, die ich mir ausgedacht habe für Dr. Erwin Fuchs und seinen Umgang mit dem Tod: Warum interessierte er sich praktisch nicht für den Tod, auch nicht für seinen eigenen? Die Antwort: Weil er ihn gedanklich überwunden hat. Er hatte eine mindere Bedeutung für den Verstorbenen. Gewiss, er ist lästig, wie ja auch eine Chemotherapie etwas Lästiges ist.

Wichtiger als der Tod und das Leben irdischer Traumtänzer ist die geistige Welt der *litterae*, und hier gibt es keinen Tod, sondern einen ewig jungen Wettstreit der Gedanken, der schönen Formulierung, hier beginnt das Reich der Unsterblichkeit.

Wer schreibt, der bleibt, sagen wir, wenn wir einen Protokollanten verlachen. Aber jeder, der schon einmal etwas geschrieben hat, das er wichtig findet und von dem er hofft, es könnte auch anderen wichtig werden, der kennt den Stolz des Autors: Das wird mich überleben oder: Ich überlebe darin.

Ich bin der stolze Besitzer von mehreren Publikationen des Dr. Erwin Fuchs, zwei mit Widmung unter dem Datum 20. Februar 2003. Das war sein 80. Geburtstag.

»Die Jülicher und ihre Wurzeln«. Und: »Wilhelm V. – Glück und Unglück des Herzogtums Jülich-Kleve-Berg«. Die Bücher, das ist seine Form der Verewigung.

Ich denke an Goethes Weimar. Sein Haus am Frauenplan, das Gartenhaus im Park an der Ilm, das Grab auf dem Alten Friedhof bzw. der Sarg, alles wichtig, doch nichts im Vergleich zu seinen Gedichten und Dramen, die ewig bleiben, die jung sind wie ein Adler.
Was nahmen Schriftsteller ins Exil mit, als sie Nazi-Deutschland verließen? Manche nichts als ihre Manuskripte. Die waren ihre ganze Existenz.

Was mich rührt am Tod des Erwin Fuchs: sein Todesort. – Er starb in seinen Büchern. Das mittlere Bücherregal war entfernt, nun lag er dort, wo er sonst saß: In, neben, unter, vor, hinter und über seinen Büchern, Folianten, Lexika, Fachzeitschriften, Erstausgaben, Prachtausgaben, Remittenten, Faszikeln und den nur wenigen Paperbacks. – Als wolle er sagen: Endlich kehre ich heim ins Reich der *litterae*. Da warten sie schon alle auf ihn, im Reich der Gedanken. Hallo, ist dort nicht Seneca oder Sallust oder Catull oder Cicero oder Aristoteles oder Thomas, der Aquinat oder Luther, der auch ganz gut Latein sprach und einen wird er mit Freuden wiedersehen im Reich der Gedanken, wo keine herabziehenden Krankheiten einen belästigen: Dr. Weyer! Guten Tag Herr Dr. Weyer, ich heiße Erwin Fuchs, haben Sie einen Augenblick Zeit für mich?
Seit dem ich im Sommer 1986 bei Walter Jens ein Seminar »creative writing« an der Universität in Tübingen besuchte, weiß ich, dass man über die Literatur noch mal einen anderen Zugang zur Unsterblichkeit finden kann als über die kühne und begriffsstarke Theologie. Im Reich der Buchstaben und Gedanken gibt es die Leichtigkeit der Berührung, der Tod ist nur etwas Vorletztes, eher Thema als Schicksal.

Ob diese Gedanken hilfreich sind am Sarg des Dr. Erwin Fuchs, vermag ich nicht zu beurteilen, ich wollte sie aber vortragen, weil ich das Gefühl habe, sie sind ihm angemessen.

Indessen, diese Stunde hat noch andere Aspekte. Die Trauer der Familie, die für jeden einzelnen sich anders anfühlt. Eine Ehefrau bleibt zurück, beraubt der besseren Hälfte ihres Lebens: des Ehemannes. Fünf Kinder trauern um den »*pater familias*«. Ein Patriarch mit wunderbaren Seiten und nervenden Gewohnheiten. Acht Enkel rufen vergeblich nach dem Großpapa. Stattlich ist die Familie, wer hätte das geahnt, was aus Erna und Erwin herauswachsen würde, aus der Frucht ihrer Liebe! Fünf Kinder, fast alle im Zwei-Jahres-Takt im Sonnenlicht begrüßt: Doris, Helga, Albrecht, Detlef und Gisbert. – Schon diese Zahl wirkt heute exotisch und historisch. – Und auch sehr beeindruckend! Es war einmal ein Ehepaar vor grauer Zeit, das hatte fünf Kinder... Und das Märchen geht weiter: Und sie wohnten alle in

Rufweite des Elternhauses. Wer Augen hat zu sehen, der sehe: Das muss ja wohl etwas mit der Familienatmosphäre zu tun haben, das wird ja etwas mit Erna und Erwin zu tun haben. – Und acht Enkel trauern, sie haben eine glückliche Zeit erlebt, einen Fuchs-Opa, der aus seiner Bücherhöhle rauskam und mit Freuden die Paraderolle seines Lebens spielte: Großpapa. Da nahm er sich Zeit, da genoss er es, sich dem Charme der Kinder hinzugeben, die ein Vater im Aufbau seiner beruflichen Existenz für seine eigenen Kinder einfach nicht hat. Mit Geschenkmöglichkeiten für seine Enkel konnte er ein ganzes Büro nerven oder soll ich sagen: positiv irritieren?

Das Leben besteht aus drei Dritteln, und der ist glücklich, der sie alle drei angemessen entfaltet hat: Das erste Drittel: der Beruf, das zweite Drittel: Die Familie, das dritte Drittel: Die Selbstentfaltung.

Wenn ich es richtig beurteile, hat der Verstorbene alle seine Drittel in Fülle entfaltet. »Nach einem erfüllten Leben« steht in der Anzeige. Von Fülle kann man getrost reden: die Lebensjahre: 83 Jahre – das biblische Maß damit überschreitend – die Ehejahre, die Kinder, die Kindeskinder, die Bücher, das Ansehen, der berufliche Erfolg: alles voller Fülle. In der Theologie nennt man das auch Segen und weiß auch, wo der herkommt, nämlich aus dem Himmel.

Da ist viel Gnade drin und dran an diesem Leben, bis zur Todesstunde, die auch etwas Gnädiges hatte.

Das führt uns zur demütigen Dankbarkeit. Lassen Sie uns Gott danken für diesen Mann, der uns geliehen war.

Wir werden ihn vermissen.

Aber wir wissen auch: er ist geborgen.

AMEN

Pfarrer Dr. Thomas Kreßner

Verzeichnis der Mitarbeiter

Dr. Hugo Altmann, Nackstr. 7, 55118 Mainz

Dr. Willi Arnolds, Talstr. 29, 52353 Düren

Guido v. Büren, Kuhlstr. 20, 52428 Jülich (gvbueren@juelich.de)

Christof Claser, M.A., Kalscheuer Weg 55, 50969 Köln (cclaser@web.de)

Uwe Cormann, Berliner Str. 38, 52428 Jülich

Bernhard Dautzenberg, Am Schützenhof 2a, 52428 Jülich (bdautzenberg@juelich.de)

Sebastian Fitzner, M.A., Franzstr. 57, 50935 Köln (sebastianfitzner@web.de)

Dr. Klaus Graf, Deutsche Straße 8, 41464 Neuss (klaus.graf@geschichte.uni-freiburg.de)

Dr. Eberhard Graffmann, Bastionstr. 12, 52428 Jülich (e.graffmann@gmx.de)

Helmut Holtz, Steinstr. 15, 52428 Jülich

Dr. Stephan Hoppe, Kunsthistorisches Institut der Universität Köln, Abteilung Architekturgeschichte, Albertus-Magnus-Platz, 50923 Köln (email@stephan-hoppe.de)

Univ.-Prof. em. Dr. Werner Kasig, RWTH Aachen, Geologisches Institut, Wüllnerstr. 2, 52062 Aachen

Dr. Thomas Kreßner, Bahnhofstr. 6, 52428 Jülich (thomas.kressner@ekir.de)

PD Dr. Stefanie Lieb, Mommsenstr. 92, 50935 Köln (stefanie.lieb@uni-koeln.de)

Simon Matzerath, Kutschstr. 30, 52441 Linnich (smatzerath@juelich.de)

Dr. Iris Nestler, Weidenweg 5, 52441 Linnich (info@artservice-nestler.de)

Dr. Peter Nieveler, Elsenkamp 23, 52428 Jülich (nievelerpeter@msn.com)

Pedro Obiera, Postfach 1680, 52408 Jülich (obiera-pedro@t-online.de)

Marcell Perse, M.A., Museum Zitadelle Jülich, Postfach 1220, 52411 Jülich (museum@juelich.de)

Prof. Dr. Ortwin Renn, Universität Stuttgart, Institut für Sozialwissenschaften, Abteilung für Technik- und Umweltsoziologie, Seidenstr. 36, 70174 Stuttgart

Dr. Ulrich Schäfer, Stettiner Str. 91, 48147 Münster (ulrich.schaefer@versanet.de)

Dr. Anne Schunicht-Rawe, Käthe-Kollwitz-Weg 43, 40724 Hilden (schunicht.rawe@t-online.de)

Gabriele Spelthahn, Kreuzstr. 137, 52428 Jülich (info@juelicher-gesellschaft.de)

Heinz Spelthahn, Kreuzstr. 137, 52428 Jülich (ra-spelthahn@t-online.de)

Dipl.-Des. Evelyn Wirtz, Finkenweg 6, 52428 Jülich (info@evelynwirtz.de)

Paul Wirtz, Gelderner Str. 25, 52428 Jülich (paulwirtz@t-online.de)